Nisko 1939

Nisko 1939

Die Schicksale der Juden aus Wien

Jahrbuch des DÖW 2020

Hrsg. v. Christine Schindler
im Auftrag des Dokumentationsarchivs
des österreichischen Widerstandes

Dieses Buch wurde mit Unterstützung der
Kulturabteilung der Stadt Wien (MA 7 – Wissenschaft) und der
Kammer für Arbeiter und Angestellte Wien gedruckt.

Bibliographische Informationen der Deutschen Nationalbibliothek
Die Deutsche Nationalbibliothek verzeichnet diese Publikation in der Deutschen Nationalbibliografie; detaillierte bibliographische Daten sind im Internet über https://portal.d-nb.de abrufbar.

ISBN 978-3-901142-77-2

Redaktion und Lektorat: Christine Schindler

Layout: Christa Mehany-Mitterrutzner

Umschlagfoto: Willi Grünwald (1. Reihe links – Cover-Rückseite) mit Schicksalsgefährten in Sdolbunow, ca. November 1940. Er wurde mit dem 1. Transport von Wien nach Nisko deportiert und dann über die deutsch-sowjetische Demarkationslinie in die UdSSR getrieben. Im Oktober 1942 wurde Grünwald im Zuge der Liquidierung des Ghettos Sdolbunow zusammen mit 1.500 Juden und Jüdinnen von einem deutschen Sonderkommando erschossen.
Das Foto wurde dankenswerterweise von seinem Sohn Oskar Grünwald zur Verfügung gestellt.

Herstellung: Plöchl Druck GmbH, A-4240 Freistadt

Auslieferung: Dokumentationsarchiv des österreichischen Widerstandes
Wipplingerstraße 6–8 (Altes Rathaus)
A-1010 Wien
Tel. +43-1-22 89 469-319
E-Mail: office@doew.at
https://www.doew.at

Inhalt

7 Editorische Vorbemerkung
Christine Schindler

Nisko 1939. Die Schicksale der Juden aus Wien

19 Achtzig Jahre Ungewissheit
Die Nisko-Aktion 1939 und ihre verschollenen Opfer
Winfried R. Garscha

161 „Du darfst nicht glauben, dass ich mutlos bin"
Biografische Skizzen zu Nisko-Deportierten aus Wien
Claudia Kuretsidis-Haider

207 „Die Lage ist unter diesen Umständen sehr unsicher"
Briefe deportierter Wiener Juden vom Herbst 1939 bis zum Frühjahr 1940 an die Israelitische Kultusgemeinde Wien
Andrea Löw

229 Jüdische Nisko-Deportierte in der Sowjetunion
Olga Radchenko

Varia

251 „Ein paar Watschen kannst haben, du […]"
Zur „Arisierung" der Apotheke „Zum heiligen Georg" in Himberg bei Wien
Stephan Roth

289 Österreicher und Österreicherinnen im französischen Widerstand gegen die deutsche Besatzung: Der „Travail Allemand“ (TA)
Hans Schafranek

327 „Der verbotene Umgang erfolgte bei Etzer nicht aus politischen Gründen …“
Das Schicksal einer in der NS-Zeit verfolgten Bergbäuerin
Maria Prieler-Woldan

345 Widerstandsfragmente
Struktur und Überlieferungsgeschichte des Widerstands gegen den Nationalsozialismus im Ausseerland
Klaus Kienesberger / Lukas Meissel

361 Entgrenzung des Rechts durch Polizei und Justiz in der NS-Zeit
Peter Steinbach

381 Erinnern – Erforschen – Erkennen
Das Dokumentationsarchiv des österreichischen Widerstandes 2019
Christine Schindler

447 AutorInnen

Christine Schindler

Editorische Vorbemerkung

Das Jahrbuch 2020 ist die mittlerweile 35. Ausgabe dieses Periodikums, das 1986 zum ersten Mal erschien – drei Jahre nach Errichtung der Stiftung Dokumentationsarchiv und 23 Jahre nach der Gründung des Instituts als Verein. In den ersten Jahren von Siegwald Ganglmair betreut, wird es seit 20 Jahren von Christine Schindler zusammengestellt. Es ist ohne Unterbrechung erschienen und hat unzählige Aspekte der NS-Herrschaft nicht nur aus der Sicht der Zeitgeschichtsforschung, sondern auch in interdisziplinärer Herangehensweise beleuchtet. Es ist somit zu einer der wichtigsten Publikationen des DÖW geworden, deren Inhalt weit über den Charakter eines Jahrbuches im engeren Sinn hinausgeht. Der Themenbogen der Beiträge – verfasst von MitarbeiterInnen des DÖW, aber auch von KollegInnen aus dem In- und Ausland – spannt sich vom Holocaust und Widerstand hin zu den NS-Medizinverbrechen, Flucht und Vertreibung, Verfolgung der Roma und Sinti, genderspezifischen Fragestellungen, Rechtsextremismus, Antisemitismus, Entnazifizierung im bürokratischen und juristischen Sinn, Erinnerungspolitik sowie Entschädigung und Rückstellungen nach 1945. Weitere Schwerpunkte widmeten sich wesentlichen Fragen der Vermittlung und der Forschungsstruktur, den großen Datenbankprojekten der 1990er und 2000er Jahre sowie biografischen Zugängen. Vermehrt fanden in den vergangenen Jahren regionale Aspekte Beachtung. Das Jahrbuch 2016 zu den Reichsgauen Niederdonau und Groß-Wien erhielt den Wissenschaftspreis des Landes Niederösterreich. 2014 widmete sich das Jahrbuch den Tätern aus Österreich in den Konzentrations- und Vernichtungslagern, in der SS, Gestapo und den Erschießungskommandos.

In jeder Ausgabe ist auch Platz für Texte außerhalb des Schwerpunktes. Diese sogenannten „Varia"-Artikel sind oft grundlegende Beiträge, die einen unbeachteten Aspekt der Zeitgeschichte ausarbeiten. Die Jahrbücher umfassen Aufsätze aus verschiedenen Wissenschaftsdisziplinen, aus der Vermittlung, der Gedenkkultur und aus dem künstlerischen Bereich. Das Jahrbuch ist seit Jahren zum gleichbleibenden moderaten Preis erhältlich und wird etwa ein Jahr nach Erscheinen auf www.doew.at kostenlos zur Verfügung gestellt. Die gedruckte Ausgabe geht an alle einschlägigen Bibliotheken, Gedenkstätten und an die Mitglieder des DÖW. Im Mittelpunkt stehen die Aufarbeitung der

Geschichte, neue wissenschaftliche Erkenntnisse, aber auch das Gedenken an die Verfolgten.

Das DÖW bemüht sich seit seiner Gründung, die Zeit der nationalsozialistischen Gewaltherrschaft auf der Basis seines breiten Quellenbestandes für die wissenschaftliche Forschung, aber auch eine interessierte Öffentlichkeit zugänglich zu machen, die Verwobenheit unserer Gesellschaft mit der Vergangenheit aufzudecken und die Spuren der Verfolgten (und der Täter) ebenso sichtbar zu machen wie die Leerräume, die den Verjagten und Ermordeten oft sogar die Erinnerung versagt.

Das Jahrbuch 2020 *Nisko 1939. Die Schicksale der Juden aus Wien* geht aus einem mehrjährigen Forschungskonvolut des DÖW zu den Deportationen der jüdischen Bevölkerung hervor, das in ein Projekt zu den Deportationen aus Wien nach Nisko im Oktober 1939 mündete. Die Konzeption des Forschungsvorhabens zur Klärung des Schicksals der insgesamt mindestens 4.800 aus Wien, Mährisch-Ostrau und Kattowitz nach Nisko am San deportierten Männer wurde 2018 begonnen, das vorerst auf ein Jahr anberaumte Projekt startete Anfang 2020. Der Fokus liegt dabei auf den aus Wien Deportierten. Im Herbst 2019 wurde hierzu eine Auftaktkonferenz in Wien mit Beteiligung ukrainischer und deutscher Forscherinnen – Andrea Löw (Zentrum für Holocaust-Studien am IfZ München), Olga Radchenko (Bohdan Khmelnytsky National University, Cherkasy, Ukraine) – durchgeführt, deren Ergebnisse nun vorliegen. Die Konferenz, die von Claudia Kuretsidis-Haider (unter Mitarbeit von Winfried Garscha, Wolfgang Schellenbacher und Christine Schindler) entworfen, koordiniert und organisiert wurde, fand im Renner-Institut Wien statt, die Leiterin des Renner-Instituts Maria Maltschnig und der Direktor des DÖW Gerhard Baumgartner begrüßten die TeilnehmerInnen, Claudia Kraft vom Institut für Zeitgeschichte der Universität Wien führte durch die Veranstaltung.

Ziel des vom Nationalfonds der Republik Österreich für Opfer des Nationalsozialismus, vom Zukunftsfonds der Republik Österreich und vom Bundesministerium für Soziales geförderten Projektes, das von Claudia Kuretsidis-Haider geleitet wird, ist die Erschließung von Quellen zur Nisko-Aktion sowie das Sichtbarmachen des Schicksals der deportierten Männer. Eine valide Liste der Deportierten soll erstellt werden, die Diskussion um die Problematik verschiedener Zahlen und Listen kann im vorliegenden Jahrbuch nur begonnen werden.

Der Historiker und DÖW-Mitarbeiter Jonny Moser hatte jahrelang an dem Thema gearbeitet – sein Buch erschien 2012 posthum in der Edition Steinbauer: *Nisko – Die ersten Judendeportationen.* Die Mosers Publikation zugrunde liegenden Quellen sind allerdings leider nicht alle öffentlich zugänglich, sondern im Privatbesitz seiner Erben. Darüber hinausgehende Quellen zum Thema müssen erst erschlossen werden. Diese Quellenrecherche und die Rekonstruktion der Schicksale der deportierten Männer fokussiert auf jene Personen, die im Lager Zarzecze bei Nisko untergebracht und nach dessen Schließung nach Wien zurückgekehrt waren. Die Auftaktkonferenz und das vorliegende Jahrbuch thematisier(t)en darüber hinaus auch jene Männer, die in die Sowjetunion vertrieben wurden und von denen wenige Namen bekannt sind. Grundsätzlich sind bislang keine umfassenden Auflistungen der Deportierten und keine ausführlicheren biografischen Angaben zu den einzelnen Vertriebenen erschienen. Diese Recherchen führt das DÖW ab 2020 durch. Unter der Leitung von Claudia Kuretsidis-Haider erforschen Wolfgang Schellenbacher, Winfried R. Garscha, Gerhard Ungar und Dieter J. Hecht verschiedene Aspekte dieses Themas.

Im Zuge des Projektes wird eine frei zugängliche Online-Dokumentenedition entwickelt, in der Dokumente aus verschiedenen Archiven des In- und Auslandes zusammengeführt werden. Diese Dokumentenedition zu Nisko wird in Zusammenarbeit mit der vom *FP7/Horizon 2020* der Europäischen Union finanzierten Forschungsinfrastruktur *European Holocaust Research Infrastructure* (*EHRI*, https://www.ehri-project.eu/) erstellt, die die pragmatische Vernetzung der internationalen Forschungsgemeinschaft zum Ziel hat. DÖW-Mitarbeiter Wolfgang Schellenbacher hat in mehreren, auch internationalen Projekten eine tiefgehende Expertise erworben, die in dieses Projekt einfließt. Digitalisierung und virtuelle Vernetzung auch von historischer Forschung sind seit langem Schwerpunkte des DÖW und erhalten durch die Corona-Krise, auf deren Höhepunkt dieses Jahrbuch entstanden ist, eine besondere Dynamik.

Im Jahrbuch des DÖW 2018 *Forschungen zu Vertreibung und Holocaust* verortete der Historiker und DÖW-Mitarbeiter Winfried R. Garscha in seinem Beitrag *Deportation als Vertreibung. Eichmanns Nisko-Experiment 1939 im Kontext der nationalsozialistischen „völkischen Flurbereinigung“* die Nisko-Transporte im Rahmen vergleichbarer zeitnaher Deportationen und späterer Verschickungen als die größte der frühen nationalsozialistischen Aktionen zur ethnischen „Flurbereinigung“. Im Jahrbuch 2019 legte Garscha einen neue Erkenntnisse bringenden Artikel zur Mordstätte *Maly Trostinec* vor und das diesjährige Jahrbuch publiziert seinen ebenso grundlegenden und quellengesättigten Beitrag zur Nisko-Aktion: *Achtzig Jahre Ungewissheit. Die Nisko-Aktion 1939 und ihre verschollenen Opfer*.

Am 20. Oktober 1939 wurden 912, am 26./27. Oktober 672 Männer von Wien nach Nisko am San deportiert. Der Ende Oktober ebenfalls schon in Vorbereitung befindliche 3. Transport, der auch Familienangehörige nachbringen sollte, kam nicht mehr zustande, da die Aktion von Berlin aus abgebrochen wurde. Weitere Transporte gingen aus Ostrava/Mährisch-Ostrau und Katowice/Kattowitz ab. Winfried Garscha beschreibt und analysiert in seinem Aufsatz alle wesentlichen Aspekte der sogenannten Nisko-Aktion: ihre Einordnung in die frühen Vertreibungen (1938 bis 1941) und die ersten großen Deportationen; die militärischen und politischen Entwicklungen und Vereinbarungen zwischen Deutschland und der Sowjetunion ab August 1939 und die Situation nach dem Angriff der Deutschen Wehrmacht auf die Sowjetunion 1941. Auch den verschiedenen Zahlenangaben spürt Garscha – wie schon bei seinen Arbeiten zur Vernichtungsstätte Maly Trostinec – akribisch nach, auch was die Flüchtlinge in der Sowjetunion betrifft. Garscha verortet die Deportationen im buchstäblichen Sinn mit großer geografischer Kenntnis und historisch in der österreichischen, tschechoslowakischen und polnischen Geschichte sowie in den kollektiven Gedächtnissen der Nachkriegsgesellschaften in Österreich, Tschechien und Polen.

Aufgrund der vorhandenen internationalen Forschungsliteratur – darunter die Arbeiten eines ehemaligen Nisko-Deportierten aus Mährisch-Ostrau, der in Israel den Namen Seev Goshen angenommen hatte, und des tschechischen Historikers Mečislav Borák – und eigenen Archiv- und Literaturrecherchen schildert Garscha die einzelnen Deportationen nach Nisko. Er zeigt die Pläne, Entscheidungsketten, Konkurrenzen und Befehlsstrukturen auf Seiten der NS-Machthaber, insbesondere um Adolf Eichmann auf, thematisiert die erzwungene Kollaboration der Jüdischen Gemeinden und schildert anhand von Zeitzeugenaussagen den Ablauf der Transporte und die Geschehnisse vor Ort. Die Männer, die nach Abbruch der Aktion im April 1940 nach Wien zurückkehren konnten, fielen großteils den späteren Verfolgungen zum Opfer.

Auf der Grundlage detaillierter und umfassender Kenntnisse in historische, geografische und kulturelle Zusammenhänge in den Regionen in der ersten Hälfte des 20. Jahrhunderts lässt der Autor ein umfassendes Bild der Ereignisse erstehen. In jahrzehntelanger Arbeit ist es – in erster Linie durch die namentliche Erfassung der Holocaust-Opfer durch das Dokumentationsarchiv des österreichischen Widerstandes – gelungen, Todesdatum und Ort der Ermordung des Großteils der deportierten jüdischen ÖsterreicherInnen zu eruieren. Zu fast 64.300 der vermutlich mehr als 66.500 Ermordeten sind die Daten auf der Website des DÖW abfragbar. Von den fast 1.600 Männern, die im Oktober 1939 mit den ersten beiden Deportationszügen vom Wiener Aspangbahnhof nach Nisko am San transportiert wurden, konnten bislang aber erst wenige Hundert Schicksale rekonstruiert werden. Bei allen anderen ist ungewiss, ob sie im Generalgouvernement für die besetzten polnischen Gebiete an Hunger und Krankheiten zugrunde gingen, ob sie von den Nationalsozialisten nach dem deutschen

Überfall auf die Sowjetunion in Lemberg oder einem anderen Zufluchtsort in den besetzten Gebieten der Sowjetunion ermordet wurden, ob sie als Häftlinge oder Zivilinternierte in einem sowjetischen Lager starben – oder ob sie überlebten und nach 1945 freiwillig in der UdSSR blieben.

Einige Biografien, wie sie in den kommenden Jahren für möglichst viele der österreichischen Deportierten erstellt werden sollen, recherchierte Claudia Kuretsidis-Haider für den Beitrag *„Du darfst nicht glauben, dass ich mutlos bin". Biografische Skizzen zu Nisko-Deportierten aus Wien*. Im Zentrum steht dabei das Schicksal von Wilhelm Grünwald, der auf dem Jahrbuchcover mit Schicksalsgefährten zu sehen ist. Er wurde mit dem 1. Transport von Wien nach Nisko deportiert und dann über die deutsch-sowjetische Demarkationslinie in die UdSSR getrieben. Im Oktober 1942 wurde Grünwald im Zuge der Liquidierung des Ghettos Sdolbunow zusammen mit 1.500 Juden und Jüdinnen von einem deutschen Sonderkommando erschossen. Das Foto wurde zusammen mit vielen anderen Informationen von seinem Sohn Oskar Grünwald zur Verfügung gestellt, der in den vergangenen Monaten viele Gespräche mit Claudia Kuretsidis-Haider geführt und auch an der Nisko-Konferenz im September 2019 mitgewirkt hatte. Kuretsidis-Haiders Beitrag enthält Auszüge aus Briefen an Grünwalds Ehefrau Aloisia, die mit dem kleinen Sohn in Wien zurückgeblieben war und um den Ehemann bangte, den sie nie wiedersehen sollte.

Der Beitrag geht dem Schicksal weiterer Deportierter nach: Walter Weiner, die Brüder Baumann, Leopold Sonnenfeld, Robert Deman, Hans Steinschneider, Josef Berger, Fritz Rerucha, Wilhelm Merl. Fotos aus früheren, glücklicheren Tagen, Dokumente der Verfolgung, verzweifelte Briefe an Angehörige umreißen die Konturen dieser so unverschuldet tragischen Leben.

Während der Beitrag von Kuretsidis-Haider aus den privaten Briefen der Deportierten zitiert, thematisiert die Stellvertretende Leiterin des Zentrums für Holocaust-Studien am Institut für Zeitgeschichte München, Andrea Löw, die Hilferufe an die IKG: *„Die Lage ist unter diesen Umständen sehr unsicher". Briefe deportierter Wiener Juden vom Herbst 1939 bis zum Frühjahr 1940 an die Israelitische Kultusgemeinde Wien*. Perfide haben die NS-Machthaber die Jüdischen Gemeinden allerorten in die jeweiligen Verfolgungsmaßnahmen verstrickt und zur Mitarbeit gezwungen. Ohne Alternative und im Bemühen, das Beste für die ihnen Anvertrauten zu erreichen, führten die Vertreter der Kultusgemeinden einen aussichtslosen Kampf. Gerade die Wiener Kultusgemeinde konnte ihre deportierten Mitglieder im fernen Nisko nicht substantiell unterstützen, was die Verzweiflung vieler Deportierter in Verbitterung umschlagen ließ. Hinzu kam, dass die Deportationen in wesentlichen Schritten von der IKG mitorganisiert werden mussten. Sie hatte die Listen jener Unglücklichen zu erstellen, diese zu informieren und zum Bahnhof zu bringen.

Die Repräsentanten der Jüdischen Gemeinden wurden ebenso getäuscht wie die Deportierten selbst: Weder Arbeit noch gute Verpflegung erwarteten sie in dem neuen „Siedlungsgebiet". Schon der Transport, erst recht die Ankunft waren geprägt von Entbehrungen und Misshandlungen, die wenigsten wurden in das rudimentäre Lager vor Ort aufgenommen. Ohne Habseligkeiten, ohne Papiere irrten viele Wiener Juden, die es nicht über die Demarkationslinie in die Sowjetunion geschafft hatten, herum, wurden ausgeraubt und ließen sich vollkommen mittellos in umliegenden Orten nieder. Angewiesen auf die Unterstützung der Bevölkerung vor Ort, die mit den Tausenden Ankömmlingen überfordert war, versuchten sie sich zu organisieren und Hilfe aus Wien zu erlangen. Die jüdische Bevölkerung war selbst verarmt, die „polnische" den Flüchtlingen gegenüber ablehnend eingestellt. Andrea Löw zitiert aus den Briefen von Wiener Juden – auch aus der sowjetischen Zone erreichten manche Schreiben Wien – an die amerikanische Hilfsorganisation *American Jewish Joint Distribution Committee*, die Israelitischen Kultusgemeinden in Wien und Mährisch-Ostrau sowie an die Jüdische Gemeinde in Lublin. Die Wiener Gemeinde konnte etwas Unterstützung nur über Mährisch-Ostrau übermitteln, solange Hilfe überhaupt möglich war.

Olga Radchenko, Professorin für Tourismus und Hotelwesen an der Universität Cherkassy (Ukraine), sichtete für ihren Artikel *Jüdische Nisko-Deportierte aus Wien in der Sowjetunion* vor allem Ermittlungsakten des sowjetischen Innenministeriums NKWD in ukrainischen Archiven, die Informationen, Dokumente, Privataufnahmen, Fotos, Briefe zu den Deportierten aus Wien enthalten. Die Unterlagen sind seit 2015 Forschenden zugänglich. Weitere Informationen stammen aus russischen Datenbanken (http://base.memo.ru) und der israelischen Gedenkstätte Yad Vashem.

Anhand dieser Unterlagen – darunter Dokumente sowjetischer Behörden und Aussagen der Betroffenen selbst – zeichnet Radchenko das Schicksal von 30 Juden nach, die nach ihrer Ankunft in Nisko in die Sowjetunion getrieben wurden oder sich dorthin flüchteten. Sie schildert die Flucht auf sowjetisches Gebiet, die Ankunft der meisten schließlich in Lemberg (Lwiw), die Verhöre nach der Ankunft in der Sowjetunion und die allgemeine Lage in diesem Teil des Landes angesichts Hunderttausender Flüchtlinge. Es mangelte auch dort an Nahrungsmitteln und Unterkünften. Viele Geflohene meldeten sich zur Arbeit im Inneren der Sowjetunion, andere wollten weiterreisen oder zu ihren Familien nach Wien zurückkehren. Die Meldung zur Aus- oder Rückreise zog ab Frühjahr 1940 die Verhaftung und Deportation in Arbeitslager nach sich. Aber auch Bemühungen der Wiener Juden, ihre Familienangehörigen nachzuholen, führten paradoxerweise oft zur Verhaftung.

Die Männer wurden ins Gulagsystem gezogen, das ständig Nachschub an Arbeitskräften brauchte. Um der Inhaftierung einen Anstrich von Legalität zu geben, wurden sie aufgrund des illegalen Grenzübertritts zu mehreren Jahren Zwangsarbeit – in Bergwerken, bei der Holzgewinnung, bei großen Bauprojekten – verurteilt. Die Lebensbedingungen in den Lagern waren elend, viele gingen an Erschöpfung zugrunde, waren physisch und psychisch den Entbehrungen auf Dauer nicht gewachsen. Hinzu kamen die stalinistischen Repressionen, verstärkt ab dem Sommer 1941, im Zuge derer langjährige Haftstrafen oder Todesurteile wegen vermeintlicher Spionage und anderer Vorwürfe ausgesprochen wurden. Dennoch waren die Überlebenschancen in der Sowjetunion ungleich besser als in den von den Nationalsozialisten besetzten Gebieten, wo die gesamte jüdische Bevölkerung gezielt ermordet wurde.

Nach dem Ende der NS-Herrschaft kamen manche, die die sowjetischen Lager überlebt hatten, nach Österreich zurück. Wenige wollten allerdings hier bleiben, sondern viele bemühten sich um die Ausreise vor allem in die USA. Für andere bedeutete das Kriegsende hingegen keine Befreiung. Sie meldeten sich bei der österreichischen Vertretung in Moskau, erhielten Papiere und etwas Geld und suchten um eine Ausreisegenehmigung an. Dies führte ab Ende der 1940er Jahre zu ihrer neuerlichen Verhaftung, erneuten Spionagevorwürfen (früher für Deutschland, nun für die USA) und weiteren Verurteilungen. Manche wurden neuerlich wegen des illegalen Grenzübertritts 1939 – nach der Vertreibung durch die Nationalsozialisten – verurteilt. Vielen geflüchteten und mit knapper Not der Vernichtung entkommenen Juden war damit nach dem Kriegsende ein schwereres Los beschieden als den meisten ihrer Naziverfolger. Erst nach Stalins Tod 1953 wurden die Urteile aufgehoben und die sich noch in der Sowjetunion aufhaltenden Nisko-Deportierten durften ausreisen. Einzelne blieben freiwillig in der Sowjetunion. Etwa 80 Personen sind nach Österreich zurückkehrt.

Am Bahnhofsgebäude in Nisko erinnert seit 1992 eine Tafel an die Deportationen – ein polnischer Auschwitz-Überlebender, der nach Kanada emigriert war, hatte sie in Erinnerung an die jüdischen Mitbürger anbringen lassen.

Doch nicht nur das Schicksal so vieler nach Nisko deportierter Männer liegt nach wie vor im Dunkeln. Auch an Ludwig Dub erinnert sich niemand mehr, weil es nichts mehr gibt, das an ihn erinnert, schreibt der Bibliothekar des DÖW Stephan Roth in seinem Beitrag *„Ein paar Watschen kannst haben, du […]". Zur „Arisierung" der Apotheke „Zum heiligen Georg" in Himberg bei Wien.* Um diesem Umstand abzuhelfen und die Geschichte des Himberger

Apothekers und seiner Familie festzuhalten, recherchierte Roth in den Akten diverser Archive, in örtlichen Gemeindechroniken, pharmazeutischen Zeitschriften sowie lokalen Zeitungen und Studien.

Ludwig Dub absolvierte schon einen Teil seiner Ausbildung in den 1890er Jahren in Himberg im niederösterreichischen Industrieviertel und kehrte nach dem Pharmaziestudium in Wien noch vor dem Ersten Weltkrieg dorthin zurück, wo er die Apotheke *Zum heiligen Georg* übernahm. Er war ein tüchtiger Apotheker und ein angesehener Bürger seiner Stadt. Roth skizziert nicht nur die Lebensgeschichte von Ludwig Dub und seiner kleinen Familie, sondern auch die geschichtliche Entwicklung der Stadt. Anhand zeitgenössischer Quellen entwirft der Autor das düstere Bild der Anschlusstage 1938. Die Beraubung der Familie Dub durch Karl und Maria Meixner zeichnet Roth im Detail nach. Ludwig Dub und seine Frau Irma wurden vertrieben, nach Riga deportiert und ermordet, ihre einzige Tochter Ernestine nahm sich im englischen Exil das Leben.

Das Ehepaar Meixner überlebte den Krieg. Als „Ariseur“ und „Alter Kämpfer“ – Mitglied der NSDAP bereits seit 1932, treues Mitglied der Partei auch in der Zeit, als Österreich um seine Unabhängigkeit rang – erwartete Meixner in der Zweiten Republik ein Volksgerichtsverfahren. Dessen Verlauf und Ausgang, das Bemühen der Himberger Gemeinde um posthume Gerechtigkeit für Ludwig Dub und das geschäftliche Geschick der „Ariseurin“ Maria Meixner runden dieses Kapitel österreichischer Geschichte ab. Offen bleibt, wie künftig die Erinnerung an die Familie Dub in ihrer einstigen Heimatgemeinde Platz finden wird.

Der Historiker Hans Schafranek thematisiert in seinem Beitrag *Österreicher und Österreicherinnen im französischen Widerstand gegen die deutsche Besatzung: der „Travail Allemand“ (TA)* den Anteil der ÖsterreicherInnen in der Résistance, die neben gebürtigen Franzosen und Französinnen sowie anderen MigrantInnen aus ganz Europa, vor allem Juden und Jüdinnen, gegen die deutsche Besatzung arbeiteten. Schafranek analysiert die Forschungslage zur Bedeutung des Widerstandes von EmigrantInnen, die Strukturen, Arbeitsweise und Personen der (jüdisch-kommunistischen) Widerstandsbewegung. Der Begriff *Travail Allemand* bezeichnet eine bestimmte Art der Widerstandstätigkeit der deutschsprachigen Emigration in Frankreich und Belgien, die durch Agitation, Propaganda und Infiltration deutscher Institutionen wirken sollte. Die Entstehung des *Travail Allemand*, das Leitungsgremium und der Anteil von ÖsterreicherInnen und Deutschen werden ebenso dargestellt wie die einzelnen „Arbeitsbereiche“: die Herstellung und Verbreitung von Untergrundzeitungen und Flugblättern, die Infiltration der Besatzungsinstitutionen und die sogenannte Soldatenarbeit der Mädelgruppen. Junge Frauen sollten Angehörige der Deutschen Wehrmacht beeinflussen – ein riskantes Unterfangen, das nicht selten mit Verhaftung, Folter und Deportation endete. Viele, fast ausnahmslos jüdische Frauen – manche von ihnen waren später im DÖW aktiv –, riskierten damals ihr Leben: Ester Tencer, Lotte Brainin, Gerti Schindel, Gisela Steinmetz, Rosel Jungmann, Lisa Gavric, Toni Lehr u. v. a. m. Irma Hirsch und ihr kleiner Sohn Georg wurden von Drancy nach Auschwitz deportiert und ermordet; Ester Tencer, die von Malines nach Auschwitz kam, überlebte das Vernichtungslager und arbeitete viele Jahre im DÖW – ihr widmeten Winfried R. Garscha, Claudia Kuretsidis-Haider und Heinz Arnberger im Jahrbuch 2012 einen Beitrag. Toni Lehr kam getarnt als Fremdarbeiterin von Frankreich ins Deutsche Reich, wurde verhaftet, ins KZ Ravensbrück deportiert und wirkte nach der Befreiung im KZ-Verband. Auch Gerti Schindel kam als französische (elsässische) Zivilarbeiterin getarnt zurück, flog wie fast alle auf und wurde nach Auschwitz deportiert; René Hajek, ihr Partner und Vater ihres Sohnes Robert Schindel, der im Exil geboren worden war, wurde in Dachau ermordet.

2018 veröffentlichte die Linzer Soziologin und historische Sozialforscherin Maria Prieler-Woldan ihre viel beachtete Monografie über Maria Etzer: *Das Selbstverständliche tun. Die Salzburger Bäuerin Maria Etzer und ihr verbotener Einsatz für Fremde im Nationalsozialismus*. Im vorliegenden Jahrbuch konzentriert sich die Autorin auf diese spezifische Art des Widerstandes und den Umgang der Nachkriegsgesellschaft mit den widerständigen Frauen: *„Der verbotene Umgang erfolgte bei Etzer nicht aus politischen Gründen ...“ Das Schicksal einer in der NS-Zeit verfolgten Bergbäuerin*. Skizziert werden die Delikte des „verbotenen Umgangs“ und die Situation auf den Bauernhöfen, die vielfach zivile und kriegsgefangene Zwangsarbeitskräfte, Frauen wie Männer, anstelle der eingerückten Männer beschäftigten. Die gemeinsame Arbeit und engen Lebensverhältnisse führten zu Konflikten ebenso wie zu Naheverhältnissen. Da Kontakte von den Nationalsozialisten zwischen „Deutschen“ und den nahezu rechtlosen „Ausländern“ rigoros unterbunden wurden, gefährdeten schon elementarste menschliche Handlungen die Beteiligten, erst recht (vermeintliche oder tatsächliche) Liebesverhältnisse. Polnischen oder russischen Kriegsgefangenen und Zwangsarbeitern drohte dafür der Tod, den „deutschen“ Frauen Gefängnis und Konzentrationslager. Maria Etzer beschäftigte französische Zwangsarbeiter, behandelte sie wie auch die ukrainische Zwangsarbeiterin auf dem Hof menschlich und ermöglichte ihnen das Zusammentreffen mit ihren Landsleuten.

Wer die mehrfache Mutter und Großmutter angezeigt hat, ist bis heute nicht bekannt. Sie wurde 1943 verhaftet und vom Sondergericht Salzburg wegen verbotenen Umgangs zu 3 Jahren Zuchthaus verurteilt, die sie in Bayern verbüßte. Die Franzosen wurden vor ein Feldkriegsgericht gestellt und zu Haftstrafen verurteilt; ob sie überlebt haben, ist nicht bekannt.

Nach dem Krieg kämpfte Maria Etzer gegen Stigmatisierung und – erfolglos – um eine Opferrente. Ihr Widerstand wurde als nicht wesentlich und nicht politisch eingestuft.

75 Jahre nach ihrer Verurteilung und mehr als ein halbes Jahrhundert nach ihrem Tod fanden die Bemühungen ihrer Enkelin Brigitte Menne breitere Akzeptanz: Das Sondergerichtsurteil wurde 2018 aufgehoben und Maria Etzer vollständig rehabilitiert.

Der Widerstandskämpfer Peter Kammerstätter hatte sich zeitlebens der Erforschung des Widerstandes im Salzkammergut gewidmet und 1978 eine umfangreiche *Materialsammlung über die Widerstands- und Partisanenbewegung Willy-Fred. Freiheitsbewegung im Oberen Salzkammergut – Ausseerland 1943–1945* vorgelegt, die die Grundlage für weitere Regionalstudien bildete. Kammerstätter würdigte darin – wie die Autoren des Jahrbuchbeitrages Klaus Kienesberger und Lukas Meissel – auch den Anteil der Frauen entsprechend ihrer großen Bedeutung in der Partisanenbewegung. Der Kommunikationshistoriker Kienesberger und der Historiker Meissel, derzeit Doktorand an der Universität Haifa, führen in ihrem Artikel *Widerstandsfragmente. Struktur und Überlieferungsgeschichte des Widerstands gegen den Nationalsozialismus im Ausseerland* Überlegungen zu Überlieferungsgeschichte und Quellen dieses regionalen Widerstandes aus, stellen seine Struktur und Verflechtung im lokalen Kontext dar und beleuchten insbesondere die Rolle der bekanntesten Protagonisten Sepp Plieseis und Albrecht Gaiswinkler. Zentrale Widerstandsaktivitäten werden von den Autoren auf ihre Glaubwürdigkeit eingeschätzt und die aufbrechenden Konfliktlinien nach der Befreiung miteinbezogen. Grundsätzlich, halten Kienesberger und Meissel fest, führt das Wesen von Widerstand, im Verborgenen handeln zu müssen, oft zu einer dünnen Quellenlage und schwierigen Überlieferungsgeschichte.

Mit der Gedenkstätte Deutscher Widerstand, Berlin, verbindet das Wiener Dokumentationsarchiv des österreichischen Widerstandes eine langjährige Partnerschaft, die immer wieder in gemeinsame Projekte mündet. Derzeit erstellen DÖW-MitarbeiterInnen den Österreich-Band in der Reihe der GDW zu den JudenretterInnen in Europa. Peter Steinbach, Wissenschaftlicher Ko-Leiter (gemeinsam mit Johannes Tuchel) der Gedenkstätte Deutscher Widerstand, ist Mitglied in der Jury des Herbert Steiner-Preises, der vom DÖW verliehen wird, und regelmäßiger Vortragender und Autor bei Veranstaltungen und in Publikationen des Dokumentationsarchivs. Im Beitrag *Entgrenzung des Rechts durch*

Polizei und Justiz in der NS-Zeit geht Steinbach der Entwicklung der deutschen Rechtsprechung im Nationalsozialismus sowie ihrem Verhältnis zur NSDAP und zur Polizei nach. Der Rechtsstaat, wie ihn Demokratien zum grundlegenden Prinzip haben, war naturgemäß ein Hauptfeind der Nationalsozialisten, die Gewaltenteilung – gesetzgebende Institutionen, eine unabhängige Justiz und eine exekutierende Verwaltung – eines ihrer ersten Opfer. Die Justiz wurde nach 1933 rasch gleichgeschaltet und arbeitete effizient mit dem übermächtigen Polizeiapparat zusammen. Richter – Frauen bekleideten dieses Amt damals noch nicht – waren dem Führer und der Partei verpflichtet, Sonderrechte für verschiedene Gruppen beendeten den Grundsatz der Gleichheit vor dem Gesetz. Die Umwandlung des Rechtssystems erfolgte laut Steinbach ohne nennenswerte Gegenwehr. Sondergerichte, darunter der berüchtigte Volksgerichtshof, wurden geschaffen, das Strafrecht wurde zur Waffe im politischen Kampf, ein willkürlich behauptbares „Volksempfinden" wurde samt „Führerwillen" zum Maßstab von Urteilen.

Steinbach skizziert die Pläne der Protagonisten des Juli 1944 für eine unabhängige Rechtsprechung und Nachkriegsordnung, die nach dem Scheitern des Umsturzversuches genau dieser politischen Justiz zum Opfer fielen. Nach der Befreiung mussten die Hinterbliebenen viele Jahre um ihr Recht, ihre Anerkennung und um Unterstützung kämpfen. Die Witwen und Waisen der hingerichteten Widerstandskämpfer wurden oft mit Hinweis auf nach wie vor gültige Urteil wegen Landesverrats abgewiesen. Kein Angehöriger des VGH wurde von einem bundesdeutschen Gericht verurteilt, viele blieben nach Kriegsende im Dienst und machten Karriere, wie Ernst Klee in seinem Personenlexikon zum Dritten Reich auflistet.

Die Nazifizierung der österreichischen Justiz ist ein aktuelles Projekt des DÖW, das von Ursula Schwarz im Auftrag des Justizministeriums durchgeführt wird. Über diese und viele andere Forschungen berichtet der Tätigkeitsbericht am Ende des Jahrbuchs. Die Projektmanagerin und Lektorin Christine Schindler beschreibt in *Erinnern, Erforschen, Erkennen* ausführlich das Wirken des DÖW als Archiv, Museum und Forschungsstätte 2019, seine Projekte und Veranstaltungen, die Publikationen und Vorträge seiner MitarbeiterInnen und vor allem auch die vielfältigen Vernetzungen und Kooperationen mit der österreichischen und internationalen Forschungs- und Gedenklandschaft.

Winfried R. Garscha

Achtzig Jahre Ungewissheit

Die Nisko-Aktion 1939 und ihre verschollenen Opfer

Unmittelbar nach der nationalsozialistischen Machtüberahme und dem Einmarsch der Deutschen Wehrmacht in Österreich im März 1938 setzten die neuen Machthaber eine gewaltige Welle von Flucht und Vertreibung in Gang: Durch eine Kombination von administrativen Schikanen, öffentlichen Demütigungen, staatlich sanktioniertem Raub und physischer Gewalt gelang es den Nationalsozialisten in nicht einmal zwei Jahren, 130.000 ihrer Rechte und ihres Eigentums beraubte Österreicher und Österreicherinnen dazu zu bewegen, das Land zu verlassen. Der Großteil von ihnen war jüdischen Glaubens, viele waren erst durch die NS-Gesetze zu „Juden" gemacht worden. Wem die erforderlichen finanziellen Mittel zur „Auswanderung" gefehlt hatten oder wem es aus anderen, unterschiedlichsten Gründen – wozu in vielen Fällen auch die moralische Verpflichtung, pflegebedürftige Angehörige nicht im Stich zu lassen, gehörte – nicht gelungen war, dem nationalsozialistischen Machtbereich zu entkommen, geriet ins Visier der NS-Vernichtungspolitik. Der größte Teil von ihnen wurde zwischen Herbst 1941 und Ende 1942 aus Wien in die Ghettos und Vernichtungslager deportiert.

Damit gelang den Nationalsozialisten innerhalb von viereinhalb Jahren die fast völlige Zerstörung einer der bedeutendsten jüdischen Gemeinden Europas: Die Wiener Gemeinde hatte sich durch religiös-kulturelle Vielfalt ausgezeichnet und einen relevanten Faktor der Gesellschaft gebildet.

In jahrzehntelanger Arbeit ist es – in erster Linie durch die namentliche Erfassung der Holocaust-Opfer von Seiten des Dokumentationsarchivs des österreichischen Widerstandes[1] – gelungen, Todesdatum und Ort der Ermordung

1 Brigitte Bailer / Gerhard Ungar, Die namentliche Erfassung der österreichischen Holocaustopfer, in: Dokumentationsarchiv des österreichischen Widerstandes (Hrsg.), Opferschicksale. Widerstand und Verfolgung im Nationalsozialismus. Jahrbuch 2013, Wien 2013, S. 63–73. Siehe auch: Gerhard Ungar, Erhebung, Erfassung und Bearbeitung der Quellen. Quellenbestände und Auswertung, in: Dokumentationsarchiv des österreichischen Widerstandes (Hrsg.), Schwerpunkt: Namentliche Erfassung von NS-Opfern, Jahrbuch 2007,

des Großteils der österreichischen Deportierten zu eruieren. Zu mehr als 64.000 der vermutlich mehr als 66.500 Ermordeten sind die Daten auf der Website des DÖW abfragbar. Es gibt eine Ausnahme: Jene fast 1.600 Männer, die im Oktober 1939 mit den ersten beiden Deportationszügen vom Wiener Aspangbahnhof nach Nisko am San transportiert wurden. Bisher konnte erst für wenige Hundert von ihnen ihr weiteres Schicksal rekonstruiert werden. Bei allen anderen ist ungewiss, ob sie im Generalgouvernement für die besetzten polnischen Gebiete an Hunger und Krankheiten zugrunde gingen, ob sie von den Nationalsozialisten nach dem deutschen Überfall auf die Sowjetunion in Lemberg oder einem anderen Zufluchtsort in den besetzten Gebieten der Sowjetunion ermordet wurden, ob sie als Häftlinge oder Zivilinternierte in einem sowjetischen Lager starben – oder ob sie überlebten und nach 1945 in der UdSSR blieben.

Die Nisko-Aktion als Teil der frühen Vertreibungen (1938 bis 1941)

Die Zwangsumsiedlung von 4.800 bis 4.900 jüdischen Männern aus Mährisch-Ostrau/Ostrava, Wien und Kattowitz/Katowice nach Nisko am San im Oktober 1939 war ein – maßgeblich von Adolf Eichmann gesteuertes – Projekt in der Übergangsphase von der Vertreibung zur Vernichtung der jüdischen Bevölkerung.[2]

Eine große Vertreibungsaktion hatte ein Jahr zuvor, Ende Oktober 1938, polnische Juden und Jüdinnen betroffen, die teilweise seit Jahrzehnten in Deutschland und im nunmehr annektierten Österreich gelebt hatten. Binnen weniger Stunden schoben die Nationalsozialisten 17.000 Menschen per Bahn über die polnische Grenze ab, wo sie einfach „ausgeladen" wurden. Als die polnischen Behörden darauf mit der Abschiebung von in Polen lebenden Jüdinnen und Juden in die Gegenrichtung antworteten, stoppten die NS-Machthaber die Aktion.[3]

Wien 2007, S. 30–35. Die Opferdaten werden laufend aktualisiert: https://www.doew.at/personensuche.

2 Der Übergangscharakter dieser Zwangsumsiedlung wurde argumentiert in: Winfried R. Garscha, Deportation als Vertreibung – Eichmanns Nisko-Experiment 1939 im Kontext der nationalsozialistischen „völkischen Flurbereinigung", in: Dokumentationsarchiv des österreichischen Widerstandes (Hrsg.), Forschungen zu Vertreibung und Holocaust. Jahrbuch 2018, Wien 2018, S. 117–142. Zu den widersprüchlichen Zahlenangaben siehe den Exkurs „Kann Brunner nicht zählen?" weiter unten.

3 Alina Bothe / Gertrud Pickhan (Hrsg.), Ausgewiesen! Berlin, 28. 10. 1938. Die Geschichte der „Polenaktion", Berlin 2018; Jerzy Tomaszewski, Auftakt zur Vernichtung. Die Ver-

Hintergrund dieser ersten Massenausweisung war, dass zahlreiche europäische Staaten nach der Annexion Österreichs die Einreisebestimmungen für Deutsche verschärften, um den vor allem jüdischen Flüchtlingen den Grenzübertritt zu erschweren. Die effektivste Maßnahme war der so genannte „Judenstempel", dessen Einführung die schweizerische Regierung im September 1939 nach mehrtägigen Verhandlungen mit Hitler-Deutschland durchgesetzt hatte.[4] Die Abschottungspolitik der Republik Polen unterschied sich von jener anderer europäischer Staaten dadurch, dass sie nicht nur deutsche, sondern in erster Linie eigene Staatsangehörige traf. Schon im März 1938 hatte der polnische Sejm ein Gesetz verabschiedet, das die Aberkennung der Staatsbürgerschaft nach mehr als fünfjährigem Aufenthalt außerhalb Polens erlaubte. In Deutschland bzw. Österreich waren davon 30.000 bzw. 20.000 polnische Jüdinnen und Juden betroffen. Nachdem die polnischen Konsulate in den darauf folgenden Monaten mehrere Hundert Pässe für ungültig erklärt hatten, verordnete die polnische Regierung am 5. Oktober 1938, dass mit 30. Oktober alle Pässe ihre Gültigkeit verlieren würden, die bis dahin keinen Kontrollvermerk des zuständigen polnischen Konsulats trugen. Das offensichtliche Kalkül war, einer Massenausweisung mehrerer Zehntausend Jüdinnen und Juden aus Deutschland nach Polen zuvorzukommen: Indem diese Menschen zu Staatenlosen gemacht wurden, kamen sie für eine mögliche „Rückführung" in ihren ursprünglichen Heimatstaat nicht mehr in Frage. Dem wiederum wollte Deutschland mit der so genannten Polenaktion zuvorkommen.

Zu dieser Zeit war die nationalsozialistische Führung noch daran interessiert, Deutschland als einen „zivilisierten" Staat erscheinen zu lassen, der seine expansiven Ziele mit „friedlichen" Mitteln verfolge. Doch nur so lange die Ausgewiesenen noch polnische Staatsangehörige waren, ließ sich die Maßnahme noch irgendwie mit geltendem internationalen Recht vereinbaren. Auch die Annexion der so genannten „Sudetengebiete" vier Wochen zuvor war

treibung polnischer Juden aus Deutschland im Jahre 1938, Osnabrück 2002. Zum Österreich-Bezug der polnischen Maßnahmen siehe: Garscha, Deportation als Vertreibung, S. 132 f. – Wie viele Menschen mit ständigem Wohnsitz im annektierten Österreich davon betroffen waren, ist nicht bekannt. Die „Polen-Aktion" vom Oktober 1938 war bisher kein Gegenstand der österreichischen Zeitgeschichtsforschung.

4 Siehe die zusammenfassende Darstellung der Verhandlungen zwischen der Schweiz und dem Deutschen Reich in einem Schreiben der Schweizerischen Gesandtschaft in Deutschland an das Auswärtige Amt vom 14. 11. 1938. Abgedruckt in: Die Verfolgung und Ermordung der europäischen Juden durch das nationalsozialistische Deutschland 1933–1945 (künftig: VEJ), hrsg. v. Institut für Zeitgeschichte München–Berlin, der Albert-Ludwigs-Universität Freiburg und dem Bundesarchiv, Bd. 2: Deutsches Reich 1938 – August 1939, Berlin 2009, Dok. 127, S. 369.

noch nicht als offener Gewaltakt erfolgt, sondern der Tschechoslowakei unter maximalem diplomatischen Druck abgepresst worden: Am 29. September 1938 hatte sich das Deutsche Reich mit Italien, Frankreich und Großbritannien im so genannten Münchner Ankommen darauf verständigt, dass diese Mächte der Abtrennung der mehrheitlich von Deutschen bewohnten Grenzgebiete der ČSR zustimmten.

Derartige Rücksichten waren bei der Nisko-Aktion im Oktober 1939 nicht mehr erforderlich: Deutschland befand sich im Krieg, das Ziel der Deportationstransporte lag auf soeben erobertem polnischen Territorium.

Bereits sechs Wochen zuvor, wenige Tage nach Beginn des Krieges, hatten die Nationalsozialisten begonnen, die letzten noch in Wien wohnenden polnischen Juden aus der Stadt zu „entfernen". Die Gestapo verhaftete über tausend polnische Staatsangehörige[5] sowie Staatenlose, die in der Republik Polen Heimatrecht hatten. Unter ihnen waren auch 122 Bewohner des jüdischen Altersheims in Wien-Alsergrund (Seegasse 9).[6] Die Menschen wurden zunächst in verschiedenen Gefängnissen eingesperrt und anschließend in einem improvisierten Internierungslager im Sektor B des Praterstadions gesammelt. In diesem führte der Kustos der anthropologischen Abteilung des Naturhistorischen Museums, Josef Wastl, an 440 der festgehaltenen Männer Schädelmessungen und andere pseudowissenschaftliche Untersuchungen durch.[7] Die tausend Internierten, mehrheitlich ältere Männer und männliche Jugendliche, wurden anschließend nicht nach Polen abgeschoben, sondern in das KZ Buchenwald eingeliefert. Am 30. September 1939 brachte die Gestapo sie vom Stadion zum Westbahnhof. Der österreichisch-israelische Historiker Herbert Rosenkranz, der in den 1970er Jahren als Erster eine Gesamtdarstellung über „Verfolgung und Selbstbehauptung" der österreichischen jüdischen Bevölkerung vorlegte, ordnete die so genannte „Stadionaktion" nicht den Vertreibungen zu, sondern

5 Die deutsche Bürokratie vermied nach dem September 1939 den Begriff „polnische Staatsangehörige" und ersetzte ihn durch „frühere polnische Staatsangehörige" oder einfach die ethnische Bezeichnung „Polen", um jede völkerrechtliche Definition des im Oktober geschaffenen staatsähnlichen Gebildes „Generalgouvernement" zu vermeiden. Siehe dazu: Martin Broszat, Nationalsozialistische Polenpolitik 1939–1945, Stuttgart 1961, S. 68–74.

6 Mit einer Ausnahme waren diese Männer zwischen 74 und 85 Jahre alt. Siehe: Herbert Rosenkranz, Verfolgung und Selbstbehauptung. Die Juden in Österreich 1938–1945, Wien 1978, S. 213.

7 Maria Teschler-Nicola / Margit Berner, Die Anthropologische Abteilung des Naturhistorischen Museums in der NS-Zeit. Berichte und Dokumentation von Forschungs- und Sammlungsaktivitäten 1938–1945, in: Akademischer Senat der Universität Wien (Hrsg.), Untersuchungen zur Anatomischen Wissenschaft in Wien 1938–1945, Wien 1998, S. 333–358, hier 340.

schätzte sie als ersten Schritt zur Vernichtung ein. Er leitete dies aus der Beobachtung ab, dass zum ersten Mal die bis dahin von der Kultusgemeinde angewandte Methode nicht mehr funktionierte, Menschen aus den Konzentrationslagern zu befreien, indem ihre sofortige Emigration garantiert wurde: „Der Transport und die Behandlung im Lager selbst waren besonders grausam, so daß Ende 1942 nur noch 181 am Leben waren. [...] Zum Unterschied von vorherigen Verhaftungen bezweckte die September-Aktion keine Urgierung der Emigration, sondern ihre Tötung auf indirektem Wege oder durch Erschöpfung, so daß die Interventionen der Kultusgemeinde um Enthaftung der Buchenwälder fruchtlos blieben.“[8]

Am 13. November 2003 wurde in der Ehrenhalle des Ernst-Happel-Stadions eine Gedenktafel zum „Gedenken an die über tausend in Wien lebenden Juden, die im September 1939 im Praterstadion inhaftiert, rassistisch-anthropologisch untersucht und anschließend in das KZ Buchenwald deportiert wurden“, enthüllt.[9]

Folgt man dieser Interpretation, so war die „Stadionaktion“ vom September 1939 keine Kopie der Einweisung von rund viertausend Wiener Juden nach dem Novemberpogrom 1938 ins KZ Dachau, sondern wies bereits in die Richtung des Mordprogramms späterer Jahre. Die massenhafte Einweisung in Konzentrationslager war erfolgt, weil es 1938 außerhalb der Reichsgrenzen noch keinen Zielort für diese Deportationen gab.

Das änderte sich mit der Eroberung Polens im September 1939. Nun tauchte auf einmal eine europäische Version des schon früher lancierten „Madagaskar-Plans“,[10] der Abschiebung des Großteils der jüdischen Bevölkerung auf eine isolierte Insel vor der Ostküste Afrikas, auf: ein „Judenreservat“ bzw. „Reichs-

8 Rosenkranz, Verfolgung und Selbstbehauptung, S. 213.

9 Bernhard Hachleitner, Das Wiener Praterstadion Ernst-Happel-Stadion. Bedeutung, Politik, Architektur und urbanistische Relevanz, Wien 2011, S. 226 f. – Text der Gedenktafel: https://www.wien.gv.at/documents/27041/8044894/2003-11-13-buergermeister-haeupl-enthuellte-gedenktafel-im-ernst-happel-stadion/ [7. 3. 2020].

10 Eine zusammenfassende Darstellung des „Madagaskar-Plans“ aus nationalsozialistischer Sicht ist in dem so genannten Wisliceny-Bericht enthalten, den der ehemalige Mitarbeiter Adolf Eichmanns im Reichssicherheitshauptamt und spätere „Beauftragte für jüdische Angelegenheiten“ für die Slowakei, Griechenland und Ungarn, SS-Hauptsturmführer Dieter Wisliceny im November 1946 während seiner Gefangenschaft in Bratislava verfasste. Erstmals veröffentlicht 1955: Léon Poliakov / Joseph Wulf, Das Dritte Reich und die Juden, Neuaufl., Wiesbaden 1989, S. 89–91. Zwei grundlegende Studien zum „Madagaskar-Plan“ erschienen in den 1990er Jahren: Hans Jansen, Der Madagaskar-Plan. Die beabsichtigte Deportation der europäischen Juden nach Madagaskar, München 1997; Magnus Brechtken, „Madagaskar für die Juden“. Antisemitische Idee und politische Praxis 1885–1945, München ^{2}1998 [= Studien zur Zeitgeschichte, Bd. 53].

ghetto“ im Raum Lublin.[11] Adolf Eichmann, der in Wien die Zentralstelle für jüdische Auswanderung aufgebaut hatte, sprach ganz offen darüber. Durch Herbert Rosenkranz ist eine diesbezügliche Äußerung Eichmanns gegenüber einem jüdischen Jugendfunktionär überliefert. Anfang Oktober 1939, nach Abschluss des „Polenfeldzugs“, kündigte Eichmann Daniel Adolf Brunner vom zionistischen Jugendbund Makkabi Hazair an: „Sie wissen, wir haben den Krieg gewonnen. [...] Und darum habe ich, Eichmann, beschlossen, ein Reservat für die Juden in Lublin zu machen. Von übermorgen an werden Transporte nach Lublin gehen.“[12] In einer Besprechung in Wien sicherten Vertreter der Zentralstelle für jüdische Auswanderung der Gauleitung am 7. Oktober 1939 zu, intensiv „auf eine baldige Lösung der Judenfrage“ hinzuarbeiten. Eichmanns Chef, Walter Stahlecker, zu dieser Zeit bereits „Befehlshaber der Sicherheitspolizei beim Reichsprotektor in Böhmen und Mähren“, schrieb wenige Tage nach der Besprechung an Gauleiter Josef Bürckel: „Wie Ihnen der Sicherheitsdienst in Wien noch mitteilen wird, haben sich sehr erfreuliche Aspekte für die restlose Lösung der Judenfrage in Österreich gezeigt. Es besteht die Hoffnung, dass eine größere Anzahl deportiert werden kann.“[13]

Die Aktion begann am 17. Oktober 1939 – allerdings nicht in Wien, sondern in Mährisch-Ostrau/Ostrava, wo ein erster Deportationstransport mit 22 Personenwaggons und 29 Güterwaggons zusammengestellt wurde. Am Morgen des 18. Oktober verließ der Zug mit 901 Ostrauer Juden die Stadt. Im Zug befand sich auch eine Begleitmannschaft von zehn SS-Männern des deutschen Grenzpolizeikommissariats und 15 Mitarbeitern der von Eichmann aufgebauten „Zentralstellen für jüdische Auswanderung“ Wien und Prag. Unmittelbar darauf wurde die Aktion auf Wien ausgeweitet: Am 20. Oktober verließ der erste Nisko-Transport mit 912 Männern den Aspangbahnhof.

Gerüchte über nationalsozialistische Pläne eines „Judenreservats“ im Raum Lublin fanden in der internationalen Presse Ende 1939 / Anfang 1940 breite Beachtung.[14] Besonders genau wurden sie von jüdischen Medien verfolgt. Am

11 Siehe zu diesen Plänen: Jonny Moser, Nisko. Die ersten Judendeportationen, Wien 2012, S. 24–27; Mečislav Borák, The First Deportation of European Jews. The transports to Nisko nad Sanem (1939–1940), Opava 2010, S. 60–62.

12 Rosenkranz, Verfolgung und Selbstbehauptung, S. 216.

13 Der SD-Führer und Befehlshaber der Sicherheitspolizei beim Reichsprotektor in Böhmen und Mähren an Reichskommissar Gauleiter Bürckel (z. Zt. Neustadt a. d. Weinstr.), Prag, 10. Oktober 1939. Faksimile: https://ausstellung.de.doew.at/popup.php?t=img&id=628 [7. 3. 2020].

14 Moser zitierte in seinem Buch neben Artikeln jüdischer Zeitschriften auch Meldungen der „Neuen Zürcher Zeitung“, der „New York Times“, mehrerer britischer Tageszeitungen sowie der dänischen „Politiken“. Siehe: Moser, Nisko, S. 63–67.

22. Dezember 1939 verbreitete die New Yorker jüdische Exilzeitschrift „Aufbau" beispielsweise eine Information aus Paris, wonach die deutsche Regierung die Pläne für ein Judenreservat im Raum Lublin „zurückgestellt" habe. Der auf der Titelseite abgedruckte Artikel trug den Titel „Lublin-Plan fallen gelassen? Dafür polnisch-jüdischer Pufferstaat geplant".[15] Eine Woche zuvor hatte der „Aufbau" unter Bezug auf britische Pressemeldungen eingeschätzt, dass die ganze Lubliner „Reservation" möglicherweise nur ein Vorwand sei, „die Juden in Massen über die sowjetrussische Grenze zu treiben. Beinahe 50 % der Juden aus Böhmen, Mähren und Wien sollen gezwungen worden sein, den San-Fluss ins Sowjetgebiet zu überqueren. Wie verlautet, verhandelt Berlin bereits über die Abtretung des Lubliner Gebiets an Russland."[16] Die Gerüchte über eine „Abtretung" des Distrikts Lublin des damaligen Generalgouvernements für die besetzten polnischen Gebiete an die UdSSR entbehrten allerdings jeglicher Grundlage. Die Schätzung, dass beinahe die Hälfte der Deportierten

Blick auf den San bei Ulanów, 10 km flussaufwärts von Zarzecze (Aufnahme vom August 2016)

W. R. Garscha

15 Aufbau, Jg. 5, Nr. 23 (22. 12. 1939), S. 1.
16 Aufbau, Jg. 5, Nr. 22 (15. 12. 1939), S. 16.

über den San (und den Bug) gejagt worden seien, war hingegen viel zu niedrig angesetzt. Die eigentliche Botschaft der Meldung vom 22. Dezember – „Lublin-Plan fallen gelassen" – traf jedoch zu, auch wenn der „Aufbau" sie noch mit einem Fragezeichen versehen hatte. Was die Zeitung nicht wissen konnte, war, dass der Befehl aus Berlin zum Abbruch der „Umsiedlung" schon zwei Monate früher ergangen war, nämlich zu einer Zeit, als in Mährisch-Ostrau und Wien noch die Vorbereitungen für weitere Transporte in den Raum Lublin im Gang waren.

Tatsächlich waren nur zwischen 18. und 27. Oktober 1939 Deportationszüge aus Mährisch-Ostrau, Wien und Kattowitz nach Nisko am San gefahren, von wo aus die Männer ins Dorf Zarzecze auf dem gegenüberliegenden San-Ufer marschieren mussten. Eine Minderheit der 4.800 bis 4.900 deportierten Männer wurde in das Lager Zarzecze aufgenommen, einige fanden Unterkünfte weiter flussabwärts in Pysznica, flussaufwärts in Ulanów oder in Orten im Inneren des Distrikts Lublin. Alle anderen Deportierten wurden einfach davongejagt. Die meisten dieser Menschen flüchteten über die nahe Demarkationslinie auf sowjetisches Gebiet, wo die Mehrheit von ihnen interniert und ab 1940 in Lager verschickt wurde. 516 Männer, darunter 198 Wiener, wurden im April 1940 entlassen und durften nach Hause zurückkehren. Sie fielen mehrheitlich späteren nationalsozialistischen Verfolgungsmaßnahmen zum Opfer.

Weitere Ausweisungsaktionen von Jüdinnen und Juden fanden 1940 an der Ost- und Westgrenze des Deutschen Reiches statt – und zwar wiederum in Territorien, die zuvor dem nationalsozialistischen Machtbereich einverleibt worden waren: Am 13. Februar und 11. März 1940 erfolgte innerhalb weniger Tage die Zwangsumsiedlung von mehr als tausend Personen aus den preußischen Regierungsbezirken Stettin (zu dem auch Stralsund gehörte) und Schneidemühl (heute Piła) in den Raum Lublin im Generalgouvernement für die besetzten polnischen Gebiete,[17] am 21. und 22. Oktober 1940 vertrieben die NS-Behörden über 6.500 Menschen aus Südwestdeutschland nach Südfrankreich,[18] d. h. in das „Hoheitsgebiet" der mit dem Deutschen Reich kollaborierenden Vichy-Regierung.[19]

In seinem „Atlas of the Holocaust" ordnete der britische Historiker Martin Gilbert die Vertreibungsaktionen in Stettin und Schneidemühl den Deportatio-

17 Zusammenfassend: Albert Gottwaldt / Diana Schulle, Die „Judendeportationen" aus dem Deutschen Reich 1941–1945, S. 33–36.

18 Zusammenfassend: Ebenda, S. 37–46.

19 Zum Verlauf beider Aktionen (mit Quellenangaben): Garscha, Deportation als Vertreibung, S. 225–227.

nen der Nisko-Aktion zu und fasste sie unter „Deportationen ins ‚Lublinland', Oktober 1939 – April 1940" zusammen. Unter Einrechnung des weiter unten erwähnten Transports von 120 Personen aus Hamburg über Berlin und Dresden und Mährisch-Ostrau nach Lublin sowie der Vertreibung von Juden und Jüdinnen aus west- und zentralpolnischen Gebieten gelangte er zur Gesamtzahl von 95.000 Deportierten, die zwischen Oktober 1939 und April 1940 im Distrikt Lublin ankamen.[20] Gilberts Berechnungen führten die Herausgeber einer dreibändigen amerikanischen Enzyklopädie jüdischen Lebens vor und während des Holocaust zur irrigen Annahme, die Nationalsozialisten hätten 95.000 Juden und Jüdinnen aus Ostrava, Wien und Katowice ins „Durchgangslager" Nisko deportiert.[21] Dieser Fehler wurde vom Internetportal „Virtuelles Schtetl" beim Eintrag über Nisko übernommen.[22]

Die 6.500 am 21. und 22. Oktober 1940 nach Frankreich Deportierten stammten aus 138 Orten in Baden, 93 Orten in der Pfalz und 17 Orten im Saarland. Die Aktion, die auf Initiative der beiden Gauleiter Robert Wagner (Baden) und Josef Bürckel[23] (Saarpfalz) vom Reichssicherheitshauptamt angeordnet worden war, wurde von Eichmann koordiniert. Die Mehrheit der aus Südwestdeutschland Vertriebenen wurde im Camp de Gurs interniert, einem von der französischen Regierung im April 1939 für politische Flüchtlinge aus Spanien (darunter auch österreichische „SpanienkämpferInnen") eingerichteten Lager im Pyrenäenvorland. Wie schon bei der Aktion im Februar/März in Stettin und Schneidemühl waren unter den Vertriebenen besonders viele Alte und Kranke. Die meisten unter ihnen waren in der Nacht aus ihren Häusern geholt worden, manche überlebten die Deportation nur wenige Tage.

Eine letzte „Umsiedlungsaktion" von Jüdinnen und Juden – in diesem Fall ausschließlich aus Wien – vor dem Beginn der Transporte in die großen Ghettos, die die nationalsozialistischen Besatzer im „Reichsprotektorat Böhmen und Mähren", im „Generalgouvernement für die besetzten polnischen Gebiete" und, nach Beginn des Krieges gegen die UdSSR, im „Reichskommissariat Ostland" eingerichtet hatten, fand im Februar und März 1941 statt: Am 15.,

20 Karte Nr. 37. Deutsche Ausgabe: Martin Gilbert, Endlösung. Die Vertreibung und Vernichtung der Juden. Ein Atlas, Reinbek bei Hamburg 1982, S. 40.

21 Siehe: Shmuel Spector / Geoffrey Wigoder / Elie Wiesel (Hrsg.), The Encyclopedia of Jewish Life before and during the Holocaust, New York 2001, Bd. 2, S. 894 f.

22 https://sztetl.org.pl/en/towns/n/137-nisko/99-history/137742-history-of-community [7. 3. 2020].

23 Nach Beendigung seiner Funktion als „Reichskommissar für die Wiedervereinigung Österreichs mit dem Deutschen Reich" war der aus der Saarpfalz stammende Bürckel zum Chef der Zivilverwaltung für das von Hitler-Deutschland annektierte Lothringen ernannt worden.

19. und 26. Februar sowie am 5. und 12. März verließen fünf Deportationszüge mit insgesamt 5.003 Männern, Frauen und Kindern den Wiener Aspangbahnhof nach Zielorten im Generalgouvernement:[24] zwei nach Opole Lubelskie und je einer nach Kielce, Modliborzyce und Ostrowiec Świętokrzyski. Die 997 nach Ostrowiec Deportierten wurden in zwei Orte ohne Bahnanschluss gebracht – in das Dorf Łagów und die Kleinstadt Opatów. In all diesen Orten hatte zu diesem Zeitpunkt die Konzentration der einheimischen jüdischen Bevölkerung in Ghettos gerade erst begonnen. Die Ankunft der aus Wien Vertriebenen spitzte die Versorgungssituation zu, da zuvor schon Tausende jüdische Flüchtlinge und Vertriebene aus den vom Deutschen Reich annektierten Gebieten im Westen Polens aufgenommen worden waren.[25] Wie aus einem Aktenvermerk von Dr. Becker, der Bürckel bei Besprechungen mit der Zentralstelle für jüdische Auswanderung vertrat, hervorgeht, hatte Eichmann bereits im November 1939 mit der „Wiederaufnahme der Polenaktion“[26] Anfang 1940 gedroht. Aus der Darstellung von Herbert Rosenkranz geht hervor, dass Eichmann diese Drohungen später mehrfach wiederholte.[27]

Raoul Hilberg ordnete in seinem Standardwerk zur Geschichte des Holocaust die von ihm nur am Rande erwähnte Nisko-Aktion in diese „frühen Vertreibungen“ ein.[28] Die spätere Holocaustforschung folgte ihm darin.[29] Vom zeitlichen Ablauf her ist diese Einordnung logisch. Zu ergänzen wäre, dass den frühen Vertreibungen auch die Einweisung von rund 30.000 männlichen Juden aus dem gesamten damaligen nationalsozialistischen Machtbereich in verschiedene Konzentrationslager im Gefolge des Novemberpogroms 1938 zuzurechnen ist, darunter jene fast 4.000 österreichische Juden, die nach ihrer

24 Siehe die Übersicht mit Angaben zur Zahl der Deportierten und Überlebenden auf der Website des DÖW: http://ausstellung.de.doew.at/m17sm66.html [7. 3. 2020].

25 Details dazu: Winfried R. Garscha, Deportation nach Polen. Die Verschickung von Wiener Juden und Jüdinnen ins Generalgouvernement, in: Christine Schindler / Claudia Kuretsidis-Haider (Hrsg.), Ein lebendiger Ort der Erinnerung: Das Dokumentationsarchiv des österreichischen Widerstandes [= Österreich – Geschichte Literatur Geographie, Jg. 61 (2017), H. 3], S. 232–247, hier 242–245.

26 Aktenvermerk Dr. Becker für Regierungspräsident Karl Barth, 13. 11. 1939. Faksimile: https://ausstellung.de.doew.at/popup.php?t=img&id=631 [7. 3. 2020].

27 Siehe: Rosenkranz, Verfolgung und Selbstbehauptung, S. 257 f.

28 Hilbergs Formulierung zeigt, dass er sich mit der Nisko-Aktion nicht im Detail befasst hatte: „Die Transporte aus Wien und Moravská Ostrava vom Oktober 1939 wurden in die kleine Stadt Nisko am San gebracht. Die Idee, aus Nisko eine größere Siedlung zu machen, schlug aber offensichtlich fehl.“ Raoul Hilberg, Die Vernichtung der europäischen Juden, Frankfurt/M. [1]1990, Bd. 2, S. 416.

29 Siehe beispielsweise: Leni Yahil, Die Shoah. Überlebenskampf und Vernichtung der europäischen Juden, München 1998, S. 215–266.

Inhaftierung ins KZ Dachau überstellt wurden.[30] Allerdings weist die Aktion eine Reihe von Merkmalen auf, die eine gesonderte Analyse nahelegen.

Eines dieser Merkmale ist, dass Nisko nicht, wie alle übrigen in der vorherigen Chronologie genannten Vertreibungsaktionen, ausschließlich Juden und Jüdinnen betraf, die im „Altreich", im annektierten Österreich oder dem zum deutschen „Protektorat" erklärten Tschechien ihren Wohnsitz hatten. Im Zuge der Nisko-Aktion deportierte die Gestapo auch Personen aus Gebieten, die erst seit Kriegsbeginn 1939 dem nationalsozialistischen Machtbereich einverleibt worden waren, nämlich die mutmaßlich 2.000 Menschen aus Kattowitz/Katowice und anderen oberschlesischen Orten. Diese sind nicht den „frühen Vertreibungen" zuzurechnen, sondern sie gehörten zu den mehr als 300.000 Menschen, die 1939/1940 aus den vom Deutschen Reich annektierten Gebieten Polens (d. h. aus den neuen Reichsgauen „Danzig-Westpreußen", „Wartheland" sowie aus Ost-Oberschlesien) vertrieben wurden – die Mehrheit von ihnen Jüdinnen und Juden. Ähnliche Maßnahmen in den annektierten Gebieten Frankreichs (Elsass-Lothringen) im Sommer 1940 betrafen weniger Personen, waren aber ebenfalls Teil der von den Nationalsozialisten betriebenen „völkischen Flurbereinigung".[31]

War die Nisko-Aktion Teil eines Plans für ein nationalsozialistisches „Judenreservat"?

> „Der Transportleiter [...] befiehlt uns auszusteigen. [...] ‚Kein Toter' bemerkt er ironisch. ‚Wartet, bis sie nach Lublin kommen, dann bringen wir sie mit der Schaufel zu Bett.' Zum ersten Male hat jemand ein Ziel erwähnt. [...] Wir fahren nach Lublin. [...] Träumen wir? [...] Ein Judenstaat in Lublin? Hitler, der Erlöser der Juden? Hitler, der Messias? [...] Der Zug fährt ab. Immer wieder wird das Wort Lublin gemurmelt. Aber jetzt ist es nicht allein Lublin. Es ist der Judenstaat. Das Wort klingt wie ein Zauberwort. Jetzt endlich hat unsere Reise ein Ziel. [...]"[32]

30 Siehe: https://www.doew.at/erkennen/ausstellung/1938/die-verfolgung-der-oesterreichischen-juden/der-novemberpogrom-reichskristallnacht.

31 Details dazu: Garscha, Deportation als Vertreibung, S. 129 f.

32 M. Moldawer, The Road to Lublin. A Survivor's Story, in: Contemporary Jewish Record, New York, Bd. III (März–April 1940), S. 119–122, zitiert nach der Übersetzung von Jonny Moser: Moser, Nisko, S. 64. Teile des englischen Textes erschienen zuletzt in: Jürgen Matthäus / Emil Kerenji (Hrsg.), Jewish responses to persecution, 1933–1946. A source reader, Lanham (Maryland) 2017, Dok. 2–4, S. 42 f.

Nach dem ersten Halt in Berlin, bei dem sie das Ziel des Transports erfuhren, erreichten 120 Hamburger Deportierte am vierten Tag Dresden. Die jüdische Gemeinde organisierte Verpflegung für sie und übernahm die Leiche des Passagiers, der den Strapazen erlegen war.

> „Die Juden von Dresden haben schon von dem Lubliner Projekt gehört, aber sie sind nicht beeindruckt davon. Ihr Instinkt lässt sie die Wahrheit erkennen. ‚Es wird keinen jüdischen Staat geben', flüstert der Leiter der jüdischen Gemeinde, als sie den Toten aus dem Waggon entfernen. ‚Es wird ein anderes Ghetto, ein alljüdisches Konzentrationslager werden'. Zum ersten Mal geht uns ein Licht auf. Das ist also die Idee von Lublin. Ein Riesenlager zum Sterben."[33]

> „2. November [...], 2 Uhr nachmittags. Endlich erreichen wir Lublin, die Hauptstadt des neuen jüdischen Staates. [...] Menschen hausen in Ställen, in Kellern, in Panjewagen und in den Trümmern zerstörter Häuser. [...] Den jüdischen Ingenieuren, die man in Mährisch-Ostrau unserem Transport eingliederte, gelang es außerhalb der Stadt [...] Holzbauten [für die bisher Deportierten zu errichten]. [...] Die Polen sind verängstigt. [...] Als Beispiel nehmen wir folgenden Fall. Zwanzig Meilen von Lublin entfernt, fährt [...] ein Bauer auf sein Feld zum Pflügen. Als er ankommt, sieht er auf seinem Acker eine Tafel aufgestellt, die kundtut, hier wäre jetzt ein Terrain des neuen jüdischen Staates. Der Acker ist voller Baracken, [...] er kann die Okkupanten nicht vertreiben, weil alles mit Stacheldraht umzäunt ist und davor SS-Wachen patrouillieren. Der Bauer ist [...] verbittert. Für ihn sind es vor allem die Juden und nicht die SS, die seinen Acker beschlagnahmen."[34]

Dieser Bericht erschien erstmals am 25. Jänner 1940 in der New Yorker sozialistischen jiddischen Zeitung Forverts/The Forward. Die seit 1897 in jiddischer Sprache erscheinende New Yorker Tageszeitung, deren Auflage in den 1930er Jahren zeitweise jene der New York Times übertroffen hatte, war ein wichtiges Bindeglied der Einwanderinnen und Einwanderer aus Osteuropa zu ihren kulturellen Wurzeln und bot Neuankömmlingen wie Moldawer ein Forum für Berichte über die Vorgänge im nationalsozialistisch beherrschten Europa. Allerdings erlebte die Zeitung 1939/1940 einen dramatischen Rückgang ihrer Auflage – als Folge der restriktiven Einwanderungsgesetze in den USA, die

33 Ebenda.

34 Moldawer, Road to Lublin, S. 130 ff., zitiert in: Moser, Nisko, S. 102 f.

es Jüdinnen und Juden aus Osteuropa fast unmöglich machten, in die USA zu gelangen. Über den Autor Moldawer ist wenig bekannt. Er stammte aus Polen, hatte aber schon zwei Jahrzehnte in Deutschland gelebt. Er war einer jener Juden, die 1938 ins KZ Buchenwald eingeliefert wurden und 1939 mit der Auflage, Deutschland umgehend zu verlassen, freigelassen wurden. Gemeinsam mit seiner Frau fuhr er nach Hamburg, um sich in die USA einzuschiffen, was aber wegen des Kriegsbeginns nicht mehr möglich war. Am 16. September wurden die beiden festgenommen. Nach fünfwöchiger Haft wurden sie gemeinsam mit anderen aus Hamburg vertriebenen Juden und Jüdinnen auf eine Irrfahrt kreuz und quer durch Deutschland[35] und dann über Mährisch-Ostrau nach Lublin geschickt. Mitte November gelang es den beiden, mit Unterstützung des amerikanischen Konsuls in Warschau dank ihrer amerikanischen Visa eine Ausreisegenehmigung zu bekommen. Über Genua erreichten sie die USA, wo Moldawer seinen Bericht zuerst auf Jiddisch und im März 1940 auf Englisch veröffentlichte.

Der langjährige DÖW-Mitarbeiter Jonny Moser, der die erste umfassende Darstellung der Nisko-Aktion in deutscher Sprache vorlegte, die 2012 posthum erschien, hat den Bericht Moldawers aus dem Jahre 1940 erstmals in ausführlichen Auszügen auf Deutsch zugänglich gemacht. Für Moser ist dieser Bericht nicht nur ein Beispiel dafür, in welcher Weise die Gerüchte über ein geplantes „Judenreservat" oder gar einen „Judenstaat" in der Welt bekannt wurden, sondern auch dafür, dass es neben den vom Reichssicherheitshauptamt bzw. dem Stab Adolf Eichmanns veranlassten Deportationen von jeweils mehreren Hundert Jüdinnen und Juden auch, wie Moser sie nennt, zu „wilden" Deportationen[36] durch andere SS-Stellen und lokale Behörden kam.

Die Botschaft Moldawers für die amerikanischen Leserinnen und Leser war offenkundig, sie vor Illusionen in einen „Judenstaat" von Gnaden der Nationalsozialisten zu warnen. Schon am 22. Oktober 1939 hatte die New York Times (wenn auch weit hinten im Blatt, auf Seite 36) eine Meldung der Nachrichtenagentur UPI aus Berlin gebracht, dass der „Abtransport von 2.000 Juden aus Wien in einen ‚Judenstaat' im Inneren Polens" auch „Berliner jüdische Kreise mit Besorgnis" erfülle, da man erwarte, dass „alle in Deutschland lebenden polnischen Juden umgesiedelt werden".[37]

Im besetzten Polen war es besonders schwierig, an verlässliche Informationen heranzukommen. Andererseits waren genau diese Menschen, die den

35 Martin Gilbert hat mit Hilfe von Moldawers Angaben die Fahrtroute auf seiner Karte Nr. 37 eingezeichnet: Gilbert, Endlösung, S. 40.

36 Moser, Nisko, S. 75.

37 Zitiert in: Ebenda, S. 64 f.

nationalsozialistischen Besatzungsterror täglich erlebten, sehr gut in der Lage, derartige Informationen zu interpretieren, wenn sie sie über ausländische Radiosender erhielten. Jonny Moser hat ein besonders eindrucksvolles Beispiel im Zusammenhang mit den Planspielen zu einem Lubliner „Judenreservat“ zitiert – den Tagebucheintrag des 1943 im Vernichtungslager Treblinka ermordeten polnisch-jüdischen Pädagogen Chaim Aron Kaplan vom 25. Oktober 1939:

> „Gestern hörten wir über Radio London, dass die Juden Wiens sich auf Grund eines Befehls zum Verlassen ihrer Heimatstadt bereitzuhalten und nach Polen, in den Bezirk Lublin, umzusiedeln hätten. Das bedeutet: bereitet euch auf die totale Vernichtung vor.“[38]

Wie Nisko zu einem Thema der Holocaustforschung wurde, soll an dieser Stelle nicht noch einmal dargestellt werden,[39] von Interesse ist hier vor allem die Interpretation der überlieferten Quellen in Bezug auf die Frage, ob Adolf Eichmann mit der Nisko-Aktion einen ersten Schritt zur Verwirklichung nationalsozialistischer Pläne hinsichtlich eines nationalsozialistischen „Judenreservats“ umsetzte.

Diese Frage wurde nach 1945 erstmals während des Prozesses gegen Adolf Eichmann in Jerusalem 1961 aufgeworfen. Eichmann wollte den Eindruck erwecken, als habe es sich bei Nisko um eine Art Rettungsaktion gehandelt, die er in Absprache mit der Wiener Israelitischen Kultusgemeinde organisiert habe, die aber von – ihm missgünstig gesinnten – Parteigenossen in Berlin und Krakau torpediert worden sei.

Gewichtiger als Eichmanns Behauptungen sind jene Dokumente, die belegen, dass Reinhard Heydrich, einer der Hauptorganisatoren des Holocausts, in den Wochen vor Beginn der Nisko-Aktion sich zweimal unmissverständlich im Sinne eines (vorläufigen) „Reservatsplans“ geäußert hat. Eine dieser Äußerungen war zunächst nur aus dritter Hand überliefert: Wie aus einer Tagebuchaufzeichnung des widerständigen Generalstabsoffiziers Helmuth Groscurth hervorgeht, hatte ihn Albert Radke, Major im Generalstab des Heeres, am 22. September 1939 in einer „mündlichen Orientierung“ darüber in Kenntnis gesetzt, dass Heydrich den während des „Polen-Feldzugs“ im Generalstab des Heeres für die Koordination mit den SS-Einsatzgruppen zuständigen Oberst Eduard Wagner an diesem Tag über seine Polen-Pläne informiert habe: „Ein

38 Abraham I. Katsh (Hrsg.), Buch der Agonie. Das Warschauer Tagebuch des Chaim A. Kaplan, Frankfurt/M. 1967, S. 66. Zitiert in: Ebenda, S. 65.

39 Siehe dazu: Garscha, Deportation als Vertreibung, S. 136–139.

Judenstaat unter deutscher Verwaltung bei Krakau. Dahinein alle Zigeuner und sonstig Unliebsame.“[40]

Mittlerweise sind alle relevanten Quellen für die historische Forschung zugänglich – und daraus geht hervor, dass die Idee eines als „Judenstaat“ titulierten nationalsozialistischen Groß-Ghettos unter den für die Massenumsiedlungen im eroberten Polen zuständigen Stellen an der Spitze des NS-Terrorapparats tatsächlich ernsthaft diskutiert wurde. Am Tag vor der oben erwähnten „Orientierung“ hatte Heydrich in einer großen Besprechung der Amtschefs der Geheimen Staatspolizei und der Führer der in Polen tätigen Einsatzgruppen der Sicherheitspolizei und des SD darüber informiert, dass Heinrich Himmler von Hitler mit der „Juden-Deportation in den fremdsprachigen Gau“[41] beauftragt worden war und Hitler außerdem seine Zustimmung gegeben habe, Deportierte „über die Demarkationslinie“ abzuschieben.[42]

Diese Instruktion wiederholte Heydrich eine Woche später, einen Tag nach Abschluss des deutsch-sowjetischen Grenz- und Freundschaftsvertrags, in einer Besprechung der Chefs der verschiedenen Ämter des Reichssicherheitshauptamts: Der Raum „hinter Warschau und um Lublin“ solle ein „Naturschutzgebiet“ oder „Reichs-Getto“ werden, in dem „all die politischen und jüdischen Elemente untergebracht werden, die aus den künftigen deutschen Gauen ausgesiedelt werden müssen“.[43]

Der erste Autor, der ausführlich über die Nisko-Aktion schrieb, war der Theresienstadt-Überlebende Hans Günther Adler.[44] Seine Darstellung, die sich weitgehend auf die von Jonny Moser seit den 1960er Jahren gesammelten Dokumente und Erinnerungen stützte, geht allerdings einer etwas anderen

40 Helmut Krausnick / Harold C. Deutsch (Hrsg.), Helmuth Groscurth – Tagebücher eines Abwehroffiziers 1938–1940. Mit weiteren Dokumenten zur Militäropposition gegen Hitler, Stuttgart 1970, S. 361 f.

41 Mit dieser Formulierung war das spätere Generalgouvernement für die besetzten polnischen Gebiete gemeint. Hitler äußerte damals bei mehreren Gelegenheiten, dass er den an Deutschland fallenden Teil Polens in drei Streifen unterteilen wolle: Der Westen werde an Deutschland angeschlossen, der mittlere solle ein „fremdsprachiger Gau“ des Reichs werden, während der östliche Streifen, entlang der künftigen Demarkationslinie zur Sowjetunion, alle unliebsamen Elemente aufnehmen solle.

42 Das Protokoll der Besprechung ist abgedruckt in: VEJ, Bd. 4: Polen September 1939 – Juli 1941, München 2011, Dok. 12, S. 88–92.

43 Protokoll der Amtschefbesprechung mit den Leitern der Einsatzgruppen vom 29. 9. 1939, Bundesarchiv, Bestand R 58/825, Bl. 33 f. Zitiert in: Michael Wildt, Generation des Unbedingten. Das Führungskorps des Reichssicherheitshauptamtes, Hamburg 2002, S. 461.

44 H. G. Adler, Der verwaltete Mensch. Studien zur Deportation der Juden aus Deutschland, Tübingen 1974, S. 126–140.

Fragestellung nach, nämlich warum die Deportationen so problemlos funktionierten. Auch wenn Adler die Planspiele für ein „Judenreservat" nicht explizit behandelte, so machte er doch allgemein darauf aufmerksam, welche „bürokratische Apparate in Bewegung versetzt" wurden, „um von den Spitzen der Exekutive bis zu den lokalen Verwaltungsstellen es so einzurichten, daß alle Beteiligten – die Opfer möglichst eingeschlossen – sich einspannen ließen [...] für die Verheimlichung der Wahrheit zu sorgen, verbunden mit Täuschung und Verlockung zur Selbsttäuschung".[45]

In seinen eigenen Arbeiten zitierte Jonny Moser – wie oben gezeigt – zeitgenössische Quellen, in denen die diesbezüglichen Planungen beschrieben oder auch kommentiert wurden. Sein eigener „Kommentar" bestand in der akribischen Schilderung des Schicksals der „Umgesiedelten" angesichts des völligen Fehlens auch nur rudimentärer öffentlicher Strukturen vor Ort. Da die verarmten, dem deutschen Besatzungsterror ausgesetzten polnischen jüdischen Gemeinden im Distrikt Lublin kaum Unterstützung anbieten konnten, war die einzige Hilfe die Selbstorganisation der Deportierten, einschließlich ihrer Unterstützung durch die Kultusgemeinden „daheim". Das galt vor allem für jene von Mährisch-Ostrau, da der Wiener IKG durch die Zentralstelle für jüdische Auswanderung weitestgehend die Hände gebunden waren, wie Doron Rabinovici eindrucksvoll dargestellt hat.[46]

In den 1980er und 1990er Jahren machte es sich ein ehemaliger Nisko-Deportierter aus Mährisch-Ostrau, der in Israel den Namen Seev Goshen angenommen hatte, zur Aufgabe, das Lügengebäude, das Adolf Eichmann als Angeklagter in Jerusalem um die Nisko-Aktion errichtet hatte und das in populärwissenschaftlichen und journalistischen Darstellungen mehr oder weniger unkritisch reproduziert wurde, zum Einsturz zu bringen – in erster Linie in zwei Beiträgen in den vom Münchner Institut für Zeitgeschichte herausgegebenen „Vierteljahrsheften für Zeitgeschichte" in den Jahren 1981[47] und 1992[48] und in einem Aufsatz, den er 1982 in einem Sammelband publizierte, den das „Haus der Ghettokämpfer" (in einem Kibbuz bei Akkon) in Kooperation mit

45 Ebenda, S. 83.

46 Doron Rabinovici, Instanzen der Ohnmacht. Wien 1938–1945. Der Weg zum Judenrat, Frankfurt/M. 2000.

47 Seev Goshen, Eichmann und die Nisko-Aktion im Oktober 1939. Eine Fallstudie zur NS-Judenpolitik in der letzten Etappe vor der „Endlösung", in: Vierteljahrshefte für Zeitgeschichte, Jg. 29 (1981), H. 1, S. 74–96.

48 Seev Goshen, Nisko – ein Ausnahmefall unter den Judenlagern der SS, in: Vierteljahrshefte für Zeitgeschichte, Jg. 40 (1992), H. 1, S. 95–106.

der Universität Haifa herausgab.[49] Im zweiten seiner Beiträge für die „Vierteljahrshefte für Zeitgeschichte" deklarierte sich Seev Goshen als Zeitzeuge: „Dem Verfasser kam der Umstand zugute, daß er auf Grund eigener Nisko-Erfahrung die Verläßlichkeit von Aussagen und Urkunden zu beurteilen vermochte."[50] 2005 hat Mečislav Borák erstmals auf Goshens ursprünglichen Namen, nämlich Rudolf Goldberger, hingewiesen.[51] Goldberger ist im 26 Seiten umfassenden „Verzeichnis der am 17.X.1939 a [= und] 26.X.1939 aus Mähr.Ostrau nach Nisko a/San abgegangenen Personen" enthalten.[52] Das offenbar von der Israelitischen Kultusgemeinde Mährisch-Ostrau angelegte Verzeichnis enthält bei einer großen Anzahl der im April 1940 zurückgeschickten Deportierten den Vermerk „zurückgekehrt". Bei Juden aus Mährisch-Ostrau war zusätzlich die Kennkartennummer angegeben. Da diese im Reichsprotektorat Böhmen und Mähren erst ab 3. März 1942 vorgeschrieben war, muss das Verzeichnis nach diesem Zeitpunkt erstellt worden sein. Bei den wenigen sonstigen Rückkehrern lauteten die zusätzlichen Vermerke „nach Prag", „nach Brünn" (in Einzelfällen sind auch andere Orte wie Oderberg oder das südmährische Trebitsch angeführt) bzw. „unbek. wohin". In zwei Fällen war eine „Auswanderung" des Zurückgekehrten (nach Schweden bzw. in die Slowakei) angegeben. Rudolf Goldberger gehört zu jenen rund 20 Prozent der Deportierten, für die das Verzeichnis bei Datum und Ort der Geburt „unbekannt" vermerkt; das Verzeichnis enthält auch keine Informationen über eine eventuelle Rückkehr oder „Auswanderung" Goldbergers. Wann Rudolf Goldberger nach Palästina gelangte und wann er den hebräischen Namen Ze'ev [Wolf] Goshen annahm, ist nicht bekannt. Die Akten des Londoner Zentralbüros der Jewish Agency for Palestine enthalten einen Polizeibericht über Reden Rudolf Goldbergers zur Katastrophe des Flüchtlingsschiffs „Struma", das am 24. Februar 1942 im Schwarzen Meer durch einen Torpedo versenkt wurde.[53]

49 Ze'ev Goshen, Mivtza Nisko [Die Operation Nisko], in: Universitet Cheifa [Universität Haifa] / Beit Lochamej haGeta'ot [Haus der Ghettokämpfer] (Hrsg.), Dappim leheker tekufat haShoah [Forschungstexte der Holocaust-Periode], Bd. 2, Tel Aviv 1982, S. 177–195.

50 Goshen, Nisko – ein Ausnahmefall, S. 96.

51 Mečislav Borák, Transporty do Niska nad Sanem ve světle literatury a pramenů [Die Transporte nach Nisko am San im Lichte der Literatur und der Quellen], in: Ostrava. Příspěvky k dějinám a současnosti Ostravy a Ostravska [Ostrava. Beiträge zu Geschichte und Gegenwart von Mährisch-Ostrau und des Ostrauer Landes], Jg. 22 (2005), S. 272–295, hier 276.

52 Im Faksimile abgedruckt in: Borák, First Deportation, S. 239–264, hier 245.

53 Eine Kopie des britischen Polizeiberichts befindet sich im US Holocaust Memorial Museum Washington unter der Signatur RG-68.196M – The Zionist Organization/The Jewish Agency for Palestine/Israel-Central Office, London (Z4), 1917–1955.

Zwar sei tatsächlich die Idee der Errichtung eines „Reichsghettos“ im Bezirk Lublin, schrieb Goshen in seinem ersten Aufsatz, „verschiedentlich in vager Form geäußert worden, aber ein ernstgemeintes Vorhaben, in der Umgebung von Lublin einen ‚Judenstaat‘ unter deutscher Oberhoheit oder auch nur eine Art Reservat zu errichten, hat es nie gegeben.“[54]

Auf einer internationalen Konferenz, die die Universität Ostrava anlässlich des 55. Jahrestages der Nisko-Aktion veranstaltete,[55] ging der angesehene tschechische Holocaust-Historiker Miroslav Kárný noch weiter und vertrat die Meinung, der Plan eines „Reichsghettos“ sei eine propagandistische Tarnung der bereits konzipierten Pläne zum Völkermord an den europäischen Juden und Jüdinnen gewesen.[56] Ganz so weit wollte Seev Goshen in seinem Referat auf derselben Konferenz nicht gehen. Aber auch er wies die sich hartnäckig haltende Auffassung zurück, es habe ernsthafte Planungen für ein „Reichsghetto“ gegeben. Man dürfe „Versuchsballons“, die möglicherweise zu Täuschungszwecken losgelassen wurden, denen aber „niemals auch nur der Beginn eines Handelns folgte“, nicht mit „Planen“ gleichsetzen. Bis Ende 1939 seien 11.000 Jüdinnen und Juden[57] in den Distrikt Lublin zwangsumgesiedelt worden, „hingegen z. B. in den Distrikt Warschau, ohne Reservatsplan, [...] ungefähr 40.000.“ Es sei Zeit, meinte Goshen, die „Legende von irgendeinem Lublinplan endgültig [zu] begraben“.[58]

Diverse Verschwörungstheorien, die nach der „Wende“ in Polen üppig zu blühen begannen, sehen hingegen im Plan eines Judenstaats auf polnischem Gebiet alles andere als eine Legende. Der Plan sei eine Fortsetzung jener antipolnischen Konspiration von Russland und Deutschland gewesen, die schon im Ersten Weltkrieg einen von Juden kontrollierten Pufferstaat („Judeopolonia“) errichten wollte, was dann 1939 mit den Planungen für ein „Lublinland“

54 Goshen, Eichmann und die Nisko-Aktion, S. 94.

55 Philosophische Fakultät der Universität Ostrava (Hrsg.), Nisko 1939/1994. Mezinárodní vědecká konference. Akce Nisko v historii „konečného řešení židovské otázky“ – k 55. výročí první hromadné deportace evropských Židů. Sborník referátů [Die Aktion Nisko in der Geschichte der „Endlösung der Judenfrage“ – zum 55. Jahrestag der ersten Massendeportation der europäischen Juden. Sammelband], zusammengestellt von Ludmila Nesládková, Ostrava 1995. (Nachfolgend zitiert als „Nisko 1939/1994“.)

56 Miroslav Kárný, Tábor Nisko a plán říšského ghetta [Das Lager Nisko und der Plan eines Reichsghettos], in: Ebenda, S. 106–117, hier 109 f. (deutsche Zusammenfassung: 117).

57 Allerdings erreichte die Anzahl der in den Distrikt Lublin Vertriebenen nach den bereits 1982 publizierten Berechnungen von Martin Gilbert, wie oben dargestellt, bis zum Frühjahr 1940 die Zahl von 95.000, was Goshen aber offenbar nicht bekannt war.

58 Ebenda.

umgesetzt werden hätte sollen.[59] Trotz prominenter Unterstützung durch einen führenden katholischen Publizisten[60] blieb die Anhängerschaft dieser kruden Geschichtsinterpretation ein kleines Grüppchen antisemitischer Fanatiker. Doch selbst die offizielle Website der Stadt Nisko blieb davon nicht ganz unbeeinflusst. Dort findet sich die Behauptung, die Stadt und ihr Umland sei im Mittelpunkt des Interesses der deutschen Besatzer gestanden: „als Hauptstadt eines jüdischen Territoriums, als Emigrationszentrum im europäischen Maßstab", denn nach Einschätzung Eichmanns seien Nisko und Umgebung „am besten für die Errichtung eines eigenen ‚Judenstaats' geeignet" gewesen.[61]

Seev Goshen setzte sich auch auf der Konferenz in Ostrava, wie schon in seinem ersten Aufsatz zu Nisko, kritisch mit Darstellungen auseinander, die Eichmanns „frechem Posieren als Judenretter"[62] während des Prozesses in Jerusalem auf den Leim gingen. Keinesfalls habe Eichmann, wie er als Häftling in Jerusalem behauptete, Juden „retten" wollen. Vielmehr habe er sich „als Vorreiter persönliche Lorbeeren verdienen"[63] wollen. Da Eichmann an der oben erwähnten Amtsleiterbesprechung vom 21. September teilgenommen hatte, wusste er um die Pläne von Hitler und Himmler bezüglich der Massendeportationen auf dem Gebiet des eroberten Polens. Von einer Deportation der noch

59 2007 organisierte die rechtsextreme „Patriotenbewegung und Föderation der patriotischen Kräfte ‚Blitz'" in mehreren Orten Polens Veranstaltungen zum Thema „Meine Stadt". Die Veranstaltung in Nisko war dem „Platz von Nisko im Projekt ‚Lublinland'" gewidmet, die Referentin sah im Aufbau des Barackenlagers nahe Nisko den Beweis dafür, dass 1939 mit der Umsetzung des Projekts „Lublinland" begonnen wurde, doch dann hätte sich Hitler für eine andere „Lösung der Judenfrage", nämlich die „biologische Liquidierung des jüdischen Volkes" entschieden; in dieser „Lösung" sei kein Platz mehr gewesen für einen Judenstaat. Siehe: https://rzadwygnanyrp.wordpress.com/2018/11/04/miejsce-niska-w-projekcie-lublinland-panstwa-zydowskiego-pod-protektoratem-niemieckim/ [7. 3. 2020].

60 Edward Gigilewicz, Lublinland – Państwo Żydowskie w planach III Rzeszy [Lublinland – Der Judenstaat in den Plänen des Dritten Reiches], Radom 2004. Gigilewicz ist Verlagsdirektor der angesehenen Katholischen Universität Lublin und Herausgeber der zwanzigbändigen „Encyklopedia Katolicka".

61 „Nisko i okolice znalazły się w centrum zainteresowania okupanta niemieckiego jako stolica terytorium żydowskiego, ośrodka emigracyjnego w skali europejskie [...] Nisko i okolice za najbardziej nadające się do założenia wydzielonego ‚państwa żydowskiego'." https://www.nisko.pl/miasto/poznaj-miasto/historia [7. 3. 2020].

62 Goshen, Eichmann und die Nisko-Aktion, S. 94. Goshen bezog sich auf Aussagen Eichmanns, sein von Göring und Heydrich abgesegneter Plan sei nur deshalb gescheitert, weil sich Generalgouverneur Hans Frank quergelegt habe; der Befehlshaber der Sicherheitspolizei und des SD im Generalgouvernement habe ihn, auf Initiative Franks, sogar verhaften lassen wollen.

63 Seev Goshen, Die Nisko-Aktion. Mythos und Wirklichkeit, in: Nisko 1939/1994, S. 118–124, hier 120.

in Wien lebenden Juden und Jüdinnen oder jener des Protektorats war bei der Amtsleiterbesprechung nicht die Rede gewesen. Also wollte Eichmann an der Aussiedlung der in den annektierten Teilen Polens lebenden jüdischen Bevölkerung anknüpfen. Genau so war die in der Forschung allgemein als „Initialzündung" der Nisko-Aktion geltenden „Order zur Durchführung der Deportationen"[64] vom 6. Oktober 1939 formuliert. Goshen wies darauf hin, dass die diesbezügliche Anordnung von SS-Oberführer Heinrich Müller, der zu dieser Zeit gerade zum Chef des Amtes IV (Gestapo) des Reichssicherheitshauptamtes ernannt worden war, nur aus einem Vermerk Eichmanns bekannt ist, der sich auf die Abschiebung der jüdischen Bevölkerung der Kattowitzer Gegend und aus Mährisch-Ostrau bezog.[65] Wien wurde darin nicht erwähnt. Trotzdem fuhr Eichmann am Tag darauf nach Wien, um mit einem Vertreter von NSDAP-Gauleiter Joseph Bürckel, mit seinem Stellvertreter in der Wiener Zentralstelle für jüdische Auswanderung, Alois Brunner, und Hans Günther, seit Juli Leiter der Prager Zentralstelle für jüdische Auswanderung, den „Abtransport der Juden Wiens nach Polen" zu besprechen. Es war dies jene Besprechung, die den Anlass für das oben zitierte Schreiben Walter Stahleckers aus Prag an Gauleiter Josef Bürckel war, in dem er ausdrücklich die Hilfe der Zentralstelle für die Bemühungen der Wiener Nationalsozialisten, sich der jüdischen Bevölkerung zu entledigen („restlose Lösung der Judenfrage in Österreich"), hervorhob. Damit scheint klar zu sein, dass Eichmann jedenfalls die Rückendeckung seines Chefs hatte. Jonny Moser ist dennoch überzeugt, dass die Besprechung vom 7. Oktober eine eigenmächtige Ausdehnung der Aktion auf Wien durch Adolf Eichmann war.[66] Für Seev Goshen ist die Tatsache, dass die Weisung des Gestapo-Chefs Müller in Wien nicht erwähnt wurde, ein Hinweis darauf, dass es sich bei Eichmanns Aktenvermerk möglicherweise überhaupt um eine „Fabrikation" handelte.[67]

Allerdings gibt es Hinweise darauf, dass Eichmann und seine Mitarbeiter bis zum Zeitpunkt, an dem die Aktion, noch bevor sie richtig angelaufen war, plötzlichen abgebrochen werden musste, das „jüdische Reservat" tatsächlich als zumindest mittelfristige Option betrachteten. Immerhin wurde die Aktion von Eichmann und seinen engsten Mitarbeitern minutiös vorbereitet, worauf beide Gesamtdarstellungen der Nisko-Aktion ausführlich eingingen.[68] Die Tat-

64 So die Formulierung Jonny Mosers: Moser, Nisko, S. 34.

65 Auch in der Besprechung am 9. Oktober in Mährisch-Ostrau war nur von Deportationen aus Mährisch-Ostrau und Kattowitz die Rede: Borák, First Deportation, S. 322–325.

66 Moser, Nisko, S. 34.

67 Goshen, Mythos und Wirklichkeit, S. 119.

68 Borák, First Deportation, S. 60–82; Moser, Nisko, S. 34–53.

sache, dass die Organisatoren selbst kleinste technische Details vorbereitet, jedoch „nicht bedacht oder gar geplant“ hatten, „wovon und wie die deportierten Juden nach ihrer Ankunft im Osten Polens leben sollten“,[69] widerlegt diese Auffassung nicht, sondern beweist nur, dass jede „territoriale“ Lösung der „Judenfrage“ den Tod einer sehr großen Anzahl der „Umgesiedelten“ einplante – was auch auf den so genannten „Madagaskar-Plan“ zutraf.

Einem besonders gewichtigen Indiz, dass es nicht nur um einen „Probelauf“ für künftige Deportationen ging, widmete Jonny Moser ein eigenes Kapitel[70] seines Buches: Sollte das Projekt einer zumindest vorübergehenden Ansiedlung mehrerer Zehntausend Jüdinnen und Juden gelingen, bedurfte es einer funktionsfähigen jüdischen Verwaltung im künftigen Siedlungsgebiet. Eichmann beorderte noch vor Beginn der Aktion (am 10. Oktober 1939) für den 13. Oktober vier Repräsentanten der jüdischen Bevölkerung Wiens und zwei leitende Beamte der Prager Kultusgemeinde als Repräsentanten der jüdischen Bevölkerung des „Reichsprotektorats Böhmen und Mähren“ nach Mährisch-Ostrau, von wo aus sie mit dem ersten Transport nach Polen reisen sollten, um am Aufbau des „Reservats“ mitzuwirken. Als mögliches zusätzliches Motiv für die Entsendung der hochrangigen jüdischen Funktionäre führt Mečislav Borák an, dass deren Anwesenheit den Ausweisungen „Legitimität“[71] verleihen sollte, d. h. dass dadurch ihre Durchführung in Übereinstimmung mit den jüdischen Gemeinden und der angeblich „freiwillige“ Charakter der „Umsiedlung“ unterstrichen werden sollte.[72]

An welchem Ort das Durchgangslager für die in das „Reichsghetto“ abzusiedelnden Menschen errichtet werden sollte, stand zu diesem Zeitpunkt noch nicht fest. Aus einer Besprechung von Eichmanns Stab in den Räumen des Grenzpolizeikommissariats Mährisch-Ostrau am 9. Oktober 1939 geht hervor, dass Eichmann ein Gebiet etwa 70 bis 100 Kilometer südwestlich von Lublin im Auge hatte, zwischen der Kreisstadt Kraśnik und den beiden Kleinstädten Rozwadów, einer mehrheitlich jüdischen Ortschaft nahe der Einmündung des San in die Weichsel, und Annopol an der Weichsel.[73] Als Begründung, warum

69 Andrea Löw, Die frühen Deportationen aus dem Reichsgebiet von Herbst 1939 bis Frühjahr 1941, in: Susanne Heim / Beate Meyer / Francis R. Nicosia (Hrsg.), „Wer bleibt, opfert seine Jahre, vielleicht sein Leben“. Deutsche Juden 1938–1941, Göttingen 2010, S. 59–76, hier 61.

70 „Einberufung jüdischer Funktionäre“, Moser, Nisko, S. 43–45.

71 Borák, First Deportation, S. 74 f.

72 Zur Einbindung der Wiener Kultusgemeinde in die Nisko-Aktion siehe: Rabinovici, Instanzen der Ohnmacht, S. 197–203.

73 Protokoll der Besprechung in Mährisch-Ostrau vom 9. 10. 1939, erstmals publiziert in: Rudolf Iltis (Hrsg. im Auftrag des Rats der jüdischen Gemeinden in den böhmischen Län-

das von Heydrich Ende September noch bei Krakau vorgesehene Ansiedlungsgebiet hierher verlegt wurde, vertritt Götz Aly die These, Himmler habe bereits „in der ersten Oktoberhälfte [...] die polnischen Beskiden als ‚geschlossenes Siedlungsgebiet' für die Südtiroler Optanten[74] ausersehen, weshalb das geplante Judenreservat plötzlich nicht mehr südöstlich von Krakau (am Abhang der Beskiden), sondern südlich von Lublin errichtet werden" sollte.[75] Aly bezieht sich offenbar auf jenen Schnellbrief Heydrichs betreffend die in Polen geplanten Bevölkerungsverschiebungen vom 21. September 1939, der auf Druck der Wehrmacht neu formuliert werden musste. Darin war als Zielgebiet für Judendeportationen noch das Gebiet definiert worden, das von Krakau bis Jarosław/Jaroslau am San reichte und im Süden von der slowakischen Grenze und im Norden von Polaniec an der Weichsel begrenzt wird.[76]

Gemeinsam mit Walter Stahlecker, Befehlshaber der Sicherheitspolizei und des SD im Protektorat Böhmen und Mähren, und weiteren SS-Männern unternahm Eichmann am 12. Oktober 1939 jene Erkundungstour von Warschau aus, über die er – wie weiter unten erwähnt – in seinen Verhören in Jerusalem 1961 berichtete. SS-Obersturmführer Rolf Günther vom Grenzpolizeikommissariat Mährisch-Ostrau fertigte darüber am 16. Oktober einen Bericht an, aus dem hervorgeht, dass Stahlecker von Prag nach Mährisch-Ostrau flog, sich dort über den Stand der Vorbereitungen informieren ließ, mit Eichmann zunächst nach Krakau und von dort weiter nach Warschau flog – offenbar, weil der bestellte Wagen am Flughafen Krakau nicht bereit stand. Der Lancia der Gestapo Mährisch-Ostrau stand nämlich in Warschau. Mit zwei Autos – dem Lancia und einem Mercedes – fuhren Stahlecker und Eichmann nach Südosten, um das

dern und des Zentralverbands der jüdischen Gemeinden in der Slowakei), Nazidokumente sprechen, Prag o. J. (1965), zitiert in: Jonny Moser, Zarzecze bei Nisko, in: Wolfgang Benz / Barbara Distel (Hrsg.), Der Ort des Terrors. Geschichte der nationalsozialistischen Konzentrationslager, Bd. 9: Arbeitserziehungslager, Durchgangslager, Ghettos, Polizeihaftlager, Sonderlager, Zigeunerlager, Zwangsarbeitslager München 2009, S. 588–596, hier 590. Faksimile des von Kriminalkommissar Wagner am 11. Oktober angefertigten Protokolls: Borák, First Deportation, Dok. 8, S. 322–325.

74 Am 23. Juni 1939 erfolgte in Berlin eine deutsch-italienische Vereinbarung, die die deutschsprachige Bevölkerung Südtirols vor die Wahl zwischen dem Erhalt der heimatlichen Bauernhöfe und dem Recht, weiterhin ihre Muttersprache zu verwenden, stellte. Wer für die deutsche Sprache „optierte", musste die Umsiedlung nach Deutschland in Kauf nehmen. Das Abkommen zwischen Mussolini und Hitler wurde am 21. Oktober 1939, also exakt zum Zeitpunkt der Nisko-Aktion, unterschrieben. Siehe: Karl Stuhlpfarrer, Umsiedlung Südtirol 1939–1940, 2 Bde., Wien–München 1985.

75 Götz Aly, „Endlösung". Völkerverschiebung und der Mord an den europäischen Juden, Frankfurt/M. 1995, S. 65.

76 Zitiert in: Goshen, Eichmann und die Nisko-Aktion, S. 83.

vorgesehene Gebiet zu prüfen, wobei es vor allem um die Klärung von drei Fragen ging: die „Lebensverhältnisse, die eventuellen Unterbringungsmöglichkeiten und die Fahrtstrecke des Transportes mit dem in Aussicht genommenen Endbahnhof".[77] Offensichtlich entsprachen die Verhältnisse in Rozwadów nicht den Erwartungen, obwohl Eichmann auf der Besprechung am 9. Oktober in Mährisch-Ostrau noch gemeint hatte, das in Aussicht genommene Lager werde sich „wahrscheinlich in der Nähe des Eisenbahnknotenpunktes Rozwadow befinden".[78] Der nächste Bahnhof, Nisko, nur 15 km flussaufwärts von Rozwadów, erschien Eichmann wohl eher geeignet. Die endgültige Entscheidung fiel aber erst nach der Rückkehr der Erkundungsmission nach Krakau. Am 15. Oktober telegrafierte Eichmann den Entschluss, die „Eisenbahnstation für Transporte ist Nisko am San", an SS-Obersturmführer Günther nach Mährisch-Ostrau.[79]

Unter den alten Leuten, die Mečislav Borák 1991 und 1993 in Zarzecze interviewte, war auch ein Zeitzeuge, der als junger Bub die Inspizierung des künftigen Lagergeländes durch die Erkundungsmission beobachtet hatte. Weil Adolf Eichmann seit dem Prozess in Jerusalem weltweit zum Inbegriff der Deportationen wurde, aber kaum jemand jemals von seinem Vorgesetzten Stahlecker gehört hatte, schien für den von Borák interviewten Dorfbewohner klar, dass die Gruppe nur von Eichmann selbst angeführt worden sein konnte: „Gemeinsam mit anderen Buben hatten wir die Kühe auf die Weide hinausgeführt, wie üblich nahe der Brücke über den San-Fluss. Aber wir waren sehr überrascht, als sie uns von der Brücke verscheuchten. Sie sagten uns, wir dürften dort nicht sein, weil gleich jemand kommen werde. So versteckten wir uns in einiger Entfernung und schauten, was passieren würde. Einige Autos kamen, und ein deutscher Offizier stieg auf der Brücke aus. Er war vermutlich hochrangig, weil er durch viele andere Deutsche umringt war. Ein paar Tage später hörten wir ein Gerücht, dass es Eichmann gewesen sei und dass er einen Ort für ein Judenlager ausgesucht hatte."[80]

Dass es sich bei der „Gruppe Kultusgemeinde" nicht nur um eine kurze Erkundungsmission handeln sollte, ging aus der Anordnung, Wäsche und Klei-

77 Moser, Nisko, S. 45. Auszüge aus Günthers Bericht sind auch abgedruckt in: Borák, First Deportation, S. 76 (übersetzt aus: Nationalarchiv Prag, Gestapo, 101-653-1a, S. 25).

78 Faksimile des Protokolls der Besprechung vom 9. 10. 1939: Borák, First Deportation, Dok. 8, S. 322–325, hier 322.

79 Faksimile des Telegramms vom 15. Oktober 1939 in: Borák, First Deportation, Dok. 11, S. 330.

80 Aufzeichnung eines Gesprächs von Mečislav Borák mit Stanisław Dziura, abgedruckt in: Borák, First Deportation, S. 76.

dung für mindestens vier Wochen mitzunehmen, hervor. Da sich unter den von Wien nach Mährisch-Ostrau und von dort dann nach Polen beorderten Funktionären auch der Stellvertreter von Amtsdirektor Josef Löwenherz, Benjamin Murmelstein, befand, protestierte Löwenherz bei Eichmann und schlug vor, statt Murmelstein dessen von vielen Angehörigen der Kultusgemeinde ohnehin abgelehnten jungen Mitarbeiter Robert Prochnik,[81] Sekretär der Amtsdirektion der Kultusgemeinde, nach Polen zu entsenden. Eichmann bestand darauf, dass Murmelstein wenigstens während der ersten Tage der Aktion vor Ort anwesend sein müsse. Die Voraus-Gruppe war prominent zusammengesetzt. Von Wiener Seite gehörten ihr an: der bereits genannte Benjamin Murmelstein in seiner Funktion als Leiter der Auswanderungsabteilung der Kultusgemeinde (Murmelstein stammte aus Lemberg und war mit den Verhältnissen in Polen vertraut); der ebenfalls in Lemberg geborene stellvertretende Leiter des Palästinaamts in der Marc-Aurel-Straße Maurycy Moses Grün; weiters der aus Czernowitz gebürtige sechzigjährige Bankier und Industrielle Berthold Storfer,[82] Leiter des „Ausschusses für jüdische Überseetransporte"; Julius Boschan, der zunächst die Expositur der Kultusgemeinde bei der Zentralstelle für jüdische Auswanderung leitete und dann bis Dezember 1939 in Nisko blieb. Aus Prag waren dies der ebenfalls aus Galizien stammende Leiter des Palästinaamts der Kultusgemeinde Jakob Edelstein, den Eichmann im Mai 1939 nach Palästina geschickt hatte, um bei den Behörden des britischen Mandatsgebiets „einen entsprechenden Anteil der [für die legale Immigration erforderlichen] Zertifikate für das Protektoratsgebiet sicherzustellen";[83] der bei der Prager Kultusgemeinde tätige Wiener Richard Friedmann, der die Arrangements der Wiener Kultusgemeinde mit Eichmann zur Erleichterung der Emigration möglichst vieler Jüdinnen und Juden vehement ablehnte.[84]

Unabhängig davon, ob überhaupt, und wenn, in welcher Form eine etwaige Ansiedlung im Distrikt Lublin erfolgen sollte, ging es den unmittelbar mit der

81 Zu Prochnik: Dieter J. Hecht / Michaela Raggam-Blesch / Heidemarie Uhl, Der Aspangbahnhof – zentraler Deportationsort für Jüdinnen und Juden aus Wien und Österreich. Historische Darstellung und Quellendokumentation, Wien 2016, S. 20; Gerhard Zeilinger, Überleben: Der Gürtel des Walter Fantl, Wien 2018, S. 99. (Fantl erinnerte sich an Prochniks „Befehlston" und sein herrisches Auftreten „in Breecheshosen und schwarzen Schaftstiefeln [...], als wäre er selbst ein SS-Mann".)

82 Gabriele Anderl, 9096 Leben – Der unbekannte Judenretter Berthold Storfer, Berlin 2012.

83 Wolf Gruner, Die Judenverfolgung im Protektorat Böhmen und Mähren. Lokale Initiativen, zentrale Entscheidungen, jüdische Antworten 1939–1945, Göttingen 2016, S. 72.

84 Zu Richard Friedmann: Lisa Hauff, „... zwischen Hammer und Amboss". Selbstwahrnehmung und Zuschreibung bei Benjamin Murmelstein, in: Ronny Loewy / Katharina Rauschenberger (Hrsg.), „Der Letzte der Ungerechten". Der „Judenälteste" Benjamin Murmelstein in Filmen 1942–1975, Frankfurt/M. 2011, S. 53–74, hier 68.

Durchführung des Projekts befassten NS-Funktionären letztendlich in erster Linie darum, die sich durch die Eroberung Polens ergebenden Möglichkeiten zur Vertreibung möglichst vieler Jüdinnen und Juden außerhalb der neuen Reichsgrenzen zu nutzen. Diese Personen hatten alle die Ränge von SS-Obersturm- und Hauptsturmführern, was dem (niedrigen) Offiziersrang eines Oberleutnants bzw. Hauptmanns bei der Wehrmacht entsprach. Erst im Laufe des Krieges wurden einige von ihnen zu Sturmbannführern, Eichmann sogar zum Obersturmbannführer (Oberstleutnant) befördert. Nur Theodor Dannecker war SS-Oberscharführer (Feldwebel) und wurde erst spät zum Hauptsturmführer befördert. Beteiligt waren neben Adolf Eichmann Alois Brunner, nach Eichmanns Weggang ab Frühjahr 1939 De-facto-Leiter der Zentralstelle für jüdische Auswanderung in Wien, der Leiter der Zentralstelle für jüdische Auswanderung in Prag Hans Günther und sein Bruder Rolf Günther von der Wiener Zentralstelle, der die Aktion in Mährisch-Ostrau koordinierte, sowie Eichmanns engster Mitarbeiter im Reichssicherheitshauptamt, der bereits genannte Theodor Dannecker. Die relative Entscheidungsfreiheit von Funktionären eines so niedrigen Ranges hatte vor allem zwei Gründe:

Erstens wurden sie von Personen aus der unmittelbaren Umgebung der Leitung des Reichssicherheitshauptamtes unterstützt. Eine besonders wichtige Rolle bei Eichmanns Plänen bezüglich Nisko spielte der bereits erwähnte Walter Stahlecker, der ein gutes Verhältnis zu RSHA-Chef Reinhard Heydrich hatte. Stahlecker stand damals kurz vor seiner Ernennung zum SS-Oberführer. 1941 übernahm er das Kommando der Einsatzgruppe A. Am 31. Jänner 1942 berichtete er Heydrich auf über hundert Seiten („Stahlecker-Bericht") über die Erfolge der von ihm befehligten Mordeinheiten im Baltikum und in Weißrussland: Eine Viertelmillion hatten sie bis dahin schon umgebracht, informierte er salopp. Die Anzahl der „noch vorhandenen Juden" schätzte er auf 128.000. Estland war auf der beigefügten Karte schon mit „judenfrei" vermerkt.[85] Als Inspekteur der Sicherheitspolizei und des SD in Österreich hatte Stahlecker bereits 1938 in Wien eng mit Eichmann zusammengearbeitet. Er war formaler Leiter der – de facto von Eichmann allein geführten – Zentralstelle für jüdische Auswanderung. Im Juni 1939 ernannte ihn Himmler zum Befehlshaber der Sicherheitspolizei und des SD im Protektorat Böhmen und Mähren, womit Stahlecker unmittelbares Durchgriffsrecht gegenüber der Sicherheits- und Ordnungspolizei auf allen Ebenen hatte.

85 Siehe dazu: Winfried R. Garscha, „Ein unermüdliches Beharren auf Empirie und Nüchternheit". Die Erforschung der Vernichtungsstätte Maly Trostinec, in: Dokumentationsarchiv des österreichischen Widerstandes (Hrsg.), Deportation und Vernichtung – Maly Trostinec. Jahrbuch 2019, Wien 2019, S. 65–151, hier 75.

Zweitens war die Befehlsstruktur durch die Tatsache begünstigt, dass in den Tagen der Nisko-Aktion in den eroberten Gebieten noch keine Zivilverwaltung existierte – das Generalgouvernement für die besetzten polnischen Gebiete wurde erst am 26. Oktober 1939 geschaffen, also nach dem formalen Abbruch der Nisko-Aktion. Die Wehrmacht war gerade dabei, ihre Kommissare durch zivile Landräte zu ersetzen,[86] und durch die plötzliche Ankunft Tausender Juden überrascht. Sie protestierte gegen den „völlig planlos einsetzenden Zustrom jüdischer Flüchtlinge und Emigranten“.[87]

Auf die Abwicklung der einzelnen Transporte sowie die unterschiedlichen Angaben zur Zahl der deportierten Personen wird weiter unten näher eingegangen. Im April 1940 war mit der formellen Entlassung von 516 Männern das Scheitern der Aktion offenkundig. Über 4.000 Deportierte (darunter mehr als 1.300 aus Wien) blieben im Generalgouvernement bzw. waren über die Demarkationslinie in sowjetisches Gebiet vertrieben worden.

Verwirrend waren die Kompetenzen während des gesamten Zeitraums des Bestehens der „Zentralstelle für jüdische Umsiedlung Nisko“ bzw. des Lagers in Zarzecze. Mit den Planungen war die Zweigstelle Mährisch-Ostrau der Zentralstelle für jüdische Auswanderung Prag beauftragt, das Lager selbst unterstand aber bis zur Übertragung der gesamten Verantwortung an den Lagerkommandanten am 19. Dezember 1939 nicht Mährisch-Ostrau, sondern der Wiener Zentralstelle für jüdische Auswanderung. Selbst die Bezeichnung des Lagers variierte. Mitunter wurde es auch „Zentralstelle für jüdische Umschulung“ oder auch „Umschulungslager“ genannt. In Korrespondenzen von Deportierten mit der IKG findet sich auch die Bezeichnung „Umsiedlungslager“. Die Entlassungspapiere der 516 Männer trugen teilweise den Stempelaufdruck „Zentralstelle für jüdische Umsiedlung Nisko“ mit dem Zusatz „Kommando SS – Lager Zarzecze“.[88]

86 Bogdan Musiał, Deutsche Zivilverwaltung und Judenverfolgung im Generalgouvernement. Eine Fallstudie zum Distrikt Lublin 1939–1944, Wiesbaden 1999 [= Quellen und Studien des Deutschen Historischen Instituts Warschau, Bd. 10], S. 14–18.

87 Goshen, Eichmann, S. 93, unter Bezugnahme auf einen Bericht der Aufklärungsabteilung der 44. Division vom 25. November 1939. Die 1938 in Wien aufgestellte 44. Infanteriedivision hatte sich von der Nord-Slowakei aus am Überfall auf Polen beteiligt, war bis Lemberg vorgestoßen und befand sich zu diesem Zeitpunkt im Raum Tomaszów Lubelski. Siehe: http://www.lexikon-der-wehrmacht.de/Gliederungen/Infanteriedivisionen/44ID.htm [7. 3. 2020].

88 Borák, The First Deportation, S. 130.

Die Voraussetzung: Die deutsch-sowjetischen Abmachungen von August und September 1939

Am 11. Juli 1961 kam Generalstaatsanwalt Gideon Hausner im Prozess gegen Adolf Eichmann in Jerusalem auf eine Aussage Eichmanns während der achtmonatigen Verhöre durch den israelischen Polizeioffizier Avner Less zu sprechen. Eichmann hatte Less berichtet, wie er sich gemeinsam mit SS-Oberführer Stahlecker am 12. Oktober 1939 auf den Weg gemacht hatte, um einen geeigneten Ort zur Errichtung eines Durchgangslagers zur Aufnahme der umzusiedelnden jüdischen Bevölkerung zu erkunden. Auf dem Weg zum San mussten Stahlecker, Eichmann und ihre Begleiter ein Gebiet durchqueren, das noch von sowjetischen Truppen besetzt war. „Posten des russischen NWD[89] hatten uns durch das russische Gebiet geleitet.“[90]

Hausner wollte vom Angeklagten wissen, wie es kam, dass sie auf ihrer Erkundungsmission von einem Mann der sowjetischen politischen Polizei GPU begleitet wurden. Eichmann erläuterte, dass sie, um in das Gebiet zwischen Lublin und dem San zu gelangen, die deutsch-sowjetische Demarkationslinie zu überqueren hatten. Für offizielle Fahrzeuge wie Truppentransporte war das damals an bestimmten Punkten möglich, allerdings mussten die deutschen Fahrzeuge bei der Durchquerung des sowjetisch besetzten Gebiets von einem GPU-Mann eskortiert werden. Stahlecker habe ein diesbezügliches Ansuchen bei einem lokalen Grenzposten der Roten Armee gestellt.[91]

Es ist nicht anzunehmen, dass die Mehrheit der Personen im Gerichtssaal von Jerusalem mit der Geografie Zentralpolens vertraut war und begriff, dass Eichmanns Aussage nichts Anderes bedeutete, als dass die deutsch-sowjetische

89 Mit „NWD“ war offenkundig „NKWD“ [Volkskommissariat für innere Angelegenheiten], später „MWD“ [Ministerium für innere Angelegenheiten], gemeint.

90 Police d’Israël, Quartier Général, 6ème Bureau (Hrsg.), Adolf Eichmann [= sechsbändige Faksimileausgabe der Verhörprotokolle], Bd. I, S. 124. Auszugsweise zitiert in: Moser, Nisko, S. 45. Ein Exemplar dieser für behördeninterne Zwecke angefertigten Faksimileausgabe, die auch die handschriftlichen Einfügungen und Korrekturen durch Avner Less enthält, wird im Dokumentationsarchiv des österreichischen Widerstandes aufbewahrt.

91 Im englischen Transkript des Hautverhandlungsprotokolls, das vom „Shofar FTP Archive“ zugänglich gemacht wurde, lautet Eichmanns Aussage: „Your Honour, when it was necessary to cross the demarcation line, and permission was granted, this was possible at certain fixed points. This applied to troop transports etc., in any event official vehicles, but only if escorted by a GPU man, and I don’t know whether it was still called GPU then or NKVD, which provided the escort across this Soviet sector. Stahlecker applied to the local post of the border police of the Red Army.“ Siehe: http://www.nizkor.com/ftp.cgi/people/e/eichmann.adolf/transcripts/ftp.cgi?people/e/eichmann.adolf/transcripts/Sessions/Session-091-04 [7. 3. 2020].

Truppenentflechtung auch zwei Wochen nach dem Abschluss des Grenz- und Freundschaftsvertrags am 28. September 1939 noch nicht abgeschlossen war (tatsächlich dauerte die Räumung des gesamten Gebiets zwischen den Flüssen Bug und San durch die Rote Armee noch bis Mitte Oktober 1939). Aus diesem Grund verlief die Demarkationslinie zu dieser Zeit an manchen Stellen noch mehr als hundert Kilometer westlich der vereinbarten Linie entlang des Bugs. Der Verlauf dieser Demarkationslinie und das „Grenzregime" auf beiden Seiten der Demarkationslinie waren für die nach Nisko deportierten Juden aus Mährisch-Ostrau, Wien und Kattowitz – und darüber hinaus für Hunderttausende polnische Juden und Jüdinnen – von entscheidender Bedeutung für die Überlebenschancen in den darauffolgenden Jahren.

Die beiden deutsch-sowjetischen Verträge vom 23. August 1939 (Nichtangriffspakt[92]) und 28. September 1939 (Grenz- und Freundschaftsvertrag[93]) und ihre jeweiligen Zusatzprotokolle regelten neben der sowjetischen Neutralität gegenüber den deutschen Feldzügen u. a. die territoriale Aufteilung Polens und des Baltikums zwischen Deutschland und der Sowjetunion sowie die wirtschaftlichen Beziehungen zwischen beiden Staaten. Die Umstände ihres Zustandekommens und die Interpretation der Absichten und Motive insbesondere

92 „Nichtangriffsvertrag zwischen Deutschland und der Union der Sozialistischen Sowjetrepubliken" und „Geheimes Zusatzprotokoll". Das Faksimile der beiden von den Außenministern Joachim Ribbentrop und Wjatscheslaw Molotow unterschriebenen Texte ist abgedruckt u. a. in: Ingeborg Fleischhauer, Der Pakt. Hitler, Stalin und die Initiative der deutschen Diplomatie 1938–1939, Berlin–Frankfurt/M. 1990, S. 543 f., 545 f. Die russische Urschrift des geheimen Zusatzprotokolls (Sekretnyj dopolnitel'nyj protokol) wurde publiziert in: Erwin Oberländer (Hrsg.), Hitler-Stalin-Pakt 1939: Das Ende Ostmitteleuropas, Frankfurt/M. 1989, S. 129 f. Die beiden Texte wurden erstmals publiziert in: Akten zur deutschen auswärtigen Politik 1918–1945 (künftig: ADAP), Serie D, Bd. VII: Die letzten Wochen vor Kriegsausbruch, 9. August – 3. September 1939, Baden-Baden 1956, Dok. 309, S. 206 f. Die Texte des deutsch-sowjetischen Vertrags und des dazugehörigen geheimen Zusatzprotokolls sind auf zahlreichen Internet-Seiten zugänglich. Siehe beispielsweise: https://www.ns-archiv.de/krieg/sowjetunion/vertrag/nichtangriffspakt.php [7. 3. 2020].

93 „Deutsch-sowjetischer Grenz- und Freundschaftsvertrag". Der von den Außenministern Ribbentrop und Molotow unterschriebene Vertragstext selbst sowie die ebenfalls jeweils von beiden Ministern unterschriebenen zwei „geheimen Zusatzprotokolle", das „vertrauliche Protokoll" betreffend Übersiedlungen sowie die gemeinsame „Erklärung der Deutschen Reichsregierung und der Regierung der UdSSR. Vom 28. September 1939" wurden als Faksimile abgedruckt in: Oberländer, Hitler-Stalin-Pakt, S. 137. Die erste Publikation der kompletten Texte erfolgte in: ADAP, Serie D, Bd. VIII: Die Kriegsjahre. 1. Bd.: 4. September 1939 bis 18. März 1940, Baden-Baden–Frankfurt/M. 1961, Dok. Nr. 157, S. 127 f. – Im Internet u. a. bereit gestellt vom „Münchener DigitalisierungsZentrum": https://www.1000dokumente.de/index.html?c=dokument_ru&dokument=0027_gre&object=translation&st=&l=de [7. 3. 2020].

der sowjetischen Vertragspartei sind in den letzten Jahren erneut zum Gegenstand heftigster geschichtspolitischer Kontroversen nicht nur zwischen Polen und Russland, sondern auch auf europäischer Ebene geworden. Die ursprünglich nur vereinzelt vertretene Ansicht, der deutsch-sowjetische Pakt sei Ausdruck eines gemeinsamen Völkermordprojekts von Hitler und Stalin, ist seit geraumer Zeit in Polen und in den baltischen Republiken zur kaum hinterfragten herrschenden Meinung geworden. Diese Ansicht wurde mittlerweile auch in den übrigen Ländern der Europäischen Union mehrheitsfähig, wenngleich in Gestalt einer etwas abgeschwächten Interpretation, die in dem Pakt den Auftakt zum Zweiten Weltkrieg sieht, dessen Entfesselung somit beide totalitäre Regime gleichermaßen zu verantworten hätten. Eine entsprechende, nahezu einstimmig beschlossene Resolution des EU-Parlaments von 2009 wurde am 19. September 2019 neuerlich bekräftigt.[94]

Im Folgenden soll nur auf solche Aspekte eingegangen werden, die das Thema des vorliegenden Aufsatzes unmittelbar berühren, wie etwa die Gründe dafür, dass das von deutschen Truppen bereits eingekesselte Lemberg (polnisch Lwów, ukrainisch L'viv) ab Ende September 1939 sowjetisch wurde.

Im zweiten Punkt des Geheimen Zusatzprotokolls zum Nichtangriffsvertrag vom 23. August 1939 einigten sich die deutschen und sowjetischen Unterhändler über die Abgrenzung ihrer „Interessensphären" für „den Fall einer territorial-politischen Umgestaltung der zum polnischen Staat gehörenden Gebiete". Die Grenze zwischen den beiden Interessensphären sollten die Flüsse Narew, Weichsel und San bilden, was hieß, dass die Hauptstadt Warschau teilweise in der deutschen, teilweise in der sowjetischen Interessensphäre lag. Die deutsche Russland-Historikerin Ingeborg Fleischhauer hat darauf hingewiesen, dass der Begriff „Interessensphären" (und nicht „Einflusssphären") ebenso unterschiedliche Interpretationen zulässt wie die Formulierung der „territorial-politischen Umgestaltung", für die die russische Version des Vertrags den Begriff *pereustrojstvo* [„Umbau"] verwendete, der im Russischen im Sinne von „Reorganisation" verwendet wird und keine kriegerische Konnotation hat. Damit bleibe unklar, welche Optionen sich die sowjetische Seite mit den Ab-

94 Der Text der „Entschließung des Europäischen Parlaments vom 19. September 2019 zur Bedeutung des europäischen Geschichtsbewusstseins für die Zukunft Europas" ist auf der Website des EU-Parlaments zugänglich: https://www.europarl.europa.eu/doceo/document/TA-9-2019-0021_DE.html?fbclid=IwAR3TuxqT_47w4sywfjrMP-04CUUHpu9TxgVxe-q7fqH61EVK-qrBq_nBcZ-E [7. 3. 2020]. – Siehe dazu auch: http://www.erinnern.at/bundeslaender/oesterreich/gedenktage/23.-august/23-august-ein-gedenktag-als-ausdruck-eines-gemeinsamen-europaischen-geschichtsbewusstseins-oder-von-geschichtsklitterung [7. 3. 2020].

machungen im Zusatzprotokoll offenhalten wollte.[95] Der Sinn dieser Abgrenzung ergab sich aus der Übereinstimmung der vertragschließenden Parteien bezüglich der Frage der „Erhaltung eines unabhängigen polnischen Staates“: Ob diese überhaupt „erwünscht“ sei und „wie dieser Staat abzugrenzen wäre“, könne „endgültig erst im Laufe der weiteren politischen Entwicklung geklärt werden“.[96]

Aus den Aufzeichnungen des Legationsrates an der deutschen Botschaft in Moskau, Gustav Hilger, über die Verhandlungen von Reichsaußenminister Joachim von Ribbentrop in Moskau geht hervor, dass „die Frage der Erhaltung eines unabhängigen Rest- bzw. Rumpf-Polens [...] auf Wunsch Stalins offengeblieben“ war; die sowjetische Seite wollte, kommentiert Fleichhauer, offenbar „den polnischen Puffer gegen die nach Osten orientierte Wehrmacht wohlweislich erhalten“.[97] Fleischhauer schließt dies sowohl aus der Formulierung Ribbentrops bei den Verhandlungen im September, dass inzwischen „auch die Sowjetregierung dem Gedanken einer klaren Aufteilung Polens näher gekommen zu sein“ scheine,[98] als auch aus der Überlegung Stalins, dass die UdSSR bei einem Festhalten an der Weichsel-Grenze „den Weg der Schaffung einer autonomen polnischen sozialistischen Sowjetrepublik gehen würde“, was zu Bestrebungen nach „Wiedervereinigung und Wiederherstellung eines selbständigen polnischen Staates“ führen und damit „Zwietracht zwischen Deutschland und der Sowjetunion [...] säen“ könne.[99] Für die erstmals von Martin Broszat[100] vertretene These, es sei Hitler gewesen, der einen deutschen Vasallenstaat „Restpolen“ geplant habe, gibt es außer einer Tagebucheintragung von Generaloberst Halder vom 7. September 1939[101] keinen Beleg.

Bezüglich der im Vertrag vorgesehenen „territorial-politischen Umgestaltung“ begann Hitler-Deutschland durch den Angriff auf Polen am 1. September 1939, Fakten zu schaffen. Bereits am zehnten Tag nach Beginn der Kampfhandlungen hatte die Deutsche Wehrmacht nicht nur Warschau eingeschlossen, sondern stieß, nachdem sie von der polnischen Armee am Fluss Narew in einer

95 Fleischhauer, Der Pakt, S. 435 f.

96 Ebenda, S. 545.

97 Ingeborg Fleischhauer, Der deutsch-sowjetische Grenz- und Freundschaftsvertrag vom 28. September 1939. Die deutschen Aufzeichnungen über die Verhandlungen zwischen Stalin, Molotov und Ribbentrop in Moskau, in: Vierteljahrshefte für Zeitgeschichte, Jg. 39 (1991), H. 3, S. 447–470, hier 451.

98 Ebenda, S. 456.

99 Ebenda, S. 458.

100 Broszat, Nationalsozialistische Polenpolitik, S. 14.

101 Franz Halder, Kriegstagebuch. Tägliche Aufzeichnungen des Chefs des Generalstabes des Heeres 1939–1942, Bd. 1, Stuttgart 1962, S. 65.

blutigen Schlacht fünf Tage lang aufgehalten worden war, in Richtung Bug vor. Mitte September begann der Angriff auf Brest-Litowsk. Im Süden erreichte die Wehrmacht am 12. September Lemberg, das von der deutschen Luftwaffe bereits am ersten Tag des Krieges bombardiert worden war. Unterstützt von der Bevölkerung, darunter Studenten der Lemberger Polytechnischen Hochschule, konnten die von General Władysław Langner befehligten polnischen Truppen die belagerte Stadt über eine Woche lang erfolgreich verteidigen.[102]

Mit dem militärischen Vorstoß weit hinein in jenes Gebiet, das beide Seiten soeben erst als sowjetische Interessensphäre definiert hatten, kam Deutschland den oben erwähnten Vorstellungen über die mögliche Errichtung eines unter sowjetischem Einfluss stehenden polnischen Staats östlich der Weichsel oder der Ausrufung einer polnischen Sowjetrepublik (wie dies ein knappes Jahr später in den drei baltischen Staaten erfolgte) zuvor. Schon seit dem 3. September hatte Berlin darauf gedrängt, dass die UdSSR militärisch aktiv werde.[103]

Die Sowjetunion reagierte auf diesen Druck in zweifacher Hinsicht. Erstens begann sie mit den unmittelbaren Vorbereitungen ihres eigenen militärischen Eingreifens. Am 14. September richteten Verteidigungsminister („Volkskommissar für Militär- und Marineangelegenheiten") Kliment Woroschilow und sein Stellvertreter, Generalstabschef Boris Schaposchnikow, Direktiven an die Kriegsräte des Weißrussischen und des Kiewer Sondermilitärbezirks, mit denen als Angriffstermin der 17. September festgesetzt wurde, um mit „blitzschnellem Schlag die uns gegenüberstehenden Feindkräfte zu zerschlagen".[104] In der Kommunikation mit den eigenen Soldaten bot die Führung der Roten Armee diesen eine Motivation für den Angriff, die sowohl die nationalen Gefühle von Ukrainern und Weißrussen berücksichtigte als auch an das Selbstverständnis der Roten Armee als revolutionärer Truppenkörper anknüpfte. So hieß

102 Henryk Ditchen, Die Politechnika Lwowska in Lemberg. Geschichte einer Technischen Hochschule im multinationalen Umfeld, Berlin 2015, S. 226. General Langner lehnte deutsche Angebote zur Übergabe der Stadt ab und entschied am 22. September, gegenüber der inzwischen vor Lemberg eingetroffenen Roten Armee (Oberst Iwanow von der 10. Panzerbrigade) zu kapitulieren. Siehe: Jürgen Beck (Hrsg.), Die Schlachten der Wehrmacht in Polen, Altenmünster 2019, Bd. 5, S. 24–28.

103 Siehe ADAP, Serie D, Bd. VII, Dok. 567, S. 450 f.

104 Die beiden Direktiven wurden in den 1990er Jahren in Russland veröffentlicht: Rudolf Pichoja / Aleksandr Gejstor (Hrsg.), Katyn. Plenniki neob'javlennoj vojny. Dokumenty i materialy [Katyn, Gefangene eines nichterklärten Krieges. Dokumente und Materialien], Moskau 1997, Dok. 3 u. 4, S. 59–63. Zitiert in: Sergej Slutsch, 17. September 1939: Der Eintritt der Sowjetunion in den Zweiten Weltkrieg. Eine historische und völkerrechtliche Bewertung, in: Vierteljahrshefte für Zeitgeschichte, Jg. 48 (2000), H. 2, S. 219–254, hier 226.

es im Befehl an die Truppen der Belorussischen Front, es sei notwendig, „den aufständischen Arbeitern und Bauern Weißrußlands und Polens beim Sturz des Jochs der Großgrundbesitzer und Kapitalisten Beistand zu erweisen und die Besetzung des Territoriums des Westlichen Weißrußlands durch Deutschland zu verhindern".[105] Allerdings begnügte sich die Rote Armee nicht mit der Eroberung von Gebieten, die mehrheitlich von einer weißrussisch oder ukrainisch sprechenden Bevölkerung bewohnt waren. Ziel der militärischen Operationen war offensichtlich, die Deutsche Wehrmacht nicht zu weit in das im Geheimen Zusatzprotokoll vom 23. August 1939 als sowjetische „Interessensphäre" definierte Territorium vordringen zu lassen. Piotr Eberhard, Professor am Institut für Geografie und Raumplanung der Polnischen Akademie der Wissenschaften, fasste in einem Aufsatz zu den Verschiebungen der polnischen Ostgrenze, erschienen in dem von der Litauischen Geografischen Gesellschaft herausgegebenen Jahrbuch, zusammen: „Sowjetische Truppen eroberten Ostpolen, nahmen Grodno im Sturm und überquerten den Bug an seinem Mittellauf, nahmen Siedlce ein und näherten sich sogar Mińsk Mazowiecki".[106] Damit stand die Rote Armee weniger als fünfzig Kilometer östlich der als deutsch-sowjetische Interessensgrenze vereinbarten Weichsel. Am San hatten Truppen der Roten Armee diese Linie – u. a. bei Ulanów, südlich von Nisko – sogar erreicht.

Zweitens bereitete die sowjetische Regierung die Publikation einer Karte vor, aus der die am 23. August vereinbarte Abgrenzung der beiderseitigen Interessensphären unmissverständlich hervorging. In der Legende zur Karte war allerdings nicht von Interessensphären die Rede, sondern es wurde eine Formulierung gewählt, die offen ließ, wann die Vereinbarung getroffen worden war: „Demarkationslinie zwischen der deutschen und sowjetischen Armee, festgelegt durch die deutsche Regierung und die Regierung der UdSSR".[107] Die Veröffentlichung der Karte erfolgte erstmals am 18. September, dem Tag nach Beginn des sowjetischen Einmarschs in Ostpolen, auf der Titelseite der Regierungszeitung „Iswestija" – diese Zeitung wurde nach dem Abschluss des Nichtangriffsvertrags auch nach Deutschland geliefert und lag hier in mehreren Bibliotheken, darunter der Nationalbibliothek in Wien, auf.

105 Einsatzbefehl Nr. 01 des Stabs der Belorussischen Front vom 15. 9. 1939, zitiert in: Slutsch, 17. September 1939, S. 226, nach dem russischen Original: Rossijskij gosudarstvennyj voennyj archiv [Russisches staatliches Militärarchiv], fond 35086, opis 1, delo 2, listok 1.

106 Piotr Eberhard, Polish Eastern Border Changes in 1939–1945, in: Annales Geographicae, Jg. 39 (2006), S. 29–44, hier 30. Online: http://www.gamtostyrimai.lt/uploads/publications/docs/288_72cfaa039f3b39e338916e24b65159b4.pdf [7. 3. 2020].

107 Izvestija Sovetov deputatov trudjaščichsja SSSR [Nachrichten des Rats der Arbeiterdeputierten der UdSSR], 18. 9. 1939, S. 1.

Der Inhalt des geheimen Zusatzprotokolls zum deutsch-sowjetischen Nichtangriffspakt vom 23. August 1939 wurde von der sowjetischen Regierungszeitung „Iswestija" schon vier Wochen später, am 18. 9. 1939, öffentlich gemacht. Allerdings informierte der Bildtext nicht, wann und wo diese Linie, die mitten durch die polnische Hauptstadt Warschau führte, vereinbart wurde: „Demarkationslinie zwischen der deutschen und sowjetischen Armee, festgelegt durch die deutsche Regierung und die Regierung der UdSSR". Zum Zeitpunkt der Veröffentlichung der Karte auf der Titelseite der „Iswestija" verteidigte die polnische Armee das seit 11. September eingekesselte Warschau noch gegen die Deutsche Wehrmacht.

Die Veröffentlichung der Karte an diesem und am nächsten Tag deutet darauf hin, dass die sowjetische Seite den von Botschafter Friedrich-Werner Graf von der Schulenburg überbrachten deutschen Zusicherungen misstraute, Deutschland fühle sich – „unabhängig von rein militärischen Operationen" – an die „in Moskau vereinbarte Abgrenzung der beiderseitigen Interessensphären" gebunden.[108] Am 18. September äußerte Stalin in einer persönlichen Aussprache mit dem deutschen Botschafter Zweifel, dass sich die Wehrmacht an die

108 Drahtweisung des Reichsaußenministers an den deutschen Botschafter in der Sowjetunion vom 15. 9. 1939, abgedruckt in: Walther Hofer, Die Entfesselung des Zweiten Weltkrieges, Neuaufl., Münster 2007, Dok. 27/10, S. 159 f.

Abmachungen halten und auf die vereinbarte Linie zurückgehen würde.[109] Da es zunächst keine Kontakte zwischen den aufeinander zumarschierenden deutschen und sowjetischen Einheiten gab, war es „zu Reibereien zwischen Einheiten der Wehrmacht und der Roten Armee gekommen [...], die auf beiden Seiten Opfer gefordert hatten".[110] Dokumentiert ist ein solcher bewaffneter Zusammenstoß in Lemberg.[111] Hatten Parlamentäre der Roten Armee am Morgen des 19. September den polnischen Verteidigern gegenüber noch erklärt, sie seien zur Unterstützung gegen die Deutschen gekommen, so einigten sich Einheiten der Ukrainischen Front der Roten Armee in der Nacht auf den 20. September mit dem Kommando der Gebirgsjäger des XVIII. Armeekorps der Deutschen Wehrmacht im Westen der Stadt auf eine gemeinsame Belagerung, was jedoch durch den Rückzug der Wehrmacht am Tag darauf hinfällig wurde.[112] Die bei Verhandlungen in Moskau am 20. und 21. September erzielte Einigung auf wechselseitige militärische Unterstützung fand ihren sichtbarsten Ausdruck in einer gemeinsamen Militärparade am 22. September in Brest. Die Parade wurde auf deutscher Seite von General Guderian für die Panzertruppen und dem aus Österreich stammenden Generalleutnant Wiktorin für die Infanterie, von sowjetischer Seite von dem aus einer jüdischen Familie stammenden Brigadekommandeur Kriwoschein, der 1944 eine maßgebliche Rolle bei der Wiedereroberung von Brest durch die Rote Armee spielen sollte, abgenommen.[113] Am 27. September flog der deutsche Außenminister noch einmal nach Moskau, um mit Stalin direkt zu verhandeln. Ribbentrop legte umfangreiche deutsche „Wünsche" hinsichtlich des polnischen Territoriums vor, da es schließlich Deutschland gewesen sei, das den gewichtigsten Beitrag „zur Lösung der polnischen Frage geleistet" habe, noch dazu „mit außergewöhnlicher Schnelligkeit".

109 Drahtbericht des deutschen Botschafters in der Sowjetunion an das Auswärtige Amt in Berlin vom 18. 9. 1939, abgedruckt in: Ebenda, Dok. 27/13, S. 162.

110 Quellen dazu: Slutsch, 17. September 1939, S. 229.

111 Zu den Kämpfen am 19. September in Łyczaków (heute: Lyčakiv), dem östlich des Stadtzentrums gelegenen Vorort Lembergs mit dem großen Prominenten-Friedhof, siehe: Beck, Schlachten der Wehrmacht in Polen, S. 27.

112 Siehe: Artur Leinwand, Obrona Lwowa we wrześniu 1939 roku [Die Verteidigung Lembergs im September 1939], Rocznik Lwowski [Lemberger Jahrbuch], Jg. 2 (1992), S. 33–58. Internet-Ausgabe: http://www.lwow.com.pl/rocznik/obrona39.html [7. 3. 2020].

113 Siehe das Foto der drei Generäle im deutschen Bundesarchiv: Bild 101I-121-0011A-22. Das Defilee deutscher und sowjetischer Panzer an der Kreuzung Kościuszko- und Unii Lubelskoj-Straße (später in Gogol- und Lenin-Straße umbenannt) ist eine der Zeichnungen, die der Brester Physiker und Amateurkünstler Wladimir Gubenko nach 1944 aus eigener Erinnerung und gestützt auf Berichte Einheimischer anfertigte: Vladimir Gubenko, Brest moej pamjati. 30–60e gody XX veka [Das Brest meiner Erinnerung. 30er bis 60er Jahre des 20. Jahrhunderts] / Brest of My Memory. 30s–60s of the XX Century, Brest 2019.

Man habe den deutschen Soldaten nicht zumuten können, „sie in umgekehrter Richtung marschieren zu lassen“,[114] mit anderen Worten: Die Wehrmacht solle dort stationiert bleiben, wo sie gerade war – und das war nicht nur am Bug, sondern auch im Gebiet der galizischen Erdölfelder bei Borysław und Drohobycz. Im Gegenzug bot Ribbentrop Entgegenkommen bezüglich des sowjetischen Interesses an Litauen (das am 23. August der deutschen „Interessensphäre“ zugeschlagen worden war) an. Stalin war aber nur bezüglich der von der Wehrmacht bereits eroberten Gebiete zwischen Weichsel und Bug zu Zugeständnissen bereit, da es ohnehin zweckmäßig sei, „die ethnographisch zu Polen gehörenden Gebiete in einer Hand und zwar in deutscher Hand zu belassen, damit Deutschland sich dort nach eigenem Gutdünken einrichten könne“.[115] Die zweitägigen Verhandlungen führten zur Unterzeichnung eines „Grenz- und Freundschaftsvertrags“. Im Artikel I des Vertrags legten die „deutsche Reichsregierung und die Regierung der UdSSR [...] als Grenze der beiderseitigen Reichsinteressen im Gebiete des bisherigen polnischen Staates die Linie fest, die [...] in einem ergänzenden Protokoll näher beschrieben werden soll“.[116]

Die von den beiden Außenministern unterschriebenen Zusatzprotokolle, in denen der sowjetische Anspruch auf Litauen im Austausch gegen die zum deutschen Interessengebiet fallenden Gebiete zwischen Weichsel und Bug ebenso festgelegt wurde wie die gegenseitige Verpflichtung der beiden Staaten, in „ihren“ Gebieten „keine polnische Agitation“ zu dulden, sowie die Abmachungen über den Bevölkerungsaustausch blieben geheim. Im Gegensatz dazu wurde das am 4. Oktober 1939 von Botschafter Schulenburg und Außenminister Molotow unterzeichnete Zusatzprotokoll, das den genauen Grenzverlauf regelte, im deutschen Reichsgesetzblatt – wenngleich mit dreimonatiger Verspätung, nämlich am 5. Januar 1940 – gemeinsam mit dem Text des Grenz- und Freundschaftsvertrages veröffentlicht.[117]

Für die Jüdinnen und Juden in Deutschland, im annektierten Österreich und dem „Reichsprotektorat Böhmen und Mähren“ beschränkte der Beginn des Zweiten Weltkriegs drastisch die Möglichkeiten zur – freiwilligen oder von

114 Fleischhauer, Grenz- und Freundschaftsvertrag, S. 456.

115 Ebenda, S. 459.

116 ADAP, Serie D, Bd. VIII/1, S. 127 f.

117 Bekanntmachung des Reichsministers des Auswärtigen (i. V. Freiherr von Weizsäcker) über den deutsch-sowjetischen Grenz- und Freundschaftsvertrag sowie das dazugehörende Zusatzprotokoll. Vom 30. Dezember 1939, RGBl. Jg. 1940, Teil II, S. 3–8. Das Reichsgesetzblatt ist über ALEX, die Sammlung historischer Rechts- und Gesetzestexte der Österreichischen Nationalbibliothek, online abrufbar. Der Text wurde auch abgedruckt in: Ingo von Münch (Hrsg.), Ostverträge. I: Deutsch-sowjetische Verträge, Berlin–New York 1971, S. 55–60.

den Behörden forcierten – Emigration. Der Grenz- und Freundschaftsvertrag mit der Sowjetunion bedeutete aber auch, dass die Ostgrenze des nationalsozialistischen Machtbereichs offen blieb – nicht nur für den Warenverkehr, an dem beide Seiten gerade in Kriegszeiten ein besonderes Interesse hatten, sondern auch für den Personenverkehr. Zwischen 1938 und 1941 gelang es rund 18.000 Jüdinnen und Juden,[118] vor allem aus Deutschland und Österreich, nach Shanghai zu entkommen, das damals von Japan besetzt war – viele von ihnen auf dem Landweg, d. h. über Moskau und dann weiter mit Zügen der Transsibirischen Eisenbahn. Eine wichtige Rolle bei der Ermöglichung der Einreise in China spielten der nationalchinesische Konsul in Wien, Ho Feng Shan,[119] und der japanische Konsul in der damaligen litauischen Hauptstadt Kaunas, Chiune Sugihara,[120] der dort auch noch aktiv blieb, nachdem Litauen am 3. August 1940 an die UdSSR angeschlossen worden war. Im Archiv der Wiener Israelitischen Kultusgemeinde finden sich umfangreiche Korrespondenzen, in denen es immer wieder um die vom sowjetischen Reisebüro „Intourist" verkauften Zugfahrkarten sowie um japanische Einreiseformalitäten ging.

Das lockere Grenzregime entlang der deutsch-sowjetischen Demarkationslinie ermöglichte nicht nur Hunderttausenden Menschen die Flucht aus dem nationalsozialistisch besetzten Teil Polens – worauf weiter unten („Die Nisko-Aktion als Teil der polnischen Geschichte") näher eingegangen wird –, sondern erleichterte auch „wilde Vertreibungen" durch lokale deutsche Stellen. Das sollte in den darauffolgenden Monaten noch zu diplomatischen Verwicklungen zwischen dem Deutschen Reich und der UdSSR führen.[121]

Die offene Grenze ermöglichte es auch, dass lange Trecks deutscher „Umsiedler" aus den nunmehr sowjetisch gewordenen Gebieten die beiden Grenzflüsse Bug und San in die Gegenrichtung überquerten. Diese Umsiedlung war Gegenstand einer Übereinkunft, die Teil des Vertragswerks vom 28. September 1939 war und „Vertrauliches Protokoll" genannt wurde. Der Text dieses Zusatzprotokolls lautete: „Die Regierung der UdSSR wird den in ihren Interessengebieten ansässigen Reichsangehörigen und anderen Persönlichkeiten deutscher Abstammung, sofern sie den Wunsch haben, nach Deutschland oder in

118 Bernd Martin, Shanghai als Zufluchtsort für Juden 1938 bis 1947. Konturen einer Zwischenstation, in: Vierteljahrshefte für Zeitgeschichte, Jg. 64 (2016), H. 4, S. 567–596, hier 567.

119 Text einer CNN-Reportage über Konsul Ho: https://edition.cnn.com/2015/07/19/asia/china-jews-schindler-ho-feng-shan/index.html [7. 3. 2020].

120 Das Internet-Projekt „Gedenkorte Europa" des Studienkreises Deutscher Widerstand 1933–1945 widmet Konsul Sugihara einen eigenen Artikel: https://www.gedenkorte-europa.eu/de_de/article-chiune-sugihara-1900-ndash-1986. html [7. 3. 2020].

121 Quellen dazu: Garscha, Deportation nach Polen, S. 234.

die deutschen Interessengebiete überzusiedeln, hierbei keine Schwierigkeiten in den Weg legen. Sie ist damit einverstanden, dass diese Übersiedlung von Beauftragten der Reichsregierung im Einvernehmen mit den zuständigen örtlichen Behörden durchgeführt wird und dass dabei die Vermögensrechte der Auswanderer gewahrt bleiben. Eine entsprechende Verpflichtung übernimmt die Deutsche Reichsregierung hinsichtlich der in ihren Interessengebieten an-

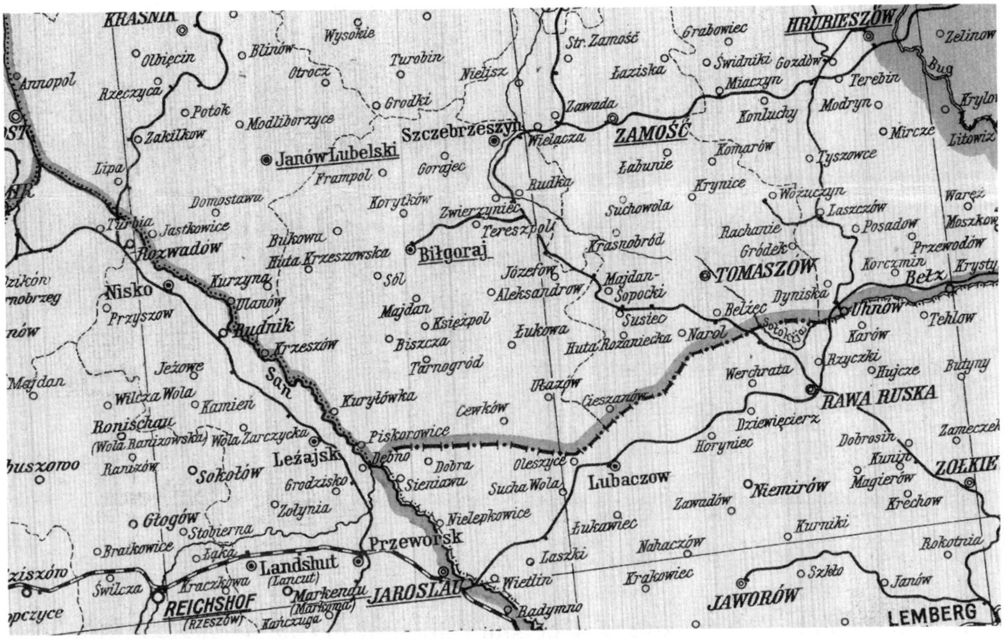

Ausschnitt aus: „Karte des Grossdeutschen Reiches", hrsg. v. Richard Schwarz, Maßstab 1:1 000 000, Berlin, Nachdruck 1943. Auch der Nachdruck zeigt die Demarkationslinie entsprechend dem am 5. Jänner 1940 im Reichsgesetzblatt veröffentlichten Verlauf. Der Ausschnitt zeigt den Abschnitt der Demarkationslinie zwischen San und Bug. Die Demarkationslinie verlief von der Einmündung des Wisłok in den San südlich von Leżajsk vorbei an Sieniawa, das für viele Vertriebene und Geflüchtete die erste Station auf dem Weg nach Lemberg war, von dort in gerader Linie bis Oleszyce nach Osten, ab dort weiter nach Nordosten, vorbei an Bełżec (dem Ort der nationalsozialistischen Massenvernichtungsstätte 1942/1943) bis zum Flüsschen Sołokia und folgte diesem dann bis zu seiner Einmündung in den Bug, sodass die heute ukrainischen Kleinstädte Uhnów (ukrainisch: Uhniw) und Bełz (ukrainisch: Bels) in der deutsch besetzten Zone verblieben.
Links oben auf der Karte ist das von Eichmann ursprünglich für die Vertreibungsaktion vom Oktober 1939 in Aussicht genommene Terrain zwischen Kraśnik, Annopol an der Weichsel und Rozwadów am San zu erkennen. Das kleine Dorf Zarzecze an dem der Stadt Nisko gegenüberliegenden San-Ufer fehlt auf der Karte.

sässigen Personen ukrainischer oder weißrussischer Abstammung."[122] Der im Protokoll „Übersiedlung" genannte Bevölkerungstransfer fand von Dezember 1939 bis Februar 1940 statt und betraf insgesamt mehr als 150.000 Personen.

Nur wenige Tage nach Abschluss des Grenz- und Freundschaftsvertrages, am 7. Oktober 1939, ernannte Hitler Himmler zum „Reichskommissar für die Festigung des deutschen Volkstums". Der Erlass nannte als erste der Himmler übertragenen Aufgaben „die Zurückführung der für die endgültige Heimkehr in das Reich in Betracht kommenden Reichs- und Volksdeutschen im Ausland".[123] Die größte Gruppe unter ihnen waren die so genannten Wolhynien-Deutschen, deren Wohngebiet nunmehr zur Gänze auf sowjetischem Gebiet lag. Der Westteil des historischen, zwischen den Flüssen Bug und Dnepr gelegenen Wolhynien war nach dem ersten Weltkrieg Teil des wiedererstandenen polnischen Staates geworden.

Ein Bezug zur Nisko-Aktion liegt insofern vor, als für Himmler mit ziemlicher Sicherheit die Vorbereitungen der „Heimholung" der Wolhynien-Deutschen und anderer deutschsprachiger Minderheiten und ihre Ansiedlung im Warthegau Vorrang vor der Ansiedlung von Juden und Jüdinnen im Generalgouvernement hatte. Unter anderem deshalb mussten die Deportationen nach Nisko nach wenigen Tagen abgebrochen werden.

Die beiden Deportationstransporte von Wien nach Nisko (20. und 26./27. Oktober 1939)

Am 10. Oktober 1939 zitierte SS-Obersturmführer Rolf Günther den Amtsdirektor der Israelitischen Kultusgemeinde, Josef Löwenherz, zu sich in die Zentralstelle für jüdische Auswanderung in der Prinz-Eugen-Straße und teilte ihm mit:

> „Die Kultusgemeinde hat 1000–1200 auswanderungs- und arbeitsfähige Männer auszuwählen und in einer Liste, die mit laufenden Nummern zu versehen ist, zu verzeichnen. Es handelt sich in erster Linie um Handwerker aller Art, insbesondere Tischler, Zimmerleute und Techniker."[124]

122 ADAP VIII, Dok. 158, S. 128.

123 Faksimile des Erlasses: https://www.1000dokumente.de/index.html?c=dokument_de&dokument=0075_vot&object=facsimile&l=de [7. 3. 2020].

124 Aktenvermerk über die Vorsprache des Gefertigten [= Löwenherz] bei Herrn SS-Obersturmführer Günther in der Zentralstelle für jüd. Auswanderung am 10. Oktober 1939, 2.15 Uhr nachm., zitiert in: Löw, Die frühen Deportationen, S. 61 f. Die nachfolgende Zusammenfassung der Anordnung der Zentralstelle für jüdische Auswanderung folgt der Darstellung von

Ähnlichkeiten der Formulierungen mit denen, die zuvor der Kultusgemeinde in Mährisch-Ostrau mitgeteilt worden waren, sind kein Zufall: Die gesamte Aktion wurde vom Grenzpolizeikommissariat Mährisch-Ostrau aus koordiniert. Die Formulierung „auswanderungsfähig“ bezog sich unter anderem auf Personen, deren Fristen für die Auswanderung, die ihnen bei der Entlassung aus den Konzentrationslagern Dachau oder Buchenwald gesetzt worden waren, ablief.[125] Die Liste hatte in fünffacher Ausfertigung vorgelegt zu werden und hatte außer Angaben zur Person auch die Zahl der abhängigen Familienmitglieder zu enthalten und war binnen drei Tagen bei der Zentralstelle abzuliefern. Für jeden Transportteilnehmer waren zwei Lichtbilder abzugeben und fünf Mark zur Deckung der Transportkosten zu entrichten. Jeder hatte sich polizeilich abzumelden und seine Lebensmittelkarte zurückzugeben, da die Verpflegung über einen Sammelbezugsschein geregelt würde. Die Meldungen bei der Israelitischen Kultusgemeinde erfolgten im Stadttempel in der Seitenstettengasse.

An Werkzeugen waren von den Transportteilnehmern Geräte und Maschinen zur Holzverarbeitung mitzunehmen, außerdem warme Kleidung, Arbeitskleider, Spirituskocher und Verpflegung für drei bis vier Wochen. Das persönliche Reisegepäck durfte 50 Kilogramm nicht überschreiten. Günther versprach, für Bezugsscheine zu sorgen, um noch fehlendes Werkzeug sowie dreihundert bis dreihundertfünfzig Paar Schuhe einkaufen zu können. Für Proviant und Werkzeuge würden drei zusätzliche Waggons zur Verfügung gestellt werden. Bald stellte sich heraus, dass die Zentralstelle nur Werkzeug zur Verfügung stellen durfte. Kleidung und Schuhe sollten in Polen gekauft werden.

Auch aus einem von Alois Brunner angefertigten Vermerk über eine Besprechung der Zentralstelle für jüdische Auswanderung mit der Wiener Gauleitung der NSDAP und der Gestapoleitstelle am 16. Oktober zur Koordinierung der bevorstehenden „Umsiedlungsaktion“ wird der enorme Druck deutlich, den Gauleiter Josef Bürckel ausübte, die jüdische Bevölkerung aus der Stadt zu

Rosenkranz, Verfolgung und Selbstbehauptung, S. 216 f., die sich auf die Aktenvermerke des Amtsdirektors stützte.

125 In seiner Einleitung einer Dokumentation der Massenverhaftungen im Juni 1938 erläuterte der Weimarer Historiker Christian Faludi, wie die Praxis dieser Fristsetzungen aussehen konnte: „Wem es gelang, das Konzentrationslager zu verlassen, der galt nicht als entlassen, sondern als für die Auswanderung ‚beurlaubt‘. Dementsprechend wurden die jüdischen Häftlinge bereits am Lagertor von der Kriminalpolizei in Empfang genommen und in ihre Heimatorte überführt. Dort setzten ihnen die Beamten eine Frist, bis wann sie das Land zu verlassen hatten. Zur Überprüfung der ‚ernsthaften Auswanderungsbemühungen‘ mussten sich die Juden fortan täglich auf den Polizeistationen einfinden.“ Christian Faludi (Hrsg.), Die „Juni-Aktion“ 1938. Eine Dokumentation zur Radikalisierung der Judenverfolgung, Frankfurt/M.–New York 2013, S. 93.

vertreiben. Der Gauleiter sei „mehr als froh", gab sein Vertreter, ein gewisser Dr. Becker vom Stab des Reichskommissars, bekannt, „dass die geplante Umsiedlung der Juden in Baracken nicht stattzufinden braucht, da die Kosten pro Kopf zum Bau der Baracken allein schon auf RM 500,– gekommen wären". Der Gauleiter warte schon darauf, die freiwerdenden Wohnungen verteilen zu können, werde „wilde Arisierungen" verhindern und plane, den „gesamte[n] Realbesitz der Wiener Juden einer Treuhandgesellschaft zu übergeben", die dann auch die Zentralstelle für jüdische Auswanderung mitfinanzieren könne. Außerdem setzte die Gauleitung auf eine weitere, besonders zynische Methode den Druck auf die jüdische Bevölkerung zu erhöhen, sich „freiwillig" deportieren zu lassen: Man wollte dafür sorgen, dass keine Fürsorgeleistungen aus jüdischen Fonds für jüdische Bedürftige mehr fließen konnten. Die NS-Behörden hatten die 1938 aufgelösten Stiftungen und Fonds in eine „Allgemeine Stiftung für jüdische Fürsorge in Wien" überführt und deren Verwaltung einem Staatskommissar übertragen. Dieser Staatskommissar, Karl Beranek, ein Taxiunternehmer, der auch als Revisor bei der Nationalsozialistischen Volkswohlfahrt tätig war, nahm seine Aufgabe nach Ansicht der Gauleitung offenbar zu gewissenhaft wahr. Auch Eichmann war beim Versuch, Gelder aus dem Stiftungsvermögen auf die Zentralstelle umzulenken, gescheitert.[126] In der Koordinierungsbesprechung gab der Vertreter der Gauleitung bekannt, dass man Beranek „sofort kaltstellen werde, damit ja keine Verzögerung in der Umsiedlung eintreten kann".[127]

Für die Gestapo sagte ihr stellvertretender Leiter Karl Ebner zu, den ganzen Apparat des von ihm geleiteten „Judenreferats" für die „Umsiedlung" abzustellen „und bei der Erfassung der Juden entsprechende Maßnahmen zu treffen. „Er bat auch, beim 2. Transport die verhafteten staatenlosen Juden vorzunehmen, ebenso die im KZ befindlichen sofort anzuschliessen. Gleichfalls wird Herr Dr. Ebner veranlassen, dass sämtliche bei den Landgerichten und verschiedenen Bezirksbehörden derzeit inhaftierten Juden durch die Umsiedlung auf kurzem Wege freigegeben werden."[128]

126 Angelika-Shoshana Duizend-Jensen, Jüdische Gemeinden, Vereine, Stiftungen und Fonds. Arisierung und Restitution, Wien 2004 [= Veröffentlichungen der österreichischen Historikerkommission, Bd. 21/2], S. 110; siehe auch: Wolf Gruner, Öffentliche Wohlfahrt und Judenverfolgung. Wechselwirkungen lokaler und zentraler Politik im NS-Staat (1933–1942), München 2002, S. 285–287; VEJ, Bd. 3: Deutsches Reich und Protektorat, September 1939 – September 1941, München 2012, Dok. 24, S. 124–126, hier 125.

127 Aktenvermerk der Zentralstelle für jüdische Auswanderung über eine Besprechung betreffend die erste Umsiedlungsaktion nach Polen, 17. 10. 1939, in: Dokumentationsarchiv des österreichischen Widerstandes (Hrsg.), Widerstand und Verfolgung in Wien 1934–1945. Eine Dokumentation, Wien ^{2}1984, Bd. 3, S. 284 f.

128 Ebenda, S. 285.

Seitens der Zentralstelle wurde angekündigt, dass dem ersten Transport in kurzen Abständen weitere folgen sollten – die Rede war von zwei Transporten zu je 1.000 Personen pro Woche, jeweils dienstags und freitags. Es stellte sich jedoch schnell heraus, dass dieses Tempo nicht zu halten war – unter anderem deshalb, weil die freiwilligen Meldungen nur spärlich erfolgten.

Die Kultusgemeinde hatte zur Vorbereitung der Aktion ein zehnköpfiges Organisationskomitee zu bilden, für jeden Zug eine Transportleitung und für jeden Waggon einen Verantwortlichen zu nominieren.[129] Sie musste weiters dafür sorgen, dass bei jedem Transport zehn Ärzte mit ihren Instrumenten und Medikamenten mitfuhren. Die Münchner Zeithistorikerin Andrea Löw wies darauf hin, dass weder die Gestapo, die SS, die Zentralstelle für jüdische Auswanderung noch das Reichssicherheitshauptamt „den Betroffenen gegenüber in Erscheinung" traten. Wie später in den Ghettos ging schon bei der Nisko-Aktion „ihre Taktik auf, die jüdischen Repräsentanten zwischen sich und die jüdische Bevölkerung zu stellen".[130]

Die ersten drei Transporte sollten am 17., 24. und 27. Oktober 1939 abgehen. Für den vierten Transport sollten bereits ganze Familien eingeteilt werden. Als sich herausstellte, dass der vorgesehene Termin für den ersten Transport nicht zu halten war, verschob ihn die Zentralstelle zunächst auf den 18. Oktober und entschied am 17. schließlich, den Abgang mit 20. Oktober festzusetzen. Als sich abzeichnete, dass zu wenige freiwillige Meldungen erfolgten, um die angeordnete Zahl von 1.000 „Umsiedlern" zu erreichen, ordnete die Zentralstelle an, die Liste aus ihrer Kartei zu ergänzen, aber auch in diesen Fällen war es die Kultusgemeinde, die die Betroffenen einzuberufen hatte. Die ausgewählten Männer erhielten folgendes Schreiben:

> „Über behördlichen Auftrag hat am Mittwoch, dem 18. Okt. 1939, ein großer Transport von arbeitsfähigen Männern im Alter von 18–50 Jahren nach Polen behufs Inangriffnahme von Kolonisationsarbeiten abzugehen. Sie sind von der Behörde für diesen Transport in Aussicht genommen. [...] Sollten Sie dieser [...] Vorladung wider Erwarten nicht pünktlich Folge leisten, müssen Sie sich alle daraus entstehenden Folgen selbst zuschreiben."[131]

129 Zu den Details der Vorbereitung siehe: Rosenkranz, Verfolgung und Selbstbehauptung, S. 216 f.

130 Löw, Die frühen Deportationen, S. 62.

131 Zitiert in: Moser, Nisko, S. 81.

Der Hauptgrund für die weitere Verschiebung war vermutlich, dass die Kultusgemeinde bei der Überprüfung der 830 freiwilligen Meldungen feststellen musste, dass, wie Löwenherz am 17. Oktober bei seiner Vorsprache in der Zentralstelle erklärte, etwa dreihundert von ihnen „infolge ihres körperlichen und teilweise geistigen Zustandes für einen Arbeitstransport nicht in Frage kommen und für einen solchen Transport eine schwere Belastung“ bedeuten würden.[132] Die Gesundheitsuntersuchung übernahm der später nach Theresienstadt deportierte ehemalige Medizinalrat Heinrich Löwenstein von der ehrenamtlich tätigen Ärzteberatung in der Auswanderungsabteilung der Israelitischen Kultusgemeinde.[133] Darüber, wie viele Personen als nicht transportfähig eingestuft wurden, gehen die Angaben auseinander. Wie erwähnt, nannte Löwenherz in seinem Aktenvermerk, es seien rund dreihundert gewesen. In der Erinnerung der Überlebenden schrumpfte diese Zahl auf fast null: Die Männer seien „fast durchwegs als transportfähig befunden“ worden, hieß es in einem Bericht aus den ersten Nachkriegsjahren.[134] Einer der Betroffenen sah den Zustand der von Löwenstein Untersuchten („Krüppel und arbeitsunfähige Menschen“[135]) und nahm offenbar an, diesen sei generell Transportfähigkeit bescheinigt worden. Doch auch Emil Tuchmann,[136] der 1940 zum Leiter des gesamten jüdischen Gesundheitswesens in Wien ernannt wurde, stellte rückblickend dem alten Medizinalrat ein sehr schlechtes Zeugnis aus. In einer nach 1945 abgefassten Rechtfertigungsschrift distanzierte Tuchmann sich von Löwensteins eigenmächtiger, selbstherrlicher Vorgangsweise bei der Untersuchung von 200 bis 350 Männern vor dem Abtransport nach Nisko. Für die „grausamen Irrtümer und Fehlentscheidungen“, die Löwenstein dabei unterlaufen seien, sei von den Betroffenen die IKG verantwortlich gemacht worden.[137]

132 Aktenvermerk von Josef Löwenherz über die Vorsprache in der Zentralstelle vom 17. Oktober 1939, zitiert in: Rosenkranz, Verfolgung und Selbstbehauptung, S. 216.

133 Zur Ärzteberatung: Daniela Angetter / Christine Kanzler, „... sofort alles zu veranlassen, damit der Jude als Arzt verschwindet“. Jüdische Ärztinnen und Ärzte in Wien 1938–1945, in: Herwig Czech / Paul Weindling (Hrsg. im Auftrag des Dokumentationsarchivs des österreichischen Widerstandes), Österreichische Ärzte und Ärztinnen im Nationalsozialismus. Jahrbuch 2017, Wien 2017, S. 47–66, hier 50.

134 DÖW 02528. Zitiert in: Widerstand und Verfolgung in Wien, Bd. 3, S. 287. – Näheres zu diesem Dokument weiter unten.

135 Zitiert in: Moser, Nisko, S. 61.

136 Zu Emil Tuchmann: Michaela Raggam-Blesch, Zwischen Rettung und Deportation. Jüdische Gesundheitsversorgung unter der NS-Herrschaft in Wien, in: Jahrbuch des DÖW 2017, S. 67–88, hier 75–77.

137 Die Rechtfertigungsschrift Emil Tuchmanns („Bericht über meine Tätigkeit bei der Wiener Kultusgemeinde in den Jahren des Naziregimes 1938–1945“) ist im Akt seines Gerichtsverfahrens vor dem Volksgericht Wien enthalten. Original im Wiener Stadt- und Landesarchiv:

Unabhängig davon, wie viele der vorgesehenen Teilnehmer am Transport Medizinalrat Löwenstein tatsächlich als nicht transportfähig einstufte, letztendlich lag es trotzdem an der Kultusgemeinde, und sei es durch Zwangsmittel, eine ausreichende Anzahl ihrer Mitglieder dazu zu veranlassen, sich dem Transport anzuschließen. Löwenherz notierte:

> „Herr Obersturmführer Günther gab die Weisung, die hiedurch ausfallenden Personen zu ersetzen, falls aber dies nicht möglich sein sollte, müßten alle in der ersten Liste gemeldeten Personen ohne Rücksicht auf ihren Zustand dem Transport angeschlossen werden."[138]

Aus einem undatierten Merkblatt für die „Umsiedler", das u. a. eine genaue Aufstellung der mitzunehmenden Gegenstände enthält, geht hervor, dass nur jene Personen die Aufforderung, sich zum Abtransport einzufinden, ablehnen konnten, deren Auswanderung unmittelbar bevorstand: Das musste „durch Vorlage entsprechender Dokumente zweifelsfrei" nachgewiesen werden, die bloße „Aussicht auf eine spätere Ausreise" genüge nicht, man müsse vielmehr in der Lage sein „den Zeitpunkt der Einreise" in das betreffende Land schon anzugeben. Eine akute Krankheit sei durch ein ärztliches Attest nachzuweisen, auch seien Invalide „bis auf weiteres" vom Transport ausgenommen.[139]

Der Kultusgemeinde gegenüber erweckten Eichmann und seine Mitarbeiter den Eindruck, im Ansiedlungsgebiet im besetzten Polen gebe es leere, ehemals jüdische[140] Dörfer und die Handwerker des ersten Transports würden nach der Errichtung des ersten Barackenlagers auf diese Dörfer aufgeteilt werden, um mitzuhelfen, weitere Unterkunftsmöglichkeiten zu schaffen. Einen Einblick in die dabei vermittelten Illusionen gibt der Aufruf der Kultusgemeinde an die jüdische Bevölkerung, in dem denen, die sich an der Umsiedlungsaktion beteiligen würden, versprochen wurde, sie könnten sich in dem für die Aktion bereitgestellten Gebiet in Polen „nach den der Israelitischen Kultusgemeinde von kompetenter Seite zugekommenen Mitteilung frei ansiedeln, betätigen und ihre Existenz aufbauen. Für die vorläufige Unterbringung und Verpflegung wird ge-

LG Wien, Vg 3e Vr 1955/45; Kopie im Dokumentationsarchiv des österreichischen Widerstandes: DÖW 17142a. Zitiert in: Moser, Nisko, S. 180.

138 Zitiert in: Rosenkranz, Verfolgung und Selbstbehauptung, S. 216.

139 Faksimile: http://de.doew.braintrust.at/popup.php?t=img&id=627 [7. 3. 2020].

140 So in einem Vermerk der Zentralstelle für jüdische Auswanderung vom 18. 10. 1939; Kopie im Dokumentationsarchiv des österreichischen Widerstandes: DÖW 02527. Erstmals veröffentlicht von Jonny Moser, Die Judenverfolgung in Österreich. 1938–1945, Wien 1966 [= Monographien zur Zeitgeschichte, hrsg. v. Dokumentationsarchiv des österreichischen Widerstandes], S. 16.

sorgt werden. Den ankommenden Juden stehen Vertreter jüdischer Organisationen an Ort und Stelle zur Verfügung.“ Die Kultusgemeinde stellte sogar in Aussicht, dass später Einrichtungsgegenstände nach Polen befördert werden könnten, und beruhigte, dass unvermeidliche Härten gemildert werden könnten, weil die Kultusgemeinde selbst die Aktion leite.[141]

Als Transportleiter für den ersten Transport setzte die Kultusgemeinde Ernst Kohn ein, einen ehemaligen Hauptmann der k.u.k. Armee, der sich als einer der Ersten in der Seitenstettengasse gemeldet hatte. Er wurde von der SS als Leiter der Spitalsstation in Pysznica, einige Kilometer nordwestlich des eigentlichen Lagers, herangezogen und war unter jenen 198 Männern, die im April 1940 nach Wien zurückkehren durften. Dank seiner „arischen“ Frau blieb Ernst Kohn von weiteren Deportationen verschont. Nach der Befreiung 1945 nahm er den Familiennamen Kolm an. Seine Aufzeichnungen, Abschriften und Kopien, die er in einem desolaten Koffer verstecken konnte, bildeten die Hauptquelle für die Arbeiten von Jonny Moser zur Nisko-Aktion.[142]

Wie bereits erwähnt, legte die Zentralstelle als Abgangsbahnhof des Transports den wenig frequentierten Aspangbahnhof im 3. Wiener Gemeindebezirk fest. Die Zentralstelle gab sich schließlich mit 912 Personen zufrieden. Bei weitem nicht alle waren für die in Aussicht gestellten „Aufbauarbeiten“ geeignet – es gab auch 75-jährige Männer unter den Deportierten.

Trotz der Aufforderung durch den Chef des Reichskriminalpolizeiamtes, Arthur Nebe, die „Judentransporte“ dazu zu nutzen, um auch die „Zigeuner“ loszuwerden, wurden weder diesem noch dem zweiten Transport nach Nisko Roma angeschlossen. Noch am 16. Oktober hatte Eichmann bei der oben erwähnten Besprechung mit Vertretern der Gestapoleitstelle Wien und der NSDAP-Gauleitung in der Zentralstelle in der Prinz-Eugen-Straße versprochen, an jeden Transport drei bis vier „Zigeunerwaggons“ anzuhängen. Für die „Stelligmachung“[143] wäre allerdings die Kriminalpolizei, in deren Zuständigkeits-

141 Faksimile des undatierten Aufrufs (vor dem 17. 10. 1939) auf der Website des DÖW: http://de.doew.braintrust.at/popup.php?t=img&id=627 [7. 3. 2020].

142 Moser, Nisko, S. 11.

143 So die Formulierung in einem vom SD angefertigten Protokoll der Besprechung in Wien, das noch am selben Tag durch den SD-Oberabschnitt Donau an das Grenzpolizeikommissariat Mährisch-Ostrau (Rolf Günther) übermittelt wurde. Das oben zitierte, von der Zentralstelle angefertigte Protokoll derselben Besprechung erwähnt die Deportation der Roma nicht. Zitiert in: Moser, Nisko, S. 55. (Während die Zentralstelle für jüdische Auswanderung im Palais Albert Rothschild in der Prinz-Eugen-Straße ihren Sitz hatte, residierten SS und SD im nahe gelegenen Palais Alphonse Rothschild in der Theresianumgasse. Beide Gebäude verfielen nach 1945 und wurden in den 1950er Jahren abgerissen.)

bereich die „Zigeuner“-Verfolgung fiel, verantwortlich gewesen. Diese ging eigene Wege und hatte schon vor dem „Festsetzungserlass“ des Reichssicherheitshauptamts vom 17. Oktober 1939[144] mit der Deportation österreichischer Roma und Sinti begonnen. In der „Fliegerhalle“ in Schwechat (damals Teil des 23. Bezirks von „Groß-Wien“) hatten die NS-Behörden bereits im Sommer 440 Romafrauen und -kinder konzentriert, die am 26. Juni 1939 in das Konzentrationslager Ravensbrück deportiert wurden.[145]

Die 912 Männer hatten einzeln – das hieß vor allem: ohne Angehörige – zum Bahnhof zu kommen. Ernst Kohn musste sich dort mit dem Transportführer, einem Hauptmann der Schutzpolizei namens Lauda, in Verbindung setzen. Lauda begleitete den Transport mit 33 Schutzpolizisten, sodass er genügend Männer hatte, um in jedem Waggon einen Polizisten als Wache zu postieren. Bei windigem, nasskaltem Wetter hatten sich bis 17 Uhr alle in der großen Halle des Aspangbahnhofs eingefunden.[146] 16 Personenwaggons standen bereit. Außer-

144 Der Erlass bestimmte, dass „sämtliche Zigeuner und Zigeunermischlinge“ ab sofort ihren Wohnsitz oder gegenwärtigen Aufenthalt bis auf Weiteres nicht verlassen durften. Siehe: Karola Fings, Gutachten zum Schnellbrief des Reichssicherheitshauptamtes – Tgb. Nr. KPA 149/1939-g- – vom 17. 10. 1939 betr. „Zigeunererfassung“ („Festsetzungserlass“), Köln 2008, https://zentralrat.sintiundroma.de/download/11145 [7. 3. 2020]; siehe auch: Gerhard Baumgartner, Dezentrale nationalsozialistische „Zigeunerlager“ 1938–1945 auf dem Gebiet des heutigen Österreich, https://www.doew.at/cms/download/8v3s6/gb_projektentwurf.pdf [7. 3. 2020].

145 Helga Amesberger / Brigitte Halbmayr, Namentliche Erfassung der ehemals inhaftierten ÖsterreicherInnen im Konzentrationslager Ravensbrück, in: DÖW-Jahrbuch 2007. Schwerpunkt Namentliche Erfassung von NS-Opfern, Wien 2007, S. 64–83, hier 66. Dass die Häftlinge in Schwechat konzentriert wurden, geht aus dem Erinnerungsbericht einer Überlebenden hervor: Berta Fröhlich (geborene Weinrich), „Die erste Zeit war furchtbar. Ich habe geglaubt, ich halte das nicht aus“, in: Helga Amesberger / Brigitte Halbmayr, Vom Leben und Überleben – Wege nach Ravensbrück. Das Frauenkonzentrationslager in der Erinnerung, Bd. 2: Lebensgeschichten, Wien 2001, S. 53–57.

146 Eine Schilderung der Abfahrt ist enthalten in: Die Höllenfahrt der Tausend. Aus den Erlebnissen des Ignaz „Israel“ R. (= Ignaz Reisfeld), in: Der Sozialistische Kampf / La Lutte Socialiste. Journal Antihitlerien, Jg. 3 (1940), Paris, 13. 1. 1940, S. 3–5. – Reisfeld war die Flucht über die Sowjetunion in das damals noch unabhängige Lettland und von dort nach Frankreich gelungen. „Der Sozialistische Kampf“ gibt das Alter des Autors mit 46 an. Jonny Moser und vor ihm schon Gertrude Schneider nennen 1893 als Geburtsjahr von Ignaz Reisfeld. Siehe: Gertrude Schneider, Exile and Destruction. The Fate of Austrian Jews, 1938–1945, Westport (Connecticut) 1995, S. 171; Moser, Nisko, S. 90. Daher ist es unwahrscheinlich, dass der Autor identisch ist mit dem Vater des 1933 nach Paris emigrierten Bert(hold) Reisfeld, obwohl der aus Wien stammende Filmkomponist Bert Reisfeld (1906–1991) einen Ignaz Reisfeld als seinen Vater bezeichnet. Siehe: Rudolf Ulrich, Bert Reisfeld – Komponist / Filmjournalist, in: Österreich Journal. Das Magazin für Österreicher in aller Welt, Nr. 144, 30. 6. 2015, S. 109 f. Online: http://www.oesterreichjournal.at/Ausgaben/index_144.htm [7. 3. 2020].

dem hatte die SS, wie versprochen, drei Güterwaggons an den Zug gehängt. Das große Gepäck wurde in den Güterwaggons verstaut.

Als der IKG-Amtsdirektor zum Bahnhof kam, um den Transport zu verabschieden, traf er dort auch den „Judenreferenten“ der Gestapoleitstelle Wien, Karl Ebner, und Hans Günther, der aus Prag angereist war. Günther wandte sich an Löwenherz, den er aus seiner Zeit in der Wiener Zentralstelle gut kannte, und wollte ihn in einer Weise beruhigen, die zeigte, dass Eichmanns Mitarbeiter immer noch bemüht waren, die Mär vom künftigen „Judenreservat“ in Polen aufrechtzuerhalten – vermutlich, um die nächsten Transporte ebenso reibungslos abfertigen zu können wie den ersten. Günther erklärte, die Deportierten würden ihm, Löwenherz, noch dankbar sein, denn sie kämen jetzt in „geordnete Arbeitsverhältnisse“, wo sie „ausreichend und gut verpflegt“ würden.[147] Das war auch der Inhalt der Belehrung der Männer auf dem Bahnhof. Wie zuvor schon den Funktionären der Kultusgemeinde, wurde auch ihnen zugesichert, es würden ihnen „in einer von der polnischen Zivilbevölkerung verlassenen Gegend Haus und Hof zugewiesen“ werden.[148] Dies geht aus einem im Dokumentationsarchiv des österreichischen Widerstandes verwahrten Erinnerungsbericht eines unbekannten Überlebenden hervor, der zu einer Gruppe von 22 Rückkehrern aus der Sowjetunion gehörte. Der Bericht war vermutlich die Beilage eines Briefes an den KZ-Verband aus dem Jahre 1946 oder 1947, in dem dieser aufgefordert wurde, die Nisko-Deportierten den KZ-Häftlingen gleichzustellen. Damals war der einheitliche KZ-Verband befugt, „Bestätigungen über den Opferstatus eines Verfolgten auszustellen und war verpflichtet, dies auch für Nichtmitglieder zu tun“.[149]

Um 18 Uhr mussten die 912 Männer den Zug besteigen, der jedoch erst um 22.22 Uhr Wien verließ. Die Fahrt führte über Lundenburg/Břeclav, Göding/Hodonín und Prerau/Přerov zunächst nach Mährisch Ostrau/Ostrava. Dort wurden drei bereitstehende Waggons mit Bauholz (das Eichmann aus der Slowakei besorgt hatte) und ein weiterer Waggon mit Lebensmitteln und Ausrüstungsgegenständen für die Wachmannschaft an den Zug angekoppelt. Den Proviant hatte die SS in Mährisch-Ostrau bei jüdischen Lebensmittelhändlern beschlagnahmt. Über Kattowitz/Katowice, Krakau und Rzeszów (damals noch nicht in „Reichshof“ umbenannt) ging es weiter nach Nisko am San, wo der Zug in der Nacht zum 23. Oktober eintraf.

147 Zitiert in: Moser, Nisko, S. 53.

148 DÖW 02528, zitiert in: DÖW (Hrsg.), Widerstand und Verfolgung in Wien, Bd. 3, S. 287.

149 Brigitte Bailer, Der KZ-Verband. Informationen zu einer wesentlichen Quelle des Projektes der Namentlichen Erfassung der Opfer der politischen Verfolgung, in: DÖW-Jahrbuch 2007, S. 36–39, hier 43.

Der Zug hielt unterwegs manchmal stundenlang an Stationen, die Schutzpolizisten passten auf, dass niemand während eines solchen Halts ein Fenster öffnete oder gar den Zug verließ. Während der Fahrt musste die Transportleitung die Personaldokumente einsammeln. Ernst Kohn hatte dafür Umschläge für alle „Umsiedler" erhalten, auf denen er die Namen vermerkte. Die Kuverts lieferte er bei Hauptmann Lauda ab. Die meisten Männer bekamen diese Dokumente nicht wieder zurück und waren somit in den darauffolgenden Monaten nicht in der Lage, sich auszuweisen. Außerdem bekam Kohn den Auftrag, das mitgenommene Geld einzusammeln. Bis zu 300 Reichsmark Bargeld waren pro Person gestattet. Das Versprechen hatte gelautet, dass man sie in Polen zum offiziellen Kurs gegen Złoty eintauschen könne. Kohn lieferte bei der Ankunft in Nisko das eingesammelte Geld samt einer Liste mit den einzelnen Beträgen bei SS-Oberscharführer Danecker ab, da ja nicht alle über Bargeldreserven von 300 Reichsmark verfügt hatten. Tatsächlich erhielten die 912 Männer von Danecker aber nicht den Gegenwert des abgelieferten Geldes – also bis zu 600 Złoty – sondern einheitlich 150 Złoty ausbezahlt. Der Rest, so Daneckers Begründung, verbleibe beim SS-Kommando zur Deckung der Transportkosten. Laut einem Bericht von SS-Hauptsturmführer Rolf Günther an die Staatspolizei Krakau (zur Weiterleitung an Eichmann)[150] waren 100.655,81 Reichsmark an Bargeld eingesammelt worden, der Umtausch in Złoty erfolgte in Kattowitz. Mit anderen Worten: Obwohl die Kosten für die Deportation ohnehin aus „jüdischen Geldern" – nämlich aus dem durch Ausreisegebühren von so genannten „Nichtglaubensjuden" gespeisten Gildemeester-Fonds[151] – bestritten wurden, kassierte die SS noch zusätzlich mehr als 64.500 Złoty „Deckungsbeitrag" von den Deportierten ein.

Auf dem Bahnhof durften die Passagiere von jeweils drei Waggons, also etwa 180 Personen auf einmal, den Zug verlassen. Einer der Deportierten, Ignaz Reisfeld, verfasste darüber wenige Monate später, nachdem ihm die Flucht gelungen war, einen Bericht: Die umherstehenden SS-Männer hätten das Leben im Lager auf der anderen Seite des San in den schönsten Farben beschrieben. Viele Umgesiedelte würden dort bereits arbeiten und könnten „abends im ‚Stadtpelz' spazieren" gehen. Aber auch einzelne Wehrmachtssoldaten hätten sich unter die Wartenden gemischt, um sie zu warnen. Sie raunten

150 Zitiert in: DÖW (Hrsg.), Widerstand und Verfolgung in Wien, Bd. 3, S. 286.

151 Zum Gildemeester-Fonds: Theodor Venus / Alexandra-Eileen Wenck, Die Entziehung jüdischen Vermögens im Rahmen der Aktion Gildemeester. Eine empirische Studie über Organisation, Form und Wandel von „Arisierung" und jüdischer Auswanderung in Österreich 1938–1941, Wien 2004 [= Veröffentlichungen der österreichischen Historikerkommission, Bd. 20/2].

von „Sachen [...], die sie nicht für möglich gehalten hätten".[152] Am Morgen konnte das Gepäck auf die Pferdefuhrwerke verladen werden, die von Einheimischen bereitgestellt werden mussten.

Manche Männer hatten gehofft, dass auf dem Bahnhof Nisko die vorausgereisten leitenden Funktionäre der Kultusgemeinde auf sie warten würden. Allerdings standen dort nur der Wiener IKG-Angestellte Julius Boschan und SS-Oberscharführer Theodor Dannecker. Dass die Funktionäre der Kultusgemeinde, denen viele ohnehin misstrauten, „nicht zu sehen" waren, stieß, wie aus Erinnerungsberichten hervorgeht, auf Kritik.[153] Was die Deportierten nicht wissen konnten, war, dass die übrigen jüdischen Funktionäre an diesem 23. Oktober nach Lublin geschickt worden waren. Als Vertreter der Juden und Jüdinnen der „Ostmark" und des „Protektorats" sollten sie mit der dortigen jüdischen Gemeinde in Verbindung treten, um sie über das „Siedlungsprojekt" zu informieren. Eichmann hatte der Gruppe empfohlen, sich auf dem Weg nach Lublin nach „Ansiedlungsmöglichkeiten in der Umgebung" zu erkundigen. Murmelstein berichtete am 8. November, nach seiner Rückkehr nach Wien, von einer „Tagesreise auf einem Leiterwagen", zunächst bis Janów Lubelski.[154] Die fünf Funktionäre sprachen bei Otto Stössenreuther vor, dem deutschen Beamten, der als Landrat von Janów und Kraśnik eingesetzt worden war, und baten um Überlassung einiger der infolge der deutschen Luftangriffe unbewohnbar gewordenen Häuser, um in Janów ein Spital für Verletzte und Kranke, die aus Zarzecze vertrieben würden, einzurichten. Erst dadurch erfuhr der Landrat, dass neuerlich Juden in „seinen" Kreis gebracht wurden, nachdem er die dort wohnenden eben erst vertrieben hatte. „Der Landrat [...] beschwerte sich bei der Tagung der Landräte, beim Regierungspräsidenten in Lublin und bei der Militärverwaltung."[155] Tatsächlich fand bereits am darauffolgenden Tag in Lublin eine der regelmäßigen Tagungen der Landräte des Distrikts[156] statt, doch einigten sich die Beamten nur darauf, die Stadt Kraśnik für die Deportierten zu sperren.

152 Moser, Nisko, S. 91. Jonny Moser zitierte aus dem unredigierten Manuskript von Ignaz Reisfeld Passagen, die im „Sozialistischen Kampf" nicht veröffentlicht wurden, nach: Herbert Steiner / Maria Sporrer (Hrsg.), Simon Wiesenthal. Ein unbequemer Zeitgenosse, Wien 1992, S. 119 ff.

153 Zu diesen Kritikern gehörte auch der Verfasser des oben zitierten Nachkriegsdokuments (DÖW 02528). Die nachfolgenden detaillierten Angaben über die Abnahme von Dokumenten und Geld während der Bahnfahrt sowie über die ersten Stunden nach der Ankunft sind ebenfalls diesem Dokument entnommen.

154 Zitiert in: Moser, Nisko, S. 93.

155 Goshen, Eichmann und die Nisko-Aktion, S. 92 f.

156 Die von den Chefs der Zivilverwaltung der Deutschen Wehrmacht eingesetzten Landräte hatten im späteren Distrikt Lublin seit dem 15. Oktober, also noch vor der formellen

Die Vorsprache bei der Jüdischen Gemeinde in Lublin erbrachte die vage Zusage, den Deportierten zu helfen, über die nahe Demarkationslinie auf sowjetisches Gebiet zu flüchten und sie während ihres Aufenthalts in Lublin zu versorgen. Der Lubliner Gestapo-Chef Eduard Strauch, der zwei Jahre später zum Kommandeur der Sicherheitspolizei für Weißrussland ernannt wurde und die Massenmorde von Maly Trostinec organisierte, bot an, Deportierte in größeren Gruppen zu übernehmen und dafür zu sorgen, dass sie auf sowjetisches Gebiet gelangten. Die jüdischen Funktionäre lehnten ab, weil sie schon schlimme Details über diese Vertreibungen über die Demarkationslinie gehört hatten. Obwohl der Hauptorganisator der Massenmorde der Jahre 1941 bis 1943, Odilo Globocnik, erst knapp zwei Wochen nach der Abreise der „Gruppe Kultusgemeinde" aus Lublin sein Amt als SS- und Polizeiführer des Distrikts Lublin übernahm und mit der Konzentrierung der Juden in Zwangsarbeitslagern in und um Lublin begann, war für die fünf jüdischen Funktionäre aus Prag und Wien schon Ende Oktober offensichtlich, was sich dort zusammenbraute. In den zehn Tagen ihres Aufenthalts erlebten sie zwei Gewaltaktionen gegen die jüdische Bevölkerung der Stadt – von den Nationalsozialisten „Pogrome" genannt, gerade so, als hätten sich die nichtjüdischen BewohnerInnen spontan und ganz ohne Zutun der Besatzungsmacht zusammengerottet. Nur die von Adolf Eichmann ausgestellten Ausweispapiere bewahrten sie vor Einkerkerung und Schlimmerem. Besonders ernüchtert war Jakob Edelstein aus Prag. Er hatte gehofft, die Nisko-Aktion würde die Schaffung ökonomisch autarker Ghettos ermöglichen. Anderenfalls hielt er die Deportation der jüdischen Bevölkerung in den Osten für unvermeidlich, was ihren sicheren Tod bedeuten würde.[157]

Von all dem wussten die 912 Männer, die sich am Morgen des 23. Oktober von dem etwas außerhalb des eigentlichen Ortsgebiets von Nisko gelegenen Bahnhof auf den Weg ins Lager Zarzecze machten, nichts. Sie mussten sich zu Gruppen formieren und unter Bewachung der mitgereisten Wiener Schutzpolizisten sowie einer SS-Eskorte den eineinhalbstündigen Fußmarsch ans andere San-Ufer antreten. Inzwischen begann es zu regnen. Auf die entsetzlichen

Schaffung des Generalgouvernements und seiner vier Distrikte, ihre Tätigkeit koordiniert. Siehe: Bogdan Musial, Deutsche Zivilverwaltung und Judenverfolgung im Generalgouvernement. Eine Fallstudie zum Distrikt Lublin 1939–1944, Wiesbaden 1999, S. 16 f.

157 Überliefert von: Rut Bondi, Edelshtain neged ha-zeman [Edelstein gegen die Zeit], Tel Aviv 1981. Zitiert von Mečislav Borák (First Deportation, S. 142) nach der tschechischen Ausgabe: Ruth Bondyová, Jakob Edelstein, Prag 2001, S. 166. Siehe auch Edelsteins warnenden Artikel in der britischen Tageszeitung „The Times" vom 16. Dezember 1939, in deutscher Übersetzung abgedruckt in: VEJ, Bd. 3: Deutsches Reich und Protektorat, Dok. 38, S. 143–146.

Bedingungen, unter denen die ersten Ankömmlinge aus Mährisch-Ostrau die sechs Kilometer bei strömendem Regen zurücklegen mussten, wird weiter unten („Die Nisko-Aktion als Teil der tschechoslowakischen Geschichte") genauer eingegangen. Doch auch jetzt weichte der Regen schnell den schmalen unbefestigten Weg auf, der von der Behelfsbrücke hinauf ins Dorf führte.

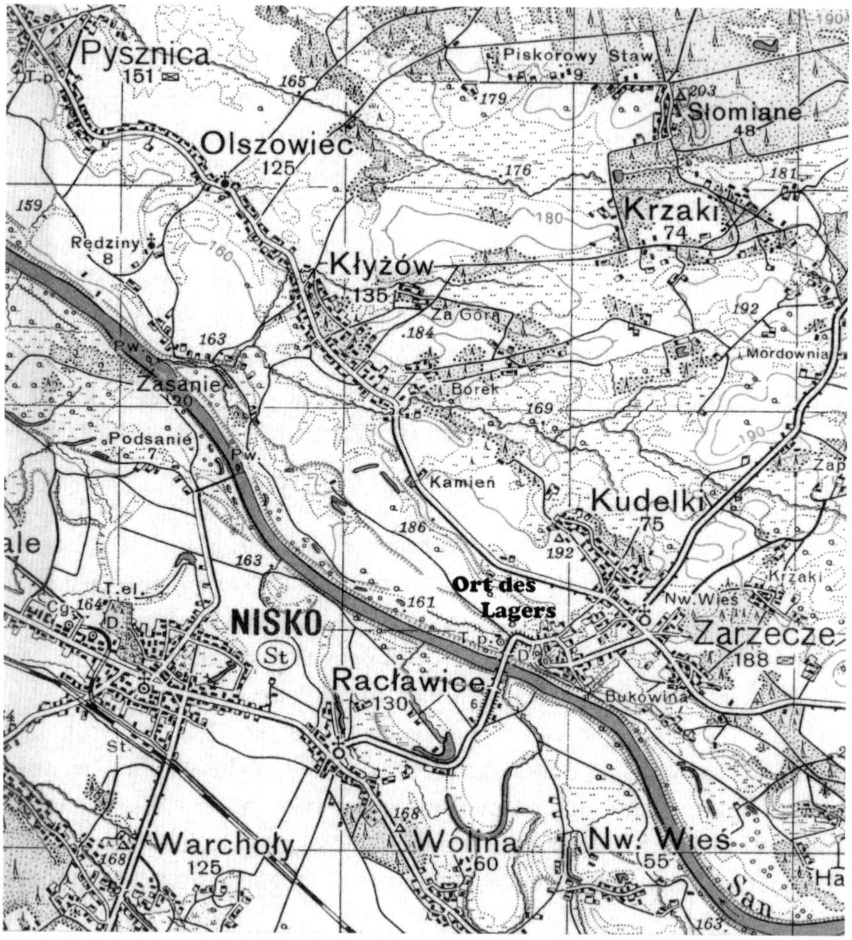

Position des Lagers am westlichen Rand des Dorfes Zarzecze, eingetragen auf einem Ausschnitt aus dem Blatt „Pas 46 / Słup 34 (Rozwadów)" der „Mapa taktyczna Polski" [Taktische Karte Polens] 1:100.000 der polnischen Armee, hrsg. v. Wojskowy Instytut Geograficzny [Militärgeografisches Institut], Warschau 1938 (© Public Domain, zur Verfügung gestellt vom Instytut Geografii i Gospodarki Przestrzennej Uniwersytetu Jagiellońskiego [Institut für Geografie und Raummanagement der Jagiellonen-Universität Krakau]). Der heutige Straßenverlauf der Lubelska-Straße unterscheidet sich von der Situation 1939 insofern, als sie nach der San-Brücke nicht mehr in das Dorf Zarzecze abzweigt, sondern direkt nach Kudelki führt und somit das ehemalige Lager-Gelände durchquert.

Als sie schließlich nach Überwindung der Uferböschung das Gelände beim Dorf Zarzecze auf dem gegenüberliegenden San-Ufer erreichten, wo die aus Mährisch-Ostrau Deportierten in den beiden Tagen zuvor erste Lagerbaracken errichtet hatten, erwartete die Männer aus Wien eine böse Überraschung: Die SS sonderte einige Dutzend Männer aus.[158] Nur ihnen wurde erlaubt, in das im Entstehen begriffene Lager einzuziehen. Alle übrigen – vermutlich rund 850 – Deportierten mussten auf der Ługowa-Straße weiter in Richtung Pysznica gehen. Zwischen Kłyżów und Pysznica wurde endlich Halt gemacht. Der Regen war inzwischen stärker geworden. Alle mussten sich auf einer Wiese aufstellen, während die polnischen Fuhrleute das Gepäck von den Karren luden und ihren Fuhrlohn kassierten. Wie viel das war, darüber gehen die Erinnerungen auseinander – sie reichen von 2,50 Złoty, die schon beim Aufladen auf dem Bahnhof Nisko zu bezahlen gewesen seien, und zwei bis zwanzig Złoty, die beim Abladen kassiert worden seien. Reisfeld schrieb:

> „Was dort geschah, kann man im Leben nicht wieder vergessen. Unsere Sachen wurden [...] in den Kot geworfen, wir wurden in eine Gruppe getrieben, wie man es mit Tieren zu tun pflegt."[159]

Die SS-Wachen gaben Schüsse ab, ihr Kommandant schrie, die Juden sollten alle verschwinden. Wer im Umkreis von fünf Kilometer angetroffen werde, werde erschossen. Dazu Reisfeld:

> „Panik machte sich breit. Einige Männer warfen schlagartig ihr Gepäck weg und rannten um ihr Leben. Andere brachen hektisch ihre Koffer auf, um wenigstens noch die nötigsten Kleider- und Wäschestücke mitzunehmen. Doch sofort waren sie von Fuhrwerksleuten umstellt, die wie die Aasgeier aus dem Gepäck der Deportierten herausrissen, was sie erwischen konnten. Völlig verschreckt versuchten manche Männer, sich auf die Fuhrwagen zu retten, was die schlauen Bauern gleich als nächsten Auftrag betrachteten. Die Pferde zogen rasch an, die Wagen rumpelten ins Unbekannte."[160]

158 Seev Goshen, ein Deportierter des ersten Transports aus Mährisch-Ostrau, hatte die Szene möglicherweise vom Lager aus beobachtet. In seinem ersten Aufsatz gab er die Zahl der Eingelassenen mit 80 an: Goshen, Nisko – ein Ausnahmefall, S. 98. Ignaz Reisfeld schrieb, die Marschkolonne sei angehalten worden. Es habe geheißen „Handwerker vortreten", und dann seien „annähernd 50 Mann [...] abgesondert" worden. Zitiert in: Moser, Nisko, S. 91.

159 Reisfeld, Höllenfahrt, S. 4.

160 Ebenda.

Reisfeld war unter den wenigen, die es geschafft hatten, auf diese Weise die mehr als 30 Kilometer bis Janów Lubelski relativ schnell zurückzulegen. „Nach einer halben Stunde Fahrt hielten die Fuhrleute auf freiem Feld an, erpressten von jedem noch einmal 10 Złoty und fuhren dann erst weiter in Richtung Janów", wo die Männer von den Wagen absteigen mussten. Inzwischen dunkelte es bereits, doch der Bürgermeister untersagte ihnen zu bleiben, sodass die Männer zu Fuß im strömenden Regen weitermarschierten. In der nächsten Ortschaft „tauchte eine alte Jüdin auf, blickte sie mitleidsvoll an und verhalf ihnen letztendlich zu einer Unterkunft".[161]

Die übrigen Männer verließen die Wiese zu Fuß und marschierten, meist in kleinen Gruppen, nach Norden und Osten, wie vor ihnen schon fast die Hälfte der aus Mährisch-Ostrau hierher deportierten Männer. Wie sich der aus Mährisch-Ostrau stammende jüdische Lagerleiter, Emil Eisler, in den 1960er Jahren erinnerte, nannte die SS diese brutale Vertreibung „Streuen".[162]

Etwa zwanzig Männer, die ohne Gepäck davoneilten – unter ihnen Hans Bergmann[163] – konnten schon im Nachbarort Jastkowice, nur wenige Kilometer flussabwärts, auf der der Stadt Rozwadów gegenüberliegenden Seite des San, eine Unterkunft finden. Sie trieben einen jüdischen Fuhrmann auf, der die Männer nach Norden, in Richtung Lublin brachte – und zwar bis Zaklików, eine jüdische Ortschaft, in der sich ohnehin schon Flüchtlinge befanden.[164] Bergmann blieb in Jastkowice, um dort – in ständigem Kontakt mit Kohn – eine „Relaisstation" einzurichten.

Andere waren weniger glücklich. Nicht einmal vier Wochen nach dem Ende der Kampfhandlungen zwischen polnischen und deutschen – in diesem

161 Reisfeld, unredigiertes Manuskript, zitiert nach: Moser, Nisko, S. 91 f.

162 Brief Emil Eislers an Jonny Moser vom 12. Mai 1965. Zitiert in: Moser, Nisko, S. 89.

163 Dr. Hans Bergmann, 48 Jahre alt, stammte aus Wien. Er war unter jenen 198 Männern, die im April 1940 nach Wien zurückkehren durften. Am 15. Februar 1941 verschickte ihn die Gestapo nach Opole Lubelskie, einer mehrheitlich jüdischen Kleinstadt im Distrikt Lublin. Zu den 4.000 jüdischen EinwohnerInnen, die bei Kriegsbeginn hier gewohnt hatten, kamen bald 8.000 Deportierte, davon 2.000 aus Wien (am 15. und 26. Februar 1941). Bis Jänner 1942 war schon jeder fünfte der Wiener Deportierten an den elenden Bedingungen zugrunde gegangen. Fast alle GhettobewohnerInnen wurden im März, Mai und Oktober 1942 nach Bełżec und Sobibór deportiert und ermordet. Von den 2.003 aus Wien nach Opole deportierten Jüdinnen und Juden sind 28 Überlebende bekannt. Hans Bergmann war nicht unter ihnen. Siehe: https://www.doew.at/erinnern/fotos-und-dokumente/1938-1945/deportationen-wien-opole-februar-1941-in-diesem-elenden-nest [7. 3. 2020].

164 Das teilweise online zugängliche Archiv des American Jewish Joint Distribution Committee beinhaltet auch Dokumente über die Unterstützung des Warschauer Joint-Büros für jüdische Gemeinden im Distrikt Lublin, darunter Zaklików. Siehe: https://archives.jdc.org/our-collections/finding-aids/warsaw/1939-1941/localities/ [7. 3. 2020]. (Dokumente betreffend Zaklików sind unter „File 741" zu finden.)

Teil Polens auch sowjetischen – Truppen, war die Sicherheitslage noch äußerst prekär. Zahlreiche Gruppen von Flüchtenden wurden in den darauffolgenden Tagen überfallen und ausgeraubt. Meldungen darüber erreichten auch das Lager in Zarzecze. Ernst Kohn, der in Wien von der IKG für den Zug verantwortlich gemacht und ins Lager einquartiert worden war, begann um diese Zeit mit seinen tagebuchmäßigen Aufzeichnungen. Er notierte, was einer Gruppe des ersten Transports aus Mährisch-Ostrau zugestoßen war, die auf dem Weg nach Lublin in Pysznica genächtigt hatte. Dort gab es aus der Zeit, als die jüdische Gemeinde in Ulanów noch so groß gewesen war, dass sie die jüdische Bevölkerung in dreißig Dörfern der Umgebung – darunter Pysznica – betreut hatte,[165] ein leerstehendes Bethaus, das der Gruppe als Nachquartier diente. Gegen Mitternacht wurde das Gebäude unter Beschuss genommen. Einer der Männer wurde erschossen, zwei weitere wurden schwer verletzt, allen wurden ihre letzten Habseligkeiten geraubt. Die Täter konnten nicht ausgeforscht werden.[166] Kleine Gruppen der Verjagten schafften es, nach tagelangem Umherirren im Distrikt Lublin, in Ortschaften mit einem größeren jüdischen Bevölkerungsanteil eine Zeitlang unterzukommen.

Die SS ließ die zurückgelassenen Gepäckstücke ins Lager bringen, wo schon Hunderte Gepäckstücke der Deportierten des ersten Transports aus Mährisch-Ostrau lagen. Der SS-Lagerkommandant tauschte zahlreiche Gepäckstücke bei einem nahen Gestüt gegen Pferde ein.

Der Lagerkommandant, ein von der Danziger Gestapo abkommandierter SS-Sturmbannführer namens Johannes Post, vereinbarte mit seinem Vorgesetzten Eichmann die Errichtung einer Art Expositur des Lagers in Pysznica, um dort ein Spital zu errichten. Für diese Krankenstation mit 15 Betten wurde das Gebäude der Dorfschule genutzt. Außerdem sollten dort durchziehende Juden der nachfolgenden Transporte auf ihrem Weg zu den – angeblich ja reichlich im Distrikt vorhandenen – Unterkünften verpflegt werden. Post beauftragte Ernst Kohn mit dieser Aufgabe, der sich am 26. Oktober mit drei weiteren Männern auf den Weg machte und in Pysznica sowohl mit dem katholischen Pfarrer als auch mit dem polnischen Bürgermeister verhandelte. Der Bürgermeister sagte zu, dass er Männer der Dorfmiliz – gegen Bezahlung – zur Bewachung der Spitalsstation abstellen werde. Schon am Nachmittag des nächsten Tages kamen

165 Jerzy Michalewicz / Wiesław Tyburowski, Żydowskie Okręgi Metrykalne i Żydowskie Gminy Wyznaniowe w Galicji w dobie autonomicznej [Jüdische Matrikelbezirke und Gemeinden jüdischer Konfession in Galizien in der Autonomie-Ära], Krakau 1995, S. 138. Siehe zur Geschichte der jüdischen Gemeinde von Ulanów auch: https://sztetl.org.pl/en/towns/u/240-ulanow/99-history/138201-history-of-community [7. 3. 2020].

166 Zitiert in: Moser, Nisko, S. 95.

13 Wagen aus Zarzecze und brachten sechs Ärzte, einen Apotheker, zwei Pfleger und vorerst einmal sechs Kranke.[167] Die Spitalsstation erwies sich als eine besonders segensreiche Einrichtung für die Deportierten. Zwar konnte in dem kleinen Spital nicht operiert werden, aber es gab elf Ärzte, einen Apotheker, Medikamente und genügend Instrumente. Der einzige bekannte Todesfall hatte nichts mit mangelnder Ausrüstung zu tun.

In Wien war mittlerweile für den Abend desselben Tages, des 26. Oktober 1939, um 21 Uhr die Abfertigung des zweiten Transports angesetzt. Zum Transportleiter bestimmte die IKG den knapp 49-jährigen Karl Braun.[168] Weder der Wiener noch der Mährisch-Ostrauer Kultusgemeinde war bekannt, dass zu diesem Zeitpunkt das Reichssicherheitshauptamt in Berlin bereits zweimal Eichmann und seinen Stab angewiesen hatte, weitere Transporte nach Polen sofort einzustellen. Die Prioritäten waren kurzfristig geändert worden. Heinrich Himmler, Verantwortlicher für die in den eroberten Gebieten geplanten Bevölkerungsverschiebungen, gab der Umsiedlung von „Volksdeutschen" aus der Sowjetunion den Vorrang. Besonders die Umsiedlung der fast 50.000 Wolhynien-Deutschen in annektiertes polnisches Gebiet (Reichsgau Wartheland) stellte eine logistische Herausforderung dar. Kleinere Aktionen, die noch dazu mit den gerade im Aufbau begriffenen Zivilbehörden im künftigen Generalgouvernement für die besetzten polnischen Gebiete nicht abgesprochen waren, konnten dabei nur stören. Adolf Eichmann, Alois Brunner und Rolf Günther ignorierten diese Weisung jedoch zunächst und setzten schließlich durch, wenigstens noch jeweils einen zweiten Transport von allen drei Abfahrtsorten durchzuführen.

Die durch die Zentralstelle verlangte Anzahl von eintausend „Umsiedlern" war wieder nicht durch freiwillige Meldungen zustande gekommen. Nicht einmal 300 Personen hatten sich eingefunden. Als dies um 17 Uhr absehbar wurde, setzte die Gestapo Zwangsmaßnahmen. Alois Brunner griff dabei auf jene

167 Ebenda, S. 96.

168 Karl Braun wurde am 28. Januar 1891 im damals ungarischen Kolonicza (im Zuge der Magyarisierung Ende des 19. Jahrhunderts 1899 in „Kiskolon" umbenannt) im Komitat Zemplén, heute Kolonica an der slowakisch-ukrainischen Grenze, geboren. Wann er bzw. seine Familie nach Wien übersiedelte, ist nicht bekannt. Mitte des 19. Jahrhunderts hatten in dem kleinen Dorf mit mehrheitlich ruthenisch sprechender griechisch-katholischer Bevölkerung zehn jüdische Familien gelebt. Siehe die Online-Ausgabe des „Magyarország geográfiai szótára" [Geografisches Lexikon Ungarns], Pest 1851: https://www.arcanum.hu/hu/online-kiadvanyok/Lexikonok-magyarorszag-geografiai-szotara-fenyes-elek-BABC3/k-BBD5E/kolonicza-BC078/ [7. 3. 2020]. Über das Schicksal von Karl Braun ist nur bekannt, was durch die weiter unten erwähnten Aufzeichnungen und Berichte von Ernst Kohn überliefert wurde.

jungen Männer zurück, die eigentlich, wie Jonny Moser sich ausdrückte, „den Kern eines dritten Transports bilden“[169] sollten: Kursteilnehmer aus den von der zionistischen Organisation Hechaluz betreuten Jugendlagern, in denen diese eine „Hachschara“ (Vorbereitung zur Erwerbung landwirtschaftlicher und handwerklicher Fertigkeiten) absolvierten. Mit einem „Hachschara“-Zeugnis bestand die Chance auf Ausstellung eines „Arbeiterzertifikats“ durch die britischen Behörden des Mandatsgebiets Palästina. Es bildete somit eine Voraussetzung für die legale Einwanderung nach Palästina. Dass Alois Brunner, seit dem Sommer 1939 de facto Leiter der Wiener Zentralstelle für jüdische Auswanderung, diese jungen Männer für die Deportation nach Polen auswählte, ist vermutlich ein Zeichen für das zunehmende Desinteresse an der Zusammenarbeit mit zionistischen Organisationen. Die Zwangsumsiedlung in die neu eroberten Gebiete im Osten schien das angestrebte Ziel, Wien „judenfrei“ zu machen, offenbar schneller in erreichbare Nähe zu rücken.

Obwohl die Zentralstelle am Abend noch zweihundert zusätzliche Personen aus einem der beiden von ihr selbst betriebenen landwirtschaftlichen „Umschulungslager“[170] zum Aspangbahnhof schickte, war für Alois Brunner der Zug zum Zeitpunkt der vorgesehenen Abfahrt immer noch nicht ausreichend gefüllt. Deshalb rekrutierte die Gestapo noch am späten Abend zusätzliche Männer aus dem Versorgungsheim der Stadt Wien in Lainz und anderen Fürsorgeeinrichtungen.

Jonny Moser zitierte aus einem Brief von zwei dieser Deportierten vom Dezember 1939:

> „Wir besaßen nicht einmal Zeit, uns von unseren [...] greisen Eltern, die bis heute nicht wissen, welches Schicksal uns ereilte, Abschied zu nehmen, da wir durch Drohungen [...] eingeschüchtert, pünktlich gemeinsam zur Abfahrt erschienen [...]“[171]

Die Einteilung offenbar schwerkranker Menschen in diesen Transport wurde von den Betroffenen und ihren Angehörigen der Leitung der Kultusgemeinde, insbesondere Amtsdirektor Josef Löwenherz persönlich, angelastet. Die IKG

169 Moser, Nisko, S. 74.

170 Gabriele Anderl, Die „Umschulungslager“ Doppl und Sandhof der Wiener Zentralstelle für jüdische Auswanderung, Teil 1, in: David. Jüdische Kulturzeitschrift, Jg. 15 (2003), Nr. 58, S. 42–48; Teil 2, in: Ebenda, Jg. 16 (2004), Nr. 60, S. 29–34. Beide Teile sind über die Website des DÖW zugänglich: https://www.doew.at/cms/download/7qvab/anderl_umschulungslager_doppl_sandhof.pdf [7. 3. 2020].

171 Moser, Nisko, S. 74.

sei mindestens ebenso schuldig wie „die Regierung, die die radikale Ausrottung der Juden fordert. Immerhin hätte der Kultusvorstand den Mut aufbringen sollen, wenigstens die Krüppel und Kranken vor dem [Ab]transport zu schützen", schrieb einer der Betroffenen an Löwenherz' Stellvertreter Emil Engel, der für die Fürsorgearbeit der Kultusgemeinde verantwortlich war. Löwenherz mache sich schuldig, „Juden bewusst umzubringen, da die arbeitsunfähigen Menschen wohl den Transport überleben werden, in Polen aber, unter den herrschenden Verhältnissen (Kälte, Verbot von Mitnahme von Hausratsgegenständen) [...] zugrundegehen. [...] Sollte mir der Ewige das Glück schenken, dass ich einmal ins Ausland komme, werde ich nicht ermangeln, das Verbrechen öffentlich anzuprangern."[172]

Es ist auf der Grundlage der erhalten gebliebenen Dokumente und Erinnerungsberichte nicht möglich, die exakte Abfahrtszeit des zweiten Nisko-Transports festzustellen. Möglicherweise verließ der Zug den Aspangbahnhof erst in den frühen Morgenstunden des 27. Oktober 1939.[173] Aus diesem Grund wird in der vorliegenden Publikation für den zweiten Nisko-Transport aus Wien die Zeitangabe „26./27. Oktober" verwendet. Sicher ist nur, dass der Zug am 29. Oktober – einem Sonntag – in Nisko eintraf. An Bord waren mit großer Wahrscheinlichkeit 672[174] Juden und die sie begleitenden Schutzpolizisten.

Ihr deutsches Bargeld dürfte diesen Männern tatsächlich zum offiziellen Kurs von 1:2 in polnisches Geld eingetauscht worden sein. Denjenigen, die über keinerlei Barmittel verfügten – dazu zählten die Pfleglinge, die unmittelbar vor Abfahrt des Zuges aus Heimen geholt worden waren – hatte die IKG ein „Fahrgeld" in der Höhe von 15 Reichsmark mitgegeben. Das geht aus einem Schreiben von drei Männern hervor, die sich – vermutlich im November 1939 – an die Wiener Kultusgemeinde mit der Bitte wandten, ihnen über die „Zentralstelle für jüdische Umsiedlung Nisko a/San, Pysznica" Geld zu überweisen. „Die erbetene Unterstützung ist umso dringlicher, als wir von unseren

172 Zitiert in: Ebenda, S. 61.

173 Ein Indiz dafür ist, dass die Ankunft des Transports, wie aus den Tagebuchnotizen des Leiters der Spitalsstation in Pysznica, Ernst Kohn, hervorgeht, zunächst für den 28. Oktober angekündigt war, am Nachmittag dieses Tages aber auf den 29. verschoben wurde. Zitiert in: Ebenda, S. 96. Ein weiteres Indiz ist die – vermutlich allerdings erst nachträglich eingefügte – handschriftliche Bezeichnung der auf einer Schreibmaschine getippten Namensliste: „Teilnehmer-Liste des am 27. Oktober 1939 abgehenden Transportes", als Faksimile abgedruckt in: Borák, The First Deportation, Dok. 3, S. 291–307, hier 301.

174 Die abweichenden Zahlen in verschiedenen Publikationen werden weiter unten, im Exkurs „Kann Brunner nicht zählen?", erörtert.

Angehörigen, die unter den gegebenen Verhältnissen selbst in Notlage sind, eine Hilfe in dieser Hinsicht nicht erwarten können".[175]

Auch vom zweiten Transport wurden nur wenige Männer ins Lager aufgenommen – nicht nur, weil sie meist ohne handwerkliche Ausbildung und schon zu alt waren, sondern auch, weil das Lager viel zu klein war, um Tausenden Deportierten auch nur vorübergehend als Unterkunft zu dienen. Allerdings begleitete die SS die Übrigen bis zu der Außenstation Pysznica, in der bereits die von Kohn geleitete Spitals- und „Labestation" bestand. Zweck der Station war offensichtlich, die Deportierten möglichst schnell aus der unmittelbaren Umgebung des Lagers weg zu bekommen. Da die Kochausrüstung für das Spital noch nicht geliefert war, war Kohn auf die Mithilfe der örtlichen Bevölkerung angewiesen. Mehr als heiße Getränke und eine warme Mahlzeit sowie Übernachtungsmöglichkeiten für eine Nacht konnte er den Wiener Deportierten, die gegen Mittag in Pysznica ankamen, nicht anbieten.[176] Als er jedoch den körperlichen Zustand der über 600 Neuankömmlinge sah, ordnete er eigenmächtig an, dass sie am 30. Oktober einen Rasttag einlegen konnten. 180 Männer konnte er in leerstehenden Gebäuden unterbringen, die Übrigen fanden Unterschlupf bei der Dorfbevölkerung. Kohn und der Bürgermeister, der an der schnellstmöglichen Weiterreise der 600 Ortsfremden interessiert war, einigten sich darauf, dass die Dorfmiliz gegen ein stattliches Entgelt von 700 Złoty den Begleitschutz übernahm, der Chef der Miliz sollte sich um verlässliche Fuhrleute kümmern. Immerhin wurden 47 Karren benötigt, denn im Gegensatz zum ersten Transport hatten die Männer des zweiten Transports ihr Gepäck behalten dürfen. Übereinstimmung herrschte über die Route: Diese sollte nach Lublin führen – und zwar über Wola Potocka (westlich von Modliborzyce) und Kraśnik. In Wola Potocka, wo das erste Drittel des Weges nach Lublin zurückgelegt wäre, sollten die Fuhrwerke abgeladen und die Männer den dortigen Behörden übergeben werden.

Aus dem Ruhetag wurde aber nichts, da zahlreiche Dorfbewohner sich zusammenrotteten und den sofortigen Abmarsch der Flüchtlinge verlangten. Daher setzten sich die Fuhrwerke und die zu Fuß marschierenden rund 400 Männer schon zu Mittag in Bewegung. Zuerst vertrieb der Begleitschutz zwar Gruppen von Jugendlichen, die sich dem Konvoi näherten, doch dann musste der Konvoi

175 Josef Goldschmidt, Julius Fischel und Heinrich Robitscher an das Präsidium der Isr. Kultusgemeinde Wien, o. D., Central Archive of the Jewish People, Jerusalem, Karton 738, Ordnungszahl 2489, A/W 2747: XXVI. Abwanderung/Deportationen, B. „Polentransporte" (Mikrofilm im Archiv der IKG Wien).

176 Diese und die folgenden Angaben sind den von Jonny Moser ausgewerteten Berichten Ernst Kohns entnommen. Siehe: Moser, Nisko, S. 97 f.

den dichten Zamojski-Wald[177] südlich von Wola Potocka durchqueren. Mitten im Wald bog der Konvoi ab und fuhr weiter in den Wald hinein, in Richtung Gwizdów (einem von zahlreichen Fischteichen umgebenen kleinen Dorf). Zwischen den Fischteichen kam es zum Streit zwischen den Fuhrleuten und ihren Kunden: Da ein Teich gerade abgelassen wurde, war ein Bach angeschwollen, der normalerweise durch eine Furt leicht zu passieren war. Ein Karren stürzte um, ältere Männer fielen ins Wasser, aber auch jüngere wurden von den Nachdrängenden ins Wasser gestoßen. Fuhrleute und Begleitschutz verlangten eine „Nachzahlung", ließen die Gruppe jedoch schließlich unbewacht am Ortseingang von Gwizdów zurück. „Vom Anbruch der Nacht angefangen, wurde massenhaft Gepäck gestohlen. Koffer wurden den Leuten aus den Händen gerissen."[178] Zwei Männer kehrten noch einmal nach Pysznica zurück, um nach dem Gepäck zu suchen, kamen aber mit leeren Händen zurück. Allerdings war es ihnen gelungen, eine Landkarte zu erhalten. 170 Männer entschieden, mit Hilfe dieser Landkarte zurück nach Südosten, vorbei an Zarzecze nach Ulanów am San zu marschieren. Die Übrigen wollten versuchen, sich nach Norden, nach Lublin, durchzuschlagen. Die Mehrzahl der in Ulanów Angekommenen beschloss, gleich weiter flussaufwärts, in Richtung der deutsch-sowjetischen Demarkationslinie zu marschieren, was nicht allen gelang – auch von ihnen wurden viele bis aufs Hemd ausgeraubt. 40 Männer blieben in Ulanów. Schließlich gelang es, von den rund 1.000 in Zarzecze von der SS zurückbehaltenen Gepäckstücken dreißig Koffer zu retten und nach Ulanów zu transportieren.[179]

Ulanów, wo seit dem frühen 17. Jahrhundert eine Synagoge stand, war im 19. Jahrhundert ein Zentrum jüdischen Lebens am Unterlauf des San. Pogrome in den letzten Jahren der Zugehörigkeit Galiziens zur Habsburgermonarchie, insbesondere während des Ersten Weltkriegs, aber auch Anschläge auf orts-

177 Bis zum Zweiten Weltkrieg waren ausgedehnte Waldgebiete zwischen Zamość und der Weichsel noch Teil der – aus der Zeit der feudalen Grundherrschaft herrührenden – „Ordynacja Zamojska" [Zamojski'scher Fideikommiss]. Im Zentrum dieser Waldgebiete hatte die Verwaltung der Zamojski'schen Familiengüter Dutzende Teiche für die Fischzucht angelegt.

178 Bericht von Ernst Kohn vom 7. 11. 1939 über den Marsch nach Gwizdów, zitiert in: Moser, Nisko, S. 99.

179 Eine ausführliche Schilderung des Marsches über Gwizdów nach Ulanów enthält ein Schreiben von Teilnehmern des zweiten Transports aus Wien, die sich am 10. Jänner 1940 an das Warschauer Büro des American Jewish Joint Distribution Committee mit der Bitte um Unterstützung wandten. Das Schreiben ist abgedruckt als Dok. 11 in: Andrea Löw, Hilferufe aus dem besetzten Polen. Briefe deportierter Wiener Juden vom Herbst 1939 bis zum Frühjahr 1940, in: Vierteljahrshefte für Zeitgeschichte, Jg. 60 (2012), H. 4, S. 603–633, hier 626–630.

bekannte jüdische Persönlichkeiten in den 1920er und 1930er Jahren hatten die Abwanderung eines Großteils der jüdischen Bevölkerung zur Folge. Der Verlust an EinwohnerInnen war so stark, dass der Ort 1934 auf den Status eines Dorfs zurückgestuft wurde. In den ersten Septembertagen des Jahres 1939 fanden zahlreiche Juden und Jüdinnen, die auf der Flucht vor den Deutschen waren, Aufnahme in Ulanów. Doch am 10. September besetzten vorübergehend Einheiten der Deutschen Wehrmacht die Stadt. Als sich die Rote Armee von Osten näherte, räumten die deutschen Truppen die Stadt. Ab dem 10. Oktober 1939 zog sich die Rote Armee in Übereinstimmung mit den Bestimmungen des deutsch-sowjetischen Grenz- und Freundschaftsvertrags aus den von ihr besetzten Gebieten in den Wojewodschaften Lublin und Lemberg – zu Letzterer hatte Ulanów bis 1939 gehört – zurück; viele Juden und Jüdinnen folgten ihr. Die Deutsche Wehrmacht „feierte" ihre Rückkehr in die Stadt mit öffentlichen Demütigungen orthodoxer Juden, denen die Bärte und Pajes (Schläfenlocken) abgeschnitten wurden. Die Besatzungsverwaltung konfiszierte die Häuser und Besitztümer der Geflüchteten. Flüchtlinge und Vertriebene aus den polnischen Westgebieten, aber auch die Nisko-Deportierten, die hier Unterkünfte gefunden hatten, stellten für die verbliebenen jüdischen Einrichtungen eine große Herausforderung dar. Hilfe kam von der polnisch-jüdischen Waisenhilfsorganisation CENTOS (Centrala Towarzystwa Opieki nad Sierotami [Zentralgesellschaft für Waisenfürsorge]), von der von Krakau aus geleiteten „Jüdischen Sozialen Selbsthilfe" und vom Warschauer Büro des „American Jewish Joint Distribution Committee".[180] Das „Joint" überwies der „Jüdischen Sozialen Selbsthilfe" regelmäßig Geld und versorgte den Judenrat zu Pessach mit Hunderten Kilo Matze-Brot. Andere jüdische Gemeinden, die ebenfalls mit viel Engagement und finanziellem Aufwand die in ihren Orten untergekommenen Vertriebenen unterstützten, fürchteten angesichts dieser Konzentration der internationalen Hilfe auf Ulanów, vernachlässigt zu werden. Ein entsprechendes Schreiben richtete beispielsweise die Jüdische Gemeinde von Pysznica, die auch nach der Rückkehr der Nisko-Juden nach Mährisch-Ostrau und Wien noch zahlreiche Flüchtlinge beherbergte, nach Warschau.[181] Wenige Monate

180 Die Korrespondenz zwischen dem „Joint" Warschau bzw. dessen Außenstellen in Lublin und Krakau in den Jahren 1940 und 1941 ist online zugänglich: https://archives.jdc.org/our-collections/finding-aids/warsaw/1939-1941/localities/ [7. 3. 2020]. (Dokumente betreffend Ulanów sind unter „File 699" zu finden.)

181 Das mit 1. August 1940 datierte, in deutscher Sprache abgefasste Schreiben ist auf der Website des Online-Archivs des American Jewish Joint Distribution Committee im Faksimile zugänglich: http://search.archives.jdc.org/multimedia/Documents/W_3941/W_3941_019/W_3941_019_0533.pdf [7. 3. 2020].

später begann das „Auskämmen“ der kleinen Ortschaften der Umgebung, jüdische Familien wurden zwangsweise nach Ulanów umgesiedelt. Nach Ulanów mussten aber auch Jüdinnen und Juden aus Rudnik, Nisko und Rozwadów übersiedeln. Die erste Arbeit, zu der jüdische Männer (bereits ab Ende Jänner 1940) verpflichtet wurden, waren Hilfsarbeiten bei der – von Pionieren der Wehrmacht bewerkstelligten – Instandsetzung der während des Krieges zerstörten Brücke über den San.[182] Nachdem so genannte Judenräte, die den Besatzungsbehörden verantwortlich waren, im September 1939 zunächst nur in Städten mit mehr als 10.000 EinwohnerInnen verordnet worden waren, setzten die Nationalsozialisten ab Anfang 1940 auch in kleineren Orten Judenräte ein, so auch in Ulanów. Einige Orte im Distrikt Lublin – darunter einige, in denen sich zu dieser Zeit zumindest vorübergehend noch Nisko-Vertriebene aufhielten, nämlich Bełżec, Frampol, Krzeszów und Pysznica – waren unter den ersten im Generalgouvernement, in denen die jüdische Bevölkerung in Ghettos zusammengepfercht wurde, nämlich bereits ab 1. Jänner 1940.[183] Auch wenn die Ghettos anfangs noch nicht hermetisch abgesperrt waren, bedeutete die Ghettoisierung doch eine wesentliche Erschwernis für die Flucht auf sowjetisches Gebiet. Diese wurde ab Anfang 1940 auch wegen der von der UdSSR ab dem Jahreswechsel verhängten Grenzsperre praktisch unmöglich.

Nach dem Abmarsch der 400 Männer aus Pysznica in Richtung Lublin kehrte im Dorf vorübergehend Ruhe ein. Freiwillige aus den Reihen der Deportierten verstärkten die Ortsmiliz. Damit erhöhte sich auch die Sicherheit der nichtjüdischen DorfbewohnerInnen, die nunmehr auch durch Männer der jüdischen „Labestation“ vor Überfällen geschützt wurde. Das trug zur Entspannung der Situation bei. Dass vereinzelt auch Angehörige der einheimischen jüdischen Bevölkerung sich an die Deportierten mit der Bitte um Schutz wandten, hing mit dem offenbar verbreiteten Irrglauben zusammen, die deutschen Besatzer hätten tatsächlich ein autonomes „Judenreservat“ eingerichtet. Jonny Moser zitiert einen Brief, den Kohn von jüdischen Bewohnern aus Radomyśl, 20 km flussabwärts, erhielt. Sie waren, obwohl selbst bettelarm, bestohlen worden und wurden auf offener Straße verprügelt. Sie baten Kohn als Leiter der Station in Pysznica, die Kommandantur in Zarzecze zu ersuchen, „gütigst die

182 Die vorstehenden Informationen finden sich auf der Website des Beit Hatfutsot / Museum of the Jewish People, Tel Aviv: https://dbs.bh.org.il/place/ulanow [7. 3. 2020].

183 Siehe die von der israelischen karitativen Vereinigung für Holocaustüberlebende „Aviv“ zusammengestellte Ghetto-Liste, die den Forschungsstand bezüglich der Daten der Einrichtung und Liquidierung der einzelnen Ghettos wiedergibt: https://www.avivshoa.co.il/pdf/Ghetto-Liste-Stand-10.12.2015.pdf [7. 3. 2020].

nötigen Maßregeln zu ergreifen, um diese sehr bedauerlichen Vorfälle aus der Welt zu schaffen".[184]

Anfang November hielten sich in der Station Pysznica über 200 Vertriebene auf, Mitte November waren die Öfen fertig, auf denen gekocht wurde. Auch konnten Lebensmittelvorräte angelegt werden. Mit dem Lager Zarzecze wurde eine tägliche Fuhrwerksverbindung eingerichtet. Auch den in Pysznica untergekommenen Männern des zweiten Transports gelang es in einigen Fällen, einige der von der SS-Lagerleitung beschlagnahmte Gepäckstücke ausgefolgt zu bekommen, was vor allem wegen der in den Koffern verstauten Schuhe von Bedeutung war.

Auch wenn der Vorgang des „Streuens" beim zweiten Transport nicht so brutal erfolgte wie beim ersten, als die Neuankömmlinge durch Schüsse in Panik versetzt und verjagt worden waren, nachdem sie den San erst einmal überquert hatten und damit im Distrikt Lublin angekommen waren, lief die Haltung der SS auch gegenüber den Männern des zweiten Transports auf dasselbe hinaus: Als Kohn über den jüdischen Lagerleiter Eisler das SS-Kommando in Zarzecze über die Vorfälle auf dem Marsch nach Gwizdów informierte, erfolgte keinerlei Reaktion. Letztendlich diente auch die humanitäre Maßnahme der Errichtung von „Labe"- und „Relaisstationen" auf den potenziellen Fluchtrouten in Richtung Sowjetunion demselben Zweck: die nach Nisko Deportierten so schnell wie möglich vom Lager Zarzecze zu entfernen und zunächst über den ganzen Distrikt zu verteilen, um sie letztendlich „loszuwerden" – durch Vertreibung über die Demarkationslinie zur UdSSR. Die Mehrheit der Männer flüchtete aber auf eigene Faust auf sowjetisches Gebiet.

Der Nisko bzw. Zarzecze am nächsten gelegene Abschnitt der Demarkationslinie befand sich unmittelbar nördlich der kleinen Stadt Sieniawa. Der Grenz- und Freundschaftsvertrag hatte den San als Grenze festgelegt, und zwar bis zur Einmündung des Wisłok. Gegenüber der Mündung des Wisłok befindet sich die Einmündung eines Baches namens Lubienia. Diesem folgte die Demarkationslinie nach Osten. Zwei Wege führten von Norden an die Grenze: Der eine nahe dem San von Ulanów über Krzeszów (wo die jüdische Lagerleitung von Zarzecze aus vorübergehend eine Etappenstation einrichtete), Kulno und Kuryłówka bis Piskorowice, vier Kilometer vor der Demarkationslinie. Der andere ein gutes Stück weiter östlich. Dieser begann in Pysznica, führte über Domostawa in einem großen Bogen über Biłgoraj nach Brzyska Wola wo eine Etappenstation eingerichtet wurde. Von dort ging es über Dąbrowica bis Cieplice, von wo es ebenfalls rund vier Kilometer bis zur Lubienia waren. An-

184 Schreiben vom 11. 12. 1939, zitiert in: Moser, Nisko, S. 121.

dere marschierten von Biłgoraj direkt nach Süden bis Tarnogród und von dort nach Südosten über Cewków bis zur Demarkationslinie. Unmittelbar dahinter, in Oleszyce, befand sich eine Bahnstation, von wo aus man über Lubaczów nach Rawa Ruska und Lemberg gelangen konnte.

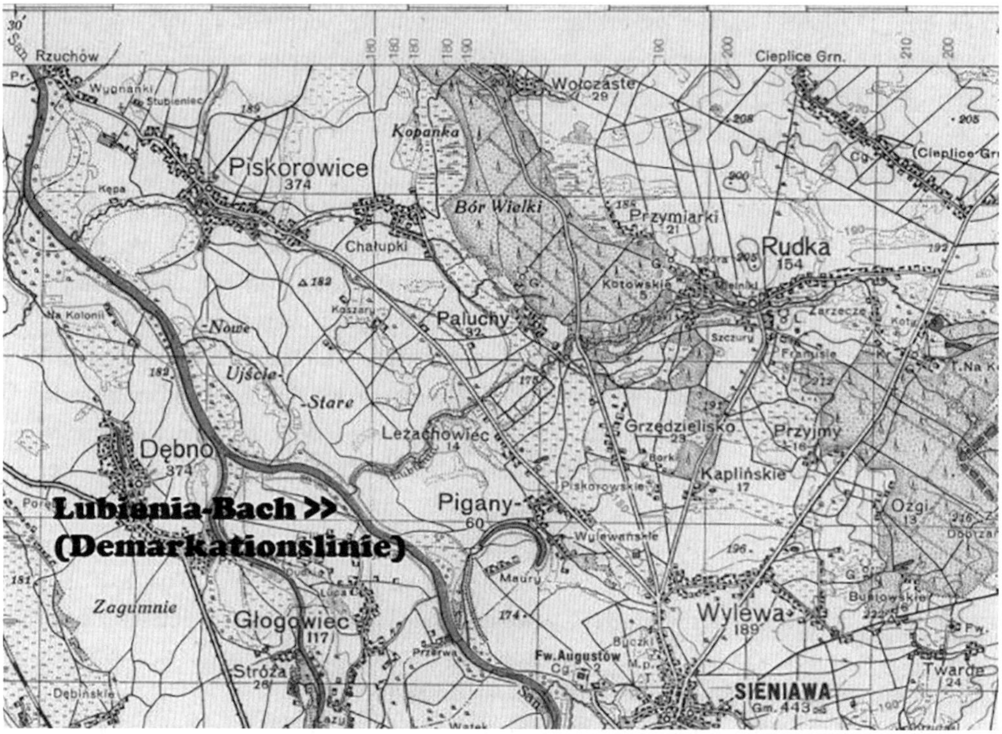

Das Gelände auf beiden Seiten der Lubienia, die 1939–1941 die deutsch-sowjetische Grenze markierte. Zwischen den Orten Piskorowice und Cieplice ist der „Bór Wielki" [„Großer Hochwald"] zu erkennen. Ausschnitt aus dem Blatt „Pas 48 / Słup 35 (Jarosław)" der „Mapa taktyczna Polski" [Taktische Karte Polens] 1:100.000 der polnischen Armee, hrsg. v. Wojskowy Instytut Geograficzny [Militärgeografisches Institut], Warschau 1938

In den Etappenstationen gab es Proviant und Geld, das von Zarzecze und Pysznica aus geschickt wurde, sowie ärztliche Betreuung. Die wichtigste Aufgabe der Etappenstationen war es jedoch, das sichere Passieren der Grenze zu erleichtern, sei es durch die Vermittlung von Fluchthelfern oder von Fuhrleuten, die wussten, wann man unbemerkt über die Demarkationslinie fahren konnte. Die deutschen Wachen schauten meistens weg, weil sie offensichtlich die Order hatten, die jüdischen Flüchtlinge nicht an der Ausreise zu hindern. Den Leitern der Relaisstationen gelang es, verlässliche Informanten unter der örtlichen Bevölkerung zu finden, die beispielsweise eindringlich vor dem Passieren von Waldgebieten warnten, da diese zwar eine Deckung gegenüber möglichen Polizeistreifen boten, gleichzeitig aber Banden als Unterschlupf dienten, weshalb man Gefahr lief, ausgeraubt zu werden (was auch oft passierte). Das Waldgebiet von Ożanna im Mittelabschnitt konnte relativ einfach umgangen werden, als besonders gefährlich stellte sich jedoch der „Bór Wielki" zwischen Piskorowice und Cieplice, unmittelbar an der Grenze, heraus. Die Versuchung, sich dort zu verstecken, wenn ein Versuch gescheitert war, die Grenze zu überqueren, war groß. Doch Raubüberfälle gab es auch weiter nördlich: Nachdem Ende November mehr als hundert Männer Pysznica verlassen hatten und nach Süden marschiert waren, in der Hoffnung, nach Sieniawa auf der sowjetischen Seite zu gelangen, wurde es immer schwieriger, die Station gegen Überfälle zu verteidigen. Einigen Deportierten wurden dabei sämtliche noch vorhandenen Barmittel geraubt, bevorzugte Beute waren aber die Gepäckstücke der Juden.

Da kaum jemand eine Landkarte hatte, wussten viele Flüchtlinge nicht, wo sie sich eigentlich befanden. Manche erzählten hinterher, sie seien durch den Bug gewatet – tatsächlich handelte es sich um den Lubienia-Bach. Allerdings wurden weiter östlich, am Bug, seitens der NS-Behörden immer wieder Gruppen von jüdischen Vertriebenen zum Ufer gejagt, wo sie dann versuchen mussten, auf die sowjetische Seite des Flusses zu gelangen.

Jonny Moser hat in seinem Buch ausführlich die gescheiterte Flucht mehrerer kleinerer Gruppen um Ernst Kohn zwischen 19. und 29. Dezember 1939 geschildert.[185] Eine Gruppe hatte die damals noch nicht zugefrorene Lubienia bereits überquert – das Gepäck war mit Stricken über den vier Meter breiten Bach gezogen worden, wer gute Stiefel hatte, watete durch das seichte Gewässer, andere wurden von starken Bauernburschen auf die sowjetische Seite der Demarkationslinie getragen. Zwei Gruppen von Flüchtlingen wurden auf dem Weg nach Sieniawa von einer sowjetischen Patrouille verhaftet und auf die Ortskommandantur der Roten Armee gebracht. Dort saßen schon hundert Männer und Frauen fest. Die Ankündigung des Kommandanten, die Flüchtlinge mit Fuhrwerken zur mehr als 20 km flussaufwärts gelegenen Bahnstation Surochów (gegenüber dem deutsch besetzten Jarosław) zu bringen, von wo aus am nächsten Morgen um 5 Uhr früh ein Zug nach Lemberg abfahren werde,

185 Ebenda, S. 124 f.

erwies sich als leeres Versprechen. Tatsächlich wurden sämtliche Flüchtlinge in der Nacht zum 21. Dezember nach Dobra, nordöstlich von Sieniawa, gebracht und unter Waffengewalt zurück auf die deutsche Seite getrieben. Dort wurden sie von einer deutschen Patrouille aufgegriffen, Frauen und Kinder durften in einem Haus schlafen, die Männer mussten die Nacht im Freien verbringen. Sie marschierten weiter in Richtung Bełżec, wurden jedoch am 25. Dezember neuerlich festgehalten und mussten schließlich den Rückweg antreten. Am 29. Dezember war Kohns Gruppe wieder in Pysznica.

Alle diese Flüchtlinge und Vertriebenen – unter ihnen mehr als 1.300 der fast 1.600 österreichischen Nisko-Deportierten – reihten sich in die nach Hunderttausenden zählenden Flüchtlinge ein, die zwischen September 1939 und der Schließung der Grenze durch die sowjetischen Behörden Ende 1939 dem deutschen Besatzungsregime in Polen zu entkommen versuchten. Damit wurde das Schicksal der Nisko-Deportierten gleich in doppeltem Sinne auch zu einem Teil der polnischen Geschichte, worauf weiter unten näher eingegangen wird.

Die verzweifelte Situation, in der sich die verschiedenen Gruppen von Nisko-Deportierten befanden, die irgendwo im Distrikt Lublin „gestrandet" waren, weil ihnen die Flucht über die deutsch-sowjetische Demarkationslinie nicht gelungen war, spiegelt sich in zahlreichen Briefen wider, die – mitunter mit mehrmonatiger Verspätung – bei der Kultusgemeinde in Wien einlangten. Andrea Löw hat einige dieser Briefe veröffentlicht und analysiert.[186] Die Verbitterung über die vermeintliche Untätigkeit der Wiener IKG erfasste schließlich auch Ernst Kohn. An Julius Boschan, den IKG-Funktionär, mit dem er bis Dezember 1939 in Zarzecze bzw. Pysznica zusammengearbeitet hatte, schrieb er am 22. Februar 1940: „Du musst Mittel und Wege finden, um die Herren dort zur Vernunft zu bringen."[187] Nach seiner gescheiterten Flucht war Kohn von seinem Posten als Leiter der Spitalsstation Pysznica abberufen worden, sah sich aber weiterhin als Vertreter der Interessen der „leider nur mehr 150 Wiener Juden" gegenüber der (nunmehr ausschließlich in Mährisch-Ostrauer Hand befindlichen) jüdischen Lagerleitung. Wie erwähnt, befanden sich im Rücktransport der Deportierten im April 1940 aber 198 Wiener. Die von Kohn Ende Februar 1940 genannte Zahl von 150 Wienern bedeutet somit, dass es in den letzten Wochen des Bestehens des Lagers in Zarzecze gelang, zu fünfzig weiteren Personen Kontakt herzustellen, die sich irgendwo im Distrikt Lublin aufhielten.

186 Andrea Löw, Hilferufe. Siehe auch ihren Beitrag in der vorliegenden Publikation.
187 Moser, Nisko, S. 149.

Im Zuge der ab Ende 1939 geführten Auseinandersetzungen um die finanzielle Abrechnung der Nisko-Aktion[188] tauschten sich die Israelitischen Kultusgemeinden Wien und Mährisch-Ostrau auch über die Frage aus, wie viele Deportierte der beiden Wiener Transporte sich Ende November 1939, als der Großteil bereits auf sowjetisch besetztes Gebiet geflüchtet war, noch im Generalgouvernement aufhielten. Jonny Moser zitiert ein Schreiben der IKG Mährisch-Ostrau an Dr. Löwenherz vom 8. März 1940. Demnach hatten sich mit Stichtag 20. November 1939 in Zarzecze und in den beiden benachbarten Orten Pysznica und Ulanów 120 Wiener aufgehalten, weitere 79 in fünf anderen Orten des Distrikts Lublin, nämlich Deutsch-Przemysl, Bełżec, Zamość, Włodawa sowie in Lublin selbst.[189] Mit ein oder zwei Ausnahmen konnten von diesen 199 Personen im April 1940 alle die Heimreise nach Wien antreten. Die Rückreise der Deportierten aus Wien und Mährisch-Ostrau wird am Ende des nachfolgenden Kapitels behandelt.

Am 30. Oktober 1939 hätte ein dritter Transport Wien in Richtung Nisko verlassen sollen. Der Abfahrtstermin wurde viermal verschoben und musste schließlich von der Zentralstelle für jüdische Auswanderung überhaupt abgesagt werden. Am 5. November erfuhr die Kultusgemeinde, dass sämtliche Transporte nach Polen bis 1. Februar 1940 eingestellt seien. Nur die im Obdachlosenasyl Gänsbachergasse im 3. Gemeindebezirk festgehaltenen Personen sollten noch ins Generalgouvernement abgeschoben werden, doch wurde auch dieser Plan auf 1940 verschoben.

Für das Jahr 1940 kündigte Eichmann, wie Josef Löwenherz am 13. November 1939 notierte, die „vollständige Räumung Wiens“ an.[190] Tatsächlich gelang im Jahre 1940 aber noch einmal 4.840 Menschen die Ausreise, meist nach Übersee.[191] 1941 kam die Auswanderung – mit 863 Personen[192] – praktisch zum Erliegen, ein allgemeiner Auswanderungsstopp im Herbst 1941 beendete die legalen Fluchtmöglichkeiten endgültig, während im selben Jahr 10.000 Jüdinnen und Juden nach Polen verschickt wurden: 5.000 im Februar/März 1941 in kleine Städte im Generalgouvernement und noch einmal 5.000 im Oktober/November 1941 nach Litzmannstadt/Łódź[193] (wohin zwi-

188 Ebenda, S. 133–138.

189 Ebenda, S. 137.

190 Zitiert in: Ebenda, S. 77. Aus dem oben zitierten Aktenvermerk Dr. Beckers für Regierungspräsident Barth geht hervor, dass damit eine Forcierung der Deportationen nach Polen gemeint war. Siehe: https://ausstellung.de.doew.at/popup.php?t=img&id=631 [7. 3. 2020].

191 Moser, Demographie, S. 42.

192 Ebenda, S. 44.

193 Lodsch/Łódź war nicht Teil des Generalgouvernements, sondern 1939 dem – aus den annektierten Gebieten Westpolens neu gebildeten – Reichsgau Wartheland angeschlossen worden.

schen 4. und 8. November 1941 auch 5.000 österreichische Roma deportiert wurden). Ebenfalls im Oktober und November 1941 deportierte die Gestapo 5.000 Juden und Jüdinnen von Prag direkt (d. h. ohne den „Umweg" über das Ghetto Theresienstadt) nach Litzmannstadt; im selben Zeitraum gingen zehn Transporte mit mehr als 9.800 Personen aus verschiedenen Städten des „Altreichs" (darunter vier aus Berlin) nach Litzmannstadt.

Für alle Deportationen aus Wien wurde weiterhin der Aspangbahnhof genutzt. Insgesamt wurden von diesem Bahnhof bis Anfang 1945 in 47 großen und mehreren kleineren Transporten 47.035 Menschen deportiert. Nach aktuellem Forschungsstand haben knapp 2,3 Prozent von ihnen, nämlich 1.073 Personen, überlebt.

Nach 1945 war dieser zentrale Ort des Holocaust in Wien weitgehend in Vergessenheit geraten. Der seit 1971 nicht mehr für den Personenverkehr genutzte Bahnhof wurde 1977 abgerissen, womit auch die Verladerampe der Deportationstransporte verschwand. Seit 1983 erinnerte aber immerhin ein kleiner Gedenkstein an den Verwendungszweck des ehemaligen Aspangbahnhofs. Zwölf Jahre später erfolgte die Benennung des nunmehr unbebauten Geländes in „Platz der Opfer der Deportation".[194] Die feierliche Benennung des Platzes erfolgte deshalb am 50. Jahrestag der bedingungslosen Kapitulation der Deutschen Wehrmacht, weil bei jenen Opfern der NS-Herrschaft, deren tatsächliches Sterbedatum nicht eruiert werden kann, der 8. Mai 1945 als Sterbetag gilt. Das Bahnareal wurde noch bis 2001 als Güterbahnhof genutzt. Erst im Zuge der Neugestaltung des Stadterweiterungsgebiets „Aspanggründe" errichtete die Gemeinde Wien 2017 ein großes Mahnmal.[195] Der Park erhielt den Zusatznamen Leon-Zelman-Park, benannt nach dem Gründer des Vereins „Jewish Welcome Service Vienna", der die Nachkommen der Deportierten bei Wien-Besuchen unterstützt. Jeweils am Abend des 9. November, dem Jahrestag des Novemberpogroms, veranstaltet die „Initiative Aspangbahnhof" am Platz der Opfer der Deportation / Leon-Zelman-Park eine Kundgebung zum Gedenken an die Deportation von mehr als 47.000 Jüdinnen und Juden aus Wien.

Im April 1940 erfolgte die Umbenennung der zweitgrößten Stadt Polens in „Litzmannstadt" und die Absperrung des Ghettos, in dem im November 1941 ein eigenes „Zigeunerlager" eingerichtet wurde.

194 Inschrift des Gedenksteins und Angaben zur Namensgebung des Platzes: Herbert Exenberger / Heinz Arnberger (Hrsg.), Gedenken und Mahnen in Wien 1934–1945. Gedenkstätten zu Widerstand und Verfolgung, Exil, Befreiung. Eine Dokumentation, Wien 1998, S. 118. Online: http://www.nachkriegsjustiz.at/vgew/1030_platzderdeportation.php [7. 3. 2020].

195 KÖR / Kunst im öffentlichen Raum (Hrsg.), Mahnmal Aspangbahnhof – Aspang Railway Station Memorial, Wien 2018.

Die Nisko-Aktion als Teil der tschechoslowakischen Geschichte

Nisko war nicht nur die erste Etappe der Deportation österreichischer Juden und Jüdinnen „nach Osten". Die Aktion bildete auch den Beginn der Deportationen aus dem Reichsprotektorat Böhmen und Mähren – zwei Tage vor der Abfahrt des ersten Transports vom Wiener Aspangbahnhof. Sie wird daher von der tschechischen Historiografie auch als Auftakt zur „Endlösung"[196] bzw. als „erste Deportation der europäischen Juden"[197] eingeschätzt.

Mährisch-Ostrau, von wo aus die ersten Juden im Zuge der Nisko-Aktion deportiert wurden, war schon in der österreichisch-ungarischen Monarchie eine bedeutende Industriestadt gewesen, die Witkowitzer Eisenwerke waren von zwei jüdischen Großindustriellen zum größten Hüttenwerkkomplex der Monarchie ausgebaut worden. In den 1920er und 1930er Jahren bildete die Israelitische Kultusgemeinde Ostrava die drittgrößte der Tschechoslowakei nach Prag und Brünn, jüdische Parteien waren auch im Stadtrat stark vertreten. Wie in anderen jüdischen Gemeinden in den böhmischen Ländern (Böhmen, Mähren und Tschechisch-Schlesien) sprach die jüdische Bevölkerung von Mährisch-Ostrau deutsch. Während jedoch nach der Gründung der Tschechoslowakischen Republik (ČSR) 1918 in immer mehr jüdischen Gemeinden die Mehrheit der Gemeindemitglieder dazu tendierte, die tschechische Sprache zu übernehmen, blieb das Deutsche für die Ostrauer Juden und Jüdinnen die Alltagssprache.

Mit dem von Deutschland, Italien, Frankreich und Großbritannien über die Köpfe der tschechoslowakischen Regierung hinweg ausgehandelten Münchner Abkommen vom 29. September 1938 wurde die Tschechoslowakei zerschlagen. Unter der Bezeichnung „Sudetengau" verleibte sich das Deutsche Reich den Großteil der deutschsprachigen Grenzgebiete im Westen und Norden der ČSR ein, die übrigen annektierten Gebiete wurden bestehenden Gauen angegliedert.

196 Die von der Universität Ostrava abgehaltene internationale wissenschaftliche Konferenz zum 55. Jahrestag hatte „die Aktion Nisko in der Geschichte der Endlösung der Judenfrage" getitelt. Siehe: Nisko 1939/1994.

197 So der Titel von Boráks – ursprünglich vom Stadtkomitee Ostrava des Tschechischen Verbands der Freiheitskämpfer herausgegebenen – Buch, das 2009 auf Tschechisch und 2010 auf Englisch erschien: Mečislav Borák, První deportace evropských Židů. Transporty do Niska nad Sanem (1939–1940) [Die erste Deportation europäischer Juden. Die Transporte nach Nisko am San (1939–1940)], Ostrava 2009; Borák, First Deportation; Jan Dvořák / Jan Horník / Adam Hradilek, První transporty evropských Židů v dějinách holocaustu [Die ersten Transporte europäischer Juden in der Geschichte des Holocaust], in: Paměť a Dějiny [Erinnerung und Geschichte] (Prag), Jg. 2014, Nr. 4, S. 101–106.

So wurde beispielsweise das Gebiet um Český Krumlov/Böhmisch-Krumau Teil des Reichsgaues „Oberdonau“, Znojmo/Znaim und Mikulov/Nikolsburg samt dem Grenzbahnhof Břeclav/Lundenburg kamen zum Reichsgau „Niederdonau“. Polen nützte die Gelegenheit, um das so genannte Olsa-Gebiet (polnisch Zaolzie) zwischen Těšín/Teschen/Cieczyn[198] und Bohumín/Oderberg zu annektieren und dehnte sein Staatsgebiet damit bis an die Stadtgrenze von Ostrava/Mährisch-Ostrau aus. Nach der Abspaltung der Slowakei als „unabhängiger“ Staat von deutschen Gnaden am 14. März 1939 reiste der tschechoslowakische Staatspräsident nach Berlin. Als Deutschland in den nächtlichen Verhandlungen mit der Bombardierung Prags durch die deutsche Luftwaffe drohte, unterzeichnete Präsident Hácha am frühen Morgen des 15. März die geforderte Verzichtserklärung, die Deutsche Wehrmacht besetzte das Territorium, das die NS-Propaganda „Rest-Tschechei“ genannt hatte. Schon in den Abendstunden des 14. März rückte die SS in das Industriegebiet von Mährisch-Ostrau ein. Am Tag darauf erklärte Hitler die nicht von Deutschland annektierten Gebiete mit rund siebeneinhalb Millionen Einwohnern zum „Reichsprotektorat Böhmen und Mähren“ und setzte Hácha zum „Oberhaupt“ der (machtlosen) tschechischen Verwaltung ein.

Vor der Zerstörung des tschechoslowakischen Staates hatte die Mehrheit der jüdischen Bevölkerung der ČSR in der östlichen Hälfte des Landes gelebt: In der Slowakei, wo die Mehrheit sich der ungarischen oder deutschen Sprache bediente, und in der heute zur Ukraine gehörenden Karpatenukraine (tschechisch: Podkarpatská Rus), wo die jüdische Bevölkerung meist jiddisch sprach.[199] Zu den mehr als 118.000 Jüdinnen und Juden[200] in der westlichen

198 Die bis 1918 zu Österreichisch-Schlesien gehörende Stadt Teschen war im Gefolge des polnisch-tschechoslowakischen Grenzkrieges 1919 entlang der Olsa (polnisch Olza, tschechisch Olše) geteilt worden. Die Altstadt wurde polnisch (Cieszyn), die Neustadt tschechisch (Český Těšín).

199 1938 dürften in der Slowakei (einschließlich der an Ungarn abgetretenen Gebiete im Süden des Landes) und in der Karpatenukraine insgesamt rund 235.000 Jüdinnen und Juden gelebt haben. Siehe: Eva Schmidt-Hartmann, Tschechoslowakei, in: Wolfgang Benz, Dimension des Völkermords. Die Zahl der jüdischen Opfer des Nationalsozialismus, München 1991, S. 353–379, hier 369, 375, 379. Zum Schicksal der 91.255 BewohnerInnen der Karpatenukraine, die sich bei der Volkszählung 1930 zur jüdischen Nationalität bekannt hatten, siehe: Jaroslav Vaculík, Židé z Podkarpatské Rusi jako optanti pro československé státní občanství v letech 1945–1947 [Die Juden aus der Karpatenukraine als Optanten für die tschechoslowakische Staatsangehörigkeit in den Jahren 1945–1947], in: Nisko 1939/1994, S. 292–298 (deutsche Zusammenfassung: S. 299 f.).

200 Von diesen hatte sich bei der Volkszählung 1930 jeweils ein Drittel zur tschechischen, deutschen und jüdischen Nationalität bekannt. Borák, The First Deportation, S. 40. In der ČSR bestand die Möglichkeit, sich zur „jüdischen Nationalität“ zu bekennen, auch ohne der jiddisch sprechenden Minderheit in der Karpatenukraine anzugehören.

Hälfte des Staates, also in den böhmischen Ländern, waren in der zweiten Hälfte der 1930er Jahre noch Tausende jüdische Flüchtlinge gekommen – allein 17.000 aus den infolge des Münchner Abkommens 1938 annektierten Gebieten.[201] Auch Mährisch-Ostrau beherbergte jüdische Flüchtlinge deutscher, polnischer, ehemals österreichischer Staatsbürgerschaft oder „Staatenlose". Für die verfolgten Juden und Jüdinnen aus Österreich war die Tschechoslowakei zunächst eine der wichtigsten Zufluchtsstätten gewesen.[202] Für viele wurde Mährisch-Ostrau dank der unmittelbaren Nähe der Grenze zu Polen das letzte Schlupfloch vor dem Einmarsch der Deutschen Wehrmacht, um der nationalsozialistischen Verfolgung zu entgehen. Unter ihnen war auch ein damals 12-jähriger jüdischer Bub aus Prag namens Martin Bauer, der mit seinen Eltern am Abend des 14. März 1939 Prag mit einem Zug verlassen hatte, der über Mährisch-Ostrau nach Polen fuhr. Der Bub wurde später unter dem Namen Yehuda Bauer einer der weltweit bekanntesten Holocaust-Forscher. Bauer erinnerte sich: „The whole train was full of Jews with papers of immigration to Palestine and Czech and German social democrats who were afraid that the Germans were going to march into the country."[203] In Mährisch-Ostrau stiegen Männer mit Hakenkreuzen auf ihren deutschen Uniformen ein und überprüften die Papiere der Reisenden. Der tschechische Stationsvorsteher gab daraufhin dem Lok-Führer vorzeitig das Abfahrtsignal, und der Zug rollte auf die polnische Seite hinüber, wo er einige Hundert Meter nach der Grenze anhielt. Die Deutschen mussten aussteigen und zu Fuß zurück nach Mährisch-Ostrau gehen, die Passagiere konnten ihre Reise fortsetzen.

Im mährisch-schlesischen Grenzgebiet zu Polen lebten auch 1939 noch Tausende polnische Juden und Jüdinnen, die Opfer der ersten deutschen Ver-

201 Livia Rothkirchen, Osud Židů v Čechách a na Moravě v letech 1938–1945 [Das Schicksal der Juden in Böhmen und Mähren in den Jahren 1938–1945], in: Livia Rothkirchen / Eva Schmidt-Hartmann / Avigdor Dagan / Milena Janišová (Hrsg.), Osud Židů v protektorátu 1939–1945. Studie – materiály – dokumenty [Das Schicksal der Juden im Protektorat 1939–1945. Studien – Materialien – Dokumente], Prag 1991, S. 17–79, hier 21. Zitiert in: Borák, The First Deportation, S. 39. Rothkirchen schätzt die Gesamtzahl der ins Protektorat Geflüchteten auf 25.000, viele von ihnen auch aus den an „Oberdonau" und „Niederdonau" abgetretenen Gebieten Südböhmens und Südmährens.

202 Siehe: https://ausstellung.de.doew.at/b212.html [7. 3. 2020].

203 Das tschechische Internet-Portal „Memory of Nations / Paměť národa" hat die Lebensgeschichte Yehuda Bauers zugänglich gemacht. In einem 2-Minuten-Audio-File (https://www.memoryofnations.eu/sites/default/files/witness/2972/clip/9778-audio.mp3) berichtet Bauer, wie der Zug mit Flüchtlingen, in dem er mit seiner Familie saß, die Grenze zu Polen passieren konnte. Zusammenfassung des Texts: https://www.pametnaroda.cz/cs/bauer-jehuda-1926 [7. 3. 2020].

treibungsaktion am 28. Oktober 1938 gewesen waren, aber keine Aufnahme in Polen gefunden hatten. Im Juni 1939 trieb die Gestapo Hunderte von ihnen, meist des Nachts in kleinen Gruppen, über die Grenze, vor allem in den Landkreis Rybnik, auf halber Strecke zwischen Mährisch-Ostrau und Kattowitz.[204] Ähnliches hatte die Gestapo schon im Sommer 1938 an der niederösterreichisch-mährischen Grenze praktiziert.[205]

Besonders erfolgreich war diese Methode im September 1939, als die Ostrauer Gestapo die Konfusion der ersten Tage des Angriffs auf Polen ausnutzte, um noch einmal größere Gruppen von Juden und Jüdinnen nach Teschen/Cieszyn abzuschieben und ihnen die Rückkehr zu verbieten. Im Tagesrapport der Brünner Gestapo vom 3. Oktober 1939 wurde gemeldet, dass 15 Personen wegen verbotener Rückkehr in Mährisch-Ostrau inhaftiert wurden.[206]

Im Juli 1939 hatte „Reichsprotektor" Konstantin Freiherr von Neurath, den Befehlshaber der Sicherheitspolizei und des SD im Protektorat, Walter Stahlecker, beauftragt, gemeinsam mit Adolf Eichmann in Prag eine Zentralstelle für jüdische Auswanderung nach Wiener Vorbild aufzubauen. Wie schon in Wien sollte die Zentralstelle dazu dienen, durch die Erleichterung der Ausreise die jüdische Bevölkerung im Protektorat weiter zu dezimieren. Vor der offiziellen Eröffnung der Zentralstelle am 28. Juli wurden einige der in der Wiener Zentralstelle tätigen Gestapobeamten für den Einsatz in Prag geschult. Auch der De-facto-Leiter der Prager Zentralstelle, SS-Hauptsturmführer Hans Günther, war zuvor in der Wiener Zentralstelle tätig gewesen. Bis Ende 1939 bearbeitete die Prager Zentralstelle 8.077 Anträge auf „Auswanderung" und stellte 6.918 Genehmigungen aus, und selbst in den ersten Monaten des Jahres 1940 erhielten noch 3.131 Menschen die Erlaubnis, das Protektorat zu verlassen.[207] Ab der dritten Februarwoche kam es zu einer Einschränkung, die eine Reihe bereits geplanter Transporte nach Übersee betraf: Die „Auswanderung von Männern zwischen 18 und 45 Jahren" wurde verboten.[208] (Erst fast andert-

204 Tomaszewski, Auftakt zur Vernichtung, S. 295.

205 Siehe: Wolfgang Schellenbacher, Von Flucht und Abschiebung zur Vertreibung. Der Raum Niederösterreich als Beispiel für den Umgang mit Flüchtlingen und Abgeschobenen in Österreich zwischen 1914 und 1938, in: Dokumentationsarchiv des österreichischen Widerstandes (Hrsg.), Fanatiker, Pflichterfüller, Widerständige. Reichsgaue Niederdonau, Groß-Wien, Jahrbuch 2016, Wien 2016, S. 267–284, hier 282 f.

206 Zitiert in: Borák, First Deportation, S. 51.

207 Zahlen in: Miroslav Kárný, „Konečné řešení". Genocida českých Židů v německé protektorátní politice [„Endlösung". Der Genozid an den tschechischen Juden in der deutschen Protektoratspolitik], Prag 1991, S. 37 f.

208 Die entsprechende Mitteilung der Zentralstelle für jüdische Auswanderung an die Kultusgemeinde Prag ist zitiert in: Gruner, Die Judenverfolgung im Protektorat, S. 108.

halb Jahre später, im August 1941, wurde dieses Verbot auch auf das „Altreich“ und das annektierte Österreich ausgedehnt.[209]) Im Mai 1941 löste die Zentralstelle das „Palästinaamt“ der Kultusgemeinde auf, im Oktober 1941 wurde die Vertreibung der jüdischen Bevölkerung durch Auswanderung gänzlich eingestellt. Gleichzeitig verließen, wie oben erwähnt, die ersten fünf Deportationszüge das Protektorat in Richtung Litzmannstadt/Łódź.

Im September 1939 ordnete die Prager Zentralstelle an, die Prager Kultusgemeinde müsse innerhalb von drei Tagen die immer noch im Protektorat lebenden Jüdinnen und Juden erfassen. Die Kultusgemeinde bot 1.300 Menschen auf, um den Auftrag zeitgerecht zu erfüllen. Das Ergebnis war, dass mit Stand 1. Oktober 1939 nach den Nürnberger „Rassegesetzen“ 90.147 Personen als jüdisch galten, 80.139 von ihnen waren jüdischen Glaubens.[210] (Von diesen 90.000 Personen wurden rund 78.200 ermordet.[211]) Mitte der 1950er Jahre wurde in der Prager Pinkas-Synagoge neben dem alten jüdischen Friedhof in der Josefstadt/Josefov eine der ersten Holocaust-Gedenkstätten Europas eingerichtet. Zwischen 1954 und 1959 erfolgte die handschriftliche Ausgestaltung der Wände der Synagoge mit den Namen aller damals bekannten 77.297 tschechischen Holocaust-Opfer, samt Geburts- und Deportationsdatum, durch die beiden Grafiker Václav Boštík und Jiří John. Durch Feuchtigkeitseinwirkung in den Folgejahren wurden die Inschriften stark in Mitleidenschaft gezogen. 1968 schlossen die ČSSR-Behörden die Gedenkstätte, der Verfall setzte sich fort. Bei der Renovierung des Gebäudes in den 1990er Jahren wurde auch die Namensliste in der ursprünglichen Form wiederhergestellt. Seit 1995 ist die Pinkas-Synagoge, als Teil des Jüdischen Museums, wieder zugänglich. [212]

In Mährisch-Ostrau, wo sich die Gestapo in der Villa eines reichen Kaufmannes einquartierte, brannte die erste Synagoge schon wenige Stunden nach dem Einrücken der SS, am 15. März 1939. Weitere fünf Synagogen in Mährisch-Ostrau und Umgebung wurden von deutschen Nationalsozialisten und tschechischen Faschisten in den darauffolgenden Monaten niedergebrannt. Besondere Mühe gab sich der von der „Mährisch-Schlesischen Landeszeitung“ bejubelte antisemitische Mob bei der Zerstörung des großen jüdischen Tempels im südöstlichen Stadtbezirk Witkowitz, die erst im zweiten Anlauf Anfang Juni

209 Aktenvermerk des Amtsdirektors der IKG Wien, gez. Dr. Löwenherz, vom 5. 8. 1941 über ein Telefonat mit Dr. Eppstein, Reichsvereinigung, Berlin, am 5. 8. 1941, 17.45 Uhr, abgedruckt in: VEJ, Bd. 3: Deutsches Reich und Protektorat, Dok. 198, S. 498.

210 Gruner, Die Judenverfolgung im Protektorat, S. 88.

211 Siehe: https://ausstellung.de.doew.at/b212.html [7. 3. 2020].

212 Siehe: https://www.jewishmuseum.cz/en/explore/permanent-exhibitions/monument-of-shoah-victims/ [7. 3. 2020].

1939 gelang. Die Baubehörden begutachteten die Brandruinen und stellten der jüdischen Gemeinde amtliche Bescheide aus, dass die zerstörten Gotteshäuser aus Sicherheitsgründen abzutragen seien.[213]

Schon am ersten Tag der deutschen Herrschaft in Mährisch-Ostrau schloss die Gestapo die bekanntesten jüdischen Kaufhäuser, verhaftete jüdische Unternehmer sowie leitende Angestellte von Handels- und Industrieunternehmen und zwang sie, „freiwillig" ihren Besitz an deutsche Treuhänder zu überschreiben und ihre Posten zu räumen. Im gesamten Protektorat wurde mit der von Reichsprotektor Neurath am 21. Juni 1939 erlassenen „Verordnung über das jüdische Vermögen"[214] der jüdischen Bevölkerung das Verfügungsrecht über ihr Eigentum entzogen. In den darauffolgenden Monaten wurde die Ausschließung von Juden und Jüdinnen aus dem gesellschaftlichen Leben mit ähnlicher Geschwindigkeit durchgeführt wie ein Jahr zuvor im annektierten Österreich.

Obwohl polnische Grenzwachen jüdische Flüchtlinge meist nicht passieren ließen, gelang es vielen von ihnen weiterhin, dank tschechischer Fluchthelfer in das noch unbesetzte Nachbarland zu gelangen, vor allem über Mährisch-Ostrau, wo die Grenze ganz nahe war. Die wenige Monate zuvor erfolgte Annexion des Olsa-Gebiets durch Polen machte es möglich, durch so manche Schächte nach Bohumín/Oderberg auf der nunmehr polnischen Seite des Kohlereviers zu schleichen.[215] Jüdische Gemeinden in Polen, vor allem in Krakau, aber auch in Kattowitz und Bielitz, sowie zionistische Organisationen engagierten sich ebenfalls in der Fluchthilfe. Besondere Bedeutung erlangte der „Czechoslovak Refugee Trust", eine britische Regierungsorganisation, die im Juli 1939 an die Stelle des seit Oktober 1938 ehrenamtlich arbeitenden „British Committee for Refugees from Czechoslovakia" trat. Die wichtigste Niederlassung wurde am britischen Konsulat in Krakau eingerichtet. Sie stellte Flüchtlingen finanzielle Mittel zur Verfügung und half bei Visa-Anträgen.

Im Laufe des Jahres 1939 setzte ein Umdenkprozess innerhalb der von geflüchteten Soldaten auf polnischem Territorium gebildeten tschechoslowakischen militärischen Auslandsgruppe ein; sie erklärte sich bereit, auch Juden

213 Details dazu: Václav Štěpán, Židovská kultovní místa na území Ostravy a jejich zničení v období hitlerovské okupace [Die jüdischen Kultusstätten auf dem Gebiet der Stadt Ostrava und ihre Zerstörung zu Zeit der hitlerischen Okkupation], in: Nisko 1939/1994, S. 218–226. Deutsche Zusammenfassung: S. 226 f.

214 Abgedruckt in: VEJ, Bd. 3: Deutsches Reich und Protektorat, Dok. 247, S. 592–596. Zwar amtierte im Protektorat eine von den Nationalsozialisten eingesetzte tschechische Regierung, die Verordnung schaltete diese aber vom gesamten Prozess der „Arisierung" aus, die ab diesem Zeitpunkt nur mehr den deutschen Behörden oblag.

215 Beispiele dafür in: Gruner, Die Judenverfolgung im Protektorat, S. 53.

in ihre Reihen aufzunehmen. Aufgabe dieser in Krakau tätigen Gruppe war es ursprünglich, den Abtransport der in Polen befindlichen tschechoslowakischen Soldaten nach Frankreich sicherzustellen; deshalb wurde sie von den polnischen Behörden geduldet. Die tausend Soldaten, die sich bei Kriegsbeginn noch in Polen aufhielten, wurden am 3. September 1939 vom polnischen Staatspräsidenten – als „Legie Čechů a Slováků" [Legion der Tschechen und Slowaken] – zu einem Teil der polnischen Streitkräfte erklärt. Die Einheit erhielt ihre „Feuertaufe" im Raum Lublin. Einer der ersten Gefallenen war ein Jude aus Mährisch-Ostrau.[216]

Nach dem deutschen Überfall auf Polen im September 1939 und der darauffolgenden Annexion der 1938 zwangsweise von Tschechien an Polen abgetretenen Gebiete durch Deutschland wurde Mährisch-Ostrau, im äußersten Nordosten des Protektorats gelegen, von einer Grenzstadt fast zu einer Enklave, die nur durch einen schmalen Korridor mit dem Rest des Protektorats verbunden war: Im Westen grenzte sie an den Regierungsbezirk Troppau (tschechisch Opava) des „Sudetengaues", im Norden und Osten an die Regierungsbezirke Oppeln und Kattowitz des Gaues Oberschlesien. Selbst die Eisenbahnverbindung über die Mährische Pforte in den Süden, nach Hranice na Moravě/Mährisch-Weißkirchen, führte teilweise über deutsches Gebiet. Diese besondere geografische Situation erklärt vermutlich auch die Gerüchte, die sich im Herbst 1939, am Beginn der Nisko-Aktion, verbreiteten. Der Plan der Besatzer sei, Ostrava zu einem Teil des Deutschen Reiches zu machen, weshalb die jüdische Bevölkerung ausgesiedelt werde.[217] Darauf, dass diese Gerüchte auch unter den tschechischen BewohnerInnen die Runde machten, deutet das Verhalten tschechischer Frauen unmittelbar vor und nach dem Abgang des ersten Transports nach Nisko. Jonny Moser zitiert einen Gestapobericht, wonach es am 18. Oktober 1939 „am Rand der Zufahrtsstraßen zum Bahnhof zu lauten Sympathiekundgebungen von Tschechen und jüdischen Frauen"[218] gekommen sei. Mečislav Borák schildert die Vorgänge rund um eine von der Kultusgemeinde auf Anordnung der Gestapo einberufene Informationsveranstaltung für ihre weiblichen Angehörigen am 20. Oktober: Eine Gruppe tschechischer Frauen tauchte auf und versuchte, die Jüdinnen am Betreten des Veranstaltungsraums zu hindern. Sie riefen ihnen zu „Zuerst nehmen sie die Juden fort, und dann sind die Tschechen an der Reihe!"[219]

216 Siehe: Borák, First Deportation, S. 50.
217 Borák zitiert entsprechende Aussagen der Frau eines der Deportierten während ihres Gestapo-Verhörs am 24. 10. 1939: Ebenda, S. 90.
218 Moser, Nisko, S. 53 f.
219 Borák, First Deportation, S. 90.

Die Entfesselung des Zweiten Weltkrieges brachte die Ausreisewelle nahezu zum Erliegen. Dennoch gelang es bis Oktober 1941, bis zum Einsetzen der ersten Massendeportationen, noch rund 26.650 Jüdinnen und Juden, darunter auch vielen Flüchtlingen aus Österreich, das Protektorat zu verlassen.[220]

Wie weiter oben dargestellt, hatten die Vorbereitungen für die Nisko-Aktion am 6. Oktober 1939 begonnen, am 9. Oktober fand die erste Besprechung im Büro des Leiters des Grenzpolizeikommissariats Mährisch-Ostrau, Kriminalkommissar Gerhard Wagner, statt. Bei dieser Besprechung stand zwar der Zielort noch nicht endgültig fest, auch war noch nicht von einem Transport aus Wien die Rede, es wurde aber bereits die Aufgabe der von Mährisch-Ostrau und Kattowitz aus abgehenden „jüdische[n] Vorkommando[s]" definiert – nämlich „ein Barackendorf zu errichten, das als Durchgangslager für alle nachfolgenden Transporte gedacht ist". Was bereits feststand, war die Zusammensetzung der beiden ersten Transporte: „Im Gegensatz zu den später durchzuführenden Transporten, bei denen auf Alter oder Geschlecht der zur Umsiedlung gelangenden Juden keine Rücksicht genommen wird, werden sich die Judenvorkommandos ausschließlich aus minderbemittelten, männlichen, vollarbeitsfähigen Juden zusammensetzen. Dabei ist ferner wichtig, dass jüdische Ingenieure, Baumeister, Handwerker aller Art, sowie mindestens 10 jüdische Ärzte, die mit vollständigen Ambulatorien versehen sind, sich in dem Transport befinden."[221]

Das Protokoll der Besprechung gibt auch Aufschluss über die Finanzierung durch die IKG Mährisch-Ostrau, die ihre Mitglieder verpflichten musste, ihre (ohnehin von der Gestapo verwalteten) Konten zu plündern: „Seitens der Juden in M. Ostrau wurde der jüd. Kultusgemeinde in M. Ostrau – nach vorangegangener entsprechender Anweisung der Kultusgemeinde durch P.G. Brunner [Parteigenossen Alois Brunner] – bereits der Betrag von 300.000 RM zweckbestimmt für die Errichtung von Umschulungslagern zur Erleichterung der Auswanderung aus den Sperrkonten geschenkt." Auch für die „Freiwilligkeit" der zur „Umsiedlung" vorgesehen Personen war vorgesorgt: „Eine Gesamterfassung aller Juden über 14 Jahre unter Verwendung der Fragebogen der Zentralstelle für jüd. Auswanderung, Prag, ist im Gange und wird bis 14.10.39 abgeschlossen sein. Die Juden haben jeweils zwei Lichtbilder einzureichen und die freiwillige Erklärung abzugeben, dass sie sich zum Zwecke ihrer Auswanderung freiwillig für die Umschulung melden." Eichmann und sein Stab bereiteten auch die

220 https://ausstellung.de.doew.at/b212.html [7. 3. 2020].

221 Faksimile des Protokolls der Besprechung vom 9. 10. 1939: Borák, First Deportation, Dok. 8, S. 322–325, hier 322.

Logistik des Transports bereits minutiös vor: „Die Aufteilung der Juden auf die Waggons hat so zu erfolgen, dass die einzelnen Handwerkergruppen bzw. die ungelernten Arbeiter von Anfang an nach Möglichkeit geschlossen fahren. Dadurch ist es am Zielpunkt reibungslos möglich, sofort die für das Entladen benötigten Kräfte geschlossen einzusetzen und die anderen Juden sofort mit dem Aufbau beginnen zu lassen.“ [222]

Unzufrieden waren die Teilnehmer der Besprechung mit dem, was die Ostrauer Kultusgemeinde bis dahin zur Vorbereitung der „Umsiedlung“ beigetragen hatte. Sie war beauftragt worden, eine Liste der in Frage kommenden Männer zwischen 17 und 55 vorzulegen, die voll arbeitsfähig sein mussten und über keine finanziellen Mittel für die Auswanderung verfügten, also so genannte „Unbemittelte“ waren. Darunter wurden Personen verstanden, deren Vermögen unter 5.000 Reichsmark lag. Alle ausländischen Juden sollten einbezogen werden. In dem der Kultusgemeinde übermittelten viereinhalb Seiten umfassenden „Merkblatt“ betreffend „Umschichtung von Juden – Durchführung der Transporte“[223] war gefordert worden, für jeden Transport 1.000 Personen namhaft zu machen und eine Transportumlage einzuheben. Nur bei Personen im Alter bis 17 „sowie bei gänzlich unbemittelten Juden kann von der Bezahlung der Umlage abgesehen werden“. Personen mit einem beweglichen bzw. unbeweglichen Vermögen bis zu 1.000 Reichsmark hatten 10 Mark, darüber 50 Mark zu bezahlen. Schwerkriegsbeschädigte und Arbeitsinvalide (über 50 %) sowie Schwerkranke, die dies nachweisen konnten, waren vorerst vom Transport auszunehmen. Die für den Transport eingeteilten Personen waren samt Gepäck (bis 50 kg) durch die IKG „in geeigneten, in der Nähe des Bahnhofs gelegenen, Sälen zu konzentrieren“.[224] Als besonders geeignet erschien der Gestapo die Ostrauer Reitschule[225] in der Witkowitzer Straße (Vítkovická) unweit des Don-Bosco-Klosters, auch wenn es von dort einige Kilometer bis zum Abgangsbahnhof Oderfurt/Přívoz, dem heutigen Hauptbahnhof, waren.

Die von der Kultusgemeinde der Gestapo präsentierte Liste enthielt nur 1.036 Namen, darunter „nur 19 slowakischer, 7 ungarischer und 1 russischer Staatsangehörigkeit“. Die IKG musste daher einen rund um die Uhr erreichba-

222 Alle Zitate: Ebenda, S. 323 f.

223 Im Faksimile abgedruckt in: Borák, First Deportation, Dok. 5, S. 313–317.

224 Ebenda, S. 314.

225 Nahe der ehemaligen Reitschule steht heute ein Sport- und Fitnesszentrum mit einer Turnhalle. Die vom alten jüdischen Friedhof (heute Sady Dr. Milady Horákové) am Amtsgebäude des Mährisch-Schlesischen Regionalrats (Úřad Moravskoslezského kraje) vorbei zum Sportzentrum in der Gajdošova führende Straße trägt heute noch den Namen Reitschulgasse (Na Jízdárně).

ren „Dauerdienst“ einrichten, der bis zum 14. Oktober eine Gesamterfassung aller Juden über 14 vorzulegen hatte. Unzufrieden war die Runde auch mit den Vorschlägen der jüdischen Architekten für die zu errichtenden Baracken – diese würden viel zu viel Baumaterial erfordern. „Da jedoch von hier aus beabsichtigt ist, grundsätzlich die Juden in den Baracken zweischichtig unterzubringen, kann von den jüdischen Voranschlägen von vornherein 50 % gestrichen werden.“[226]

Mit Ausnahme kleinerer Zubringerfahrten von Orten ohne Bahnanschluss wie Jablunkov/Jabłonków/Jablunkau bei Trzynietz erfolgte der gesamte Transport der Deportierten mit der Eisenbahn. Die Verfügungsgewalt über das Eisenbahnwesen lag in Kriegszeiten bei der Wehrmacht. Um die rechtzeitige Bereitstellung des erforderlichen rollenden Materials zu sichern, aber auch, um die Fahrtroute zu klären, musste sich Günther daher an die zuständige Transportkommandantur wenden. Da es um einen Transport in dem von der Wehrmacht besetzten Gebiet in Polen handelte – eine Zivilverwaltung gab es noch nicht –, war die Transportkommandantur bei der Reichsbahndirektion in der früheren oberschlesischen Hauptstadt Oppeln (heute Opole) zuständig. Erst für die Rücktransporte im April 1940 konnte sich Günther an die näher gelegene Reichsbahndirektion Olmütz wenden.[227]

So kurze Zeit nach Beendigung des Krieges gegen Polen wollte Oppeln zunächst keine Züge bereitstellen, zumal einige Weichselbrücken noch nicht befahrbar waren. Die erste Idee war noch, den Zug über Tarnów und Mielec nach Rozwadów zu führen,[228] doch schließlich einigte man sich auf die Hauptstrecke südlich der Weichsel (über Krakau – Rzeszów – Jaroslau/Jarosław), wobei der Zug vor Jarosław, in Przeworsk, nach Norden, auf die am linken San-Ufer gelegene Bahnstrecke, abbiegen würde.[229] Geplant gewesen wären zunächst ein Fracht- und ein Personenzug, und die Ostrauer Gestapo bestellte für den ersten Transport 23 offene Güterwaggons (18 für Bauholz, 3 für Ziegel und 2 für Dachdeckmaterial), 10 geschlossene Güterwaggons (für das Gepäck) und für den Personenzug 12 Passagierwagen dritter Klasse für die zu depor-

226 Borák, First Deportation, S. 323 f.

227 Ebenda, S. 157.

228 Der Protokollführer war noch nicht ganz vertraut mit der Geografie der eben erst eroberten Territorien. Kriminalkommissar Gerhard Wagner wusste nicht, wie man Rozwadów schreibt, und verwechselte Tarnów mit Tarnowitz (Tarnowskie Góry). Bis zu Eichmanns Telegramm vom 15. Oktober war die Ostrauer Gestapo noch von Rozwadów als Bestimmungsbahnhof ausgegangen.

229 Die nachfolgenden Angaben, die sich in gekürzter Fassung auch bei Jonny Moser (Nisko, S. 68) finden, folgen der Auswertung der einschlägigen Gestapo-Akten im Prager Nationalarchiv durch Mečislav Borák: Borák, First Deportation, S. 69 f.

tierenden Juden, 2 Passagierwagen zweiter Klasse für die Begleitpolizei sowie 3 Waggons für den Proviant. Am 13. Oktober fuhr das Vorbereitungsteam mit dem mit Eichmann abgestimmten Auftrag nach Oppeln. Es sollte nun doch ein einziger Zug mit 50 Waggons werden, da die maximal erlaubte Länge von 520 Metern hinter der Lokomotive damit nicht überschritten würde. Die 33 Güterwaggons würden, versprach die Transportkommandantur, am 14. Oktober in Mährisch-Ostrau eintreffen, damit sie beladen werden konnten. Die 17 Passagierwaggons (darunter 2 Waggons zweiter Klasse für das Begleitpersonal) würden am 17. Oktober gestellt sein.

Am 14. Oktober legte die IKG die geforderte neue Liste vor. Diese enthielt 4.510 Personen beiderlei Geschlechts im Zuständigkeitsbereich der Kultusgemeinde Mährisch-Ostrau, ein Viertel von ihnen hatte keine Staatsbürgerschaft des Protektorats Böhmen und Mähren. Mit den Juden aus Ostrau wurden übrigens auch Juden aus den beiden Nachbarstädten Frýdek/Friedeck und Místek/Mistek nach Nisko deportiert. (Für Friedeck fanden die Nationalsozialisten in den Archiven die seit dem 17. Jahrhundert nicht mehr gebräuchliche Bezeichnung Friedberg, die sie zum neuen amtlichen Namen der Stadt erklärten.) 470 der rund 9.000 EinwohnerInnen der Doppelstadt waren jüdisch gewesen.

2.232 der von der IKG Mährisch-Ostrau erfassten Personen waren männlich, von denen 356 das 18. Lebensjahr noch nicht erreicht hatten (242 waren unter 14).[230] Zwischen 12. und 16. Oktober druckten sämtliche (deutschen und tschechischen) Zeitungen in Mährisch-Ostrau eine Ankündigung der Kultusgemeinde, deren Wortlaut die Gestapo diktiert hatte. Darin wurden alle männlichen Juden verpflichtet, sich am 17. Juni um 8 Uhr früh bei der Reitschule einzufinden – als Zweck wurde „Umschulung“ bzw. Vorbereitung für die Emigration genannt. Die Ankündigung enthielt genaue Anweisungen, was alles mitzubringen sei. Besonders wichtig war ein Koffer. Für die Ärmsten erklärte sich die IKG bereit, Koffer, Bettwäsche und eine Grundausstattung von Bekleidung zur Verfügung zu stellen. Selbstverständlich hatte die Kultusgemeinde alles, was die Gestapo für nötig hielt, zu kaufen – bis zu den 120 Meter Stacheldraht, den eine Drahtfabrik in Oderberg lieferte. Die Kultusgemeinde musste auch dafür sorgen, dass am vorgesehenen Abfahrtstag eine Tonne Brot zum Bahnhof Oderfurt geliefert wurde. Das Beladen der am 14. Oktober auf dem Bahnhof bereitstehenden Güterwaggons mussten jüdische Buben besorgen.[231]

Am Morgen des 17. Oktober wurde der Zug bestiegen, doch verzögerte sich die Abfahrt noch 24 Stunden lang: „Alle mussten warten, bis Eichmann

230 Ebenda, S. 71.
231 Ebenda, S. 80 f.

aus Wien herbei geeilt war und bei seiner Zwischenstation in Mährisch-Ostrau den vollbesetzten Transportzug inspizieren konnte."[232] Schließlich wurde eine Abfahrtszeit festgesetzt, die sich auch in der wissenschaftlichen Literatur findet: Mittwoch, 18. Oktober 1939, 8.20 Uhr. Der Zug bestand aus 51 Waggons, 22 Personen- und 29 Güterwaggons. Aus der Meldung des Ostrauer Kriminalkommissars Wagner an den obersten Chef der Gestapo im Berliner Reichssicherheitshauptamt, SS-Oberführer Heinrich Müller, vom 22. Oktober geht jedoch hervor, dass sich der Zug erst um 10 Uhr Vormittag in Bewegung setzte.[233] Ob tatsächlich 901 Personen oder einige mehr an Bord waren, ist nicht restlos geklärt (siehe weiter unten, Exkurs „Kann Brunner nicht zählen?"), bekannt ist hingegen die altersmäßige Zusammensetzung: Der jüngste, Leo Matzner, war 11½ Jahre alt; er war unter denen, die im April 1940 nach Mährisch-Ostrau zurückkehren durften. Zweieinhalb Jahre später, im September 1942, verließen zwei Transporte mit fast allen in Ostrava und Umgebung noch lebenden Jüdinnen und Juden die Stadt in Richtung Theresienstadt. Matzner war im ersten der beiden Transporte, wurde am 18. September 1942 nach Theresienstadt deportiert und von dort gleich weiter nach Maly Trostinec[234] – am 22. September 1942 fuhr der letzte von fünf Transporten von Theresienstadt zur Vernichtungsstätte bei Minsk.[235] Fünf Prozent der nach Nisko Deportierten waren über sechzig. Der Älteste unter ihnen war Julius Tintner aus dem Dorf Slavkov u Opavy/Schlakau bei Troppau. Auch Tintner durfte im April 1940 zurückkehren. Er fand eine Unterkunft in Valašské Meziříčí/Wallachisch Meseritsch, südlich von Mährisch-Ostrau. Wie Matzner musste auch er am 18. September 1942 den Zug von Ostrava nach Theresienstadt besteigen. Er war unter den 2.500 Personen, die am 18. Mai 1944 vom Ghetto Theresienstadt ins Vernichtungslager Auschwitz-Birkenau transportiert wurden.[236]

Die weiter oben am Beispiel des Wiener Transports beschriebenen Bedingungen – insbesondere, dass während eines Halts unterwegs niemand ein Fenster öffnen durfte – galten bereits für den ersten Transport aus Mährisch-Ostrau.

232 Moser, Nisko, S. 53.

233 Zitiert in: Borák, First Deportation, S. 87.

234 Siehe die biografischen Daten zu Leo Matzner in der Datenbank der Holocaust-Opfer auf der vom Jüdischen Museum Prag und dem Institut Theresienstädter Initiative betreuten Website „holocaust.cz": https://www.holocaust.cz/de/opferdatenbank/opfer/108852-leo-matzner/ [7. 3. 2020].

235 Zu den Abgangsdaten der Transporte von Theresienstadt nach Maly Trostinec und der jeweiligen Anzahl der Deportierten siehe: Garscha, Ein unermüdliches Beharren, S. 150.

236 Siehe die biografischen Daten zu Julius Tintner in der Datenbank der tschechischen Holocaust-Opfer: https://www.holocaust.cz/de/opferdatenbank/opfer/129982-julius-tintner/ [7. 3. 2020].

Als der Zug am Nachmittag des 18. Oktober für längere Zeit in Krakau stehen blieb, hielten es einige nicht aus und versuchten, frische Luft zu schnappen. Doch die begleitenden Polizisten liefen den Zug entlang, und wenn sie jemanden entdeckten, der aus dem Fenster schaute, holten sie ihn aus dem Zug. Mečislav Borák zitiert aus einem Erinnerungsbericht von Arnošt Spira, der im Stadtarchiv von Mährisch-Ostrau verwahrt wird:

> „Sie ließen diese Leute auf dem Bahnsteig in Zweierreihen aufstellen, und dann mussten sie sich gegenseitig ins Gesicht schlagen. Es war ein bizarrer Anblick, vor allem für die deutschen Soldaten, deren Transport auf der anderen Seite des Bahnsteigs, gegenüber unserem Zug, stand. Denen gefiel die Zirkusvorstellung."[237]

Über solche Vorkommnisse schrieb Gerhard Wagner nichts an den Gestapo-Chef. Er schickte aber eine Begründung, warum der am 19. Oktober in Nisko angekommene Zug erst am 20. Oktober abgefertigt wurde: Man habe zwar sofort mit dem Ausladen des Baumaterials begonnen und die Arbeiten zur Errichtung des Lagers begonnen, weil es aber regnete, sei der Zug als Unterkunft für die Juden auf dem Bahnhof geblieben. Die Schilderungen der Überlebenden lesen sich ganz anders – und stimmen darin mit den Aussagen noch lebender ZeitzeugInnen überein, die Mečislav Borák in den 1990er Jahren in Zarzecze befragte.

Als der Zug am Donnerstagvormittag um etwa 10 Uhr den Bahnhof „Nisko nad Sanem" erreichte, blieb er zunächst einmal für längere Zeit am äußersten Ende des Bahnsteigs stehen. Dann konnte es den SS-Männern aber nicht schnell genug gehen. Die Jüngeren der Deportierten sprangen aus den Fenstern, um bei den Eingängen den Älteren zu helfen, den Zug zu verlassen. Die SS mischte sich mit Prügeln und Fußtritten ein. Über Eichmanns „Begrüßungsrede" gibt es in den Erinnerungsberichten die unterschiedlichsten Versionen, die allerdings in einem Punkt übereinstimmen: Der Führer habe, soll Eichmann verkündet haben, den Juden das Land jenseits des Flusses versprochen. Sie seien die Ersten, die dieses Land zwischen San und Bug für die Juden urbar machen würden. Die einen erinnerten sich, Eichmann habe gesagt, es gebe nichts, wo sie wohnen könnten, sie müssten sich alles selbst aufbauen. Andere waren sich sicher, Eichmann habe von Häusern und Bauernhöfen gesprochen, die von der polnischen Bevölkerung verlassen worden seien – selbst die Brunnen seien verseucht, und wenn sie Typhus, Ruhr und Cholera vermeiden wollten, müssten

237 Borák, First Deportation, S. 83.

sie sich neue graben. Goshen gibt eine Aussage des jüdischen Lagerleiters, Emil Eisler, aus dem Jahre 1960 wieder, wonach Eichmann die Ansprache an die Deportierten „hoch zu Roß“ gehalten habe.[238] Von leeren Bauernhöfen konnte keine Rede sein – was es in großer Zahl gab, waren Kriegsruinen. Die bäuerliche Bevölkerung in den Dörfern am rechten Ufer des San, die in den ersten Wochen nach Beendigung der Kriegshandlungen immer noch durch marodierende Banden versprengter Soldaten und sonstiger entwurzelter Menschen verunsichert war, stand den Neuankömmlingen misstrauisch bis feindselig gegenüber. Allein an der Kleidung war deren städtische Herkunft erkennbar und man vermutete Geld bei ihnen.

Vor dem Bahnhof hatten sich Dutzende Bauern mit bespannten Karren eingefunden, die auf einträgliche Fuhren warteten. Die jüngeren Deportierten mussten den Inhalt der Güterwaggons auf die Karren umladen. Noch bevor die lange Kolonne der Fuhrkarren losfuhr, mussten die Handwerker in Richtung San-Brücke abmarschieren. Nach dem Passieren des Dorfs Racławice waren von weitem die Betonpfeiler der während der Kämpfe im September zerstörten Brücke zu sehen, zwischen dem ersten und zweiten Pfeiler war die Eisenkonstruktion noch einigermaßen intakt, brach dann aber ab – und verschwand im trüben Wasser. Bei der ehemaligen Brücke ragten die Messlatten für den Wasserstand aus dem Fluss, der in diesem Streckenabschnitt normalerweise träge dahinfließt. Die Latten reichten bis zu einer Höhe von 9 Metern. Es sollte nicht einmal zwei Wochen dauern, bis die Deportierten erlebten, wie der Fluss bei Hochwasser unpassierbar wurde. Die hölzerne Behelfsbrücke über den San war wenige Hundert Meter weiter flussaufwärts errichtet worden. Auf der gegenüberliegenden Seite endete die Holzbrücke vor einer Böschung, die schwer passierbar war. Der steile, schmale Weg hatte sich durch den Regen der vergangenen Tage in eine rutschige Schlamm-Rinne verwandelt. Die Karren sanken bis zu den Achsen ein, und obwohl die Menschen schoben und zogen, blieben einige Fuhrwerke stecken. Die Bauern spannten die Pferde aus und die Deportierten mussten, angetrieben von Schlägen der SS-Männer, versuchen, die Wagen hinauf ins Dorf zu bringen. Stanisław Dziura, ein Dorfbewohner, erinnerte sich noch mehr als fünfzig Jahre später:

> „Dieser alte Weg war schrecklich, aber sie hatten keine andere Wahl. Die Juden schoben die schwerbeladenen Wagen und wurden durch die Wachen angetrieben. Sie schrien, dass sie etwas zu trinken brauchten, dass sie Was-

238 Goshen, Nisko – ein Ausnahmefall, S. 99.

ser brauchten, dass sie alle müde und ausgedörrt seien. Die Wachen trieben sie den Hügel hinauf bis zur Kirche und dort links auf die Ługowa-Straße."

Julia Oleksak, die fast ihr ganzes Leben in einem Haus nahe der Flussquerung verbracht hatte, erzählte erzählte Borák Anfang der 1990er Jahre:

> „Es war hier schrecklich schlammig – sie holten sogar Schleifsteine aus der Werkstatt, um sie unter die Räder zu legen, damit die Wagen sich weiter bewegten. Es war entsetzlich – Pferde, Wagen, und das ganze Gepäck, das sie hatten, diese ganzen schweren Koffer. [...] Sie trieben sie hinauf und schrien sie an. Es war grässlich. Wenn ein Jude seine Stiefel verlor, musste er sie im Schlamm stecken lassen – man hat ihnen nicht erlaubt, sie aufzuheben."[239]

Ziel war eine Wiese entlang der Ługowa-Straße, die als gemeinschaftliche Weide diente. Die Handwerker begannen sofort mit dem Aufbau, wobei mit der Baracke für die Wachmannschaft begonnen wurde.[240] Bei der ersten Baracke für die Juden reichte es vorerst nur für ein Bretterdach und einen Teil der Seitenwände, was immerhin den anhaltenden Regen ein wenig abhielt. Am Abend gab es den ersten Toten – es war ein Mann Mitte fünfzig, der allem Anschein nach einem Herzinfarkt erlag. Weitere fünf sollten während des Winters folgen.

Da der Regen während der Nacht stärker wurde, flüchtete ein Teil der vollkommen durchnässten Männer in Scheunen in der Nähe, um ein wenig Schlaf zu finden. Während die Handwerker am Morgen die durchfeuchteten Bretter austauschten, versammelten Eichmann und der von ihm eingesetzte Lagerkommandant Post alle übrigen Deportierten auf der Wiese, sonderten rund 400 aus und verjagten sie, einige Kilometer weit von SS-Wachen eskortiert. Die Überlebenden sind sich nicht einig darüber, nach welchem Kriterium dabei vorgegangen wurde – ob vor allem Alte und Kranke aussortiert wurden oder Perso-

239 Beide Zitate in: Borák, First Deportation, S. 85. Adolf Sonnenschein hatte Borák über eine solche Szene erzählt: „Ich verlor eine meiner Galoschen in diesem Schlamm, aber es gab keine Zeit, danach zu suchen, denn wenn wir stehen blieben, wurden wir geschlagen und getreten."

240 Die nachfolgenden Angaben über die ersten Tage und Wochen in Zarzecze stützen sich zum einen auf die von Mečislav Borák angefertigte umfangreiche Mitschrift von Interviews, die er 1993/1993 mit dem von Orlová/Orłowa/Orlau aus deportierten Adolf Sonnenschein (der sich später Sonek) nannte, geführt hatte. Siehe: Borák, First Deportation, S. 85 f. Zum anderen basieren sie auf Beschreibungen, in denen Seev Goshen ganz offensichtlich eigene Erlebnisse schilderte: Goshen, Nisko – ein Ausnahmefall, S. 98–102.

nen ohne handwerkliche Kenntnisse –, weshalb Goshen meinte, dass es wohl wahllos Herausgegriffene waren. Sicher ist nur, dass allen angedroht wurde, dass jeder, der versuche, nach Zarzecze zurückzukehren, auf der Stelle erschossen würde. Goshen schrieb:

> „Niemand fand es für notwendig, die Namen oder auch nur die genaue Zahl der Hinausgeworfenen zu registrieren. Das Elend der Vertriebenen begann damit, daß fast alle früher oder später ihre Koffer nicht mehr weiterschleppen konnten. Die Begleitmannschaft erlaubte ihnen nicht, irgendetwas aus den Koffern zu retten, sorgte aber für das restlose Einsammeln der Koffer und für die Konzentration der Beute in einem Magazin.“[241]

Dasselbe Schicksal bereitete die SS den 875 Deportierten des ersten Kattowitzer Transports, die tags darauf ankamen. Von ihnen durfte kein Einziger das Lager betreten. Vom ersten Wiener Transport, der – wie oben dargestellt – am 23. Oktober eintraf, konnte der jüdische Lagerleiter Emil Eisler eine kleine Anzahl der 912 Männer unbemerkt in das Lager hineinschmuggeln, einige weitere wurden von SS-Sturmbannführer Post stillschweigend geduldet. Die von der SS „Streuen“ genannte Prozedur wiederholte sich bei den weiteren Transporten aus Mährisch-Ostrau, Kattowitz und Wien. Goshen schrieb, die Menge der zurückgelassenen Koffer und die eingeheimste Beute hätten sich in diesen Tagen vervielfacht.

> „Für einige Zeit war die ‚Untersuchung‘ der Koffer die beliebteste Beschäftigung einiger SD-Leute, zweifellos auch die einträglichste ihres bisherigen Lebens. Die Untersuchungen waren derart ergiebig, daß besonders großzügige SS-Leute den zur Assistenz eingeteilten jüdischen Hilfskräften manchmal Brocken vom reichlichen Segen zuwarfen.“[242]

Am Abend des 26. Oktober ging ein zweiter Transport von Mährisch-Ostrau mit 391 Juden ab, an den am 27. Oktober in Kattowitz mehrere Waggons mit vermutlich tausend weiteren Deportierten angekoppelt wurde. Während es für die Deportierten mit dem Abgangsbahnhof Kattowitz keine Listen gibt, sind für die Transporte aus Mährisch-Ostrau und Wien Transportlisten[243] erhalten, doch

241 Ebenda, S. 98.
242 Ebenda.
243 Im Faksimile abgedruckt in: Borák, First Deportation, Dok. 1 bis 4, S. 239–312.

kann nicht für alle 2.876 darauf aufscheinenden Männer mit Sicherheit angegeben werden, ob sie tatsächlich am angegebenen Tag deportiert wurden.

Der in Zarzecze von der SS eingesetzte jüdische Lagerleiter, der damals 52-jährige, von den Deportierten ehrfurchtsvoll „Professor" genannte Emil Eisler war schon zur Zeit der Habsburgermonarchie im Witkowitzer Berg- und Hüttenwerk VHHT (Vítkovické horní a hutní těžířstvo) tätig gewesen und seit 1920 war er dort Leiter des Rohstoffeinkaufs gewesen. Eisler und die paar Männer, die mit ihm die Lagerleitung bildeten, wohnten nicht im Lager, sondern in einem kleinen Haus in unmittelbarer Nähe. Über Eisler sprachen alle Überlebenden nur in den höchsten Tönen. Leo Haas,[244] der in freien Stunden viele Zeichnungen anfertigte, die eine wichtige Quelle zur Geschichte von Zarzecze bilden, schuf ein Porträt, das ihm Eisler zurückgab, als er das Lager am 14. Februar verlassen durfte – mit einer Widmung und dem Wunsch auf ein Wiedersehen.[245] Schwedische Freunde des ehemaligen führenden Ingenieurs der Witkowitzer Eisenwerke hatten Eislers Freilassung erreicht. Eisler überlebte im schwedischen Exil. Als er auf einem Pferdeschlitten am Abend des 14. Februar das Lager verließ, verabschiedeten ihn die Deportierten in einer bewegenden Zeremonie, indem sie den Schlitten bei seinem Auszug aus dem Lager mit Laternen begleiteten. Leo Haas hielt die Szene in einer Zeichnung fest, die Mečislav Borák für den Umschlag seines Buches „The First Deportation of the European Jews" wählte. Eislers Nachfolger wurde sein bisheriger Stellvertreter, der Baumeister Otto Bellak.

Von den meisten Orten im Distrikt, in denen nach Nisko deportierte Juden aus Mährisch-Ostrau, Wien und Oberschlesien „strandeten", sind – mit Ausnahme des nur wenige Kilometer von Nisko entfernten Ulanów, von wo es mehrere Briefe gibt – wenige bis gar keine Informationen überliefert. Dagegen sind die Lebensumstände in Pysznica dank der von Jonny Moser ausgewerteten Aufzeichnungen und Briefe Ernst Kohns einigermaßen gut dokumentiert. Bezüglich des Lagers in Zarzecze selbst ist, neben den Befragungen von Überlebenden durch Mečislav Borák und mehreren von ihm ausgewerteten Erinnerungsberichten im Archiv der Stadt Ostrava, Seev Goshens Aufsatz „Nisko – ein Ausnahmefall unter den Judenlagern der SS" die wichtigste Quelle. Goshens Aufsatz verbindet präzise Beobachtungen eines Zeitzeugen mit einer

244 Leo Haas (1901–1983) stammte aus Opava/Troppau. Er lebte nach dem Krieg in der DDR, wo er vor allem als Karikaturist der Satirezeitschrift „Eulenspiegel" bekannt wurde. Siehe: Wolf H. Wagner, Der Hölle entronnen. Stationen eines Lebens. Eine Biografie des Malers und Graphikers Leo Haas, Berlin (DDR) 1987.

245 Ganzseitig abgebildet in: Moser, Nisko, S. 88.

Analyse der wichtigsten NS-Quellen zum Thema. Sowohl Seev Goshen als auch Jonny Moser standen in den 1960er Jahren, als sie mit der Sammlung von Dokumenten zu Nisko begannen, auch in Briefkontakt mit dem nach wie vor in Schweden lebenden Emil Eisler.

„Barackenlager / Barakový tábor Nisko am San", Zeichnung von Leo (Lev) Haas, 6. 1. 1940. Das Original dieser oftmals – u. a. auf dem Umschlag des Buches von Jonny Moser – publizierten Zeichnung befindet sich, wie andere Zeichnungen von Leo Haas, in der Sammlung des Yad Vashem Art Museum, Jerusalem.
Siehe: https://www.yadvashem.org/yv/de/exhibitions/art/haas.asp
Auf der in diesem Aufsatz mehrfach zitierten Konferenz zum 55. Jahrestag der Nisko-Aktion in Ostrava war dem Künstler ein eigenes Referat gewidmet: Miroslav Kryl, Poznámki k osobností Lva Haase [Bemerkungen zur Persönlichkeit von Lev Haas], in: Nisko 1939/1994, S. 253–257

Die im Lager Zarzecze untergekommenen Deportierten wurden zu allen möglichen Arbeiten herangezogen. Die Quellen hierfür sind allerdings dürftig. Auf der oben erwähnten internationalen Konferenz der Universität Ostrava zum 55. Jahrestag der Nisko-Aktion hat der langjährige Leiter der Gedenkstätte Lublin-Majdanek, Józef Marszałek, darauf hingewiesen, dass das Durchgangslager Nisko von Anbeginn auch ein Arbeitslager war. Die Insassen des Lagers wurden für die Regulierung von Wasserläufen, aber auch den Bau von Grenzbefestigungen entlang der Demarkationslinie 60 Kilometer weiter südlich eingesetzt.[246] Aber auch in der näheren Umgebung waren Straßen auszubessern,

246 Józef Marszałek, The Camp of Zarzecze near Nisko in the system of Jewish labour camps, in: Nisko 1939/1994, S. 139–146, hier 139. Jene Nisko-Deportierten, die nicht auf die so-

vor allem aber die vom Hochwasser zerstörte Behelfsbrücke über den San wiederherzustellen, was vor Einbruch des Winters nicht gelang.[247] Erst nachdem der San zugefroren war, konnte der Fluss wieder passiert werden.[248] Im Lager selbst waren die Bauarbeiten lange nicht alle erledigt – aufgrund permanenten Materialmangels dauerte die Fertigstellung bis Ende Dezember. Während Alois Brunner und Rolf Günther bei der Besprechung am 9. Oktober im Grenzpolizeikommissariat Mährisch-Ostrau verfügt hatten, die Juden seien in den Baracken „zweischichtig" unterzubringen, bauten sich die Deportierten aus Holzbrettern eine ausreichende Anzahl von Schlafstätten, sodass jeder sein eigenes Bett hatte, unter dem der Koffer oder die Reisetasche verstaut werden konnte; „später konnten aus Ostrau sogar Matratzen und Federbetten nachgeschickt werden, die sich dann während der strengen Winterkälte als rettend erwiesen".[249] Emil Eisler bemühte sich wochenlang, eine bescheidene Entlohnung der Arbeitsleistung und etwas Taschengeld für alle zu erreichen. Im Dezember gelang es endlich, diese finanzielle Zuwendung durchzusetzen, und zwar nicht nur für die Männer in Zarzecze und den Nachdörfern Pysznica und Kłyżów (wo auch solche, deren Flucht über die Demarkationslinie gescheitert war, Unterkunft gefunden hatten), sondern auch für die Nisko-Deportierten in den Städten Lublin und Tomaszów Lubelski – gerade rechtzeitig vor Posts Ablösung durch SS-Sturmbannführer Anton Binner. Das Geld stammte ohnehin von der Kultusgemeinde Mährisch-Ostrau.

Wie oben („Die beiden Deportationstransporte von Wien nach Nisko") geschildert, wurde nicht nur im Lager Zarzecze, sondern auch in der Spitalsstation Pysznica eine Küche eingerichtet. Es gab unter den Deportierten Köche, darunter ehemalige Gastwirte aus Mährisch-Ostrau, und in den ersten Wochen war auch ausreichend Proviant vorhanden, da Eichmanns Stab ursprünglich mit einer hohen Anzahl Deportierter gerechnet hatte. Um die Verpflegung sicherzustellen, wurde auch eine Bäckerei eingerichtet. Überlebende berichten zudem von einer Wäscherei unter der Leitung eines Arztes aus Mährisch-Ostrau.

wjetische Seite der Demarkationslinie vertrieben wurden, dorthin flüchten konnten oder im April 1940 die Heimfahrt antreten durften, wurden in den Folgejahren – bis zu ihrer Ermordung – wie viele Zehntausende polnische Juden im Distrikt zu Zwangsarbeiten herangezogen. Siehe: Ebenda, S. 142.

247 Den Stand der Arbeiten am 11. 12. 1939 hat Leo Haas in einer Zeichnung festgehalten. Abgedruckt in: Moser, Nisko, S. 105.

248 Am 17. 1. 1940 zeichnete Leo Haas einen Transport mit Pferdeschlitten über den zugefrorenen San. Abgedruckt in: Ebenda, S. 145.

249 Goshen, Nisko – ein Ausnahmefall, S. 98.

SS-Sturmbannführer Post war offenbar an einem guten Funktionieren „seines" Judenlagers interessiert. Das Lager durfte auch verlassen werden (erst Posts Nachfolger ließ es abriegeln), aber die Küche, Werkstätten (Schneiderei, Tischlerei, Schusterwerkstatt) und nicht zuletzt die medizinische Versorgung ließen das Lager den meisten attraktiver erscheinen als die Flucht.

Am 19. Dezember 1939 trat Posts Nachfolger, SS-Sturmbannführer Anton Binner, sein Amt als Lagerkommandant an. Binner hatte schon vorher die SS-Wache kommandiert, die er durch Angehörige des „Selbstschutzes" verstärkt hatte. In den Reichsgauen Danzig-Westpreußen, Wartheland sowie in Ost-Oberschlesien waren gleich nach dem Einmarsch der Deutschen Wehrmacht Angehörige der deutschsprachigen Minderheit zu einer paramilitärischen Organisation namens „Volksdeutscher Selbstschutz" zusammengefasst worden, die die polnische und jüdische Bevölkerung terrorisierte und auf diese Weise jeden Widerstand gegen die Annexion im Keim ersticken sollte. In den Teilen des Landes, die als „Generalgouvernement für die besetzten polnischen Gebiete" von Krakau aus verwaltet wurden, hatte die Besatzungsmacht „Selbstschutz"-Einheiten aus Männern, die sich zum „Deutschtum" bekannten, gebildet. Während in den an Deutschland angeschlossenen Teilen Polens der „Selbstschutz" mit der Konsolidierung der deutschen Herrschaft wieder aufgelöst bzw. in die SS überführt wurde, bestand er im Generalgouvernement bis zum Sommer 1940. Nur im Distrikt Lublin wehrte sich SS- und Polizeiführer Odilo Globocnik gegen die Auflösung; die Einheiten bestanden als „Sonderdienst" weiter.[250] Binner bezeichnete sich selbst als „SS- und Selbstschutzführer", seine Leute waren vor allem gefürchtet, wenn sie betrunken waren, was oft der Fall war. Goshen bezeichnete sie als „angebliche Volksdeutsche", die „aber in Wirklichkeit polnische Kollaboranten [waren], die nicht deutsch sprachen, sondern ein Kauderwelsch aus Jiddisch und etwas Deutsch".[251]

Der neue Lagerkommandant verschärfte die Arbeitsbedingungen und kürzte die Verpflegung. In den Wochen der Herrschaft Binners erhielt das Lager überraschend Besuch aus Warschau: Am 8. Jänner 1940 stellte sich ein Vertreter des Warschauer Büros des American Jewish Joint Distribution Committee, „Ing. Reinberger", beim jüdischen Lagerleiter Eisler vor und überbrachte eine „größere Spende" für das Lager und für die verstreuten Gruppen.[252] In einem

250 Siehe: Christian Jansen / Arno Weckbecker, Der „Volksdeutsche Selbstschutz" in Polen 1939/40, München 1992 [= Schriftenreihe der Vierteljahrshefte für Zeitgeschichte, Bd. 64], S. 195 f.

251 Goshen, Nisko – ein Ausnahmefall, S. 101.

252 So die Formulierung von Seev Goshen: Goshen, Nisko – ein Ausnahmefall, S. 103.

zwei Tage später verfassten Schreiben[253] von Wiener Nisko-Deportierten aus Ulanów an den Joint beriefen sich die Briefschreiber auf die Empfehlung eines „Ing. Reinberg", dem Joint Bericht zu erstatten. Es liegt auf der Hand, dass es sich um dieselbe Person handelt.[254] Aus dem Brief geht nicht hervor, ob „Reinberg" selbst dem Joint angehörte oder, wie Andrea Löw vermutet,[255] die Lager im Raum Nisko im Auftrag der Jüdischen Sozialen Selbsthilfe besuchte.[256] Der von „Reinberg" übertrachte Geldbetrag war angesichts der angespannten Ernährungslage eine willkommene Hilfe, zumal sich seit der Übernahme des Lagerkommandos durch Binner die Lage für die Juden in Zarzecze ständig verschlechtert hatte.

Binners Männer drangsalierten nicht nur die jüdischen Deportierten, sondern gefährdeten durch ihre Trunkenheitsexzesse den Ruf der Besatzungsmacht, nicht zuletzt durch Übergriffe, die die religiösen Gefühle der katholischen Landbevölkerung verletzten. Als derartige Vorfälle im Amt des Generalgouverneurs bekannt wurden, setzte die Krakauer Behörde Ende Jänner 1940 seine Abberufung durch. Binners Nachfolger wurde SS-Obersturmführer Kriegel, der sich selbst „Lagerkommandant und Leiter der Zentralstelle für jüdische Umschulung, Nisko am San" nannte.

Kriegel ließ zunächst alle Bauarbeiten für die Wintermonate stoppen. Als Hauptaufgabe sah er die Sicherstellung des Lebensmittelnachschubs. Bis zum Jahresende hatten die Deportierten noch die Reste von Salz und Seife, die sie mitgebracht hatten, gegen Fleisch und Eier eintauschen können, doch nun blieben selbst Einkaufsfahrten ins ferne Lublin immer öfter erfolglos. Die Israelitische Kultusgemeinde in Mährisch-Ostrau machte im Jänner 1940 Schulden, um ein Lastauto mit Lebensmitteln zu füllen und nach Zarzecze zu schicken. Der Plan war noch mit dem Lagerkommandanten Binner abgesprochen gewesen, doch erst der Beharrlichkeit Kriegels gelang es, ihn gegen den Wider-

253 Abgedruckt als Dok. 11 in: Löw, Hilferufe, S. 626–630. Siehe auch ihren Beitrag in diesem Jahrbuch. Zum Inhalt des Schreibens siehe oben („Die beiden Deportationstransporte von Wien nach Nisko").

254 Goshen (S. 103) bezieht sich auf die Erinnerung Eislers, der in den 1960er Jahren möglicherweise den exakten Namen seines Besuchers nicht mehr nennen konnte.

255 Dabei handelte es sich, so Andrea Löw, mutmaßlich um „Ing. A. Weinberg": Löw, Hilferufe, S. 626.

256 Darauf deutet auch die Tatsache hin, dass im Online-Archiv des American Jewish Joint Distribution Committee zwar Korrespondenzen mit Ulanów und Pysznica, nicht aber mit Zarzecze enthalten sind. Nisko kommt nur als Referenz vor – im Zusammenhang mit einem Schreiben aus Sosnowitz an den Joint in Bezug auf Einreisemöglichkeiten von Nisko-Deportierten in die Slowakei. Siehe: https://archives.jdc.org/our-collections/finding-aids/warsaw/1939-1941/localities/ [7. 3. 2020].

stand von Kriminalkommissar Wagner vom Grenzpolizeikommissariat Mährisch-Ostrau durchzusetzen.[257] Wagner schaltete die Gestapoleitstelle Brünn ein, die die Anfrage anscheinend auf die lange Bank schob. Lagerkommandant Kriegel schickte daraufhin einen SS-Mann nach Mährisch-Ostrau – formell mit dem Auftrag, den bereitstehenden LKW mit Nachschub nach Nisko bzw. Zarzecze zu eskortieren. Auf Drängen dieses Abgesandten des Lagerkommandanten rief Gerhard Wagner in Brünn an. Am 23. Februar langte dann endlich die schriftliche Genehmigung in Mährisch-Ostrau ein – jede Seite der Liste der mitgeführten Produkte war von der Gestapo abgestempelt worden. Was weder das Kommando in Nisko noch die Deportierten in Zarzecze ahnen konnten, war, dass es sich bei dieser Prozedur um keine Verzögerungstaktik der Brünner Gestapo handelte, sondern dass die Nachschublieferung nach Polen ausgerechnet zu einem Zeitpunkt erfolgte, zu dem die internen Ermittlungen gegen den Chef des Grenzpolizeikommissariats Mährisch-Ostrau, Johannes Wagner, erste Beweise für die ungeheuerliche Korruption Wagners und seiner Komplizen – alles SS-Männer und Freunde aus Stettin – erbrachten. Ein beträchtlicher Teil der Vermögenswerte, die der jüdischen Bevölkerung Mährisch-Ostraus abgepresst worden waren, war in die Taschen dieser Clique gewandert. Über die Ermittlungen wurde absolutes Stillschweigen bewahrt, die Angelegenheit wurde erst im Dezember 1969 durch eine Artikelserie des tschechischen Publizisten Dušan Tomášek in der Wochenzeitschrift des „Svaz protifašistických bojovníků v Československu“ [Verband der antifaschistischen Kämpfer in der Tschechoslowakei] aufgedeckt.[258]

Es dauerte dann noch bis 9. März, 3 Uhr früh, bis der Lastwagen endlich losfahren durfte. Die jüdischen Familien von Mährisch-Ostrau hatten nicht nur namentlich adressierte Pakete für 352 Ostrauer Juden, sondern auch drei Kisten mit Geschenkpaketen für Wiener Deportierte vorbereitet. Der LKW transportierte nicht nur Lebensmittel, sondern auch Medizinprodukte, Sanitärartikel, Schuhwerk, Material für Dachreparaturen und sogar vier Schachteln mit Nachschub an Zeichen- und Mal-Requisiten für Leo Haas.

Die Bestimmung des Platzes der Nisko-Aktion in der tschechoslowakischen Geschichte ist nicht vollständig ohne die Erwähnung eines Transpor-

257 Mečislav Borák hat die wochenlangen Auseinandersetzungen auf der Grundlage der im Prager Nationalarchiv aufbewahrten Gestapo-Dokumente rekonstruiert: Borák, First Deportation, S. 137 f.

258 Dušan Tomášek, Transport do Niska [Transport nach Nisko], in: Hlas Revoluce [Stimme der Revolution], Jg. 22 (1969), Nr. 49 bis 51, zusammengefasst in: Borák, First Deportation, S. 153–156.

tes, der Nisko nie erreicht hat, sondern in der Slowakei „gelandet“ ist.[259] Am 28. Oktober 1939 übergab die Prager Gestapo der Gestapo Mährisch-Ostrau einen Zug aus Prag mit 317 (nach anderen Angaben 322) Juden – mit dem Auftrag, sie nach Nisko zu bringen. Es handelte sich vor allem um Juden aus Prager Gefängnissen. Der Transport verließ Mährisch-Ostrau am 1. November 1939 mit dem Zielbahnhof Nisko, musste aber umgeleitet werden, weil der Abmarsch vom Bahnhof Nisko auf die andere Seite des San nicht mehr möglich war: Die Behelfsbrücke war von einem Hochwasser weggeschwemmt worden. Der Zug hielt in Sosnowitz, wo die Männer zunächst in einem Lager festgehalten wurden. Die deutschen Behörden erteilten schließlich 275 von ihnen Ende Jänner 1940 die Erlaubnis, in die Slowakei – damals ein formal selbständiger deutscher Satellitenstaat – auszureisen, am 29. Jänner hatte das slowakische Innenministerium zugestimmt. Am 8. Februar 1940 trafen 224 Personen in Vyhne ein. Über sein Büro in Bratislava finanzierte der Joint ihren Aufenthalt in den leerstehenden Anlagen dieses Kurorts in der Mittelslowakei. Einige Monate nach der Einführung des (den Nürnberger „Rassengesetzen“ nachempfundenen) „Judenkodex“ in der Slowakei im September 1941 wandelte die slowakischen Regierung Vyhne in ein Zwangsarbeitslager um. Wie viele der 1939/1940 von Prag über Mährisch-Ostrau und Sosnowitz in die Slowakei gelangten Juden den Holocaust überlebten, ist nicht bekannt.

Die Ausreise der Prager Juden aus Sosnowitz in die Slowakei sprach sich schnell herum. Ein beredtes Zeugnis dafür ist ein namentlich nicht gezeichnetes, aber offenkundig von Ostrauer Jüdinnen abgefasstes Schreiben nach Jerusalem, in dem sie der Jewish Agency zunächst ihre eigene verzweifelte Lage schilderten und dann auf eine mögliche Ausreise ihrer im Lager Zarzecze festgehaltenen Männer nach dem Sosnowitzer Vorbild eingingen.[260] In der Jewish Agency Jerusalem wirkten zu dieser Zeit zionistische und nicht-zionistische Kräfte zusammen, um die legale Ausreise verfolgter Juden und Jüdinnen aus Deutschland zu fördern, darunter die so genannte „Jugend-Alijah“.[261] Von den

259 Eduard Nižňanský, Die Aktion Nisko, das Lager Sosnowiec (Oberschlesien) und die Anfänge des „Judenlagers“ in Vyhne (Slowakei), in: Wolfgang Benz (Hrsg.), Jahrbuch für Antisemitismusforschung, Jg. 11 (2002), S. 325–335.

260 Abgedruckt in: VEJ, Bd. 3: Deutsches Reich und Protektorat, Dok. 271, S. 662 f., online: https://die-quellen-sprechen.de/03-271.html [7. 3. 2020].

261 Für Österreich: Elisabeth Klamper, „Auf Wiedersehen in Palästina.“ Aron Menczers Kampf um die Rettung jüdischer Kinder im nationalsozialistischen Wien, Wien 1996; Walter Brunner, Josef Schleich. „Judenschlepper“ aus Graz 1938–1941. Eine Dokumentation, Münster–Wien 2017.

Anfang 1939 noch knapp 8.000[262] Jüdinnen und Juden lebten ein Jahr später, nach dem Abtransport der Mehrheit der Männer nach Nisko, noch 400 jüdische Männer und 1.800 jüdische Frauen und Kinder in der Stadt. Zwei Drittel dieser Menschen, heißt es in dem Hilferuf an die Jewish Agency, waren von Unterstützungsleistungen der Kultusgemeinde abhängig, die zwei Küchen, zwei Altersheime, ein Ambulatorium und Einrichtungen für die Jugendfürsorge unterhielt sowie weiterhin Umschulungskurse abhielt, um jungen Leuten zu erleichtern, irgendwo auf der Welt Einreisevisa zu erhalten. In Zarzecze und Umgebung würden sich noch rund 310 Ostrauer Juden befinden.

> „Alle diese Menschen werden früher oder später das Lager verlassen müssen, wie dies auch in Sosnowitz der Fall war. [...] Eine Rückkehr der Männer ins Protektorat ist verboten, auch dann, wenn dieselben mit ihrer Familie auswandern wollen. Für die Protektoratsbehörden gelten die abtransportierten Juden als ausgewandert, und es ist allen jüdischen Stellen in Prag untersagt worden, für Nisko irgend etwas zu unternehmen. Aus diesem Grunde ist es für die Protektoratsjuden schwer, wenn nicht unmöglich, dieses Problem im Ausland anzuschneiden und Hilfe zu geben oder zu erflehen.“[263]

Die Lösung würde darin bestehen, dem slowakischen Staat Geld anzubieten. Angeblich sei die Slowakei bereit, die Männer einreisen zu lassen, wenn ihr Lebensunterhalt schon im Voraus abgegolten und die Weiterreise innerhalb von drei Monaten sichergestellt werde. Die Verfasserinnen des Briefes waren der Meinung, man könne der Slowakei garantieren, dass die Männer bald nach Übersee auswandern würden, was auch ihren noch in Mährisch-Ostrau lebenden Frauen und Kindern Ausreisemöglichkeiten verschaffen würde:

> „Das Aufbauen des Lagers in Nisko hat bewiesen, daß die Männer in der Lage wären, landwirtschaftliche Tätigkeit in San Domingo auszuüben. Die

262 Die offizielle Website der Jüdischen Gemeinde (Kehila) Ostrava gibt die jüdische Vorkriegsbevölkerung von (Groß-)Ostrau mit mehr als 10.000 an, von denen 8.000 umkamen („z původních více než 10 tisíc předválečných židovských obyvatel [Velké] Ostravy zahynulo na 8 tisíc osob…“): http://www.kehila-ostrava.cz/historie [7. 3. 2020]. Die in dem Schreiben an die Jewish Agency genannten Zahlen weichen von den durch die historische Forschung verbürgten Zahlen stark ab. Die Gesamtzahl der bei der IKG Mährisch-Ostrau registrierten Jüdinnen und Juden betrug am 15. Juli 1941, also vor dem Beginn der großen Deportationen, 3.315; nur 280 von ihnen waren keine „Glaubensjuden“.

263 VEJ, Bd. 3: Deutsches Reich und Protektorat, Dok. 271, S. 662 f., online: https://die-quellen-sprechen.de/03-271.html [7. 3. 2020].

> Familienmitglieder, Frauen und Kinder im Protektorat, wären ebenfalls hiezu bereit. Nur ein geringer Teil besitzt reale Auswanderungsmöglichkeiten."[264]

Doch nicht nur in Mährisch-Ostrau weckte die Ausreise der in Sosnowitz festgehaltenen Prager Juden in Richtung Slowakei Hoffnungen. Vor allem in Zarzecze selbst wurden die Männer ungeduldig. Über die tatsächlichen Kosten einer Ausreise nach Übersee via Slowakei gab es, so Jonny Moser, „wilde Spekulationen. Details dazu hatten die Frauen aus Mährisch-Ostrau bereits Ende Februar verbreitet: [...] Der Transfer und die Unterbringung der Mährisch-Ostrauer Gruppe sollte 600.000 Kc erfordern, als Garantie für die weitere Migration war ein Betrag von 24.000 Dollar zu erlegen, der vom Joint erwartet wurde."[265] Aber auch diese vage Hoffnung gab es nur für die Deportierten aus Mährisch-Ostrau. Für die Wiener zeichnete sich eine solche Lösung nicht ab. Sollten die Ostrauer Juden abreisen dürfen, würden die Wiener im Raum Nisko „ohne Geld, ohne Verpflegung, ohne Rückhalt"[266] zurückbleiben, da die Wiener Kultusgemeinde keine Möglichkeit hatte, ähnliche Unterstützungen wie die Ostrauer IKG zu leisten. An eine Rückkehr nach Wien, um von dort aus eine mögliche Ausreise betreiben zu können, war zunächst noch nicht zu denken.

Zur Vorbereitung einer möglichen Ausreise begann die jüdische Lagerleitung, alle im Distrikt Lublin lebenden Deportierten, von denen ihr Adressen bekannt waren, zu kontaktieren, damit man sie über die Entwicklung der Ausreisemöglichkeiten auf dem Laufenden halten konnte. Es stellte sich schnell heraus, dass das „Einsammeln" der Deportierten auf Schwierigkeiten stoßen würde, weil Juden inzwischen jegliche nicht behördlich angeordnete Reisebewegung im Generalgouvernement untersagt war. Doch dann kamen den Deportierten Zwistigkeiten innerhalb der NS-Führung zugute. Hermann Göring, der als „Beauftragter für den Vierjahresplan" für eine reibungslose Ausbeutung der eroberten Territorien verantwortlich war, stärkte Generalgouverneur Hans Frank in seinen Auseinandersetzungen mit der SS den Rücken, der sich beschwert hatte, dass diese bei der Abschiebung von Juden in das Generalgouvernement keine Rücksicht auf dessen Aufnahmekapazitäten nehme. Göring erließ am 23. März 1940 eine Verordnung, mit der „Deportationen ohne meine Genehmigung und ohne Nachweis des Einverständnisses seitens der Herrn Generalgouverneurs"

264 Ebenda.
265 Siehe: Moser, Nisko, S. 158.
266 Schreiben Ernst Kohns an die IKG Wien, zitiert in: Ebenda.

verboten wurden.[267] Die erste Folge des Erlasses war eine Weisung Wilhelm Krügers, des Höheren SS- und Polizeiführers Krakau, vom 26. März 1940, wonach den Lagerinsassen, die sich Anfang April 1940 noch in Zarzecze befanden, Entlassungsscheine auszustellen waren, die es ihnen ermöglichten, nach Mährisch-Ostrau oder Wien zurückzukehren.[268] Die mit Datum 26. März 1940 ausgestellten Entlassungsscheine dienten gleichzeitig als Identitätsnachweis.

In einem im Stadtarchiv Ostrava aufbewahrten Manuskript, das von der Jüdischen Gemeinde in Ostrau herausgegeben worden war, berichtete der tschechische Überlebende Isidor Zehngut über das „Einsammeln" derer, die in den verschiedenen Orten des Distrikts Lublin gefunden und zu den Sanitätsstationen in Pysznica oder Ulanów gebracht worden waren:

> „Meistens waren es kranke oder alte Leute, hungrig, heruntergekommen und verlaust. In den Stationen wurden sie gewaschen, bekamen etwas zu essen und trinken, und wenn möglich auch Unterwäsche und Bekleidung."[269]

Bevor die Juden Zarzecze verließen, exhumierten sie den am Abend des Ankunftstages an einem Herzinfarkt Verstorbenen, der damals nur notdürftig verscharrt werden konnte, und überführten ihn auf den jüdischen Friedhof von Ulanów.

Das letzte große Problem stellte der wegen des Frühjahrshochwassers zu enormer Breite angeschwollene San dar. Mehrere Einheimische halfen den Heimkehrern, den Fluss mit improvisierten Fähren, die an den Ufern befestigt wurden, zu überqueren.

Am 12. April 1940 verließ der Zug den Bahnhof Nisko. Vier Waggons waren für die Wiener reserviert. Die Fahrt verlief weitgehend ohne Zwischenfälle, nur in Oderberg wurde der Zug für kurze Zeit durch eine Gruppe deutscher Frauen aufgehalten, die sich darüber empörten, dass die Juden wiederkamen.

In Mährisch-Ostrau setzte die Gestapo die Rückkehrer bei Bau- und Erdarbeiten, vor allem im Zuge der Gewässerregulierung im Raum Ostrau, ein. Einige, unter ihnen Leo Haas, suchten Kontakt zu tschechischen Widerstandsgruppen. Haas war schon in Gestapo-Haft, kam aber nach wenigen Tagen durch

267 Text der Verordnung: Joseph Walk (Hrsg.), Das Sonderrecht für die Juden im NS-Staat: Eine Sammlung der gesetzlichen Maßnahmen und Richtlinien – Inhalt und Bedeutung, Heidelberg 1981, S. 309.

268 Borák, First Deportation, S. 146 f.; Moser, Nisko, S. 160.

269 Isidor Zehngut, Dějiny židovstva ostravského [Geschichte des Ostrauer Judentums], Ostrava 1952, S. 20 f., zit. in: Borák, First Deportation, S. 147.

eine persönliche Intervention frei – unter Hinweis darauf, dass seine Deportation nach Theresienstadt ohnedies unmittelbar bevorstand. Tatsächlich wurden Haas und seine Frau Erna erst Ende 1942 dorthin deportiert. Leo Haas überlebte als Einziger der Malergruppe von Theresienstadt um Bedřich Fritta. Während Leo Haas in das KZ Sachsenhausen abkommandiert wurde, um in der dort von der SS eingerichteten Fälscherwerkstatt zu arbeiten, betreute Erna Haas in Theresienstadt den Sohn des in Auschwitz ermordeten Bedřich Fritta, Tommy,[270] dessen Mutter im Gestapo-Gefängnis Kleine Festung Theresienstadt zugrunde gegangen war. Nach der Befreiung adoptierten Erna und Leo Haas den damals vierjährigen Tommy Fritta.

Die Rückkehr von 300 jüdischen Männern nach Mährisch-Ostrau im April 1940 bedeutete, dass von den rund 1.300 Deportierten nahezu tausend die Flucht in die Sowjetunion gelungen war oder sie dorthin vertrieben wurden, da nicht davon auszugehen ist, dass eine größere Anzahl der Deportierten im Distrikt Lublin geblieben ist. Von den insgesamt 5.000 jüdischen Flüchtlingen aus der ČSR in der UdSSR waren somit ein Fünftel ehemalige Nisko-Deportierte. Die Übrigen waren 1939 aus der von Ungarn annektierten Karpatenukraine in die benachbarten polnischen Wojewodschaften Lemberg und Stanislau geflüchtet, die nunmehr zur Ukrainischen Sowjetrepublik gehörten.

Das Schicksal der vergleichsweise wenigen jüdischen Flüchtlinge aus der ČSR unterschied sich nicht wesentlich von jenem der nach Hunderttausenden zählenden jüdischen Flüchtlinge aus Polen. Die sowjetischen Behörden waren auf einen derartigen Zustrom von Fremden nicht vorbereitet, es gab auch keinerlei rechtlichen Rahmen für den Umgang mit Flüchtlingen. Viele wurden festgesetzt und ins Landesinnere zur Arbeit geschickt. Die Behörden verstanden das nicht nur als Sicherungsmaßnahme in den grenznahen Regionen der UdSSR, sondern erließen derartige Anordnungen auch gemäß der seit 1936 in der UdSSR gültigen Arbeitspflicht.[271] Verstöße gegen diese Pflicht wurden strafrechtlich geahndet. Was dies für die große Mehrheit der in die Sowjetunion gelangten Nisko-Deportierten bedeutete, wird weiter unten am Beispiel der Österreicher behandelt. Für die tschechischen Juden hat der ehemalige tschechi-

270 Siehe: Bedřich Fritta, Tomíčkovi k jeho 3. narozeninám v Terezíně – 22.I.1944, deutsch: Für Tommy zum dritten Geburtstag in Theresienstadt 22.1.1944. Ein Vater malt für sein Kind im KZ, Pfullingen 1985. Frittas Bilderbuch für seinen Sohn war von der Malergruppe versteckt worden und konnte von Leo Haas nach der Befreiung geborgen werden.

271 Artikel 12 der Verfassung der UdSSR vom 5. Dezember 1936 lautete: Die Arbeit ist in der UdSSR Pflicht und Ehrensache jedes arbeitsfähigen Staatsbürgers nach dem Grundsatz: „Wer nicht arbeitet, soll auch nicht essen.“

sche Auschwitz-Häftling Erich Kulka, der 1968 nach Israel auswanderte, 1976 einen umfangreichen Aufsatz veröffentlicht.[272]

Mečislav Borák ließ in seinem Buch[273] zahlreiche Nisko-Deportierte zu Wort kommen, die über teilweise sehr unterschiedliche Erfahrungen in der Sowjetunion berichteten – von Verhaftung und Internierung in Lagern mit teilweise schrecklichen Bedingungen bis zu normaler, wenngleich schwerer Arbeit gemeinsam mit russischen oder ukrainischen Kollegen in der Industrie und im Bergbau. Eine Besonderheit der Nisko-Deportierten – und zwar nicht nur derjenigen aus Mährisch-Ostrau – war, dass sie ohne ihre Personaldokumente, die sich ja in Verwahrung der Gestapo befanden, die Demarkationslinie überquert hatten. Ihr erster Kontakt mit den sowjetischen Behörden bestand daher in den meisten Fällen in Verhören, in denen ihnen mit Misstrauen begegnet wurde. Wie auch andere Flüchtlinge, die sich in den Ende 1939 an die Weißrussische und Ukrainische Sowjetrepublik angeschlossenen Gebieten aufhielten, wurden sie aufgefordert, die sowjetische Staatsbürgerschaft anzunehmen. Viele der Nisko-Deportierten hofften aber, nach Übersee oder nach Palästina auswandern zu können, und erwarteten teilweise Einreisegenehmigungen, vor allem, wenn die Familie zu Hause weitere Bemühungen in diese Richtung unternommen hatte. Die Annahme der sowjetischen Staatsbürgerschaft hätte derartige Hoffnungen aber zunichte gemacht, weshalb viele sich weigerten. Dies hatte meist die Verhaftung zur Folge. Als „feindliche Elemente“ verhaftet wurden auch Angehörige der Legion der Tschechen und Slowaken in Polen; nicht wenige von ihnen wurden zu mehrjährigem Arbeitslager verurteilt. Sie waren von der polnischen Regierung nach dem 17. September 1939 zur Verstärkung der Abwehr des Angriffs der Roten Armee eingesetzt worden.

Durch die Bemühungen des tschechischen Diplomaten und Militärs Heliodor Píka und des ehemaligen Oberstleutnants der tschechoslowakischen Armee Ludvík Svoboda kam am 18. Juli 1941, einen Monat nach dem deutschen Überfall auf die Sowjetunion, ein Militärbündnis zwischen der tschechoslowakischen Exilregierung in London und der UdSSR zustande. Als Chef der tschechoslowakischen Militärmission in Moskau gelang es Oberst Píka, ab Ende 1941 die Entlassung von Internierten zu erreichen. Während aber die vom polnischen General Władysław Anders geführte polnische Exil-Armee sich schon früh an eigenen Sammelpunkten formieren und schließ-

272 Erich Kulka, The Plight of Jewish Refugees from Czechoslovakia in the U.S.S.R. Research Based on Survivors' Testimony, in: Yad Vashem Studies, Jg. 11 (1976), S. 298–328.

273 Siehe zum Folgenden: Borák, First Deportation, Kapitel „Back home from the Soviet gulags“ (S. 166–191).

lich die Sowjetunion über Persien verlassen konnte, um sich den britischen Truppen anzuschließen, dauerte es bis Mitte 1942, bis ein erstes tschechoslowakisches selbständiges Bataillon in der UdSSR aufgestellt werden konnte. Die 15.000 tschechoslowakischen Soldaten bildeten schließlich eine eigene, von General Svoboda kommandierte Brigade, die ihren Sitz in Busuluk (zwischen Samara an der Wolga und Orenburg am Ural-Fluss) hatte. Ein Jahr später zählte die „1. československá smíšená brigáda" [1. Tschechoslowakische Gemischte Brigade] bereits 60.000 Mann in ihren Reihen. Der Autor der umfangreichsten Studie über die tschechoslowakischen Streitkräfte in der UdSSR, der tschechisch-israelische Historiker Erich Kulka, schätzte, dass rund 80 Prozent der Svoboda-Armee aus ehemaligen Lager-Häftlingen bestand.[274]

Auch 350 Nisko-Deportierte konnten sich der Svoboda-Armee anschließen. Unter ihnen befand sich, nach heutigem Kenntnisstand, auch ein Österreicher – Ernst Schwimmer, Jahrgang 1900, deportiert aus Wien am 20. Oktober 1939, nach Lemberg geflüchtet, im Mai 1940 verhaftet und in ein Lager nahe Archangelsk in der Eimeer-Region deportiert.[275] Mit dem österreichischen Mithäftling Ludwig Eisinger, der ebenfalls ein Nisko-Deportierter des ersten Transports aus Wien war, und einer tschechischen Gefangenen, der Prager Jüdin Marta Marková, gelang ihm die Flucht. Die drei schlugen sich bis ins fast 1.900 Kilometer entfernte Busuluk durch. Aber nur Schwimmer konnte sich der Svoboda-Armee anschließen, da Marková ihn als ihren Bruder Marek Šek ausgab. Unter diesem Namen wurde Schwimmer am 16. Juli 1942 in die Tschechoslowakische Brigade aufgenommen. Erst nachdem die Soldaten unter General Svoboda im Mai 1945 in Prag einzogen, lüftete Schwimmer sein Geheimnis.

Insgesamt dienten in dieser tschechoslowakischen Exil-Armee 2.300 Juden, unter ihnen auch so manche polnische, denen antisemitische Offiziere der Anders-Armee die Aufnahme verwehrt hatten. In den ersten Monaten hatten die Juden sogar die Mehrheit der Soldaten der Svoboda-Armee gebildet.

274 Erich Kulka, Židé v československé Svobodově armádě [Juden in der tschechoslowakischen Svoboda-Armee], Prag 1990, S. 151. (Eine englischsprachige Fassung des Buchs war schon 1987 in den USA erschien: Jews in Svoboda's Army in the Soviet Union. Czechoslovak Jewry's Fight Against the Nazis During World War II, Lanham, MD, 1987.)

275 Moser, Nisko, S. 165; Borák, First Deportation, S. 182. Das Archiv von Yad Vashem verwahrt unter der Signatur O.59/75 einen Erinnerungsbericht Schwimmers von Anfang der 1970er Jahre.

„Kann Brunner nicht zählen?" – ein Exkurs über die verwirrenden Zahlenangaben

Die Anzahl von 901 Deportierten des ersten Transports aus Mährisch-Ostrau, die sich in allen historischen Darstellungen findet, beruht auf einem Fernschreiben, das Eichmanns engster Mitarbeiter, Alois Brunner („Brunner I"), am 19. Oktober 1939 an Eichmann schickte, der sich zu diesem Zeitpunkt bei der Gestapoleitstelle Krakau aufhielt. Brunner berichtete:

> „Die gestern einwaggonierten Juden gingen heute früh, 8,30 h, ohne Zwischenfall Richtung Jaroslav, mit Endstation Nisko ab.
> Von den ursprünglich 916 Juden wurden heute wieder 5 alte Juden (Alter von über 60 Jahren) krankheitshalber auswaggoniert, sodass der tatsächliche Stand der Juden im Transportzug Nr. 760
> 901
> betrug."[276]

Mečislav Borák fragte in seinem Buch über die Nisko-Aktion, ob denn Brunner nicht zählen konnte, denn nach seiner Rechnung hätten es 911 Deportierte sein müssen.[277] In einem ebenfalls am 18. Oktober geführten Telefonat mit einem Mitarbeiter von Walter Stahlecker, Befehlshaber der Sicherheitspolizei und des SD im Protektorat Böhmen und Mähren, in Prag sprach Brunner von 900 ausschließlich männlichen Deportierten, während der Landrat von Mährisch-Ostrau der Dienststelle des Reichsprotektors am 23. Oktober die Zahl von 909 abtransportierten Juden meldete.[278]

Für die Anzahl der mit dem zweiten Wiener Transport nach Nisko deportierten Personen wird in mehreren Publikationen neben der Zahl 672 auch die Zahl von 669 genannt. Die maschinschrifliche Liste des zweiten Wiener Transports, die im Archiv von Yad Vashem[279] verwahrt wird, ist im Buch von Mečislav Borák als Faksimile (Dok. 3)[280] abgedruckt. Diese Liste enthält 672 Namen mit Vornamen und Geburtsdatum; bei einem Namen fehlen Vorname und Geburts-

276 Ein Faksimile des Fernschreibens ist abgedruckt in: Borák, First Deportation, Dok. 13, S. 333 f.

277 Borák, First Deportation, S. 81.

278 Ebenda, unter Berufung auf Dokumente der Gestapo Prag (Národní archiv Praha, Gestapo – řídicí úřadovna Praha, 101-653-1a).

279 Alle drei hier besprochenen Dokumente tragen die Archivsignatur YVA, group 30, file number 81 (Doc. 030/25).

280 Borák, First Deportation, S. 291–307.

datum. Einige wenige Namen sind durch handschriftliche Vermerke ergänzt, die auf die Rückkehr oder ein sowjetisches Lager verweisen. Dennoch hält Borák für den zweiten Transport auch die Ziffer von 669 Deportierten für möglich.[281] In früheren Arbeiten, so in einem Aufsatz im Jahre 2005,[282] hatte Borák noch ausschließlich die Zahl 669 verwendet. Die bei Borák abgedruckte Liste ist eine Abschrift der ursprünglichen Liste des zweiten Transports. Diese wurde, gemeinsam mit der ursprünglichen Fassung der beiden Listen des ersten Transports, in einer Mappe mit der Aufschrift „Richtige Nisko-Listen, 1. Transport: 20. 10. 1939, 2. Transport: 26. 10. 1939" verwahrt.[283] Ein Vergleich der beiden Listen zeigt Unterschiede in der grafischen Gestaltung und den handschriftlichen Anmerkungen. Beide Listen sind alphabetisch gereiht, die ursprüngliche Liste enthält zu jedem Namen auch die fortlaufende Nummer. In einigen wenigen Fällen weist die ursprüngliche Liste auch Dubletten und Inkohärenzen hinsichtlich der alphabetischen Reihenfolge der Namen auf. Aber beide Listen enthalten (abzüglich der genannten Dubletten) exakt 672 Namen. Keine der beiden Listen enthält Adressen der Deportierten. Ob tatsächlich alle 672 Personen im Zug saßen, ist nicht feststellbar – aber hinsichtlich der Anzahl von 672 Deportierten stimmen beide Namenslisten des zweiten Transports überein.

Ganz anders verhält es sich mit den beiden Listen des ersten Transports. Die erste der beiden Versionen (die ursprüngliche Liste) enthält die fortlaufende Nummer, Name, Vorname, Beruf, Adresse und Geburtsdatum der Deportierten. Am Ende jedes Namenseintrags stehen, in Handschrift, die Waggonnummer von 1 bis 16 und Sitzplatznummer (pro Waggon sind das zwischen 48 und 69 Plätze). Die im Archiv von Yad Vashem aufbewahrte Abschrift ordnet die Namen nicht nach Waggon- und Sitzplatz-Nummer, sondern alphabetisch. Es fehlen die fortlaufende Nummer, die Angabe des Berufs und der Adresse. Während die ursprüngliche Liste 1.011 fortlaufend nummerierte Namen enthält (von denen allerdings zahlreiche durchgestrichen sind, obwohl ein Sitzplatz vergeben wurde), weist die alphabetische Abschrift im Archiv von Yad Vashem nur 945 Namen auf. In beiden Versionen finden sich handschriftliche Vermerke, in der ursprünglichen Liste wesentlich mehr als in der Abschrift, darunter auch solche, die erst nach 1945 hinzugefügt wurden.

Die zweite der beiden Listen des ersten Transports trägt die Bezeichnung „Nachtrag zur Teilnehmer-Liste des am 20. Oktober 1939 abgehenden Trans-

281 Siehe: Ebenda, S. 106.

282 Borák, Transporty do Niska, S. 292.

283 Kopie im Dokumentationsarchiv des österreichischen Widerstandes, Signatur DÖW 22.142.

portes“. Die in der ursprünglichen Version auf kariertem Papier engzeilig getippte Liste ist nach 669 fortlaufenden Nummern geordnet und enthält Name, Vorname, Geburtsdatum, Geburtsort, Heimatort, Staatsangehörigkeit sowie, jeweils beim ersten Namen, die Waggon-Nummer (von 5 bis 15). Die alphabetisch geordnete Abschrift im Archiv von Yad Vashem trägt zwar ebenfalls den (nachträglich handschriftlich hinzugefügten) Titel „Nachtrag zur Teilnehmer-Liste des am 20. Oktober 1939 abgehenden Transportes“, weist aber nur 64 Namen auf. Die beiden Listen des ersten Transports enthalten also in der ursprünglichen Version 1.680, in der Abschrift 1.009 Namen – und es gibt keine Überschneidungen der beiden Versionen. Welche 912 Personen tatsächlich am 20. Oktober 1939 deportiert wurden, lässt sich aus diesen Listen nicht ablesen.

Der an der University of Sussex lehrende Gerhard Wolf nennt als Quelle für die Anzahl von 669 Personen, die angeblich für den zweiten Transport vorgesehen waren, die „Übersicht im Staatsarchiv Wien [...], die mit ‚Richtige Nisko-Listen‘ überschrieben ist“[284] und in der Forschung zu Nisko bislang nicht aufgetaucht sei. Offenbar hat Wolf die 669 Namen umfassende Liste „Nachtrag zur Teilnehmer-Liste des am 20. Oktober 1939 abgehenden Transportes“ für die Liste des zweiten Transports gehalten.[285] Eine andere Quelle für die auch in mehreren Publikationen erwähnte Anzahl von 669 Deportierten des zweiten Transports gibt es nicht.

Unterschiedliche Angaben existieren auch über die Anzahl der Deportierten, die im April 1940 nach Mährisch-Ostrau und Wien zurückkehren durften. Jonny Moser nennt die Zahl von 516 (davon 198 nach Wien).[286] Seev Goshen zählte 501 Rückkehrer.[287] Mečislav Borák zählt weitere abweichende Angaben auf: Der – u. a. von Miroslav Kárný[288] zitierte – Lagebericht des Polizeidirek-

284 Gerhard Wolf, Ideologie und Herrschaftsrationalität. Nationalsozialistische Germanisierungspolitik in Polen, Hamburg 2012, S. 114.

285 Nur als Kuriosität angemerkt sei, dass Wolf es für fraglich hält, „wie belastbar“ die Liste sei, da sie doch nur die Absicht belege, diese Menschen zu deportieren. Er vertritt – im persönlichen Gespräch bis heute – die These, es gebe keinen Beweis dafür, dass der Transport nicht „in letzter Sekunde gestoppt“ worden sei: Wolf, Ideologie und Herrschaftsrationalität, S. 114 f. (Wolfs „Beweise“ bestehen in teilweise gewagten Schlussfolgerungen aus amtlichen Dokumenten und der Nicht-Erwähnung des Transports in Überblicksdarstellungen; die Erinnerungen Dutzender ZeitzeugInnen sowie ein so simpler Test wie die Überprüfung von Namen auf der zweiten Liste mit Hilfe der Opfersuche auf der DÖW-Website kam ihm offenbar nicht in den Sinn.)

286 Moser, Nisko, S. 162.

287 Goshen, Eichmann und die Nisko-Aktion, S. 96; Goshen, Nisko – ein Ausnamefall, S. 106.

288 Kárný, Konečné řešení, S. 132.

tors in Mährisch-Ostrau für April 1940[289] ordnet die 516 Rückkehrer so zu: 301 seien in Mährisch-Ostrau und 18 in der Region Teschen geblieben, 197 hätten die Fahrt nach Wien fortgesetzt. Die von Borák ausgewerteten Berichte von Überlebenden stimmen darin überein, dass, unter Einschluss der nach Český Těšín und anderen Orten des Olsa-Gebiets Zurückgekehrten, rund 320 Männer am 13. April 1940 in Mährisch-Ostrau aus dem Zug stiegen.[290] Das heißt, dass in Wien am 14. April 1940 mit großer Wahrscheinlichkeit die oben genannte Zahl von Rückkehrern – 198 – eintraf.

Hochgradig verwirrend sind allerdings die Einträge (und vor allem die Anmerkungen) in dem vermutlich von der IKG Mährisch-Ostrau angefertigten alphabetischen Gesamtverzeichnis der am 18. und 26. Oktober 1939 aus Mährisch-Ostrau nach Nisko am San deportierten 1.292 Personen, auf das bereits oben im Zusammenhang mit der Auflösung des Namens Seev Goshen (Rudolf Goldberger) hingewiesen wurde.[291] Insgesamt 456 Namen sind mit dem Vermerk „zurückgek." versehen. Bei einem (nämlich Emil Eisler) ist die Ausreise nach Schweden vermerkt; da diese aber vor dem Rückkehrertransport vom April 1940 erfolgt war, ist Eisler von den 456 Rückkehrern abzuziehen. Drei der verbleibenden 455 Namen sind mit dem Zusatz „gestorben" versehen, ohne Angabe des Todesdatums. 60 Namen tragen zum Vermerk „zurückgek." Zusätze wie „dann K.L.", „unbek. wohin", „nach Prag" oder ähnliche Ortsangaben. Bei allen übrigen 392 Namen ist die Kennkartennummer angegeben, d. h. es handelte sich um Personen, die in Mährisch-Ostrau (mit Nummern im Bereich zwischen 114.000 und 117.999) registriert waren. Wie weiter oben erwähnt, wurde die Kennkarte erst am 2. März 1942 eingeführt. Da im September fast die gesamte noch in Mährisch-Ostrau lebende jüdische Bevölkerung nach Theresienstadt deportiert wurde, kann die Entstehungszeit dieser Liste nur zwischen März und September 1942 liegen. Eine mögliche, wenngleich unwahrscheinliche Erklärung für diese großen zahlenmäßigen Unterschiede ist vielleicht, dass es zusätzlich zu den im April 1940 vom Polizeidirektor in Mährisch-Ostrau registrierten 319 Nisko-Rückkehrern bis 1942 weiteren 73 Personen Nisko-Deportierten gelungen sein könnte, heimzukehren.

Die Gesamtzahl der zwischen 18. und 27. Oktober 1939 nach Nisko deportierten Juden liegt zwischen mindestens 4.757 und höchstens 4.911 Personen, allesamt Männer. Zu diesen Ziffern kam Mečislav Borák in einem Aufsatz im

289 BArch R 30/4b, Bd. 2 (= Bestand des Deutschen Staatsministeriums für Böhmen und Mähren, zuvor Reichsprotektor in Böhmen und Mähren, im Bundesarchiv Berlin-Lichterfelde).
290 Borák, First Deportation, S. 149.
291 Faksimile: Borák, First Deportation, S. 239–264.

Jahre 2005, in dem er alle verfügbaren Zahlenangaben auswertete.[292] Die einzige größere Unsicherheit sind die beiden schlecht dokumentierten Transporte aus Kattowitz mit Juden aus verschiedenen oberschlesischen Städten. Aus Boráks Aufstellungen ergibt sich für Katowice eine Mindestanzahl von 1.872 und ein Maximum an 2.038 Deportierten. Unbestritten ist jedenfalls, dass die von Kattowitz abtransportierten Juden das größte Kontingent der Nisko-Deportierten darstellen. Die 1.872 entsprechen auch ziemlich genau den von Jonny Moser angegebenen 1.875 oberschlesischen Deportierten, nämlich 875 am 20. Oktober und 1.000 am 27. Oktober; Borák selbst hält eine höhere Zahl für wahrscheinlicher. Unter Berücksichtigung dieser Berechnungen und Überlegungen wird im vorliegenden Aufsatz die Formulierung „1.900 bis 2.000 Deportierte aus Oberschlesien" verwendet.

Die Nisko-Aktion als Teil der polnischen Geschichte

Bis zum deutschen Angriff 1939 hatte Nisko – zusammen mit den der Stadt gegenüberliegenden Gemeinden am rechten San-Ufer von Ulanów flussabwärts über Zarzecze, Pysznica und Jastkowice bis Radomyśl, nahe der Einmündung des San in die Weichsel – zur Wojewodschaft Lemberg (Województwo Lwowskie) gehört. Bis 1918 war es eine Kleinstadt im äußersten Norden der Donaumonarchie gewesen. Die Grenze zwischen dem habsburgischen Königreich Galizien und Lodomerien mit der Hauptstadt Lemberg und der „Gubernija Ljublin" (Gouvernement Lublin) des zaristischen Russland war östlich des San verlaufen. Nur knappe 20 Kilometer lang, flussaufwärts von Krzeszów (russ. Krjeschow), hatte der San die Grenze zwischen den beiden Reichen gebildet.

Vor dem Zweiten Weltkrieg waren etwas mehr als zehn Prozent der Bevölkerung der Stadt Nisko jüdisch gewesen. Die ursprünglich im geheimen Zusatzprotokoll zum deutsch-sowjetischen Nichtangriffspakt vorgesehene Demarkationslinie entlang des San hätte die Stadt von den am rechten San-Ufer gelegenen Ortschaften getrennt, da diese zur sowjetischen Einflusssphäre zählen sollten und zunächst auch von der Roten Armee besetzt wurden. Die nationalsozialistischen Eroberer nutzen dies, um wenige Tage nach der Besetzung Niskos Mitte September, am 28. September 1939, die ersten Juden auf das andere Ufer des San zu verjagen. Mitte Oktober zogen sich die sowjetischen Truppen zurück, am 19. Oktober erreichte der erste Deportationstransport aus Mährisch-Ostrau die Stadt. Anfang November verhafteten die deutschen Be-

292 Borák, Transporty do Niska, S. 293.

hörden die polnischen Beamten und Lehrer der Stadt. Unter dem Vorwand, die Besatzungsmacht wolle die Wiedereröffnung der Schulen mit ihnen besprechen, wurden alle ins Gefängnis nach Rzeszów abtransportiert.[293]

Der unmittelbarste Bezug der Nisko-Aktion zur polnischen Geschichte ist die Tatsache, dass, wie mehrfach erwähnt, die größte Gruppe der Ende Oktober 1939 nach Nisko deportierten Männer Juden aus dem bis zum September 1939 zu Polen gehörenden Teil Oberschlesiens waren. Ihr erster Deportationszug startete in Kattowitz am Freitag, den 20. Oktober 1939. Ursprünglich hatten sich am 19. Oktober 1.029 Männer in einer Turnhalle nahe dem Bahnhof Kattowitz einfinden müssen, um „im Laufe des Tages eingeladen zu werden", wie SS-Hauptsturmführer Rolf Günther schrieb. Aus Günthers Aufstellung,[294] die er am 18. Oktober 1939 über die Gestapoleitstelle Krakau an Eichmann weiterleiten ließ, geht hervor, aus welchen oberschlesischen Orten die zur Deportation vorgesehenen Männer des ersten Transports ab Kattowitz stammten: 374 aus Kattowitz selbst, 198 aus Königshütte und 457 aus Bielitz. Günther fügte allerdings hinzu: „Erfahrungsgemäß kann damit gerechnet werden, daß ein Teil der Juden von dem Transport ausfällt." Günther bezog sich offenbar auf solche Personen, bei denen sich erst während der Abfertigung in der Turnhalle herausstellte, dass sie nicht in Frage kamen, weil sie krank oder invalide waren. 875 Männer wurden schließlich „einwaggoniert".

Der zweite Zug war für den 26. Oktober vorgesehen. Dieser Zug mit 1.000 oberschlesischen Juden sollte an einen Zug mit bis zu 400 Deportierten aus Mährisch-Ostrau angehängt werden. Tatsächlich dürften in dem Zug, der in der Nacht zum 27. Oktober in Kattowitz eintraf, 391 Männer gewesen sein. In Kattowitz wurde dann ein Zug zusammengestellt, der 35 Personenwaggons dritter Klasse für die Deportierten aus Mährisch-Ostrau und Oberschlesien, 2 Personenwaggons zweiter Klasse für das Begleitpersonal und 7 Güterwaggons umfasste.[295] Das geht aus einer fernschriftlichen Anweisung Günthers vom 25. Oktober mit Informationen über den nächsten Transport aus Mährisch-Ostrau und Kattowitz hervor, die er an SS-Hauptsturmführer Roth (Einsatzgruppe z. b. V. [zur besonderen Verwendung]) nach Krakau schickte. Diese Informationen sollten mittels Militärfunk an SS-Oberscharführer Dannecker nach Nisko weitergegeben werden. Das Begleitpersonal war von der Einsatz-

293 Maria Wardzyńska, Był rok 1939. Operacja niemieckiej policji bezpieczeństwa w Polsce *Intelligenzaktion* [Es war 1939. Die Operation *Intelligenzaktion* der deutschen Sicherheitspolizei in Polen], Warschau 2009, S. 257.

294 Faksimile des Fernschreibens: Borák, First Deportation, Dok. 12, S. 331 f.

295 Faksimile des Fernschreibens: Ebenda, Dok. 16, S. 340.

gruppe „z. b. V.“ Kattowitz zu stellen. Die „Einsatzgruppen“ waren eigens für den „Polenfeldzug“ gebildete Terroreinheiten, die sich so bewährten, dass sie 1941 im Krieg gegen die Sowjetunion als Hauptinstrument des Massenmords an der – jüdischen und nichtjüdischen – Zivilbevölkerung eingesetzt wurden.[296] Für „Befriedungsaktionen“ im ost-oberschlesischen Industriegebiet war am 3. September 1939 die „Einsatzgruppe z. b. V. Kattowitz“ gebildet worden. Als es keine polnischen Aufstände gab, zu deren Bekämpfung die Einsatzgruppe „z. b. V.“ verwendet werden konnte, bestand die „besondere Verwendung“ in erster Linie im Niederbrennen von jüdischen Einrichtungen. Diese Zerstörungen nahmen ein solches Ausmaß an, dass Himmler den Befehl erließ, zumindest die wichtigsten Synagogen zu schonen.[297] Zum Zeitpunkt der Anordnung Günthers waren die Angehörigen der „Einsatzgruppe z. b. V. Kattowitz“ noch nicht in die Gestapo Kattowitz überführt worden.

Dass überhaupt ein zweiter Transport abgehen konnte, verdankte die örtliche Gestapo einer persönlichen Intervention Eichmanns in Berlin. Er erreichte im Reichssicherheitshauptamt, „daß ein kombinierter zweiter Ostrauer und Kattowitzer Transport am 26. Oktober abgehen konnte, ‚um das Prestige der hiesigen (Ostrauer) Staatspolizei zu wahren‘“, zitierte Goshen aus Akten der Zentralstelle Mährisch-Ostrau.[298]

Die nach Nisko deportierten oberschlesischen Juden gliederten sich in zwei Gruppen – jene aus dem ehemals preußischen und jene aus dem ehemals österreichischen Teil Schlesiens, die zu unterschiedlichen Zeiten Bürger der Republik Polen geworden waren.

Die Wohnorte der erstgenannten Gruppe waren am 20. Juni 1922 zu Polen gekommen. Damals musste Deutschland, nach bewaffneten Grenzkämpfen und Volksabstimmungen, den östlichsten Teil des oberschlesischen Kohle- und Hüttenreviers an Polen abtreten. In mehreren der nunmehr polnischen Städte – so in Katowice/Kattowitz, Sosnowiec/Sosnowitz, Będzin/Bendsburg und Chorzów (damals Królewska Huta/Königshütte) – existierten jüdische Gemeinden.

Die Übrigen waren durch die Annexion des Olsa-Gebiets 1938 unter polnische Oberhoheit gekommen. Einige Städte im Olsa-Gebiet wiesen einen starken jüdischen Bevölkerungsanteil auf. Nach Nisko deportiert wurden Männer aus Teschen, Trzynietz und Jablunkau (Cieczyn/Tešín, Trzyniec/Třinec bzw. Jab-

296 Helmut Krausnick, Hitlers Einsatzgruppen: Die Truppe des Weltanschauungskrieges 1938–1942, Frankfurt/M. 1981.

297 Siehe: https://www.balsi.de/3Reich/Verfolgung/Einsatzgruppen/zbV-EG.htm [7. 3. 2020].

298 Goshen, Eichmann und die Nisko-Aktion, S. 92. Zitiert auch in: Moser, Nisko, S. 69.

łonków/Jablunkov). Mečislav Borák zitiert aus den Erinnerungen des aus Trzyniec stammenden Arnošt Steiner. Die ins Rathaus bestellten Männer zwischen 16 und 60 erfuhren nur, dass sie am nächsten Tag zur Arbeit abtransportiert würden und sich warm anziehen sollten.[299] Dass auch Juden aus Bohumín/Oderberg im Transport waren, geht aus dem Bericht des Oderberger Fluchthelfers Heřman Pick hervor.[300] Pick hatte vor dem September 1939 mitgeholfen, Flüchtlingen aus dem „Protektorat“ Proviant und Unterkünfte zu besorgen und sie mit Identitätspapieren auszustatten.[301]

Am 8. Oktober 1939 annektierte das Deutsche Reich Ost-Oberschlesien. Im neu geschaffenen „Regierungsbezirk Kattowitz“ sollte nur mehr Platz für Deutsche sein, nachdem, wie es in einer zeitgenössischen NS-Propagandaschrift hieß, der schlesische „Raum“ in seiner Gesamtheit „wieder ein geschlossener Teil Großdeutschlands geworden“ sei.[302] Ost-Oberschlesien teilte damit das Schicksal der anderen annektierten Gebiete Polens („Reichsgau Wartheland“, „Reichsgau Danzig-Westpreußen“). Am 17. Oktober 1939, also in genau jenen Tagen, in denen auch die Nisko-Aktion begann, erläuterte Hitler dem Chef des Oberkommandos der Wehrmacht, Wilhelm Keitel, den Zweck der „Umsiedlungen“: Das Reichsgebiet „von Juden und Polacken zu reinigen“.[303] Die beiden Deportationszüge von Katowice nach Nisko bildeten somit sozusagen eine Vorhut der künftigen Vertreibungen.

299 Erstmals abgedruckt in einem Beitrag des im damals noch habsburgischen Auschwitz geborenen Publizisten Michal Štemr, der im 13. Jahrgang des von der jüdischen Gemeinde der ČSSR herausgegebenen Jüdischen Jahrbuchs erschien: Michal Štemr, Nejkrásnější den mého života [Der schönste Tag meines Lebens], in: Židovská ročenka, rok 1966/1967, S. 43–47, hier 44. Arnošt Steiner konnte sich an das genaue Datum nicht erinnern und schrieb, die Einbestellung ins Rathaus habe „Ende Oktober“ stattgefunden.

300 Borák bezieht sich auf ein Manuskript, das Pick 1970 beim Wettbewerb für antifaschistische Literatur eingereicht hatte, der alljährlich vom tschechoslowakischen Verband der Widerstandskämpfer abgehalten wurde: Domácí a zahraniční odboj [Einheimischer und ausländischer Widerstand], zitiert in: Borák, First Deportation, S. 93.

301 Borák, First Deportation, S. 49 f.

302 Zitiert in: Wolfgang Kessler, Das „befreite Schlesien“. Der Regierungsbezirk Kattowitz 1939–1945 in der deutschen Wahrnehmung, in: Hans-Werner Retterath (Hrsg.), Germanisierung im besetzten Ostoberschlesien während des Zweiten Weltkriegs, Münster–New York 2018 [= Schriftenreihe des Instituts für Volkskunde der Deutschen des östlichen Europa, Bd. 20], S. 17–54, hier 18–22.

303 Der Bericht vom 20. Oktober 1939 über die Besprechung Hitlers mit Keitel vom 17. Oktober 1939 betreffend die Zukunft Polens wurde im Nürnberger Prozess als Beweisdokument 864-PS vorgelegt: Der Prozess gegen die Hauptkriegsverbrecher vor dem Internationalen Militärgerichtshof. Nürnberg, 14. November 1945 – 1. Oktober 1946, amtlicher Text, deutsche Ausgabe. Bd. XXVI: Urkunden und anderes Beweismaterial, Nummer 405-PS bis Nummer 1063(d)-PS, S. 378 f.

Die scharfen nationalen Gegensätze während der bewaffneten Auseinandersetzungen und Abstimmungskampagnen in den Jahren nach dem Ersten Weltkrieg hatten auch die jüdischen Gemeinden nicht unberührt gelassen. Doch die für die multinationale Tschechoslowakische Republik der Zwischenkriegszeit charakteristische tolerante Haltung der übergroßen Mehrheit der Bevölkerung trug dazu bei, nationale Konflikte innerhalb der jüdischen Bevölkerung in Tschechisch-Schlesien kleinzuhalten.

Ganz anders war die Lage in Ost-Oberschlesien gewesen. Nach der Angliederung von Katowice an Polen 1922 war mehr als die Hälfte der Juden und Jüdinnen nach Deutschland ausgewandert, meist in die niederschlesische Hauptstadt Breslau, um nicht in Polen leben zu müssen. Jüdische Familien, die aus den östlich von Katowice gelegenen Teilen des Kohlereviers in die in Katowice und anderen Orten Ost-Oberschlesiens leergewordenen Wohnungen zogen, wurden von den Einheimischen – auch den jüdischen – als rückständig und polenhörig angesehen. Angesichts zunehmender Verfolgungen im nationalsozialistischen Deutschland kehrte allerdings so manche Familie in den späten 1930er Jahren nach Polen zurück. Doch auch unter der polnischen Bevölkerung erstarkte in diesen Jahren der Antisemitismus und nahm immer gewalttätigere Formen an.

Unmittelbar nach der Einnahme der Stadt Katowice/Kattowitz durch die Deutsche Wehrmacht begannen die Plünderungen jüdischer Häuser, am 5. September 1939 ging die örtliche Synagoge in Flammen auf. In der Nacht vom 8. auf den 9. September wurden die Synagogen in Sosnowice/Sosnowitz und Będzin/Bendsburg niedergebrannt, ab 13. September wurden Synagogen und Bethäuser in weiteren Ortschaften angesteckt. Hinzu kamen schwere Misshandlungen und Morde, unter anderem auf den gleichzeitig verwüsteten jüdischen Friedhöfen in Cieszyn, Orlau (20 Kilometer östlich von Mährisch-Ostrau) und Jablunkau bei Trzynietz. In dem fünfstöckigen, erst zwei Jahre zuvor errichteten Gemeindehaus neben der großen Kattowitzer Synagoge schlug die Gestapo ihren Sitz auf. 1988 errichtete die Stadtverwaltung auf dem – wie er heute heißt – Synagogen-Platz ein Denkmal, dessen Inschrift insofern bemerkenswert ist, als gerade in einer Stadt wie Katowice die jüdische Bevölkerung in den Augen der „Einheimischen“ seit jeher mit dem Makel der „Fremdheit“ behaftet war – sei es als „Deutsche“ oder als „Zugewanderte“. In der (polnischen und hebräischen) Inschrift würdigten „die Kattowitzer“ die vertriebenen Juden als „Kattowitzer“.[304]

304 „Dla uczczenia pamięci żydów miejszkańców Katowic, zgładzonych przez niemieckiego okkupanta w latach 1939–1945. Katowiczanie. – W tym miejscu stała Wielka Synagoga zburzona przez oprawców hitlerowskich we wrześniu 1939“ [In Würdigung des Andenkens

Die Deportationen nach Nisko Ende Oktober waren nur eine Etappe in der raschen Vertreibung der jüdischen Bevölkerung. Von den bei Kriegsbeginn rund 9.000 Kattowitzer Juden und Jüdinnen, zu denen innerhalb weniger Tage noch zwei- bis dreitausend Flüchtlinge gekommen waren, lebten Ende 1939 nur noch 900 in der Stadt. Nach dem Scheitern der Nisko-Aktion deportierte die Gestapo die meisten von ihnen entweder in die unweit von Katowice/Kattowitz, nämlich in Sosnowiec/Sosnowitz und Będzin/Bendsburg, errichteten Ghettos, die eine Durchgangsstation nach Auschwitz bilden sollten.

Noch schärfer als in Katowice/Kattowitz wurden die nationalen Gegensätze in der jüdischen Gemeinde von Królewska Huta/Königshütte (heute Chorzów) ausgetragen, wo nach dem Anschluss an Polen viele jüdische Familien nach Berlin ausgewandert waren und, wie in Katowice, polnisch-jüdische Familien aus dem Kohlerevier von Dąbrowa Górnicza/Dombrowa in die leerstehenden Häuser und Wohnungen einzogen. Ein Teil der Zugewanderten kam aus dem bis zur Wiedererrichtung des polnischen Staates russisch gewesenen Teil Polens (im politischen Jargon des 19. Jahrhunderts „Kongresspolen" genannt[305]) – diese Menschen galten dem von der deutschen Kultur beeinflussten Judentum als besonders rückständig.[306] Für die rassistischen Ideologen des Antisemitismus war es freilich egal, welchem Kulturkreis sich die Juden und Jüdinnen selbst zugehörig fühlten. Die deutschen Besatzer sprachen allen gleichermaßen das Recht ab, im nationalsozialistischen Herrschaftsbereich zu leben.

Mitte der 1920er Jahre spaltete sich die Königshütter Kultusgemeinde, wobei die Schuld dafür bis in die Gegenwart auf deutschen und polnischen Websites bei der jeweils anderen Seite gesucht wird. Während das von Klaus-Dieter Alicke betreute Internet-Portal „Lexikon der jüdischen Gemeinden im deutschen Sprachraum" die Spaltung als eine Folge des von der polnischen Regierung erzwungenen Rücktritts des Rabbiners Salomon Goldschmidt vom Amt

der Juden, Einwohner von Kattowitz, ausgerottet durch den deutschen Besatzer in den Jahren 1939–1945. Die Kattowitzer. – Auf diesem Platz stand die große von den Hitler-Schergen im September 1939 zerstörte Synagoge"]. Online: https://upload.wikimedia.org/wikipedia/commons/a/af/Katowice_-_pomnik_dla_uczczenia_pamieci_zydow.jpg [7. 3. 2020].

305 Der Wiener Kongress hatte 1815 dieses „Königreich" geschaffen, das in Wirklichkeit Teil des Russischen Reiches war und im Laufe des 19. Jahrhunderts zunehmend russifiziert wurde.

306 Ein österreichisches Beispiel dieser Haltung bietet Karl Emil Franzos, der ab 1897 sechs Bände seiner ethnografischen Reportagen „Halb-Asien. Land und Leute des östlichen Europa" veröffentlichte. Siehe: Fred Sommer, „Halb-Asien". German nationalism and the Eastern European works of Emil Franzos, Stuttgart [1]1983.

des Präsidenten der Kultusgemeinde (das er seit 1890 innehatte) sieht,[307] liegt es für das durch das Warschauer Museum „Polin“ betreute Internetportal „Virtuelles Schtetl“ auf der Hand, dass es die Konkurrenz zwischen den zugewanderten polnisch-jüdischen Familien und den einheimischen deutschen Familien war, die zum Bruch führte. Der Rücktritt Goldschmidts sei eine Folge des Auszugs der Deutschen aus der Synagoge gewesen, nachdem die polnischen Juden 1924 die Kultuswahlen gewonnen hatten und daraufhin die siebzig wohlhabendsten und einflussreichsten deutschen Juden die Versammlung verlassen hatten.[308] Anzumerken ist jedoch, dass zwar – wie überall in Ost-Oberschlesien – jene rund 25 Prozent der jüdischen Bevölkerung, die über einen gewissen Wohlstand verfügten, sich größtenteils als „Deutsche“ verstanden, dass es aber keineswegs nur die aus Polen Zugewanderten waren, die zu den Armen zählten.

1933 eskalierten die Auseinandersetzungen zwischen den beiden Gemeinden in Königshütte. Die auf polnischer Seite zunehmend nationalistischer werdende Diktion entsprach der Stimmung des polnischen Teils der Bevölkerung der Stadt, die sich 1934 anstelle des aus dem Deutschen übersetzten Królewska Huta den altslawischen Namen eines in diesem Jahr eingemeindeten Dorfes gab, nach dem nun die ganze Stadt benannt wurde: Chorzów.

Nach dem deutschen Einmarsch im September 1939 wurde zunächst die Synagoge abgebrannt, nach den ersten Deportationen nach Nisko begann die „Absiedelung“ des Rests der jüdischen Bevölkerung ins benachbarte Dombrowa, von wo die meisten im Juni 1941 nach Olkusz (von den deutschen Besatzern 1941 in „Ilkenau“ umbenannt) verschleppt und später von dort nach Auschwitz-Birkenau deportiert wurden. Nach Kriegsende lebte niemand mehr, der in Chorzów die jüdische Gemeinde wiederbeleben hätte können.

Im mehrheitlich polnischsprachigen Cieszyn/Teschen, das bis 1918 Teil der Habsburgermonarchie gewesen war, orientierten sich Juden und Jüdinnen ursprünglich an der deutschsprachigen Minderheit der Stadt. Reguläre Zuwanderung orthodoxer Juden, besonders aber der Zustrom jüdischer Flüchtlinge aus den am Beginn des Ersten Weltkrieges von russischen Truppen besetzten Teilen Galiziens veränderten das Kräfteverhältnis, die Kultusgemeinde wurde mehrheitlich polnisch. Nach der Teilung der Stadt in das polnische Cieszyn und das tschechische Český Těšín 1919 trennte sich auch die Kultusgemeinde. Beide Gemeinden verfügten über eigene religiös-soziale Einrichtungen. 1938

307 https://www.jüdische-gemeinden.de/index.php/gemeinden/k-l/1095-koenigshuette-oberschlesien [7. 3. 2020].

308 https://sztetl.org.pl/en/towns/c/420-chorzow/99-history/137176-history-of-community [7. 3. 2020].

lebten in beiden Teilen der Stadt 2.800 Jüdinnen und Juden, deren Anzahl sich nach dem deutschen Einmarsch in Tschechien im März 1939 durch Flüchtlinge erhöhte, unter denen auch solche waren, die 1938 aus Österreich in die ČSR geflohen waren. Mit dem Überfall der Wehrmacht auf Polen gerieten sie neuerlich unter nationalsozialistische Herrschaft.

Das dreißig Kilometer weiter östlich gelegene Bielsko/Bielitz und seine Nachbarstadt Biała (die seit 1951 gemeinsam die Stadt Bielsko-Biała bilden) lagen abseits der Zentren der nationalen Auseinandersetzungen am Ende des Ersten Weltkrieges, die Ost-Oberschlesien und das Olsa-Gebiet erschüttert und zur Teilung von Cieszyn und Český Tešín geführt hatten. Bis 1918 war Biała die westliche Stadt des habsburgischen Königreichs Galizien und Lodomerien gewesen, der ebenfalls Biała genannte Grenzfluss trennte sie von der Nachbarstadt Bielitz in Österreichisch-Schlesien. Nach dem Ersten Weltkrieg wurden beide Städte polnisch. In der Doppelstadt lebten bei Kriegsbeginn insgesamt 7.000 Jüdinnen und Juden, die in Bielsko 20 und in Biała 15 Prozent der Bevölkerung ausmachten. Die orthodoxen Zugewanderten wohnten meist in Biała, Jüdinnen und Juden in Bielsko sprachen deutsch und waren eher westlich orientiert. Am 15. September 1939, dem zweiten Tag des jüdischen Neujahrsfestes Rosch haSchana, brannten die deutschen Eroberer sämtliche Synagogen nieder, sonstige jüdische Einrichtungen und Geschäfte waren bereits in den Tagen zuvor verwüstet worden. Die Mehrheit der Juden und Jüdinnen flüchtete ins Innere Polens, über 400 jüdische Männer wurden nach Kattowitz gebracht, um auf Transport nach Nisko geschickt zu werden. Die verbliebenen 1.200 Menschen wurden teilweise in Zwangsarbeitslagern konzentriert, teilweise mussten sie Ende 1940 in das Ghetto in Biała ziehen. Im Juni 1942 lösten die Nationalsozialisten das Ghetto auf, deportierten Kranke, Alte, Frauen und Kinder in die Gaskammern von Auschwitz-Birkenau und verteilten die verbliebenen Männer auf andere Ghettos, wo sie das Schicksal der örtlichen Bevölkerung teilten.

Auch in dem in unmittelbarer Nähe der alten tschechisch-polnischen Grenze gelegenen Trzynietz (tschechisch Třinec, polnisch Trzyniec) begann die deutsche Besatzung 1939 mit dem Niederbrennen der erst Anfang der 1930er Jahre erbauten Synagoge. Als im November 1938 in Deutschland die Synagogen brannten, hatten polnische Faschisten bereits versucht, das Gebäude in die Luft zu sprengen. Die kleine jüdische Gemeinde von nicht einmal 140 Mitgliedern wurde komplett ausgelöscht – die Männer nach Nisko abtransportiert, Frauen und Kinder ins Ghetto Sosnowitz und in der Folge von dort nach Auschwitz-Birkenau deportiert.

Zwar ist die Quellenlage hinsichtlich der beiden Kattowitzer Transporte äußerst dürftig, doch dürfte feststehen, dass kein Einziger der oberschlesischen

Nisko-Deportierten in das Lager Zarzecze aufgenommen wurde. Daher ist davon auszugehen, dass alle, die nicht auf Grund verwandtschaftlicher Beziehungen oder anderer Zufälle bei einer jüdischen Familie im Distrikt Lublin unterkommen konnten, die deutsch-sowjetische Demarkationslinie überquerten – nicht selten unter großen Gefahren – und dort zu den Hunderttausenden stießen, die bereits vor ihnen dorthin geflüchtet oder vertrieben worden waren.

Die polnischen Nisko-Deportierten teilten das Schicksal Zehntausender anderer Juden und Jüdinnen in den von Deutschland annektierten Gebieten Polens jedoch nicht nur im Hinblick auf die Vertreibungserfahrung des September 1939, sondern auch im Hinblick auf die Folgen der Besetzung der Osthälfte Polens durch die Sowjetunion.

Deutsche Stellen hatten schon vor dem Beginn des sowjetischen Einmarsches am 17. September 1939 versucht, Teile der Bevölkerung, vor allem Jüdinnen und Juden, nach Osten abzudrängen, und sie nach endgültiger Festlegung der Demarkationslinie im deutsch-sowjetischen Grenz- und Freundschaftsvertrag vom 28. September 1939 an der Rückkehr gehindert. Zwei derartige Vertreibungsaktionen fanden im September 1939 am Mittellauf des San, in Jarosław und Przeworsk, statt.[309] In der Kleinstadt Przeworsk, die für die Nisko-Aktion als Bahnknoten Bedeutung erlangte, lebten bei Kriegsbeginn 1.500 Juden und Jüdinnen. Gleich nach der Einnahme der Stadt durch die Wehrmacht am 12. September 1939 setzten die Nationalsozialisten die Synagoge aus dem 17. Jahrhundert und das Cheder-Schulhaus mit seiner großen Bibliothek in Brand und ermordeten dreißig Juden. Zum Laubhüttenfest am 27. September zwangen die Besatzer die jüdischen EinwohnerInnen, alle Wertgegenstände abzuliefern und trieben sie dann Richtung San. Die jüdischen Männer, Frauen und Kinder mussten auf eigene Faust versuchen, seichte Stellen und Furten zu finden, um ans Ostufer des Flusses zu gelangen. Viele ertranken, einige gerettete Familien wurden von den sowjetischen Militärbehörden in der kleinen Stadt Sieniawa angesiedelt. In Jarosław, von wo schon vor dem Eintreffen der deutschen Truppen zum Teil bekannte Juden über den San geflohen waren und sich in den Bergen versteckt hatten, begann die Massenausweisung am 23. September. Innerhalb von sechs Tagen trieben die Besatzer Tausende Einheimische und jüdische Flüchtlinge auf die sowjetisch besetzte Seite des Flusses.

Nur an ganz wenigen Stellen wie der San-Brücke in Przemyśl, über die besonders viele Menschen nach Osten flüchteten, erlaubten deutsche Behörden

309 Siehe: https://sztetl.org.pl/en/towns/j/108-jaroslaw/99-history/137399-history-of-community und https://sztetl.org.pl/en/towns/p/149-przeworsk/99-history/137898-history-of-community [beide: 7. 3. 2020].

auch die Flucht in die umgekehrte Richtung.[310] Auf der Grundlage des Grenz- und Freundschaftsvertrags war die Stadt geteilt worden. Die Altstadt am östlichen San-Ufer wurde Teil des sowjetisch besetzten Gebiets und trug nun den ukrainischen Namen Peremyschl, die Neustadt blieb, unter dem Namen Deutsch-Przemysl, deutsch besetztes Gebiet.

Sowohl zeitgenössische Medienberichte als auch diplomatische Akten belegen, dass die deutschen Besatzer auch in den Folgemonaten Juden und Jüdinnen mehr oder weniger heimlich über die – bis Ende Dezember 1939 noch relativ leicht passierbare – Demarkationslinie abzuschieben trachteten. Bis Mitte Oktober hatten die sowjetischen Grenzorgane die Vertriebenen und Flüchtlinge in vielen Fällen ungehindert passieren lassen. Am 27. Oktober 1939 annektierte die Sowjetunion die von der Roten Armee besetzten Teile der Wojewodschaften Lemberg, Stanislau, Tarnopol und Wolhynien, die der Ukrainischen Sowjetrepublik angeschlossen wurden. Am 2. November folgten die von der Roten Armee besetzten Teile der Wojewodschaften Białystok,[311] Polesien, Nowogródek und Wilna,[312] durch deren Anschluss die Fläche der Weißrussischen Sowjetrepublik verdoppelt wurde.

In einem nicht bekannten Umfang war es Flüchtlingen auch danach noch gelungen, sowjetisches Territorium zu erreichen, in einigen Fällen wurden Grenzposten einfach überrannt. Zahlreiche Flüchtlinge blieben aber im Niemandsland „hängen“, wo sie von deutschen Grenzposten misshandelt und gedemütigt wurden, wie der polnische Linkszionist Israel Stolarski in der vom American Jewish Committee seit 1938 alle zwei Monate herausgegebenen Zeitschrift „Contemporary Jewish Record“ berichtete.[313] Stolarski war über die Sowjetunion und Japan in die USA geflüchtet.

310 Die Begegnung der Flüchtlingstrecks in der Mitte der Brücke gehört bis in die Gegenwart zu den „urban legends“ der Stadt. Beide hätten fassungslos auf die Stirne getippt, weil sie überzeugt waren, die anderen würden ins Verderben rennen, wie City Guides heute in Przemyśl erzählen: „And both were right...“.

311 Der Westteil der Wojewodschaft Białystok mit der Stadt Białystok selbst wurde mit dem Vertrag zwischen Polen und der UdSSR „über die sowjetisch-polnische Staatsgrenze“ vom 16. August 1945 wieder polnisch, der Ostteil mit der Stadt Grodno blieb sowjetisch.

312 Die mehrheitlich von polnischer und jüdischer Bevölkerung bewohnte Stadt, die auf Polnisch Wilno und auf Jiddisch Wilne hieß, wurde nach dem Zerfall des zaristischen Russland von Litauen als historische Hauptstadt des Landes reklamiert, 1922 aber von Polen annektiert. Am 19. September 1939 nahm die Rote Armee die Stadt ein, die Sowjetunion trat sie aber am 10. Oktober an die Republik Litauen ab. Mit dem Anschluss Litauens an die UdSSR 1940 wurde Wilna – das nun die litauische Bezeichnung Vilnius trug – zur Hauptstadt der Litauischen SSR.

313 David Grodner [= Israel Stolarski]: In Soviet Poland and Lithuania, in: Contemporary Jewish Record. Review of Event and Digest of Opinion, Jg. 4, Nr. 2 (April 1941). Deutsche

Immer wieder versuchten die sowjetischen Grenzorgane, Abschiebungen zu verhindern – entweder mit Waffengewalt oder durch die Rücküberstellung der Deportierten an die deutschen Grenzposten. Eine geradezu groteske Methode der Nationalsozialisten, Juden und Jüdinnen auf die sowjetische Seite der Demarkationslinie abzuschieben, beschrieb der im Spätherbst 1940 nach Palästina geflüchtete Warschauer Journalist Moshe Prager. Prager publizierte in Tel Aviv 1941 eine erste ausführliche Darstellung der nationalsozialistischen Massenmorde in Ostpolen in hebräischer Sprache. Den Titel seines Buches („Der neue Jawen Mezulah") entlehnte er einem 1653 erschienenen Buch: Der aus Wolhynien nach Venedig geflüchtete Gelehrte Natan Hannower hatte seine Chronik der Pogrome während des Kosakenaufstandes unter Bogdan Chmelnitzki nach Psalm 69, Vers 3[314] „Jawen Mezulah" [Abgrund der Verzweiflung] genannt. Prager berichtete, dass deutsche Stellen sich auf die Formulierung in der im Gefolge des Grenz- und Freundschaftsvertrages am 16. November 1939 abgeschlossenen Vereinbarung über den Bevölkerungsaustausch[315] beriefen, die auch die Möglichkeit der Umsiedlung von Angehörigen der weißrussischen und ukrainischen Minderheit im deutsch besetzten Teil Polens in die UdSSR vorsah. Die Deutschen hätten versucht, Juden einfach als „Ukrainer mosaischen Glaubens" zu deklarieren, was die sowjetische Seite aber zurückwies.[316]

Der Staatsekretär im Berliner Auswärtigen Amt, Ernst von Weizsäcker, hielt im Dezember 1939 nach einem Gespräch mit Feldmarschall Wilhelm Keitel Folgendes fest: „Die Abschiebung von Juden in das russische Gebiet vollziehe sich [...] nicht so anstandslos, wie es anscheinend erwartet wurde. Praktisch gesprochen gehe die Sache so vor sich, daß z. B. an einem stillen Ort im Walde tausend Juden über die russische Grenze abgeschoben würden; 15 km davon [entfernt] kämen sie wieder zurück, wobei der betreffende russische Be-

Übersetzung in: VEJ, Bd. 4: Polen, München 2011, Dok. 275, S. 594–605, hier 595 f. Der Herausgeber des Bandes, Klaus-Peter Friedrich, informiert in einer Anmerkung, dass die Zeitschrift wegen der in dem Beitrag enthaltenen Kritik an der UdSSR im amerikanischen Außenministerium angefragt hatte, ob gegen eine Veröffentlichung Bedenken bestünden, was nicht der Fall war: Ebenda, S. 594.

314 „Ich versinke in tiefem Schlamm, wo kein Grund ist; ich bin in tiefe Wasser geraten, und die Flut will mich ersäufen."

315 Abkommen über die Umsiedlung der deutschstämmigen Bevölkerung aus den zur Interessenzone der UdSSR und der ukrainischen und weißrussischen Bevölkerung aus den zur Interessensphäre des deutschen Reiches gehörenden Gebieten des früheren polnischen Staates (16. November 1939). Abgedruckt in: Hellmuth Hecker, Die Umsiedlungsverträge des Deutschen Reiches während des Zweiten Weltkrieges, Hamburg 1971, S. 105–119.

316 Moshe Prager, Yeven Metzulah heChadash [Neuer Abgrund der Verzweiflung], Tel Aviv 1941, S. 35 f. Zitiert in: Ben-Cion Pinchuk, Jewish Refugees in Soviet Poland 1939–1941, in: Jewish Social Studies, Jg. 2 (1978), S. 141–152, hier 144.

fehlshaber den deutschen nötigen wolle, den Schub wieder aufzunehmen.“[317] Schließlich legte die Regierung der UdSSR formell Beschwerde ein.[318]

Mečislav Borák zitiert einen Archivfund des russischen Historikers Pavel Polyan, der darauf hinweist, dass von deutscher Seite möglicherweise bis Anfang 1940 versucht wurde, die sowjetische Seite zur Aufnahme von Juden zu bewegen – wobei ausdrücklich von Juden aus Polen, Österreich und der Tschechoslowakei, also von Nisko-Deportierten, die Rede gewesen sei. Das Schreiben von Anfang Februar 1940 enthalte eine ausdrückliche Zurückweisung der von deutscher Seite geäußerten Vorstellung, man könne diese Juden „in die Ukraine oder nach Sibirien“ ausweisen.[319]

In den sowjetisch gewordenen ostpolnischen Wojewodschaften mit mehrheitlich ukrainischer bzw. weißrussischer Bevölkerung hatten bis Kriegsbeginn mehr als eine Million Jüdinnen und Juden (etwas mehr als acht Prozent) gelebt. Ihr Bevölkerungsanteil erhöhte sich durch Flucht und Vertreibung innerhalb weniger Monate auf deutlich über zehn Prozent, denn die Fluchtbewegung in die umgekehrte Richtung war wesentlich geringer. Schätzungen geben teilweise noch sehr viel höhere Flüchtlingszahlen an.

Der aus Wilna stammende Journalist Eliyahu Yones, der die Kriegsjahre in Lemberg verbracht hatte, verfasste 1999 eine Dissertation an der Hebräischen Universität Jerusalem, die 2018 von der Projektleiterin der wissenschaftlichen Edition „Die Verfolgung und Ermordung der europäischen Juden durch das nationalsozialistische Deutschland 1933–1945“, Susanne Heim, und dem Berliner Historiker Grzegorz Rossoliński-Liebe in einer überarbeiteten Fassung auf Deutsch herausgegeben wurde.

Darin schreibt Yones: „In der Zeit zwischen den beiden Weltkriegen war die jüdische Gemeinde Lembergs die drittgrößte in Polen, die zahlenmäßig nur von den Gemeinden in Warschau und Łódź übertroffen wurde; vor dem Zweiten Weltkrieg lebten dort knapp 100.000 Juden. Nach der Unterzeichnung des Ribbentrop-Molotow-Pakts im August 1939 strömten aus den Gebieten, die unter deutsche Kontrolle fallen sollten, Massen an jüdischen Flüchtlingen in

317 ADAP, Serie D [1937–1945]. Bd. 8, Baden-Baden 1961, Dok. 419, S. 384.

318 Die diesbezüglichen Vorgänge sind in den Akten zur deutschen auswärtigen Politik ausführlich dokumentiert. Siehe außer Dok. 419 auch Dok. 477, ebenda, S. 439, sowie: Werner Präg / Wolfgang Jacobmeyer (Hrsg.), Das Diensttagebuch des deutschen Generalgouverneurs in Polen 1939–1945, Stuttgart 1975, S. 82; Kurt Pätzold / Günter Rosenfeld (Hrsg.), Sowjetstern und Hakenkreuz 1938 bis 1941. Dokumente zu den deutsch-sowjetischen Beziehungen, Berlin (DDR) 1990, S. 279.

319 Borák, First Deportation, S. 151, unter Bezugnahme auf einen Artikel Polyans auf der Website http://osvetim.valka.cz. Der Link ist allerdings nicht mehr aktiv.

die Stadt. Ihre Zahl wird auf 130.000 geschätzt. Folglich wuchs die jüdische Bevölkerung um mehr als das Doppelte an und machte nun mehr als ein Drittel der Gesamtbevölkerung der Stadt aus."[320] Yones schilderte auch die Fluchtbewegung in die Gegenrichtung: Die Grenze sei bis Oktober 1939 in beide Richtungen passierbar gewesen. „Zehntausende Polen – die meisten Angehörige der Mittelschicht und ehemalige polnische Bürokraten, die ein Leben unter den Sowjets ablehnten oder sich davor fürchteten – flohen über die westliche Grenze. [...] Zehntausende von Juden, die den Westteil des Landes zuvor in Panik verlassen hatten, waren nun auf der Suche nach ihren Familien und wollten nach Hause zurückkehren, anstatt unter dem sowjetischen Regime in Lemberg ihr Dasein als Flüchtlinge zu fristen. Junge Leute, die die Grenze überschreiten und nach Palästina gelangen wollten, begriffen nun, dass sie ihre Pläne schnell in die Tat umsetzen mussten, bevor es zu spät war. [...] Tausende hungernder, obdachloser Flüchtlinge drängten sich auf den Straßen der Stadt, darunter zahlreiche ehemalige polnische Militärangehörige, die gefangen genommen worden waren. Die einfachen Soldaten waren entlassen worden, die Offiziere wurden jedoch in Kriegsgefangenenlager verlegt."[321]

Zeitgenössische Beobachter bezifferten die mehrheitlich jüdischen Flüchtlinge mit 200.000[322], der israelische Historiker Yehuda Bauer schätzt ihre Zahl auf 300.000 bis 500.000.[323] Ben-Cion Pinchuk, damals Professor an der Universität Haifa, listete in einem 1978 erschienenen Aufsatz[324] die verschiedenen Schätzungen – bis zur höchsten, 1943 genannten Zahl von einer Million[325] – auf. Nach Überprüfung der einzelnen Angaben erscheint ihm die Zahl von 300.000 an wahrscheinlichsten, die erstmals in einer wissenschaftlichen Arbeit in den 1950er Jahren genannt wurde.[326]

Eine auf mehrere polnische Publikationen gestützte Aufschlüsselung legte 2005 der Frankfurter Historiker Klaus-Peter Friedrich vor: „138.000 Polen und 198.000 Juden flohen nach Ostpolen, so dass zum Ende der Kriegshandlungen

320 Susanne Heim / Grzegorz Rossoliński-Liebe (Hrsg.), Eliyahu Yones: Die Juden in Lemberg während des Zweiten Weltkriegs und im Holocaust 1939–1944, Stuttgart 2018, S. 11 f.

321 Ebenda, S. 61 f.

322 Prager, Yeven Metzulah, S. 28 f. – Dieselbe Zahl nannten auch die in New York erscheinenden „Jewish Affairs" (August 1941).

323 Yehuda Bauer, Der Tod des Schtetls, Berlin 2013, S. 107.

324 Pinchuk, Jewish Refugees, S. 145; nachgedruckt in: Michael Robert Marrus, The Nazi Holocaust, Teil 8: Bystanders to the Holocaust, Bd. 1, S. 1034–1051, hier 1038.

325 Avraham Pechenik, Yidn un Yidishkait in Soviet Rusland [Juden und Judentum in Sowjetrussland], New York 1943, S. 59 f.

326 Bernard D. Weinryb, Polish Jews under Soviet Rule, in: Peter Meyer / Bernard D. Weinryb / Eugene Duschinsky / Nicholas Sylvain, The Jews in the Soviet Satellites, Syracuse, NY, 1953, S. 329–369, hier 342.

im Oktober 1939 sich über 5,4 Millionen ethnische Polen im sowjetisch besetzten Ostpolen befanden.“ Vorübergehend seien außerdem 250.000 polnische Armeeangehörige auf sowjetisch besetztes Gebiet ausgewichen, mehr als die Hälfte seien aber nach Ungarn, Rumänien, Litauen und Lettland weiter geflüchtet.[327] Hauptinhalt dieser Studie ist die für das historische Gedächtnis von Millionen Polinnen und Polen zentrale Frage nach den Deportationen und Mordaktionen sowjetischer Sicherheitskräfte in den Jahren 1939 bis 1941,[328] für die als Überbegriff „Katyn“ steht: Im April 1940 erschossen sowjetische Sicherheitskräfte im Wald von Katyn bei Smolensk mehr als 4.000 kriegsgefangene polnische Offiziere. Im April 1943 präsentierte das deutsche Propagandaministerium die Entdeckung eines Massengrabs mit mehreren Hundert Toten der internationalen Presse und lud zur Obduktion der Leichen auch Vertreter des polnischen Roten Kreuzes ein. Die Inszenierung durch Hitler-Deutschland weckte bei vielen Argwohn, obwohl die bei den Opfern aufgefundenen Dokumente keinen Zweifel an der Tatzeit zuließen. Seitens der sowjetischen Stellen wurde das Verbrechen stets deutschen Mördern zugeschrieben. Tatsächlich nannte aber die Verwaltung der Kriegsgefangenenlager 1943 rückblickend in einem Bericht an Stalin für April und Mai 1940 die Zahl von 14.587 Erschossenen an insgesamt drei Orten, darunter Smolensk (Katyn). Die gegenwärtige polnische und russische Forschung geht von weit höheren Zahlen aus, wie sie auch der KGB-Vorsitzende Aleksandr Schelepin 1959 Parteichef Nikita Chruschtschow mitgeteilt hatte. Dem „höchst geheimen“ handschriftlichen Brief Schelepins an Chruschtschow zufolge habe man „21.857 gefangene und internierte Offiziere, Gendarmen, Militärsiedler[329] u. ä. Personen des ehemaligen bürgerlichen Polen erschossen“.[330]

327 Klaus-Peter Friedrich, Erinnerungspolitische Legitimierungen des Opferstatus. Zur Instrumentalisierung fragwürdiger Opferzahlen in Geschichtsbildern vom Zweiten Weltkrieg in Polen und Deutschland, in: Dieter Bingen / Peter O. Loew / Kazimierz Wóycicky (Hrsg.), Die Destruktion des Dialogs. Zur innenpolitischen Instrumentalisierung negativer Fremdbilder und Feindbilder. Polen, Tschechien, Deutschland und die Niederlande im Vergleich 1900 bis heute, Wiesbaden 2007 [= Veröffentlichungen des Deutschen Polen-Instituts, Bd. 24], S. 176–191, hier 184.

328 Krzysztof Ruchniewicz, „Noch ist Polen nicht verloren“. Das historische Denken der Polen, Münster 2007, S. 48 f. – Zu den Motiven der sowjetischen Führung für die Massenhinrichtungen von Katyn und anderen Erschießungsstätten siehe ebenda, S. 50–52.

329 Militärsiedler (polnisch „osadnicy“, russisch „osadniki“) waren Veteranen der polnischen Armee, die in den von Polen 1920/1921 eroberten Gebieten im Osten Land zugewiesen bekamen, das vorher der Zarenfamilie, geflüchteten russischen Adeligen oder im Gefolge der Oktoberrevolution enteigneten Klöstern gehört hatte. Nach der Annexion dieser Territorien durch die Sowjetunion 1939 wurden die Militärsiedler als „Volksfeinde“ strafrechtlich verfolgt.

330 Siehe Russisches Staatsarchiv für sozio-politische Geschichte (RGASPI), fonds 17, opis 66, delo 621, listok 138. (Die auf Wikipedia – https://de.wikipedia.org/wiki/Massaker_von_Katyn [7. 3. 2020] – angebotene deutsche Übersetzung des Briefs ist ungenau.)

Die sowjetischen Statistiken unterschieden nicht zwischen jüdischen und nichtjüdischen Flüchtlingen. Auf der Basis von zwei polnischen Publikationen aus dem Jahre 1994[331], die bis dahin unzugängliche sowjetische Quellen auswerteten, kommt Friedrich in seinem Aufsatz zu folgenden Zahlen hinsichtlich des Bevölkerungsverlusts in der Zeit zwischen dem Einmarsch der Roten Armee in Ostpolen und dem deutschen Überfall auf die UdSSR: Die Anzahl der von sowjetischen Organen ermordeten Zivilisten betrug 10.000 bis 20.000. Ins Landesinnere verschickt wurden 200.000 Menschen (in der Historiografie wird allerdings nach wie vor die von der polnischen Exilregierung am 14. März 1944 genannte Zahl von 900.000 Inhaftierten bzw. Deportierten genannt)[332], wozu noch Tausende kamen, die als Wehrpflichtige in die Rote Armee eingezogen wurden oder die Arbeitsplätze im Inneren der UdSSR zugewiesen bekamen.[333] Von den vier Deportationswellen nach Sibirien und Nordrussland im Frühjahr/Sommer 1940 sowie unmittelbar vor dem deutschen Überfall im Juni 1941 war nur die erste fast ausschließlich gegen Polen und Polinnen gerichtet. Die Deportationen im Juni und Juli 1940 betrafen „hauptsächlich Juden".[334]

Eine detaillierte Untersuchung, welche Bevölkerungsgruppen wann und mit welcher Begründung aus den annektierten Gebieten Ostpolens zwangsumgesiedelt bzw. verhaftet wurden, legte der an der Universität Wrocław/Breslau lehrende Historiker Grzegorz Hryciuk 2007 in deutscher Sprache vor.[335]

Angesichts der mutmaßlich über 300.000 mehrheitlich jüdischen Flüchtlinge aus den von Deutschland annektierten oder besetzten Gebieten Polens, die zwischen September und Dezember 1939 über die Demarkationslinie geflüchtet waren, aber auch angesichts der sehr hohen Zahl an Opfern der stalinistischen Repressionen in dieser Bevölkerungsgruppe erscheint es nahezu aussichtslos, das Schicksal einer vergleichsweise kleinen Gruppe wie der 1.900 bis

331 Krystyna Kersten, Szacunek strat osobowych w Polsce Wschondniej [Schätzung der personellen Verluste in Ostpolen], in: Dzieje Najnowsze, Jg. 26 (1994), Nr. 2, S. 41–40; Aleksander Gurjanow, Cztery deportacje 1940–41 [Die vier Deportationen 1940–1941], in: Karta, Jg. 1994, S. 116–136.

332 So auch von Bauer, Tod des Schtetls, S. 109, unter Bezug auf den polnisch-amerikanischen Historiker Gross, der das genannte Dokument zitiert: Jan T. Gross, Revolution from Abroad. The Soviet Conquest of Poland's Western Ukraine and Western Belorussia, Princeton 2002, S. 187.

333 Friedrich, Erinnerungspolitische Legitimierungen, S. 184.

334 Bauer, Tod des Schtetls, S. 109.

335 Grzegorz Hryciuk, Sowjetische Repressionen in den östlichen Gebieten der Zweiten Polnischen Republik (1939 bis 1941). Massenexekutionen, Verhaftungen, Zwangumsiedlungen und die nationale Zugehörigkeit der Opfer, in: Jahrbuch für Historische Kommunismusforschung, Jg. 18 (2007), S. 297–318.

2.000 Nisko-Deportierten polnischer Staatsangehörigkeit zu klären. Da sie nicht ins Lager Zarzecze aufgenommen worden waren, gibt es auch wenige Hinweise in Dokumenten und Erinnerungen der übrigen, aus Mährisch-Ostrau und Wien stammenden, Nisko-Deportierten an diese Menschen.

Für viele Polen, die sich in sowjetischen Lagern befanden – unter ihnen auch jüdische Flüchtlinge –, trat wenige Wochen nach dem deutschen Überfall auf die Sowjetunion am 22. Juni 1941 eine Wendung ein, die ihr weiteres Leben maßgeblich beeinflusste: Am 30. Juli 1941 erkannte die UdSSR, die im September 1939 den polnischen Staat für inexistent erklärt hatte, die Exilregierung in London als Vertreterin des polnischen Staates an. Die sowjetische Regierung erließ eine Amnestie für Häftlinge und Deportierte mit „ehemals polnischer Staatsbürgerschaft", darunter die 1939 gefangen genommenen Soldaten der polnischen Armee. Am 14. August 1941 vereinbarten die beiden Regierungen ein Militärabkommen. Mit dem Abkommen wurden nicht nur die deutsch-sowjetischen Abmachungen vom August und September 1939 außer Kraft gesetzt, sondern auch die Aufstellung einer polnischen Armee in der Sowjetunion vereinbart. Die Armee wurde von dem aus der sowjetischen Kriegsgefangenschaft entlassenen polnischen General Władysław Anders geführt. Vertreter der polnischen Exilregierung stellten in den nach und nach entstehenden Sammelpunkten für diese künftige polnische Armee im Rahmen der Anti-Hitler-Koalition rasch fest, dass sich unter den Zehntausenden ehemaligen Soldaten, die sich zum Dienst meldeten, kaum Offiziere befanden. Nachfragen nach deren Verbleib blieben unbeantwortet, was Misstrauen schürte und – schon lange vor der Entdeckung von Katyn – zum Entschluss auf polnischer Seite führte, die Anders-Armee aus der Sowjetunion abzuziehen. Die polnische Militärführung übergab die Kaserne in Busuluk, die sie seit Ende 1941 als Stabsquartier genutzt hatte, an die Tschechoslowakische Exilarmee unter General Svoboda, verlegte den Stab nach Taschkent und sammelte „ihre" Soldaten vor allem im Süden Sowjetisch-Zentralasiens. 1942 vereinbarten Großbritannien und die Sowjetunion, mehr als 30.000 Angehörige der mittlerweile aus vier Divisionen bestehenden Anders-Armee über den Iran in den Nahen Osten zu verlegen. Aus den noch in der UdSSR verbliebenen polnischen Soldaten wurden die Polskie Siły Zbrojne w ZSRR [Polnische Streitkräfte in der UdSSR] gebildet, an deren Spitze Zygmunt Berling stand. Oberstleutnant Berling, Mitglied im Stab von Władysław Anders, hatte sich der Verlegung in den Iran widersetzt und war in der Sowjetunion geblieben, wofür er von einem Militärgericht der Anders-Armee in Abwesenheit zum Tode verurteilt wurde. Die Polnischen Streitkräfte in der UdSSR umfassten schließlich zwölf Infanteriedivisionen und waren beispielsweise an der Befreiung von Lublin und des Vernichtungslagers Majdanek im Juli 1944 beteiligt. Unter den Soldaten der so genannten „Berling-Armee“ befanden sich auch polnische Nisko-Deportierte.

Die Nisko-Aktion als Teil der Geschichte des österreichischen Exils in der Sowjetunion

Ab 1933 flohen Juden und Jüdinnen aus Deutschland, ab 1938/1939 wurden sie aus Österreich und der Tschechoslowakei verjagt. Die Einreise gestaltete sich zunehmend so schwierig wie die Ausreise. Angesichts des zunehmenden Flüchtlingsstroms auch im Gefolge der Eroberungsfeldzüge der Deutschen Wehrmacht verschärften die Zielländer ihre Einreisebestimmungen. In der überwiegenden Mehrheit der Länder begegneten sowohl die einheimische Bevölkerung als auch die Regierungen Flüchtlingen mit Abneigung und Misstrauen. Die österreichischen Flüchtlinge galten – außer in Mexiko – als „Deutsche“. Nach den Kriegserklärungen Frankreichs und Großbritanniens an Deutschland wegen des Angriffs auf Polen hatten in diesen Ländern und ihren damals noch über den ganzen Globus verstreuten Kolonien und „Mandatsgebieten“ (wie Palästina) daher nicht nur deutsche, sondern auch österreichische Flüchtlinge und Vertriebene den Status „feindlicher Ausländer“. Mehrere Staaten, allen voran Großbritannien, begannen, Angehörige von Feindstaaten zu internieren.

Die Anhaltung in einem Internierungslager unterschied sich in der Regel von der Strafhaft durch leichtere Haftbedingungen, selbst wenn die Internierten Zwangsarbeit leisten mussten. Sie konnte auch in westlichen Ländern bedeuten zu hungern, aber auch, hervorragend versorgt zu werden.[336] Ganz anders war das Lagersystem, das sich in der Sowjetunion in den 1930er Jahren zu einem bedeutenden Wirtschaftsfaktor entwickelt hatte, der durch ständig neue Verhaftungswellen mit Nachschub versorgt wurde. Dazu gehörten auch die oben erwähnten, von der politischen Polizei als „unzuverlässig“ eingestuften Teile der Bevölkerung der 1939 der Ukraine und Weißrussland angeschlossenen Osthälfte Polens, sowie Zehntausende Bewohnerinnen und Bewohner der 1940 zu Sowjetrepubliken gewordenen Staaten Estland, Lettland und Litauen. Das betraf auch jüdische Flüchtlinge und Vertriebene aus Österreich, die entweder 1938/1939 in einer der drei baltischen Republiken (meist in der lettischen Hauptstadt Riga) Aufnahme gefunden hatten oder 1939 zunächst nach Nisko

336 So schilderte beispielsweise jüngst Josef Eisinger in seinen Memoiren die unterschiedliche Ernährung in verschiedenen Lagern in England und Kanada: Josef Eisinger, Flucht und Zuflucht. Erinnerungen an eine bewegte Jugend, Wien 2019.

deportiert worden waren und von dort auf die sowjetische Seite der Demarkationslinie gelangt waren.[337]

Unter dem „österreichischen Exil in der UdSSR“ werden in der historischen Forschung jene Personen verstanden, die seit 1933/1934 aus politischen Gründen in die Sowjetunion geflüchtet waren und dort zu einem nicht unbeträchtlichen Teil – gemeinsam mit solchen Personen, die schon zuvor, meist aus wirtschaftlichen Gründen, in die Sowjetunion emigriert waren – im Zuge der stalinistischen „Säuberungen“ verfolgt wurden.

Rund 750 österreichische Mitglieder des sozialdemokratischen Republikanischen Schutzbundes gelangten nach der Niederlage in den Februarkämpfen 1934 über die Tschechoslowakei in die Sowjetunion.[338] In zahlreichen Fällen konnten die Geflüchteten die Familien nachholen, sodass ein eigenes Kinderheim für die österreichischen „Schutzbund-Kinder“ in Moskau eingerichtet wurde.[339] Der Linzer Universitätsprofessor Karl R. Stadler, der als Erster zum Schicksal dieser Menschen forschte, schrieb 1974 noch, ihre tatsächliche Anzahl und ihr Schicksal wären „wohl nur mit einem ungeheuren Aufwand an Zeit und Mühe zu erheben“.[340] Dazu kam eine begrenzte Anzahl von Mitgliedern der KPÖ, die nach dem Verbot der KPÖ durch die Dollfuß-Regierung 1933 von der illegalen Parteileitung nach Moskau entsandt wurden und dort in der Internationalen Lenin-Schule oder anderen Einrichtungen der Kommunistischen Internationale tätig wurden. Voraussetzung für die Klärung des Schicksals dieser Personen war die – ab 1988/1989 vollzogene – Öffnung der sowjetischen Archive. Es waren vor allem Barry McLoughlin, Hans Schafrank und Walter Szevera, die maßgeblich zur Aufklärung der Lebensläufe der Schutzbündler und anderer österreichischer „Politemigranten“ beitrugen. Sie eruierten, dass von den 750 männlichen Schutzbundemigranten 200 bis 220 im Zeitraum 1934 bis 1941 freiwillig nach Österreich zurückkehrten und 160 sich zu den Internationalen Brigaden im Spanischen Bürgerkrieg meldeten. Von den in der Sowjetunion Verbliebenen dürfte mehr als die Hälfte, nämlich rund 220, verhaftet worden sein. Von diesen wurden 46 Personen 1939 bis 1941 nach Deutsch-

337 Siehe dazu den Beitrag von Olga Radchenko in diesem Band: Jüdische Nisko-Deportierte aus Wien in der Sowjetunion.

338 Eine Übersicht der Zahlen findet sich in: Barry McLoughlin / Hans Schafranek / Walter Szevera, Aufbruch, Hoffnung, Endstation. Österreicherinnen und Österreicher in der Sowjetunion 1925–1945, Wien 1997, S. 344 f.

339 Siehe: Hans Schafranek / Natalja Mussijenko, Kinderheim No. 6. Österreichische und deutsche Kinder im sowjetischen Exil, Wien 1998; Charlotte Rombach, Gelebte Solidarität. Österreichische Schutzbundkinder in der Sowjetunion 1934–1945, Wien 2003, S. 16–24.

340 Karl R. Stadler, Opfer verlorener Zeiten. Geschichte der Schutzbund-Emigration 1934, Wien 1974, S. 209.

land überstellt und dreißig in Moskau erschossen. Wie viele der Verhafteten in einem Lager oder einer Haftanstalt ums Leben kamen, konnten die Autoren nicht eruieren, sie gingen jedoch davon aus, dass „höchstens 10–15 Prozent die mörderischen Haftbedingungen überlebten“.[341] In diesen Zahlen sind auch die oben erwähnten KPÖ-Mitglieder, die keine Schutzbündler waren, enthalten.[342] 2013 legten schließlich Barry McLoughlin und Josef Vogl ein vom DÖW herausgegebenes „Gedenkbuch der österreichischen Stalin-Opfer“[343] vor, das allerdings nicht nur die Umgekommenen enthält, sondern alle Personen, die, wenn auch nur vorübergehend, inhaftiert gewesen waren – einerseits, weil der allergrößte Teil der Tatvorwürfe sich auf politische „Verbrechen“ bezog, andererseits, weil mit der Verhaftung in der Regel eine gesellschaftliche Ächtung selbst im Fall eines Freispruchs verbunden war. Das DÖW hat die rund 780 überarbeiteten und fallweise ergänzten Kurzbiografien über seine Website online zugänglich gemacht.[344] Demnach wurden 731 österreichische Männer und 65 Frauen verhaftet, darunter 185 Mitglieder des sozialdemokratischen Schutzbundes, 89 Mitglieder der KPÖ und 221 so genannte „Wirtschaftsemigranten“.

Vernachlässigt man die letztgenannte Kategorie, da diese Menschen – bei aller Unschärfe solcher Einteilungen – zwar der österreichischen Emigration, nicht aber dem politischen Exil zuzurechnen sind, und zählt man andererseits jene wenigen Dutzend Personen hinzu, die das sowjetische Exil ohne Repressionsmaßnahmen der staatlichen Behörden überdauerten, so gelangt man zur Anzahl von annähernd 700 Personen, die bisher im Mittelpunkt der Forschung zum Thema „österreichisches Exil in der Sowjetunion“ standen. Auch der Band „Sowjetunion“ der DÖW-Reihe über das österreichische Exil dokumentierte ausschließlich das Schicksal der so genannten „Politemigranten“ – eine Beschränkung, die etwa auch für die Dokumentation der Evakuierungen aus Moskau bei Kriegsbeginn 1941 „und die Lebensverhältnisse in der Provinz“ galt.[345] Barry McLoughlin und Hans Schafranek erklärten in ihren editorischen

341 McLoughlin / Schafranek / Szevera, Aufbruch, S. 344.

342 Eine erste Liste der kommunistischen Opfer war in einer 1991 von der KPÖ publizierten Broschüre enthalten: Barry McLoughlin / Walter Szevera, Posthum rehabilitiert. Daten zu 150 österreichischen Stalin-Opfern, Wien 1991.

343 Barry McLoughlin / Josef Vogl, Ein Paragraph wird sich finden. Gedenkbuch der österreichischen Stalin-Opfer, hrsg. v. Dokumentationsarchiv des österreichischen Widerstandes, Wien 2013.

344 https://www.doew.at/erinnern/biographien/oesterreichische-stalin-opfer-bis-1945 [7. 3. 2020].

345 Dokumentationsarchiv des österreichischen Widerstandes (Hrsg.), Österreicher im Exil: Sowjetunion 1934–1945 Eine Dokumentation, bearbeitet v. Barry McLoughlin u. Hans Schafranek, Wien 1999, S. 631–639, Dokumente: S. 640–682.

Vorbemerkungen, warum die „im Oktober 1939 im Zuge der Deportationen nach Nisko (Polen) über die sowjetische Demarkationslinie getriebenen Wiener Juden“ nicht Gegenstand des Dokumentenbandes sind: Einerseits zählten sie diese „im engeren Sinne nicht zu den Emigranten“,[346] andererseits bedürfe es erst der wissenschaftlichen Erforschung des Schicksals der jüdischen Flüchtlinge in der Sowjetunion, was im Übrigen nicht nur für die Nisko-Deportierten gelte, sondern „auch für die 1938/39 in die drei baltischen Staaten ausgewanderten österreichischen Juden, die nach dem 22. Juni 1941 wieder in deutsche Hände fielen und umkamen“.[347]

1938/1939 flüchteten mindestens 385 österreichische Jüdinnen und Juden in eine der drei baltischen Republiken – Jonny Moser gab 1999 in seiner „Demographie der jüdischen Bevölkerung Österreichs“ die aus verschiedenen Quellen errechneten offiziellen „Auswanderungszahlen“ für Lettland mit 292, für Litauen mit 70 und für Estland mit 23 an.[348] Diese Zahlen wurden von der späteren Forschung weitgehend bestätigt. Rund ein Viertel der 1938/1939 nach Lettland geflüchteten 890 deutschen Staatsangehörigen hatten bis zum März 1938 die österreichische Staatsangehörigkeit besessen, nämlich 219. „Zählt man allerdings die 93 Fälle hinzu, bei denen ‚Altösterreichern‘ mit Sicherheit die Staatsbürgerschaft der Ersten Republik nachgewiesen werden konnte, so ergibt sich eine Mindestzahl von 312 nach Lettland geflohenen ‚Österreichern‘.“[349] Rechnet man auch die illegale Immigration insbesondere in die lettische Hauptstadt Riga dazu, könnten es, schreiben Iber und Lesjak, um gut Hundert mehr gewesen sein; sicher seien es aber über 400 gewesen.[350] Wie viele von ihnen von dort weiter emigrierten – beispielsweise mittels sowjeti-

346 Darin unterschieden sich die Auswahlkriterien für den Sowjetunion-Band grundlegend von den bis dahin erschienenen Bänden der Exil-Reihe des DÖW, in denen Dokumente betreffend die (meist jüdischen) Vertriebenen aus Österreich einen beträchtlichen Teil des Inhalts ausgemacht hatten.

347 Österreicher im Exil: Sowjetunion, S. 12.

348 Jonny Moser, Demographie der jüdischen Bevölkerung Österreichs 1938–1945, hrsg. v. Dokumentationsarchiv des österreichischen Widerstandes, Wien 1999, S. 58 f.

349 Philipp Lesiak / Evita Rukke, Die Flucht österreichischer Juden nach Lettland 1938 bis 1941. Die „Konjunktur“ der Vertreibung, in: Stefan Karner / Philipp Lesiak / Heinrihs Strods (Hrsg.), Österreichische Juden in Lettland. Flucht – Asyl – Internierung, Innsbruck–Wien–Bozen 2010, S. 73–98, hier 84.

350 Iber und Lesiak gehen für Lettland von tatsächlich bis zu 400 ÖsterreicherInnen aus: Walter M. Iber / Philipp Lesiak, Dem Holocaust entronnen!? Zwischenbilanz des Forschungsprojekts „Die Flucht von österreichischen Juden nach Lettland und ihre weitere Emigration“, in: Siegfried Mattl / Gerhard Botz / Stefan Karner / Helmut Konrad (Hrsg.), Krieg, Erinnerung, Geschichtswissenschaft, Wien–Köln–Weimar 2009, S. 219–228, hier 220.

scher Transit-Visa nach China, wo sie in Shanghai Zuflucht fanden, aber auch nach Westeuropa und Palästina –, ist nicht bekannt.

Mit der Annexion der baltischen Republiken durch die UdSSR (Juni bis August 1940) war es den jüdischen Flüchtlingen aus Deutschland, Österreich und der Tschechoslowakei nur mehr in Ausnahmefällen möglich, die zu Sowjetrepubliken gewordenen baltischen Staaten zu verlassen. Von der großen Verhaftungswelle im Juni 1941, mit denen die sowjetischen Behörden in den Wochen vor dem Überfall Hitler-Deutschlands auf die Sowjetunion aus allen drei baltischen Republiken potenziell als „feindlich" eingestufte Personen ins Innere der Sowjetunion – meist nach Nordrussland (Archangelsk), Sibirien oder Zentralasien (Karaganda) – deportierten, war auch eine nicht bekannte Anzahl jüdischer Flüchtlinge betroffen; vermutlich sogar die Mehrheit der oben erwähnten mehr als 400 Personen in Riga und anderen Orten des Baltikums, denn sie galten samt und sonders als „Deutsche".

Dasselbe galt übrigens für jene Nisko-Deportierten, denen es die sowjetischen Behörden zunächst ermöglicht hatten, in die Wolgarepublik[351] zu ziehen. Einigen gelang es, von dort noch Lebenszeichen an ihre Angehörigen nach Wien zu senden. Am 30. August 1941, als die Deutsche Wehrmacht bereits Nowgorod, Smolensk und Dnjepropetrowsk erreicht hatte und weiter nach Moskau vorstieß, veröffentlichten die wolgadeutschen Zeitungen einen Erlass des Obersten Sowjet der UdSSR, in dem die Wolgadeutschen in ihrer Gesamtheit der Kollaboration mit dem Aggressor beschuldigt wurden. Die Wolgarepublik wurde mit sofortiger Wirkung aufgelöst, gleichzeitig wurde die Umsiedlung der gesamten deutschsprachigen Bevölkerung entlang der Wolga nach Sibirien und Kasachstan verfügt. Für sie galten dieselben Meldepflichten und Ausgangsbeschränkungen wie für alle Zwangsumgesiedelten. Wie viele Nisko-Deportierte von dieser Deportation betroffen waren, ist nicht bekannt.

1939/1940 sind dem österreichischen Exil in der Sowjetunion somit folgende drei Personengruppen zuzurechnen:

- Erstens die bis zu 700 Männer und Frauen, die aus politischen Gründen in die UdSSR übersiedelt waren oder dort Zuflucht vor Verfolgung in Österreich gefunden hatten, die aber nicht zu jener Gruppe gehörten,

351 In der 1924 innerhalb der Russischen Föderativen Sowjetrepublik RSFSR geschaffenen „Autonomen Sozialistischen Sowjetrepublik der Deutschen an der Wolga" sprachen zwei Drittel der Bevölkerung deutsch, was vor allem für solche Deportierte, die sich mit dem Erlernen des Russischen schwertaten, eine bedeutende Verbesserung ihrer Lebensumstände darstellte.

die inzwischen das Land wieder verlassen hatte – sei es in Richtung Heimat oder um als Freiwillige in Spanien mitzuhelfen, den Vormarsch des Faschismus in Europa aufzuhalten.

- Zweitens die 400 bis 500 jüdischen Flüchtlinge in Lettland, Litauen und Estland.
- Drittens die mehr als 1.300, möglicherweise 1.350,[352] Nisko-Deportierten, die 1939/1940 als Flüchtlinge oder Vertriebene auf sowjetisches Gebiet gelangt waren.

Das bedeutet, dass von den 2.400 bis 2.550 österreichischen Exilierten in der Sowjetunion bisher erst das Schicksal von weniger als einem Drittel – nämlich der politischen Emigration im engeren Sinne sowie einem Teil der nach Riga geflüchteten Juden und Jüdinnen – erforscht ist. Die mit Abstand größte Gruppe derer, deren Schicksal immer noch großteils ungeklärt ist, sind die Nisko-Deportierten: Nur rund 6 Prozent von ihnen kehrten nach der Befreiung nach Österreich zurück.[353]

In den ersten Monaten, als es wegen des deutsch-sowjetischen Pakts möglich war, per Brief und Radiotelegramm mit Lemberg zu kommunizieren, bemühte sich die Israelitische Kultusgemeinde Wien, Verbindungen aufrechtzuerhalten. Im Herbst 1940 rissen alle diese Kontakte ab, was selbstverständlich bei den in Wien zurückgebliebenen Angehörigen die Ängste wachsen ließ. Diese Sorgen waren begründet. Im Mai 1940 begannen die Verhaftungen jener, die sich geweigert hatten, die sowjetische Staatsbürgerschaft anzunehmen. Die meisten Nisko-Deportierten aus Mährisch-Ostrau wurden im Juni 1940 in Arbeitslager in Verwaltungsgebieten im Nordosten von Moskau (Jaroslawl, Wologda, bis hinauf nach Archangelsk am Weißen Meer) sowie östlich des Ural deportiert. Ältere Leute, die Kranken und Schwachen seien dort in großer Anzahl gestorben, wie es in einem namentlich nicht gezeichneten Beitrag hieß, der im Jänner 1947 in dem von der Prager Kultusgemeinde ab 1945 wieder (mit der Jahrgangsbezeichnung 7) herausgegebenen Mitteilungsblatt der IKG erschien.[354] Nur die „Starken" und „Entschlossenen" hätten es geschafft, bis Jänner 1942 zu über-

352 Moser, Nisko, S. 165. In seinen ersten Arbeiten hatte Jonny Moser ihre Zahl noch auf 1.000 geschätzt: Moser, Demographie, S. 78.

353 Jonny Moser erwähnt die – auch in einer Namensliste festgehaltene – Rückkehr von rund 80 Männern nach dem Krieg: Moser, Nisko, S. 165 f.

354 B.-SP., Nisko nad Sanem, první koncentrační tábor židovský [Nisko am San, erstes jüdisches Konzentrationslager], in: „Věstník židovské obce náboženské v Praze" [Mitteilungen der jüdischen Religionsgemeinde in Prag], Jg. 9 (1947), Nr. 1, S. 5 f.; zitiert in: Borák, First Deportation, S. 171.

leben, als die meisten von ihnen aus den Lagern freigelassen wurden. Es ist anzunehmen, dass die Lagerbedingungen auch für die Wiener zutrafen; nur wurden sie nicht freigelassen, weil es keine österreichische Auslandsvertretung gab, die mit der Sowjetunion Verträge abschließen hätte können wie die in London wirkenden tschechoslowakischen und polnischen Exilregierungen.

Gerade wegen ihrer Kontakte nach Mährisch-Ostrau oder Wien stellten diese Ausländer für die sowjetischen Polizeibehörden ein potenzielles Sicherheitsrisiko dar. Dazu kam, dass wegen der nicht vorhandenen Personaldokumente ihre Angaben bei der Registrierung nicht überprüfbar waren. Jonny Moser hat in seinem Buch einige Einzelschicksale von Personen geschildert, denen die Flucht oder, nach 1945, die Ausreise gelang.[355] Generell ist aber festzuhalten, dass die Lage der Wiener Nisko-Deportierten besonders prekär war und sich in mehrerlei Hinsicht von jenen mit polnischer oder tschechoslowakischer Staatsangehörigkeit unterschied. Obzwar es nur schwer möglich ist, Einzelschicksale oberschlesischer Nisko-Deportierter zu rekonstruieren – einige wenige aus dem von Polen 1938 annektierten Olsa-Gebiet, die von Kattowitz aus nach Nisko deportiert wurden, finden sich im Buch von Mečislav Borák[356] –, so war es vielen von ihnen, trotz ihrer meist deutschen Muttersprache, doch möglich, sich in die große Gruppe der polnischen Flüchtlinge zu integrieren. In mehreren Fällen konnten sie sich sogar, wie erwähnt, den in der Sowjetunion aufgestellten bewaffneten Verbänden anschließen – meist den von Zygmunt Berling geführten Polnischen Streitkräften in der UdSSR, bei denen Juden willkommen waren, oder der Svoboda-Armee. Von den Nisko-Deportierten aus Mährisch-Ostrau hatte sich ein Drittel der Tschechoslowakischen Gemischten Brigade von General Svoboda anschließen können und war auf diese Weise dem Schicksal von Verbannung und Zwangsarbeit entkommen. Das alles traf auf die Wiener Nisko-Deportierten in der Sowjetunion nicht zu.

In welchem Zustand sie sich bereits nach wenigen Monaten Lagerhaft befunden haben mussten, geht aus Schilderungen von Tschechen, die unbehelligt in der Sowjetunion gelebt und sich zur Svoboda-Armee gemeldet hatten, hervor. Bei der Ankunft in Busuluk trafen sie auf Landsleute, die aus Arbeitslagern entlassen worden waren: Kulka zitiert einen gewissen František David Elefant: „Niemals vorher hatte ich Leute in einem so erbärmlichen Zustand gesehen, und für die meisten von uns – wir waren Kommunisten – war es ein deprimierender Anblick. Keiner von uns wusste wirklich etwas über diese La-

355 Ebenda, S. 163–165.

356 Borák berichtet über zwei Personen aus Český Těšín (ebenda, S. 166, 191) und eine aus Orlová (S. 187).

ger, und diejenigen, die gelegentlich vorsichtige Erwähnungen ihrer Existenz gehört hatten, konnten sich die entsetzlichen Leiden, denen die Insassen dort unterworfen waren, nicht vorstellen."[357] Dieser Zustand verschlimmerte sich noch: Die Freilassung von polnischen und tschechischen Häftlingen aus den Lagern in der zweiten Jahreshälfte 1941 beschränkte sich nicht auf Polen und Tschechen, sondern galt auch für Hunderttausende sowjetische Häftlinge, die angesichts der verstärkten Kriegsanstrengungen vorzeitig entlassen und der Roten Armee überstellt wurden. Um die Abnahme der Häftlingszahlen zu kompensieren, wurden die Arbeitsnormen erhöht; kriegsbedingt verschlechterten sich außerdem die Haftbedingungen erheblich, was ab Ende 1941 die Sterblichkeitsrate emporschnellen ließ, die im Jahresschnitt auf über 25 Prozent stieg.[358]

Natürlich bestand ein Unterschied zwischen jenen, die wegen ihrer angeblichen oder tatsächlichen Gegnerschaft zum politischen System in der Sowjetunion deportiert wurden, und jenen, die aus Sicherheitserwägungen aus Gebieten im Westen der Sowjetunion ausgesiedelt wurden und einen anderen Arbeitsplatz und/oder Wohnort zugewiesen bekamen. Die Alltagsrealität am neuen Ansiedlungsort – insbesondere, wenn dieser in Sibirien oder Zentralasien lag – unterschied sich aber nur graduell von der Situation der in ITL (Isprawitelno-Trudowoj Lager [Besserungsarbeitslager]) Festgehaltenen. Zu den Zwangsangesiedelten gehörten auch viele, die aus einem ITL entlassen wurden. Den Freigelassenen wurden Aufenthaltsorte zugewiesen. Das System derartiger „Sondersiedlungen" war 1930 im Zusammenhang mit der Zwangskollektivierung – damals für verbannte „Kulaken" (wohlhabende Bauern) – eingeführt und 1932 in der Form von Siedlungskolonien der Besserungsarbeitslager auf ehemalige Häftlinge ausgedehnt worden. „Sondersiedler" wurden in ein Vertragsverhältnis mit den Besserungsarbeitslagern gezwungen, beispielsweise zur Durchführung ausgelagerter Arbeiten oder zur Lebensmittelproduktion.[359] Dies galt auch für Verbannte aus Ostpolen, z. B. aus Lemberg, die im August 1941 als Folge des Abkommens der UdSSR mit der polnischen Exilregierung amnestiert worden waren. Entlassene aus dem Karaganda-Lagerkomplex („KarLag") mussten sich

357 Kulka, Židé, S. 182.

358 Siehe zur Entwicklung der Häftlingssterblichkeit: M. B. Smirnow / S. P. Sigatschow / D. W Schkapow, Das System der Haftanstalten der UdSSR 1929–1960, in: Nikita G. Ochotin / Arseni B. Roginski (Hrsg. im Auftrag von MEMORIAL international), Das System der Besserungsarbeitslager in der UdSSR. 1923–1960, Moskau 1998, deutsche Fassung: Berlin 2006, S. 18–67, hier 50 f. Online: http://www.gulag.memorial.de/pdf/system_besserungsarbeitslager.pdf [7. 3. 2020].

359 Siehe: Smirnow / Sigatschow / Schkapow, Das System der Haftanstalten, S. 25, 33 f.

beispielsweise in Südkasachstan ansiedeln.[360] Der riesige KarLag-Komplex war auch Verbannungsort vieler österreichischer Juden, die 1941 aus dem Baltikum deportiert worden waren.

Die ITL waren die Haftstätten für den Vollzug der „Besserungsarbeit“, wie die Zwangsarbeit genannt wurde. Seit der Einführung des „Besserungsarbeitsgesetzbuchs“ 1933 musste sie nicht mehr von Gerichten, sondern konnte auch von Polizeiorganen verhängt werden.[361] Die „Arbeitssiedler“ galten zwar nicht als Häftlinge, aber auch die „Besserungsarbeitskolonien“ wurden vom NKWD verwaltet.

Dem sowjetischen Innenministerium NKWD (Narodnyj kommissariat wnutrennich del [Volkskommissariat für innere Angelegenheiten]) war bis in die Nachkriegszeit auch die GPU (korrekt: OGPU, Objedinjonnoje gosudarstwennoje polititscheskoje uprawlenije [Vereinigte staatliche politische Verwaltung]), die Sicherheitspolizei, angegliedert. Für die Verhaftungen war die GPU, für den Betrieb der Besserungsarbeitslager und -kolonien war das NKWD zuständig. Zur Koordinierung des über die ganze Sowjetunion verstreuten Lagersystems wurde eine zentrale Administration geschaffen, die Hauptverwaltung der Besserungsarbeitslager und -kolonien (Glawnoje uprawlenije isprawitelno-trudowych lagerej i kolonij, abgekürzt Gulag). Seit Mitte der 1930er Jahre war das NKWD für alle strategischen Verkehrsbauten (Fernstraßen, Kanäle, Bahnprojekte) zuständig und benötigte hierfür einen ständigen Nachschub an Arbeitskräften. Viele Großprojekte der ersten sowjetischen Fünfjahrpläne wären ohne den Einsatz von millionenfacher Häftlingsarbeit nicht durchführbar gewesen. Ein anderer Schwerpunkt der Häftlingsarbeit war die Holzgewinnung; für Letztere war Häftlingsarbeit besonders lukrativ, weil sie mit wenig Kapitaleinsatz auskam und in erster Linie auf der Ausbeutung menschlicher Arbeitskraft beruhte.

Die Bemühungen der Kultusgemeinde, den Aufenthaltsort von Nisko-Deportierten festzustellen, fanden ihren Niederschlag in handschriftlichen Notizen in den Deportationslisten. In den im Anhang zu Mečislav Boráks Buch abgedruckten Deportationslisten finden sich für beide Typen von ITL Beispiele – besonders häufig Suchobeswodnoje und Perebory, jeweils in mehreren Schreibvarianten.

Suchobeswodnoje war Teil des Unscha-Lagerkomplexes im Gebiet Gorki zwischen Wolga und Ural. Das Unscha-ITL wurde im Februar 1938 einge-

360 Wladislaw Hedeler / Meinhard Stark, Das Grab in der Steppe. Das Straflager Karaganda in den 1930er Jahren, in: Osteuropa, Jg. 57 (2007), Nr. 8/9, S. 589–604, hier 592.

361 Siehe: Hartwig Bülck, Die Zwangsarbeit im Friedensvölkerrecht. Untersuchung über Möglichkeit und Grenzen allgemeiner Menschenrechte, Göttingen 1953, S. 95–101.

richtet und bestand bis 1960. Suchobeswodnoje an der so genannten Gorki-Eisenbahn, der Verbindung zwischen dem mittleren Wolga- und dem mittleren Ural-Gebiet, war der Sitz der Lagerverwaltung. Die bis zu 30.000 Häftlinge wurden zu Arbeiten in der Holzgewinnung, in der Konsumgüterproduktion und im Bau eingesetzt.[362]

Das Dorf Perebory (heute Teil der Stadt Rybinsk) im Gebiet Jaroslawl war Sitz der Verwaltung des ITL WolgoStroi.[363] „WolgoStroi" (auch „Wolga-ITL" oder „Wolgalager") war ein Beispiel für einen Lagerkomplex mit kriegswirtschaftlicher und damit auch militärischer Bedeutung, nämlich die Baustelle des Wasserkraftwerks Rybinsk. Lange Zeit war der Rybinsker Wolga-Stausee die größte künstliche Wasserfläche der Welt. Seit 1936 wurde an diesem Kraftwerk gebaut, bei Kriegsbeginn im Juni 1941 waren die Turbinen zwar schon montiert, aber erst im November 1941 gingen sie in Betrieb und lieferten über ein unterirdisches Panzerkabel Strom an ein Umspannwerk in Moskau. Die besondere Rolle des Kraftwerks lag darin, dass es in den Monaten, in denen die Deutsche Wehrmacht wenige Kilometer vor Moskau stand, die Stromversorgung der strategischen Einrichtungen in Moskau trotz der deutschen Bombenangriffe sicherte. Eine ähnliche strategische Bedeutung hatte das zweite Wolga-Kraftwerk, das 70 Kilometer flussaufwärts gelegene Uglitsch, das bereits ein Jahr zuvor seinen Betrieb aufgenommen hatte. Beide Baustellen wurden durch die Verwaltung des ITL WolgoStroi mit Arbeitskräften versorgt.[364]

Nach der Befreiung 1945 lebten in Österreich noch rund 5.500 Jüdinnen und Juden.[365] Das waren in erster Linie jene, die in „Mischehen" mit nichtjüdischen PartnerInnen oder, dank des lebensgefährlichen Einsatzes nichtjüdischer HelferInnen, als so genannte „U-Boote" in Verstecken überlebt hatten. Zwar kamen nach und nach Überlebende aus den Konzentrationslagern und auch aus einigen Exilländern zurück, doch betrug die Anzahl der Rückkehrer am 31. 12. 1945 erst 251 Personen.[366] Das „Wanderungsreferat", das die Kultusgemeinde gründete, sollte ursprünglich Übersiedlungen innerhalb Österreichs

362 Details auf der Website des Projekts „Das Lagersystem der Sowjetunion" der Gesellschaft MEMORIAL: http://www.gulag.memorial.de/lager.php?lag=430 [7. 3. 2020]

363 Die handschriftlichen Einfügungen auf den beiden Listen wurden offenbar zu unterschiedlichen Zeiten vorgenommen. Während sich auf der Liste des ersten Transports die diversen Verballhornungen von Perebory finden, steht auf der zweiten Liste die Bezeichnung „Wolgalager", d. h. die Personen, die die Informationen für diese Notizen lieferten, wussten offenbar bereits, um welches Lager es sich handelte.

364 Details auf der Website: http://www.gulag.memorial.de/lager.php?lag=63 [7. 3. 2020]

365 Moser, Demographie, S. 56.

366 Eveline Brugger / Martha Keil / Albert Lichtblau / Christoph Lind / Barbara Staudinger, Geschichte der Juden in Österreich, Wien ^{2}2013, S. 538.

erleichtern. Angesichts der Untätigkeit der österreichischen Regierung – „bis auf einen schwächlichen Versuch für die österreichischen Juden in der Sowjetunion“[367] – verlegte das Wanderungsreferat seinen Tätigkeitsschwerpunkt auf die Rückwanderung und die Betreuung der Heimgekehrten. Geleitet wurde es von Michael Kohn-Eber, führendes Mitglied im Weltverband der Poale Zion und Mitglied der Kommunistischen Partei Österreichs seit 1919.[368] Im Tätigkeitsbericht der Israelitischen Kultusgemeinde für die Jahre 1945 bis 1948 schilderte Kohn-Eber auch die Bemühungen des Wanderungsreferats für die Heimholung der Nisko-Deportierten und Karaganda-Internierten:

> „Im Sommer 1946 hatten wir die Bemühungen um die Heimkehr sämtlicher in die Sowjetunion geflüchteten Juden wieder aufgenommen. Wir hatten sowohl beim Bundesministerium des Äußeren wie bei der Vertretung der Sowjetmacht in Wien wiederholt nachdrücklichst um Rücktransport unserer österreichischen Mitbürger gebeten. Es sind seither [seit der Ankunft einer Gruppe von 208 Karaganda-HeimkehrerInnen im März 1947] noch kleinere Gruppen aus Karaganda und Einzelpersonen aus den sogenannten Nisko-Transporten zurückgekommen. Allerdings befindet sich noch eine derzeit nicht bestimmte Zahl von geflohenen und deportierten österreichischen Juden in der Sowjetunion, und wir bemühen uns mit allen Kräften, möglichst alle, die die schweren Kriegsjahre überlebten, nach Wien zu bringen. Wir glauben, daß diese Frage, nämlich die generelle Bewilligung der Rückkehr für sämtliche in der Sowjetunion noch lebenden Juden, in das Entscheidungsstadium getreten ist. Als Vorbedingung für die Durchführung des Rücktransports haben wir bei der Regierung den Ausbau eines umfassenden Suchdienstes angeregt, Listen der dort Befindlichen gesammelt und zur Verfügung gestellt. In den letzten Monaten hat sich in dankenswerter Weise die österreichische Vertretung in Moskau in den Dienst der Sache gestellt und gibt allen, die sie auffindet, oder die sich bei ihr melden, den Reisepaß und ist auch bereit, die Reisekosten zu bezahlen. In diesem Punkte wenigstens haben wir den ursprünglichen Widerstand unserer Behörden überwunden.“[369]

367 Bericht des Präsidiums der Israelitischen Kultusgemeinde Wien über die Tätigkeit in den Jahren 1945 bis 1948, Wien 1948, S. 28.

368 Siehe: Manfred Mugrauer, Die Jüdische Gemeinde als Politikfeld der KPÖ (1945–1955), in: Gabriele Kohlbauer-Fritz / Sabine Bergler (Hrsg. im Auftrag des Jüdischen Museums Wien), Genosse. Jude. Wir wollten nur das Paradies auf Erden, Wien 2017, S. 210–223, hier 213 f.

369 Bericht des Präsidiums der Israelitischen Kultusgemeinde, S. 31.

Im September 1947 informierte die Kultusgemeinde den World Jewish Congress in London, dass es von den 1.584 nach Nisko deportierten Männern „einer größeren Anzahl gelungen [sei], nach Russland zu flüchten. Von diesen sind einige wenige nach Wien zurückgekehrt. Herr Dr. Siegfried Pollak,[370] Wien 19, Sieveringerstr. 245, der vor kurzer Zeit hier ankam, brachte uns eine Liste von 8 Kameraden, die in Kamensk-Uralsk, Swerdlowsk oblast, U.d.S.S.R., gestorben sind. Weiters erfuhren wir von Dr. Pollak, dass Herr Roman Eisner noch in dieser Stadt lebt.“ Die IKG bat um die Veröffentlichung der Liste der in dieser westsibirischen Stadt Verstorbenen, „da uns die Familienangehörigen nicht bekannt sind“.[371]

Zu den von Michael Kohn-Eber im IKG-Bericht 1945–1948 erwähnten Bemühungen gehörte auch, dass im Oktober 1947 im Wanderungsreferat ein eigenes „Nisko-Komitee“ gebildet wurde, das die Informationen sammelte, die von einzelnen Heimkehrern in Erfahrung gebracht werden konnten. Das Komitee, dem vier heimgekehrte Deportierte und ein Vertreter der Kultusgemeinde angehörten, wandte sich an die Angehörigen und lud sie ein, sich im Wanderungsreferat zu erkundigen, wer eventuell Näheres über den Verbleib des Deportierten wissen könnte. Allerdings hat nur der „Mahnruf“, die Zeitschrift des „Bundes der politisch Verfolgten – Österreichischer Bundesverband“ (umgangssprachlich: „KZ-Verband“) die Mitteilung veröffentlicht, der Namen und Adressen von 58 bis zu diesem Zeitpunkt zurückgekehrten Personen beifügt waren.[372]

Nicht nur Angehörige, auch der zionistische „Verband österreichischer Juden“ (der in seinem Briefkopf darauf hinwies, dass er „dem World Jewish Congress, Headoffice New York“ angeschlossen sei) erbat Nachforschungen – in diesem Fall nach Josef Pisker.[373] In der Antwort verwies die IKG darauf, dass sie schon „vor einiger Zeit an unsere Vertretung in Moskau eine Dringlichkeits-

370 Siegfried Pollack, geb. 24. 8. 1886, hatte auf der zweiten Transportliste vom 27. 10. 1939 die fortlaufende Nummer 480. Laut handschriftlichem Eintrag auf der Deportationsliste wohnhaft in „18, Karl Beckg. 33“. Die Teschnergasse trug in den Jahren 1945–1956 die Bezeichnung Karl-Beck-Gasse. Vor 1938 hatte sie Lazaristengasse und 1938–1945 Gustloffgasse geheißen. Da Pollak zum Zeitpunkt der Abfassung des Briefes in der Sieveringer Straße wohnte, müssen die handschriftlichen Zusätze in der Liste nach dem September 1947 erfolgt sein.

371 IKG Wien an World Jewish Congress, London, 25. 9. 1947, ITS (= International Tracing Service/Internationaler Suchdienst des Roten Kreuzes) Digital Archive, Arolsen Archives – International Center on Nazi Persecution, 1.1.47.1 / 5160558.

372 „An die Angehörigen von Nisko-Deportierten“, in: Der Mahnruf, Nr. 9 (Doppelnummer November 1947), S. 14.

373 Josef Pisker, geb. 26. 9. 1894 in Felling (Waldviertel), am 27. Oktober 1939 aus Wien nach Nisko deportiert.

liste übergeben" habe, die auch den Namen Piskers enthalte, „um eine rasche Heimsendung all unserer heimkehrwilligen Brüder aus der UdSSR zu erreichen". Soeben sei eine Antwort eingetroffen, derzufolge „auch die sowjetischen Stellen diesem Bestreben volles Verständnis entgegenbringen".[374] Die Kultusgemeinde konnte bei Pisker immerhin den Ort in Erfahrung bringen, an dem er zuletzt gesehen wurde: „1942 Pery Bory bei Rybnik, Wolgastroy Lager".[375] Gemeint war das erwähnte Besserungsarbeitslager „WolgoStroj" in Rybinsk-Perebory.

Der Tätigkeitsbericht der IKG enthielt auch eine vom Wanderungsreferat erstellte Statistik, von wo wie viele Personen bis Anfang 1948 nach Wien heimgekehrt waren. Für Nisko nennt die Tabelle die Zahl 76.[376]

Ende Mai 1955, nach der Unterzeichnung des Staatsvertrags, unternahm die Kultusgemeinde einen neuerlichen Anlauf.[377] Ob die Suche nach verschollenen Nisko-Deportierten erfolgreich war, kann beim gegenwärtigen Forschungsstand nicht gesagt werden. Von insgesamt 16 Personen konnte die Kultusgemeinde eruieren, dass sie mit einiger Wahrscheinlichkeit noch lebten. Bei vier von ihnen war auch der mutmaßliche Aufenthaltsort 1955 bekannt.[378] Diese vier wurden in folgenden Besserungsarbeitslagern festgehalten:

- Im Straflagerpunkt am Kohleschacht „Dubowka" im Kohlebecken von Karaganda (heute Qaraghandy in Kasachstan), einem Lager „für notorische Verletzer der Lagerordnung" und Gefangene, „die im Lager erneut wegen konterrevolutionärer Verbrechen verurteilt"[379] worden waren.
- Im ITL Solikamsk, 200 km nördlich der sibirischen Stadt Perm – ein Verbannungsort u. a. für Wolgadeutsche, an dem Mitte der 1950er Jahre immer noch zwischen 15.000 und 20.000 Gefangene, vor allem in der Holzgewinnung, arbeiteten.[380]
- In Tajschet, auf halbem Wege zwischen Krasnojarsk und Irkutsk in Sibirien. In Tajschet befand sich die Verwaltung der 1948 gegründeten „Seelager" (auch „OserLag", benannt nach dem Baikalsee, russ. Osero

374 Verband österreichischer Juden an IKG/Nisko-Komitee, 16. 12. 1947, und Antwort der IKG (Wanderungsreferat), gez. Amtsdirektor W. Krell, 18. 12. 1947, Archiv der IKG Wien, III/AD/59/15.

375 Ebenda.

376 Bericht des Präsidiums der Israelitischen Kultusgemeinde, S. 32.

377 Garscha, Deportation als Vertreibung, S. 140 f.

378 Archiv der IKG, A/VIE/IKG/III/BEV/63/4.

379 Hedeler / Stark, Grab in der Steppe, S. 593.

380 Details auf der Website http://www.gulag.memorial.de/lager.php?lag=433 [7. 3. 2010].

Bajkal).[381] Das waren Sonderlager mit verschärftem Regime, die Häftlinge wurden im Eisenbahnbau und zu Holzarbeiten eingesetzt.

- Im riesigen ITL Norilsk in Nordsibirien, wo Zehntausende Häftlinge sowohl in den Kohleschächten als auch im Kupfer-Nickel-Kombinat arbeiten mussten.[382]

Für Angehörige war inzwischen nur mehr der Internationale Suchdienst des Roten Kreuzes (International Tracing Service – ITS) im niedersächsischen Bad Arolsen eine Anlaufstelle. Dort erkundigte sich 1960 Gertrude Stewart aus London, Schwester des Nisko-Deportierten Paul Hirsch,[383] nach dem Verbleib ihres Bruders. Nach der „Besetzung Wiens durch die Wehrmacht" sei ihr Bruder in ein Lager gebracht worden, seine letzte Adresse habe gelautet: „Lemberg /Polen/ Spitalner 24".[384] Gemeint war die Lemberger Szpitalna (ukrainisch Schpytalnaja) Straße. Der Suchdienst konnte ihr allerdings keine andere Auskunft geben, als dass Paul Hirsch am 27. Oktober 1939 „von Wien nach Nisko evakuiert" worden sei.[385]

Am 24. Juli 1979 leitete das Österreichische Rote Kreuz an den Internationalen Suchdienst die Anfrage der tauben Mutter eines Nisko-Deportierten weiter: Die Wienerin Ludmilla Coschell-Martinu sei „verzweifelt, von ihrem Sohn überhaupt keine Nachricht mehr zu haben". Sie habe „schon bei den verschiedensten Stellen vorgesprochen. Das Rote Kreuz ist ihre letzte Hoffnung". Das Auskunftsbüro des Roten Kreuzes in der Hofburg notierte die Angaben der alten Frau über ihren Sohn folgendermaßen: „Johann HERZ-MARTINU, geb. 26. 6. 1918 in Wien, Jude, der 1939/1940/am 27. X. 39 von Wien nach Nisco am Sand [sic!] in ein Lager verschleppt wurde. Letzte Nachricht 19. 12. 1939 aus Lemberg, sollte dann nach Stanislau oder in das Innere Russland[s] gebracht werden." Arolsen konnte auch nicht helfen, das ITS korrigierte auf dem Schreiben des Österreichischen Roten Kreuzes allerdings mit Rotstift den Deportationsort in „Nisko nad Sanem/Polen".[386]

381 Details auf der Website http://www.gulag.memorial.de/lager.php?lag=261 [7. 3. 2010].

382 Details auf der Website http://www.gulag.memorial.de/lager.php?lag=258 [7. 3. 2010].

383 Paul Hirsch, geb. 22. 4.1905 in Wien, letzte Wohnadresse Wien 2, Förstergasse 8, am 27. Oktober 1939 aus Wien nach Nisko deportiert, verstorben am 15. 5.1943.

384 Anfrage vom 15. 5. 1960, ITS Digital Archive, Arolsen Archives – International Center on Nazi Persecution, 6.3.3.2 / 107240082.

385 Ebenda, Nr. 107240084. Die Formulierung „evakuiert" statt „deportiert" findet sich auch in anderen Anfragebeantwortungen.

386 Ebenda, Nr. 107969123.

1983 wandte sich Regine Chum[387] an den wissenschaftlichen Leiter des Dokumentationsarchivs des österreichischen Widerstandes, Wolfgang Neugebauer, mit der Bitte um Unterstützung bei der Suche nach ihrem verschollenen Vater. Nach ihrer Erinnerung hatte er Unterkunft bei einem Leon Zindler in der „Nadbrazena"-(=Nadbrzeżna)-Gasse gefunden. Innerhalb des Internationalen Suchdienstes des Roten Kreuzes musste erst geklärt werden, ob das DÖW als Institution Auskunft bekommen darf. Der Leiter notierte auf dem Schreiben: „In Einzelfällen Auskunft ja"[388] – Grund war, dass das DÖW sozusagen als Anwalt für eine Angehörige des Vermissten handelte. Die Auskunft war ernüchternd: In Arolsen konnte man zwar die ohnehin bekannten Angaben zu Samuel Waringers Lebensweg bis zur Deportation nach Nisko – KZ Dachau (31. Mai bis 23. September 1938) und KZ Buchenwald (24. September 1938 bis 7. August 1939) – rekonstruieren und teilte auch das Deportationsdatum (27. Oktober 1939) mit. Weitergehende Informationen lagen nicht auf.

Ausblick

Nur langsam sickerte die Nisko-Aktion in das kulturelle Gedächtnis, entstand ein Bedürfnis nach ehrendem Andenken für die Opfer dieser ersten Massendeportation von Juden aus mehreren Ländern in ein Lager. Dies begann in den 1990er Jahren, als in zahlreichen Ländern Europas vermehrt Erinnerungszeichen an den Holocaust errichtet wurden. Die Initiative für Nisko ging von einer Privatperson aus.

Mehr als fünfzig Jahre nach den Deportationen, im September 1992, kam ein fast siebzigjähriger kanadischer Geschäftsmann, Sigmund Sobolewski, nach Nisko, um auf dem Bahnhofsgebäude eine Gedenktafel anzubringen. Die

387 Regine Chum, geb. Waringer (1923–2007), in den 1990er Jahren Mitglied von Memorial-Österreich und ehrenamtliche Mitarbeiterin des Dokumentationsarchivs des österreichischen Widerstandes, hat 1989 an einer vierteiligen Videodokumentation von Liesl Frankl (Kamera: Hans Friedel, Begleithefte mit Interview-Transskripten: Winfried R. Garscha) mitgewirkt. Interviewt von zwei jungen Gewerkschaftsmitgliedern, Petra Bayr und Clemens Becker, berichteten jeweils ein Mann und eine Frau über ihre Erfahrungen in der NS-Zeit: Verband Österreichischer Schulungs- und Bildungshäuser (Hrsg.), Zukunft ohne Angst – Hoffnungen des Widerstands. Widerstandskämpfer im Gespräch, H. 3: „...man muss den jungen Leuten Mut machen...", Wien 1989. Online: https://www.weitererzaehlen.at/interviews/regine-chum-franz-cernut [7. 3. 2010].

388 Anfrage DÖW an Suchdienst Arolsen, 22. 9. 1983; Konzept des Antwortschreibens, 26. 10. 1983, ITS Digital Archive, Arolsen Archives – International Center on Nazi Persecution, 6.3.3.2 / 109135061 bzw. 109135063.

Beziehung des Stifters der Tafel zu Nisko war eher eine zufällige und hatte mit Flucht und Vertreibung nach dem deutschen Überfall auf Polen 1939 zu tun:[389] Er war 1923 als Sohn des damaligen Bürgermeisters von Toruń geboren worden. Nach der Eroberung Polens hatte Deutschland Toruń dem neuen Reichsgau Danzig-Westpreußen angeschlossen. Zehntausende polnische Familien mussten aus ihrer Heimat fliehen oder wurden ins „Generalgouvernement" vertrieben. In Nisko am San engagierte sich sein Vater in der polnischen Untergrundbewegung. Da er bei seiner Verhaftung tuberkulosekrank war und die Gestapobeamten sich nicht anstecken wollten, nahmen sie seinen 17-jährigen Sohn Zygmunt mit und brachten ihn ins Gefängnis Tarnów. Von dort wurde am 14. Juni 1940 der erste Transport ins Konzentrationslager Auschwitz abgefertigt. Sobolewski erhielt die Auschwitzer Häftlingsnummer 88. Aufgrund seiner guten Deutschkenntnisse wurde er für Dolmetschdienste verwendet und schließlich der Lagerfeuerwehr zugeteilt. Nach dem Aufstand der Häftlinge des Sonderkommandos am 7. Oktober 1944 in Birkenau setzte die SS die Lagerfeuerwehr ein, um den Brand im gesprengten Krematorium 4 zu löschen. Sobolewski wurde Zeuge der „Vergeltungsmaßnahme", der Exekution von 450 jüdischen Häftlingen. Die Lagerfeuerwehr wurde in das KZ Sachsenhausen verlegt, während der Räumung des Konzentrationslagers konnte Sobolewski fliehen. 1949 verschlug es ihn nach Kanada, wo er sich schließlich in Fort Assiniboine niederließ, einem kleinen Dorf im Nordwesten Kanadas, das während des „Goldrauschs" ein Stützpunkt auf dem Weg nach Klondike gewesen war. Seit 1967 hatte er sich gegen das Erstarken des Neonazismus und Antisemitismus in der Bundesrepublik Deutschland und in Kanada engagiert und sich mit Versuchen des politischen Katholizismus auseinandergesetzt, Auschwitz zu einem katholischen Gedenkort zu machen, was ihn als ehemaligen katholischen Häftling, der die Judenvernichtung mitansehen musste, besonders emporte. Die Idee zur Gründung einer „Auschwitz Awareness Society" war ihm gekommen, nachdem er per Zeitungsinserat Unterstützung für seine geplante Autobiografie gesucht hatte und feststellen musste, dass von den 43 Personen, die sich meldeten, nur vier jemals etwas von Auschwitz gehört hatten.[390] Sobolewski fand

389 Die nachfolgenden biografischen Angaben stützen sich im Wesentlichen auf: https://www.wikiwand.com/de/Sigmund_Sobolewski [7. 3. 2020], das sich vor allem auf (kanadische) Zeitungsartikel stützt. Obwohl Wikipedia den Holocaust korrekt als „nationalsozialistische[n] Völkermord an 5,6 bis 6,3 Millionen europäischen Juden" definiert, wird der katholische Pole Sobolewski, den nicht einmal die Nationalsozialisten als „Juden" klassifizierten, in diesem Eintrag als „Holocaust-Überlebender" bezeichnet.

390 Siehe: Carol Ritch, Catholics, Jews Recall Auschwitz Anniversary, The Jewish Star (Edmonton Edition), Jg. 9 (1989), February, S. 1.

schließlich einen Rabbiner, der seine Biografie aufschrieb und unter dem Titel „Häftling 88" publizierte.[391]

Der Text der kleinen, unauffälligen Gedenktafel über den beiden Fahrplantafeln mit Ankünften und Abfahrten auf dem Bahnhof in Nisko ist nicht ganz korrekt: Der 18. Oktober war nicht der Ankunftstag der Deportierten, sondern der Abfahrtstag des ersten Transports mit neunhundert Männern aus Mährisch-Ostrau. Außerdem wurden nicht nur Juden aus der Tschechoslowakei und Österreich nach Nisko deportiert. Zu berücksichtigen ist allerdings, dass zum Zeitpunkt der Anbringung der Tafel erst wenige Forschungsergebnisse über die Nisko-Aktion international verfügbar waren – nämlich einzig ein Aufsatz von Jonny Moser in einer amerikanischen Zeitschrift.[392] Auch die revidierte, dreibändige Neuauflage von Raoul Hilbergs epochalem Standardwerk „Destruction of the European Jews" enthielt nur einen ganz allgemeinen Hinweis auf die Deportationen 1939/1940. Im Zusammenhang mit der Abschiebung von 200.000 Juden und Jüdinnen ins Generalgouvernement schrieb Hilberg: „Their number included 6,000 Jews from Vienna, Prague, Moravska Ostrava (Protektorat), and Stettin."[393]

Die Angaben auf der Gedenktafel finden sich auch auf der Website der Stadt Nisko www.nisko.pl. Mečislav Borák hat 2005 als Erster darauf aufmerksam gemacht, dass die Website fehlerhafte Angaben zur Nisko-Aktion enthält: Die nach Nisko deportierten Juden seien aus Prag und Wien gekommen – Ostrava/Mährisch-Ostrau und Katowice/Kattowitz würden gar nicht erwähnt.[394] Auch 2020 lautet der Eintrag immer noch, am 18. Oktober 1939 sei ein 1000-köpfiger Konvoi von Juden aus Wien und Prag auf dem Bahnhof Nisko angekommen, wo ihnen SS-Hauptsturmführer Adolf Eichmann eine „Begrüßungsrede" gehalten habe.[395]

Wie mehrfach erwähnt, veranstaltete die Universität Ostrava im Oktober 1994, zum 55. Jahrestag der ersten Deportation, eine erste wissenschaftliche

391 Roy D. Tanenbaum, Prisoner 88. The Man in Stripes, Calgary 1998.

392 Jonny Moser, Nisko. The First Experiment in Deportation, in: Simon Wiesenthal Annual. (New York), Jg. 2 (1985), S. 1–30.

393 Raoul Hilberg, The Destruction of the European Jews, New York–London 1987, Bd. 2, S. 207. Übrigens enthielt auch die drei Jahre später erschienene deutsche Ausgabe nur in der Fußnote den Namen Nisko. Die Anmerkung korrigierte die irrtümliche Angabe Prag in der englischen Ausgabe, enthielt aber ebenfalls keinen Hinweis auf die Kattowitzer Deportierten: Hilberg, Die Vernichtung der europäischen Juden, Bd. 2, S. 416.

394 Borák, Transporty do Niska, S. 284.

395 „18 października 1939 roku na stacje kolejową w Nisku przybył 1000-osobowy konwój Żydów z Wiednia i Pragi, do którego sam SS-Hauptsturmfuhrer Adolf Eichmann wygłosił ‚mowę powitalną'." https://www.nisko.pl/miasto/poznaj-miasto/historia [7. 3. 2020].

Konferenz zum „Fall Nisko in der Geschichte der ‚Endlösung der Judenfrage'".[396] Im Zusammenhang mit der Konferenz wurde in einem großen Park im Westen der Stadt, den „Sady Dr. Milady Horákové" [Milada-Horáková-Gärten], ein Denkmal enthüllt. Bei der Zeremonie am 18. Oktober 1994 gedachte Präsident Václav Havel zwar der Opfer der Deportationen, doch die einzige Inschrift auf dem vom Olmützer Bildhauer Karel Hořínek und dem Architekten Vít Plensník gestalteten Stein mit dem siebenarmigen Leuchter ist ein „Memento!" („Jizkor") in lateinischen und hebräischen Lettern. Das Denkmal erinnert auch daran, dass der Park sich an der Stelle des alten jüdischen Friedhofs der Stadt aus den 1870er Jahren befindet. Der neue jüdische Friedhof war in den 1960er Jahren auf der anderen Seite der Oder, in Slezská Ostrava/Schlesisch-Ostrau, angelegt worden. Auch fünfzig noch gut erhaltene Grabsteine waren dorthin transferiert worden. Alles was in dem großen Grün-Areal, das nunmehr den Namen des vormaligen kommunistischen Staatspräsidenten Klement Gottwald trug, an den ursprünglichen Verwendungszweck erinnerte, war die bereits im Zerfall begriffene große Zeremonienhalle, ein langgestrecktes Gebäude mit einer Arkadenhalle, das den Friedhof von der vorbeiführenden Straße trennte. Die Halle samt Nebengebäuden war 1913 nach Plänen des aus Mährisch-Ostrau stammenden Otto-Wagner-Schülers Richard Straßmann errichtet worden.[397] Gleichzeitig mit der Eröffnung der Zeremonienhalle beim Neuen Jüdischen Friedhof 1988 – deren Errichtung auch durch ein hohes Ausmaß an Freiwilligenarbeit ermöglicht worden war – ordnete die Stadtverwaltung von Ostrava den Abriss der Zeremonienhalle des alten Friedhofs an.[398] 1990 wurde der Park nach der Widerstandskämpferin Milada Horáková, die 1950 von der stalinistischen Justiz als „Spionin" hingerichtet worden war, benannt. Ein eigenes Denkmal für die Nisko-Deportierten wurde erst 15 Jahre später errichtet.

Das erste Denkmal in Österreich, das auch an die nach Nisko deportierten Wiener Juden erinnert, ist das von Rachel Whiteread entworfene Mahnmal auf dem Wiener Judenplatz. Die am 25. Oktober 2000 vom Bundespräsidenten,

396 Siehe: Nisko 1939/1994.

397 Neue Kultusanlagen in Mährisch-Ostrau, in: Zeitschrift des österreichischen Ingenieur- und Architekten-Vereines, Jg. 65 (1913), H. 8, S. 413. Die dazugehörige „Tafel IV" des Bildteils ist online einsehbar über das Portal ANNO der Österreichischen Nationalbibliothek: http://anno.onb.ac.at/cgi-content/anno-plus?aid=zia&datum=1913&page=1834&size=33 [7. 3. 2020].

398 Borák, First Deportation, S. 207; Jacob Ari Labendz, Re-Negotiating Czechoslovakia. The State and the Jews in Communist Central Europe: The Czech Lands, 1945–1989, Dissertation an der Washington University in St. Louis, Missouri, 2014, S. 308, online: https://openscholarship.wustl.edu/etd/1315 [7. 3. 2020].

dem Präsidenten der Wiener Kultusgemeinde, der Architektin sowie dem Initiator des Mahnmals, Simon Wiesenthal, der Öffentlichkeit übergebene Anlage listet auf den Steinplatten rund um das eigentliche Denkmal alle 45 Orte auf, an denen österreichische Juden und Jüdinnen nach ihrer Deportation ermordet wurden. Unter diesen ist auch Nisko genannt. Wenige Monate später legte das Dokumentationsarchiv des österreichischen Widerstandes eine CD-ROM mit den Namen und biografischen Daten der bis zu diesem Zeitpunkt eruierten 62.000 Holocaust-Opfer vor, unter ihnen auch die Namen jener Nisko-Deportierten, die späteren Verfolgungen zum Opfer gefallen waren. Seit 2005 sind diese Daten auf der Website des DÖW www.doew.at abfragbar und werden regelmäßig überprüft und ergänzt.

Bereits 1975 hatte das DÖW im dritten Band der Dokumentation „Widerstand und Verfolgung in Wien" mehrere Schlüsseldokumente zur Nisko-Aktion veröffentlicht.[399] In der Hauptsache war es aber das Verdienst des ehrenamtlichen DÖW-Mitarbeiters Jonny Moser (1925–2011), dass Nisko in all den Jahren in der Tätigkeit des DÖW präsent blieb – nicht zuletzt auch durch Gespräche unter den MitarbeiterInnen und mit BesucherInnen des Archivs. Darüber hinaus publizierte Jonny Moser im Oktober 1989 in dem von den Jüdischen Akademikern Österreichs und der Vereinigung Jüdischer Hochschüler Österreichs herausgegebenen Jahrbuch „Das Jüdische Echo" einen großen Aufsatz zu Nisko.[400] So wurde das Andenken an diese ersten österreichischen Deportierten nach Osten in Wien gewahrt, auch ohne dass ein Erinnerungszeichen im öffentlichen Raum für sie existierte.

Angesichts des jahrzehntelangen Engagements Jonny Mosers war es nur folgerichtig, dass er als sein letztes Werk ein umfangreiches Manuskript zur Nisko-Aktion hinterließ. Mit seiner Redaktion hatte der langjährige wissenschaftliche Leiter des DÖW, Wolfgang Neugebauer, noch zu Lebzeiten Mosers begonnen, er übergab die aufwändige Bearbeitung nach Mosers Tod an den Verlag. 2012 gaben Jonny Mosers Söhne Joseph und James das Buch in der Wiener Edition Steinbauer heraus, womit erstmals eine umfangreiche Studie in deutscher Sprache vorlag, die sich noch dazu – im Gegensatz zu früheren wissenschaftlichen Beiträgen, etwa in der neunbändigen Dokumentation „Der Ort des Terrors. Geschichte der nationalsozialistischen Konzentrationslager"[401]

399 Widerstand und Verfolgung in Wien 1934–1945, Bd. 3, S. 284–288. (Die Dokumentation erschien 1982 als unveränderter Nachdruck.)

400 Jonny Moser, Nisko. Ein geplantes Judenreservat in Polen, in: Das Jüdische Echo, Jg. 38 (1989), S. 118–122.

401 Moser, Zarzecze bei Nisko.

oder in der dreibändigen „Enzyklopädie des Holocaust“[402] – an ein breiteres Publikum wandte. Die dem Buch zugrundeliegenden Quellen sind als privater Nachlass der Öffentlichkeit bislang leider nicht zugänglich.

Zum 70. Jahrestag der Nisko-Aktion, am 18. Oktober 2009, enthüllte der Bürgermeister von Ostrava hinter dem Hauptbahnhof, gemeinsam mit dem Oberrabbiner von Ostrava und Vertretern verschiedener gesellschaftlicher Organisationen, ein von der Architektin Zuzana Havlínová und dem Bildhauer Michal Bič gestaltetes Denkmal. Am selben Tag fand auch eine wissenschaftliche Konferenz statt, allerdings in wesentlich kleinerem Rahmen als 1994. Das Denkmal trägt die Inschrift „Památce obětí prvního deportačního transportu Židů v Evropě dne 18.10.1939 z Ostravy do Niska v Polsku“ [Im Andenken an die Opfer des ersten Deportationstransports von Juden in Europa am 18. 10. 1939 von Ostrava nach Nisko in Polen].[403] Es ist dies der Ort, an dem seither Gedenkveranstaltungen für die Opfer der Deportation stattfinden.

Aus Anlass des 80. Jahrestags hielt das Dokumentationsarchiv des österreichischen Widerstandes am 17. September 2019 jenes internationale Symposion ab, auf dessen Grundlage der vorliegende Band entstand.[404]

Eine wissenschaftliche Tagung, die an die Konferenz von 1994 in Ostrava anknüpfen sollte, war auch in Tschechien angedacht worden; nach dem Tod von Mečislav Borák (1945–2017) fehlte aber die treibende Kraft für ein solches Projekt. Allerdings hat die Stadt Ostrava aus Anlass des 80. Jahrestags des „allerersten Transports“ europäischer Juden[405] eine Kundgebung beim Deportationsdenkmal beim Hauptbahnhof veranstaltet, auf der die Vorsitzende der Jüdischen Gemeinde von Ostrava, Milena Slaninová, an das Schicksal der Deportierten erinnerte: Ein Teil derer, die zurückkehren konnten, wurde 1942 nach Theresienstadt und von dort weiter in Konzentrations- und Vernichtungslager deportiert. Am Beispiel eines der Männer, die über die Demarkationslinie auf sowjetisches Gebiet gelangten und sich später Einheiten der Tschechoslowakischen Brigade im Rahmen der Roten Armee anschlossen, machte Slaninová

402 Nisko-und-Lublin-Plan, in: Israel Gutman / Eberhard Jäckel / Peter Longerich / Julius H. Schoeps (Hrsg.), Enzyklopädie des Holocaust. Die Verfolgung und Ermordung der europäischen Juden, Berlin 1993, Bd. 2, S. 1011–1013.

403 Unterlagen zum Denkmal sind zugänglich über die Website des Ostrauer „Projektstudios“ (David Kotek und Zuzana Sýkorová): https://www.archiweb.cz/b/pamatnik-transportu-zidu-z-ostravy-do-niska [7. 3. 2020].

404 https://www.doew.at/termine/veranstaltungsarchiv/nisko-1939-erste-massendeportation-aus-wien-deportation-und-vernichtung-maly-trostinec [7. 3. 2020].

405 So die Formulierung („vůbec první transport“) im Bericht auf der offiziellen Website der Stadt: https://www.ostrava.cz/cs/o-meste/aktualne/prvni-transport-zidu-v-evrope-vyjel-z-ostravy-pred-80-lety [7. 3. 2020].

deutlich, dass viele Nisko-Deportierte einen sichtbaren Beitrag zur Befreiung ihres Landes von der nationalsozialistischen Herrschaft geleistet hatten. An der Veranstaltung beteiligten sich auch Vertreter der Stadt Ostrava, der Föderation der jüdischen Gemeinden in der Tschechischen Republik, der israelischen Botschaft in Prag sowie der polnische Generalkonsul in Ostrava.

Die Ungeheuerlichkeit der deutschen Massenvernichtungsverbrechen im eroberten Polen hatte zur Folge, dass kleinere Opfergruppen von der Öffentlichkeit häufig unbemerkt blieben. Eine Aktion, die „nur“ wenige Tausend Deportierte betraf, die außerdem von „außerhalb“ kamen, blieb unterhalb der Wahrnehmungsschwelle. Es ist daher nicht verwunderlich, dass, wie oben erwähnt, die Initiative für ein erstes Erinnerungszeichen in Nisko selbst von außen kam – von einem nach Übersee emigrierten Polen, der selbst nur kurz, nämlich als Vertriebener des Jahres 1939, in Nisko gelebt hatte. Beachtlich ist, dass diese Tafel das erste Erinnerungszeichen an die Nisko-Aktion überhaupt war; nicht nur in Polen.

Die Tafel auf dem Bahnhofsgebäude von Nisko ist aber auch unter einem anderen Aspekt bemerkenswert: Unter polnisch-jüdischen Opfern wurden und werden in erster Linie die rund drei Millionen Ermordeten verstanden, die jüdischen Glaubens gewesen waren und jiddisch gesprochen hatten. Mit dem Übertritt zum Katholizismus war für assimilationswillige Juden und Jüdinnen auch der Wechsel der Sprache vom Jiddischen zum Polnischen verbunden. Jene Tausenden von Vertriebenen aus den von Deutschland annektierten Gebieten, die deutsch sprachen und entweder jüdischen Glaubens waren oder von den Nationalsozialisten zu „Juden“ gemacht wurden, weil sie jüdische Vorfahren hatten, „passten“ nicht in das polnische Nachkriegsnarrativ (und wurden auch von der deutschen Publizistik und Geschichtswissenschaft nicht beachtet). Zu ihnen zählten auch die Deportierten der beiden Transporte aus Górny Śląsk/Oberschlesien.[406] Es ist bezeichnend, dass in dem vermutlich von Sigmund Sobolewski selbst verfassten Text die größte Gruppe unter den nach Nisko Deportierten fehlt: die etwa 1.900 bis 2.000 Männer aus verschiedenen oberschlesischen Orten, die von Katowice/Kattowitz aus deportiert worden waren.

406 Erst seit den 1990er Jahren wird in Büchern, Artikeln und Ausstellungen an die jüdische Bevölkerung Oberschlesiens erinnert. Eine Pionierrolle kam dabei der historischen Vierteljahreszeitschrift „Sobótka“ [Johannisfeuer] zu, die das erste Heft des Jahrgangs 1989 der Geschichte der jüdischen Bevölkerung Schlesiens widmete. Darin war auch ein erster Aufsatz über die Verfolgung der oberschlesischen Juden und Jüdinnen enthalten: Bogdan Cybulski, Żydzi polscy w prowincji górnośląskiej w okresie II wojny światowej [Polnische Juden in den Provinzen Oberschlesiens während des Zweiten Weltkriegs], in: Śląski Kwartalnik Historyczny „Sobótka“, Jg. 44 (1989), Nr. 1, 137–149.

Auf Initiative der Stadt Nisko und der Kulturgesellschaft für die Region Nisko („Towarzystwo Ziemi Niżańskiej“) fand zum 80. Jahrestag der ersten Deportation nach Nisko am 18. Oktober 2019 eine Kranzniederlegung vor dem Bahnhof Nisko statt. Die Gedenktafel auf dem Bahnhofsgebäude war bereits im September 1992 angebracht worden – durch den katholischen Auschwitz-Überlebenden Sigmund Sobolewski (1923-2017) aus Fort Assiniboine in der kanadischen Provinz Alberta. Sobolewskis Leidensweg hatte 1940 in Nisko begonnen.

Tygodnik „Sztafeta“, Stalowa Wola. Fotos: Kamila Brzezińska

Vor dieser Tafel legten zum 80. Jahrestag der ersten Deportation nach Nisko am 18. Oktober 2019 der Bürgermeister von Nisko, Waldemar Ślusarczyk, Vertreter der Kulturgesellschaft für die Region Nisko („Towarzystwo Ziemi Niżańskiej“), der deutsche Generalkonsul in Krakau, Michael Groß, und der Direktor des Genozid-Studienzentrums Terezín (Theresienstadt), Šimon Krbec, Kränze nieder. Die Initiative für die Aktion war von der Gesellschaft „Towarzystwo Ziemi Niżańskiej“ ausgegangen, die den Ort des nationalsozialistischen Lagers eruiert und einen Gedenkstein auf dem ehemaligen Lagergelände in Auftrag gegeben hatte.[407] Der Text auf dem Gedenkstein lautet: „An diesem Platz, in Zarzecze, im Ortsteil Ług, existierte von Oktober 1939 bis April 1940 ein Durchgangslager für Juden aus Ostrava, Wien und Katowice, deportiert durch die deutschen Nationalsozialisten. Towarzystwo Ziemi Niżańskiej, Nisko – Zarzecze, 18. Oktober 2019“.[408] Nach der Kundgebung vor dem Bahnhof Nisko fand eine weitere Kranzniederlegung am Gedenkstein in Zarzecze, auf der Wiese neben der Ługowa-Straße, statt. Die heute in gerader Linie von der San-Brücke bis zur Kreuzung mit der Mickiewicz- bzw. Ługowa-Straße führende Straße durchquert das ehemalige Lagergelände. Das Gelände ist heute eine spärlich mit Büschen bewachsene Wiese mit zwei kleinen Teichen.

Die Leiterin der Pädagogischen Bibliothek in Stalowa Wola, Ewa Krzyżek, hatte eine umfangreiche Sonderausstellung mit Kopien von Dokumenten, Fotos und Zeichnungen von Leo Haas vorbereitet, die aus Anlass der Enthüllung des Gedenksteins im „Centrum Kultury w Zarzeczu“ [Kulturzentrum in Zarzecze] an der Mickiewicz-Straße eröffnet wurde.

Die Veranstaltungen in Nisko und Zarzecze fanden nicht nur ihren Niederschlag in der in Stalowa Wola erscheinenden Tageszeitung „Sztafeta“ samt ihren Lokalausgaben in Nisko, Tarnobrzeg, Sandomierz und Leżajsk, sondern auch in lokalen Wochenzeitungen, beispielsweise in dem in der kleinen Stadt Sandomierz an der Weichsel erscheinenden „Sandomirer Boten“ („Gość Sandomierski“).[409] Der Nachrichtenkanal des tschechischen Fernsehens, ČT24, brachte einen ausführlichen Bericht, in dem unter anderem die Ansprache von

407 Siehe die Einladung zur Gedenkveranstaltung: http://www.tzn.nisko.pl/?p=737 [7. 3. 2020]. Durch Anklicken der Grafik wird die Skizze sichtbar gemacht.

408 Der Text („W tym miejscu, w Zarzeczu na Ługu od października 1939 r. do kwietnia 1940 r. istniał obóz przejściowy dla Żydów z Ostrawy, Wiednia i Katowic, deportowanych przez niemieckych nazistów“) ist auf einem der 37 Bilder zu erkennen, mit denen Kamila Brzezińska die Online-Version ihres Berichts für die Tageszeitung „Sztafeta“ illustrierte: http://www.sztafeta.pl/upamietniono-ofiary-akcji-nisko/ [7. 3. 2020].

409 In der Ausgabe vom 3. 11. 2019. Online: https://sandomierz.gosc.pl/doc/5931497.Pamiatkowa-tablica [7. 3. 2020].

Im Anschluss an die Gedenkveranstaltung beim Bahnhof Nisko wurde auf dem gegenüberliegenden San-Ufer, auf einer Wiese beim Dorf Zarzecze, ein Gedenkstein zur Erinnerung an das Lager, das hier von Oktober 1939 bis April 1940 bestand, enthüllt. Oben: Blick über das ehemalige Lagergelände. Unten: der Bürgermeister von Nisko, Waldemar Ślusarczyk, flankiert vom Präsidenten und Vizepräsidenten der Kulturgesellschaft für die Region Nisko, Stanisław Gawryś und Mariusz Kowalik.

Tygodnik „Sztafeta“, Stalowa Wola. Fotos: Kamila Brzezińska

Šimon Krbec vor dem Gedenkstein in Zarzecze gezeigt wurde.[410] Das tschechische „Radiožurnál" sendete eine Reportage, in der auch Historiker zu Wort kamen.[411] Direktor Krbec verfasste für die Website des von ihm geleiteten Theresienstädter Genozid-Studienzentrums („Centrum studií genocid Terezín") einen Beitrag aus Anlass des Jahrestages, der auch auf die Veranstaltungen in Nisko und Zarzecze einging.[412]

Die Gedenkkultur hat sich in Österreich seit den beiden jeweils zu den 50. Jahrestagen von 1938 und 1945 von der Bundesregierung ausgerufenen „Bedenk-" bzw. „Gedenkjahren" 1988 und 1995 tiefgreifend gewandelt. Bis in die 1990er Jahre war das Bild vor allem durch Veranstaltungen und Gedenkfahrten der Israelitischen Kultusgemeinde und der „Opferverbände"[413] bestimmt worden, aber auch durch offizielle Veranstaltungen unter Beteiligung der Staatsspitze, in Wien beispielsweise im „Weiheraum für die Opfer des österreichischen Freiheitskampfes" im Äußeren Burgtor, gesamtösterreichisch vor allem in Form der jährlichen Befreiungsfeier im ehemaligen Konzentrationslager Mauthausen Anfang Mai, der – abgesehen von den Großveranstaltungen in der Gedenkstätte Auschwitz-Birkenau – mit Abstand größten regelmäßigen Kundgebung in einer KZ-Gedenkstätte. Ein vor allem für die „Opferverbände" – als den Organisationen, die sich in erster Linie dem Andenken an den politischen Widerstand widmen – bedeutender Termin ist die Kranzniederlegung rund um den 1. April vor der Gedenktafel für den ersten „Dachau-Transport" auf dem Wiener Westbahnhof. Auf diese Weise wird seit Jahrzehnten ein jenseits der österreichischen Grenzen gelegenes Konzentrationslager gewissermaßen „hereingeholt" in die österreichische „Gedenklandschaft".

Seit den 1990er Jahren ist zusätzlich zu diesen traditionellen, teilweise seit der unmittelbaren Nachkriegszeit durchgeführten Veranstaltungen ein verstärk-

410 https://ct24.ceskatelevize.cz/domaci/2953667-80-let-od-prvniho-transportu-evropskych-zidu-tisic-ostravanu-odvlekli-naciste-na [7. 3. 2020].

411 https://www.irozhlas.cz/veda-technologie/historie/koncentracni-tabor-polsko-lagr-historie-zide-transport-reportaz-lagr-gulag_1910191739_gak [7. 3. 2020].

412 Šimon Krbec, První transport v dějinách holocaustu [Erster Transport in der Geschichte des Holocaust], http://www.genocidestudies.cz/2019/12/30/prvni-transport-v-dejinach-holocaustu/ [7. 3. 2020].

413 Der „Bundesverband österreichischer AntifaschistInnen, WiderstandskämpferInnen und Opfer des Faschismus (KZ-Verband/VdA)", der „Bund Sozialdemokratischer FreiheitskämpferInnen, Opfer des Faschismus und aktiver AntifaschistInnen" sowie die „ÖVP-Kameradschaft der politisch Verfolgten und Bekenner für Österreich" sind seit 1968 in einer Arbeitsgemeinschaft zusammengeschlossen, die seit 2016 die Bezeichnung „Arbeitsgemeinschaft der NS-Opfer-Verbände und WiderstandskämpferInnen" trägt.

tes zivilgesellschaftliches Engagement zu beobachten, in das, besonders im lokalen Bereich, in großem Umfang auch SchülerInnen und Lehrlinge eingebunden sind. Einige dieser Aktivitäten betreffen auch Gedenkstätten nationalsozialistischer Verfolgung außerhalb Österreichs. Erwähnt seien beispielsweise die von Claudia Kuretsidis-Haider organisierten Gedenkfahrten nach Bratislava-Petržalka (Engerau) jeweils zum Jahrestag des Todesmarschs ungarischer Juden von Engerau nach Bad Deutsch-Altenburg am 29. März 1945[414] oder die seinerzeit von Hannes Schwantner initiierten, vom Verein „Niemals vergessen" organisierten Fahrten österreichischer Lehrlinge nach Auschwitz und Lublin-Majdanek. Auch die früher ausschließlich von den „Lagergemeinschaften", d. h. den Verbänden der Überlebenden der einzelnen Konzentrationslager, bzw., nach deren Auflösung, von den „Opferverbänden" und der Israelitischen Kultusgemeinde organisierten Gedenkfahrten zu den KZ-Gedenkstätten sind inzwischen einem breiteren Kreis von Interessierten zugänglich. Roma-Verbände veranstalten Fahrten zur Teilnahme an der Gedenkfeier in Birkenau aus Anlass des Jahrestages der Ermordung der letzten noch lebenden Roma im dortigen „Zigeunerlager" am 2. August 1944, aber auch nach Kulmhof (Chełmno nad Nerem bei Łódź). Auch Jugendorganisationen führen Studienreisen, insbesondere nach Auschwitz, durch. Es ist zu erwarten, dass mit der für 2021 vorgesehenen Wiedereröffnung der österreichischen Dauerausstellung im Block 17 der Gedenkstätte Auschwitz-Birkenau[415] sich die Anzahl derartiger Gedenk- und Studienfahrten erhöht und dadurch der beschämend geringe Anteil österreichischer BesucherInnen an den 2,2 Millionen Menschen, die jährlich diese Gedenkstätte besuchen, gesteigert werden kann. Dass es möglich ist, öffentliches Augenmerk auch in Österreich für andere Orte nationalsozialistischer Verbrechen als Mauthausen und Auschwitz zu erreichen, hat der Verein IM-MER mit den Gedenkfahrten nach Maly Trostinec bei Minsk bewiesen.[416]

Durch all diese Aktivitäten wurden in den letzten beiden Jahrzehnten auch Orte wie Auschwitz, Buchenwald, Dachau oder Theresienstadt, ja selbst das mehr als 1.200 Kilometer entferne Maly Trostinec, zu „österreichischen" Gedenkorten, die in mehr oder weniger regelmäßigen Abständen von Gruppen aus Österreich aufgesucht werden. Auch wenn in Nisko bzw. Zarzecze keine Infrastruktur besteht, die mit der einer Gedenkstätte vergleichbar wäre – aber das

414 http://www.nachkriegsjustiz.at/service/archiv/engeraugedenken_indexNEU.php [7. 3. 2020].

415 https://www.nationalfonds.org/neue-ausstellung [7. 3. 2020].

416 Zum innovativen Charakter des „lebendigen Denkmals", das am Ort der Massenmorde durch die jeweiligen TeilnehmerInnen der von Waltraud Barton organisierten Gedenkfahrten ständig erneuert und erweitert wird, siehe: Garscha, Ein unermüdliches Beharren, S. 144–148.

gilt etwa auch für den oben erwähnten Gedächtnisort Engerau –, ist dennoch zu hoffen, dass in absehbarer Zeit auch an den Ort der ersten Deportation von Juden aus Wien, Ostrava und Katowice Gedenkfahrten (vielleicht sogar länderübergreifend) stattfinden.

Claudia Kuretsidis-Haider

„Du darfst nicht glauben, dass ich mutlos bin“[1]

Biografische Skizzen zu Nisko-Deportierten aus Wien

Vorbemerkungen

Die ersten beiden Transportlisten, die von der Israelitischen Kultusgemeinde Wien unter Zwang zusammengestellt und durch die „Zentralstelle für jüdische Auswanderung“ ergänzt wurden,[2] beinhalteten die Namen von mehr als 900 Männern, die am 20. Oktober 1939 den Wiener Aspangbahnhof Richtung Nisko am San verließen. Der zweite Zug folgte am 26./27. Oktober 1939 mit etwa 670 Personen.

Die Entfesselung des Zweiten Weltkrieges durch den Überfall der Deutschen Wehrmacht auf Polen und die damit verbundene deutsche Expansionspolitik in den Osten hatte die Möglichkeiten zur weiteren Flucht und Vertreibung von Jüdinnen und Juden aus dem Deutschen Reich beschränkt. Im Reichssicherheitshauptamt in Berlin war dadurch, als mögliche Alternative zum „Madagaskar-Plan“[3], die Idee der Schaffung eines „jüdischen Siedlungsgebietes“ zwischen den Flüssen Weichsel und Bug in Polen entstanden. Nach dem in Ergänzung zum Nichtangriffspakt abgeschlossenen deutsch-sowjetischen Grenzvertrag vom 28. September 1939, in dem die Sowjetunion den Deutschen überraschend die Wojewodschaft Lublin überließ, konzentrierte sich auf diesen südöstlichen Teil des späteren Generalgouvernements für die besetzten polni-

1 Aus dem Brief von Wilhelm Grünwald aus Nisko an seine Frau Lisl in Wien, 22. 4. 1940 (Privatbesitz Oskar Grünwald).

2 Von den Transportlisten gibt es – wie Winfried R. Garscha in seinem Aufsatz im vorliegenden Jahrbuch erläutert – mehrere Ausfertigungen. Eine befindet sich in Kopie im DÖW unter der Signatur DÖW 22.142.

3 Vgl. bspw. Hans Jansen, Der Madagaskar-Plan. Die beabsichtigte Deportation der europäischen Juden nach Madagaskar, München 1997, sowie Michael Krebs, Der frühe Madagaskarplan, in: Riccardo Altieri / Frank Jacob (Hrsg.), Spielball der Mächte. Beiträge zur polnischen Geschichte, Bonn 2014, S. 276–299.

schen Gebiete die Vorstellung des Reichsführers SS Heinrich Himmler, hier eine Art „Reichsghetto“ für Juden und Jüdinnen einzurichten.[4]

Nisko in den Grenzen vom Oktober 1939, Luftlinie von Wien nach Nisko
Wolfgang Schellenbacher und Claudia Kuretsidis-Haider

Am 10. Oktober 1939 wurde der Amtsleiter der IKG Wien Dr. Josef Löwenherz zur Zentralstelle für jüdische Auswanderung in die Prinz-Eugen-Straße beordert. Er erhielt den Auftrag, 1.000 bis 1.200 „auswanderungs- und arbeitsfähige Männer“ für den Aufbau eines Lagers bereitzustellen. Später sollten von dort die anzusiedelnden jüdischen Familien verteilt werden, wozu es jedoch nie kam.[5] Dem Transport angehören sollten vor allem mittellose und aus armen Verhältnissen stammende „Handwerker aller Art, insbesondere Tischler,

4 Seev Goshen, Eichmann und die Nisko-Aktion im Oktober 1939. Eine Fallstudie zur NS-Judenpolitik in der letzten Etappe vor der „Endlösung“, in: Vierteljahrshefte für Zeitgeschichte, 29. Jg. (1981), H. 1, S. 74–96, hier 79; Peter Longerich, Heinrich Himmler: Biographie, München 2008, S. 455–457.

5 Winfried R. Garscha, Deportation nach Polen: die Verschickung von Wiener Juden und Jüdinnen ins Generalgouvernement, in: ÖGL – Österreich – Geschichte, Literatur, Geographie: Ein lebendiger Ort der Erinnerung. Das Dokumentationsarchiv des österreichischen Widerstandes, hrsg. v. Christine Schindler u. Claudia Kuretsidis-Haider, Wien 2017, H. 3, S. 232–247, hier 237–239.

Zimmerleute und Techniker“ und zehn Ärzte mit ihrem medizinischen Equipment, sowie „zehn Juden, die über Organisationsfähigkeiten verfügen“.[6]

Das Dokumentationsarchiv des österreichischen Widerstandes wird in den nächsten Jahren im Projekt „Das Schicksal der ersten von Wien nach Nisko am San ins besetzte Polen deportierten Juden“ unter anderem folgenden Fragen nachgehen: Wer waren die Männer der beiden Nisko-Transporte? Welches Schicksal verbirgt sich hinter den nüchternen Namensreihen in den beiden Transportlisten? Wer von ihnen konnte zunächst nach Wien zurückkehren und von dort noch ins Ausland flüchten? Wer von ihnen wurde – von Wien aus – neuerlich deportiert, an die nationalsozialistischen Vernichtungsstätten gebracht und dort ermordet? Wer wurde von den Nationalsozialisten von Nisko aus über die Demarkationslinie in die Sowjetunion vertrieben? Wer wurde in weiterer Folge vom NKWD tief in den Osten der UdSSR verbracht und kam dort um oder konnte den Gulag überleben? Wer von ihnen wurde, weil er in Lemberg und Umgebung geblieben ist, vom nationalsozialistischen Vernichtungsapparat eingeholt und ermordet? Im folgenden Aufsatz werden einige der nach Nisko deportierten Männer in Form von biografischen Skizzen vorgestellt und, soweit dies die ersten Rechercheergebnisse erlauben, ihr Lebensschicksal nachgezeichnet.

Wilhelm (Willi) Grünwald

Willi Grünwald wurde am 21. Mai 1898 als Sohn von Samuel (geb. 15. 2. 1861) und Theresia Grünwald, geb. Hacker (geb. 27. 3. 1867)[7] geboren. Seine Eltern wohnten im burgenländischen Kobersdorf.[8] Er absolvierte in Wien eine Kürschnerlehre, die er mit dem Meisterbrief abschloss. 1932 traute ihn Rabbiner Benjamin Murmelstein[9] im Brigittenauer Tempel mit Aloisia (Lisl) Barbara

6 Jonny Moser, Nisko. Die ersten Judendeportationen, Wien 2012, S. 37 f.

7 Siehe Index der Israelitischen Matriken des Burgenlandes 1833–1895, https://www.genteam.at [1. 2. 2020], sowie DÖW, Datenbank der Shoah-Opfer, www.doew.at.

8 Siehe: Erwin J. Hausensteiner, Die ehemalige jüdische Gemeinde Kobersdorf, o. O. o. D.

9 Benjamin Murmelstein (1905–1989), Rabbiner, Religionslehrer, Leitungsmitglied der Israelitischen Kultusgemeinde Wien, kurzzeitig Leiter der „Auswanderungsabteilung“ in der IKG Wien, stellvertretender Leiter der jüdischen Gemeinde in Wien, Mitglied des Beirats des Ältestenrates der Juden in Wien, letzter Judenältester im Ghetto Theresienstadt. Er begleitete als Funktionär der IKG die beiden Transportzüge nach Nisko. Siehe: Jonny Moser, Dr. Benjamin Murmelstein, der dritte „Judenälteste“ von Theresienstadt, in: Institut Theresienstädter Initiative/Dokumentationsarchiv des österreichischen Widerstandes (Hrsg.),

Pfitzner, geb. 13. 6. 1905 in Wien. Sie stammte aus bescheidenen Verhältnissen einer katholischen Familie, hatte eine Lehre als Weißnäherin absolviert und Mitte der 1920er Jahre nach anfänglicher Arbeitslosigkeit in einem Kürschnerbetrieb gearbeitet, wo sie Willi Grünwald kennenlernte. Für die Eheschließung konvertierte Lisl Pfitzner zum mosaischen Glauben. Die Eheleute eröffneten an ihrer Wohnadresse im 2. Bezirk, Obere Donaustraße 91, eine kleine Kürschnerei, betrieben aber kein eigenes Ladengeschäft, sondern produzierten für private KundInnen und andere Betriebe. Am 6. Juli 1937 wurde ihr Sohn geboren, den sie nach dem im 1. Weltkrieg gefallenen Bruder von Willi Grünwald Oskar nannten.

Nach dem „Anschluss“ im März 1938 traf die Familie Vorkehrungen zu flüchten und erkundigte sich nach Arbeitsmöglichkeiten in England. Willi Grünwald und sein Sohn sind in der im August 1938 von der damals unter der Kontrolle der Zentralstelle für jüdische Auswanderung stehenden Israelitischen Kultusgemeinde zusammengestellten Auswandererkartei[10] verzeichnet. Die IKG gab im Sommer 1938 Fragebögen an jüdische AuswanderungswerberInnen aus und erfasste sie karteimäßig. Die Fragebögen wurden von jenen Jüdinnen und Juden ausgefüllt, die hofften, alleine oder gemeinsam mit ihrer Familie das Land möglichst rasch verlassen zu können, um den nationalsozialistischen Verfolgungen zu entgehen. Da die IKG die so genannte „Auswanderung“ aus dem jüdischen Vereins- und Stiftungsvermögen unterstützte, mussten entsprechende Anträge gestellt werden, wobei nicht klar ist, ob die überlieferten Bögen tatsächlich unmittelbar mit Unterstützungswünschen verbunden waren oder auch der Information der IKG dienten. Allerdings gelang nicht allen, die – so wie Willi Grünwald – einen Bogen ausfüllten, dann tatsächlich die Flucht. Im August 1938 beinhaltete die Auswandererkartei laut IKG Angaben zu ca. 136.000 Personen.

Willi Grünwald wollte allerdings seine kranke Mutter nicht zurücklassen und unterschätzte wohl die drohende Gefahr.[11] Am 20. Oktober 1939 ist er in der ersten Transportliste nach Nisko verzeichnet.

Theresienstädter Gedenkbuch. Österreichische Jüdinnen und Juden in Theresienstadt 1942–1945, Prag 2005, S. 147–156.

10 Siehe dazu: Alexander Mejstrik / Therese Garstenauer / Peter Melichar / Alexander Prenninger / Christa Putz / Sigrid Wadauer, Berufsschädigungen in der nationalsozialistischen Neuordnung der Arbeit: Vom österreichischen Berufsleben 1934 zum völkischen Schaffen 1938–1940, Wien–München 2004 [= Veröffentlichungen der Österreichischen Historikerkommission. Vermögensentzug während der NS-Zeit sowie Rückstellungen und Entschädigungen seit 1945 in Österreich, Bd. 16], S. 576.

11 Gespräch von Claudia Kuretsidis-Haider mit Oskar Grünwald am 2. 9. 2019 im DÖW.

Nach der Ankunft auf dem Bahnhof von Nisko mussten Grünwald und die anderen Deportierten über eine Behelfsbrücke nach Zarzecze und in andere Dörfer auf dem gegenüberliegenden San-Ufer marschieren. Von beiden Wiener Transporten wurden nur 198 Personen zum Bau des Barackenlagers im Sumpfgebiet bei Nisko zurückbehalten. Das Lager umfasste schließlich u. a. fünf Wohnbaracken, eine Küche, eine Lagerbäckerei sowie eine Ambulanz. Außerdem gab es ein Blockhaus für das Lagerkommando, ein Gebäude für die SS-Wachmannschaft und Pferdestallungen.[12]

Personsbeschreibung — Signalement
Frau — Femme
Beruf / Profession: Geschäftsreisender
Ort und Datum der Geburt / Lieu et date de naissance: Wien 21./X. 1898
Wohnort / Domicile: Wien, II.
Gesicht / Visage: oval
Farbe der Augen / Couleur des yeux: braun
Farbe der Haare / Couleur des cheveux: schwarz
Besondere Kennzeichen / Signes particuliers: keine
Kinder — Enfants
Name / Nom — Alter / Age — Geschlecht / Sexe
— 2 —
Frau – Femme
Lichtbild / Photo
Unterschrift des Inhabers / Signature du titulaire
Grünwald Wilhelm
und seiner Frau: / et de sa femme:
Im Namen der Landesregierung
Für die Paßbehörde:
Signature de l'agent délivrant le passeport:
— 3 —

Reisepass von Willi Grünwald, vor 1938

Oskar Grünwald

Der Großteil der Männer des ersten Transportes, so auch Willi Grünwald, wurde allerdings durch Schreckschüsse verjagt. Viele Vertriebene, die ihr Gepäck zurücklassen mussten, irrten wochenlang im Gebiet zwischen den Flüssen San und Bug umher. Die meisten versuchten, sich über die Demarkationslinie in den sowjetisch besetzten Teil Ostpolens in Sicherheit zu bringen bzw. wurden

12 Moser, Nisko, S. 87.

von der SS über die Grenze getrieben. Ihr erster Zufluchtsort war in der Regel Lemberg. Im Frühjahr 1940 verlangten die sowjetischen Behörden von allen Flüchtlingen aus Polen, die keine Personalpapiere vorweisen konnten (was auf den Großteil der Nisko-Deportierten zutraf, denen die persönlichen Dokumente schon während des Transportes von Wien nach Nisko abgenommen worden waren), im Zusammenhang mit der administrativen Eingliederung der früheren polnischen Gebiete in die Sowjetrepubliken Weißrussland und Ukraine die Annahme der sowjetischen Staatsbürgerschaft. Jene, die sich weigerten, wurden als „unerwünschte Ausländer" behandelt und die meisten von ihnen in Internierungslager verschickt, großteils nach Karaganda in Kasachstan[13] oder in ein Lager bei Archangelsk im Nordwesten Russlands.[14] Jonny Moser nahm an, dass von den ca. 1.350 von Nisko über die sowjetische Demarkationslinie vertriebenen bzw. geflüchteten Männern ca. 1.000 den elenden Lebensbedingungen in den Internierungslagern zum Opfer gefallen sein dürften.[15] Jene, die die sowjetische Staatsbürgerschaft angenommen hatten und in Lemberg geblieben waren, wurden nach dem deutschen Überfall auf die Sowjetunion am 22. Juni 1941 Opfer der deutschen Massenmordaktionen.[16]

> „Wer sich […] weigerte, die sowjetische Staatsbürgerschaft anzunehmen, landete im Gefängnis oder wurde in das Landesinnere deportiert. Es gehört zu den großen Zynismen des Zweiten Weltkrieges, dass gerade diese Deportierten die größte Chance hatten, den Holocaust zu überleben. Diejenigen, die enttäuscht von der Realität eines Lebens im Stalinismus wieder in das Generalgouvernement zurückkehren wollten, hatten diese Chance nicht."[17]

13 Das Lager in Karaganda war Teil des sowjetischen Gulag-Systems und bestand zwischen 1931 und 1959. Die hier Internierten mussten Ödland kultivieren und schufen durch Zwangsarbeit die Voraussetzungen dafür, dass hier eines der größten Abbaugebiete der UdSSR für Steinkohle, Mangan und Kupfer entstand. Siehe dazu: http://www.gulag.memorial.de/lager.php?lag=191 [5. 2. 2020].

14 In den dort befindlichen Gulags mussten die Gefangenen beim Aufbau des Archangelsker Zellstoff- und Papierkombinats, des Solikamsker Zellstoff- und Papierkombinats und weiterer Sulfit-Zellstoff-Werke Zwangsarbeit leisten. Siehe dazu: http://www.gulag.memorial.de/lager.php?lag=15 [23. 1. 2020].

15 Jonny Moser, Demographie der jüdischen Bevölkerung Österreichs 1938–1945, hrsg. v. Dokumentationsarchiv des österreichischen Widerstandes, Wien 1999, S. 78, sowie ders., Nisko, S. 99.

16 Claudia Weber, Der Pakt: Stalin, Hitler und die Geschichte einer mörderischen Allianz, München 2019, S. 142 f., 145.

17 Ebenda, S. 142.

Willi Grünwald kam zunächst nach Lemberg und schlug sich in weiterer Folge mit einigen Schicksalsgefährten der beiden Wiener Nisko-Transporte in die etwas mehr als 200 Kilometer nordwestlich von Lemberg in der Region Wolhynien gelegene Ortschaft Sdolbiza (polnisch Zdołbica, ukrainisch Sdowbyzja) durch. Von dort schrieb er am 3. März 1940 einen Brief an seine Familie in Wien:

> „Meine Allerliebsten!
> [...] Wir 3 Kameraden sind noch immer in Zdolbica und wohlauf und gesund. Ende Februar war schon schönes Frühlingswetter und seit gestern herrscht hier ein Schneesturm, daß man meint die Welt geht unter (um die notabene kein Schaden wäre). [...]
> Hoffentlich hast Du [gemeint ist seine Frau] inzwischen meine Schreiben erhalten, ich schreibe ununterbrochen. [...] Du darfst nicht verzagt sein, wenn einmal längere Zeit kein Schreiben kommt, schließlich wissen wir von einem Tag zum anderen nicht, ob wir nicht woanders hin müssen, und wahrscheinlich wird es auch in Kürze zu einem Domizilwechsel kommen. [...]
> Du fragst wegen Nachkommen Deinerseits? Nicht daran zu denken. [...]“

Diesem ersten Schreiben von Willi Grünwald sollten noch weitere 22 erhalten gebliebene Briefe folgen, die sich heute im Besitz seines Sohnes Dr. Oskar Grünwald befinden.[18] Die Schriftstücke geben ein berührendes Zeugnis des Hoffens und Bangens, der Sehnsucht nach Frau und Kind daheim in Wien, der Aussichtlosigkeit im Hinblick auf die eigene Zukunft. Sie sind zwar in weiten Teilen vorsichtig formuliert, doch spiegeln sie erstaunlich deutlich und anscheinend von der Zensur weitgehend unbehelligt die Lebenssituation des Verfassers wider.

Bei den im Brief erwähnten zwei Kameraden handelte es sich um Julius Gerstl, ebenfalls mit dem 1. Transport nach Nisko deportiert, und einen Wiener namens Popper. Julius Gerstl (geb. 19. 3. 1880), letzte Wohnadresse vor der Deportation Wien 2, Tandelmarktgasse 8,[19] ging laut Oskar Grünwald „zu den

18 Dr. Oskar Grünwald hat für das DÖW auszugsweise Abschriften aus den Originalbriefen angefertigt und Passagen, die die persönliche Korrespondenz der beiden Eheleute betreffen, weggelassen. Die im Folgenden eingefügten Auslassungen wurden entweder von ihm oder von der Verfasserin dieses Beitrages vorgenommen. Die damalige Rechtschreibung wurde ebenso wie die von Willi Grünwald vorgenommene Interpunktion und Schreibweise beibehalten.

19 DÖW, Datenbank der Shoah-Opfer, www.doew.at.

Partisanen“, überlebte und kehrte nach 1945 nach Wien zurück.[20] In den im DÖW vorhandenen zwei Transportlisten scheinen zwei Männer mit dem Familiennamen Popper[21] auf: Hans Popper (geb. am 7. 12. 1900), letzte Wohnadresse: Wien 2, Zirkusgasse 37. Er ist in der Sowjetunion geblieben und war dort 1955 als Arzt tätig. Josef Popper (geb. 7. 6. 1899), letzte Wohnadresse Wien 2, Große Mohrengasse 14.

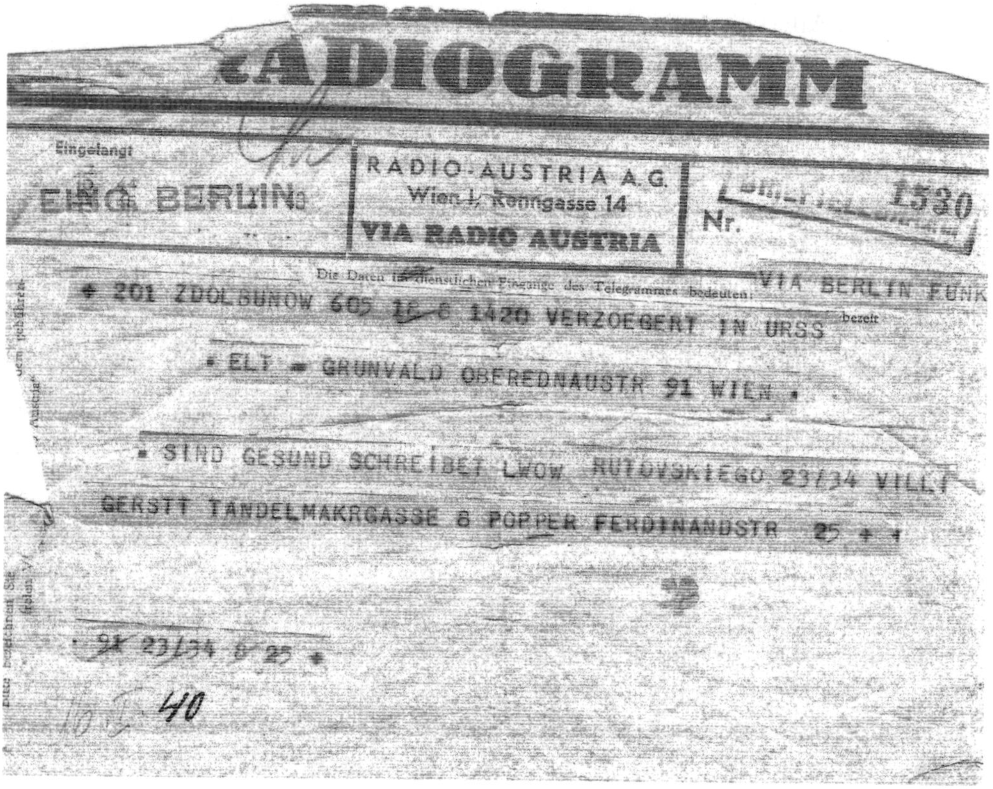

RADIOGRAMM

Eingelangt

EING. BERLIN

RADIO-AUSTRIA A.G.
Wien I, Renngasse 14
VIA RADIO AUSTRIA

Nr. 1530

VIA BERLIN FUNK

+ 201 ZDOLBUNOW 605 16 6 1420 VERZOEGERT IN URSS

= ELT = GRUNVALD OBEREDNAUSTR 91 WIEN =

= SIND GESUND SCHREIBET LWOW RUTOVSKIEGO 23/34 VILLI

GERSTT TANDELMAKRGASSE 8 POPPER FERDINANDSTR 25 +

Telegramm von Willi Grünwald an seine Angehörigen in Wien, ca. Anfang 1940
Oskar Grünwald

Der von Willi Grünwald angesprochene „Domizilwechsel“ erfolgte wenige Tage später. Der nächste Brief an seine Frau vom 22. März 1940 erreichte sie bereits aus Sdolbunow (polnisch Zdołbunów, ukrainisch Sdolbuniw), ein Städt-

20 Gespräch von Claudia Kuretsidis-Haider mit Oskar Grünwald am 12. 2. 2020 im DÖW.
21 An der im Telegramm angegebenen Adresse Ferdinandstraße 25 scheint in der DÖW-Datenbank der Shoah-Opfer niemand mit dem Namen Popper auf.

chen wenige Kilometer nördlich von Sdolbiza mit ca. 10.000 EinwohnerInnen, 2.000 von ihnen waren jüdisch.[22] Dort arbeiteten Grünwald, Gerstl und Popper in einer Zementfabrik.

„Liebste Liesel![23]
[...] Ich bin gesund und die Veränderung, die ich Dir im vorigen Brief angekündigt habe, ist bereits eingetreten. Wir sind nicht mehr in Zdolbica sondern in Zdolbunow und werden ab 25. alle drei in einer Fabrik arbeiten. Was für Arbeit und welche Bezahlung wissen wir noch nicht, auf jeden Fall wird es uns nicht schlecht gehen. Wir wohnen und essen bei Bonhart Moisze, wohin wir schon seit längerer Zeit die Post schicken lassen. Dieser Bonhart und Frau sind ein junges Ehepaar, die wir schon 4 Monate kennen und die besten Menschen, die mir im Leben untergekommen sind. [...]
Du schreibst, ob Du mir was schicken oder ob Du für mich was tun kannst, leider nicht, wir müssen uns auf das Schicksal verlassen, einmal wird auch für uns Hilfe kommen. Das einzige, was Du eventuell tun könntest, nachfragen auf der Prinz Eugenstraße [Zentralstelle für jüdische Auswanderung], ob mein Reisepass dort ist, und ob Du ihn herauskriegst. Falls ja, könntest Du ihn mir Express rekomm. [rekommandiert = eingeschrieben] schicken. [...]
L. Liesl, von was lebt Ihr? Ich mache mir große Sorgen um Euch, verkaufe was bei Deiner Mutter ist und spart Euch nichts ab. Was macht mein kleiner Junge, vielleicht kann Euch Toni aufnehmen, schicke mir die Bilder.
[...] in der Fabrik wird es uns gut gehen. Hier in Rußland ist es so, wer arbeitet genießt große Vorzüge und der bekommt alles in der Koperative [richtig: Kooperative = Genossenschaft], zu der Nichtarbeitende keinen Zutritt haben. Unser neuer Hausherr ist Kappenmacher.
Hier ist es wieder kalt geworden und es will der Winter kein Ende nehmen. Ich hoffe bloß, daß es bei Euch schon schöner Frühling ist und Du mit Burli [ihr gemeinsamer Sohn Oskar] fleißig spazieren gehst.“

22 Im Urteil gegen den ehemaligen Gebietskommissar in Sdolbunow Georg Robert Marschall war die Situation der Jüdinnen und Juden vor Ort Verhandlungsgegenstand, LG Stade 9 Ks 1/63 v. 9. 5. 1967, abgedruckt in: Justiz und NS-Verbrechen. Sammlung deutscher Strafurteile wegen nationalsozialistischer Tötungsverbrechen 1945–1999, hrsg. v. C. F. Rüter u. D. W. de Mildt, Bd. XXVI, Lfd. Nr. 652a, Amsterdam–München 2001, S. 181–217, hier 183.

23 Willi Grünwald sprach seine Frau in seinen Briefen mit Liesl oder Liesel an. Sie selbst schrieb sich Lisl. In der Familie wurde sie auch Loisl genannt.

Im Brief einen Monat später (22. April 1940) schilderte Willi Grünwald detailliert seine Lebensumstände:

> „Liebste Liesl!
> [...] Ich bin gesund, wir haben zwar eine schwere Arbeit, aber wir gewöhnen uns daran, wir können vom Verdienst leben und das ist die Hauptsache, wir wollen doch mit unseren Lieben wieder zusammen kommen, was hätte sonst unser derzeitiges freudloses Dasein für einen Zweck. Du darfst nicht glauben, daß ich mutlos bin, aber die Post von zuhause ist für uns die einzige Freude und Trost, und wenn die ausbleibt, dann ist die Stimmung gedrückt. Es ist nun mehr als ein halbes Jahr, seit ich Euch verlassen musste. [...] Es ist Pessach und die Erinnerung an vergangene schöne Zeiten beeinflußt auch die Stimmung.
> Hier ist seit ein paar Tagen schönes Wetter, eine fast sommerliche Hitze. Bis Du den Brief erhalten wirst, wird ja schon Sommer sein und ich vermute Du wirst mit Burli viel im Garten sein. Bitte gehe oft zu meiner Mutter, damit sie auch eine Freude hat.
> Wir verbringen unsere Freizeit so: Um 2h ist die Arbeit aus, dann baden wir fast täglich, in der Fabrik ist ein großes Bad mit heißen Duschen und Wannen. Dann gehen wir nachhause essen, und wenn wir nicht schreiben, waschen oder flicken, so gehen wir spazieren, wir grasen die ganze Gegend ab. Genau vis a vis von dem Haus wo wir wohnen ist ein großer sonniger Park, da sitzen wir stundenlang und träumen von vergangenen Zeiten und kommenden Tagen. Und nun zum wichtigsten, ist unser Burli gesund? Lasst Euch nichts abgehen, verkaufe alles und kleidet Euch anständig, es sind noch ein paar Sachen in Sechshaus, verkaufe ruhig und mach Dir keine Sorgen, ich will Euch gesund und fesch wieder finden.“

Die Postverbindung war sehr schlecht und es dauerte oft mehrere Wochen, bis ein Brief oder eine Karte an den Adressaten oder die Adressatin zugestellt werden konnte. Oft kamen dann auch mehrere Poststücke gleichzeitig an. Die großen Zeitabstände zwischen den Schreiben waren für Willi Grünwald zermürbend, weil die Berichte und Fotos von daheim der einzige Lichtblick in seinem trostlosen und von Schwerstarbeit geprägten Leben waren. Aber auch für seine Frau waren die spärlichen Lebenszeichen kaum zu ertragen, weil sie nicht wissen konnte, ob ihr Mann überhaupt noch lebte. So äußerte sie immer wieder den Wunsch, ihren Mann in Sdolbunow besuchen zu dürfen, was dieser strikt ablehnte. In einem Brief vom 7. Juni 1940 schilderte Grünwald seine möglichen Zukunftsperspektiven, falls es ihm gelingen würde, die russische Sprache zu lernen:

„Liebste Liesl!
Deinen 1. Brief mit dem Bilde unseres Jungen habe [ich] bereits gestern mit einer Karte bestätigt. Meine Freude kann ich Dir nicht beschreiben. Ich hätte Dir schon längst wieder einen Brief geschrieben, aber ich konnte kein Papier auftreiben. Mir geht es gottlob ganz gut, die Arbeit ist zwar schwer, aber es muß schon gehen.
Hier ist es endlich Sommer geworden und daher sehr schön, denn das Städtchen ist eigentlich ein großer Garten. Ich verbringe meine Zeit hauptsächlich mit Russisch lernen, denn wenn ich das kann, werde ich die Möglichkeit haben, bessere und leichtere Beschäftigung zu finden. Wir sind jetzt schon hier 5 Wiener. [...]
Daß es Dir und Burli gut geht ist für mich der größte Trost und bitte Dich nicht den Mut zu verlieren. Deine Anfragen wegen Ausreise [zu befreundeten Kürschnern in England] oder sonst wohin geht alles nicht. Wir müssen hier bleiben, bis wieder die Möglichkeit sein wird, nachhause zu fahren, d. h. nach Wien.“

Zu den fünf von Grünwald angesprochenen Wienern gehörten neben ihm selbst, Gerstl und Popper auch Leopold Berger (geb. 18. 4. 1895 in Mara im heutigen Rumänien), zuletzt gemeldet in der Hauptstraße 139 in Ebenfurth. Er wurde mit dem 2. Transport am 26./27. Oktober 1939 nach Nisko deportiert und über die Demarkationslinie in die Sowjetunion vertrieben.[24]

Im nächsten, am 5. Juli 1940 verfassten Brief deutete Grünwald nur an, unter welch prekären Verhältnissen er arbeiten und leben musste:

„Liebste Liesl!
[...] Im ganzen und großen geht es mir ganz gut, ich arbeite zwar schwer, aber das gewöhnt man, der Verdienst ist nicht sehr groß, aber es genügt zum Leben. Das größte Gfrett ist noch immer die Sprache, ich verstehe zwar schon ziemlich viel, aber es geht langsam. [...]
Du darfst nicht verzagen [...]. Ich könnte ein Buch schreiben über die vielen Entbehrungen, Abenteuer und sonstige Dinge [...] wir leben in einer schweren Zeit und müssen die Kraft und Nerven haben durchzuhalten. Ich glaube nicht, daß unsere Prüfung bald zu Ende ist, aber einmal wird sie sein, und wir werden wieder zusammen sein. Was sich in Europa abspielt darüber sind wir unterrichtet, es gibt hier Zeitungen und Radio.

24 DÖW, Datenbank derShoah-Opfer, www.doew.at.

Über mein Leben habe ich Dir schon oft geschrieben. Unsere freie Zeit verbringen wir meistens bei Schmid. Schmid ist derjenige, dem wir das meiste verdanken, es ist unglaublich, was der für uns tut. Wir sind seine täglichen Gäste und er ist geradezu unglücklich, wenn einmal ein Tag vergeht, wo wir nicht bei ihm sind.
Hier herrscht ein heißer Hochsommer, wir stehen täglich 8 Stunden fast nackt in der Sonne, kannst Dir vorstellen, ich sehe aus wie ein Indianer. In Zdolbunow sind wir schon bekannt wie das schlechte Geld, man nennt uns hier die 3 Nemsis [Deutschen]. Ich glaube es gibt in ganz Zdolbunow keinen der uns nicht kennt, dabei hat das Städtchen 10–12.000 Einwohner. In der Fabrik ist es genau so, jeder Einzelne kennt uns, schließlich ist es eine sehr große Cementfabrik, man hat uns gern, wir sind fleißige Arbeiter, nur können sie nicht verstehen, wieso man statt Wutki [Wodka] Sodawasser trinken kann. [...]“

Willi Grünwald schrieb mehrfach, dass er eigentlich zu erschöpft sei, lange Briefe zu verfassen, und er lieber Postkarten schicken würde. Doch Karten waren noch weniger verfügbar als Schreibpapier. In den Briefen vom 12. Juli und vom 2. August berichtete er über die Wetterverhältnisse, die auf der einen Seite im Juli unerträglich heiß waren, auf der anderen Seite kündigte sich im August bereits der nahende Herbst mit regnerischem und kühlerem Wetter an.

In seinem Brief vom 6. September 1940 beklagte er, seinen Buben nicht heranwachsen zu sehen:

„Meine liebste Liesl!
[...] Mein Junge wächst heran und ich kann es nicht miterleben die schöne Kleinkindzeit, ich versäume sie, es ist schwer zu schildern, wie sehr ich darunter leide [...]. Ansonsten kann [ich] von mir ja soweit alles Gute berichten [...]. Derzeit herrscht wieder schönes Sommerwetter. [...]“

Im Herbst dürfte es eine größere Papierration gegeben haben, denn Willi Grünwald hatte die Gelegenheit, bis Jahresende insgesamt 13 Briefe zu schreiben: am 11., 13., 17., 24. und 27. September, am 13. und 29. Oktober, am 4., 12., 18., 24. und 29. November sowie am 8. Dezember 1940.

Im Brief vom 17. September schilderte er seinen Tagesablauf:

„Liebste Liesl!
[...] Tägl. um 6h früh schon in der Fabrik. In der Früh ist es schon sehr kalt da wir im Freien arbeiten, um 2h Schluß, dann waschen oder baden, essen,

zu Schmidt hin ob Post da ist, dann nachhause, schreiben oder flicken. Um 6 spätestens 7h legen wir uns schlafen. Zdolbunow ist das ödeste Nest, das Du Dir denken kannst. Zu lesen habe ich leider gar nichts. Deutsche Bücher gibt es hier nicht und mit dem Russisch geht es noch gar nicht. Verstehen tu ich schon vieles, auch kann ich mich schon einigermaßen verständigen, aber schreiben und lesen, da fehlt noch viel. [...]
Frau Gerstl soll nicht besorgt sein, Gyula [Julius] ist gesund und munter, nur wenn ihm der Tabak ausgeht, da braucht der Mann unbedingt tröstlichen Zuspruch, übrigens bin ich auch nicht viel besser, Tabak und Zigaretten ist unsere größte Sorge. Gerstl, Popper und ich wohnen noch immer zusammen, Berger wohnt woanders. Wir halten uns viel in der Fabrikskantine auf, dort gibt es ein gutes Radio und wir sind so ziemlich informiert über die Ereignisse in aller Welt, und wir haben nur den einen Wunsch, daß dieser zwecklose Krieg schon einmal zu Ende wäre. [...]“

Am 4. November kündigte er an, ein Foto von sich, seinen Schicksalsgefährten Gerstl, Popper und Berger sowie von Anton Schmid(t) – er verwendete beide Schreibweisen –, der sich ihrer vor Ort angenommen hatte, zu schicken. Dieses

Willi Grünwald (1. Reihe links) mit Schicksalsgefährten in Sdolbunow, ca. November 1940

Oskar Grünwald

Foto ist auch in Wien angekommen und befindet sich in seinem Nachlass bei seinem Sohn Oskar Grünwald.

> „Meine liebste Liesl!
> […] Mir geht es ja soweit ganz gut, bin gesund und heute haben wir warme mit Watte gesteppte Anzüge bekommen, wie sie hier in Rußland allgemein getragen werden. Auch Stiefel werden wir bekommen, also der Winter schreckt uns nicht mehr. Hier hat es vorige Woche geschneit, aber derzeit regnet es schon 3 Tage.
> Sonntag haben wir uns fotografieren lassen, eine Gruppenaufnahme, alle 4 Wiener mit Schmidt. Hoffentlich fallen die Bilder gut aus, dann bekommt Ihr Bilder. [...]“

Hin und wieder gab es auch Lichtblicke im trostlosen Leben, die Willi Grünwald seiner Frau am 18. November 1940 mitteilte:

> „Meine liebste Liesl!
> Gestern hatten wir einen wahrhaft guten Tag. Erstens war Sonntag d. h. arbeitsfrei und zum ersten Mal nach 14 Tagen Regen ein strahlend sonniger Herbsttag. In der Früh gingen wir zu Anton, der uns mit einem guten Frühstück empfing. [...] Dann gingen wir zu den Eltern von Schmidt, wo wir eingeladen waren. Sie hatten einen Feiertag, dort wurde den ganzen Tag gegessen und getrunken, spät abends gingen wir jeder noch versehen mit einem Eßpackerl fröhlich nach Hause.
> Du schreibst mein Kind, es ist Dir so bange, ich verstehe Dich, es geht doch mir nicht besser. Meine Sehnsucht ist oft so groß, daß ich meine, es geht nicht mehr, ich kann nicht mehr, es muß aber gehen. Es ist mir halt eine Zeit der Trennung bestimmt, im [ersten] Weltkrieg waren Männer 4 Jahre von Frau und Kind weg und sind wieder heil und gesund nachhause gekommen.
> Ob ich ins Kino gehe? Ich war schon ein paar Mal, aber es freut mich nicht. [...]“

Mit dem trüben und nasskalten Wetter Ende November 1940 machte sich wieder große Hoffnungslosigkeit breit. Im Brief vom 29. November 1940 schrieb Grünwald traurig:

> „Meine liebste Liesl!
> [...] Hier beginnt es schon Winter zu werden, wir arbeiten ständig im Freien; ich wollte wir wären schon 4 Monate älter, für ein Paar feste hohe

> Schuhe oder Stiefel gebe ich meine Seeligkeit. Heute bin ich verraunzt, aber seit Wochen regnet es und ich glaube ich werde mein Leben lang nicht mehr trocken. Du wirst Dich wundern, daß ich so wenig über mich und mein Leben schreibe, aber ich mag nicht. Es besteht in der Hauptsache aus Arbeit und warten, immer warten. [...] Ich habe den ganzen Tag genäht und geflickt und morgen zeitlich früh, nein eigentlich bei stockfinsterer Nacht geht es wieder in die Arbeit. Seit heute ist es bitterkalt und schon gefroren, es ist mir aber noch lieber als der Regen, der fast den ganzen Monat November angedauert hat. [...]“

Mit einem am 8. Dezember 1940 verschickten Brief riss die Kontinuität der Postsendungen ab. Das nächste Schreiben erreichte Lisl Grünwald erst Anfang Februar. Am 10. März 1941 schrieb Willi Grünwald in einer stark depressiven Stimmung, dennoch blickte er mit einer leisen Hoffnung in die Zukunft:

> „Liebste Liesl!
> [...] Manchesmal ist mir so elend zumute, da fühle ich mich so verlassen, da habe ich das Gefühl, daß mein Leben eigentlich sinn- und zwecklos ist. [...] Im übrigen geht es mir gut, ich bin gesund, arbeite und verdiene zum Leben. Gott sei Dank geht der Winter auch zu Ende und mit dem Frühjahr kehrt neue Hoffnung und auch etwas frohere Laune ein.
> Wir sind jetzt hier 9 Wiener und leben sehr herzl. und kameradschaftlich, auch das erleichtert unser Leben hier sehr. [...]“

In seinem Brief vom 8. Dezember 1940 nannte Grünwald die Namen der acht Wiener, mit denen er in Sdolbunow zusammen war. Zu den bereits genannten Gerstl, Popper und Berger kamen noch folgende Männer aus dem 1. Niskotransport:

- Max Holzer, geb. am 3. 3. 1892 in Draßmarkt im Burgenland. Seine letzte Wohnadresse lautete Wien 20, Rauscherstrasse 10.[25]
- Wilhelm (Willi) Hacker, geb. 18. 12. 1890. Er lebte mit seiner Frau Gisela Hacker (geb. 29. 5. 1889) bis zum Juni 1937 in Kobersdorf. Dann zog das Paar mit seinen beiden Kindern nach Wien und wohnte zunächst in Floridsdorf, ehe es in den 2. Bezirk in eine „Sammelwohnung“ in der Tandelmarktgasse 17/3 übersiedeln musste.[26] Willi

25 DÖW, Datenbank der Shoah-Opfer, www.doew.at.
26 Hausensteiner, Jüdische Gemeinde Kobersdorf, S. 215.

Hackers Spur verliert sich in Sdolbunow. Seine Frau Gisela Hacker wurde am 15. Mai 1942 mit 53 Jahren nach Izbica deportiert. Auch sie hat den Holocaust nicht überlebt.[27] Das Schicksal ihrer beiden Kinder ist unbekannt.

- Stanislaus (Mundi) Meth, geb. 14. 12. 1902 in Lemberg (damals Galizien, heute Ukraine). Seine letzte Wohnadresse lautete Wien 7, Kaiserstraße 121.[28]
- Karl Hirsch, geb. 29. 7. 1896 in Wien. Seine letzte Wohnadresse lautete Wien 17, Zwerngasse 1.[29]
- Maier Hacker, geb. am 16. 12. 1892 in Weppersdorf im Burgenland. Seine letzte Wohnadresse lautete Wien 2, Rueppgasse 14.[30] Einer seiner Söhne, Shlomo Givon (früher: Siegfried Hacker), gab den Organisatoren der Verlegung von Stolpersteinen in Wiener Neustadt 2010 ein Interview, in dem er das Schicksal seiner Familie schilderte.[31] Demnach heiratete Maier Hacker in Kobersdorf die im burgenländischen Andau geborene Regine Tauber (geb. 15. 11. 1886). Der Ehe entstammten drei Söhne: Siegfried (geb. 21. 3. 1922), Ernst (geb. 15. 8. 1923) und Robert (geb. 4. 3. 1925). Anfang 1931 übersiedelte die Familie nach Wiener Neustadt, wo die Kinder zur Schule gingen. Maier Hacker arbeitete als Geschäftsführer eines Großviehhandelsbetriebes mit engen Handelsbeziehungen zu Ungarn. Regine Hacker war als Schneiderin tätig. Nach dem „Anschluss" im März 1938 mussten die Kinder die Schule verlassen und Maier Hacker wurde arbeitslos. Als Josef Löwenherz, der Amtsleiter der IKG Wien, Mitte Oktober einen Aufruf startete, dass sich arbeitsfähige und mittellose Männer melden mögen, um am Aufbau eines eigenen jüdischen Ansiedlungsgebietes mitzuwirken,[32] meldete sich Hacker und wurde für den 1. Transport nach Nisko registriert. In Sdolbunow verliert sich seine Spur. Regine Hacker fand mit ihren drei Kindern Zuflucht bei einer nichtjüdischen Freundin in Wien und sie lebten dort versteckt in einem Schrebergarten. Siegfried

27 DÖW, Datenbank der Shoah-Opfer, www.doew.at.

28 Ebenda

29 DÖW, Datenbank der Shoah-Opfer, www.doew.at. Laut Eintrag von Rina Talmore vom 15. 3. 2015 auf www.geni.com war er der Sohn von Baruch Beni Hirsch, geb. 10. 10. 1855 in Eisenstadt, und Emma Hirsch, geb. Neustadtl.

30 DÖW, Datenbank der Shoah-Opfer, www.doew.at.

31 Familie Hacker. Zivilcourage rettete zwei Kindern das Leben, http://stolpersteine-wienerneustadt.at/hacker-familie/ [16. 1. 2020].

32 Moser, Nisko, S. 39.

Hacker und sein Bruder Ernst gelangten im März 1939 mit der Jugend-Alijah[33] nach Palästina. Der jüngste Bruder Robert blieb bei seiner Mutter in Wien. Die beiden wurden in eine „Sammelwohnung" in Wien 2, Konradgasse 1, gepfercht, am 20. Mai 1942 nach Maly Trostinec deportiert und ermordet.[34] 2010 wurde in der Dietrichgasse 23 in Wiener Neustadt ein Stolperstein verlegt.

2010 wurde ein Stolperstein für Maier Hacker in Wiener Neustadt verlegt

Stolpersteine Wiener Neustadt

Mit dem 2. Transport nach Nisko wurde Paul Adler[35] (geb. 4. 7. 1888 in Wien) deportiert. Seine letzte Wohnadresse lautete Wien 1, Habsburgergasse 4.

Das letzte Lebenszeichen von Willi Grünwald datiert vom 15. April 1941. Er schickte eine Postkarte an die Frau von Julius Gerstl, Frieda, per Adresse Wien 2, Tandelmarktgasse 8, die an Lisl Grünwald gerichtet war:

> „Liebste Liesl!
> Deinen Brief vom 23. III. habe ich schon einmal bestätigt, seit damals habe ich nichts erhalten. Früher hatte ich viel mehr Post, nun ich kann es mir ja

33 Der Jugend-Alijah gelang es, bis Oktober 1939 mehr als 5.000 Jugendliche nach Palästina zu retten, davon stammten 70 % der Jugendlichen aus Deutschland, 20 % aus Österreich. Alijah ist ein hebräisches Wort und bedeutet „Aufstieg" – ein Synonym für die Einwanderung von Jüdinnen und Juden nach Palästina. Siehe: Susanne Urban, Die Jugend-Alijah 1932 bis 1940: Exil in der Fremde oder Heimat in Erez Israel?, in: Kindheit und Jugend im Exil – Ein Generationenthema, hrsg. v. der Gesellschaft für Exilforschung, München 2006 [= Exilforschung: ein internationales Jahrbuch, Bd. 24], S. 34–61, hier 47, 58.

34 DÖW, Datenbank der Shoah-Opfer, www.doew.at.

35 Laut Eintrag von László Bass vom 5. 6. 2017 auf www.geni.com war er der Sohn von Eduard Moses Adler, geb. 17. 9. 1853 in Daschitz (Dašice), Tschechien, und Franziska Adler, geb. Glas, geb. 8. 1. 1859 in Proßnitz (Prostějov), Tschechien.

denken, es ist für Dich jetzt wahrscheinlich schwer. Ich sorge mich sehr um Dich und das Kind und habe Dir schon einige Male geschrieben, tue alles, aber trachte daß Du und Burli in Ruhe leben könnt. Ich will schon mit allem zufrieden sein, wenn ich das Bewußtsein habe, daß Du und Burli Ruhe habt. Von mir kann ich Dir alles Gute berichten, ich bin gesund und arbeite."

Frieda Gerstl (geb. am 26. 1. 1889 in Ritzing, Burgenland) wurde knapp neun Monate nach Erhalt der Karte am 11. Jänner 1942 von Wien in das Ghetto Riga deportiert und am 1. Oktober 1944 in das KZ Stutthof überstellt. Sie hat den Holocaust nicht überlebt.[36]

Am 22. Juni 1941 überfiel die Deutsche Wehrmacht unter dem Decknamen „Unternehmen Barbarossa" die Sowjetunion. In ihrem Gefolge töteten, vom Reichsführer SS zusammengestellte, Einsatzgruppen unter Beteiligung von Teilen der Wehrmacht in einem rassistisch geführten Vernichtungskrieg bis Ende 1941 mehr als eine halbe Million Juden und Jüdinnen, Sinti und Roma, Kriegsgefangene und kommunistische FunktionärInnen. Das größte Massaker verübten Einsatzgruppen der Sicherheitspolizei und des SD am 29. und 30. September 1941 nahe der ukrainischen Stadt Babi Jar, wo innerhalb von zwei Tagen mehr als 33.000 Juden und Jüdinnen – Männer, Frauen und Kinder – ermordet wurden.[37]

In Sdolbunow gab es zwar keine Einheiten der SS, der Gestapo oder des SD, wohl aber deutsche Dienststellen der Bahn und Post, und es befand sich dort das Referat für Gegenspionage der Abwehrstelle Ukraine, die ihren Sitz im 12 Kilometer entfernten Rowno (polnisch Równe, ukrainisch Riwne) hatte. Sdolbunow war ein wichtiger Eisenbahnknotenpunkt, an dem umfangreiche Bauvorhaben umgesetzt wurden. Im Ort befanden sich daher außer einer Dienststelle der Organisation Todt[38] Zweigstellen der Baufirmen Josef Jung

36 DÖW, Datenbank der Shoah-Opfer, www.doew.at.

37 Siehe zuletzt: Vladyslav Hrynevych / Paul Robert Magocsi (Hrsg.), Babyn Yar. History and Memory, Kyiv 2016; Bert Hoppe, Babij Jar – Massenmord am Stadtrand, in: Martin Langebach / Hanna Liever (Hrsg.), Im Schatten von Auschwitz: Spurensuche in Polen, Belarus und der Ukraine: begegnen, erinnern, lernen, Bonn 2017, S. 134–151.

38 Die Organisation Todt entwickelte sich im Frühjahr 1938 aus der vom Generalinspekteur für das Straßenwesen, Dr. Ing. Fritz Todt, im Zusammenhang mit dem Bau der Reichsautobahn geschaffenen Einsatzkräfte. Im Zweiten Weltkrieg bildete sich mit der OT eine militärisch organisierte Bautruppe, die dem Reichsminister für Bewaffnung und Munition, später Reichsminister für Rüstung und Kriegsproduktion unterstellt war. Ab 1940 wurde die OT für Baumaßnahmen in den vom Deutschen Reich besetzten Gebieten eingesetzt, darunter ab Sommer 1941 auch in der Sowjetunion sowie auf dem Balkan. Siehe dazu bspw.:

aus Solingen und Pöhner aus Bayreuth. Die von der Reichsbahn zugewiesenen Aufgaben bestanden u. a. in der Instandhaltung von Gleisanlagen und der Errichtung von Lagerhallen für Ersatzteile.[39] Für die Arbeit wurden vor allem Juden herangezogen.[40]

Am 7. August 1941 erschoss ein Kommando der Einsatzgruppe C[41], dessen Stab seit 1. Juli 1941 in Lemberg stationiert war, auf einer Wiese hinter der Zementfabrik in Sdolbunow, wo Willi Grünwald arbeitete, mehrere hundert jüdische Männer.[42] Im Frühjahr 1942 wurde in Sdolbunow ein Ghetto eingerichtet und im Oktober desselben Jahres liquidiert. In der Nacht vom 13. auf den 14. Oktober erschoss ein Kommando der Sicherheitspolizei und des SD außerhalb der Stadt 1.500 Jüdinnen und Juden[43] – unter ihnen auch Willi Grünwald. Julius Gerstl überlebte diese Mordaktion und berichtete nach seiner Rückkehr nach Wien 1945 Lisl Grünwald über das Schicksal seiner Kameraden.

Douglas K. Huneke schildert in seiner Biografie über den Bauingenieur der Firma Jung Hermann Gräbe die Vernichtungsaktion in Sdolbunow:

> „Juden wurden durch die Straßen Sdolbunows getrieben, viele wurden niedergeschossen, geschlagen oder mit bloßen Händen getötet, bevor sie den Sammelpunkt bei der Schule erreichten. Diejenigen, die es bis dorthin schafften, wurden auf Lastwagen geladen und zu den Massengräbern bei dem Dorf Nowo-Mylsk gefahren, wo man sie zwang, sich zu entkleiden und in die Gruben zu steigen. Dort wurden sie getötet, jeder mit einem einzelnen Gewehrschuß.“[44]

Hermann Friedrich (Fritz) Gräbe (19. 6. 1900 – 17. 4. 1986) stammte aus Solingen im Rheinland. Er trat 1931 der NSDAP bei, verließ die Partei 1934 aber wieder nach einer Auseinandersetzung mit dem lokalen Gauleiter wegen der

Franz W. Seidler, Das Nationalsozialistische Kraftfahrkorps und die Organisation Todt im Zweiten Weltkrieg, in: Vierteljahrshefte für Zeitgeschichte 32 (1984), Nr. 4, S. 625–636, insbesondere 628–636.

39 Douglas K. Huneke, In Deutschland unerwünscht. Hermann Gräbe. Biographie eines Judenretters, Lüneburg 2002, S. 46 f., 102.

40 C. F. Rüter / D. W. de Mildt (Hrsg.), Justiz und NS-Verbrechen, S. 184.

41 Dieter Pohl, Die Einsatzgruppe C, in: Peter Klein (Hrsg.), Die Einsatzgruppen in der besetzten Sowjetunion 1941/42. Die Tätigkeits- und Lageberichte des Chefs der Sicherheitspolizei und des SD, Berlin 1997, S. 71–87, insbes. 71–77.

42 Strafsache gegen Georg Robert Marschall, Urteil des LG Stade 16 Ks 1/59 vom 3. 2. 1960, abgedruckt in: C. F. Rüter / D. W. de Mildt (Hrsg.), Justiz und NS-Verbrechen, Bd. XXVI, Lfd. Nr. 652b, S. 218–229, hier 220. Siehe auch: Huneke, Hermann Gräbe, S. 17 f.

43 C. F. Rüter / D. W. de Mildt (Hrsg.), Justiz und NS-Verbrechen, S. 184 f., 220.

44 Huneke, Hermann Gräbe, S. 106.

„Arisierung" jüdischer Unternehmen. Von der Gestapo festgenommen wurde er mehrere Monate in Essen inhaftiert, dann aber ohne Gerichtsverfahren freigelassen. Von 1938 bis 1941 war Gräbe für die Solinger Baufirma Josef Jung am Bau des „Westwalls" tätig. Kurz nach dem deutschen Überfall auf die Sowjetunion im Sommer 1941 erhielt er vom Hauptquartier der Organisation Todt in Berlin den Auftrag, für die Reichsbahnverwaltung in Lemberg Bautrupps zu organisieren, um Schienenstränge zu bauen und zu erneuern, die für die Aufrechterhaltung der Bahnverbindungen in der Ukraine unerlässlich waren. Im September 1941 richtete Gräbe in Sdolbunow sein Zentralbüro ein. In weiterer Folge gründete er Zweigstellen auch in anderen Orten in Wolhynien und der sowjetischen Ukraine. Insgesamt beschäftigte Gräbe für die Firma Josef Jung ca. 5.000 jüdische Arbeitskräfte. Er wurde Augenzeuge der Massenvernichtungsaktionen am 13. Juli 1942 in Rowno und am 5. Oktober 1942 auf dem Flugfeld nahe Dubno. Die für ihn arbeitenden Juden und Jüdinnen versuchte er zu retten, indem er auf „kriegswichtige" Arbeiten verwies und sich vom stellvertretenden Gebietskommissar einen „Schutzbrief" ausstellen ließ. Bei der Aktion in Rowno gelang es ihm, 150 Juden in Sicherheit zu bringen. Während der Liquidierung des Ghettos in Sdolbunow versorgte Gräbe „seine" Arbeiter mit gefälschten „arischen" Ausweisen und es gelang ihm, einige von ihnen mit seinem eigenen Wagen zu einem von ihm als „Firmenniederlassung" getarnten, viele hundert Kilometer östlich gelegenen Zufluchtsort in Poltawa zu bringen. Während des Vormarschs der Roten Armee konnte die Gruppe auf die russische Seite der Front entkommen. Gräbes Aktivitäten erregten das Misstrauen seiner Vorgesetzten in Solingen, die ihn in seine Heimatstadt zurückbeordern und wegen „Veruntreuung" vor Gericht bringen wollten. Dies wurde durch den Zusammenbruch der deutschen Front in Ostpolen verhindert. Gräbe schlug sich mit seiner Bürobelegschaft, der auch einige Juden und Jüdinnen angehörten, zunächst nach Warschau durch und von dort ins Rheinland. Im September 1944 flüchtete er mit ungefähr zwanzig seiner Schützlinge zu den Amerikanern und gab ihnen strategische Hinweise bezüglich des Westwalls. Von Februar 1945 bis Herbst 1946 arbeitete Gräbe mit der amerikanischen Armeeabteilung zur Verfolgung von Kriegsverbrechen zusammen und half bei der Vorbereitung der Nürnberger Anklageschriften wegen Kriegsverbrechen und Verbrechen gegen die Menschlichkeit, die von Deutschen in Wolhynien begangen worden waren. Er war der einzige Deutsche, der bei den Nürnberger Prozessen als Zeuge der Anklage aussagte. 1948 wanderte Gräbe in die USA aus, nachdem er in Deutschland mehrere Morddrohungen erhalten hatte, und wurde in den 1950er Jahren US-amerikanischer Staatsbürger. Von San Francisco aus versuchte er weiterhin, Informationen über deutsche Kriegsverbrecher in der Bundesrepublik Deutschland zusammenzutragen. In den 1960er Jahren war er im Gefolge des Prozesses gegen den ehemaligen Gebietskommissar von Sdolbunow Georg Robert Marschall in Stade massiven Verleumdungen und einer Anklage wegen Meineids ausgesetzt. Gräbe, der auch im Frankfurter Auschwitz-Prozess als Zeuge geladen war, konnte deutschen Boden nicht mehr betreten, da ihm die Verhaftung drohte. Am 23. März 1965 erkannte Yad Vashem Hermann Friedrich Gräbe als „Gerechten unter den Völkern“ an.[45]

Lisl Grünwald musste, nachdem sie seit der Karte vom April 1941 nichts mehr von ihrem Mann gehört hatte, danach trachten, ihren Sohn zu schützen.

> „Im November 1940 wurde die jüdische Bevölkerung Wiens durch antijüdische Maßnahmen ebenso wie durch Gerüchte über bevorstehende Abtransporte sehr beunruhigt. Im Dezember 1940 wurden Verwandte, die Mieter der Nachbarwohnung gewesen waren, delogiert und in eine sogenannte Sammelwohnung eingewiesen. Meine Mutter muss in dieser Situation verzweifelt Rat gesucht haben.[46] Dies geht aus einem Brief eines Verwandten aus der Pfitzner-Familie in Schlesien hervor, an den sie sich gewendet hatte. Schließlich setzte sie folgende Schritte: Sie trat am 20. 11. 1940 aus der Kultusgemeinde aus,[47] beantragte und erhielt die Vormundschaft für mich, ließ mich auch aus der Kultusgemeinde austreten, suchte um meine Einstufung als Mischling ersten Grades an und ließ sich scheiden (‚für Ihren Mann können Sie gar nichts tun, aber Ihrem Sohn können Sie helfen‘, wurde ihr mitgeteilt). Ob mein Vater darüber informiert war, geht aus der Korrespondenz mit meiner Mutter nicht eindeutig hervor. In einem seiner Briefe schrieb er allerdings: ‚Tu alles, um den Buben zu retten‘, was darauf verweist, dass er mit ihrer Vorgangsweise einverstanden war. Der Verkehr mit den Behörden war nicht einfach, an herablassenden und zynischen Bemerkungen fehlte es nicht. Im Juli 1942 kam die Mitteilung aus Berlin: ‚Der Führer hat entschieden, dass Oskar Grünwald als Mischling 1. Grades zu behandeln sei.‘ Auf den Rat von Freunden brachte mich meine Mutter weg aus dem kritischen 2. Bezirk zu Pflegeeltern in Hargelsberg in Oberösterreich. Vor dem Schuleintritt wurde ich getauft, be-

45 Siehe: Daniel Fraenkel / Jakob Borut / Israel Gutman (Hrsg.), Lexikon der Gerechten unter den Völkern: Deutsche und Österreicher, Göttingen 2005, S. 124–126.

46 Siehe dazu: Michaela Raggam-Blesch, Alltag unter prekärem Schutz: „Mischlinge“ und „Geltungsjuden“ im NS-Regime in Wien, in: Zeitgeschichte 2016, H. 5, S. 292–307.

47 Siehe: Austritte in Wien aus der IKG 1915–1945, https://www.genteam.at/ [15. 2. 2020].

suchte die Volksschule im Ort und meine Identität kannten nur der Schuldirektor und der Pfarrer."[48]

Anfang 1945 holte Lisl Grünwald, die als Kriegsdienstverpflichtete in einem Betrieb arbeiten musste, ihren Sohn nach Wien zurück, nachdem Gerüchte aufkamen, dass nun auch „Mischlinge 1. Grades" verfolgt und deportiert werden sollten. In ihrer Wohnung in der Oberen Donaustraße ausgebombt konnten Lisl und Oskar Grünwald die NS-Herrschaft überleben.

Oskar Grünwald studierte später an der Hochschule für Welthandel in Wien und erwarb dort den Titel des Diplomkaufmanns sowie das Doktorat. Als Mitarbeiter von Eduard März in der wirtschaftswissenschaftlichen Abteilung der Arbeiterkammer Wien verfasste er 1970 gemeinsam mit dem späteren Finanzminister Ferdinand Lacina eine Studie zum Thema „Das Auslandskapital in der österreichischen Wirtschaft". In späteren Jahren seiner beruflichen Laufbahn arbeitete er in der ÖIAG (Österreichische Industrieholding AG), von 1978 bis 1986 als deren Vorstandsvorsitzender. Von 1983 bis 2001 war er auch Aufsichtsratsvorsitzender der OMV (Österreichische Mineralölverwaltung) und darüber hinaus Honorarprofessor für Industriepolitik an der Technischen Universität Wien.[49]

Sein Großvater war schon vor 1937 verstorben. Die Großmutter Therese Grünwald und seine Tante Malwine (geb. 24. 8. 1885), verheiratete Hesz, wurden 1938 aus Kobersdorf vertrieben und flüchteten nach Wien.[50] Die letzte Wohnadresse von Therese Grünwald befand sich in Wien 2, Zirkusgasse 3. Sie wurde am 20. August 1942 nach Theresienstadt deportiert, wo sie am 18. Jänner 1943 umkam.[51] Malwine Hesz und ihr Mann Ernö (geb. 25. 1. 1884) waren zuletzt in Wien 9, Fuchsthallergasse 9/17 gemeldet. Sie wurden am 2. November 1941 in das Ghetto Litzmannstadt deportiert, wo sich die Spur von Malwine Hesz verliert. Ernö Hesz wurde in das Vernichtungslager Kulmhof (polnisch Chełmno) transportiert und dort am 8. September 1942 in einem Gaswagen ermordet.[52] Zwei Cousinen von Willi Grünwald wurden nach Maly Trostinec deportiert, drei Cousins und einer Cousine gelang die rettende Flucht ins Ausland.[53]

48 Mail von Oskar Grünwald an Claudia Kuretsidis-Haider, 11. 2. 2020.

49 Siehe: https://www.munzinger.de/search/portrait/Oskar+Grünwald/0/15527.html [10. 1. 2010].

50 Hausensteiner, Jüdische Gemeinde Kobersdorf, S. 205.

51 DÖW, Datenbank der Shoah-Opfer, www.doew.at.

52 Ebenda.

53 Gespräch von Claudia Kuretsidis-Haider mit Oskar Grünwald am 12. 2. 2020, DÖW.

Walter Weiner

Walter Weiner wurde am 23. April 1904 in Wien geboren. Er war von Beruf Zahntechniker und betrieb eine Praxis in Wien 6, Gumpendorfer Straße 91.[54] Mit seiner nichtjüdischen Frau Grete, geb. Loweczek (geb. 21. 2. 1911), hatte er eine Tochter, Eva, die am 23. 12. 1937 geboren wurde.

Nach dem Aufruf der IKG meldete sich Weiner bei der Kultusgemeinde und kam am 20. Oktober 1939 mit dem 1. Transport nach Nisko. Von dort wurde er über die deutsch-sowjetische Demarkationslinie getrieben und hielt sich im März 1940 in Lemberg auf. Der NKWD wies ihn in ein Zwangsarbeitslager ein, dort verliert sich seine Spur.

Oben: **Porträt Walter Weiner, vor 1938**

Eva Weiss

Rechts: **Hochzeitsfoto Walter und Grete Weiner, vor 1937**

Eva Weiss

54 So nicht anders angegeben, stammen die Informationen zu Walter Weiner von seiner Tochter Eva Weiss, Telefongespräch mit Claudia Kuretsidis-Haider am 12. 2. 2020.

Auch Walter Weiner hat Briefe und Karten an seine Frau Grete sowie seine Schwiegermutter Maria Loweczek geschrieben, die erhalten geblieben sind.[55] Anders als Willi Grünwald beinhalten seine Schreiben jedoch kaum Schilderungen seiner Lebenssituation. So berichtete er am 28. Dezember 1939, dass er „bei den Erdäpfeln“ arbeite. Sein letztes Schreiben erreichte seine Angehörigen in Wien am 20. April 1942.

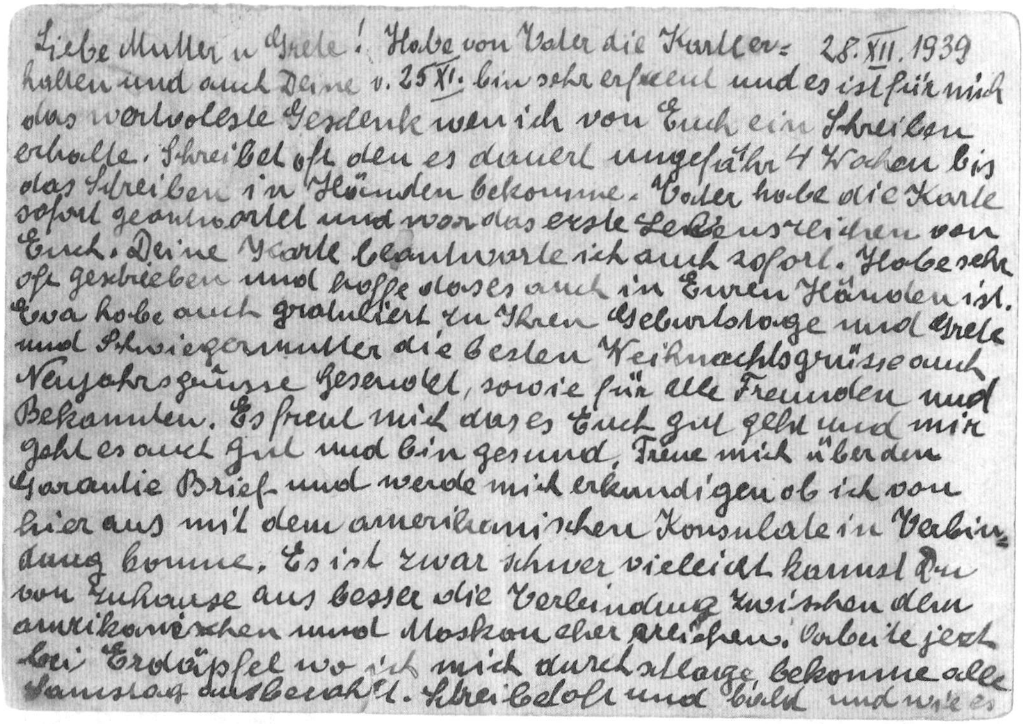
Liebe Mutter u Grete! Habe von Vater die Karte er- 28.XII.1939
halten und auch Deine v. 25 XI. bin sehr erfreut und es ist für mich
das wertvolste Geschenk wen ich von Euch ein Schreiben
erhalte. Schreibt oft den es dauert ungefähr 4 Wochen bis
das Schreiben in Händen bekomme. Vater habe die Karte
sofort geantwortet und war das erste Lebenszeichen von
Euch. Deine Karte beantworte ich auch sofort. Habe sehr
oft geschrieben und hoffe dases auch in Euren Händen ist.
Eva habe auch gratuliert zu Ihren Geburtstage und Grete
und Schwiegermutter die besten Weihnachtsgrüsse auch
Neujahrsgrüsse gesendet, sowie für alle Freunden und
Bekannten. Es freut mich das es Euch gut geht und mir
geht es auch gut und bin gesund. Freue mich über den
Garantie Brief und werde mich erkundigen ob ich von
hier aus mit dem amerikanischen Konsulate in Verbin-
dung komme. Es ist zwar schwer vieleicht kannst Du
von Zuhause aus besser die Verbindung zwischen dem
amerikanischen und Moskau eher erreichen. Arbeite jetzt
bei Erdäpfel wo ich mich durchschlage, bekomme alle
Samstag ausbezahlt. Schreibt oft und bald und wie es

Postkarte von Walter Weiner an seine Frau Grete und deren Mutter, 28. 12. 1939
Eva Weiss

Seine Mutter Elsa Weiner, geb. Fischer (geb. 11. 3. 1880 in Wien), und sein Vater Moritz Weiner (geb. 7. 7. 1879 in Wien) besaßen ein Haus in Perchtoldsdorf, das im Dezember 1938 „arisiert“ wurde.[56] Zuletzt gemeldet waren sie mit ihrem Sohn in Wien 6, Gumpendorfer Straße 91. Sie wurden mit dem Transport Nr. 18 am 27. April 1942 zusammen mit weiteren 998 jüdischen Männern, Frauen und Kindern vom Wiener Aspangbahnhof nach Włodawa im Distrikt

55 Eva Weiss stellte dem DÖW Scans von Briefen, Fotos und Postkarten zur Verfügung.
56 AT-OeStA/AdR E-uReang VVSt VA Buchstabe W 35029.

Lublin, ca. 100 Kilometer östlich der Distrikthauptstadt und elf Kilometer nördlich des Vernichtungslagers Sobibor deportiert und haben den Holocaust nicht überlebt.[57]

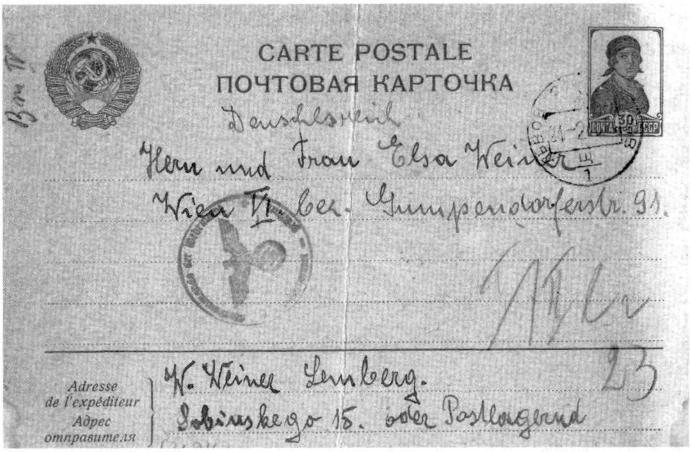

Postkarte von Walter Weiner an seine Mutter, zwischen 1940 und 1942

Eva Weiss

Der Verein „Erinnern für die Zukunft“ brachte im Rahmen seines Projekts „zum Gedächtnis an die Mariahilfer Opfer des NS-Terrors“ in der Gumpendorfer Straße Messingschilder für Walter Weiner und seine Eltern an.[58]

Seine Frau Grete, die sich mit Tochter Eva zunächst bei den Eltern von Walter Weiner aufhielt, wohnte nach deren Abtransport im 18. Bezirk, wo beide die NS-Zeit überlebten.

Rudolf und Johann (Hans) Baumann[59]

Rudolf Baumann wurde am 11. Oktober 1909 in Niederthalheim in Oberösterreich geboren. Seine letzte Wohnadresse vor der Deportation lautete

57 DÖW, Datenbank der Shoah-Opfer, www.doew.at.

58 http://www.erinnern-fuer-die-zukunft.at/?page_id=8 [11. 1. 2020].

59 Ihre Biografie siehe, so nicht anders angegeben: „Wir haben nun einen Gedenkort“. Vier „Stolpersteine“ im Gehsteig erinnern an jüdischen Kaufmann Baumann und seine Familie, https://www.meinbezirk.at/rohrbach/c-lokales/wir-haben-nun-einen-gedenkort_a548262 [23. 1. 2020], sowie Karoline Eckl-Honzik, Über meinen Großvater Hans Baumann, Biographie anlässlich der Stolperstein-Verlegung 2013, und https://austria-forum.org/af/AustriaWiki/Hans_Baumann_%28Kaufmann%29 sowie https://www.wikiwand.com/de/Liste_der_Stolpersteine_in_Oberösterreich [23. 1. 2020].

Wien 20, Denisgasse 40. Er war der dritte von vier Söhnen des Isidor Baumann (geb. 13. 10. 1872 in Zawalów, damals Galizien, heute Polen) und der Elisabeth Baumann, geb. Müller (geb. 28. 4. 1884 in Aigen im Mühlkreis in Oberösterreich). Rudolf Baumann wuchs mit seinen drei Brüdern im Geburtsort der Mutter auf und besuchte ein Gymnasium in Linz. Die Eltern, sie waren die einzige jüdische Familie im Ort, betrieben dort ein Geschäft für Waren aller Art, welches sein Bruder Hans später mit seiner nichtjüdischen Ehefrau Paula Baumann, geb. Laus (geb. 1910), weiterführte.

Rudolf Baumann wurde im Zuge des Novemberpogroms am 10. November 1938 in das KZ Dachau deportiert und von dort am 12. Mai 1939 wieder ent-

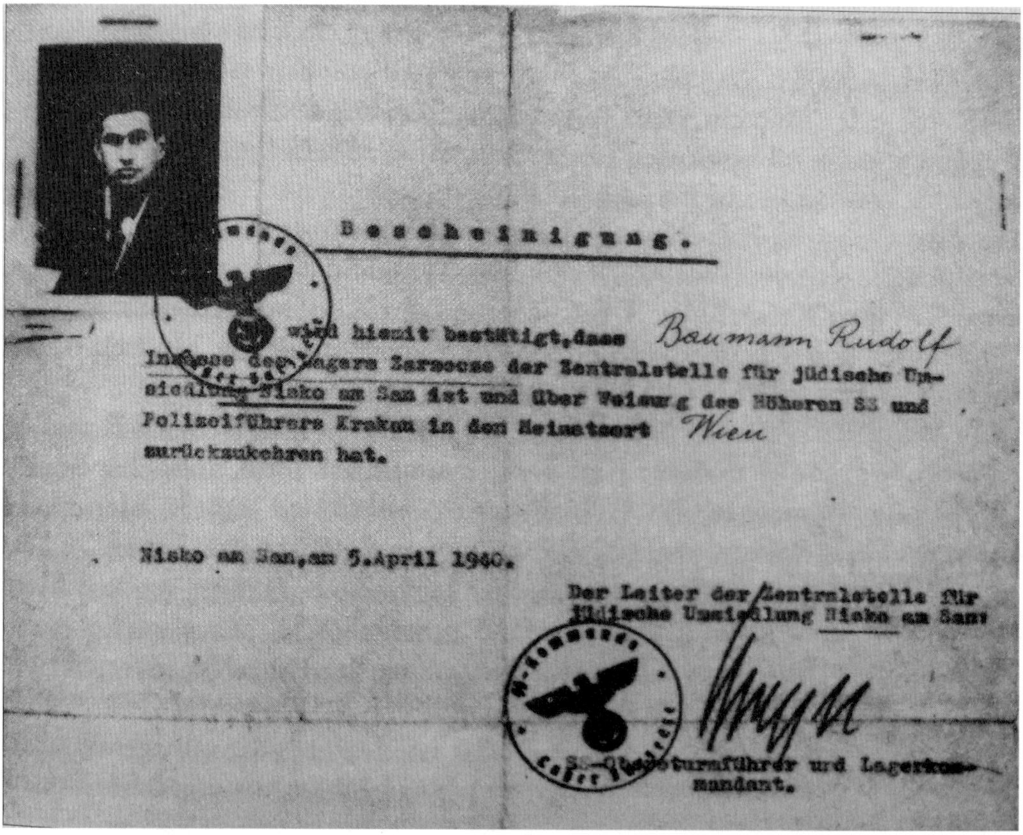

Bescheinigung.

wird hiemit bestätigt, dass Baumann Rudolf Insasse des Lagers Zarzecze der Zentralstelle für jüdische Umsiedlung Nisko am San ist und über Weisung des Höheren SS und Polizeiführers Krakau in den Heimatsort Wien zurückzukehren hat.

Nisko am San, am 5. April 1940.

Der Leiter der Zentralstelle für jüdische Umsiedlung Nisko am San:

SS-Obersturmführer und Lagerkommandant.

Rückkehrbescheinigung der „Zentralstelle für jüdische Umsiedlung“ für Rudolf Baumann, 5. 4. 1940

Aus: Jonny Moser, Nisko. Die ersten Judendeportationen, Wien 2012, S. 161

lassen.[60] Am 20. Oktober 1939 wurde er, wie auch sein Bruder Hans, mit dem 1. Transport nach Nisko deportiert. Rudolf Baumann blieb im Lager Zarzecze und konnte im April 1940 nach Wien zurückkehren.

Unter welchen Umständen er die NS-Zeit überlebte, ist nicht bekannt. Im Sonderfragebogen des „Bundes politisch Verfolgter“ gab er nach 1945 an,

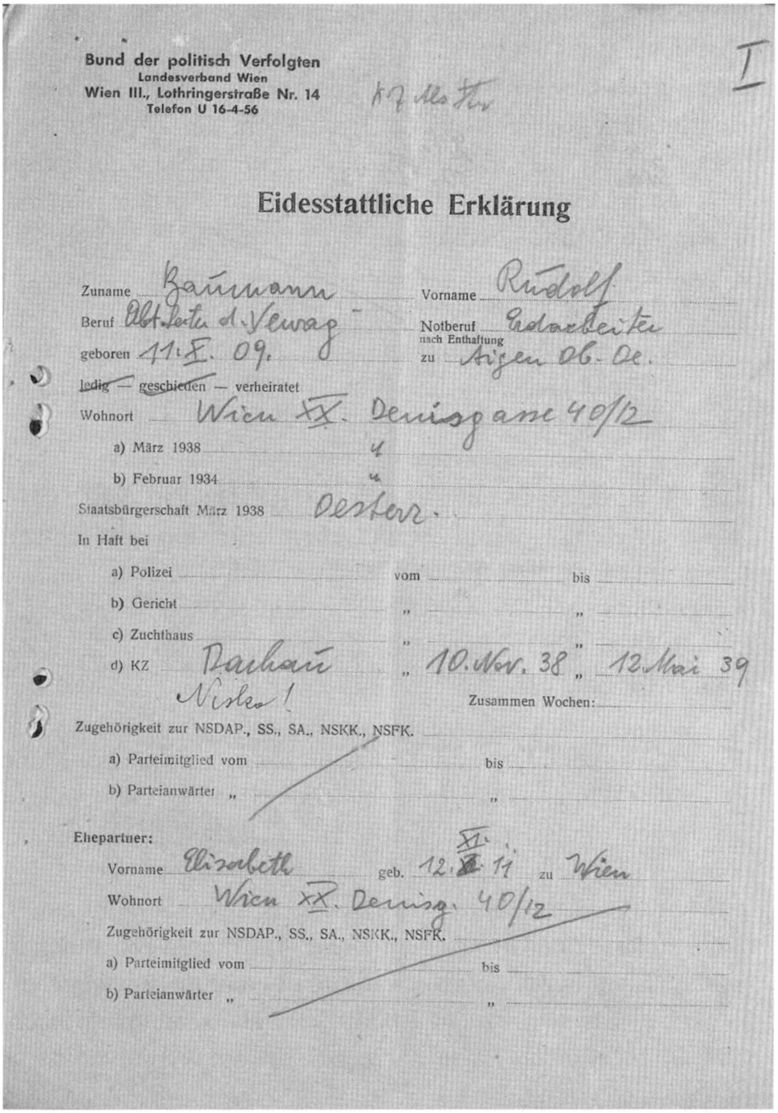

Bund der politisch Verfolgten
Landesverband Wien
Wien III., Lothringerstraße Nr. 14
Telefon U 16-4-56

I

Eidesstattliche Erklärung

Zuname Baumann Vorname Rudolf
Beruf Abt.-Leiter d. Vewag Notberuf nach Enthaftung Erdarbeiter
geboren 11. X. 09. zu Aigen Ob.-Oe.
~~ledig~~ — ~~geschieden~~ — verheiratet
Wohnort Wien XX. Denisgasse 40/12
a) März 1938 "
b) Februar 1934 "
Staatsbürgerschaft März 1938 Oesterr.
In Haft bei
a) Polizei vom bis
b) Gericht " "
c) Zuchthaus " "
d) KZ Dachau " 10. Nov. 38 " 12. Mai 39
Nisko!
Zusammen Wochen:
Zugehörigkeit zur NSDAP., SS., SA., NSKK., NSFK.
a) Parteimitglied vom bis
b) Parteianwärter " "

Ehepartner:
Vorname Elisabeth geb. 12. XI. 11 zu Wien
Wohnort Wien XX. Denisg. 40/12
Zugehörigkeit zur NSDAP., SS., SA., NSKK., NSFK.
a) Parteimitglied vom bis
b) Parteianwärter " "

Eidesstattliche Erklärung von Rudolf Baumann für den Bund der politisch Verfolgten, Landesverband Wien, ohne Datum (zwischen 1946 und 1948)

DÖW 20100/477

60 Eidesstattliche Erklärung für den Bund politisch Verfolgter (ohne Datum), DÖW 20100/477.

ab 1942 bei der Firma „Vewag – Vereinigte Wäschereien" gearbeitet zu haben. Das Trauma der Verfolgung hatte gesundheitliche Folgen, er litt an einer Herzneurose. Außerdem verlor er bei einem Bombenangriff Möbel und Kleidung.[61]

Johann (Hans) Baumann, geb. am 17. Dezember 1905 in Wien, wohnte in der Gemeinde Aigen im Mühlkreis und war dort maßgeblich an der Gründung der lokalen Rettung beteiligt und bei der örtlichen Feuerwehr engagiert. Als einer der ersten Bewohner Aigens erwarb er den Führerschein. Außerdem besaß er einen Gewerbeschein für Fotografie. Die gute Vernetzung im Ortsverband hinderte jedoch MitbürgerInnen nicht, im Zuge der Novemberpogrome 1938 sein Geschäft mit der Aufschrift „Nur ein Schwein kauft bei einem Juden ein" zu beschmieren. Als er die Parole entfernte, setzte man ihn wegen Beschädigung von Staatseigentum eine Woche lang unter Arrest. Seine damals sechs Jahre alte Tochter Elfriede musste die Verhaftung miterleben:

> „Meine erste Kindheitserinnerung an meinen Vater war seine Verhaftung durch zwei Gendarmen. Ich musste schrecklich schreien. Das war im November 1938."[62]

Danach wurde Hans Baumann in das KZ Dachau deportiert und gezwungen bei eisigen Temperaturen Zwangsarbeit zu leisten. Mit schweren Erfrierungen kam er im März 1939 für zwei Wochen nach Hause und musste seine Zwangsübersiedlung nach Wien regeln. Die beiden Töchter Johanna (geb. 1932) und Elfriede (geb. 1933) erlebten die Heimkehr ihres von der KZ-Haft schwer gezeichneten Vaters:

> „Papa kommt durch die Kirchengasse. Ein gebeugter Mann mit Glatze, im grauen Wintermantel. Eingebundene erfrorene Füße, in Hausschlapfen, den Geruch von Frostsalbe. Das ist meine letzte Erinnerung an ihn."[63]

In Wien war Hans Baumann gezwungen, sich als jüdischer Bewohner registrieren zu lassen und als ehemaliger KZ-Häftling wöchentlich bei der Polizei zu melden. Einer bezahlten Arbeit durfte er nicht mehr nachgehen.

Anders als sein Bruder Rudolf kam Hans Baumann nach seiner Ankunft in Nisko nicht in das Lager Zarzecze, sondern wurde von der SS wie die meis-

61 Sonderfragebogen, DÖW 20100/477.
62 „Wir haben nun einen Gedenkort".
63 Elfriede Honzik in: Ebenda.

ten anderen Deportierten vertrieben. Er gelangte über die deutsch-sowjetische Demarkationslinie, durchschwamm bei frostigen Temperaturen den Fluss San und erreichte zu Fuß das sowjetisch besetzte Lemberg. Obwohl von Natur aus kräftig und sportlich, plagten ihn die psychischen Folgen der Flucht und ein schweres Rheuma. Im Mai 1940 wurde er vom NKWD verhaftet und in ein Lager bei Archangelsk in den Nordwesten Russlands verbracht. In den dort befindlichen Gulags mussten die Gefangenen beim Aufbau des Archangelsker Zellstoff- und Papierkombinats, des Solikamsker Zellstoff- und Papierkombinats und weiterer Sulfit-Zellstoff-Werke Zwangsarbeit leisten.[64] Hans Baumann ist dort im September 1941 an Erschöpfung gestorben.

Stolperstein für Hans Baumann in Aigen-Schlägl
privat

Seine Frau Paula Baumann führte das Geschäft in Aigen im Mühlkreis alleine weiter. Als „Arierin“ konnte sie ihre als „Mischlinge 1. Grades“ geltenden beiden Töchter vor der Deportation bewahren. Ihre Schwiegereltern Isidor und Elisabeth Baumann (letzte Wohnadresse Wien 20, Denisgasse 40/12) wurden am 15. Februar 1941 in das Ghetto Opole deportiert.[65] Die Umstände ihres Todes sind nicht bekannt. Wenn sie nicht an den schrecklichen Lebensbedingungen im Ghetto zugrunde gegangen sind oder im Zuge der Liquidation des Ghettos ermordet wurden, so kamen sie im Zuge der Transporte von 31. März 1942 oder im Mai und Oktober 1942 in die Vernichtungslager Belzec und Sobibor um oder wurden dort ermordet.[66]

64 http://www.gulag.memorial.de/lager.php?lag=15; http://www.gulag.memorial.de/lager.php?lag=433 [23. 1. 2020].

65 DÖW, Datenbank der Shoah-Opfer, www.doew.at.

66 https://www.doew.at/erinnern/fotos-und-dokumente/1938-1945/deportationen-wien-opole-februar-1941-in-diesem-elenden-nest [3. 2. 2020].

Ernst Baumann (geb. 1907), der dritte der Baumann-Brüder, ging bereits 1935 nach Palästina und verstarb dort 1971.[67] Der vierte Bruder, Karl Baumann (geb. 4. 12. 1912), lebte ab 1932 in Prag. Von dort aus wurde er im Juli 1942 ins Ghetto Theresienstadt und im Oktober 1942 in das Vernichtungslager Treblinka deportiert und ermordet.[68]

Am 21. April 2013 verlegte der deutsche Künstler Gunter Demnig vier Stolpersteine vor dem ehemaligen Wohnhaus der Familie Baumann in der Kirchengasse 3 in Aigen-Schlägl.

Leopold Sonnenfeld

Leopold Sonnenfeld[69] wurde am 22. Juni 1892 in Wien als Sohn von Israel und Rosa Sonnenfeld, geb. Killer, geboren.[70] Als Metallarbeiter war er in der Sozialdemokratischen Arbeiterpartei, auch nach deren Verbot im Februar 1934, aktiv. Im Zuge des „Anschlusses" im März 1938 verlor er aus rassistischen Gründen seinen Arbeitsplatz und musste sich mit Gelegenheitsarbeiten durchbringen. Sein letzter Wohnort war Perchtoldsdorf. Er wurde mit dem 1. Transport nach Nisko deportiert und in die Sowjetunion vertrieben, wo er diverse Arbeitslager überlebte. 1947 kehrte Sonnenfeld nach Österreich zurück.

Porträt Leopold Sonnenfeld, vor 1938

DÖW

67 https://austria-forum.org/af/AustriaWiki/Hans_Baumann_%28Kaufmann%29 [23. 1. 2020].
68 https://www.wikiwand.com/de/Liste_der_Stolpersteine_in_Oberösterreich [23. 1. 2020].
69 Zu seiner Person siehe u. a. auch: DÖW 20.900/2166, DÖW 22.202.
70 Index der jüdischen Matriken Wien und NÖ, https://www.genteam.at [1. 2. 2020].

Für das Interviewprojekt „Erzählte Geschichte. Jüdische Schicksale“ gab er dem DÖW Anfang der 1970er Jahre ein Interview und berichtete über seine Deportation nach Nisko:[71]

> „Inzwischen ist die G'schicht kommen mit dem Verschicken. Da sind wir in die Seitenstettengasse reingeholt worden, der Tempel war ja dann zu einem Lager umgearbeitet. Und es hat geheißen, im Oktober muss ich weg, muss ich Österreich verlassen. Wir müssen uns in Polen ansiedeln. Wir sind dann gesammelt worden, und am 20. Oktober 1939 sind wir weggefahren vom Aspangbahnhof.
> Ich hab mir mein Werkzeug mitgenommen, das ich in dem kleinen Kastl gehabt hab. Da hab ich mir mitgenommen, was ich als Schlosser, als Metallarbeiter brauchen kann. Und die Ärzte haben sich ihre Sachen mitgenommen, Schneidermeister haben sich ihre Sachen in die Waggons verladen, um sich draußen neu anzusiedeln. Am Aspangbahnhof ist unsere österreichische Polizei zugestiegen. Wir haben nicht gewusst, was mit uns ist. In Mährisch-Ostrau ist die Polizei ausgestiegen und die Gestapo zugestiegen. Jetzt haben wir gewusst, was los ist. Sie haben uns alle Dokumente weggenommen, und wir sind weitergefahren und bis in die Nähe von Lublin gekommen. [Es handelte sich um die Gegend von Nisko.] Dort sind wir auswaggoniert worden. Unser Werkzeug haben wir nicht mehr gesehen. Die Schneider und die Schuster haben von ihrem Werkzeug nix mehr gesehen, das ist alles in den Waggons geblieben. Wir sind zu einem Zug formiert worden: marschieren! Da sind wir marschiert ein paar Kilometer bis zu einer Wiese. Dort haben wir uns alle im Kreis aufstellen müssen. Es ist unser Handgepäck auf einen Haufen gelegt worden, alles was wir gehabt haben, alles auf einen Haufen. Wir haben allerdings auf unseren Koffern einen Namen draufgehabt. Auch am Rucksack hat jeder den Namen draufgehabt. Zwei Rucksäcke und ein Kofferl hab ich gehabt, [...]. Und wir haben uns im Kreis aufstellen müssen, alle miteinander, 1000 Menschen waren wir. Dann ist der Befehl gekommen: Jeder holt sich seine Sachen. 1000 Menschen stürzen auf den Haufen zu. Das ist in eine Rauferei gemündet. [...] Dann hat's geheißen: ‚So, jetzt könnt's gehen! Wer im Umkreis von fünf Kilometern innerhalb von drei Stunden angetroffen wird, wird sofort erschossen. Jetzt geht's zu euren Freunden!‘

71 https://www.doew.at/erinnern/biographien/erzaehlte-geschichte/ns-judenverfolgung-deportation/leopold-sonnenfeld-jetzt-haben-wir-gewusst-was-los-ist [23. 1. 2020].

Uns ist nur der Weg geblieben nach Russland. Andere Wege waren ja nicht offen. Einer hat nicht wollen vom Platz gehen, den haben sie erschossen, einer von uns, ein junger Mensch mit 18, 19 Jahr. Der hat nicht wollen. ‚Ich will meine Sachen haben', hat er geschrien. Zuerst haben die ja in die Luft geschossen. Aber der ist dort geblieben. Was ist uns übergeblieben als marschieren! Es waren natürlich auch gebrechlichere Menschen darunter. Da haben wir Offiziere gehabt, jüdische Offiziere, die den Ersten Weltkrieg mitgemacht haben. Darunter war auch der Jellinek, der war Offizier im Ersten Weltkrieg. Der hat im ganzen vier Züge gebildet zu 250 Mann. Der hat den Weg durch Russland, durch Galizien, gekannt, so halbwegs, hat gesagt, dort und dort sollen wir marschieren, und da sind wir marschiert. [...]
So sind wir halt sechs Tage marschiert, bis wir an die russische Grenze gekommen sind. Dort haben wir uns versteckt, weil hinter uns ist ja die SS gerannt. Wir sind [...] um unser Leben gerannt, ein jeder. [...] Da waren Menschenschmuggler, die haben gegen Bezahlung die Leute über die Grenze rübergeschmuggelt nach Russland. Der Bug hat die Grenze gebildet. [...] Da war ein Baum, der hat von einem Ufer zum anderen rübergeragt. Und über den sind wir wie die Affen rübergeklettert, ans andere Ufer rübergekrochen. Da haben die Deutschen wieder einen erwischt. Der ist ins Wasser reingefallen, den haben wir zurücklassen müssen. Was können wir machen? Das war ein junger Mensch, dem haben sie nachgeschossen. Wir sind dann rüber und auf russischen Boden gekommen. Jetzt haben uns die Russen nicht reinlassen wollen. So haben wir dort gelagert eine Weile. Der Russe hat gesagt, er muss erst Erlaubnis holen, telefonieren. So sind wir gesessen vielleicht so zweieinhalb Stunden. Sie haben uns dann den Übertritt erlaubt, wir sind dirigiert worden zum nächsten Kommando. [...] Bei strömendem Regen sind wir draußen gestanden bis halb drei Uhr Nachmittag. Dann haben sie uns reingerufen, einen nach dem anderen, und haben uns weggenommen, was wir in den Taschen gehabt haben: Bleistift, Uhren, Ringe, alles. Und dann haben sie gesagt: ‚Und jetzt könnt's gehen, marschiert's!' So sind wir marschiert sechs Tage bis Lemberg. Gelebt haben wir vom Betteln. Da haben russische Militaristen so Lazarette gehabt. Dort sind wir immer um eine Suppe betteln gegangen. Ein Stückl Brot haben wir gekriegt oder so was. So sind wir gegangen und bis Lemberg gekommen. In der Nacht vom 30. zum 31. Oktober sind wir in Lemberg angekommen."

Leopold war das zweitälteste Kind der Familie Sonnenfeld. Sein jüngerer Bruder Alfred Sonnenfeld (geb. 30. 10. 1895 in Wien) wurde von der „Sammelwohnung" in Wien 2, Kleine Sperlgasse 1/8 abgeholt und am 15. 10. 1941 vom

Aspangbahnhof in das Ghetto Litzmannstadt (Łódź, Polen) deportiert, wo er am 17. Februar 1942 ums Leben kam.[72] Sein älterer Bruder Josef Sonnenfeld (geb. 11. 10. 1889 in Wien) wurde ebenfalls von der Kleinen Sperlgasse 1/8 abgeholt und vier Tage später, am 19. Oktober 1941, vom Aspangbahnhof in das Ghetto Litzmannstadt deportiert, wo er am 7. Mai 1942 starb.[73] Seine Schwester Katharina Sonnenfeld (geb. 30. 8. 1894 in Wien) wurde von ihrer letzten Wohnadresse Wien 2, Zirkusgasse 37/5, abgeholt und am 23. November 1941 vom Aspangbahnhof mit dem Ziel Riga abtransportiert.[74] Dort ist der Zug aber nie angekommen. Der Transport aus Wien wurde ebenso wie weitere für Riga geplante Deportationstransporte aus dem „Altreich“ aus unbekannten Gründen in das litauische Kaunas umgeleitet und dem Einsatzkommando 3 übergeben. Sofort nach der Ankunft wurden die Juden und Jüdinnen im Fort IX, einem Teil der alten zaristischen Befestigungsanlagen von Kaunas, von litauischen „Hilfswilligen“[75] unter dem Kommando von Angehörigen des EK 3 erschossen.[76]

Robert Deman und Hans Steinschneider

Robert Deman wurde am 12. Februar 1887 in Wien als Sohn von Ludwig Deman (auch Lajos Diamant), geb. 24. 10. 1869 in Budapest, und Emma Deman, geb. Schönmann (geb. 27. 6. 1875 in Wien), geboren.[77] Seine letzte Wohnadresse lautete: Wien 14, Amortgasse 33/8. Am 20. Oktober 1939 wurde er mit dem 1. Transport nach Nisko abtransportiert.

Demans 1931 geborene Tochter Elsa erinnerte sich 1999 in einem Gespräch mit dem Villacher Verein „Erinnern an die Opfer der nationalsozialistischen Gewalt“:

> „Mein Vater wurde im Juni 1939 verhaftet, weil er Jude war. Er arbeitete als Vertreter in der Textilbranche. Gleich nach dem Anschluss im März 1938 haben mich meine Eltern aus Sicherheitsgründen zu meiner Tante nach Villach geschickt. Meine Mutter, geb. Johanna Planer aus Steindorf

72 DÖW, Datenbank der Shoah-Opfer, www.doew.at.

73 Ebenda.

74 Ebenda.

75 Als Hilfswillige wurden Hilfskräfte innerhalb der deutschen Wehrmacht und der SS bezeichnet, die sich aus der Bevölkerung im besetzten Gebiet der Sowjetunion rekrutierten.

76 https://ausstellung.de.doew.at/b200.html [15. 2. 2020].

77 Siehe den Eintrag von Steve Jaron vom 10. 10. 2013 auf https://www.geni.com [3. 2. 2020].

am Ossiachersee, ist nach England gefahren und bemühte sich dort vergebens um ein Ausreisevisum für ihren Mann. Mein Vater und meine Großmutter wurden im Juni 1939 verhaftet und deportiert, die Wohnung wurde beschlagnahmt. Dann ist meine Mutter nach Villach gekommen und wir lebten alle zusammen bei der Tante [...]. Den letzten Brief von meinem Vater erhielten wir aus Polen. Ich glaube, die Stadt hieß Tarnopol oder so ähnlich. Leider sind die wenigen Briefe, die wir von ihm hatten, verlorengegangen. Als in Villach herumgemunkelt wurde, dass ich die Tochter eines Juden bin, schwebten wir in großer Gefahr, man wollte meine Mutter und mich verhaften und deportieren. Wir hatten Glück. Mein Onkel, er war ein Nazi, erzählte seinen Parteikameraden, dass ich eigentlich das Kind eines Italieners sei, das meine Mutter in die Ehe mit Robert Deman mitbrachte. Gott sei Dank haben die Nazi nicht genau nachgeforscht und so überlebten wir. Wir hatten immer Angst."[78]

Porträt Robert Deman, vor 1938

Yad Vashem

Die Eltern von Robert Deman hatten sich scheiden lassen, sein Vater war 1917 verstorben. Emma Deman heiratete in zweiter Ehe Karl Steinschneider (26. 3. 1858 – 20. 2. 1930). Sie wurde am 20. Mai 1942 nach Maly Trostinec deportiert und am 26. Mai dort ermordet.[79] An sie erinnert seit September 2017 am Haus ihrer letzten Wohnadresse in einer Sammelwohnung in der Werdertorgasse 4 im 1. Bezirk eine Gedenktafel.[80] Ihr Sohn aus zweiter Ehe Hans Steinschneider (geb. 5. 7. 1904 in Wien) wurde zusammen mit seinem Halbbru-

78 http://www.erinnern-villach.at/opfer/400-robert-deman-1887-1939.html [3. 2. 2020].
79 DÖW, Datenbank der Shoah-Opfer, www.doew.at.
80 https://www.memento.wien/address/537/ [3. 2. 2020].

der Robert Deman am 20. 10. 1939 nach Nisko deportiert. Er hat den Holocaust nicht überlebt.[81]

Josef Berger

Josef Berger wurde am 9. November 1886 in Hohenau in Niederösterreich geboren. Im Zuge des Novemberpogroms 1938 wurden in Wien mehr als 6.500 Juden verhaftet, fast zwei Drittel von ihnen in das KZ Dachau überstellt. Unter ihnen befand sich auch Josef Berger, der – am 15. November 1938 in Dachau eingeliefert – die Gefangenennummer 24.949 erhielt. Am 19. Jänner 1939 erfolgte seine Entlassung. Am 26./27. Oktober 1939 ging Berger mit dem 2. Transport nach Nisko ab. Seine letzte Wohnadresse lautete: Wien 2, Schönererstraße (heute Heinestraße) 30/10. Er zählte zu jener Minderheit, die das Lager in Zarzecze aufbauen musste und im April 1940 nach Wien zurückkehren konnte.

Josef Berger als Rekrut, 1914
privat

81 DÖW, Datenbank der Shoah-Opfer, www.doew.at.

Im Jüdischen Museum in Wien befindet sich ein aus Werkmaterialien hergestellter Leuchter mit der Beschriftung „Nisko am San 1939–1940 Chanukkah 5700. Josef Berger/Hans Berger/aus Wien“. Einer der Rückkehrer aus Nisko – vielleicht Josef Berger selbst – muss den Leuchter mitgenommen und in der Israelitischen Kultusgemeinde deponiert haben. Dieser Leuchter weist mehrere Facetten auf: die religiöse, denn es handelt sich um einen Chanukka-Leuchter; die historische, denn der Leuchter verweist auf die Geschichte der Deportationen nach Nisko am San; und die persönliche, denn er erinnert an Josef und Hans Berger aus Wien, die – fern ihrer Angehörigen, an einem trostlosen Ort in Polen, ungewiss, was die Zukunft für sie bringen würde – von 6. bis 14. Dezember 1939 in Nisko am San Chanukka feierten.[82]

Chanukkaleuchter aus Nisko

Jüdisches Museum Wien

82 Felicitas Heimann-Jelinek, Thoughts on the role of a European Jewish Museum in the 21st century, in: Visualizing and Exhibiting Jewish Space and History, hrsg. v. Richard I. Cohen, Studies in Contemporary Jewry Vol. XXVI, Oxford University Press 2012, S. 243–260, hier 253.

Vom 10. Juni bis 12. Oktober 1940 befand sich Berger, gemeinsam mit mehreren vom Arbeitsamt in Wien geschickten Juden in einem Arbeitslager am Präbichlpass in der Steiermark.[83] Das Lager Präbichl-Eisenerz stand unter der Oberaufsicht der Zentralstelle für jüdische Auswanderung. Die Lagerinsassen waren für diverse Baufirmen, wie bspw. die Schweizerischen Straßenbau- und Tiefbau-Unternehmung AG (STUAG), tätig. Sie durften das Lager nicht verlassen und wurden nur unzureichend ernährt.[84] Für die geleistete Schwerstarbeit erhielten sie lediglich einen geringen Lohn, der manchmal nicht einmal ausbezahlt wurde.[85]

Ab 9. Februar 1941 befand sich Josef Berger im gerade von der Zentralstelle für jüdische Auswanderung eingerichteten Sammellager in der Castellezgasse 35 im 2. Bezirk, wo bis 1939 das Chajes-Realgymnasium untergebracht und wo bis zu den Deportationen noch eine Schule war. Von dort wurde er am 15. Februar nach Opole deportiert. Er hat den Holocaust nicht überlebt.[86]

Bergers Kinder Margit (geb. 16. 8. 1916) und Heinrich (geb. 24. 4. 1920) überlebten im Exil, seine Frau Amalie Berger (geb. 4. 8. 1887) war bereits 1930 verstorben.[87]

Fritz Rerucha

Fritz Rerucha[88] wurde am 2. 8. 1913 in Wien als Sohn von Adolf Rerucha und seiner Frau Josefine, geb. Deutsch (geb. 28. 10. 1883), geboren.[89] Am 22. Juli 1930 bekam er mit seiner Freundin Hildegard Weis Tochter Elfriede. Er war als Handelsangestellter tätig. Seine Mutter betrieb eine Tee- und Likörausschank („Branntweiner“) in Wien 16, Hasnerstraße 31, wo er zeitweise mitarbeitete.

83 https://www.doew.at/erinnern/fotos-und-dokumente/1938-1945/deportationen-wien-opole-februar-1941-in-diesem-elenden-nest/josef-berger-dachau-nisko-opole [3. 2. 2020].

84 Erzählte Geschichte, Bd. 3: Jüdische Schicksale. Berichte von Verfolgten, hrsg. v. Dokumentationsarchiv des österreichischen Widerstandes, Wien 1992, S. 102.

85 Pascal Merl, Harry Israel Merl. Persönliche Erinnerungen eines jüdischen Kindes im Kontext der Zeit des Nationalsozialismus in Wien, Bachelorarbeit, München 2014, S. 18.

86 DÖW, Datenbank der Shoah-Opfer, www.doew.at.

87 https://www.doew.at/erinnern/fotos-und-dokumente/1938-1945/deportationen-wien-opole-februar-1941-in-diesem-elenden-nest/josef-berger-dachau-nisko-opole [3. 2. 2020].

88 Die nachstehenden Informationen entstammen, so nicht anders angeführt, zwei Mails von Karl Pilat (Ehemann der Enkeltochter von Fritz Rerucha) an Ursula Schwarz, DÖW, vom 14. 12. 2019 sowie an Claudia Kuretsidis-Haider vom 17. 2. 2020. Karl Pilat hat auch die Fotos zur Verfügung gestellt.

89 Index der jüdischen Matriken Wien und NÖ, https://www.genteam.at [1. 2. 2020].

Laut seiner Tochter Elfriede soll er eine Lehre bei einem Kürschner in der Inneren Stadt gemacht haben. Unbekannt ist, ob er sie abschließen konnte.

Porträt Fritz Rerucha, vor 1938

Karl Pilat

Am 31. Mai 1938 wurde Rerucha in das KZ Dachau eingeliefert und mit der Gefangenennummer 14.790 registriert.[90] Am 24. September 1938 erfolgte seine Überstellung in das KZ Buchenwald, wo er bis 25. April 1939 inhaftiert blieb.[91] Nach der Rückkehr nach Wien heirateten er und Hildegard Weis. Seine letzte Wohnadresse lautete auf die Geschäftsadresse seiner Mutter in der Hasnerstraße 31/2. Fritz Rerucha wurde mit dem 2. Transport nach Nisko deportiert und nach der Ankunft über die deutsch-sowjetische Demarkationslinie vertrieben. Bis 1942 meldete er sich aus Lemberg bei seinen Angehörigen, wie erhalten gebliebene Fragmente der Korrespondenz mit seiner Schwester Margarethe (Grete) Rerucha (geb. 21. 10. 1911 in Wien) belegen. Das verweist darauf, dass

90 Haftzeitbestätigung der KZ Gedenkstätte Dachau (29. 10. 2012). In Dachau war er unter dem Namen Revucha registriert.

91 Arolsen Archives Online-Collections, https://collections.arolsen-archives.org, Fritz Rerucha: Individuelle Häftlingsunterlagen – KL Buchenwald [1. 2. 2020].

Fritz Rerucha die Massenmorde der Einsatzgruppen zunächst überlebt haben muss. Dann allerdings verliert sich seine Spur.

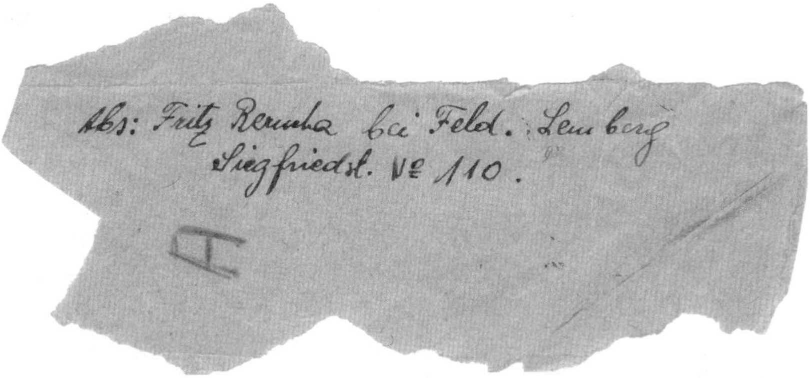
Abs: Fritz Rerucha bei Feld. Lemberg
Siegfriedst. № 110.

Brief von Fritz Rerucha aus Lemberg, Abriss des Briefkuverts (zwischen 1940 und 1942)

Karl Pilat

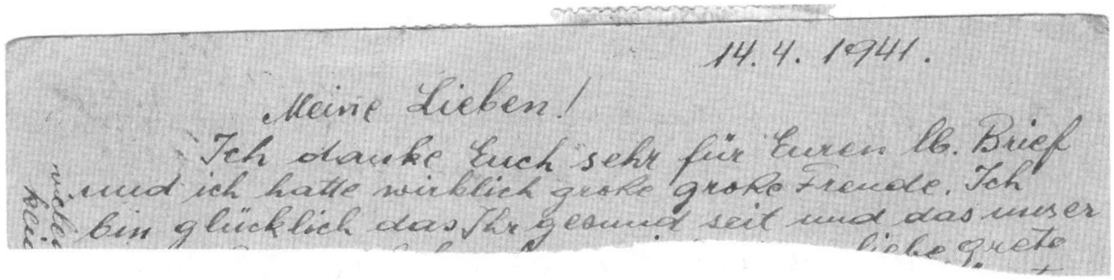
14. 4. 1941.
Meine Lieben!
Ich danke Euch sehr für Euren lb. Brief
und ich hatte wirklich große große Freude. Ich
bin glücklich das Ihr gesund seit und das unser
liebe Grete

Brief von Fritz Rerucha nach Wien, 14. 4. 1941; Ausschnitt der ersten Zeilen

Karl Pilat

Brief von Fritz Rerucha, Abriss des Briefkuverts mit sowjetischen Marken (zwischen 1940 und 1942)

Karl Pilat

Seine Schwester Grete Rerucha wurde nach Theresienstadt verschickt, konnte aber die NS-Zeit überleben. Die Mutter Josefine Rerucha wurde von ihrer letzten Wohnadresse Wien 2, Rembrandtstraße 21/11 abgeholt und am 22. Juli 1942 mit dem Transport IV/5, Nummer 683 nach Theresienstadt deportiert. Am 23. Jänner 1943 erfolgte ihre Überstellung mit dem Transport Cr, Nummer 664 nach Auschwitz.[92] Sie hat den Holocaust nicht überlebt.

Wilhelm Merl

Wilhelm (Willy) Merl[93] kam am 3. Juli 1906[94] in Wien als Sohn des Littman Merl (geb. 25. 10. 1879 im galizischen Ort Hocimirz [heute Chotymyr, Ukraine]) und der Sara Merl, geb. Ellenberg (geb. 1881 in Obertyn, Galizien, heute Ukraine), zur Welt. Nachdem seine Mutter 1916 verstorben war, heiratete sein Vater deren Schwester Chaje Feige Ellenberg (geb. 19. 11. 1870 in Obertyn).

Wilhelm Merl ehelichte Sabine Kornspan (geb. 20. 11. 1912 in Lemberg), eine gelernte Buchhalterin. Gemeinsam mit seiner Frau und deren Mutter Amalie Kornspan (geb. 13. 5. 1887 im galizischen Ort Buczacz, heute Butschatsch, Ukraine)[95] lebte er in Wien 20, Salzachstraße 7, und richtete sich dort eine kleine Goldschmiedewerkstatt ein. Am 11. November 1934 wurde ihr Sohn Harry geboren.

Im Gefolge der antijüdischen Ausschreitungen nach dem „Anschluss" im März 1938 wurden Willy und Sabine Merl zum „Straßenreiben" gezwungen. Der Versuch, eine Einreisegenehmigung in die USA zu bekommen, scheiterte. Nach dem Novemberpogrom 1938 musste die Familie ihre Wohnung räumen, die Werkstatt aufgeben und einen Monat lang mit einem „Mischlingsehepaar" im 1. Bezirk am Fleischmarkt wohnen, ehe sie im Sammellager Gänsbachergasse 3[96] in Wien-Favoriten interniert wurde.

92 https://www.holocaust.cz/de/opferdatenbank/opfer/56865-josefine-rerucha/ [1. 2. 2020].

93 Die nachfolgenden Ausführungen folgen – so nicht anders angeführt – der Bachelorarbeit des Urenkels von Wilhelm Merl, Pascal Merl, sowie einem Mail von ihm an Claudia Kuretsidis-Haider vom 13. 2. 2020.

94 Diese und alle nachfolgenden Geburtsdaten: Index der jüdischen Matriken Wien und NÖ, https://www.genteam.at [1. 2. 2020].

95 https://kornspan.com/getperson.php?personID=I1387&tree=All [3. 2. 2020].

96 Siehe dazu im Folgenden: Jonny Moser, Die Anhalte- und Sammellager für österreichische Juden, in: Verfolgung von Minderheiten in der NS-Zeit, Diskriminierung der Opfer in der Nachkriegszeit, Jahrbuch 1992, hrsg. v. Dokumentationsarchiv des österreichischen Widerstandes, Wien 1992, S. 74; siehe weiters: Ders., Nisko, S. 138 f.

Harry und Willy Merl vor dem Krieg

Pascal Merl

Ursprünglich plante Adolf Eichmann zeitnah zu den ersten beiden Transporten einen dritten Transport nach Nisko, nunmehr auch mit Frauen und Kindern – teilweise Angehörige der in den beiden ersten Transporten Deportierten – zu verschicken. Die jüdischen Transport- und Waggonleiter mussten sich am 30. Oktober 1939 mit Gepäck am Aspangbahnhof einfinden. Am 1. November 1939 verlautbarte die Israelitische Kultusgemeinde, dass der Zug am Samstag, den 4. November 1939, abgehen würde. Bereits einen Tag zuvor hatten sich alle eingeteilten knapp 750 Personen mit Gepäck im Obdachlosenheim in der Gänsbachergasse 3, nahe dem Aspangbahnhof, einzufinden. Die Abfertigung des 3. Transportes wurde aber gestoppt, denn Eichmann erhielt den Befehl, die Aktion abzubrechen. Die meisten dafür vorgesehenen jüdischen Männer, Frauen und Kinder blieben allerdings bis Februar 1940 im Sammellager in der Gänsbachergasse interniert – so auch Willy Merl mit seiner Frau und seinem kleinen Sohn. Danach kam die Familie in eine „Sammelwohnung“ in der Wipplingerstraße im 1. Bezirk.

Am 23. April 1940 wurde Willy Merl in ein Arbeitslager am Präbichl-Pass in der Nähe von Eisenerz gebracht, wo er im Straßenbau Zwangsarbeit leisten musste. Als aufgrund der Kälte die Leitungen einiger Telegraphenmasten gerissen waren, wurde Merl der Sabotage bezichtigt und verhaftet, später aber wieder freigelassen. Am 21. Dezember 1940 kam er in das Reichsstraßenbau-

Sammelwohnung am Nestroyplatz, die Familien Merl und Kandl (zwischen 1942 und 1944)

Pascal Merl

Willy Merl mit seiner Frau Sabine und Sohn Harry während des Krieges

Pascal Merl

Wohnlager Traunsee in Oberösterreich. Die jüdischen Zwangsarbeiter mussten für die Firmen Wayss & Freytag, Preslicka & Co. sowie Mayreder & Kraus den Ausbau der heutigen Bundesstraße 145 im Gemeindegebiet Traunkirchen betreiben.[97] Im Mai 1941 kehrte Merl nach Wien zurück und arbeitete zunächst als Hilfsarbeiter bei der IKG, später bei der „Vugesta“[98], wo auch seine Frau Arbeit fand. Diese Tätigkeit – sie wurden zur Räumung Hunderter verlassener jüdischer Wohnungen zwangsverpflichtet – schützte die Eheleute vor der Deportation. Ihr kleiner Sohn musste in der Zeit täglich bis zu 14 Stunden alleine zu Hause bleiben. Ab April 1942 lebte die Familie in einer Sammelwohnung im 2. Bezirk am Nestroyplatz, ab Dezember 1944 in der Odeongasse, die letzten Wochen vor dem Ende der NS-Herrschaft dort versteckt im Kohlenkeller.[99]
Nach der Befreiung wurde Willy Merl Mitglied der Kommunistischen Partei und bekam eine Anstellung bei der Wiener Polizei, wo er im Innendienst arbeitete. Sabine Merl betrieb ein Altwarengeschäft in Ottakring. Die Eheleute trugen sich mit dem Gedanken in die USA auszuwandern, verwarfen dieses Ansinnen aber nicht zuletzt aufgrund der strengen Einwanderungsbestimmungen.

Der Vater von Willy Merl Littman Merl und seine Stiefmutter Chaje Feige wurden am 24. September 1942 aus einer „Sammelwohnung“ in der Rueppgasse 13/5 im 2. Bezirk zum Aspangbahnhof gebracht und in das Ghetto Theresienstadt deportiert. Chaje Feige Merl starb dort zwölf Tage nach ihrer Ankunft an einem Gehirnschlag. Littman Merl wurde am 16. Mai 1944 in das so genannte „Theresienstädter Familienlager“ in Auschwitz-Birkenau überstellt. Dort gab es keine Selektion, sondern die Gefangenen wurden, soweit sie nicht im Lager starben oder als „Arbeitsfähige“ in andere Konzentrationslager deportiert wurden, in der Nacht vom 8. zum 9. März 1944 oder zwischen dem 10. und 12. Juli 1944 in den Gaskammern ermordet.[100] Unter den Getöteten befand sich auch Littman Merl.

Willy Merls Schwester Pauline (Paula) Merl (geb. 18. 12. 1907 in Wien) war eigentlich gelernte Stickerin, arbeitete aber als OP-Schwester im Roth-

97 Siehe dazu: https://memorial-ebensee.at/website/index.php/de/geschichte/18-salzkammergut-1938-45/15-lager-traunsee [1. 2. 2020].

98 „Verwertungsstelle für jüdisches Umzugsgut der Gestapo“. Siehe dazu: Sabine Loitfellner, Die Rolle der Verwaltungsstelle für jüdisches Umzugsgut der Geheimen Staatspolizei (Vugesta) im NS-Kunstraub, in: Gabriele Anderl / Alexandra Caruso (Hrsg.), NS-Kunstraub in Österreich und die Folgen, Innsbruck 2005, S. 110–120.

99 Interview von Renata Schmidtkunz: Harry Merl, Psychoanalytiker und Begründer der Familientherapie, in: Da Capo: Im Gespräch. Ö1, 20. 3. 2020.

100 http://ausstellung.de.doew.at/m17sm148.html [1. 2. 2020].

schildspital der Israelitischen Kultusgemeinde Wien. Nach dem „Anschluss" im März 1938 verließ sie laut Gestapobericht „im Juni 1942 eigenmächtig ihren Arbeitsplatz" und lebte unter falschem Namen als landwirtschaftliche Arbeiterin bei Bauern.[101] Sie wurde am 5. April 1943 von der Gestapo erkennungsdienstlich erfasst und in ein unbekanntes Lager deportiert. Pauline Merl hat den Holocaust nicht überlebt.[102] Seine zweite Schwester Henriette (Jetti) Merl (geb. 19. 7. 1909 in Wien) arbeitete als Hutmacherin und konnte im November 1938 nach New York fliehen, ebenso ihr Bruder Hermann Merl (geb. 3. 7. 1912 in Wien). Die dritte Schwester, Rosa Merl (geb. 14. 9. 1913 in Wien), hatte einen nichtjüdischen Ehemann, lebte also nach den Nürnberger Gesetzen in einer sogenannten „Mischehe". Da sich ihr Mann Franz „Ferry" Cerny weigerte, sich scheiden zu lassen, konnte er seine Frau und ihre zwei gemeinsamen Kinder vor der Deportation schützen.

Willy Merls Schwiegermutter Amalie Kornspan ging im Jänner 1939 zurück in ihre Geburtsstadt Lemberg. Dort musste sie für die Bekleidungsfirma Schwarz & Co arbeiten. Am 23. Mai 1943 teilte die Firma ihrer Tochter Sabine Merl mit, dass ihre Mutter „gestorben" sei. Von einem Bekannten erfuhr sie, „dass alle in der Fabrik arbeitenden Jüdinnen ausgehoben, mit einem Viehtransport abtransportiert und anschließend in eine Grube hineingeschossen wurden".[103]

Harry Merl studierte nach der Matura Medizin, wurde Psychiater, Neurologe und Therapeut. Er leitete das Institut für Psychotherapie an der oberösterreichischen Landesnervenklinik Wagner-Jauregg (heute: Neuromed Campus des Universtitätsklinikums) und gilt als Begründer der systemischen Familientherapie in Österreich. Das Schicksal seiner Familie prägte seine wissenschaftliche Arbeit maßgeblich. 1997 wurde Harry Merl das Goldene Ehrenzeichen für Verdienste um die Republik Österreich verliehen.[104]

Nachbemerkungen

Fast 1.600 Männer wurden mit dem 1. und 2. Transport von Wien nach Nisko deportiert. Ende Oktober 1939 wurde die Aktion aus vielerlei Gründen eingestellt: Verwaltungstechnische Schwierigkeiten vor Ort trugen dazu ebenso bei

101 Merl, Harry Israel Merl, S. 11.
102 DÖW, Datenbank der Shoah-Opfer, www.doew.at.
103 Merl, Harry Israel Merl, S. 27.
104 Johannes Neuhauser, Harry Merl – Vater der Familientherapie. Eine Biografie, Weitra 2019.

wie andere Umsiedlungspläne in den „Reichsgau Wartheland“[105], die Vorbereitung des Krieges gegen Frankreich sowie der Widerstand der Sowjetunion gegen die Austreibungen. Im April 1940 wurde das Barackendorf Zarzecze bei Nisko aufgelöst und die überlebenden 516 Männer, darunter 198 Wiener Juden, durften in ihre Herkunftsorte zurückkehren.[106] Diese Repatriierung war ein in der Verfolgungs- und Vernichtungsgeschichte der NS-Herrschaft einzigartiger Vorgang.

Bei der Nisko-Aktion war die individuelle oder kollektive physische Vernichtung zwar noch nicht das primäre Ziel, jedoch ein ohne Weiteres in Kauf genommener Nebeneffekt der Bestrebungen, die „Ostmark“ und andere Territorien „judenfrei zu machen“. Adolf Eichmann hatte zuvor die „Zentralstellen für jüdische Auswanderung“ in Wien und Prag aufgebaut und es war dies eine günstige Gelegenheit für ihn, sich als Organisator der Judenverfolgung zu profilieren. Die Nisko-Aktion war eine der zentralen Stationen auf dem Weg zum Holocaust. „Während Eichmanns Planung mit der Ankunft in einer polnischen Bahnstation und der raschen Passage durch ein zu errichtendes Durchgangslager, das Lager Nisko, endete“[107], halfen die dabei gewonnenen Erfahrungen bei der Planung der späteren Mordaktionen des Holocaust.

Obwohl die beiden Nisko-Transporte vom Wiener Aspangbahnhof am 20. und 26./27. Oktober 1939 in technischer Hinsicht Deportationszüge waren, gehörten sie – wie Winfried Garscha ausführt – ebenso wenig wie die zwischen 15. Februar und 12. März 1941 ebenfalls vom Aspangbahnhof abgegangenen fünf Transporte nach Opole, Kielce, Modliborzyce und Ostrowiec Świętokrzyski (mit den Zielorten Łagów und Opatów) zur Kategorie jener Deportationen, die den direkten Weg in die Vernichtung darstellten. Sie waren vielmehr Teil der Versuche des NS-Regimes, die „völkische Flurbereinigung“ (deren wichtigstes Instrument in Bezug auf die jüdische Bevölkerung des Reichs damals noch die „freiwillige“ Ausreise war) mittels Ausweisungen und Vertreibungen voranzubringen. Diese Methode musste scheitern, weil die für die Versorgung der Juden und Jüdinnen verantwortlich gemachten BewohnerInnen der Kleinstädte in Polen und die dortigen jüdischen Gemeinden davon völlig unvorbereitet getroffen wurden und mit der Aufgabe vollkommen überfordert waren.[108]

105 Vgl. Garscha, Deportation nach Polen, S. 239.

106 Vgl. auch Herbert Rosenkranz, Verfolgung und Selbstbehauptung. Die Juden in Österreich 1938–1945, Wien 1978, S. 216 ff.

107 Goshen, Nisko, S. 95.

108 Garscha, Deportation nach Polen, S. 244 f.

Mit dem Überfall der Deutschen Wehrmacht auf die Sowjetunion im Sommer 1941 und der Vollmacht zur „Durchführung der angestrebten Endlösung der Judenfrage“ im gesamten deutschen Machtgebiet von Hermann Göring an den Chef der Sicherheitspolizei und des SD Reinhard Heydrich vom 31. Juli 1941 wurden die Weichen für die organisierte Massenvernichtung der jüdischen Bevölkerung im besetzten Europa gestellt. Die Deportationen vom Wiener Aspangbahnhof in die Ghettos und Konzentrationslager im „Osten“ begannen am 15. Oktober 1941. Binnen zwei Wochen wurden aus Wien fast 5.000 jüdische Männer, Frauen und Kinder abtransportiert. Mit der Wannseekonferenz vom 20. Jänner 1942 stellten die nationalsozialistische Reichsregierung und die SS unter dem Vorsitz von Reinhard Heydrich die organisatorischen und koordinatorischen Weichen für die Durchführung der „Endlösung der Judenfrage“.

Die von Adolf Eichmann aufgebaute Zentralstelle für jüdische Auswanderung erwarb jedoch schon mit der Nisko-Aktion jenes Know-how, das sie in die Lage versetzte, aus einer Koordinierungsstelle für Auswanderung zu einer Koordinierungsstelle für Deportationen zu werden und schließlich die Massentransporte zu den Vernichtungsstätten effizient und nahezu reibungslos durchzuführen.

Andrea Löw

„Die Lage ist unter diesen Umständen sehr unsicher“

Briefe deportierter Wiener Juden vom Herbst 1939 bis zum Frühjahr 1940 an die Israelitische Kultusgemeinde Wien

> „Ich möchte den Anlass nicht vorüber gehen lassen, ohne wie schon so oft nachdrücklichst festzustellen, dass die Mitwirkung der Kultusgemeinde bei diesen Aktionen nicht ihrer Initiative entsprang und einzig und allein von der Absicht geleitet war, die Nominierung der Teilnehmer an den Transporten und die Durchführung der letzteren selbst unter möglichster Vermeidung von Härten zu bewirken. Dies ist uns, soweit es die Verhältnisse möglich machten, auch gelungen. Auf die weitere Entwicklung der Angelegenheit sind wir leider ganz ohne jeden Einfluss.“[1]

Diskussionen über die richtige Verhaltensweise angesichts von Verfolgung und Deportation begannen zeitgleich mit den Ereignissen. Die Wiener Jüdische Gemeinde musste dies bereits nach dem „Anschluss“ Österreichs an NS-Deutschland und verstärkt nach Beginn des Zweiten Weltkriegs erfahren. In zwei Transporten wurden am 20. und am 26./27. Oktober 1939 knapp 1.600 Juden[2] aus Wien in den Osten der von den Deutschen eroberten polnischen Gebiete deportiert und dort mehr oder weniger sich selbst überlassen. Bald befanden sie sich in einer dramatischen Lage. Sie gelangten nahezu mittellos in kleine ost-

1 Dokument 8, S. 623 (siehe Fußnote 3) – IKG Wien an Siegmund Flieger, 7. 1. 1940.

2 Es waren keine Jüdinnen darunter, daher wird nur die männliche Form benutzt. Der Einfachheit halber und aus Gründen der besseren Lesbarkeit ist in der Folge von „Juden“ die Rede, auch wenn es sich teilweise um eine durch die Nationalsozialisten vorgenommene Fremdzuschreibung handelte. Zur Problematik des Begriffes siehe Raphael Utz, Die Sprache der Shoah: Verschleierung – Pragmatismus – Euphemismus, in: Jörg Ganzenmüller / Raphael Utz (Hrsg.), Orte der Shoah in Polen. Gedenkstätten zwischen Mahnmal und Museum, Köln–Weimar–Wien 2016, S. 25–48.

polnische Ortschaften, in denen sie sich nun zurechtfinden mussten. Sie fühlten sich völlig alleingelassen und wandten sich in verzweifelten Schreiben an die Israelitische Kultusgemeinde Wien.

Briefe in einer Akte aus den Beständen der IKG Wien dokumentieren die kurze Phase von wenigen Monaten nach den Deportationen in die Gegend von Nisko im Herbst 1939 bis zum letzten Schreiben eines der Verschleppten vom März 1940.[3] Wie in einem Brennglas deutete sich in diesen Briefen bereits der große Konflikt zwischen jüdischen Repräsentanten und „normaler" jüdischer Bevölkerung an, der später in den Ghettos und im Zusammenhang mit den Deportationen in die Vernichtungslager eine so große Rolle spielen sollte. Im Zentrum dieses Beitrags stehen die Lage der verschleppten Juden, ihre Interpretation dieser Situation und vor allem der daraus resultierende Konflikt zwischen ihnen und der Wiener Israelitischen Kultusgemeinde. In diesen für die Holocaustforschung so wichtigen Zusammenhang sollen die Briefe im Folgenden gestellt werden.[4]

Es geht weniger um die deutschen Planungen und Diskussionen – diese bildeten den Rahmen und die notwendige Voraussetzung für die hier dokumentierten Geschehnisse im Herbst 1939 und Frühjahr 1940: Der Einmarsch der deutschen Wehrmacht in Polen und damit der Beginn des Zweiten Weltkriegs eröffneten dem NS-Regime neue Perspektiven im Hinblick auf die angestrebte „Lösung der Judenfrage" – dies meinte zu diesem Zeitpunkt freilich noch eine territoriale Lösung. Verschiedene Institutionen im Reich entwickelten Umsiedlungspläne, deren jeweiliges Scheitern zu immer radikaleren Überlegungen führte. Mit Kriegsbeginn waren Umsiedlungsaktionen in großem Maßstab möglich, und sofort begannen erste Experimente. Adolf Eichmann, der Leiter der Wiener Zentralstelle für jüdische Auswanderung, erhielt am 6. Oktober 1939 von Gestapo-Chef Heinrich Müller den Auftrag, Transporte von Juden aus Mährisch-Ostrau im „Protektorat Böhmen und Mähren" und aus dem schlesischen Kattowitz in das Gebiet des kurz danach gebildeten Generalgouvernements vorzubereiten. Eichmann fügte den Ausgangsorten noch Wien hinzu,

3 Diese Briefe stammen aus einer Akte, deren Original in den Central Archives for the History of Jewish People in Jerusalem aufbewahrt werden. Die Verfasserin hat sie auf Mikrofilm im Archiv der IKG Wien eingesehen: Archiv der IKG Wien, Bestand Jerusalem, A/W2747. In diesem Artikel wird nach dem Abdruck der Dokumente in der in Fußnote 4 genannten Dokumentation (Löw, Hilferufe) unter Angabe der Dokumentennummer und Seitenzahl zitiert.

4 Dies ist eine ergänzte und aktualisierte Fassung der Dokumentation Andrea Löw, Hilferufe aus dem besetzten Polen. Briefe deportierter Wiener Juden vom Herbst 1939 bis zum Frühjahr 1940, in: Vierteljahrshefte für Zeitgeschichte 4 (2012), S. 603–633.

wo ihm Gauleiter Josef Bürckel nur allzu gern die Vollmacht erteilte. In Wien übertrafen sich nach dem „Anschluss“ Österreichs im März 1938 verschiedene Stellen mit Vorschlägen, wie man sich, vor allem angesichts des dramatischen Wohnraummangels, der jüdischen Bevölkerung entledigen könnte.

Am 18. März 1938 wurde im Amtsgebäude der Israelitischen Kultusgemeinde Wien eine Razzia durchgeführt. Die anwesenden Gemeindebeamten, darunter Amtsdirektor Dr. Josef Löwenherz sowie der Präsident der Israelitischen Kultusgemeinde Dr. Desider Friedmann und Vizepräsident Oberbaurat Ing. Robert Stricker, wurden verhaftet.

DÖW

Bis zum Kriegsbeginn waren bereits nahezu zwei Drittel der Juden aus Österreich geflohen und große Mengen vormals jüdischer Habseligkeiten, Geschäfte, Wohnungen und Häuser hatten den Besitzer gewechselt. In Wien lebten zu diesem Zeitpunkt noch rund 70.000 nach den Nürnberger Gesetzen definierte Juden und Jüdinnen. Am 20. Oktober 1939 wurden 912, am 26./27. Oktober 672 Juden von Wien nach Nisko am San deportiert. Doch schon der dritte Wiener Transport fuhr nicht mehr ab, die für diesen konzentrierten Wiener Jüdinnen – diesmal waren auch Frauen dabei – und Juden mussten zwar noch eine Zeit lang auf ihre (vorläufige) Freilassung warten, wurden aber nicht deportiert. Müller hatte angeordnet, dass sämtliche Transporte künftig von seiner Dienststelle genehmigt werden mussten, und am 21. Dezember gab er bekannt, Himmler habe die Fortführung der Deportationen „bis auf weiteres“ untersagt. Insgesamt waren zu diesem Zeitpunkt 5.000 Juden aus Wien, Mährisch-Ostrau und Kattowitz verschleppt worden.[5]

Die Organisation der Deportationen aus Wien nach Nisko hatte ein Monat nach Kriegsbeginn Gestalt angenommen: Am 10. Oktober 1939 wies SS-Obersturmbannführer Rolf Günther von der Zentralstelle für jüdische Auswanderung Amtsdirektor der IKG Wien Josef Löwenherz an, 1.000 bis 1.200 gesunde jüdische Männer auszuwählen, die in Nisko am San, unweit von Lublin, angesiedelt werden sollten. Zudem sollten sich Berthold Storfer, der Leiter des „Ausschusses für jüdische Überseetransporte“[6], Mosche Grün vom Wiener „Palästina-Amt“ sowie Benjamin Murmelstein und Julius Boschan von der Kultusgemeinde bei Eichmann in Mährisch-Ostrau einfinden, wo als Filiale der im Juli 1939 gegründeten Prager Zentralstelle ebenfalls vorübergehend eine Zentralstelle für jüdische Auswanderung eingerichtet worden war. Dort trafen sie auf Jakub Edelstein und Richard Friedmann von der Jüdischen Kultusgemeinde Prag. Sie begleiteten am 18. Oktober den ersten Transport aus Mährisch-Ostrau in die Gegend von Nisko am San.[7]

Das Lager am Zielort, Zarzecze in der Nähe von Nisko, musste erst noch gebaut werden. Daher hatte Löwenherz in Wien die Anweisung bekommen, den zu Deportierenden aufzutragen, sich mit Werkzeugen „wie Beilen, Sägen,

5 H. G. Adler, Der verwaltete Mensch. Studien zur Deportation der Juden aus Deutschland, Tübingen 1974, S. 126–140; Hans Safrian, Eichmann und seine Gehilfen, Frankfurt/M. 1995, S. 68–86; Götz Aly, „Endlösung“. Völkerverschiebung und der Mord an den europäischen Juden, Frankfurt/M. 1998, S. 29–92; Christopher R. Browning, Die Entfesselung der „Endlösung“. Nationalsozialistische Judenpolitik 1939–1942, Berlin 2003, S. 65–69; Wolf Gruner, Von der Kollektivausweisung zur Deportation der Juden aus Deutschland. Neue Perspektiven und Dokumente, in: Birthe Kundrus / Beate Meyer (Hrsg.), Die Deportation der Juden aus Deutschland. Pläne – Praxis – Reaktionen 1938–1945, Göttingen 2004, S. 21–62; Mečislav Borák, První deportace europských Židů. Transporty do Niska nad Sanem (1939–1940), Ostrava 2009.

6 Zu Storfer vgl. Gabriele Anderl, „9096 Leben“. Der unbekannte Judenretter Berthold Storfer, Berlin 2012.

7 Jonny Moser, Nisko. Die ersten Judendeportationen, Wien 2012, S. 34–41. Moser hatte schon früher zu Nisko publiziert, vgl. Jonny Moser, „Nisko“. The First Experiment in Deportation, in: The Simon Wiesenthal Center Annual 2 (1985), S. 1–30; ders., Zarzecze bei Nisko, in: Wolfgang Benz / Barbara Distel (Hrsg.), Der Ort des Terrors. Geschichte der nationalsozialistischen Konzentrationslager, Bd. 9, München 2009, S. 588–596. Siehe auch Herbert Rosenkranz, Verfolgung und Selbstbehauptung. Die Juden in Österreich 1938–1945, Wien 1978, S. 215–218; Doron Rabinovici, Instanzen der Ohnmacht. Wien 1938–1945. Der Weg zum Judenrat, Frankfurt/M. 2000, S. 197–203.

Spaten, Tischlerwerkzeug“ auszurüsten.[8] Die erhaltenen Aktennotizen des Leiters der Kultusgemeinde über Vorsprachen in der Zentralstelle für jüdische Auswanderung zeigen, wie konkret die Vorgaben waren, die er weitergeben bzw. umsetzen musste. Zu diesen Anweisungen gehörte auch, dass die IKG die zu Deportierenden aussuchte: „Die Kultusgemeinde hat 1000–1200 auswanderungs- und arbeitsfähige Männer auszuwählen und in einer Liste, die mit laufenden Nummern zu versehen ist, zu verzeichnen. Es handelt sich in erster Linie um Handwerker aller Art, insbesondere Tischler, Zimmerleute und Techniker.“ Telefonisch hinzugefügt wurde noch die Order, vor allem mittellose Juden zu deportieren. Die Kultusgemeinde sollte also die zu Deportierenden anhand solcher Vorgaben der Zentralstelle auswählen und auch selbst verständigen.[9]

Des Weiteren oblag es der Kultusgemeinde, eine Transportleitung zu benennen und zu organisieren, dass jeweils zehn Ärzte mitfuhren. Entgegen der Weisung von Hans Günther[10] setzte Löwenherz zunächst auf sozusagen freiwillige Meldungen zur Abreise in das neue „Siedlungsgebiet“. Doch auch diese Vorgehensweise stieß bei den Betroffenen auf breite Ablehnung.[11] Die Liste der „Freiwilligen“ reichte jedenfalls nicht aus und die Zentralstelle für jüdische Auswanderung ergänzte schließlich anhand der ihr vorliegenden Namenskartei die Deportationslisten. Den Teilnehmern des ersten Transports ging eine Weisung der Gemeinde zu, in der mit deutlichen Worten gemahnt, gleichzeitig die guten Absichten der Kultusgemeinde versichert wurden:

> „Wir sind verpflichtet, Sie mit allem Nachdruck darauf aufmerksam zu machen, daß ein Fernbleiben von dem Transport für Sie mit den schwersten Unannehmlichkeiten verbunden wäre. Sollten Sie zur angegebenen Zeit nicht auf dem Sammelplatz erscheinen, so würden Sie durch Polizeiorgane aus Ihrer Wohnung geholt werden. Wir bitten Sie, überzeugt zu sein, daß seitens der Kultusgemeinde alles getan wird, was unter den gegebenen

8 Aktennotiz über die Vorsprache [Löwenherz] bei Herrn SS Obersturmführer Günther am 15. d. M., in: Archiv der IKG Wien, Bestand Jerusalem, A/W 465.

9 Aktennotiz über die Vorsprache des Gefertigten [Löwenherz] bei Herrn SS-Obersturmführer Günther in der Zentralstelle für jüd. Auswanderung am 10. Oktober 1939, 2.15 Uhr nachm.; in: Ebenda; Vollständiger Bericht von Dr. Löwenherz über die Tätigkeit Eichmanns und Brunners in Wien – Prag – Berlin 1938–45, zusammengestellt durch Tuviah Friedman, Haifa 1995, S. 17.

10 Die Brüder und SS-Sturmbannführer aus Erfurt Hans und Rolf Günther arbeiteten beide zu diesem Zeitpunkt in Eichmanns Zentralstelle in Wien.

11 Moser, Nisko, S. 39.

Umständen möglich ist, um die bei einem derartigen Transport unvermeidlichen Härten zu mildern."[12]

Da die Verständigung durch die IKG erfolgen musste, hatte die jüdische Bevölkerung keinen Kontakt zu deutschen Stellen: Weder die Gestapo, die SS, die Zentralstelle noch das Reichssicherheitshauptamt traten den Betroffenen gegenüber in Erscheinung, und wie später in den Ghettos ging auch hier die Taktik der Nationalsozialisten auf, die jüdischen Repräsentanten zwischen sich und die jüdische Bevölkerung zu stellen. Den deutschen Machthabern ersparte dies einiges an Organisation. Seitdem Eichmann im Frühjahr 1938 die Israelitische Kultusgemeinde Wien unter Vorsitz von Löwenherz so reorganisiert hatte, dass sie im Wesentlichen seine Anweisungen umsetzte, galt diese Art der bevormundeten Selbstverwaltung als Modell für den Umgang mit anderen jüdischen Organisationen, so der Reichsvereinigung der Juden in Deutschland und der Jüdischen Kultusgemeinde in Prag.[13] Die jüdischen Funktionäre gerieten in eine verzweifelte Situation. Sie standen in absoluter Abhängigkeit von den deutschen Behörden, daran hatte Eichmann von Anfang an keinen Zweifel gelassen. Schon bei ihrem ersten Treffen hatte er Löwenherz geohrfeigt. Ein Mitarbeiter der IKG Wien, Moritz Fleischmann, erinnert sich an die Zwangslage, in der der Vorsitzende der Gemeinde sich stets befand: „Löwenherz machte sich dann auf den Weg zu Eichmann, jeder Weg zu Eichmann war für ihn ein Canossagang."[14] Zugleich versuchten die MitarbeiterInnen der Gemeinde, mit den geringen Mitteln, die ihnen noch verblieben waren, jüdisches Leben zu organisieren, die zunehmend verarmte Bevölkerung zu versorgen und zu unterstützen. Nahezu ausweglos erschien ihre Lage in Fällen wie dem hier Geschilderten. Sie sahen zumeist „keine Alternative zur Strategie der Kooperation", um das Leben unter der NS-Herrschaft für die jüdische Gemeinde so erträglich wie möglich zu gestalten und – in einer späteren Phase – so viele Leben wie möglich zu retten. Viele von ihnen, so auch Löwenherz, hätten fliehen können, doch wollten sie sich der Verantwortung nicht entziehen. Für Löwenherz mussten zudem andere Funktionäre mit ihrem Leben bürgen.[15]

12 Zit. nach Seev Goshen, Eichmann und die Nisko-Aktion im Oktober 1939, in: VfZ 29 (1981), S. 74–96, hier 88.

13 Zur Lage der Reichsvereinigung siehe Beate Meyer, Tödliche Gratwanderung. Die Reichsvereinigung der Juden in Deutschland zwischen Hoffnung, Zwang, Selbstbehauptung und Verstrickung (1939–1945), Göttingen 2011.

14 Zeugenaussage Moritz Fleischmann im Eichmann-Prozess, 26. 4. 1961, zit. nach David Cesarani, Adolf Eichmann. Bürokrat und Massenmörder. Biografie, Berlin 2004, S. 89; Rabinovici, Instanzen, S. 82–85.

15 Ebenda, S. 402–411, Zitat S. 404.

Josef Löwenherz formulierte Eichmann gegenüber im Oktober 1939 durchaus seine Bedenken gegen die Deportationen, auch versuchte er, den Leiter der Zentralstelle zu überzeugen, wenigstens Benjamin Murmelstein in Wien zu belassen, da er ihn dringend vor Ort bräuchte – alles vergebens. So blieb ihm nur noch, um das Vertrauen und Verständnis der Wiener Juden und Jüdinnen zu werben. Auch setzte er, wie geschildert, zunächst auf freiwillige Meldungen zum Transport.[16]

Wie sich die Lage aus Sicht der Betroffenen darstellte, zeigt das Tagebuch von Martha Svoboda, deren Bruder zu den nach Polen deportierten Wiener Juden gehörte. Sie notierte am 21. Oktober 1939:

> „Gestern ist Onkel Paul abgereist. Mit einem ‚behördlicherseits angeordneten Auswanderertransport‘ nach Polen. Vor zehn Tagen wurde er mit noch vielen anderen Leidensgenossen zur Kultusgemeinde vorgeladen, wo sie aufgefordert wurden, sich freiwillig für die Auswanderung zu melden, in einigen Wochen sollte der Transport abgehen. Falls sich nicht genügend Leute melden sollten, würde die Gestapo die Sache ‚in die Hand nehmen‘. Sonntag kam die Aufforderung, sich für die Abreise in nächster Zeit bereitzuhalten und vorgestern der Befehl, sich am folgenden Tag am Bahnhof einzufinden! Unbeschreiblich unser aller Bestürzung. Von einem Tag auf den anderen mußte alles Nötige besorgt werden, was bei dem schrecklichen Lebensmittel- und Warenmangel auf große Schwierigkeiten stieß. Aber, Glück im Unglück, wenn man solche Freunde besitzt! Dank ihrer Hilfe ist es uns gelungen, Onkel Paul für seine traurige Reise auszurüsten. Kurz war der Abschied, aber schwer war es uns ums Herz. Wer weiß, wann wir uns wiedersehen werden.“[17]

Sie sollten sich nicht mehr wiedersehen, aber das konnte die Verfasserin zum damaligen Zeitpunkt nicht wissen.

Die große Täuschung

Löwenherz und seine Kollegen in der IKG wurden von den Verantwortlichen auf zynische Art und Weise getäuscht. So versicherte Rolf Günther Löwenherz

16 Friedman, Löwenherz-Bericht, S. 18. Siehe auch Rabinovici, Instanzen, S. 200.

17 Tagebucheintrag von Martha Svoboda, abgedruckt in: Die Verfolgung und Ermordung der europäischen Juden durch das nationalsozialistische Deutschland 1939–1945 (VEJ), Bd. 3: Deutsches Reich und Protektorat Böhmen und Mähren. September 1939 – September 1941, bearbeitet v. Andrea Löw, München 2012, Dokument 27, S. 128.

am Bahnhof bei der Abfahrt des ersten Zugs mit Wiener Juden, diese würden ihm noch dankbar sein, Arbeit und gute Verpflegung erwarte sie in ihrem neuen „Siedlungsgebiet". Und als Löwenherz am 27. Oktober bei Eichmann vorstellig wurde, beruhigte dieser ihn, die ausgesiedelten Juden könnten sich eine neue Existenz aufbauen und würden versorgt. Er könne gern hinfahren und sich selbst davon überzeugen.[18]

Wie groß diese Täuschung war, mussten Murmelstein und seine Kollegen vor Ort feststellen: Hier war nichts für die Ankunft mehrerer Tausend Menschen vorbereitet. Nur wenige Wochen nach Kriegsbeginn wurden Juden aus Wien und auch aus anderen Orten, die nun zum Deutschen Reich gehörten, aus ihrer zwar von Einschränkungen und Schikanen geprägten, doch trotzdem noch vertrauten Umgebung, aus ihrer Heimat vertrieben. Aus einem erhalten gebliebenen Brief gehen die furchtbaren Umstände der Fahrt ins Ungewisse hervor:

> „Nach 3 Tagen Bahnfahrt, die mit Entbehrungen und seelischen Qualen schlimmster Art verbunden waren – Verbot, den Waggon oder die Kupées zu verlassen, keine Möglichkeit, sich zu waschen, viele Stunden ohne Wasser oder Trinkbares gelassen, hermetisch verschlossene Fenster, unter schwerster Bewachung, Abnahme sämtlicher die Identität kennzeichnender Dokumente u.s.w. – langte man in Nisko a/San an, wo die Auswaggonierung vor sich ging."[19]

Den Zusicherungen der Behörden zum Trotz kamen die Deportierten ins Chaos, nichts war vor Ort vorbereitet. Murmelstein erinnerte sich nach dem Krieg an eine Rede, die Eichmann einen Tag nach ihrer Ankunft hielt und in der er sie zum Barackenbau aufforderte, ebenso dazu, eine Verwaltung des Lagers und dessen medizinische Versorgung zu organisieren:

> „Nach der Ansprache wirft uns der Redner einen ironischen Blick zu, leise hinzufügend: ‚Sonst müßt Ihr sterben.' Die Worte sind eisig, der Ton aber samtig, fast freundschaftlich."[20]

18 Vgl. Friedman, Löwenherz-Bericht; Rabinovici, Instanzen, S. 204 f.

19 Dokument 11, S. 626 (Brief von Wienern in Ulanow an den Joint in Warschau über die Transporte von Wien nach Nisko, 10. 1. 1940).

20 Benjamin Murmelstein, Terezin. Il Ghetto-Modello di Eichmann, Florenz 1961, S. 5, hier zit. nach Rabinovici, Instanzen, S. 206.

Die ersten in Zarzecze eingetroffenen Juden machten sich notgedrungen daran, in dem sumpfigen Gelände Baracken für ein Lager zu errichten. Eine Krankenstation wurde unter der Leitung von Ernst Kohn in einem ehemaligen Schulgebäude im nahegelegenen Pysznica errichtet.[21]

Von den Wiener Juden wiesen die SS-Männer vor Ort nur ein paar Dutzend in das Lager ein bzw. gestatteten ihnen, auf dem Gelände zu bleiben. Die meisten vertrieben sie jedoch nach einer Selektion ebenso wie die aus Kattowitz und Hunderte der aus Mährisch-Ostrau Deportierten in Richtung der Ende September von den beiden Mächten neu festgelegten deutsch-sowjetischen Demarkationslinie. Sie wurden unter Schüssen davongejagt, viele konnten in der Panik ihr Gepäck nicht mitnehmen. Zahlreiche Flüchtlinge gelangten auf sowjetisches Territorium, wo die Behörden diejenigen, die sie als politisch unzuverlässig einstuften, in Lagern internierten, wo die meisten von ihnen aufgrund der katastrophalen Bedingungen ums Leben kamen: Sie wurden krank, verhungerten, starben vor Erschöpfung oder erfroren. Die Wiener Juden, die sich etwa nach Lemberg (Lwów, Lviv) durchschlugen, fielen nach dem deutschen Überfall auf die Sowjetunion im Sommer 1941 vielfach wieder in deutsche Hände. Auch der Bruder von Martha Svoboda, die in ihrem Tagebuch über seine erzwungene Abreise aus Wien berichtet hatte, war in das Gebiet um Lemberg gelangt und starb vermutlich 1941.[22]

Die Vertriebenen, die nicht über die Demarkationslinie gelangten, irrten im Herbst 1939 tagelang durch den Osten der vom Deutschen Reich eroberten Gebiete. Viele, die zunächst noch ihr Gepäck hatten retten können, ließen irgendwann ihre Koffer zurück, da sie zu entkräftet waren, andere wurden Opfer von Raubüberfällen. Gerade die älteren Vertriebenen waren den Bedingungen nicht gewachsen. Im eben bereits zitierten Brief werden diese Strapazen eindrucksvoll geschildert:

> „Der Marsch dorthin war für die meisten Teilnehmer eines ihrer schlimmsten Erlebnisse. Abgesehen von dem Umstand, dass der Weg zum grossen Teil durch von Banditen und Wegelagerern unsicher und gefährlich gemachtes Gebiet führte, gab es dort Hindernisse, die an die körperliche Konstitution des Einzelnen die schwersten Anforderungen stellte. Kranke, alte und körperlich nicht auf der Höhe befindliche Menschen mussten durch

21 Moser, Nisko.

22 Von den etwa 1.350 Wiener Juden, die nach Nisko deportiert worden waren und auf sowjetisches Gebiet geflohen waren, kehrten nach dem Krieg etwa 80 Männer zurück. Siehe Moser, Nisko, S. 163–166.

> Wasser, das ihnen oft bis zum Hals reichte, und Sümpfe gehen und die Fuhrleute nützten die Notlage durch Erpressungen der schlimmsten Art aus, versagten den Dienst und forderten immer wieder höheren Fuhrlohn. Inzwischen war die Dunkelheit herangebrochen und der Marsch durch dieses Sumpfgebiet bedeutete leider für einige der Teilnehmer den Verlust ihres Lebens. Unfähig, sich zu orientieren, verloren sie in der Dunkelheit die Richtung und wurden nicht mehr gesehen."[23]

Benjamin Murmelstein erinnerte sich Jahre später im Gespräch mit Claude Lanzmann daran: „[…] für die alten Leute war Nisko Vernichtung".[24]

Die verzweifelt umherirrenden Wiener Juden ließen sich dann in verschiedenen Ortschaften notdürftig nieder. In Ulanów, Włodawa, Zamość, Przemyśl, Bełżec und dem bereits genannten Pysznica waren sogenannte Exposituren eingerichtet worden.[25] Dieses Szenario der herumirrenden Vertriebenen sollte sich nur wenig später wiederholen, als aus den ins Reich eingegliederten Gebieten wie dem „Reichsgau Wartheland" im Zusammenhang mit Germanisierungs- und Umsiedlungsprojekten Polen und Juden ebenfalls in das sogenannte Generalgouvernement vertrieben wurden, um Platz zu machen für „Volksdeutsche" aus anderen Gebieten – Völkerverschiebungen, die den Vorrang gegenüber den hier durchgeführten Plänen erhielten und in deren Zusammenhang auch der Stopp der Deportationen nach Nisko stand. In der Folgezeit kam es immer wieder zu derartigen Situationen, u. a. im Zusammenhang mit den Deportationen von Wiener Juden in den Distrikt Lublin im Frühjahr 1941.[26]

In diesem Herbst 1939 waren die Juden aus Wien, weitgehend mittellos, hineingeworfen in eine ihnen völlig unbekannte Welt, angewiesen auf die Hilfe der lokalen Bevölkerung, die in dieser verarmten Region oft selbst kaum ein Auskommen hatte. Unter diesen Bedingungen mussten sie versuchen, sich und ihr Leben neu zu organisieren. Bald gab es in jedem der Orte Vorsitzende der jeweiligen Wiener Gruppe.

23 Dokument 11, S. 627.

24 Zit. nach Lisa Hauff, Zur politischen Rolle von Judenräten. Benjamin Murmelstein in Wien 1938–1942, Göttingen 2014, S. 196.

25 Zu den Versuchen und Problemen, auf sowjetisches Gebiet zu fliehen, aber auch das Leben vor Ort zu organisieren, siehe ausführlich: Moser, Nisko.

26 Maria Rutkwoska, Wysiedlenia ludności polskiej z Kraju Warty do Generalnego Gubernatorstwa 1939–1941, Poznań 2003; Andrea Löw, Die frühen Deportationen aus dem Reichsgebiet von Herbst 1939 bis Frühjahr 1941, in: Susanne Heim / Beate Meyer / Francis R. Nicosia (Hrsg.), „Wer bleibt, opfert seine Jahre, vielleicht sein Leben". Deutsche Juden 1938–1941, Göttingen 2010, S. 59–76.

Ungewissheit und Vorwürfe

Dies war die Situation, in der die Vertriebenen Briefe vor allem nach Wien schickten. Diese geben erschütternde Einblicke in das Leben der deportierten Wiener Juden, deren Zukunft völlig ungewiss war. Sie wussten weder, wie lange sie hier bleiben mussten, ob ihre Frauen und Familien nachgeschickt würden. Für den Moment mussten sie irgendwie durchkommen.

Der oben zitierte Brief der etwa 40 Wiener Juden in Ulanów vom 10. Januar 1940 an die amerikanische Hilfsorganisation *American Jewish Joint Distribution Committee* ging auch auf die Lebensbedingungen vor Ort ein:

> „Über die Situation der Wiener Juden in Ulanow ist nicht sehr viel zu sagen. Sie verschlechtert sich von einem Tag auf den anderen. Die jüdische Bevölkerung Ulanows ist arm und nicht in der Lage zu helfen, die polnische steht den Juden streng ablehnend gegenüber. [...] Die Lage ist unter diesen Umständen sehr unsicher, man weiss buchstäblich nicht, was der nächste Tag bringt und ob nicht etwaige Verfehlungen der lokalen Behörden den Weitermarsch ins Ungewisse zur Folge haben können. Alle Bemühungen mit der Wiener Kultusgemeinde in Kontakt zu treten und von ihr Hilfe zu erlangen, sind leider bisher ohne Erfolg geblieben. Die Wiener Kultusgemeinde soll zwar, wie wir hören, Verschiedenes unternommen haben, um uns zu helfen; bisher haben alle diese Versuche leider keinen praktischen Erfolg gezeitigt. Im Hinblick auf diesen Umstand ist also die Stimmung unter den Wiener Juden in Ulanow mehr als gedrückt, die Sorge, was in der allernächsten Zeit mit uns und unseren Angehörigen in Wien geschieht, lastet in schwerster Weise auf uns.“ [27]

Nicht nur war die Lage der Wiener Juden also von Unsicherheit geprägt. Sie fühlten sich zudem von denjenigen im Stich gelassen, die sie in der Verantwortung sahen. Wieder und wieder schrieben sie der IKG Wien und baten um Hilfe. Sie ersuchten die Jüdische Kultusgemeinde in Mährisch-Ostrau zu intervenieren. Sie wandten sich an die Jüdische Gemeinde in Lublin, an den Joint – verzweifelte Hilferufe, die immer wieder verbunden waren mit der Klage und dem Unverständnis darüber, dass sie von der eigenen Gemeinde noch nichts gehört

27 Dokument 11, S. 629.

hatten. Auch von den Wiener Juden, die die Demarkationslinie überschritten hatten, gelangten Telegramme und Briefe aus Lemberg nach Wien.[28]

Emil Eisner, der erste jüdische Lagerleiter in Zarzecze, schrieb der IKG Wien ebenfalls mehrfach mit der Bitte um Unterstützung. So heißt in seinem Brief vom 7. Dezember 1939:

> „Ich weiss, dass die Wiener Kultusgemeinde und auch die Angehörigen der hiesigen Wiener heute nicht in der Lage sind, materiell dasselbe zu leisten, wie die Kultusgemeinden des Protektorats und es werden daher – wie bereits erwähnt – die Wiener in Verpflegung und Ausrüstung in keiner Weise von uns den Ostrauer Leuten gegenüber zurückgesetzt.[29] Gerade deswegen aber wäre es gut, wenn die Leute das Gefühl hätten, wenigstens moralisch von den in der Heimat Verbliebenen nicht vergessen zu sein; dazu wäre es bloss notwendig, dass Sie ab und zu ein paar herzliche Worte an die jüdische Lagerleitung richten würden; ich würde mit besonderer Freude den Angehörigen der Wiener Kultusgemeinde solche Grüsse verdolmetschen. Ich kann Ihnen den Vorwurf nicht ersparen, dass dies bis jetzt nicht geschehen ist und ich hier die sehr undankbare Aufgabe auf mich nehmen muss, die Wiener Kultusgemeinde den hiesigen Lagerinsassen gegenüber in Schutz zu nehmen. Die nicht besonders gute Stimmung der Wiener ist nicht zuletzt auf dieses Verhalten der Wiener Kultusgemeinde zurückzuführen."[30]

In gleicher Art kritisierte die Kultusgemeinde in Mährisch-Ostrau ihre Wiener Kollegen und auch der Judenrat in Lublin drückte sein Unverständnis aus.

In Wien wurden durchaus Versuche unternommen, den Deportierten zu helfen. Anfangs war es der IKG untersagt, Kontakt mit den Deportierten aufzunehmen,[31] offensichtlich kamen zudem Briefe erst sehr verzögert an, auch sind möglicherweise Schreiben verloren gegangen. Aus dem Januar 1940 sind mehrere Briefe überliefert, in denen von der späten Ankunft mancher Schreiben die Rede ist. Die Verantwortlichen in Wien betonten in einem Brief an einen der Deportierten, „dass wir Ihr und Ihrer Kameraden Schicksal mit herzlicher Anteilnahme verfolgen und gerne alles tun wollen, was zur Erleichterung Ihres Le-

28 Siehe zahlreiche, hier nicht eigens zitierte Briefe in: Archiv der IKG Wien, Bestand Jerusalem, A/W 2747.

29 Die Gemeinde in Mährisch-Ostrau durfte die Deportierten mit Lebensmitteln und Decken unterstützen.

30 Dokument 1, S. 613 f. Hervorhebung im Original.

31 Moser, Nisko, S. 146.

bens dienen kann. Leider bestehen diesbezüglich soviel Schwierigkeiten, dass es nicht leicht ist, Ihren Wünschen überhaupt und mit der gebotenen Raschheit zu entsprechen.“[32]

Die IKG Wien bemühte sich wiederholt darum, dass die Gemeinde in Mährisch-Ostrau auch die Wiener Deportierten unterstützte. Sie versicherte, die dabei entstehenden Kosten, sobald ihr dies genehmigt worden sei, zu erstatten. Offenbar stand die Wiener Gemeinde durch die Zentralstelle für jüdische Auswanderung unter erheblich strengerer Kontrolle und unter stärkerem Druck als diejenige in Mährisch-Ostrau. Die Kultusgemeinde in Mährisch-Ostrau durfte mit offizieller Erlaubnis ein Lastauto mit Lebensmitteln und warmen Decken für den Winter nach Nisko schicken, sie verschuldete sich, um den Deportierten helfen zu können. In Wien gestattete Eichmann, der die Gelder der Juden in Wien halten wollte, am 27. Dezember 1939 die einmalige Sendung von 2.000 Reichsmark zur Unterstützung der Deportierten und erst im Januar 1940 erhielt die IKG Wien die Erlaubnis, „Liebesgabenpakete“ nach Nisko zu schicken.[33]

In dem bereits eingangs zitierten Schreiben der IKG Wien vom 7. Januar 1940 an Siegmund Flieger in Bełżec ist die Problematik, um die es hier geht, prägnant ausgedrückt:

> „Ich möchte den Anlass nicht vorüber gehen lassen, ohne wie schon so oft nachdrücklichst festzustellen, dass die Mitwirkung der Kultusgemeinde bei diesen Aktionen nicht ihrer Initiative entsprang und einzig und allein von der Absicht geleitet war, die Nominierung der Teilnehmer an den Transporten und die Durchführung der letzteren selbst unter möglichster Vermeidung von Härten zu bewirken. Dies ist uns, soweit es die Verhältnisse möglich machten, auch gelungen. Auf die weitere Entwicklung der Angelegenheit sind wir leider ganz ohne jeden Einfluss. […] Ich wäre Ihnen auch persönlich dankbar, wenn Sie auch unter Ihren Kameraden diese Tatsache bekannt geben würden. Ich wiederhole Ihnen die Versicherung, dass Ihr Schicksal uns sehr nahe geht und dass wir glücklich wären, wenn wir es günstig beeinflussen könnten. Leider stehen diesem Bestreben Hindernisse mannigfachster Art entgegen.“[34]

32 VfZ Dokument 7.

33 Vgl. Friedman, Löwenherz-Bericht, S. 22 f.; Goshen, Nisko, S. 101; Ludmila Nesládowá, Eine Episode in der Geschichte des Dritten Reichs – Das Lager in Nisko und die Juden aus dem Ostrauer Gebiet, in: Hefte von Auschwitz 22 (2002), S. 343–362, hier 357.

34 Dokument 8, S. 623.

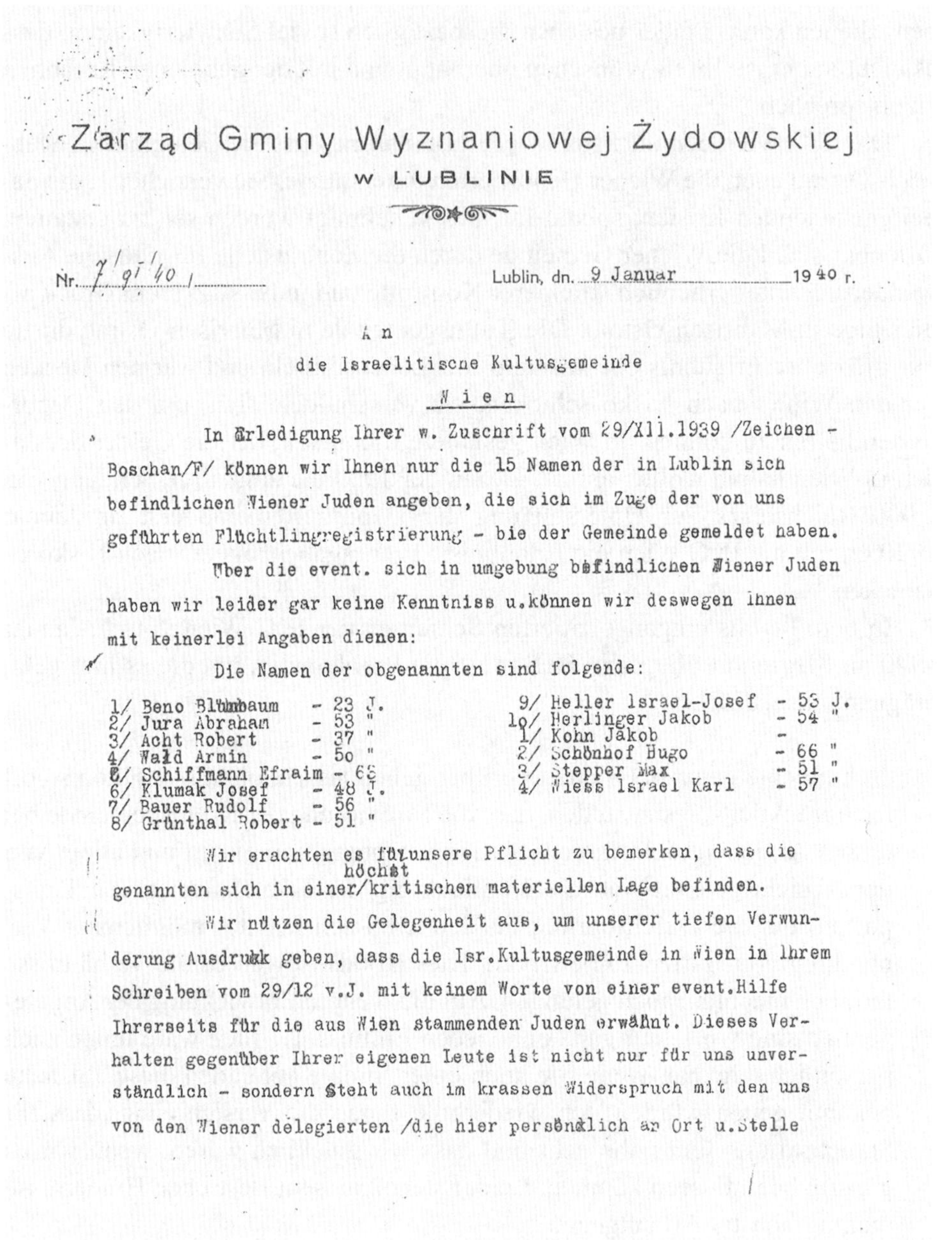

Zarząd Gminy Wyznaniowej Żydowskiej
w LUBLINIE

Nr. 7/91/40/ Lublin, dn. 9 Januar 1940 r.

An
die Israelitische Kultusgemeinde
Wien

In Erledigung Ihrer w. Zuschrift vom 29/XII.1939 /Zeichen - Boschan/F/ können wir Ihnen nur die 15 Namen der in Lublin sich befindlichen Wiener Juden angeben, die sich im Zuge der von uns geführten Flüchtlingregistrierung - bie der Gemeinde gemeldet haben.

Über die event. sich in umgebung befindlichen Wiener Juden haben wir leider gar keine Kenntniss u.können wir deswegen Ihnen mit keinerlei Angaben dienen:

Die Namen der obgenannten sind folgende:

1/ Beno Blumbaum - 23 J.
2/ Jura Abraham - 53 "
3/ Acht Robert - 37 "
4/ Wald Armin - 50 "
5/ Schiffmann Efraim - 63
6/ Klumak Josef - 48 J.
7/ Bauer Rudolf - 56 "
8/ Grünthal Robert - 51 "
9/ Heller Israel-Josef - 53 J.
10/ Herlinger Jakob - 54 "
1/ Kohn Jakob -
2/ Schönhof Hugo - 66 "
3/ Stepper Max - 51 "
4/ Wiess Israel Karl - 57 "

Wir erachten es für unsere Pflicht zu bemerken, dass die genannten sich in einer höchst kritischen materiellen Lage befinden.

Wir nützen die Gelegenheit aus, um unserer tiefen Verwunderung Ausdruck geben, dass die Isr.Kultusgemeinde in Wien in Ihrem Schreiben vom 29/12 v.J. mit keinem Worte von einer event.Hilfe Ihrerseits für die aus Wien stammenden Juden erwähnt. Dieses Verhalten gegenüber Ihrer eigenen Leute ist nicht nur für uns unverständlich - sondern steht auch im krassen Widerspruch mit den uns von den Wiener delegierten /die hier persönlich an Ort u.Stelle

Der Judenrat in Lublin drückte am 9. Januar 1940 der IKG Wien gegenüber sein Unverständnis über ausbleibende Hilfeleistungen für die aus Wien deportierten Juden aus.

Archiv IKG Wien, Bestand Jerusalem, A/W 2747

waren/ gegebenen Versprechungen, dass der jüdischen - sich derzeit in einer so schweren u.kritischen Lage befindlichen Kultusgemeinde in Lublin- alles was wir aus unseren - sehr armen Geldbeständen - für die Wiener Flüchtlinge ausgeben werden - prompt mit Dankbarkeit retourniert werden wird.

Darauf sich stützend - haben wir sowohl den in Bełżec bei der Sowietgrenze - wie auch den in Lublin sich befindlichen Wienern Unterstützungen erteilt, deren Gesammtbetrag 1000 zł bereits überschritten hat.

Nun werden Sie wohl gefl.verstehen, dass wir darüber unsere Verwunderung aussprechen müssen - sowie auch, dass wir in Zukunft die Behandlung den Wienern Juden gegenüber unsererseits von dem Einhalten des uns gegebenen Versprechens abhängig machen werden.

Hochachtungsvoll

Preses des Vorstandes:

S. Hochberg

Preses der Berat. Commission

[illegible]

ISRAEL. KULTUSGEMEINDE WIEN

L. 179

Präs: 14. JAN. 1940

Herrn A. V. Engel

In seinem Brief vom 13. Dezember 1939 hatte Flieger die IKG Wien für die Deportationen verantwortlich gemacht: Er sei „Leiter einer Gruppe von 35 Wienern, die infolge der *von Ihnen eingeleiteten Polenaktion* hierher verschlagen wurden".[35]

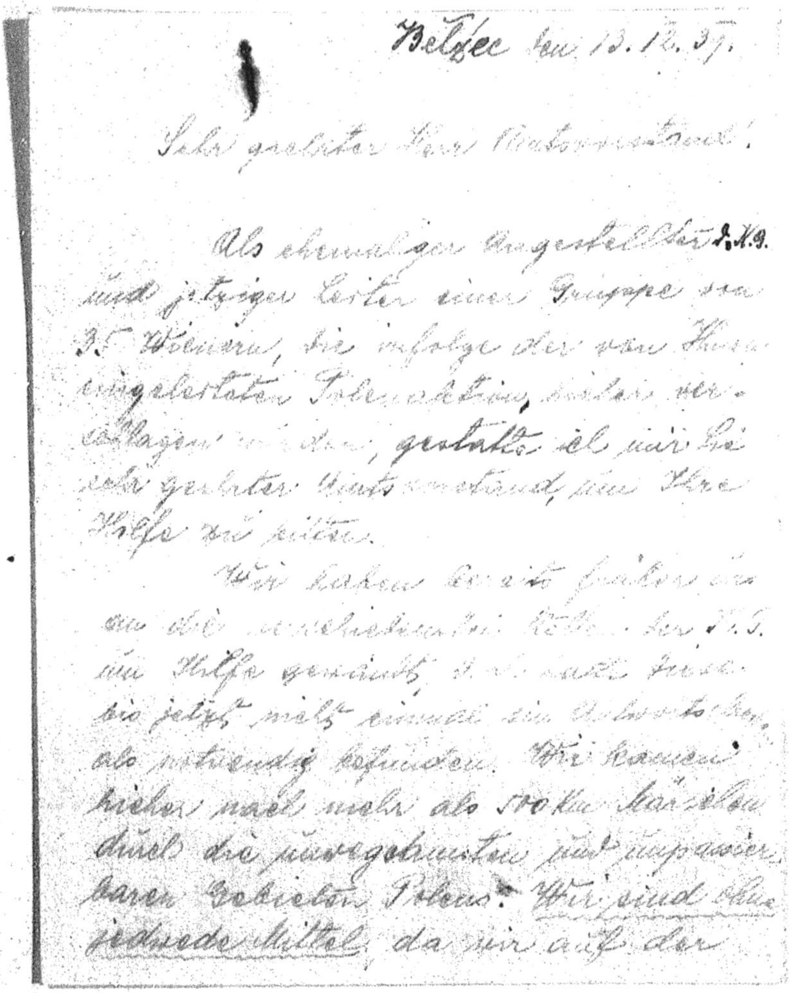
Belzec den 13.12.39.

Sehr geehrter Herr Amtsvorstand!

Als ehemaliger Angestellter d. K.G. und jetziger Leiter einer Gruppe von 35 Wienern, die infolge der von Ihnen eingeleiteten Polenaktion hierher verschlagen wurden, gestatte ich mir Sie sehr geehrter Amtsvorstand, um Ihre Hilfe zu bitten.

Wir haben bereits [illegible] an die [illegible] der I.K.G. um Hilfe [illegible] bis jetzt nicht einmal eine Antwort als notwendig befunden. Wir kamen hieher nach mehr als 500 km [illegible] durch die [illegible] Gebieten Polens. Wir sind ohne jedwede Mittel, da wir auf der

Erste Seite eines Briefes von Siegmund Flieger an die IKG Wien

Archiv IKG Wien, Bestand Jerusalem, A/W 2747

Dieser und andere Briefe zeigen: Der Einfluss der Wiener Zwangsvertretung wurde von den ZeitgenossInnen maßlos überschätzt. Löwenherz und seine Kollegen konnten hier und da die Situation in kleinen Nuancen verändern, und dies zu tun, bemühten sie sich – auf die Entwicklung im Ganzen, auf die Entschei-

35 Dokument 2, S. 614 [Hervorhebung durch die Verfasserin].

dungen der Machthaber hatten sie keinen Einfluss, was diese ihnen auch immer wieder deutlich demonstrierten.

Handlungsspielräume der Judenräte

Dieser Konflikt ist vergleichbar mit dem zwischen den Judenräten und der Bevölkerung in den Ghettos in der Folgezeit. Um Schlimmeres zu verhindern, so lautete oftmals die Argumentation auf Seiten der jüdischen Funktionäre, sei Kooperation notwendig. Dieses Muster findet sich bei den hier dokumentierten Deportationen Wiener Juden im Herbst 1939, so argumentierte aber auch beispielsweise Mordechai Chaim Rumkowski, der Judenälteste von Litzmannstadt/Lodz, als er gemeinsam mit seiner Verwaltung im Jahr 1942 die Jüdinnen und Juden auswählen musste, die aus dem Ghetto deportiert werden sollten – diese Transporte gingen in das Vernichtungslager Kulmhof (Chełmno), wo die Menschen unmittelbar nach ihrer Ankunft ermordet wurden. Rumkowski war stets davon ausgegangen, dass er das Getto und seine BewohnerInnen dadurch retten könnte, wenn diese für die deutschen Besatzer arbeiteten. Mit Beginn der Deportationen wiederum sah er die Mitwirkung seiner Verwaltung an der Organisation der Transporte als eine Art Schadensbegrenzung. Anfangs ge-

Mordechai Chaim Rumkowski, der sogenannte Judenälteste des Ghettos Litzmannstadt/Lodz

Staatsarchiv Łódź

lang es ihm sogar, und dies schien seine Sichtweise zu bestätigen, die geforderte Zahl zu Deportierender herunterzuhandeln. Dies war freilich nur ein temporärer und scheinbarer Erfolg.[36]

Rumkowski versuchte bis zum Ende des Ghettos, die Befehle der Nationalsozialisten auszuführen, was ihm die Überlebenden nie verziehen. Er wurde im August 1944 als einer letzten Ghettobewohner nach Auschwitz deportiert und ermordet.[37]

Die Einflussmöglichkeiten der Judenräte waren äußerst begrenzt wie auch weitere bekannte Beispiele demonstrieren. Im Gegensatz zu Rumkowski verweigerte der Vorsitzende des Judenrats im Warschauer Ghetto, Adam Czerniaków, seine Mitarbeit an den Deportationen in die Vernichtungslager. Czerniaków hatte bei seiner Ernennung zum Vorsitzenden der Gemeinde im September 1939 noch in sein Tagebuch geschrieben: „Eine historische Rolle im belagerten Warschau. Ich werde mich bemühen, ihr gerecht zu werden."[38] Bis zum Sommer 1942 versuchte er unter katastrophalen Bedingungen, das Leben im größten von den Nationalsozialisten eingerichteten Ghetto zu lenken. Als diese jedoch von ihm forderten, an den am 22. Juli 1942 beginnenden Deportationen der Warschauer Juden und Jüdinnen in das Vernichtungslager Treblinka mitzuwirken, nahm er sich das Leben.[39] An der Deportation in den Tod änderte dies freilich nichts.

Die Bewertungen seitens der Bevölkerung differierten zwar, jedoch zollten die meisten dem Judenratsvorsitzenden Achtung für diesen Schritt. „Alle waren erschüttert", schrieb Marcel Reich-Ranicki, „auch seine Kritiker, seine Gegner und Feinde, auch jene, die ihn noch gestern verspottet und verachtet hatten. Man verstand seine Tat, wie sie von ihm gemeint war: als Zeichen, als Signal, daß die Lage der Juden Warschaus hoffnungslos sei."[40] Doch gab es auch Kritiker, vor allem auf Seiten der späteren Ghettokämpfer, die Czerniaków vor-

36 Michael Alberti, Die Verfolgung und Vernichtung der Juden im Reichsgau Wartheland 1939–1945, Wiesbaden 2006, S. 434, 442–445; Shmuel Krakowski, Das Todeslager Chełmno/Kulmhof. Der Beginn der „Endlösung", Göttingen 2007, S. 31 f. Zu Rumkowski und seiner Bewertung siehe auch Michal Unger, Reassessment of the Image of Mordechai Chaim Rumkowski, Yad Vashem, Jerusalem 2004; Andrea Löw, Juden im Getto Litzmannstadt. Lebensbedingungen, Selbstwahrnehmung, Verhalten, Göttingen 2006.

37 Alberti, Verfolgung, S. 447 f.; Löw, Juden, S. 292; Józef Zelkowicz, In diesen albtraumhaften Tagen. Tagebuchaufzeichnungen aus dem Getto Lodz/Litzmannstadt, September 1942, hrsg. u. kommentiert v. Angela Genger, Andrea Löw u. Sascha Feuchert, übersetzt aus dem Jiddischen v. Susan Hiep, Göttingen 2015.

38 Im Warschauer Getto. Das Tagebuch des Adam Czerniaków 1939–1942, München 1986, S. 4.

39 Zur Biografie vgl. Marcin Urynowicz, Adam Czerniaków. Prezes getta warszawskiego, Warszawa 2009.

40 Marcel Reich-Ranicki, Mein Leben, Stuttgart 1999, S. 250.

warfen, seinen Tod zur Privatsache gemacht und nicht zu einem offenen Aufruf zum Widerstand genutzt zu haben. Ende Oktober 1942 wertete Emanuel Ringelblum Czerniaków Selbstmord als „zu spät, Beweis seiner Schwäche“. „Er hätte“, so Ringelblum weiter, „zum Widerstand aufrufen sollen. Ein schwacher Mensch.“[41] Die von Ringelblum und anderen geforderte Reaktion war selten, ein Beispiel für eine solche Reaktion zeigt sich in einem Protokoll einer geheimen Sitzung des Judenrats in Gniewoszów, in dem diskutiert wird, dass die Juden informiert werden müssten, dass ihnen die Vernichtung bevorstehe und dass sie fliehen und sich verstecken sollten. Wir wissen nicht, wie viele dem Aufruf gefolgt sind.[42]

Das Handeln der Judenräte hatte keinen Einfluss auf die Pläne der Nationalsozialisten. In vielen jüdischen Gemeinden gab es nicht nur einen Judenratsvorsitzenden: Die Besatzer tauschten die jüdischen Verantwortlichen aus, wenn sie nicht bereitwillig ihre Befehle ausführten, und am Ende standen oft skrupellose Befehlsempfänger an der Spitze der jüdischen Gemeinden.

So war es auch in Krakau, der Hauptstadt des im Oktober 1939 gebildeten Generalgouvernements. Hier versuchte der erste Judenratsvorsitzende, Marek Bieberstein, eine anerkannte und geschätzte Persönlichkeit, sich derart für die jüdische Bevölkerung einzusetzen, dass ihm dies schon im Sommer 1940 die Inhaftierung einbrachte. Er hatte versucht, mehr Juden als vorgesehen ein Bleiberecht in Krakau zu erkaufen, und begründete dies: „Ich war mir der Ungesetzlichkeit meiner Handlungsweise bewußt. […] Wenn ich trotzdem bewußt dagegen gehandelt habe, so habe ich das deshalb getan, weil ich glaubte, auf diese Weise meinen jüdischen Rassegenossen am besten als Obmann helfen zu können.“[43] Bieberstein wurde zu 18 Monaten Haft verurteilt, im Juni 1941 in ein Gefängnis in Tarnów verlegt und Ende Juli 1942 schwer herzkrank ins Krakauer Ghetto entlassen. Bei dessen Auflösung kam er ins Lager Plaszow,[44] wo er 1944 ermordet wurde. Zu seinem Nachfolger als Vorsitzender des Judenrats bestimmte der Krakauer Stadthauptmann im Herbst 1940 den Anwalt Artur Rosenzweig. Dieser zeigte sich aber im Juni 1942 während der Deportationen

41 Emanuel Ringelblum, Kronika getta warszawskiego. Wrzesień 1939 – styczeń 1943, hrsg. v. Artur Eisenbach, Warschau 1983, S. 409 (Übersetzung aus dem Polnischen). Siehe auch Markus Roth / Andrea Löw, Das Warschauer Getto. Alltag und Widerstand im Angesicht der Vernichtung, München 2013, S. 158–162.

42 VEJ 9/68.

43 AŻIH, 218/2, Bl. 6–9, abgedruckt in: Andrea Löw / Markus Roth, Juden in Krakau unter deutscher Besatzung 1939–1945, Göttingen 2011, S. 37 f., hier 38.

44 Wenn es um von den Deutschen eingerichtete Lager geht, wird hier die Schreibweise ohne polnische Schriftzeichen benutzt, um die Lager von den polnischen Ortschaften abzugrenzen.

in das Vernichtungslager Belzec nicht kooperativ genug und wurde daraufhin selbst deportiert und ermordet. Sein Nachfolger Dawid Gutter setzte die deutschen Anweisungen offensichtlich um. Dies war, wie Aharon Weiss schon früh in seinen Forschungen belegte, ein typisches Muster: Er unterscheidet erste, zweite und dritte Judenräte. Letztere wurden von Überlebenden fast ausnahmslos negativ beurteilt.[45]

Die verschiedenen Handlungsformen von Judenräten im deutsch besetzten Europa können hier nicht angemessen dargestellt werden, sie sollten nur im Zusammenhang mit den Deportationen nach Nisko kursorisch skizziert werden. Es gab Vorsitzende, die von Anfang an eng mit dem Widerstand zusammenarbeiteten und in der Bevölkerung geschätzt wurden, andere Judenräte wurden nach dem Krieg sehr kontrovers diskutiert, oft ging es hierbei um den Vorwurf der Kollaboration, darum, dass die jüdischen Gemeinden die Deutschen bei der Durchführung ihrer mörderischen Pläne unterstützt bzw. diese zumindest erleichtert hätten. Seit etwa den 1970er Jahren wird genauer nach den Handlungsoptionen, Interpretationen und Intentionen der Judenräte gefragt und betont, die Geschichte der Judenräte könne nicht allein von ihrem Ausgang her betrachtet werden. In der Tat gingen die Strategien der Judenräte nicht auf. Yehuda Bauer betonte „das unlösbare Dilemma, vor dem diese Judenräte standen". Letztlich mussten sie scheitern, da Überleben in dem System, innerhalb dessen zu agieren sie gezwungen waren, gar nicht vorgesehen war. Es war kaum möglich, einen Interpretationsrahmen zu entziffern und „richtig" zu handeln. An der Umsetzung ihrer mörderischen Pläne konnten die Judenräte die Deutschen nicht hindern, wie die wenigen Beispiele gezeigt haben.[46]

45 Vgl. Aharon Weiss, Jewish Leadership in Occupied Poland – Postures and Attitudes, in: Yad Vashem Studies 12/1977, S. 335–365. Siehe zu Krakau Löw / Roth, Juden, S. 38, 140 f.; Andrea Löw / Agnieszka Zajączkowska-Drożdż, Leadership in the Jewish Councils as a Social Process. The Example of Cracow, in: Frank Bajohr / Andrea Löw (Hrsg.), The Holocaust and European Societies. Social Processes and Social Dynamics, London 2016, S. 189–205.

46 Yehuda Bauer, Die dunkle Seite der Geschichte. Die Shoah in historischer Sicht. Interpretationen und Re-Interpretationen, Frankfurt/M. 2001, S. 166. Vgl. etwa Isaiah Trunk, Judenrat: The Jewish Councils in Eastern Europe under Nazi Occupation, New York 1972; Weiss, Leadership; Yisrael Gutman / Cynthia J. Haft (Hrsg.), Patterns of Jewish Leadership in Nazi Europe 1933/45 (Proceedings of the Third Yad Vashem International Historical Conference, Jerusalem, April 1977), Jerusalem 1979. Vgl., auch zu weiteren Überblicken über die umfangreiche Literatur zum Thema, ebenfalls Dan Michman, „Judenräte" und „Judenvereinigungen" unter nationalsozialistischer Herrschaft. Aufbau und Anwendung eines verwaltungsmäßigen Konzepts, in: ZfG 46 (1998), S. 293–304; Freia Anders / Katrin Stoll / Karsten Wilke (Hrsg.), Der Judenrat von Białystok. Dokumente aus dem Archiv des Białystoker Ghettos 1941–1943, Paderborn et al. 2010.

„Heimkehr“

Im hier dokumentierten Fall war es die Zentralstelle für jüdische Auswanderung in Wien, die die jüdischen Funktionäre in eine Situation brachte, in der jede Entscheidung, jede Handlungsweise auf Kritik zumindest von Teilen der jüdischen Bevölkerung stoßen musste. Dieses Muster zieht sich durch die gesamte spätere Verfolgungsgeschichte. So wie die Israelitische Kultusgemeinde Wien ein Modell für spätere Judenräte war, nahmen die Konflikte in Wien im Herbst 1939 das Dilemma der Judenräte bei den Deportationen in die Vernichtungslager vorweg. Die hier vorgestellten Briefe dokumentieren den ersten großen Konflikt zwischen den jüdischen Funktionären und den Angehörigen ihrer Gemeinde angesichts der Organisation einer von den Nationalsozialisten angeordneten Deportation. Sie zeigen jedoch auch auf eindrucksvolle Weise, in welch katastrophale Lage mehrere Hundert Wiener Juden direkt nach Kriegsbeginn gebracht wurden: Fern von der Heimat, ohne ihre Angehörigen, voller Ungewissheit über ihr Schicksal, versuchten sie, notdürftig ihr Leben zu organisieren, wobei es zunächst um die bloße Sicherung der Existenz ging. Sie waren in einer fremden Welt gelandet und mussten sich unter schwierigsten Bedingungen irgendwie zurechtfinden.

Das Beispiel dieser Deportationen und vor allem das Ende des Barackenlagers in Zarzecze führen zudem deutlich vor Augen, wie undurchsichtig die Situation im Herbst 1939 und im Frühjahr 1940 war und wie verwirrend dies für die betroffenen Juden gewesen sein musste, denn sie durften, nachdem wiederum Juden aus Pommern im Februar 1940 in den Distrikt Lublin deportiert worden waren, in ihre Heimat zurückkehren – ein in der Geschichte des Holocaust wohl einzigartiger Fall. Das Barackenlager in Zarzecze wurde im April 1940 aufgelöst. Von mehreren Tausend Deportierten konnten insgesamt 516 Männer, darunter 198 Wiener Juden, mit in Krakau ausgestellten Entlassungsbescheinigungen versehen, mit dem Zug nach Hause zurückkehren. Unter den Heimkehrern waren auch die Verfasser der hier zitierten Briefe, die in anderen Ortschaften untergekommen waren. Sie waren aufgefordert worden, sich registrieren zu lassen und sich wieder in Zarzecze einzufinden, um mit den dort Inhaftierten nach Nisko zu gehen und in den Zug nach Wien zu steigen. Ihr Überleben sicherte dies jedoch nicht: Die meisten von ihnen wurden später von Wien aus „in den Osten“ deportiert und ermordet.[47]

47 Moser, Nisko, S. 162 f.

Olga Radchenko

Jüdische Nisko-Deportierte in der Sowjetunion[1]

In der österreichischen Öffentlichkeit ist Nisko kaum jemandem ein Begriff, wenngleich die Historiografie das Thema immer wieder aufgegriffen hat – eine ausführliche Untersuchung liegt allerdings erst seit Jonny Mosers Arbeit „Nisko. Die ersten Judendeportationen" vor, die 2012 posthum in der Bearbeitung von Wolfgang Neugebauer erschienen ist.[2] 2018 hat Winfried R. Garscha einen substantiellen Beitrag zu Nisko veröffentlicht.[3] Außerhalb des DÖW hat sich zuletzt Andrea Löw vom Institut für Zeitgeschichte München des Themas angenommen.[4] Die Geschichte der jüdischen Flüchtlinge in der Sowjetunion ist in den Werken von Yosef Litvak[5], Ben-Cion Pinchuk[6], Mark Edele, Sheila Fitzpatrick und Alina Grossmann[7], Viktor Bilous und Olga Radchenko[8] und auch von vielen polnischen HistorikerInnen dargestellt worden.[9]

1 Der Beitrag ist ein Resultat des Projekts „‚Die Zusammenarbeit ist in einer freundschaftlichen Atmosphäre verlaufen'. Die Tätigkeit der deutsch-sowjetischen Flüchtlingskommission 1940" aus den Mitteln der Gerda Henkel-Stiftung.

2 Jonny Moser, Nisko: Die ersten Judendeportationen, Wien 2012.

3 Winfried R. Garscha, Deportation als Vertreibung. Eichmanns Nisko-Experiment 1939 im Kontext der nationalsozialistischen „völkischen Flurbereinigung", in: Forschungen zu Vertreibung und Holocaust, Jahrbuch 2018, hrsg. v. Dokumentationsarchiv des österreichischen Widerstandes, Wien 2018, S. 117–142.

4 Andrea Löw, Hilferufe aus dem besetzten Polen: Briefe deportierter Wiener Juden vom Herbst 1939 bis zum Frühjahr 1940, in: Vierteljahrshefte für Zeitgeschichte 60 (2012), S. 603–633.

5 Yosef Litvak, Jewish Refugees from Poland in the USSR 1939–1941, in: Jewish Social Studies, Vol. 40, No. 2 (1978), S. 141–158.

6 Ben-Cion Pinchuk, Jewish Refugees in Soviet Poland 1939–1941, in: The Nazi Holocaust. Part 8. Bystanders to the Holocaust, Bd. 3, S. 1034–1049.

7 Mark Edele / Sheila Fitzpatrick / Alina Grossmann (Hrsg.), Shelter from the Holocaust. Rethinking Jewish Survival in the Soviet Union, Detroit 2017.

8 Victor Bilous / Olga Radchenko, Polski gromad'any-bizhenzi v URSR (1939–1941 rr.) [Polnische Bürger als Flüchtlinge in der Sowjetukraine (1939–1941). Historische Skizzen], Čerkassy 2018.

9 Archiwum Ringelbluma. Konspiracyjne Archiwum Getta Warszawy. Tom 3. Relacje z Kresow. Opracowal Andrzej Zbikowski, hrsg. v. Żydowski Instytut Historyczny, Warszawa 2000; Deportacje i przemieszczenia ludnosci polskiej w glyb ZSSR. 1939–1945. Przeglady

Am wenigsten ist über die weiteren Schicksale der Deportierten der zwei Wiener Transporte in der Sowjetunion bekannt: Am 20. Oktober 1939 wurden 912 Männer, am 26./27. Oktober 672 Männer nach Nisko am San deportiert und der Großteil wurde gleich nach der Ankunft von der SS zur deutsch-sowjetischen Demarkationslinie getrieben. Infolge dieser Vertreibung gerieten mehrere Hundert Wiener Juden in die Westukraine bzw. in das ehemalige Ostpolen. Die meisten von ihnen wurden Ende Juni 1940 zusammen mit etwa 77.000 jüdischen und auch nichtjüdischen Flüchtlingen aus dem Generalgouvernement für die besetzten polnischen Gebiete und aus dem Protektorat Böhmen und Mähren durch Truppen des Volkskommissariats der inneren Angelegenheiten der Sowjetunion (NKWD) in den russischen Norden deportiert. Obwohl es keine genauen Angaben zur Anzahl der betroffenen Wiener Juden gibt, lohnt es sich, gerade dieser Gruppe besondere Aufmerksamkeit zu schenken, da sie auch nach dem Krieg nicht automatisch in Freiheit kamen.

Der vorliegende Artikel basiert hauptsächlich auf einer Reihe von NKWD-Ermittlungsakten, die außer den Informationen zum Schicksal der Wiener Juden in der Sowjetunion auch noch Privataufnahmen, Briefe und Postkarten aus Österreich und der Tschechoslowakei, Ausweise, Heiratsurkunden usw. beinhalten. Andere wichtige Quellen sind Befehle, Erlasse und Berichte von NKWD und Grenztruppen. Ein Teil der Unterlagen befindet sich im Staatsarchiv des Sicherheitsdienstes der Ukraine – GDA SBU, der andere in den regionalen staatlichen Archiven der Ukraine. Die Dokumente sind gemäß dem Gesetz „Über den Zugang zu Archiven der repressiven Behörden des kommunistischen totalitären Regimes 1917–1991", verabschiedet durch den Ministerrat der Ukraine am 31. März 2015, allen Interessierten zugänglich.

Es wurden auch wichtige Informationen aus Datenbanken in Russland (http://base.memo.ru) und Yad Vashem in Israel entnommen. Paulette Jellinek hat freundlicherweise die Erlaubnis dazu erteilt, Briefe und Aufnahmen aus ihrem Privatarchiv zu verwenden. Im vorliegenden Aufsatz werden insgesamt 30 Personen dargestellt, deren Biografien teils bruchstückhaft, teils ausführlich dokumentiert sind. Anhand der erwähnten Quellen werden wichtige Stationen aus ihrem Leben skizziert. Besonderes Augenmerk gilt auch der Logik und der Dynamik der sowjetischen Politik in Bezug auf österreichische Juden.

pismiennictwa, Warszawa 1989; Stanisław Ciesielski / Grzegorz Hryciuk / Aleksander Srebrakowski, Masowe deportacje radzieckie w okresie II wojny swiatowej, Wroclaw 1993; Irena Grudzinska-Gross / Jan Tomasz Gross, W czterdziestym nas Matko na Sibir zeslali..., Warszawa 1990; Julian Siedlecki, Losy Polaków w ZSSR w latach 1939–1986, London 1986; Piotr Zaron, Ludnosc polska w Zwiazku Radzieckim w czasie II wojny swiatowej, Warszawa 1990.

Grob lassen sich die Ereignisse in folgende Zeitabschnitte einordnen:

- März 1938 – Oktober 1939: vom „Anschluss" bis zur Nisko-Aktion
- November 1939 – Juni 1940: das Leben in der Ukraine
- Juli 1940 – Dezember 1946: Deportationen in den russischen Norden, Zwangsarbeit im GULAG
- Dezember 1946 – Mai 1949: Entlassung und Übersiedlung in andere Regionen der Sowjetunion
- Mai 1949 – März 1955: Neue Ermittlungen und Verhaftungen seitens des sowjetischen Sicherheitsdienstes

Die Diskriminierung und Verfolgung der jüdischen Bevölkerung Österreichs setzte unmittelbar nach dem Anschluss Österreichs an NS-Deutschland ein. Schon in den Anschlusstagen brach ein regelrechter Gewaltexzess gegen die Juden und Jüdinnen aus. Sie wurden sukzessive ihrer Rechte beraubt, durch Entlassungen, Delogierungen und „Arisierungen" in die Armut getrieben und in dieser ersten Phase noch zur Ausreise gedrängt. Gersch Birkenfeld (geb. 1897 in Kosow, Inhaber einer Tanzschule), Solomon Berkowitsch (geb. 1902 in Wien), Solomon Fenster (geb. 1884 in Galizien) wurden im Zuge des Novemberpogroms 1938 verhaftet und ins KZ Dachau verschleppt. Damals kamen fast 4.000 österreichische Juden nach Dachau. Auch Mordko Birkenfeld wurde am 10. November 1938 verhaftet und aus seiner Wohnung zur Polizeiabteilung in der Ausstellungsstraße geführt, von wo aus Juden mit Bussen nach Dachau abtransportiert wurden. Birkenfeld erkannte den Offizier, einen gewissen Albrecht, der den ganzen Prozess leitete, da sie im gleichen Regiment 22 im Ersten Weltkrieg Wehrdienst geleistet hatten. Albrecht ließ Birkenfeld schließlich frei.[10]

Jüdische Häftlinge konnten in dieser Zeit noch aus den KZ entlassen werden, wenn sie das Deutsche Reich so schnell wie möglich verlassen würden. Insgesamt emigrierten fast 130.000 österreichische Juden und Jüdinnen. Aber nicht allen gelang die Flucht, da sie entweder nicht das nötige Geld dafür aufbringen konnten oder ihnen die Einreise in ein Aufnahmeland nicht gestattet wurde, zudem waren die bürokratischen Hürden im In- und Ausland hoch.[11] Alois Rosenberger, 1893 geboren, der mit dem 1. Transport von Wien nach Nisko

10 Galuzewyj dershawnyj archiv Sluzby bezpeki Ukrainy [Staatsarchiv des Sicherheitsdienstes der Ukraine – GDA SBU], B. 1, Op. 1, A. 280, Bl. 77 ff.

11 Vgl. Seev Goshen, Eichmann und die Nisko-Aktion im Oktober 1939: eine Fallstudie zur NS-Judenpolitik in der letzten Etappe vor der „Endlösung", in: Vierteljahrshefte für Zeitgeschichte 29 (1981), S. 74–96, hier 76 ff., 87.

deportiert wurde, führte vor NKWD-Ermittlern am 1. Juli 1940 dazu Folgendes aus:

> „Ich wollte nach Palästina auswandern, die Erteilung der Einreisegenehmigung verzögerte sich […] später aber waren schon alle Papiere fertig, der letzte Transport nach Palästina ging jedoch Anfang 1939.
> Ich war zu jedem Opfer bereit, um Deutschland verlassen zu können. Es bestand auch die Möglichkeit nach Kolumbien auszuwandern […] im letzten Augenblick vor der Abfahrt beschränkte Gestapo die Anzahl der zu befördernden Passagiere, auch ich wurde ausgeschlossen. So wollte ich mich schließlich in ein x-beliebiges Land begeben, um nur nicht in Deutschland zu bleiben.“[12]

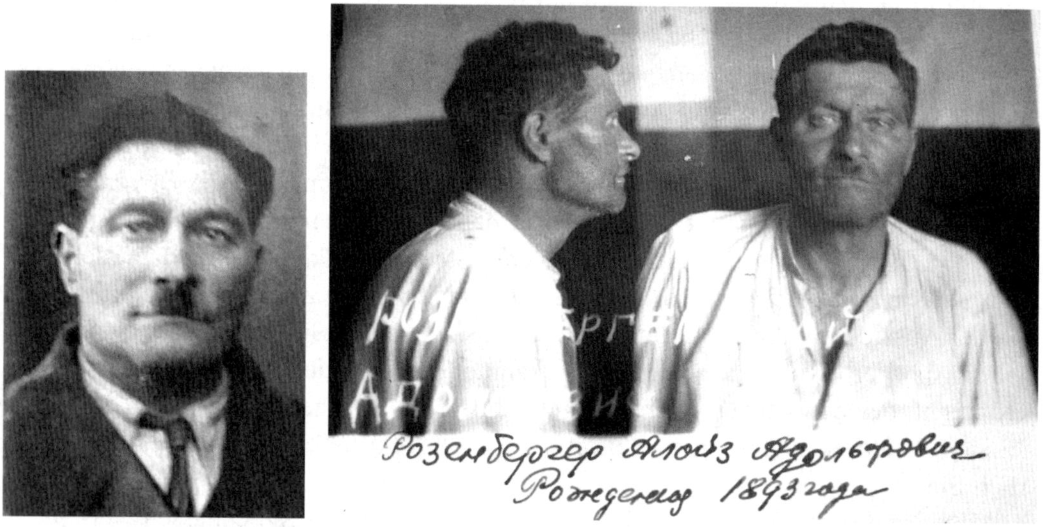

Alois Rosenberger, geb. 1893, war im ersten Transport von Wien nach Nisko.
DACHO, B. P-4033, Op. 7, Akte 679

Rosenberger schaffte die Ausreise nicht mehr und wurde im ersten Transport mit über 900 Juden von Wien nach Nisko deportiert. Nach der Ankunft mussten die Männer über eine Behelfsbrücke nach Zarzecze und andere Dörfer auf dem

12 Derzhavnyj archiv Chersons'koi oblasti [Staatsarchiv der Cherson-Region – DACHO], B. P-4033, Op. 7, A. 679, Bl. 16. Die Übersetzungen aus den in diesem Beitrag zitierten Akten stammen von der Autorin.

gegenüberliegenden San-Ufer marschieren. Von den beiden Wiener Transporten wurden nur ein paar Dutzend zum Bau eines Lagers in Zarzecze zurückbehalten. Der Großteil der Männer des ersten Transports wurde allerdings verjagt und irrte wochenlang im Gebiet zwischen Bug und San umher. Die meisten versuchten sich über die Grenze in den sowjetisch besetzten Teil Ostpolens zu retten oder wurden von der SS hinübergetrieben.

Was die Vertreibung auf das von den Sowjets besetzte Ostpolen angeht, so stimmen die Erinnerungen von Leopold Sonnenfeld, die im DÖW archiviert sind, und die Aussagen von Mordko und Gersch Birkenfeld vor NKWD-Ermittlern in vielen wesentlichen Einzelheiten überein, obwohl die Betroffenen unterschiedliche Wege zur Demarkationslinie gelaufen waren. So berichtete Sonnenfeld Folgendes:

> „Wir sind zu einem Zug formiert worden: Marschieren! Da sind wir marschiert ein paar Kilometer bis zu einer Wiese […] 1000 Menschen waren wir […] Dann hat es geheißen: ‚So, jetzt könnt's gehen! Wer im Umkreis von fünf Kilometern innerhalb von drei Stunden angetroffen wird, wird sofort erschossen. Jetzt geht's zu euren Freunden.'"[13]

Bei Gersch Birkenfeld ist zu lesen, dass die Deportierten im Dorf Pysniza[14] freigelassen wurden und der Kommandeur der Begleitmannschaft ihnen befahl:

> „‚Jetzt geht zu euren Freunden, zu den Sowjets. Wer zurückkehrt, wird erschossen' […] Einer der Ortsbewohner brachte uns gegen 200 Rubel über die Grenze. In der Nacht wurden wir in der Gegend von Sieniawa[15] von einer sowjetischen Streife angehalten und zur Kommandantur gebracht."[16]

Gersch Birkenfeld fügte hinzu, dass sich ihre Flüchtlingsgruppe eine Zeitlang in einem Dorf zwölf Kilometer vor der Grenze aufhielt, wo sie auf Rat

13 www//doew.at/erinnern/biographien/erzaehlte-geschichte/ns-judenverfolgung-deportation/leopold-sonnenfeld-jetzt-haben-wir-gewusst-was-los-ist [10. 9. 2019].

14 Vgl. Moser, Nisko, S. 112: „Ab Anfang November waren kleinere Trupps von Flüchtlingen aus der Station Pysznica über Ulanów an die sowjetische Grenze abgegangen." Die Sowjets hielten tagelang die Grenze gesperrt. „Fallweise wurde wieder auf deutsches Gebiet zurückgetrieben." (Ebenda, S. 113)

15 Sieniawa, ein Ort im Südosten Polens, gehörte in der Zwischenkriegszeit zur Woiwodschaft Lwiw und lag nach dem Einmarsch der Roten Armee vom September 1939 bis zum 22. Juni 1941 an der neuen Grenze.

16 GDA SBU, B. 1, Op. 1, Akte 280, Bl. 51.

der Dorfbewohner auf die Rote Armee wartete. Stattdessen aber marschierten Deutsche ins Dorf ein und trieben sie über die Grenze.[17]

Leopold Sonnenfeld überschritt die Grenze nicht in der Gegend von Sieniawa am Fluss San südöstlich von Nisko, sondern ging mit einer anderen Gruppe unter der Führung ehemaliger jüdischer Offiziere der k.u.k. Armee, die sich in Galizien auskannten, nach Osten zum Fluss Bug:

> „So sind wir halt sechs Tage marschiert, bis wir an die russische Grenze gekommen sind. Dort haben wir uns versteckt, weil hinter uns ist ja die SS gerannt. Wir sind ja um unser Leben gerannt, ein jeder. So sind wir gegangen, bis wir an die russische Grenze gekommen sind, zum Fluss Bug […] Da waren Menschenschmuggler, die haben gegen Bezahlung die Leute über die Grenze rübergeschmuggelt nach Russland.
> Die Menschenschmuggler haben uns an den Bug geführt. Da war ein Baum, der hat von einem Ufer zum anderen rübergeragt. Da haben die Deutschen wieder einen erwischt. Der ist ins Wasser reingefallen, den haben wir zurücklassen müssen. Was können wir machen? Das war ein junger Mensch, dem haben sie nachgeschossen. Wir sind dann rüber und auf russischen Boden gekommen. Jetzt haben uns die Russen nicht reinlassen wollen. So haben wir dort gelagert eine Weile. Der Russe hat gesagt, er muss erst Erlaubnis holen, telefonieren. So sind wir gesessen vielleicht so zweieinhalb Stunden. Sie haben uns dann den Übertritt erlaubt, wir sind dirigiert worden zum nächsten Kommando. […] Inzwischen sind die anderen schon nachgekommen, die Zehnerschaften. Da waren wir schon mehr, vielleicht zwei-, dreihundert werden wir gewesen sein. Bei strömendem Regen sind wir draußen gestanden bis halb drei Uhr Nachmittag. […] So sind wir marschiert sechs Tage bis Lemberg. Gelebt haben wir vom Betteln. Da haben russische Militaristen so Lazarette gehabt. Dort sind wir immer um eine Suppe betteln gegangen. Ein Stückl Brot haben wir gekriegt oder so was. So sind wir gegangen und bis Lemberg gekommen. In der Nacht vom 30. zum 31. Oktober sind wir in Lemberg angekommen.“[18]

Sowohl die Gruppe von Leopold Sonnenfeld als auch die der Birkenfelds sollten an der Grenze übernachten, bis die Anordnung die Grenzposten erreichte, dass die Verhafteten weitergehen durften. Es ist bemerkenswert, dass sie schließ-

17 Ebenda, Bl. 16.

18 www//doew.at/erinnern/biographien/erzaehlte-geschichte/ns-judenverfolgung-deportation/leopold-sonnenfeld-jetzt-haben-wir-gewusst-was-los-ist [1. 9. 2019].

lich fast gleichzeitig in Lemberg (Lwiw) ankamen: die Brüder Birkenfeld mit dem Bus am 29. Oktober 1939, Leopold Sonnenfeld in der Nacht vom 30. zum 31. Oktober. Aufgrund dieser Informationen lässt sich sagen, dass der ganze Weg bis Lemberg (Lwiw) für die Teilnehmer des ersten Nisko-Transports aus Wien etwa 10 Tage in Anspruch nahm. Der jüdische Lagerleiter in Zarzecze wandte sich an die Wiener Jüdische Gemeinde: „Durch die Kultusgemeinde M. Ostrau als auch direkt erhielten wir Nachricht darüber, dass in Lublin, Tomaszów-Lub. [Lubelski], Belsec etz. Gruppen von Juden aus dem Protektorat, Wien etz. sich befinden, deren Lage außerordentlich traurig ist und die daher rascher und ausgiebiger Hilfe bedürfen.“[19]

Da sich im Raum der neuen Grenze im September und Oktober 1939 Hunderttausende Flüchtlinge bewegten, musste der NKWD das Verhalten der sowjetischen Grenztruppen ihnen gegenüber reglementieren. So formulierte der stellvertretende NKWD-Leiter der Sowjetunion Iwan Maslennikow (1900–1954) in seiner Anordnung vom 28. Oktober 1939 Folgendes:

> „Da es sehr viele Flüchtlinge an der Grenze zu Deutschland gibt und sie versuchen die Grenze zu überschreiten, soll man ihnen gegenüber beim Waffengebrauch besonders umsichtig handeln und Selbstbeherrschung demonstrieren.“[20]

In den vorhandenen Berichten der NKWD-Grenztruppen gibt es keine direkten Hinweise auf Wiener Juden. Sie enthalten aber einige wichtige Daten zu den Deportierten aus Mährisch-Ostrau:

> „[...] am 26. 10. 1939 um 15.30 Uhr trieben auf der Strecke der vierten Kommandantur Deutsche 240 jüdische Bewohner aus Mährisch-Ostrau und Katowice auf unser Territorium [...]. Den Aussagen der Flüchtlinge zufolge jagten die Deutschen sie mit Gewalt in die UdSSR. Da sich einige von ihnen weigerten, die Grenze zu überschreiten, sei auf sie geschossen worden. Drei Menschen seien dabei erschossen und drei verwundet worden.“[21]

Im November 1939 wurden im Gebiet von Przemyśl, wo das sowjetische Grenzkommando 92 im Einsatz war, Grenzgänger gemeldet. Täglich wurden

19 Zitiert nach: Löw, Hilferufe aus dem besetzten Polen, S. 616.
20 Radjans'ki organy derzhavnoi bespeki u 1939 – tscherven' 1941 roku [Sowjetische Organe des staatlichen Sicherheitsdienstes in den Jahren 1939 – Juni 1941], Kyjiw Jahr, S. 68–69.
21 GDA SBU, B.16, Op. 1, Akte 382, Bl. 263.

dort durchschnittlich 100 bis 200 jüdische Flüchtlinge registriert. An manchen Tagen, so z. B. am 5. und 11. November 1939, erreichte ihre Anzahl fast 400, die Hälfte davon wurde umgehend zurückgeschoben. Bela Varkani, geb. 1896, war mit dem ersten Wiener Transport schon am 23. Oktober in Nisko und am 28. Oktober in einem Dorf unmittelbar vor der Grenze:

> „Als Flüchtlinge sie [die Grenze] zu überschreiten versuchten, begannen sowjetische Grenzsoldaten in die Luft zu schießen und ließen uns nicht herein. Am nächsten Tag sammelte sich dort schon eine große Menge von Menschen, sie näherten sich der Grenze und riefen nach dem Kommandeur. Als er schließlich erschien, bewegten wir ihn durch inständige Bitten, uns über die Grenze zu lassen.“[22]

Bela Varkani, geb. 1896, war mit dem ersten Wiener Transport schon am 23. Oktober 1939 in Nisko.

DACHO, B. P-4033, Op. 4, Akte 117

Alois Rosenberger teilte während der Verhöre am 29. März und am 13. April 1940 Folgendes mit:

> „Ich wurde aus Österreich nach Nisko am 20. Oktober abtransportiert. Von Nisko liefen wir etwa 120 km nach Sieniawa […] Wir waren etwa 500 Menschen. […]
> Ein Grenzsoldat wollte uns nicht über die Grenze lassen. Ich musste einige Tage vor der Grenze warten, da sowjetische Kommandeure uns verspra-

22 DACHO, B. 4033, Op. 4, Akte 117, Bl. 12.

> chen, die Frage zu klären, ob so viele Menschen die Grenze überschreiten durften. Am 2. November erlaubte uns der Kommandeur des Grenzschutzes das sowjetische Territorium zu betreten. Weiter wurden wir unter Bewachung nach Sieniawa geführt, wo wir alle registriert wurden, nachher durften wir in beliebige Richtung reisen [...]
> Der Kommandeur erlaubte nur unserer Gruppe, etwa 200 Menschen stark, die Grenze zu überschreiten."[23]

Dieser Drang von jüdischen Flüchtlingen auf das von den Sowjets besetzte Territorium brachte den Kommandeur der Grenztruppen des Kiewer Militärbezirks Wasilij Osokin (1894–1960) auf den Gedanken, „diese innerhalb vom 14. bis zum 28. Oktober 1939 an der neuen Grenze in der Westukraine aufgegriffenen 5.731 Menschen, unter denen sich die von den Deutschen vertriebenen Juden befanden, [...] nach einer entsprechenden Kontrolle zu befreien und in die Gegenden zu schicken, wo es an Arbeitskräften mangelt".[24] Die weiteren Schicksale von Flüchtlingen zeugen davon, dass dieser Vorschlag von den Sowjetmachthabern zunächst akzeptiert wurde. Die gemeldeten Flüchtlinge durften sich in den westukrainischen Städten niederlassen, vor allem in Lwiw, Kolomya und Stanislau (heute Ivano-Frankiwsk). So wohnten die Brüder Birkenfeld bei ihrer Schwester Anna, die zusammen mit ihrem Mann in Lwiw beheimatet war. Gersch war als Koch bei einer militärischen Einheit, Mordko als Arbeiter am Bahnhof eingesetzt. Der ihnen bekannte Nisko-Deportierte Adolf Fischer war in einer Bank tätig.

Die Annexion Ostpolens durch die Sowjetunion wurde mit dem Gesetz der UdSSR „Zur Eingliederung der Westukraine in die UdSSR und zu ihrer Wiedervereinigung mit der Ukrainischen Sowjetrepublik" vom 1. November 1939 legitimiert, neue administrative Regionen wurden festgelegt. Am 23. Dezember 1939 wurde in den Anordnungen des NKWD zur Ausstellung der provisorischen sowjetischen Personalausweise für diejenigen Personen, die sich zum Arbeitseinsatz durch Militärkommandanturen gemeldet hatten, der folgende Begriff des Flüchtlings definiert:

> „Unter den Flüchtlingen sind jene Personen zu verstehen, die aus dem Gebiet des ehemaligen Polens ankamen, das zurzeit durch Deutschland besetzt ist. Dabei sind sie mit Einwohnern der Wolyn-, Drogobytsch-, Lwow-, Rowno-, Stanislau-, Tarnopol-Regionen der Ukrainischen Sowjetrepublik

23 DACHO, B. 4033, Op. 7, Akte 679, Bl. 11 ff.
24 GDA SBU, B. 16, Op.1, A. 382, Bl. 261.

> sowie mit Einwohnern der Baranowitschi-, Belostok-, Brest-, Wilejsk-, Pinsk-Regionen der Weißrussischen Sowjetrepublik nicht zu verwechseln.“[25]

Aus diesem Dokument und auch aus den NKWD-Ermittlungsakten ist zu ersehen, dass der NKWD bis zum Sikorski-Maiski-Pakt vom 30. Juli 1941[26] die Nisko-Deportierten nicht als besondere Flüchtlingsgruppe aus Österreich identifizieren konnte. Dementsprechend behandelte der NKWD sie bis zur Amnestie der polnischen Bürger und Bürgerinnen im Herbst 1941 als jüdische Flüchtlinge, die sich entweder an das sowjetische wirtschaftliche und politische System angepasst hatten und deswegen toleriert oder als illegale Grenzgänger nach Norden deportiert worden waren.

Infolge der massenhaften Flüchtlingsströme wurde die Westukraine, insbesondere die Lwiw-Region, im Herbst und Winter 1939/40 zum Ort einer humanitären Katastrophe. Den NKWD-Angaben nach gab es dort zum 23. November 1939 65.174 amtlich registrierte Flüchtlinge.[27] Es mangelte an Arbeit, Nahrungsmitteln und Unterkünften.[28] So schrieb Siegfried Jellinek, geboren 1891, der mit dem 1. Transport von Wien nach Nisko deportiert worden war, am 30. November 1940 an seine Verwandten in Österreich:

> „Ich selbst habe schon resigniert und gebe schon langsam die Hoffnung auf[,] meine Teuersten je wiederzusehen. Arbeit habe ich leider auch keine und bin auf die Unterstützung meiner hiesigen Familie, die mich auf Händen trägt, angewiesen. Angenehm ist dieser Zustand nicht, aber ich muss doch leben.“[29]

Ein Teil der Flüchtlinge meldete sich zur Arbeit im Inneren der Sowjetunion, für die man schon Ende Oktober 1939 warb.[30] So traf Bela Varkani, der am 1. November in Lwiw angekommen war, am 16. November in Cherson am Dnepr, 30 km vom Schwarzen Meer entfernt, ein. Auch Alois Rosenberger

25 Radjans‘ki organy derzhavnoi bespeki u 1939 – tscherven’ 1941 roku, S. 88 ff.

26 Im Sikorski-Maiski-Abkommen einigten sich die polnische Exilregierung in London und die Sowjetunion auf die Freilassung der polnischen Häftlinge und Deportierten sowie auf einen gemeinsamen Kampf gegen das Deutsche Reich.

27 GDA SBU, B. 16, Op. 1, A. 395, S. 93.

28 Moser, Nisko, S. 164; Archiwum Ringelbluma, S. 332 ff., 501.

29 Letters, Documents and Images of the Jellinek Family Confronting the Holocaust http://www.shoahletters.org/ [15. 11. 2019].

30 Vgl. Archiwum Ringelbluma, S. 76, 332, 688.

Siegfried Jellinek, geb. 1891, überlebte nicht – seine Spur verliert sich 1941 im besetzten Ostpolen/Ukraine.

Letters, Documents and Images of the Jellinek Family Confronting the Holocaust: http://www.shoahletters.org/

kam nach Cherson. Nach seinen Aussagen vor dem NKWD hatten Paul Huschak (geb. 1886), der im 2. Transport aus Wien war, und ein gewisser Rosenfrank, mit ihm die Grenze überschritten.[31] Auch sie waren in der Region um Cherson eingesetzt. Viele waren aber nach Donbass gereist.[32] Auf einer Postkarte vom 1. Juni 1940 an Rosenberger brachte Leo Huschak seine Sorge um das Schicksal der anderen Wiener, die vermutlich im Frühling durch den NKWD verhaftet worden waren, zugleich aber auch seine Zufriedenheit mit dem Leben auf dem Lande zum Ausdruck:

31 In den Listen der Wiener Transporte gibt es keinen Rosenfrank, nur Leo Frank, der vermutlich auf der Postkarte von Huschak erwähnt wurde. Außerdem ist nicht klar, warum in der Liste des 2. Transports ein Paul Huschak aufscheint, jedoch die Postkarte an Rosenberg ein Leo Huschak zeichnete.

32 DACHO, B. 4033, Op. 7, Akte 679, Bl. 11.

„Lieber Freund!
Habe Deine Karte mit Freuden erhalten. Ich bitte Dich mir in einem Brief alles näher mitzuteilen, erstens, bist Du dort alleine geblieben? Haben die anderen fort müssen? Und warum geht es einigen so wie Frank? Wie heißen sie? Und warum? Etwas muss ja doch vorgefallen sein.
Jetzt frage ich Dich um Deinen Rat, haben wir so gut getan, dass wir fort sind.
Mir geht es hier sehr gut, bewohne mit Vargani [vermutlich Varkani] ein großes Zimmer allein, Arbeit und Kost sehr reichlich und billig[,] z. B. Fleisch ein Rubel. […]
Gross[33] ist auch fort.“[34]

Nachdem eine deutsch-sowjetische Flüchtlingskommission ihre Tätigkeit im Frühling 1940 aufgenommen hatte und sich um den Austausch und den Umgang mit denjenigen „kümmerte“, die zwischen den deutschen und sowjetischen Gebieten migriert waren,[35] meldeten sich allein in Lwiw 19.749 jüdische Flüchtlinge für die Einreise ins Dritte Reich an, weitere 97 Personen wollten nach Palästina, 73 nach Amerika, 33 nach Rumänien und 25 nach Litauen ausreisen. 6.072 Personen wollten in der Sowjetunion bleiben.[36]

So wollte Samuel Teitelbaum, geb. 1891, der mit dem 2. Transport aus Wien deportiert worden war und die Grenze am 28. November zusammen mit etwa 250 bis 300 Flüchtlingen überschritten und sich in seine Heimatstadt Olesko in der Lwiwer Region begeben hatte, aus der Sowjetunion nach Rumänien emigrieren. Stattdessen wurde er im April 1940 verhaftet und ins Beltbaltlag deportiert. Dort kam er in der Stadt Medwezhjegorsk in ein Pflegeheim. Nach dem Überfall der Deutschen Wehrmacht auf die Sowjetunion wurde das Lager in die Ostbezirke der Archangelsk-Region evakuiert.[37]

33 Vermutlich handelt es sich um Julius Gross, geb. 1861, der auch mit dem 2. Transport in Nisko ankam.

34 DACHO, B. 4033, Op. 7, Akte 679, nicht paginiert.

35 Vgl. Claudia Weber, Der Pakt: Stalin, Hitler und die Geschichte einer mörderischen Allianz 1939–1941, München 2019, S. 132 ff.

36 GDA SBU, B. 16, A. 475, Bl. 5 ff.

37 Derzhavnyj archiv Lwiwskoi oblasti [Staatsarchiv der Lwiw-Region – DALO], B. 3258, Op. 1, Akte P-8751, Bl. 18 ff. Das Kürzel Gulag bezeichnet ein Netz aus Straf- und Arbeitslagern, auch Sonderlagern und Spezialgefängnissen in der Sowjetunion, jedes hatte eine volle und eine verkürzte Bezeichnung. Unter Beltbaltlag ist das Lager Belomoro-Baltijskij gemeint. Jedes Lager funktionierte als ein Netz von mehreren Filialen bzw. Siedlungen. Wenn von der Evakuierung eines Lagers die Rede ist, bedeutet das, dass alle Zweigstellen, in diesem Fall auch das Pflegeheim in Medwezhjegorsk, umgesiedelt wurden.

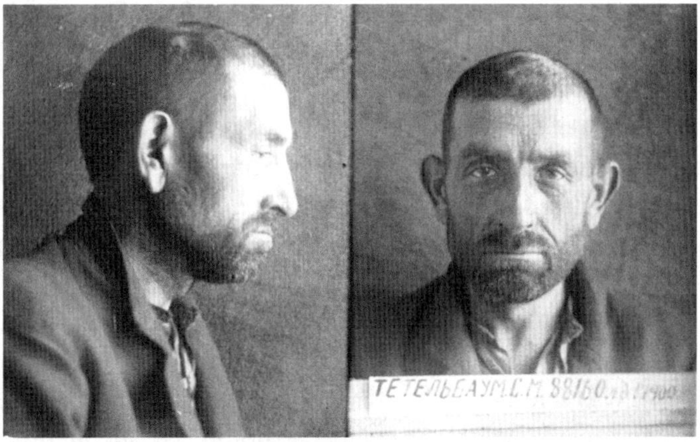

Samuel Teitelbaum, geb. 1891, befand sich im 2. Transport von Wien nach Nisko.

Derzhavnyj archiv Lwiwskoi oblasti [Staatsarchiv der Lwiw-Region – DALO], B. 3258, Op. 1, Akte P-8751

Tatsächlich wollten die meisten Wiener Juden, darunter auch die Birkenfelds, nach Wien zurückkehren. Zu diesem Zweck meldeten sie sich wie auch Tausende von polnischen Juden bei der deutsch-sowjetischen Flüchtlingskommission für die Einreise an,[38] ihre Anträge wurden jedoch abgelehnt. Einige versuchten, meist vergeblich, nach Rumänien zu fliehen. Schließlich wurden sie entweder im Frühling oder Ende Juni 1940 verhaftet und in den russischen Norden deportiert. Diese Verhaftungen wurden durch den NKWD-Volkskommissar Lawrentij Beria (1899–1954) und den Stellvertretenden Leiter des ukrainischen NKWD, Major des Sicherheitsdienstes Nikolaj Gorlinskij (1907–1965) sanktioniert.

Von den hier erwähnten Wiener Juden gibt es nur zwei Personen, die von den Sowjets im Jahre 1940 nicht verfolgt wurden. Es handelt sich um den schon oben erwähnten Siegfried Jellinek, der sich entweder nicht für die Ausreise gemeldet hatte oder bei der Anmeldung eine falsche Adresse angegeben hatte. Vermutlich wurde er 1941/42 von den Nationalsozialisten in Lwiw bzw. Belzec umgebracht. In seinem letzten Brief an die Verwandten vom 18. Januar 1941 beschrieb er seine Lage:

> „Hätte ich hier nicht meine liebe, brave Frau, die mich immer tröstet und der ich überhaupt sehr sehr viel zu verdanken habe, ich weiß nicht[,] was mit mir geworden wäre. Ich danke Gott, daß er mich sie finden ließ und fühle ich mich bei ihr und ihrer Familie, die mir jeden Wunsch von den Augen

38 Vgl. Archiwum Ringelbluma, S. 525 ff., 620 ff., 691 ff.; Weber, Der Pakt, S. 132 ff.

ablesen, sehr geborgen. […] nur daß ich keine Existenz habe und überhaupt keine Arbeit habe, drückt mich nieder.“[39]

Der zweite Fall betrifft Gustav Vogelhut, geboren 1899, aus dem 2. Transport von Wien nach Nisko, der als Klarinettist am Konservatorium in Wien studiert hatte. In Lwiw wurde er in die Listen derjenigen Flüchtlinge eingetragen, die als hochqualifizierte Kader an Lwiwer Theatern und an den Hochschulen arbeiten durften und den sowjetischen Ausweis ohne den berüchtigten Punkt 11[40] – der bestimmte Regionen zum Aufenthalt verbot – erhalten hatten. Die Listen wurden von leitenden Funktionären der Kommunistischen Partei, des NKWD und der Miliz der Lwiwer Region unterzeichnet.[41] Da sich die Spuren von Gustav Vogelhut später verlieren, ist anzunehmen, dass er wie Siegfried Jellinek unter der Nazi-Besatzung ums Leben kam.

Erwin Abeles, geboren 1905, kam mit dem 1. Transport nach Nisko und überschritt am 22. November 1939 zusammen mit drei anderen Transport-Teilnehmern in der Gegend um Rudki in der Lwiwer Region die Grenze. Dabei nahmen ihnen der deutsche Grenzsoldat das ganze Geld und die sowjetischen Soldaten alle Uhren ab. Nach zwei Monaten in Lwiw reiste Abeles am 6. Februar 1940 zusammen mit Lio Amber (geboren 1903, 1. Transport) nach Stanislau und von dort aus in die Kirow-Region nach Russland, wo er als Hilfsarbeiter in einer Spirituosenfabrik eingesetzt wurde. Da aber die Arbeit sehr schwer war, kehrte Abeles in die Westukraine zurück und ließ sich in der kleinen Stadt Sdolbunow in der Nähe von Riwne nieder, wo er in einer Gaststätte Klavier spielte. Aus dem Verhörprotokoll geht hervor, dass Abeles sich für die Ausreise aus der Sowjetunion meldete, um zu seiner Frau nach Wien zu kommen. Am 23. Juni wurde er vom NKWD verhaftet und ins Kargopollag im Archangelsk-Gebiet deportiert, wo er 1942 verstarb.[42]

Anlass zur Verfolgung durch den NKWD boten nicht nur die Anmeldungen zur Ausreise aus der UdSSR, sondern sogar Bemühungen der Wiener Juden,

39 Letters, Documents and Images of the Jellinek Family Confronting the Holocaust: http://www.shoahletters.org [15. 11. 2019].

40 Die sowjetischen Personalausweise mit der Geltungsdauer von fünf Jahren wurden den Flüchtlingen, die in der Sowjetunion leben wollten, im Frühling 1940 ausgestellt. Punkt 11 erlaubte ihnen jedoch nicht, in Lwiw, in vielen anderen wichtigen administrativen Zentren der Sowjetunion oder im Umkreis von 100 km von der westukrainischen Grenze entfernt zu wohnen. Vgl. GDA SBU, B. 5, Bl. 223; Archiwum Ringelbluma, S. 629.

41 GDA SBU, B. 16, Op. 1, A. 460, Bl. 170.

42 Derzhavnyj archiv Riwnenskoi oblasti (Staatsarchiv der Riwne-Region – DARO), B. R-2771, Op. 2, Akte 3024, Bl. 9 ff.

ihre Frauen aus Österreich zu sich in die Ukraine zu holen. Dieser Wunsch wurde durch die sich laufend verschärfenden Maßnahmen der Nationalsozialisten im Deutschen Reich bestärkt. Am 3. Januar 1940 schrieb Gisela Rosenberger aus Wien an ihren Mann Alois:

> „Gleich nach Erhalt Deiner Karte habe ich Dir geantwortet, doch da man nun Luftpost schicken kann, glaube ich, dass dieser Brief schneller ankommt. Zuerst, ich bekam denselben Befehl wie Du zum Polentransport zu gehen. Habe mir vom Amtsarzt ein Zeugnis geschafft, dass ich nicht transportfähig bin. Und in der KG [Israelitische Kultusgemeinde] hat mir der Arzt und ein Direktor Wein gesagt, ich kann zu Hause bleiben. Zwei Tage später bekam ich wieder den Befehl, mich am 3. 11. in der Gänsbachergasse 3 im 10. Bezirk einzufinden, am 4. geht der Transport. Auf meine Vorsprache in der KG ist mir gesagt worden, ich muss gehen, da die Gestapo das Zeugnis nicht anerkannt hat. Dann habe ich schnell gepackt und dem Oskar die Wohnungsschlüssel gegeben. Und in der Gänsbacherstrasse (Obdachlosenasyl) bin ich noch immer. Habe eine Ladung zum Wohnungsamt bekommen, sollte am 10. 12 die Wohnung räumen, habe das schon am 30. 11. getan. Habe dazu Ausgang bekommen, doch in der kurzen Zeit nichts tun können. Oskar und Papa haben Möbel zum Teil verkauft, zum Teil behalten […].
> Durch diese Aufregungen und die Angst um Dich hat mein Herz so gelitten, dass ich 2 Tage wegen Herzschwäche liegen musste. Später ist die erste Nachricht von Dir gekommen --- und man hat mir gesagt, man kann mir das Glück vom Gesicht ablesen. Ich fühle mich leider nicht gut, habe hier keine ordentliche Luft und Kost. Bei Dir möchte ich rasch gesund werden. Kannst Du Dich dauernd aufhalten in Cherson oder nur vorübergehend? Wenn Du bleiben kannst, wirst Du mich hoffentlich rascher kommen lassen. Bist Du gesund? Ist die Arbeit schwer, was hast Du zu tun? Ich bin doch so glücklich, dass es Dir gut geht. Meine Gedanken sind immer bei Dir und ich bete täglich zum lieben Gott[,] er soll Dich beschützen. Schreib mir sofort nach Erhalt dieses [sic!]. Und zum Schluss, da ich nicht weiß, wie lange der Brief geht, wünsche ich Dir das Allerbeste zu Deinem Geburtstag. Bleib gesund[,] mein teurer Loisl, behalte mich lieb und gebe der liebe Gott, dass wir bald vereint sind. Deine Karte v. 24. habe ich am 27. od. 28. 12. erhalten, heute erst Deinen Brief […].“[43]

43 DACHO, B. 4033, Op. 7, Akte 679, nicht paginiert.

Dieses Schreiben sowie andere Briefe und Postkarten aus dem besetzten Österreich boten den NKWD-Ermittlern genug Anlass, Alois Rosenberger zu verhaften. So wurde er wie auch die überwiegende Mehrheit der Betroffenen im Juni 1940 in verschiedene NKWD-Lager abtransportiert, u. a. ins Kargopollag und zum Beltbaltlag im Archangelsk-Gebiet, ins Volgolag im Jaroslavl-Gebiet, ins Uchtimzhemlag in der Autonomen Republik Komi. Diese breite Verteilung entsprach dem Befehl des GULAG-Leiters Wasilij Tschernyschow (1896–1952) zu den 9.000 alleinstehenden Flüchtlingen in der Westukraine. Er ordnete an, 3.000 Flüchtlinge aus Lwiw ins Wolgolag (Bahnhof Rybinsk, Jaroslavler Region), 3.000 aus Lwiw, Drogobytsch und Stanislau ins Beltbaltlag (Bahnhof Medwezhjegorsk, Karelo-Finnische Sowjetrepublik), 1.400 aus Lwiw und Ternopil ins Unzhlag (Bahnhof Sucho-Bezwodnaja, Gorkow-Eisenbahnlinie), 1.600 aus Luzk und Rivne ins Sewzheldorlag (Bahnhof Zhelesnodorozhnyj, Autonome Sowjetrepublik Komi) zu transportieren.[44]

Die Brüder Birkenfeld kamen ins Zwangsarbeitslager Wolgolag,[45] wo sie Anfang Juli in der Siedlung Borsilow eintrafen. Sie verbrachten dort ein Jahr. Danach wurden sie in die Siedlung Morosowka gebracht, wo sie ein halbes Jahr verweilten. 1942 wurden sie nach Perebory im Gebiet Jaroslavl versetzt, wo sie sich bis zu ihrer Entlassung im Dezember 1946 aufhielten.[46]

Um die Haft der österreichischen Juden zu legitimieren, beschuldigte sie die Sonderkommission des NKWD des illegalen Grenzübertritts, brandmarkte sie als „sozial gefährlich“ und verurteilte sie zu drei bis fünf Jahren Zwangsarbeit.

Nach dem Kriege behauptete Mordko Birkenfeld vor sowjetischen Ermittlern, einige Tausend österreichische Juden befänden sich in Perebory in der Nähe von Rybinsk und Scheksna, eintausend davon wären gestorben. Es ist offensichtlich, dass er dabei auch Deportierte aus Mährisch-Ostrau und eventuell auch andere Flüchtlinge, die mit der Nisko-Aktion nichts zu tun hatten, meinte.

Den der Datenbank zu den politisch Verfolgten http://base.memo.ru/ entnommenen Informationen zufolge wurden sieben in Wien geborene Juden zunächst in den Iwanow-Bezirk der Gorki-Region deportiert, schnell jedoch ins

44 GDA SBU, B. 16, A. 475, Bl. 20; ebenda, B. 116, nicht paginiert.

45 Wolgolag sollte riesige strategische Projekte, so zum Beispiel zwei Wasserkraftwerke in Rybinsk und Uglitsch errichten. Die Anzahl der Häftlinge im Wolgolag erreichte ihren Höhepunkt im Jahre 1941 mit 85.509 Insassen. Am 1. April 1946 zählte man dort etwa 17.000 Häftlinge, die Hälfte davon (8.175) machten Kriminelle aus.

46 GDA SBU, B. 1, A. 280, Bl. 53 ff.

Wologda-Gebiet gebracht, wo gemäß dem Befehl des NKWD-Leiters für die Region Wologda Nr. 201 „Zur Gründung der Sondersiedlungen für Übersiedler-Osadniki[47] und zur Gründung der Kommandanturen" vom 20. Juni 1940 für die Deportierten aus der Westukraine und Westweißrussland vierzehn Siedlungen errichtet wurden, darunter Semigorodnij im Charow-Bezirk auf dem Territorium des ehemaligen Klosters sowie die Siedlung Stekljanka im Lezhski-Bezirk.[48] Die Recherche in der Datenbank http://base.memo.ru/ ergab, dass einige in Wien geborene österreichische Juden dort am 8. 7. 1940 eintrafen. Das waren die mit dem ersten Transport am 20. Oktober 1939 von Wien abgegangenen Hugo Weiss (geb. 1999), die Brüder Rudolf Meyer (geb. 1899) und Adolf Meyer (geb. 1900), Julius Erdheim (geb. 1904) sowie die mit dem zweiten Wiener Transport am 26./27. 10. 1939 deportierten Erwin Haas (geb. 1884), Gottfried Spitzer (geb. 1885), Oskar Jaul (geb. 1898).

Unter den deportierten Flüchtlingen in der Wologda-Region lag der Anteil der Juden noch höher als in anderen Regionen des russischen Nordens, und zwar betrug er 95,2 % im Vergleich zu durchschnittlichen 84,3 %.

Die Arbeits- und Wohnverhältnisse im GULAG ließen viel zu wünschen übrig. Es mangelte an warmer Arbeitsbekleidung und Winterschuhen sowie an Werkzeugen zur Holzaufbereitung. Die meisten Flüchtlinge waren weder körperlich geeignet noch ausgebildet für die schwere Arbeit. Ihren Lohn erhielten sie meistens mit großer Verspätung, sie wurden oft betrogen und seitens der Verwaltung und der Mitarbeiter der Holzaufbereitungsstellen beschimpft. Flüchtlinge mussten in Sommerbaracken unter undichten Dächern, auf kalten Fußböden und mit Fenstern ohne Glasscheiben wohnen. Es mangelte an Öfen, Möbeln und Haushaltsinventar.[49] In der Siedlung Stekljanka wurden die Flüchtlinge im ehemaligen Pferdestall untergebracht, wo Stroh auf den Kot gelegt wurde. Die Menschen mussten auf dem Fußboden schlafen, was ihre Gesundheit nachhaltig beeinträchtigte.[50]

Brot und andere Nahrungsmittel wurden unregelmäßig und in ungenügender Menge geliefert. Wenn man den NKWD-Angaben glauben kann, so starben

47 Osadniki waren ehemalige polnische Militärs, die für ihre Teilnahme am polnisch-sowjetischen Krieg 1920 Grundstücke in östlichen Gebieten, wo meistens Weißrussen und Ukrainer beheimatet waren, erhielten.

48 Aleksander Kusminych / Sergej Starostin, Poljaki w Wologodskoj oblasti: repressii, plen, spezposelenije (1937–1953 gg.) [Polen in der Wologda-Region: Repressalien, Gefangenschaft, Sondersiedlungen (1937–1953). Das Generalkonsulat der Republik Polen in Sankt-Petersburg (u. a.)], Wologda 2014, S. 358, 406.

49 Ebenda, S. 382.

50 Ebenda, S. 311.

zwischen Februar 1940 und dem 1. September 1941 in der Wologda-Region 133 Flüchtlinge, die Sterberate betrug damit 2,9 %.[51] Darunter befand sich Erwin Haas, der 1941 in einem Pflegeheim starb, das am 13. August 1940 in der Siedlung Semigorodnij gegründet worden war. Zu der Zeit zählte man dort 54 Flüchtlinge.

Einige in Wien geborene Juden trafen in der Region Archangelsk ein. Das waren die mit dem ersten Transport abgegangenen Richard Berger (geb. 1889), Albert Herzka (geb.1892), Ernst Ligeti (geb. 1892), die mit dem 2. Transport deportierten Oskar Deutsch (geb. 1880), Friedrich Frankel (geb. 1881). Der Datenbank zufolge wurden diese Personen als polnische Bürger im August 1941 amnestiert. Ihr weiteres Schicksal ist unbekannt. Es ist durchaus möglich, dass sich ein Teil der Amnestierten nach Kasachstan begab, so wie z. B. Siegfried Ladner (geb. 1918, 1. Transport), der in Alma-Ata am 9. Februar 1943 verhaftet, nach 3 Monaten jedoch freigelassen wurde, da er für unschuldig befunden worden war. Im Bezirk Lenger der südkasachischen Region wurde am 2. April 1943 Emil Rosenheim (geb. 1914, 1. Transport) verhaftet, der als Schuster in einer landwirtschaftlichen Gemeinde arbeitete. Er wurde am 27. November 1943 gemäß dem Artikel 58-6 des Strafgesetzbuches wegen Spionage zu fünf Jahren im GULAG verurteilt. Ein Teil der Wiener Juden wurde in Fabriken eingesetzt, u. a. Alois Schreier (geb. 1903, 2. Transport), der im metallurgischen Serow-Werk in der Swerdlow-Region als Walzwerker arbeitete. Er wurde am 4. November 1940 verhaftet, am 2. März 1941 zu acht Jahren Freiheitsstrafe verurteilt. Im metallurgischen Werk in Zlatoust arbeitete Siegfried Spielberger (geb. 1891, 2. Transport) als Wicklungsmeister. Er wurde am 2. Juli 1941 verhaftet und am 25. August 1943 zu zwanzig Jahren Freiheitsstrafe gemäß den Artikeln 58-1a (Landesverrat – vermutlich hatte er schon die sowjetische Bürgerschaft erworben) und 58-6 (Spionage) verurteilt. Spielberger starb am 25. August 1943 im Gefängnis. Der mit dem 1. Transport aus Wien deportierte Alois Müller (geb. 1894) arbeitete als Gehilfe im metallurgischen Werk in Werch-Izhewsk, Region Swerdlowsk. Er wurde am 25. Januar 1942 verhaftet, zum Tode verurteilt und am 17. Juli 1942 hingerichtet.

Nach der Entlassung aus den Lagern und der Haft begaben sich viele Juden nach Taschkent in Zentralasien, einige blieben jedoch in der Archangelsk-Region. Eine Gruppe von neun Wiener Juden übersiedelte in die zentrale Ukraine, und zwar in die Poltawa-Region. Die Brüder Birkenfeld, Solomon

51 Ebenda, S. 475. In der Siedlung befand sich das Maria-Himmelfahrtskloster, gegründet im 15. Jahrhundert. Es wurde 1926 geschlossen, auf seinem Territorium wurde 1940 das Pflegeheim eröffnet. Heute ist es eine Ruine.

Berkowitsch (1. Transport), Heinrich Herrman (geb. 1893) und Adolf Fischer (geb. 1895) ließen sich in der Stadt Lubny nieder. Die Stadtadministration schickte sie alle zur Ziegelei. Die Wiener arbeiteten dort nur wenige Monate. Danach übersiedelten die Birkenfelds und Berkowitsch in die kleine Stadt Solotonoscha, wo sie in einer Genossenschaft als Hilfsarbeiter arbeiteten. Solomon Fenster und Adolf Fischer blieben in Lubny, wo sie durch die örtliche jüdische Gemeinde unterstützt, zugleich aber auch kontrolliert wurden.

In den Jahren 1947 und 1948 suchten Heinrich Deutsch, Solomon Fenster, Friedrich Dux (1895–1949, 2. Transport) und Mordko Birkenfeld mehrmals die österreichische politische Vertretung in Moskau auf, die sich zu jener Zeit im prunkvollen Hotel „Metropol“ befand. Die Wiener erhielten dort österreichische Pässe, etwas Geld und gute Ratschläge, wie man nach Österreich zurückkehren konnte. Sie sollten bei der Miliz Anträge für eine Ausreisegenehmigung stellen. Erst 1949 wurden sie über die Ablehnung informiert. Verzweifelt versuchte Solomon Fenster im Winter 1948 zweimal die Grenze in der Umgebung von Przemyśl illegal zu überschreiten. Im November 1948 wandte sich Heinrich Deutsch mit dem Ersuchen an den Außenminister der Sowjetunion Wjatscheslaw Molotow, ihm den Ausreisevermerk zu erteilen.[52]

Die Besuche bei der österreichischen Vertretung, die Anträge bei der Miliz und auch Anfragen beim Internationalen Roten Kreuz zogen aufs Neue die Aufmerksamkeit des sowjetischen Sicherheitsdienstes, 1946 von NKWD in MGB (Ministerium des Sicherheitsdienstes) umbenannt, auf sich. Im Mai 1949 wurden die Birkenfelds auf Befehl des MGB in Moskau verhaftet. Die Ermittler suchten hartnäckig nach Beweisen für Spionage zugunsten der USA. Außerdem wurden die Wiener der sogenannten antisowjetischen Trotzki-Propaganda verdächtigt, da Mordko Birkenfeld vermutlich Leo Trotzki kannte.

Die Verhaftung der Brüder Birkenfeld wurde im Gefolge des Ermittlungsverfahrens gegen Ernst Simon (geb. 1906, 1. Transport), der sich zusammen mit den Brüdern im Lager Perebory aufgehalten hatte, veranlasst. Ernst Simon war 1947 in Rybinsk verhaftet worden.

Im Gebiet Poltawa wurden drei Wiener Juden verhaftet: zunächst die Birkenfelds und etwas später, im Dezember 1949, Solomon Fenster. Alle drei wurden – abermals – des illegalen Grenzübertritts und der Spionage beschuldigt. Die MGB-Sonderkommission verurteilte sie zu jeweils zehn Jahren Haft im GULAG. In den Archivalien gibt es keine weiteren Informationen zum Schicksal dieser Wiener. Die Liste der Nisko-Deportierten, die in den 1950er Jahren

52 GDA SBU, B. 1., Op.1, Akte 280, Bl. 6.

nach Österreich zurückkehrten, beinhaltet jedoch ihre Namen sowie die von Ernst Simon, Solomon Berkowitsch und Adolf Fischer.[53]

Viele der Wiener Nisko-Deportierten, die auf das sowjetisch besetzte Ostpolen vertrieben worden waren, versuchten sich in diese neue und fremde Welt zu integrieren, um zu überleben: Manche blieben und arbeiteten in der Westukraine, andere meldeten sich zur Arbeit ins Innere der Sowjetunion und in den Süden und Osten der Ukraine. Im Frühling 1940 waren sie jedoch neuen Verfolgungen ausgesetzt, da sie sich entweder für die Ausreise aus der Sowjetunion gemeldet oder sich für die Einreisegenehmigung für ihre Familienangehörigen, die in Wien oder im Generalgouvernement für die besetzten polnischen Gebiete verblieben waren, eingesetzt hatten. Die Flüchtlinge galten dem NKWD als politisch und sicherheitstechnisch nicht zuverlässig. Wie in vielen anderen Exilländern wurde die Haltung der Sowjets den Vertriebenen gegenüber auch durch die Angst vor Spionen beeinflusst.

Die polnischen Häftlinge, darunter auch ehemalige Flüchtlinge, die 1940/41 in den russischen Norden oder nach Sibirien deportiert worden waren, wurden schon im Herbst 1941 nach dem Sikorski-Maiski-Abkommen aus den Lagern entlassen. Nur wenige Nisko-Deportierte konnten als polnische Bürger diese Amnestie im Rahmen dieses Abkommens in Anspruch nehmen. Im Gegenteil wurde die Haft der Mehrheit der Wiener im GULAG Anfang 1942 verlängert. Dies führte zum Massensterben der österreichischen Häftlinge infolge der niedrigen Temperaturen, der schweren Arbeit, der schlechten Wohnverhältnisse und mangelnden Ernährung. Für diejenigen, die im Winter 1946 aus den Arbeitslagern entlassen wurden, brachte das Ringen um die Heimreiseerlaubnis neue Verfolgungen mit sich. Die Nachkriegsermittlungen waren nicht nur von der verwurzelten Angst vor Spionage und der Angst vor antisowjetischer Propaganda getrieben, sondern auch durch einen neuen außenpolitischen Faktor mitbestimmt: den Kalten Krieg.

Gerade auf den Zeitraum der späten 1940er und frühen 1950er Jahre entfielen zahlreiche Ermittlungen nicht nur gegen Wiener Juden, die im Herbst 1939 in die Sowjetunion getrieben worden waren, sondern auch gegen jene Österreicher in der sowjetischen Besatzungszone, die wegen Spionage zugunsten der USA beschuldigt wurden. Die letzten Urteile waren auf Februar 1953 datiert, nur einige Wochen vor Stalins Tod. Schon war auch der gemeinsame Beschluss des sowjetischen Außenministeriums und des KGB vorbereitet: „Zur Gründung der Sonderlager für Österreicher, Deutsche und andere Ausländer, gegen die

53 DÖW 22.672.

die Militärtribunale der sowjetischen Besatzungstruppen in Deutschland und Österreich ermitteln". Zum Glück aber änderte sich nach Stalins Tod auch die Außenpolitik der Sowjetunion. Nach dem Inkrafttreten des österreichischen Staatsvertrags im Mai 1955 und entsprechend dem Beschluss des Vorstandes des ZK der KPdSU vom 14. März 1955 wurden alle Urteile gegen Ausländer in der UdSSR annulliert, die Ausländer, darunter auch Nisko-Deportierte, wurden aus der Haft entlassen. Schließlich durften sie die UdSSR verlassen.[54]

Die von den Nationalsozialisten verfolgten und nach Nisko deportierten Wiener Juden waren von der Sowjetunion als potentielle Spione zugunsten NS-Deutschlands und nach dem Krieg zugunsten der USA verdächtigt worden. Die Absurdität dieser Beschuldigungen ist offensichtlich, obwohl die Nachkriegsermittlungen in ihrer prozessualen Form etwas besser als die Ermittlungen in den Kriegsjahren funktionierten. Mehrfach vollkommen grundlos verfolgt, deportiert, verhaftet waren die Überlebenschancen der Wiener Juden in der Sowjetunion viel bescheidener als bei den Flüchtlingen vor allem aus Polen und der Tschechoslowakei, die gleich nach dem Krieg nach Hause zurückkehren durften. Es sind nur etwa 80 Personen bekannt, die nach dem Krieg nach Österreich zurückkehren konnten. Einzelne Wiener aus den Nisko-Transporten haben sich dauerhaft in der Sowjetunion niedergelassen.

54 Oleg Pavlenko. Awstrijskij wopros w cholodnoj wojne (1945–1955) [Österreich im Kalten Krieg (1945–1955)], in: Novyj istoricheskij vestnik, 2004.

Stephan Roth

„Ein paar Watschen kannst haben, du […]“[1]

Zur „Arisierung“ der Apotheke „Zum heiligen Georg“ in Himberg bei Wien

Am 5. Juli 1947 sprach das Landesgericht für Strafsachen Wien als Volksgericht den wegen Hochverrats, missbräuchlicher Bereicherung und Betruges angeklagten Apotheker Mag. Karl Meixner in allen Anklagepunkten aus „Mangel an Beweisen“ frei. Meixner war konkret zur Last gelegt worden, vor dem „Anschluss“ illegales Parteimitglied der NSDAP und deren Ortsgruppenleiter in Donnerskirchen im Burgenland gewesen zu sein, 1938 die Apotheke „Zum heiligen Georg“ in Himberg „arisiert“ und 1946 bei der für Nationalsozialisten gesetzlich verpflichtenden Registrierung unvollständige bzw. unrichtige Angaben gemacht zu haben. Meixner verließ das Gericht als freier Mann.[2]

Die Karl Meixner zur Last gelegten Sachverhalte, insbesondere jener rund um die „Arisierung“ der Apotheke „Zum heiligen Georg“ in Himberg sind bestens dokumentiert. Sowohl im Österreichischen Staatsarchiv als auch im Wiener Stadt- und Landesarchiv geben umfangreiche Archivalien Auskunft über die damaligen Ereignisse.[3] Darüber hinaus wird die „Arisierung“ der Apotheke in einer 2014 veröffentlichten Studie des Historikers Alfred Fehringer erwähnt.[4] In der Erinnerung der Gemeinde Himberg bzw. jener einer breiteren Gemeindeöffentlichkeit spielen die Ereignisse von damals allerdings keine Rolle mehr. In einer umfangreichen 1994 veröffentlichten Gemeindechronik wird lapidar vermerkt, dass die Apotheke 1938 an Karl Meixner „verkauft“ wurde.[5]

1 WStLA, LG Wien Vg 8c Vr 4560/46, Strafsache Karl Meixner, Zeugenaussage Karl Schleiß v. 22. 4. 1949.

2 WStLA, LG Wien Vg 8c Vr 4560/46, Strafsache Karl Meixner, Urteil v. 5. 7. 1949.

3 WStLA, LG Wien Vg 8c Vr 4560/46, Strafsache Karl Meixner // ÖStA: AdR, VVSt – VA 33284 Irma Dub, VA 33286 Ludwig Dub; AdR, FLD Deportation, 14. Transport; AdR, Zivilakten der NS-Zeit – Gauakt Karl Meixner; AdR, Sammelstelle A und B, Liegenschaft 6027 und Liegenschaft 6210.

4 Alfred Fehringer, Arisierung und Rückstellung von Apotheken in Österreich, Göttingen 2014, S. 225–227.

5 Josef Past, Chronik der Marktgemeinde Himberg. Ein historisches Lesebuch 1120 bis 1994, Himberg 1994, S. 145.

Die Apotheke gibt es heute noch, und sie ist noch immer im Besitz der Familie Meixner. Es ist nicht Ziel dieses Textes, die Nachkommen Karl Meixners für dessen Verhalten verantwortlich zu machen, sie zu diskreditieren oder ihnen gar vorzuwerfen, dass sie noch immer die St. Georgs-Apotheke betreiben. Vielmehr geht es dem Verfasser darum, an das Schicksal des in Vergessenheit geratenen Vorbesitzers der heutigen St. Georgs-Apotheke Ludwig Dub und seiner Familie zu erinnern und darauf aufmerksam zu machen, wie mit NS-Opfern in Österreich nach dem Ende des Zweiten Weltkriegs umgegangen wurde. Es mag sich hier um einen Einzelfall handeln, der allerdings exemplarisch für viele steht. Wenn die Geschichte anders verlaufen wäre, würden heute vielleicht Nachkommen von Ludwig Dub noch immer die Apotheke in Himberg betreiben oder hätten weitere Apotheken in der Umgebung eröffnet, so wie die Nachkommen von Karl Meixner. Das ist aber nicht der Fall, denn Ludwig Dub und seine Angehörigen sind tot, sie wurden im Holocaust ermordet.

Eine Gemeinde in der Ebene vor Wien

Himberg liegt im südlichen Wiener Becken, also im Industrieviertel, etwa 18 Kilometer vom Wiener Zentrum entfernt. Wie in fast allen Gemeinden dieses flachen Landstrichs setzt sich die Bevölkerung der letzten 200 Jahre hauptsächlich aus zugezogenen Menschen zusammen, die meist der Zufall in dieser Gegend sesshaft werden hat lassen. Trotz dieser hohen Bevölkerungsfluktuation kann Himberg auf eine lange bis ins 12. Jahrhundert zurückreichende Geschichte blicken und erlangte durch seine mittelalterliche Grenzlage eine gewisse militärische Bedeutung, was die weitere Entwicklung begünstigte: Bereits im 14. Jahrhundert wurde das Marktrecht verliehen, das 1533 bestätigt wurde. Die wirtschaftliche Stärke und Bedeutung von Himberg hat sich über die Jahrhunderte trotz immer wieder auftretender kriegerischer Zäsuren erhalten. Dies wurde vom Richter, Rat und der gesamten Bürgerschaft eindrucksvoll unter Beweis gestellt, als sie 1748 die Landesfürstliche Herrschaft Himberg für die beträchtliche Summe von 40.100,– Gulden freikauften und so bereits 100 Jahre vor der Aufhebung der Grunduntertänigkeit im Jahre 1848 als freie und unabhängige Marktgemeinde agieren konnten.[6]

Die im 19. Jahrhunderts einsetzende Industrialisierung wirkte sich in Himberg bereits früh aus und nahm durch die Eröffnung der Ostbahn zwischen Wien und Bruck/Leitha im Jahre 1846 besonderen Aufschwung. Neben der

6 Ebenda, S. 18–20.

noch dominierenden Landwirtschaft entstand eine Reihe industrieller Betriebe, die Zahl der Arbeitsplätze wuchs stetig und die Bevölkerungszahl verdoppelte sich bis zum Beginn des 20. Jahrhunderts auf über 2.000 EinwohnerInnen.[7] Die Gemeinde war ständig gefordert ihre Infrastruktur an die sich verändernden Gegebenheiten anzupassen.

Dazu gehörte auch die medizinische Versorgung der Bevölkerung. Himberg weist eine bis ins 16. Jahrhundert zurückgehende ärztliche Tradition auf, mit der auch der Verkauf von Arzneimitteln einherging. Die in der Gemeinde tätigen Bader, Chirurgen und Wundärzte nahmen über Jahrhunderte diese beiden Aufgaben wahr. 1805 gestattete die Gemeinde dem sich in Himberg niederlassenden Arzt Nusser die Errichtung einer Apotheke.[8] Die sich verändernden Umstände veranlassten die Gemeindeväter 1831 die Genehmigung zum Betrieb einer eigenständigen öffentlichen Apotheke zu erteilen und gestatteten dem aus Galizien stammenden Apotheker Franz Hawelka die Eröffnung der Apotheke „Zum heiligen Georg“.[9] Bis zum Beginn des 20. Jahrhunderts sind weitere acht Besitzer der Apotheke belegt. Gemein war ihnen allen, dass sie aus den Kronländern Böhmen, Galizien bzw. dem ungarischen Teil der Monarchie stammten[10] – keiner von ihnen kam aus dem Gebiet des heutigen Österreich.

Ludwig Dub, ein „zuagraster“ Apotheker aus Böhmen

Ludwig Dub stammte aus Chvateruby im damaligen habsburgischen Kronland Böhmen etwa 30 Kilometer nördlich von Prag, wo er am 13. Oktober 1874 in eine jüdische Familie geboren wurde. Über sein familiäres Umfeld ist heute nichts mehr bekannt, ebenso wenig über die genauen Umstände, die ihn in das Umland der damaligen Haupt- und Residenzstadt Wien führten.

In einer kurzen Notiz vermeldete die *Pharmaceutische Post* in ihrer Ausgabe vom Sonntag, dem 7. März 1897, dass der 22-jährige Ludwig Dub aus der Apotheke in Himberg beim Apotheker-Gremium für das V.U.W.W. (Viertel unter dem Wienerwald) in Baden nach seiner Ausbildungszeit die vorgeschriebene Tirocinalprüfung abgelegt hat.[11] Ab 1889 sah die Ausbildung zum Apotheker zumindest 6 Jahre Gymnasium sowie 3 Lehrjahre vor, mit Matura waren

7 Leopold Rupp, Himberg. Ein Heimatbuch, Himberg 1928, S. 40.

8 Past, Himberg, S. 145.

9 Kurt Ryslavy, Geschichte der Apotheken Niederösterreichs, Wien 1990, S. 167.

10 Ryslavy, Apotheken, S. 167–169.

11 Pharmaceutische Post, 30. Jg., Nr. 10, Wien 7. 3. 1897, S. 8 (= PhP).

es lediglich 2 Lehrjahre. Nach abgelegter Tirocinalprüfung und 2 Jahren Hochschulstudium konnte anschließend das Magisterium der Pharmazie erworben werden.[12]

Daraus lässt sich schließen, dass Dub wahrscheinlich 1894/95 seine Ausbildung in der Apotheke „Zum heiligen Georg“ begonnen hatte. Ein Jahr davor erwarb der – wie Dub aus Böhmen stammende, ebenfalls jüdische – Maximilian Veith[13] die Himberger Apotheke.[14] Ob diese geografische und konfessionelle Gemeinsamkeit die Wahl der Lehrstelle bzw. des Lehrortes beeinflusste – etwa durch eine familiäre Freundschaft – oder ob es reiner Zufall war, lässt sich nicht mehr feststellen.

Belegt ist, dass Dub vom Sommersemester 1898 bis zum Sommersemester 1899 an der Universität Wien für das Pharmaziestudium inskribiert war und am 5. Jänner 1899 vom Wiener Apotheker-Hauptgremium ein ausgeschriebenes Stipendium über 50 Gulden[15] erhielt.[16] Sein Studium schloss Ludwig Dub mit Auszeichnung ab,[17] das Diplom zum Magister der Pharmazie erhielt er am 24. Juli 1899.[18]

In den kommenden zehn Jahren lebte Dub in Wien, zumal er ziemlich rasch nach seinem Studienabschluss eine Stelle als angestellter Apotheker in Wien-Margareten in der Apotheke „Zum heiligen Franziskus“ antrat. Den Kontakt nach Himberg dürfte er allerdings nie ganz verloren haben, denn am 7. November 1909 berichtete der *Bezirksbote für den politischen Bezirk Bruck an der Leitha* über die Apotheke in Himberg:

> „Mit 1. November hat Herr Apotheker Mag. Ludwig Dub die öffentliche Apotheke in Himberg übernommen. Herr Mag. Dub, der seit etwa 10 Jahren in der bestrenomierten [sic!] Apotheke ‚Zum Heiligen Franziskus‘ in

12 Ulrike Mayer, Die Geschichte unseres Verbandes. 115 Jahre Verband Angestellter Apotheker Österreichs, Wien 2006, o. P.

13 Maximilian Veith, geb. 16. 11. 1861 in Okraschitz, Böhmen, mos., Diplom zum Magister der Pharmazie am 27. 7. 1886 an der Universität Wien. Siehe Ryslavy, Apotheken, S. 169.

14 Ebenda.

15 Der Gulden war Zahlungsmittel der Habsburgermonarchie und wurde 1892 durch die Krone im Verhältnis 1:2 ersetzt, war aber bis 1900 im Umlauf. 50 Gulden entsprachen also 100 Kronen, grob angenähert entspricht dies heute etwa dem Betrag von € 1.000,–.

16 Zeitschrift des allgemeinen österreichischen Apotheker-Vereins. Österreichische Zeitschrift für Pharmacie, 37. Jg., Nr. 2, Wien 10. 1. 1899, S. 48 (= ZdAöAV).

17 Archiv der Universität Wien, Signatur M 35.2 Sponsionsprotokoll für das Magisterium der Pharmazie (Mag. pharm.) 1890–1900, S. 70, Nr. 548, sowie Nationale Pharmazeuten, Signatur 96, SS 1898; Signatur 97, WS 1898/99; Signatur 98, SS 1899.

18 PhP, 13. 7. 1899, S. 424.

> Wien tätig war, erfreute sich nicht nur im Kreise seiner Standesvertretung in Wien, der dortigen bekannten Ärzteschaft und des Publikums voller Sympathie, sondern ist auch den Ärzten und der Bevölkerung von Himberg selbst nicht unbekannt, da er in dieser Apotheke seine Berufslaufbahn begann. […]“[19]

Während seiner Wiener Zeit erwarb sich Dub in der Kollegenschaft offensichtlich einen ganz ausgezeichneten Ruf, nicht nur aufgrund seiner fachlichen Fähigkeiten, sondern auch wegen seines Engagements in der aufstrebenden Interessenvertretung der angestellten Apotheker-Assistenten[20]. Dem *Allgemeinen österreichischen Pharmaceuten-Verein* trat er bereits knapp einen Monat nach Abschluss seines Studiums am 21. August 1899 bei.[21] In den kommenden Jahren wurde Dub regelmäßig in die Funktion des Schriftführers im Vereinsvorstand gewählt.[22]

Zu Beginn des 20. Jahrhunderts gab es eine Vielzahl von Konflikten zwischen Apothekenbesitzern und den angestellten Assistenten. Es fehlten allgemeine Gehaltsregelungen, Alterszulagen, Arbeitszeit- und Urlaubsregelungen – mit einem Wort eine funktionierende soziale Absicherung der Angestellten. Nur unter massiven Streikandrohungen konnte punkto Gehaltsregelung ein Kompromiss ausgehandelt werden. Dieser sah ein von den Eigentümern direkt auszuzahlendes Grundgehalt vor, Zulagen wurden an das Apotheker-Hauptgremium überwiesen. Die Auszahlung der Zulagen wurde über einen Fonds geregelt. Dieser anfängliche Kompromiss führte schließlich 1908 zur Gründung der *Allgemeinen Gehaltskasse der Apotheker Österreichs*.[23]

Zusätzlich wurde von 1904 bis 1906 um das neue Apothekengesetz gerungen, das schlussendlich 1906 in Kraft trat. Beide Seiten – sowohl Eigentümer als auch Angestellte – waren bemüht, durch entsprechende Expertisen und Eingaben ihre jeweilige Standesperspektive im Gesetz bestmöglich zu verankern. Grosso modo waren die Apothekenbesitzer daran interessiert, bereits bestehende Apotheken wirtschaftlich zu schützen und die etablierten Konzessions- und

19 Bezirksbote für den politischen Bezirk Bruck an der Leitha, 11. Jg., Nr. 258, Schwechat 7. 11. 1909, S. 3.

20 Frauen durften in Österreich erst ab 1900 Pharmazie und Medizin studieren.

21 Pharmaceutischer Reformer (ab 1907: Pharmaceutische Presse), 4. Jg., Nr. 17, Wien 26. 8. 1899, S. 299.

22 Pharmaceutischer Reformer, 7. Jg., Nr. 7, Wien 5. 3. 1903, S. 67.

23 Alfred Fehringer / Leopold Kögler, Die Pharmazeutische Gehaltskassa für Österreich von 1908 bis 1948 unter besonderer Berücksichtigung der ‚Arisierung‘ und Rückstellung österreichischer Apotheken. Forschungsprojekt zum 100-jährigen Jubiläum der Pharmazeutischen Gehaltskassa für Österreich, Wien 2008, S. 7 f.

Ausschreibungsverfahren im eigenen Interesse beizubehalten. Gleichzeitig wollten die Angestellten in der Frage der Konzessionsvergabe durch Reformen mehr Transparenz erreichen, um auf diese Weise erfahrenen, meist älteren Assistenten den Erwerb einer Apothekenkonzession zu erleichtern. Der Gesetzgeber war bemüht, mit der neuen Regelung den Bedürfnissen beider Seiten Rechnung zu tragen, trotzdem bevorteilte das gesetzliche Ergebnis die Apothekenbesitzer.[24]

Ludwig Dub war in diesen Fragen ein unermüdlicher Kämpfer für die Verbesserung der Situation der Apotheker-Assistenten und nahm 1904 als einer ihrer Experten an der vom Sanitätsausschuss des Reichsrates veranstalteten Enquete zur Regelung des Apothekenwesens teil.[25] Ebenso fungierte er auf zahlreichen Versammlungen des *Allgemeinen österreichischen Pharmaceuten-Vereins* als Referent und Berichterstatter, der oftmals hart mit den Regierungsentwürfen zum Apothekengesetz ins Gericht ging und nicht mit Kritik an den Positionen der Eigentümervertreter sparte.[26]

Als Dub mit 1. November 1909 als Pächter die Leitung der Apotheke „Zum heiligen Georg“ in Himberg übernahm, schied er aus der Organisationsleitung der Assistentenschaft aus. Sein Wechsel in das Lager der Besitzenden war ein großer Verlust für die Arbeitnehmervertreter. Die *Pharmazeutische Presse*, die wöchentlich erscheinende Zeitung der Assistentenschaft, berichtete in ihrer Ausgabe vom 6. November 1909 ausführlich auf den ersten drei Seiten über die „Abschiedsfeier für Mag. Ludwig Dub“: Sie würdigte fast hymnisch seine Verdienste und bezeichnete ihn als einen der talentiertesten, aufopferungsfähigsten und konsequent sachlichsten Männer der Assistentenschaft.[27] Politisch dürfte Dub allen weltanschaulichen Gruppierungen seiner Interessenvertretung äquidistant begegnet sein und sich auf Sachfragen beschränkt haben. Dazu heißt es im Artikel:

> „Es ist daher nur selbstverständlich, dass die Stimme unseres Kollegen Dub im Rate der Organisationsleitung i m m e r gehört wurde, i m m e r den richtigen Eindruck und Nachdruck fand, denn ihm wurde im gleichen Maße Vertrauen entgegengebracht vom rechten wie vom linken Flügel, von den Radikalsten und von den Besonnensten unserer Organisation.“[28]

24 Ebenda, S. 9.

25 Neues Wiener Tagblatt, 38. Jg., Nr. 128, Wien 8. 5. 1904, S. 8.

26 PhP, 17. 1. 1904, S. 46; Deutsches Tagblatt, Ostdeutsche Rundschau, 15. Jg., Nr. 18, Wien 18. 1. 1904, S. 3, sowie 15. Jg., Nr. 51, Wien 20. 2. 1904, S. 8.

27 Pharmaceutische Presse, 14. Jg., Nr. 45, Wien 6. 11. 1909, S. 1–3.

28 Ebenda, S. 2. Hervorhebung im Original.

In dem ausführlichen Artikel wird auch andeutungsweise einiges über private Seiten von Dub preisgegeben. So wird er als geschickter Angler beschrieben, der auch leidenschaftlich gerne Karten – vornehmlich Tarock – spielte sowie Wanderungen im nahe gelegenen Wienerwald, zumeist in der Gegend rund um Baden, unternahm.[29]

Knapp 10 Monate, nachdem er die Leitung der damals in der Hauptstraße 44 untergebrachten Apotheke angetreten hatte, berichtete die *Pharmaceutische Post* am 30. August 1910 in einer kurzen Notiz, dass „Herr Mag. Ludwig Dub die bisher von ihm gepachtete Apotheke des Herrn Veith in Himberg bei Wien käuflich erworben hat“.[30]

Wenige Wochen nach der Bekanntgabe des Kaufes heiratete Dub seine Verlobte Irma Friedler am 20. September 1910.[31] Wo und wann die beiden einander kennengelernt hatten, lässt sich heute nicht mehr feststellen. Irma Dub war um 10 Jahre jünger als ihr Mann, auch sie stammte aus einer jüdischen Familie und war am 2. Februar 1885 in Pilsen in Böhmen geboren worden.[32] Das einzige Kind des Paares, Tochter Ernestine, wurde am 23. Juli 1911 bereits in Himberg geboren.[33]

Wie sich Ludwig Dub und seine Familie in den kommenden Jahren in Himberg etablierten, wie sie die Zeit des Ersten Weltkrieges, den Zusammenbruch der Monarchie und die Gründung der Republik erlebten, kann nicht letztgültig geklärt werden. Belegt ist jedoch, dass einige Jahre nach Erwerb der Apotheke – wann genau ist nicht bekannt – Ludwig Dub den Standort der Apotheke von der Hauptstraße 44 auf den Dr.-Jakob-Finkplatz[34] 7 (heute Hauptplatz) verlegte.[35] Zweifelsohne zählten damals in ländlichen Gemeinden Apotheker ebenso wie Ärzte, Lehrer und Geistliche neben dem Bürgermeister zu den Dorfhonoratioren, weshalb davon ausgegangen werden kann, dass dem Apotheker Ludwig Dub in Himberg mit Respekt begegnet wurde. Ein Indiz dafür stellt die groß angelegte Feier anlässlich des 400-jährigen Jubiläums der Markterhebung von Himberg am 16./17. September 1933 dar. Die Festivität stand unter dem Ehrenschutz des damaligen Landeshauptmannes Josef Reither und seiner bei-

29 Ebenda, S. 3.

30 PhP, 30. 8. 1910, S. 665.

31 Pharmaceutische Presse, 15. Jg., Nr. 39, Wien 24. 9. 1910, S. 5.

32 ÖStA, AdR, FLD Deportation, 14. Transport/33/34.

33 ÖStA, AdR, Sammelstelle A und B, Liegenschaft 6027, Brief Jewish Trust Corporation for Germany, 18. 4. 1961.

34 Dr. Jakob Fink (1832–1881), praktischer Arzt und Bürgermeister von Himberg in den Jahren 1870–1872 und 1879–1881. Gründer der Freiwilligen Feuerwehr Himberg und des örtlichen Männergesangsvereins.

35 Past, Himberg, S. 146.

den Stellvertreter Josef Sturm und Oskar Helmer. Dem Ehrenkomitee gehörte neben hochrangigen Vertretern des Landes (wie dem späteren Bundeskanzler Leopold Figl) und lokalen Größen auch Apotheker Ludwig Dub an.[36] Einen weiteren Hinweis auf eine gute gesellschaftliche Verankerung Dubs gibt eine in den 1930er Jahren entstandene Studiophotographie. Sie zeigt zwei Männer vor einer künstlichen Bergkulisse, der Blick ist – wie damals auf Fotos üblich – ernst. Der etwa 30-Jährige ist Bäckermeister Wilhelm Hager, der rund 60-Jährige ist Ludwig Dub. Soweit bekannt ist es die einzige erhaltene Fotografie von ihm. Hager hatte sein Geschäft am Dr.-Jakob-Finkplatz 3, schräg vis-à-vis von Dubs Apotheke.[37]

Apotheker Ludwig Dub (re) und Bäckermeister Wilhelm Hager, Studiophotographie aus den 1930er Jahren

Gemeindearchiv Himberg, Topothek Nr. 61189

36 Die Vierhundertjahrfeier der Markterhebung Himbergs in Wort und Bild. Eine Gedenkschrift, Himberg 1933, S. 10.

37 Topothek Himberg, https://himberg.topothek.at/, Top. Nr. 61189 [17. 1. 2020].

Himberg in der Zwischenkriegszeit

Der Zusammenbruch der Monarchie und die damit einhergehende ungünstige wirtschaftliche Lage nach Ende des Ersten Weltkrieges stellten die junge Republik vor große Herausforderungen. Die Industrieproduktion blieb weit hinter jener der Vorkriegszeit zurück, die Arbeitslosigkeit war groß, und ab 1929 verstärkte die Weltwirtschaftskrise die ohnehin schon triste Lage.

Besonders betroffen von dieser Notsituation waren die ehemals in der Gründerzeit aufstrebenden Industriegebiete im Wiener Becken und damit auch Himberg. Die Gemeinde hatte inzwischen mehr als 3.000 EinwohnerInnen, über 40 Prozent der Bevölkerung waren in Industrie und Gewerbe tätig, 20 Prozent waren ohne Beruf, die Wohnungsnot war groß.[38] Als Gegenmaßnahme forcierte die damals sozialdemokratisch geführte Gemeinde 1925 mit der Errichtung des Terharenhofes[39] den kommunalen Wohnbau.[40]

Sowohl bei den Gemeinderatswahlen 1929[41] als auch bei der Nationalratswahl 1930 erhielten in Himberg die Sozialdemokraten vor den Christlichsozialen die absolute Mehrheit. Die bei der Nationalratswahl erstmals kandidierenden Nationalsozialisten erreichten in Himberg knapp 3 Prozent.[42] Dieses Ergebnis änderte sich nur 17 Monate später bei der Landtagswahl 1932 grundlegend. Die Sozialdemokraten erreichten zwar wieder die absolute Mehrheit, allerdings vervielfachten die Nationalsozialisten ihr Ergebnis auf knapp 17 Prozent.[43]

Dass sich das politische Klima rund um die Landtagswahl 1932 bereits stark verändert hatte, verdeutlicht eine Massenschlägerei, zu der es im Zuge einer Wahlkampfveranstaltung der NSDAP zehn Tage vor dem Wahltermin im nahe gelegenen Schwechat kam. Die Auseinandersetzung war derart massiv, dass die Schwechater Exekutive die Situation nicht alleine bereinigen konnte und von der Wiener Polizei Hilfe erbitten musste.[44]

Der seit Dezember 1932 in Himberg tätige Pfarrer Franz Pfaffl berichtete in der örtlichen Pfarrchronik, dass vor allem junge Leute für die Ideen des Natio-

38 Heinz Arnberger, Die politische Situation im Raum Schwechat von 1930 bis 1945, phil. Diss., Universität Wien 1976, S. 5 f.

39 August Terharen (1873–1926), Oberinspektor bei den ÖBB und von 1924–1926 sozialdemokratischer Bürgermeister von Himberg.

40 Martina Krause, Himberg unter NS-Herrschaft, Bakk.-Arbeit, PH-Baden 2016, S. 22.

41 NöLa, Gemeinderatswahlen in Niederösterreich vom 10. November 1929, S. 12.

42 Bundesamt für Statistik, Statistische Nachrichten (Sonderheft), Die Nationalratswahl vom 9. November 1930, Wien 1931, S. 26 f.

43 Arnberger, Die politische Situation im Raum Schwechat, S. 61.

44 Ebenda, S. 60.

nalsozialismus empfänglich waren, aber auch Lehrer, Beamte, Ärzte und besser Gebildete dem Nazi-Gedankengut zusprachen.[45] Nachdem KPÖ und NSDAP bereits 1933 im Zuge der Entdemokratisierung Österreichs verboten worden waren, erfolgte nach dem Bürgerkrieg im Februar 1934 auch das Verbot der Sozialdemokratischen Partei durch die Regierungsdiktatur. Daraufhin wurde in Himberg der sozialdemokratische Bürgermeister Karl Graf abgesetzt und die niederösterreichische Landesregierung ernannte den Landwirt Lorenz Schwarz zu seinem Nachfolger.[46] Dieser konnte – dem Ergebnis der Landtagswahl 1932 folgend – lediglich auf den Rückhalt von etwa einem Viertel der Bevölkerung zählen, während die verbleibenden drei Viertel in politischer Opposition zu ihm standen.

Inwieweit sich die Bedingungen der in Himberg lebenden Juden und Jüdinnen durch das rauer gewordene politische Klima verschlechtert haben, ob der Antisemitismus in der Gemeinde stärker geworden ist, lässt sich aufgrund fehlender Quellen nicht mehr feststellen. Bei der Volkszählung im Jahre 1934 gaben in Himberg 20 Personen an, jüdischen Glaubens zu sein, was bei insgesamt 3.047 Befragten nicht einmal ein Prozent der Bevölkerung ausmachte.[47] Juden und Jüdinnen waren in Himberg offensichtlich nicht als Gruppe wahrnehmbar, Einzelpersonen aber vermutlich schon, insbesondere wenn sie über eine gewisse örtliche Prominenz verfügten – etwa als Apotheker.

Obwohl er bereits 62 Jahre alt war, verlegte Ludwig Dub 1936 noch einmal den Standort seiner Apotheke, diesmal vom Dr.-Jakob-Finkplatz 7 auf die Adresse Dr.-Jakob-Finkplatz 9. Auch wenn zwischen den beiden Hausnummern nur eine Distanz von etwa 50 Metern liegt, war diese Entscheidung weitreichend. Dub mietete sich nicht in das Geschäftslokal ein, er kaufte das ganze Haus samt dazugehörigem Grund.[48] Es handelte sich bei der Liegenschaft um den Langhof, den ältesten Hof in Himberg, der bereits 1393 erstmals genannt wurde.[49] Das Grundstück bestand aus zwei Teilen und wurde von einem durchfließenden Bach, dem Kalten Gang, geteilt. Der kleinere, dem Finkplatz zugewandte Teil umfasste eine Fläche von 2.068 m² und war mit einem einstöckigen Haus samt Nebentrakt und kleinen Zubauten auf einer Fläche von insgesamt 700 m² bebaut. Der größere Teil erstreckte sich vom Kalten Gang bis zur Erber-

45 Krause, Himberg, S. 23 f.

46 Past, Himberg, S. 36.

47 Bundesamt für Statistik, Die Ergebnisse der Österreichischen Volkszählung vom 22. März 1934 bearbeitet vom Bundesamt für Statistik. Niederösterreich, Wien 1935, S. 6 f.

48 Past, Himberg, S. 146.

49 Leopold Rupp, Himberg. Ein Heimatbuch, Wien 1928, S. 86 f., sowie Past, Himberg, S. 213 f.

promenade[50] und hatte eine als Garten genutzte Fläche von 4.985 m².[51] Dub investierte viel Geld, zumal er neben den Kosten für den Erwerb der Liegenschaft zusätzlich die beträchtliche Summe von 45.000,– Schilling für eine zeitgemäße Einrichtung der im ebenerdigen Geschäftslokal untergebrachten Apotheke ausgab.[52] Er selbst bezog mit seiner Familie den ersten Stock. Seit 1930 war in einem zweiten ebenerdigen Geschäftslokal eine Filiale der Sparkasse Schwechat untergebracht.[53] Von Johann Schultes, der nach 1945 Ortsvorsteher von Himberg war, wurde der Langhof als das „schönste und größte herrschaftliche Haus Himbergs mit prachtvollem Garten“ bezeichnet, das 1938 mit der Apotheke etwa einen Wert von 150.000,– Schilling repräsentierte.[54]

Der Hauptplatz von Himberg 1933. Links im Vordergrund das Haus Hauptplatz 7, wo die Apotheke von Ludwig Dub damals untergebracht war. 1936 kaufte Dub den Langhof am Hauptplatz 9. Die Apotheke wurde im Erdgeschoss untergebracht, die Familie bewohnte den ersten Stock.

Gemeindearchiv Himberg, Topothek Nr. 9574

50 Benannt nach Johann Erber (1834–1924), langjähriger Gemeinderat, Vizebürgermeister und Gemeindekassier sowie Obmann des Schulrates und des Bürgerspitals, das bis Ende des 19. Jahrhunderts in Betrieb war.

51 ÖStA, AdR, Vermögensanmeldung Ludwig Dub, EZ 33286, Schätzung der Liegenschaft.

52 ÖStA, AdR, Sammelstelle A und B, Liegenschaft 6027, Memo von Frau Dr. Slunsky zum Vg-Akt Meixner, 8. 2. 1961, S. 2.

53 Past, Himberg, S. 189.

54 WStLA, LG Wien Vg 8c Vr 4560/46, Strafsache Karl Meixner, Bericht Johann Schultes v. 30. 1. 1949.

Angesichts des großen finanziellen Aufwandes, den Dub mit dem Erwerb des Langhofes und der Übersiedlung seiner Apotheke betrieb, ist davon auszugehen, dass er sich – knapp zwei Jahre vor dem 1938 erfolgenden „Anschluss" – bezüglich der politischen Situation Österreichs und der nationalsozialistischen Bedrohung im In- und deutschen Ausland keine allzu großen Sorgen gemacht haben dürfte.

Der „Anschluss" im Bezirk Schwechat und in Himberg

Im Großraum Schwechat dürfte der „Anschluss" verhältnismäßig unspektakulär vollzogen worden sein, denn *Der Neue Bezirksbote für den politischen Bezirk Bruck an der Leitha* konnte noch einen Tag nach dem Ereignis seine Ausgabe vom 13. März 1938 mit der Schlagzeile „Sonntag stimmt Österreich ab" aufmachen, und den Aufruf mit einem „Front Heil! Österreich! Schuschnigg" enden lassen.[55] Eine Woche später jedoch war die Zeitung bereits gleichgeschaltet, fusioniert mit der wöchentlich alternierend erscheinenden Zeitung *Der Bezirksbote* und trug nun, flankiert von einem Reichsadler mit Hakenkreuz den Namen *Bezirksbote. Nationalsozialistisches Wochenblatt für die Bezirke Schwechat und Bruck a. d. L.* Neben nationalsozialistischer Anschlusspropaganda wurde in der Ausgabe ein erster antisemitischer Artikel über einen angeblich arbeitslosen reichen Schwechater Juden veröffentlicht[56], und die neuen NS-Bürgermeister und Ortsgruppenleiter des Bezirks Schwechat wurden bekannt gegeben. In Himberg übte nun der praktische Arzt Dr. Othmar Huber diese beiden Funktionen in Personalunion aus.[57] Geschäftsleute, wie der Inhaber des bekannte Motorradhauses Fritz Neckam in Schwechat, inserierten „Rein deutsch!" bzw. „Rein arisch!" zu sein, Baugründe und Wohnhäuser waren infolge der Liquidation der Schiff AG billig zu haben.[58] „Höflich" wurde mitgeteilt, dass die Lederwarenhandlung des Herrn Arthur Brunner am Schwechater Hauptlatz nun „arisiert" sei und von Herrn Karl Troch „mit deutschem Gruß übernommen" wurde[59], und schließlich wurden die LeserInnen aufgefordert:

55 Der neue Bezirksbote für den politischen Bezirk Bruck an der Leitha, 40. Jg., Nr. 1090, Schwechat 13. 3. 1938, S. 1.

56 Bezirksbote. Nationalsozialistisches Wochenblatt für die Bezirke Schwechat und Bruck a. d. L., 40. Jg., Nr. 2028, Schwechat 20. 3. 1938, S. 4.

57 Ebenda, S. 6.

58 Bezirksbote. Nationalsozialistisches Wochenblatt für die Bezirke Schwechat und Bruck a. d. L., 40. Jg., Nr. 2032, Schwechat 17. 4. 1938, S. 8.

59 Bezirksbote. Nationalsozialistisches Wochenblatt für die Bezirke Schwechat und Bruck a. d. L., 40. Jg. Nr. 2036, Schwechat 15. 5. 1938, S. 8.

„Kauft nur bei arischen Firmen!“[60] Die Verhältnisse änderten sich im Bezirk Schwechat zusehends.

Auch in Himberg konnten nun die neuen Machthaber ohne Rücksicht gegen politisch Andersdenkende vorgehen. Der Himberger SA-Führer Josef Semutan und seine Männer hatten es am Samstag, den 23. April 1938, vor allem auf Heimwehrangehörige aus Himberg abgesehen. Gemeinsam mit SA-Männern aus den umliegenden Gemeinden wurden im Hof des Gemeindehauses ca. 24 Personen festgehalten und in der Folge erniedrigt und schwer misshandelt. Die Opfer mussten sich nackt ausziehen und auf den Boden legen, wobei jeweils ein SA-Mann auf ihren Händen bzw. Füßen stand, während die übrigen SA-Männer sie mit Gartenschlauchstücken, die als Gummiknüppel verwendet wurden, verprügelten. Bei einigen waren die Verletzungen derart schwerwiegend, dass sie ins Spital eingeliefert werden mussten, die übrigen Festgenommenen wurden in das Bezirksgericht nach Schwechat überstellt. Die Ausschreitungen dauerten die ganze Nacht, die anhaltenden Schreie der Misshandelten konnten in der ganzen Gemeinde wahrgenommen werden und führten zu größter Verunsicherung bei der Bevölkerung, die durch die Ankündigung einiger SA-Männer, die Aktion fortführen zu wollen, verstärkt wurde.[61]

Wie Ludwig Dub und seine Familie diese ersten Wochen nach dem „Anschluss“ erlebten, ist nicht mehr bekannt. Es kann also auch nicht mehr festgestellt werden, ob die Himberger Bevölkerung der nationalsozialistischen Aufforderung, „nicht bei Juden einzukaufen“, Folge geleistet hat oder nicht. Mit dem „Anschluss“ erlangten die Nürnberger Gesetze auch in Österreich Gültigkeit und machten aus Juden und Jüdinnen rechtlose Menschen. Eine Reihe von Maßnahmen ermöglichte in der Folgedie staatliche, quasi legale Enteignung der jüdischen Bevölkerung. Die für die Bürokratie der sogenannten Arisierung zuständige Behörde war in Österreich die am 18. Mai 1938 gegründete Vermögensverkehrsstelle[62], die mit der bereits am 26. April 1938 erlassenen

60 Bezirksbote. Nationalsozialistisches Wochenblatt für die Bezirke Schwechat und Bruck a. d. L., 40. Jg., Nr. 2035, Schwechat 8. 5. 1938, S. 8.

61 DÖW (Hrsg.), Widerstand und Verfolgung in Niederösterreich 1934–1945. Eine Dokumentation, Bd. 2, Wien 1987, S. 501 f.

62 Detaillierte Darstellungen zur Arbeitsweise der Vermögensverkehrsstelle finden sich in den Veröffentlichungen der Historikerkommission der Republik Österreich insbesondere in: Ulrike Felber / Peter Melichar / Markus Priller / Berthold Unfried / Fritz Weber, Ökonomie der Arisierung. Teil 1 u. 2 [= Veröffentlichungen der Österreichischen Historikerkommission. Vermögensentzug während der NS-Zeit sowie Rückstellungen und Entschädigungen seit 1945 in Österreich, Bd.e 10/1, 10/2], Wien 2004, sowie Helen B. Junz / Theodor Venus et al., Das Vermögen der jüdischen Bevölkerung Österreichs, Wien 2004 [= Veröffentlichungen der Österreichischen Historikerkommission. Vermögensentzug während der NS-Zeit sowie Rückstellungen und Entschädigungen seit 1945 in Österreich, Bd. 9]

Verordnung über die Anmeldung des Vermögens von Juden ein zentrales Instrument zur Erhebung jüdischer Vermögenswerte besaß. Damit wurde auch den seit dem „Anschluss" um sich greifenden „wilden Arisierungen" ein Riegel vorgeschoben und staatliche Kontrolle über jüdisches Vermögen gewährleistet. Die Vermögensverkehrsstelle bestellte Treuhänder, kommissarische Verwalter und für die Liquidierung jüdischer Betriebe so genannte Abwickler. Sie nahm Arisierungsbewerbungen entgegen, prüfte die Antragsteller, setzte den Kaufpreis – wenn nötig mit Hilfe von Gutachtern – fest, ebenso wie die vom Käufer zu entrichtende „Entjudungsauflage". Ohne die Zustimmung der Vermögensverkehrsstelle konnte kein jüdischer Betrieb verkauft werden. Geleitet wurde sie von Ing. Walter Rafelsberger, ein altgedienter steirischer Nationalsozialist, der, nachdem er sich 1936 nach Deutschland abgesetzt hatte, im Zuge des „Anschlusses" in der Funktion eines Staatskommissars nach Österreich zurückkehrte.[63] Für den Bereich der Apotheken stand ihm Mag. Edwin Renner zur

Blick von der südlichen Ortseinfahrt, der Gutenhofstraße, zur Himberger Kirche. Am rechten Straßenrand die Warntafel „Juden sind hier unerwünscht". Ansichtskarte aus dem Jahr 1938 mit der Beschriftung Himberg N.D. (= Niederdonau)

Gemeindearchiv Himberg, Topothek Nr. 29780

63 Ernst Klee, Das Personenlexikon zum Dritten Reich. Wer war was vor und nach 1945, Frankfurt 2005, S. 477.

Seite, der schon im März 1938 vom Sozialminister der kurzlebigen Regierung Seyß-Inquart und späteren Gauleiter von Niederdonau Dr. Hugo Jury mit der „Arisierung“ der jüdischen Apotheken in Österreich betraut wurde.[64]

Rafelsberger und Renner konnten sich bei ihrem Vorhaben auf das extra hierfür im April 1938 erlassene *Gesetz über die Bestellung von kommissarischen Verwaltern und kommissarischen Überwachungspersonen*[65] stützen. Am 24. Mai 1938 ernannte Rafelsberger Renner zum Kommissarischen Verwalter aller jüdischen Apotheken in der nunmehrigen Ostmark. Spätestens ab diesem Zeitpunkt hatte Ludwig Dub endgültig die Kontrolle über seine Apotheke in Himberg und damit seine Lebensgrundlage verloren. Sowohl er als auch seine Frau Irma mussten so wie die übrige jüdische Bevölkerung in dieser Zeit ein Vermögensverzeichnis erstellen und den NS-Behörden abgeben.[66]

Viele NationalsozialistInnen, aber auch MitläuferInnen wollten mit Hilfe der „Arisierungen“ auf Kosten der jüdischen Bevölkerung ihre materielle Situation verbessern. Vor allem sogenannte *Alte Kämpfer* betrachteten die „Arisierungen“ rücksichtslos als ihnen zustehende Wiedergutmachung für erlittene Verfolgung während der Zeit der Regierungsdiktatur, als die NSDAP – nach einer Serie von nationalsozialistischen Sprengstoffattentaten in ganz Österreich – von 1933 bis 1938 im Untergrund operieren musste.[67] Einer von ihnen war der Apotheker Karl Meixner, der nun den Zeitpunkt gekommen sah, mit den neuen politischen Verhältnissen Vorteile für sich herauszuholen.

Karl Meixner – Apotheker, Alter Kämpfer, „Ariseur“

Karl Meixner wurde am 11. Februar 1895 in Brüx, einer Industriestadt in der Region Aussig in Nordböhmen geboren und katholisch getauft. Die Stadt war damals Teil des habsburgischen Kronlandes Böhmen, hatte gut 20.000 EinwohnerInnen und eine deutschsprachige Bevölkerungsmehrheit. Nach Abschluss des Gymnasiums begann er am 8. Oktober 1914 im 200 Kilometer östlich von Brüx gelegenen Trautenau eine Apothekerlehre in der dortigen Schutzengel-Apotheke. Im Juni 1917 legte er in Elbogen, einer Kleinstadt in der Region

64 Fehringer / Kögler, Die Pharmazeutische Gehaltskassa, S. 80.

65 GBlÖ Nr 80/1938 v. 13. 4. 1938.

66 ÖStA, AdR, Dub Irma, VA Nr. 33284, sowie Dub Ludwig, VA Nr. 33286.

67 Hans Schafranek / Andrea Hurton, Wiener SS-Angehörige im „Arisierung“-Rausch. NS-Seilschaften, Cliquen und Interessensgruppen im Wettkampf um „jüdisches“ Vermögen, in: DÖW (Hrsg.), Forschungen zum Nationalsozialismus und dessen Nachwirkungen in Österreich. Festschrift für Brigitte Bailer, Wien 2012, S. 43 f.

Karlsbad die vorgeschriebene Tirocinalprüfung ab. Im Anschluss daran nahm er als Einjährig-Freiwilliger am Ersten Weltkrieg teil, wo er abseits der Front als Pharmazeut eingesetzt wurde. Nach Kriegsende begann er an der Universität Wien das Pharmaziestudium, das er schließlich am 29. Mai 1922 mit dem Diplom beendete.[68] Während seines Studiums schloss sich Meixner der Studentenverbindung Balthia Wien an.[69] Diese wurde 1870 ursprünglich als Pharmazeutischer Studenten-Club gegründet und veränderte im Laufe der Jahre zusehends ihren Charakter. Vor allem nach dem Ersten Weltkrieg, also zu jener Zeit, als Karl Meixner der Aktivitas angehörte (d. h. während seiner Studienzeit), wandelte sie sich zu einer deutschvölkischen, pflichtschlagenden Landsmannschaft und nahm 1921 den Wahlspruch *Für Deutschtum und Wissenschaft!* an.[70]

Noch im Jahr seines Studienabschlusses erwarb Meixner die Schutzengel-Apotheke in Donnerskirchen im Bezirk Eisenstadt und betrieb diese bis 1938. In den darauffolgenden Jahren, das Datum ist nicht bekannt, heiratete er die am 22. März 1899 in Wien geborene Maria Zmatlo, die Ehe blieb kinderlos. Im Mai 1932 trat er in Donnerskirchen der Ortsgruppe der NSDAP bei und erhielt am 4. November 1932 die Mitgliedsnummer 1.303.234. Auch in der Zeit der Illegalität von 1933–1938 hielt er sein Engagement für die Partei aufrecht und bekleidete die Funktion des Ortsgruppenleiters von Donnerskirchen sowie jene des Hauptortsgruppenleiters für den Kreis Eisenstadt.[71] 1933 wurde er wegen seiner politischen Betätigung sogar verhaftet und vor dem Landesgericht Wien II angeklagt und musste sich nach seiner Haftentlassung über einen Zeitraum von neun Monaten täglich bei der Polizei melden. 1934 wurde er abermals für kurze Zeit in Haft genommen. Nach dem „Anschluss" wurde ihm offiziell bestätigt „für die NSDAP große Opfer" gebracht zu haben[72] und die Gauleitung Wien hielt in ihrer politischen Beurteilung fest: „Parteigenosse Karl Meixner ist politisch und moralisch einwandfrei." Für seine Verdienste um die „Wiederver-

68 WStLA, LG Wien Vg 8c Vr 4560/46, Strafsache Karl Meixner, Meldebogen für die Reichsapothekerkammer.

69 ÖStA, AdR, Gauakt 126369, Karl Meixner, Personalfragebogen v. 11. 5. 1938.

70 Peter Kraus, Studiosus Austriacus. Handbuch des österreichischen Korporationswesens, Wien 2007, S. 254 f. 1938 wurde Balthia wie alle Verbindungen aufgelöst und schloss sich mit anderen zur losen *Kameradschaft Stephan Ludwig Roth* zusammen. Sie bildet seit 1952 mit drei weiteren Verbindungen eine gemeinsame Landsmannschaft, die seit 1956 unter dem Namen *Grenzlandsmannschaft Cimbria* firmiert.

71 ÖStA, AdR, Gauakt 126369, Karl Meixner, Personalfragebogen v. 11. 5. 1938.

72 WStLA, LG Wien Vg 8c Vr 4560/46, Strafsache Karl Meixner, Bericht Bundesministerium für Inneres, Abt. 2, v. 18. 1. 1946.

einigung Österreichs mit dem Deutschen Reich“ wurde ihm die Ostmark-Medaille verliehen und er durfte sich als *Alter Kämpfer der Ostmark* bezeichnen [73]

Wie man eine Apotheke „arisiert“

Wie Karl Meixner auf die Apotheke „Zum heiligen Georg“ in Himberg aufmerksam wurde, ist den überlieferten Quellen folgend nicht schlüssig nachvollziehbar. Nach dem Krieg wurde im Verfahren vor der Rückstellungskommission behauptet, dass Ludwig Dub bereits 1937 beabsichtigte aus Altersgründen seine Apotheke verkaufen zu wollen. Meixner soll anlässlich eines Besuchs des damaligen Himberger Bürgermeisters Lorenz Schwarz in Donnerskirchen zufällig davon erfahren und sich daraufhin mit Dub in Verbindung gesetzt haben.[74] Angesichts der erst im Jahr davor erfolgten Übersiedlung und der aufwändigen Neueinrichtung der Apotheke erscheint diese Behauptung wenig glaubwürdig. Meixner verkaufte jedenfalls seine Apotheke in Donnerskirchen im Laufe des Jahres 1938 und lebte ab 15. Mai desselben Jahres in Himberg.[75] Am 8. Juni 1938 wurde er vom Kommissarischen Verwalter Edwin Renner zum verantwortlichen Leiter der Himberger Apotheke bestellt. In den darauffolgenden Wochen dürfte verstärkt Druck auf Ludwig Dub ausgeübt worden sein, denn er stellte am 9. Juli das Ansuchen um Genehmigung der Veräußerung seiner Apotheke an die Vermögensverkehrsstelle,[76] wo bereits zwei Tage davor ebendort ein Ansuchen um Genehmigung des Erwerbs derselben von Karl Meixner eingelangt war.[77] Die vorläufige Genehmigung der „Arisierung“ erfolgte schon am 15. Juli.[78] Ludwig Dub legte seine Apotheken-Konzession im August zurück und die „Arisierung“ wurde schlussendlich am 11. November 1938 genehmigt.[79] Die Ermittlung des Kaufpreises der Apotheke folgte einem von Edwin Renner aufgestellten, einheitlichen Schema. Dieses wurde bei allen Apothekenarisierungen angewandt und lag weit unter der bis 1938 üblichen

73 ÖStA, AdR, Gauakt 126369, Karl Meixner, Gauleitung Wien, Personalamt, 10. 1. 1940.

74 ÖStA, AdR, Sammelstelle A und B, Liegenschaft 6027, Rechtsanwalt Franz Sebek an die Rückstellungskommission Wien V, 24. 1. 1961.

75 WStLA, LG Wien Vg 8c Vr 4560/46, Strafsache Karl Meixner, Vernehmung des Beschuldigten am 23. 9. 1946, sowie ÖStA, AdR, Sammelstelle A und B, Liegenschaft 6027, Memo v. 8. 2. 1961.

76 ÖStA, AdR, Sammelstelle A und B, Liegenschaft 6027, Auszug v. 29. 4. 1959.

77 ÖStA, AdR, VVSt Lg 7077, Ansuchen um Genehmigung der Erwerbung, 7. 7. 1938.

78 ÖStA, AdR, VVSt Lg 7077, Schreiben Staatskommissar in der Privatwirtschaft v. 15. 7. 1938.

79 ÖStA, AdR, VVSt Lg 7077, Genehmigungsbescheid v. 11. 11. 1938.

Bemessungsmethode des Verkehrswertes. Renner bestimmte den Kaufpreis, indem er vom Jahresumsatz 1937 pauschal 30 Prozent abzog. Er begründete dies mit den angeblich seit dem „Anschluss“ gesunkenen Medikamentenpreisen.[80] Zum Vergleich: Bis 1938 wurden je nach Lage des Betriebes bis zu 150 Prozent des Jahresumsatzes gezahlt.[81] Der von Renner auf diese Weise festgesetzte Kaufpreis wurde vom „Ariseur“ allerdings nicht an den jüdischen Besitzer überwiesen, dieser erhielt lediglich 40 Prozent des Betrages, auf den er jedoch keinen Zugriff hatte, da er auf ein Sperrkonto überwiesen wurde. Ohne Genehmigung der Vermögensverkehrsstelle gab es keinen Zugriff auf dieses Konto. In der Folge wurden von diesem Sperrkonto die für die Ausreise notwendige Reichsfluchtsteuer bezahlt, ebenso wie die nach dem Novemberpogrom 1938 eingeführte „Judenvermögensabgabe“ oder die Passumlage, wodurch dem jüdischen Vorbesitzer schlussendlich de facto nichts mehr blieb.[82]

Der „Ariseur“ seinerseits musste 60 Prozent des Kaufpreises als so genannte „Entjudungsauflage“ an die Vermögensverkehrsstelle überweisen. Dieser Betrag musste jedoch nicht sofort beglichen, sondern konnte auf bis zu 10 Jahre gestundet werden. Vor allem finanzschwachen „Ariseuren“ wurde dadurch der Betriebserwerb erleichtert, der so aus den laufenden Einnahmen des „arisierten“ Betriebes beglichen werden konnte.[83]

Im konkreten Fall der Himberger Apotheke belief sich 1937 der Jahresumsatz auf 28.319,78 Reichsmark, die Apotheke war schuldenfrei. Dem von Renner festgesetzten Bewertungsschema folgend ergab dies für Karl Meixner einen Kaufpreis von 19.823,85 Reichsmark, die „Entjudungsauflage“ wurde mit 11.894,31 Reichsmark festgesetzt, auf das Sperrkonto „zu Gunsten“ von Ludwig Dub waren 7.929,54 Reichsmark einzuzahlen.[84]

80 Edwin Rennert, Arisierung der Apotheken in der Ostmark, in: Wiener Pharmazeutische Post. Zeitschrift für die wissenschaftlichen und wirtschaftlichen Interessen der Pharmazie, 72. Jg., Nr. 22, Wien 3. 6. 1939, S. 327.

81 Österreichische Apotheker Zeitung. Zeitschrift für die wissenschaftlichen und wirtschaftlichen Interessen der Pharmazie, 1. Jg., Nr. 13–14, Wien 15. 4. 1947, S. 49 (= ÖAZ).

82 Zu den Details siehe: Gabriele Anderl / Dirk Rupnow, Die Zentralstelle für jüdische Auswanderung als Beraubungsinstitution. Nationalsozialistische Institutionen des Vermögensentzuges 1, Wien 2004 [= Veröffentlichungen der Österreichischen Historikerkommission. Vermögensentzug während der NS-Zeit sowie Rückstellungen und Entschädigungen seit 1945 in Österreich, Bd. 20/1], S. 245–263. Neben den erwähnten Umlagen und Steuern gab es weitere zusätzliche Steuern, übrige Summen blieben weiterhin auf Sperrkonten, von denen Abhebungen nur unter besonderen Auflagen möglich waren. Später verfielen selbst diese Beträge im Rahmen der 11. bzw. 13. Verordnung zum Reichsbürgergesetz zugunsten des Reichs.

83 ÖAZ, 1. Jg., Nr. 13–14, Wien 15. 4. 1947, S. 50.

84 ÖStA, AdR, VVSt Lg 7077, Schreiben an Karl Meixner v. 11. 11. 1938.

Das Ehepaar Meixner und die Familie Dub dürften spätestens ab Sommer 1938 den Langhof gemeinsam bewohnt haben, eine sicher sehr belastende Situation für die Dubs. Zu diesem Zeitpunkt hat sich die Familie bereits intensiv darum bemüht, wie viele andere Jüdinnen und Juden auch, das Land so schnell wie möglich verlassen zu können. Die Tochter Ernestine Dub ließ sich im Juni 1938 beim US-Konsulat in Wien für die Auswanderung in die USA registrieren, das notwendige Affidavit, eine Bürgschaft aus dem Zielland, blieb ihr jedoch verwehrt. Mit Hilfe des *Jewish Refugee Committee* erhielt sie schlussendlich am 5. Jänner 1939 ein Visum für Großbritannien und erreichte Dover am 14. Jänner 1939. Zum Zeitpunkt der Flucht war Ernestine Dub 26 Jahre alt, sie lebte bei ihren Eltern, über das Verhältnis zueinander ist nichts bekannt, ebenso wenig, ob sie berufstätig war. Zu Jahresbeginn 1939 jedenfalls mussten Eltern und Tochter voneinander Abschied nehmen – sie sollten einander nie wieder sehen.[85]

Ludwig Dub musste auf massiven Druck und zur Finanzierung seiner geplanten Ausreise auch den erst 1936 erworbenen Langhof veräußern. Der aus dem nahegelegenen Sommerein stammende Landwirt Jakob Kögl übersiedelte in dieser Zeit nach Himberg und hatte die Absicht ihm den Langhof abzukaufen. Anfangs verlangte Dub 85.000,– Schilling, was etwa 10.000,– bis 15.000,– Schilling unter dem tatsächlichen Liegenschaftswert lag. Später war er bereit, den Preis auf 65.000,– Schilling zu senken, verbunden mit der Auflage, einen Teil der Kaufsumme bar zu erhalten.[86] Die verlangten 65.000,– Schilling entsprachen nach der Währungsumstellung einer Summe von 43.333,– Reichsmark.[87] Zweifelsohne wollte Dub damit verhindern, dass durch die Überweisung auf das Sperrkonto der gesamte Verkaufserlös seinem Zugriff entzogen wurde. Allerdings war der Verkauf von der Zustimmung der Vermögensverkehrsstelle abhängig und es ist fraglich, inwieweit es möglich gewesen wäre, einen Barbetrag an ihr vorbei direkt zu erhalten. Wollte Kögl als möglicher „Ariseur“ auf den Vorschlag von Dub tatsächlich eingehen, hätte er gegenüber der Vermögensverkehrsstelle Stillschweigen bewahren und dadurch insgeheim einen höheren Kaufpreis bezahlen müssen. Ob er tatsächlich dazu bereit gewesen wäre, kann heute nicht mehr beurteilt werden.

85 AdR, Sammelstelle A und B, Liegenschaft 6027, Schreiben der Jewish Trust Corporation for Germany v. 18. 4. 1961.

86 WStLA, LG Wien Vg 8c Vr 4560/46, Strafsache Karl Meixner, Gedächtnisprotokoll Jakob Kögl v. 29. 1. 1949, sowie Zeugenvernehmung Jakob Kögl v. 22. 4. 1949.

87 Oliver Rathkolb / Theodor Venus, Reichsbankenanstalten 1938–1945 am Beispiel der Reichsbankhauptstelle Wien, Wien 2013, S. 59 f.

Allerdings hatte auch das Ehepaar Meixner Interesse am Langhof gefunden und scheute nicht davor zurück, Ludwig Dub mit Gewalt zu einem Verkauf in ihrem Sinne zu bewegen. So geschah es an einem Sonntagvormittag im Frühjahr 1939. Jakob Kögl wollte noch einmal mit Dub über den möglichen Verkauf sprechen und suchte ihn deshalb im Langhof auf, als er Zeuge wurde, wie zwei SA-Männer den ehemaligen Apotheker ohrfeigten, während das Ehepaar Meixner auf der Stiege stand und den Vorgang „höhnisch lächelnd" beobachtete, wie Kögl nach dem Krieg im Verfahren gegen Meixner aussagte. Als Meixner Kögl bemerkte, forderte er ihn unmissverständlich auf, das Weite zu suchen.[88] Schlussendlich erhielt das Ehepaar Meixner von der Vermögensverkehrsstelle den Zuschlag für die „Arisierung" des Langhofes. Am 13. Mai 1939 verkaufte das Ehepaar Ludwig und Irma Dub mit der Unterzeichnung des Kaufvertrages an Karl und Maria Meixner die erst drei Jahre davor erworbene Liegenschaft, als Kaufpreis wurden 38.000,– Reichsmark vereinbart.[89] Für den letztlich festgesetzten Verkaufspreis wurde eine im Rahmen der Vermögensanmeldung von einem örtlichen Bausachverständigen durchgeführte Schätzung vom 13. Juli 1938 herangezogen, die den Bauzustand zwar als gut, die Bauweise aber prinzipiell als veraltet kategorisierte. Der angegebene Schätzwert liegt krass unter jenem, der vor 1938 genannt wurde (und auch weit unter Schätzungen, die nach 1945 folgten).[90] Im Kaufvertrag wurde festgehalten, dass das Ehepaar Meixner durch die „Arisierung" der Apotheke „bereits von der Liegenschaft Besitz genommen" habe und dem Ehepaar Dub über einen Zeitraum von drei Monaten nach Vertragsunterzeichnung das Recht eingeräumt werde „die bisher noch genutzte Küche, Zimmer, Kabinett" weiter kostenlos bewohnen zu dürfen. Nach Ablauf dieser Frist musste ein Mietzins von 40 Reichsmark pro Monat entrichtet werden, bis die Dubs eine andere Wohngelegenheit in Wien gefunden hätten.[91]

Ludwig Dub musste also seine Hoffnung begraben, im Zuge des zwangsweisen Verkaufs des Langhofes an direkt verfügbare Geldmittel zu kommen. Offensichtlich gab es diesbezüglich im Mai 1939 Gespräche zwischen ihm und Karl Meixner, die nicht konfliktfrei abliefen. Karl Schleiß, der in Himberg lebte und für Dub hin und wieder Arbeiten durchgeführt hatte, wurde Zeuge eines

88 WStLA, LG Wien Vg 8c Vr 4560/46, Strafsache Karl Meixner, Gedächtnisprotokoll Jakob Kögl v. 29. 1. 1949, sowie Zeugenvernehmung Jakob Kögl v. 22. 4. 1949.

89 ÖStA, AdR, Sammelstelle A und B, Liegenschaft 6210, Kaufvertrag, S. 1.

90 ÖStA, AdR, VVSt – VA 33286 Ludwig Dub, Schätzung Stadtbaumeister Höniger v. 13. 7. 1938.

91 ÖStA, AdR, Sammelstelle A und B, Liegenschaft 6210, Kaufvertrag, S. 3 f.

derartigen Gespräches über Geld, das Meixner barsch mit der Drohung „Ein paar Watschen kannst haben, du Saujud“[92] beendete.

Deportation nach Riga

Ludwig Dub und seine Frau Irma waren noch bis Anfang September 1939 in Himberg gemeldet. Danach lebten sie in Wien-Alsergrund, in der Liechtensteinstraße 72/6, wie am 2. September 1939 auf ihrem neuen Meldezettel vermerkt.[93] Die Hoffnung, wie ihre Tochter Ernestine das Land noch verlassen zu können, schwand zusehends. Ab Sommer 1939 wurde die jüdische Bevölkerung in bestimmten Bezirken und Vierteln Wiens konzentriert, vor allem in der Leopoldstadt und der Brigittenau, aber eben auch in Teilen des Alsergrundes. Sukzessive wurde ihnen jeglicher Handlungs- und Bewegungsspielraum genommen. Auf diese Weise konnte die Zentralstelle für jüdische Auswanderung leichter und direkter auf diese Menschen zugreifen. Die Zentralstelle wurde im August 1938 unter der Leitung von Adolf Eichmann mit dem Ziel gegründet, die erzwungene Auswanderung der jüdischen Bevölkerung – später deren Deportation – in kontrollierte Bahnen zu lenken. Die Israelitische Kultusgemeinde wurde zur Kollaboration genötigt. Durch den Kriegsbeginn im September 1939 wurden die Möglichkeiten zur Flucht zusätzlich eingeschränkt. Jene Jüdinnen und Juden, die es bis dahin nicht geschafft hatten, außer Landes zu gelangen, saßen bald in der Falle. [94] Ende Oktober 1941 wurden die Grenzen endgültig für Flüchtlinge geschlossen. Zu diesem Zeitpunkt war bereits die zweite Deportationswelle aus Wien, die fünf Transporte zu jeweils 1.000 Personen mit dem Ziel Ghetto Litzmannstadt umfasste, in vollem Gange. Schon im Februar und März desselben Jahres waren die ersten fünf Transporte mit ebenfalls insgesamt 5.000 Juden und Jüdinnen aus Wien in den Distrikt Lublin erfolgt.[95]

Ludwig und Irma Dub mussten Anfang Jänner 1942 – so wie alle zur Deportation vorgesehenen Personen auch – von der Zentralstelle vorgedruckte Postkarten erhalten haben, in denen sie aufgefordert wurden, sich im Sammel-

92 WStLA, LG Wien Vg 8c Vr 4560/46, Strafsache Karl Meixner, Zeugenaussage Karl Schleiß v. 22. 4. 1949.

93 WStLA, Historische Meldekartei.

94 DÖW (Hrsg.), Jüdische Schicksale. Berichte von Verfolgten, Wien 1992 [= Erzählte Geschichte, Bd. 3], S. 164 ff.

95 Gerhard Ungar / Diana Schulle, Die Deportationen aus Wien, in: Wolfgang Scheffler / Diana Shulle (Hrsg.), Buch der Erinnerung. Die ins Baltikum deportierten deutschen, österreichischen und tschechoslowakischen Juden, Bd. 1, München 2003, S. 382.

lager Sperlgasse in der Leopoldstadt einzufinden. Zeitgleich erhielten sie von der Kultusgemeinde ein Rundschreiben mit dem Hinweis den Weisungen im eigenen Interesse Folge zu leisten. Darüber hinaus wurden sie informiert pro Person nicht mehr als 50 kg Gepäck, zwei Decken, ein zweites Paar Schuhe sowie 100 Reichsmark mitzunehmen. In weißer Ölfarbe mussten sie ihre Koffer mit Namen und Anschrift versehen. Am 9. Jänner 1942 verließen sie ihre Wohnung in der Liechtensteinstraße, die Wohnungsschlüssel wurden mit einem Stück Karton versehen, auf dem die Adresse und ihre persönlichen Daten verzeichnet waren.[96]

Vor einem Transport herrschte im Sammellager Sperlgasse immer große Anspannung, zumal die Zahl der Menschen, die einbestellt und in der jüdischen Aufnahmekanzlei registriert wurden, immer größer war, als jene derer, die tatsächlich deportiert wurden. Der psychische Druck war immens, die hygienischen Bedingungen erbärmlich. Die Menschen schliefen während des mehrtägigen Aufenthalts im Sammellager dicht gedrängt auf Strohsäcken oder am Fußboden; Streitigkeiten und Nervenzusammenbrüche waren keine Seltenheit.

Die Entscheidung, wer schlussendlich deportiert wurde, fiel im Rahmen der so genannten von Anton Brunner[97] geleiteten Kommissionierungen. Im Zuge dieses Vorganges mussten die Betroffenen mehrere Tische passieren. Brunner saß am ersten, kontrollierte die Dokumente und verzeichnete in der so genannten Judenkartei, wer „evakuiert“ werden sollte, und zog anschließend Pässe und andere persönliche Dokumente ein. Er entschied, wer zurückgestellt bzw. deportiert wurde. Am zweiten Tisch musste eine Vermögenserklärung abgegeben werden. Mit Unterschrift derselben übertrugen Ludwig und Irma Dub ihr zurückbleibendes Eigentum dem Staat, es umfasste am Ende eine Schlafzimmer- und Speisezimmereinrichtung sowie einige Küchenmöbel und 176 Reichsmark Bargeld.[98] Geld und persönliche Wertgegenstände mussten sie abgeben. Am dritten Tisch wurde ihnen von einem Mitarbeiter der Kultusgemeinde der zuvor gekennzeichnete Schlüssel zur Wohnung in der Liechtensteinstraße 72/6 abgenommen, ebenso ihre nun nicht mehr benötigten Lebensmittelkarten.[99]

96 Ebenda, S. 383.

97 Anton Brunner (1898–1946) war Mitarbeiter der Zentralstelle für jüdische Auswanderung in Wien, er fungierte dort als Ressortleiter für die im Zuge der Deportationen eingerichteten Sammellager und leitete die sogenannten Kommissionierungen. Nach dem Krieg wurde er vor dem Volksgericht Wien angeklagt, an der Deportation von 48.000 Jüdinnen und Juden aus Wien mitgewirkt zu haben. Er wurde schuldig gesprochen, zum Tode verurteilt und im Landesgericht Wien hingerichtet.

98 ÖStA, AdR, FLD, Deportation 14. Transport, XIV/33/34, Kt. 30.

99 Doron Rabinovici, Instanzen der Ohmacht. Wien 1938–1945: der Weg zum Judenrat, Frankfurt 2000, S. 291–297.

Am Sonntag, den 11. Jänner 1942, wurden Ludwig und Irma Dub mit dem 14. von Wien abgehenden Deportationstransport nach Riga, der 1940 von der Sowjetunion annektierten und am 1. Juli 1941 von der Deutschen Wehrmacht eroberten Hauptstadt Lettlands, deportiert. Danach verliert sich die Spur der beiden, es sind keine Dokumente überliefert, die ihr weiteres Schicksal im Detail belegen.

Im Transport vom 11. Jänner 1942 befanden sich 1.002 Männer, Frauen und Kinder, die vier Tage später am Güterbahnhof Skirotava in Riga eintrafen. Der Winter 1941/42 war sehr hart, Temperaturen unter minus 20°C waren an der Tagesordnung, die Heizung in den Waggons fiel während des Transports aus. Speziell für ältere Menschen wie das Ehepaar Dub musste das Verlassen der Waggons sehr schwierig gewesen sein, da der Güterbahnhof keinen Bahnsteig hatte und der Boden gefroren war. Die SS empfing die Transporte mit Schreien, Gewalt, Drohungen und Einschüchterungen. Bei allen möglichen „Regelverstößen“ drohte die Erschießung. Nachdem letzte verbliebene Wertsachen abgenommen worden waren, wurden die Deportierten aufgefordert das schwere Gepäck zurückzulassen, das später ins Ghetto gebracht werden sollte.[100] Es wurden jedoch nur 300 Personen nach einem sechs Kilometer langen Marsch im Ghetto Riga aufgenommen.[101] Der Anblick, den das Ghetto bot, musste für die Deportierten schockierend gewesen sein, da die blutigen Spuren der vorherigen gewaltsamen Räumungsaktion in den Stiegenhäusern und Wohnungen noch sichtbar waren.[102] Die verbliebenen 700 Personen des Transports kamen in das eineinhalb Kilometer vom Bahnhof entfernte Behelfslager Gut Jungfernhof.[103] Das Gut wurde erst seit Anfang Dezember 1941 als Lager genutzt und war mit seinen heruntergekommenen Gebäuden nicht geeignet mehrere Tausend Menschen aufzunehmen. Mitte Jänner 1942 befanden sich etwa 4.000 Personen im Lager, der Winter war hart, die Versorgung mehr als ungenügend und die LagerinsassInnen waren der brutalen Willkür ihrer Bewacher ausgeliefert.

Am 20. Jänner 1942 fand in Berlin die Wannseekonferenz statt, an der Vertreter der Reichsregierung und der SS-Behörden die sogenannte *Endlösung der Judenfrage* – also den Holocaust – koordinierten. Einer der Teilnehmer war der Kommandeur der Sicherheitspolizei und des SD (Sicherheitsdienst) in Lettland

100 Scheffler / Shulle (Hrsg.), Buch der Erinnerung, S. 20.

101 Gertrude Schneider, Reise in den Tod. Deutsche Juden in Riga 1941–1944, Berlin 2006, S. 80.

102 Im Ghetto fanden immer wieder Selektionen statt, um Platz für die Ankunft neuer Transporte zu schaffen. Scheffler / Schulle (Hrsg.), Buch der Erinnerung, S. 21.

103 Schneider, Reise in den Tod, S. 80.

Rudolf Lange[104], der bis Jahresende 1941 im Zuge der Tätigkeit der Einsatzgruppe A für die Ermordung von etwa 60.000 Jüdinnen und Juden in Lettland verantwortlich zeichnete. Bestärkt durch die Ergebnisse der Wannseekonferenz ging er nach seiner Rückkehr nach Riga daran, die Ermordung der als arbeitsunfähig kategorisierten Menschen vorzubereiten. Dies betraf insbesondere die eben aus dem Reichsgebiet angekommenen Juden und Jüdinnen, die noch nicht in Zwangsarbeitsprozesse eingegliedert waren.[105] Bis Anfang April 1942 wurden in mehreren Aktionen etwa 4.400 Menschen sowohl aus dem Ghetto Riga als auch aus Jungfernhof ermordet. Den Opfern wurden zur Beruhigung Lügengeschichten erzählt, etwa im Rahmen der *Aktion Dünamünde*, als Müttern mit Kindern und älteren Menschen vorgespiegelt wurde, in eine Fischkonservenfabrik im nahe gelegenen Dünamünde mit leichterer Arbeit und besserer Verpflegung verlegt zu werden. Tatsächlich wurden alle wahrscheinlich im Wald von Rumbula oder Bikernieke erschossen.[106]

Auch wenn es keine endgültigen Belege für das Schicksal von Ludwig und Irma Dub gibt, ist schon allein aufgrund ihres Alters davon auszugehen, dass sie bei einer dieser zahlreichen Mordaktionen bis April 1942 umgebracht wurden, falls sie die grauenvollen Umstände des Transports überlebt hatten.

Kriegsjahre in Himberg

Das Ehepaar Meixner hatte mit der „Arisierung" der Himberger Apotheke „Zum heiligen Georg" und dem folgenden Erwerb des Langhofes ein äußerst lukratives Geschäft gemacht. Ihre amtlich bestätigte nationalsozialistische Gesinnung war für sie gegenüber anderen Kaufinteressierten bei den zuständigen NS-Behörden von großem Vorteil. So „erfolgreich" die beiden auf ökonomischer Ebene agierten, privat währte ihr Glück nicht mehr lange, die Meixners ließen sich scheiden.[107] Im Rahmen eines Erb- und Unterhaltsvertrages wurde festgesetzt, dass der gesamte Langhof, der den ehemaligen Ehepartnern zu

104 Rudolf Lange (1910–1945), Jurist, trat 1936 der SS bei und bekleidete zuletzt den Rang eines SS-Standartenführers. Er war unter anderem bei den Gestapo-Leitstellen in Berlin und Wien tätig, hatte ab Juni 1941 die Funktion des Stabschefs der Einsatzgruppe A inne. Im Dezember 1941 wurde er Kommandeur des Sicherheitsdienstes und des SD in Lettland. Im Februar 1945 bei Kampfhandlungen in Posen verletzt beging er Selbstmord.

105 Scheffler / Schulle (Hrsg.), Buch der Erinnerung, S. 26.

106 Ebenda, S. 9.

107 WStLA, LG Wien Vg 8c Vr 4560/46, Strafsache Karl Meixner, Bericht Johann Schultes v. 30. 1. 1949.

gleichen Teilen gehörte, in das Eigentum von Maria Meixner überging. Karl Meixner wurde lediglich für die Dauer von 25 Jahren ein Bestandsrecht auf die Apothekenräumlichkeiten eingeräumt.[108] Maria Meixner verließ Himberg und übersiedelte später wieder ins Burgenland nach Neusiedl am See. Die Scheidung erfolgte im Jänner 1942, wann genau es zur Zerrüttung des Eheverhältnisses gekommen war, ist nicht nachvollziehbar. Karl Meixner wurde Ende Februar 1942 Vater einer Tochter, im Mai 1943 folgte ein Sohn[109] – die Mutter der beiden Kinder war die am 18. Februar 1907 im südböhmischen Protiwin geborene Therese Levy. Wann sich die beiden kennen gelernt haben, ist nicht bekannt, die Eheschließung erfolgte jedenfalls am 17. Jänner 1943 im Standesamt Mannersdorf.[110] Neben diesen privaten Veränderungen und der Tätigkeit in der Apotheke in Himberg war Karl Meixner auch seit Juli 1939 in einem Militärdienstverhältnis als Wehrmachtsbeamter tätig und kam als Stabsapotheker im Reservelazarett XX B in der Speisingerstraße in Wien zum Einsatz.[111]

Im Herbst 1943 landeten die Alliierten in Süditalien und eroberten von da an sukzessive die Apenninenhalbinsel, wodurch der bis dahin außer Reichweite liegende Großraum Wien in den Aktionsradius der alliierten Luftwaffe gelangte. Von April 1944 bis März 1945 erlebte Wien 52 größere Luftangriffe, die zum Teil auch massive Auswirkungen auf Himberg hatten. Leopold Eder, Pfarrer im benachbarten Moosbrunn notierte dazu:

> „[…] Himberg wurde am 19. XI schwer getroffen: 19 Tote […]; Apotheke Meixner, Ad Hitlerpl, Bahnstr u Bahn erhielten Bombentreffer, die Dreifaltigkeitssäule stürzte um. Die Züge fahren nur bis Gramatneusiedl. […]“[112]

Der Langhof „erhielt“ am 19. November 1944 nicht nur einen Bombentreffer, er wurde bis auf die Grundmauern zerstört. Die Weiterführung der Apotheke war in diesem Gebäude nicht mehr möglich. In der Folge wurde der Betrieb provisorisch im Nebengebäude am Adolf Hitlerplatz 8 (heute Hauptplatz 8)

108 ÖStA, AdR, Sammelstelle A und B, Liegenschaft 6210, Besonderer Grundbuchsauszug mit den Änderungen ab 1. 1. 1938.

109 ÖStA, AdR, Sammelstelle A und B, Liegenschaft 6027, Brief bez. Beschluss Vormundschaftsgericht BG Schwechat v. 11. 2. 1963.

110 Ryslavy, Apotheken, S. 170.

111 ÖStA, AdR, Gauakt 126369, Karl Meixner, Politische Beurteilung v. 23. 10. 1943.

112 Denkbuch der Pfarre Moosbrunn. Eintrag von Pfarrer Leopold Eder, Bd. 2, S. 125. Abgerufen über die Webpage „Die Arbeitslosen von Marienthal“ am 25. 11. 2019. http://agso.uni-graz.at/marienthal/chronik/22_1944_luftangriffe2.htm.

untergebracht.[113] Angeblich wurde Meixner nach der Zerstörung des Langhofes Vorstand der Heeresapotheke im Militärlager Sommerrein in Götzendorf. Das Lager wurde von 1939–1941 von der Wehrmacht errichtet und diente bis Kriegsende als Sanitätslager.[114] Ob Meixner diese Position tatsächlich – quasi als Kompensation für die Zerstörung seiner Apotheke – zusätzlich erhalten hat oder ob diese vielleicht in Zusammenhang mit seiner Tätigkeit als Stabsapotheker im Reservelazarett XX B stand, ist unbekannt. Von langer Dauer war die Position jedenfalls nicht, zumal die Rote Armee bereits Ende März 1945 von Ungarn kommend die damalige Reichsgrenze bei Klostermarienberg überquerte und rasch Richtung Wien vordrang. Himberg selbst wurde am 6. April 1945 vom 21. Garde-Schützenkorps der 3. Ukrainischen Front der Roten Armee unter General Kozak eingenommen.[115] Zu diesem Zeitpunkt befand sich Karl Meixner nicht mehr in Himberg, am 2. April war er mit seiner Familie vor

Die Ruine des Langhofes nach dem Luftangriff vom 19. November 1944

Gemeindearchiv Himberg, Topothek Nr. 17884

113 ÖStA, AdR, Sammelstelle A und B, Liegenschaft 6027, Auszug aus dem Konzessionsakt der MA 16 Nr. 230, früher 212.

114 WStLA, LG Wien Vg 8c Vr 4560/46, Strafsache Karl Meixner, Bericht Johann Schultes v. 30. 1. 1949.

115 Manfried Rauchensteiner, Der Krieg in Österreich 1945, Wien 1995, S. 167.

Beginn der unmittelbaren Kampfhandlungen fluchtartig Richtung Westen aufgebrochen.[116] Er dürfte diesen Schritt schon einige Zeit zuvor geplant haben, da er auch beträchtliche Mengen an Arzneimitteln mitnahm. Ziel seiner Flucht war die zur Gemeinde Vöcklabruck gehörige Ortschaft Kirchberg, in der Nähe des Attersees in Oberösterreich.[117]

Am 5. Mai 1945 wurde der 80. US-Infanterie-Division die Papier- und Zellstofffabrik im benachbarten Lenzing von einer örtlichen Widerstandsgruppe unbeschadet übergeben.[118] Es ist davon auszugehen, dass Kirchberg am selben Tag von den Amerikanern eingenommen wurde, tags darauf befreiten sie das weiter südlich gelegene KZ Ebensee. Mit welchen Gefühlen Karl Meixner – Mitglied der NSDAP seit 1932, Träger der Ostmark-Medaille, Alter Kämpfer und Ariseur – das Kriegsende am 8. Mai erlebte, ist nicht überliefert, es ist jedoch davon auszugehen, dass er zumindest froh war mit seiner Familie nicht im Einflussbereich der Roten Armee, sondern jenem der Amerikaner gewesen zu sein.

In der Zweiten Republik

Auch in den folgenden Monaten nach Kriegsende blieb Karl Meixner mit seiner Familie im oberösterreichischen Kirchberg, offensichtlich wagte er sich noch nicht zurück nach Himberg in die sowjetische Zone. In dieser Zeit dürfte er seinen Lebensunterhalt zumindest teilweise durch den Verkauf der mitgebrachten Arzneimittel bestritten haben. Meixner gab später diesbezüglich an, einem Apothekerkollegen in Traunkirchen einen Teil seiner Bestände verkauft bzw. bei diesem eingelagert zu haben.[119]

Im Verbotsgesetz vom Mai 1945 wurde festgelegt, dass ehemalige NSDAP-Mitglieder in besonderen Listen erfasst werden sollen,[120] eine entsprechende Verordnung für die praktische Umsetzung wurde am 11. Juni 1945 erlassen.[121] Bei der Nationalratswahl im November 1945 waren NationalsozialistInnen

116 ÖStA, AdR, Sammelstelle A und B, Liegenschaft 6027, Exzerpt aus dem Strafakt.

117 WStLA, LG Wien Vg 8c Vr 4560/46, Strafsache Karl Meixner, Memo des provisorischen Ausschusses österreichischer Apotheker v. 16. 12. 1946.

118 DÖW (Hrsg.), Widerstand und Verfolgung in Oberösterreich 1934–1945. Eine Dokumentation, Bd. 2, Wien 1982, S. 351–354.

119 WStLA, LG Wien Vg 8c Vr 4560/46, Strafsache Karl Meixner, Protokoll v. 8. 1. 1947.

120 Verfassungsgesetz vom 8. Mai 1945 über das Verbot der NSDAP (Verbotsgesetz). StGBl 18 v. 6. 6. 1945.

121 Verordnung der Staatskanzlei im Einvernehmen mit den beteiligten Staatsämtern über die Registrierung der Nationalsozialisten. StGBl 18/1945 v. 11. 6. 1945.

nicht wahlberechtigt, allerdings waren die Registrierungen bis zum Wahltermin noch nicht abgeschlossen, in Oberösterreich etwa dauerte der Vorgang bis 1947 an.[122] Karl Meixner gab seine Registrierung erst am 21. Februar 1946 in Regau ab, insofern ist davon auszugehen, dass er trotz seiner NSDAP-Mitgliedschaft an der Nationalratswahl teilgenommen hat. Später stellte sich heraus, dass seine Angaben bei der Registrierung unvollständig waren.[123]

Der provisorischen Staatsregierung war die Ahndung der begangenen NS-Verbrechen[124] zunächst ein wichtiges Anliegen. Zu diesem Zweck wurden Volksgerichte an den vier Oberlandesgerichten etabliert, in Wien erfolgte dies bereits 1945, die Standorte Linz, Graz und Innsbruck wurden 1946 errichtet.[125] Im Jänner 1946 stieß das Innenministerium wahrscheinlich aufgrund einer Anzeige auf den Arisierungsakt zur Himberger Apotheke und verfasste dazu einen Bericht.[126] Am 22. Mai erstattete die Behörde schließlich Anzeige gegen Karl Meixner wegen des Verdachts auf missbräuchliche Bereicherung (Arisierung) sowie illegale NS-Parteimitgliedschaft und informierte die Staatsanwaltschaft beim Volksgericht Wien.[127] In der Folge wurde eine Voruntersuchung eingeleitet, ein Haftbefehl erlassen und Untersuchungshaft verhängt.[128] Meixner wurde am 19. Juli verhaftet und ins Bezirksgericht Vöcklabruck eingeliefert,[129] nach einer kurzen Zwischenstation in Wels[130] wurde er Anfang August in das Landesgericht Linz verlegt.[131]

Bei den folgenden Vernehmungen stellte Meixner die ihm zur Last gelegten Delikte in Abrede. Er sei kein illegales Parteimitlied gewesen, sondern lediglich von 1932 bis 1940 Parteianwärter, die tatsächliche Mitgliedschaft erhielt

122 OÖLA (Hrsg.), Registrierung der Nationalsozialisten, Linz 2004, S. 3.

123 WStLA, LG Wien Vg 8c Vr 4560/46, Strafsache Karl Meixner, Anklageschrift v. 5. 3. 1947.

124 Verfassungsgesetz vom 26. Juni 1945 über Kriegsverbrechen und andere nationalsozialistische Untaten (Kriegsverbrechergesetz). StGBl 32 v. 28. 6. 1945.

125 Claudia Kuretsidis-Haider, „Das Volk sitzt zu Gericht“. Österreichische Justiz und NS-Verbrechen am Beispiel der Engerau-Prozesse 1945–1954, Innsbruck 2006, S. 40 f.

126 WStLA, LG Wien Vg 8c Vr 4560/46, Strafsache Karl Meixner, Bericht Innenministerium v. 18. 1. 1946.

127 WStLA, LG Wien Vg 8c Vr 4560/46, Strafsache Karl Meixner, Schreiben des Innenministeriums an die Staatsanwaltschaft beim Volksgericht Wien v. 22. 5. 1946.

128 WStLA, LG Wien Vg 8c Vr 4560/46, Strafsache Karl Meixner, Antrags- und Verfügungsbogen v. 14. 6. 1946.

129 WStLA, LG Wien Vg 8c Vr 4560/46, Strafsache Karl Meixner, Übernahmebericht BG Vöcklabruck v. 19. 7. 1946.

130 WStLA, LG Wien Vg 8c Vr 4560/46, Strafsache Karl Meixner, Einlaufstelle des Kreis- und Bezirksgerichtes Wels, 23. 7. 1946.

131 WStLA, LG Wien Vg 8c Vr 4560/46, Strafsache Karl Meixner, Vermerk Kreisgericht Wels v. 30. 7. 1946.

er angeblich erst Ende 1940. Auch der Erwerb der Himberger Apotheke sei korrekt erfolgt, in der Zeit der Konzessionsübertragung habe er die Apotheke auf Rechnung des Vorbesitzers geführt und diesem den Reingewinn abgeführt. Für sich habe er lediglich das ihm zustehende Gehalt abgezogen.[132]

Bei einer späteren Einvernahme behauptete er, zwar doch 1932 der Partei beigetreten zu sein, aber in der Zeit der Illegalität keine Beiträge gezahlt und auch keine Funktion innegehabt zu haben. Vielmehr sei ein gleichnamiger Neffe, der eine Zeit lang bei ihm gelebt habe, bei der Partei als Funktionär aktiv gewesen, dieser sei aber später nach Deutschland verzogen. Für die Apotheke in Himberg habe er rund 30.000,– Reichsmark gezahlt. Ludwig Dub wollte angesichts seines vorgerückten Alters die Apotheke verpachten, er habe mit ihm bereits 1937 darüber gesprochen. Nach den 1938 eingetretenen Verhältnissen wurde jedoch von der Apothekerschaft ein Verkauf veranlasst, weshalb es mit Dub zum Abschluss des Kaufvertrages kam. Niemals habe er irgendeinen Druck auf Dub ausgeübt.[133]

Der Fall wurde am 14. Oktober 1946 vom Linzer an das Wiener Landesgericht abgetreten, zumal die Wiener Behörde auch die Untersuchungen eingeleitet hatte. Meixner selbst wurde einen Monat später nach Wien überstellt und ins Gefangenenhaus Favoriten in der Hardtmuthgasse eingeliefert.[134] Die Staatsanwaltschaft Wien erhob am 5. März 1947 Anklage gegen ihn. Aufgrund der unvollständigen Angaben bei der Registrierung 1946 wurde die Anklage gegenüber den beiden ursprünglichen Verdachtsmomenten um den Vorwurf des Registrierungsbetrugs erweitert. [135]

Meixner bekräftigte in einem von seinem Anwalt Alexander Globocnik eingebrachten Beweisantrag noch einmal, sich in allen ihm zur Last gelegten Punkten korrekt verhalten zu haben, insbesondere gegenüber Apotheker Dub. Abschließend bedauerte er sogar, Dubs derzeitige Anschrift nicht zu kennen, dieser sei schließlich mit seiner Tochter nach England ausgewandert und könnte die Korrektheit seines damaligen Handelns am besten bestätigen.[136] Dass Meixner hier log, ist evident, zumal Ernestine Dub bereits Anfang Jänner 1939 Himberg verlassen musste und nach England floh, während ihre Eltern erst

132 WStLA, LG Wien Vg 8c Vr 4560/46, Strafsache Karl Meixner, Erstvernehmung Regau v. 19. 7. 1946.

133 WStLA, LG Wien Vg 8c Vr 4560/46, Strafsache Karl Meixner, Vernehmung des Beschuldigten, LG Linz, 23. 9. 1946.

134 WStLA, LG Wien Vg 8c Vr 4560/46, Strafsache Karl Meixner, Einlieferungs-Note Gefangenenhaus Favoriten, 14. 11. 1946.

135 WStLA, LG Wien Vg 8c Vr 4560/46, Strafsache Karl Meixner, Anklageschrift v. 5. 3. 1947.

136 WStLA, LG Wien Vg 8c Vr 4560/46, Strafsache Karl Meixner, Beweisantrag v. 26. 2. 1947.

Anfang September 1939 nach Wien übersiedeln und davor im selben Haus mit den Meixners leben mussten.

Die Hauptverhandlung fand am 5. Juli 1947 statt, dauerte etwas mehr als zwei Stunden und endete mit einem Freispruch Meixners in allen Anklagepunkten,[137] er wurde noch am selben Tag enthaftet.[138] Bemerkenswert am Ausgang des Verfahrens ist die Tatsache, dass eine an das Gericht adressierte Sachverhaltsdarstellung der Gemeinde Himberg, die das Verhalten Meixners sehr kritisch beschreibt, in der Verhandlung nicht berücksichtigt wurde.[139] Gleichzeitig wurde aber der Zeugenaussage von Otto Richard Adler im Sinne der Darstellung Meixners ausführlich Raum gegeben und offensichtlich Glauben geschenkt. Adler wurde 1938 als Vertreter der Hebra AG bei der Durchführung der „Arisierung" beigezogen. Die Hebra AG, ursprünglich 1916 als Einkaufsgenossenschaft von Apothekern in Wien gegründet, hatte die Aufgabe Apotheken mit Arzneimitteln zu versorgen.[140] Adlers Rolle dürfte nach dem Krieg etwas zwielichtig und von eigenen Interessen geleitet gewesen sein, da er

Karl Meixner. Aufnahme aus den 1920er Jahren. Zu diesem Zeitpunkt war er Apotheker in Donnerskirchen im Burgenland.

Schutzengel-Apotheke Donnerskirchen, https://www.apotheke-donnerskirchen.at/dieapotheke/geschichte/index.html

137 WStLA, LG Wien Vg 8c Vr 4560/46, Strafsache Karl Meixner, Hauptverhandlungsprotokoll v. 5. 7. 1947.

138 WStLA, LG Wien Vg 8c Vr 4560/46, Strafsache Karl Meixner, Haftentlassung Gefangenenhaus Favoriten, 5. 7. 1947.

139 WStLA, LG Wien Vg 8c Vr 4560/46, Strafsache Karl Meixner, Sachverhaltsdarstellung Ortsvorstehung Himberg v. 1. 3. 1947.

140 WStLA, LG Wien Vg 8c Vr 4560/46, Strafsache Karl Meixner, Zeugenvernehmung Otto Richard Adler v. 14. 10. 1946 sowie Hauptverhandlungsprotokoll, 5. 7. 1947.

sich mehrfach an die Ortsvorstehung in Himberg wandte, sich als „Halbjude“ bezeichnete und Anspruch auf die Verwaltung bzw. Verwertung des Langhofes anmeldete.[141]

Karl Meixner war nach dem Urteil ein freier Mann und konnte wegen der ihm zur Last gelegten Vorwürfe nicht mehr belangt werden. Es gab somit auch keinen Grund, weiterhin als „Flüchtling“ in Oberösterreich zu bleiben. Die Himberger Apotheke wurde unmittelbar nach Kriegsende unter öffentliche Verwaltung gestellt, das neu geschaffene Ministerium für Vermögenssicherung und Wirtschaftsplanung bestellte im August 1945 Adelrich Eberlein zum öffentlichen Verwalter, mit der Aufgabe die Apotheke bis zur Klärung der rechtlichen Verhältnisse zu betreiben. Durch das Urteil des Volksgerichts waren die rechtlichen Verhältnisse soweit geklärt, dass Karl Meixner im Oktober 1948 die Apotheke „Zum heiligen Georg“ wieder übernehmen und Verwalter Eberlein entlassen konnte.[142]

Daneben gab es aber auch noch die rechtliche Frage der Entschädigung für Opfer des NS-Regimes. Einerseits sah sich die Republik Österreich als erstes Opfer der Aggressionspolitik NS-Deutschlands zu keinerlei Wiedergutmachung verpflichtet, anderseits wurde der Notwendigkeit der Rückstellung – im Hinblick auf den baldigen Abschluss eines Staatsvertrages und der damit verbundenen vollen Souveränität – zumindest zögerlich Rechnung getragen. Ab Juli 1946 wurden deshalb sieben Rückstellungsgesetze beschlossen, wobei die Antragsfristen für die zumeist im Ausland lebenden Betroffenen sehr kurz gehalten waren. Von besonderer Bedeutung war in diesem Zusammenhang das dritte, im Februar 1947 beschlossene Rückstellungsgesetz, das die Rückstellung entzogener und nun in privater Hand befindlicher Vermögen regelte.[143] In diese Regelung fiel sowohl die Apotheke „Zum heiligen Georg“ als auch der Langhof. Für beide wurden allerdings keine Ansprüche angemeldet, da das Ehepaar Dub ermordet wurde und deren Tochter Ernestine in der Zwischenzeit angeblich aus Verzweiflung über das Schicksal ihrer Eltern im englischen Exil

141 WStLA, LG Wien Vg 8c Vr 4560/46, Strafsache Karl Meixner, Sachverhaltsdarstellung Ortsvorstehung Himberg v. 1. 3. 1947 sowie Bericht Ortvorstehung Himberg v. 30. 1. 1949.

142 ÖStA, AdR, Sammelstelle A und B, Liegenschaft 6027, Aktennotiz exzerpiert aus dem Akt des Handelsregister Wien v. 28. 3. 1960.

143 Brigitte Bailer-Galanda, Die Rückstellungsproblematik in Österreich. Referat anlässlich der Tagung „Arisierung und Restitution. Die Rückerstattung jüdischen Eigentums in West- und Ostdeutschland nach dem Zweiten Weltkrieg und nach der Wiedervereinigung“, Albert-Ludwigs-Universität Freiburg, 14. 10. 2000, S. 6 f. (https://www.doew.at/cms/download/209n/1_bailer_rueckstellung.pdf [1. 2. 2019]).

Selbstmord begangen hatte.[144] Ihre letzte bekannte Adresse war das Napsbury Mental Hospital[145] 35 Kilometer nordwestlich von London.

Der neue sozialdemokratische Ortsvorsteher von Himberg Johann Schultes war sehr bestürzt über den Ausgang des Verfahrens, wandte sich noch einmal an Polizei und Volksgericht, machte zwei weitere Zeugen namhaft, die bereit waren, über das Verhalten der Meixners im Zuge der „Arisierung“ auszusagen. Die Bemühungen waren vergebens.[146] Allerdings kam es in den nachfolgenden Jahren noch zu überraschenden Rückforderungen von Seiten des Staates.

Karl Meixner starb am 26. März 1953 mit 58 Jahren.[147] In den Jahren zuvor war er bemüht die Apotheke mit den ihm zur Verfügung stehenden Mitteln wiederaufzubauen, er war dabei gezwungen Schulden zu machen.[148] Das Erbe traten seine zweite Gattin Therese Meixner und die beiden inzwischen 10 und 11 Jahre alten Kinder zu je einem Drittel an, die Apotheke wurde als Witwenbetrieb weitergeführt. Mit der fachlichen Leitung war bis Ende 1962 die Apothekerin Elisabeth Pichl und ab Jänner 1963 die Apothekerin Margarete Schweiger betraut.[149]

Das Grundstück des ehemaligen Langhofes war bis Anfang der 1960er Jahre die letzte verbliebene Kriegsruine am Hauptplatz in Himberg. Schließlich kaufte die Gemeinde Maria Meixner das Grundstück Ende 1959 für 220.000,– Schilling ab.[150] Der Preis war beachtlich und lag bei etwa 35,– Schilling pro Quadratmeter, Bürgermeister Friedrich Lux gab später an, dass die Gemeinde eine überhöhte Summe gezahlt habe, um Spekulationen vorzubeugen und das Grundstück auf diese Weise einem sozialen Zweck zuführen zu können.[151] Maria Meixner hatte wieder ein gutes Geschäft mit dem Langhof gemacht.

Mit der Unterzeichnung des Staatsvertrages von Wien am 15. Mai 1955 erhielt Österreich seine volle Souveränität wieder. Im Zuge dessen verpflichtete

144 WStLA, LG Wien Vg 8c Vr 4560/46, Strafsache Karl Meixner, Sachverhaltsdarstellung Ortsvorstehung Himberg v. 1. 3. 1947 sowie Bericht Ortsvorstehung Himberg v. 30. 1. 1949.

145 AdR, Sammelstelle A und B, Liegenschaft 6027, Schreiben der Jewish Trust Corporation for Germany v. 18. 4. 1961.

146 WStLA, LG Wien Vg 8c Vr 4560/46, Strafsache Karl Meixner, Sachverhaltsdarstellung Ortsvorstehung Himberg v. 1. 3. 1947 sowie Bericht Ortsvorstehung Himberg v. 30. 1. 1949.

147 ÖStA, AdR, Sammelstelle A und B, Liegenschaft 6027, Einantwortung Verlassenschaft Karl Meixner A161/53.

148 ÖStA, AdR, Sammelstelle A und B, Liegenschaft 6027, Schreiben der Österreichischen Apothekerbank v. 4. 4. 1962.

149 Ryslavy, Apotheken, S. 170.

150 AdR, Sammelstelle A und B, Liegenschaft 6210, Aktenvermerk pro domo v. 27. 1. 1961.

151 AdR, Sammelstelle A und B, Liegenschaft 6210, Aktenvermerk v. 1. 12. 1960.

sich die Republik auch die seit Kriegsende schwelende Frage des sogenannten „erblosen Vermögens“ zu regeln, also jenes entzogenen Vermögens, das nach dem Krieg in Ermangelung überlebender EigentümerInnen bzw. ErbInnen nicht zurückgefordert werden konnte.[152] Knapp zwei Jahre nach der Staatsvertragsunterzeichnung wurden mit den Sammelstellen A für entzogenes und nicht beanspruchtes Eigentum von Jüdinnen und Juden und B für jenes politisch Verfolgter jene Einrichtungen geschaffen, die sich konkret mit der Umsetzung dieser Verpflichtung beschäftigten. Aus dem auf diese Weise eingesammelten Vermögen wurden überlebenden Opfern des NS-Regimes Pauschalbeträge zur Abgeltung des ihnen zugefügten Unrechts zugesprochen.[153]

Am 3. Juni 1959 erhielt Therese Meixner Post von der Sammelstelle A, ihr wurde mitgeteilt, dass die Behörde Anspruch auf die Apotheke „Zum heiligen Georg“ erheben würde, aber bereit sei mit ihr über einen Vergleich zu verhandeln.[154] Therese Meixner vertrat durch ihren Anwalt die Ansicht, dass aufgrund der kriegsbedingten Zerstörung der Apotheke im November 1944 eine Rückstellung derselben nicht mehr begehrt werden könne.[155] Auch die Hinweise der Sammelstelle, dass die Apotheke durch den Arisierungsvorgang nicht redlich erworben worden war, der Bombenschaden am Gebäude den Rückstellungsanspruch am Unternehmen nicht tangiere und der Betrieb seither ohne Unterbrechung im Nebengebäude weitergeführt wurde, brachte Therese Meixner nicht zum Einlenken.[156] Die Fronten waren verhärtet, Frau Meixner meinte, einem allfälligen Rückstellungsantrag der Sammelstelle „mit Ruhe entgegensehen“ zu können.[157] Die Angelegenheit wurde schließlich am 10. April 1961 vor der Rückstellungskommission beim Landesgericht Wien verhandelt, wobei sich beide Seiten darauf verständigten, nun doch über einen Vergleich miteinander reden zu wollen.[158] Die Gespräche zogen sich jedoch in die Länge, zumal Meixner ihre Haltung in substanzieller Hinsicht offensichtlich nicht geändert hatte. Die Rückstellungskommission stellte daraufhin in einem Teilerkennt-

152 BGBl 152/1955, Artikel 26 §2 v. 30. 7. 1955.

153 Bailer-Galanda, Die Rückstellungsproblematik in Österreich, S. 9.

154 ÖStA, AdR, Sammelstelle A und B, Liegenschaft 6027, Anschreiben Sammelstelle v. 3. 6. 1959.

155 ÖStA, AdR, Sammelstelle A und B, Liegenschaft 6027, Schreiben Rechtsanwalt Tlapek v. 6. 7. 1959.

156 ÖStA, AdR, Sammelstelle A und B, Liegenschaft 6027, Schreiben Sammelstelle v. 9. 7. 1959.

157 ÖStA, AdR, Sammelstelle A und B, Liegenschaft 6027, Schreiben Rechtsanwalt Tlapek v. 13. 11. 1959.

158 ÖStA, AdR, Sammelstelle A und B, Liegenschaft 6027, Protokoll Rückstellungskommission beim Landesgericht für ZRS Wien v. 10. 4. 1961.

nis fest, dass Frau Meixner und ihre minderjährigen Kinder zur ungeteilten Hand schuldig seien, der Sammelstelle die Himberger Apotheke zurückstellen zu müssen.[159] Dieses Druckmittel verfehlte seine Wirkung nicht, schlussendlich einigten sich beide Parteien am 11. März 1963 auf einen Vergleich. Die Sammelstelle erhielt zur Abgeltung all ihrer zustehenden Ansprüche 600.000,– Schilling, die in sechs Raten zu 100.000,– Schilling samt 5,5 Prozent Zinsen bis einschließlich 1967 zu begleichen waren.[160] Therese Meixner verstarb im Oktober 1964, die Zahlungsverpflichtung wurde mit der letzten Zinsrate im April 1968 durch ihren Sohn erfüllt.

Auch Maria Meixner erhielt am 9. Februar 1960 Post von der Sammelstelle A, worin Anspruch auf das Grundstück des ehemaligen Langhofes angemeldet wurde. Zu diesem Zeitpunkt war Maria Meixner allerdings nicht mehr Eigentümerin der Liegenschaft, sie hatte einige Wochen zuvor im Dezember 1959 an die Gemeinde Himberg verkauft, weshalb sie das Schreiben weiterleitete.[161] Ob die zeitliche Nähe zwischen Verkauf an die Gemeinde und Anspruchsbekundung der Sammelstelle rein zufällig erfolgte oder ob Maria Meixner die Rückstellungsforderung gegen die St. Georgs-Apotheke im Juni 1959 mitbekam und so zu einem raschen Verkauf veranlasst wurde, ist nicht mehr feststellbar.

Die Gemeinde Himberg reagierte reserviert gegenüber der Forderung der Sammelstelle und vertrat die Auffassung, dass ein Rückstellungsverfahren nicht zulässig sei, trotzdem zeigten sich die Gemeindevertreter verhandlungswillig.[162] Ein Schätzgutachten wurde eingeholt, das den Wert der 7.000 m² großen Liegenschaft mit 310.000,– Schilling bezifferte,[163] was die Gemeinde dazu veranlasste, den Zweifel an ihrer Rückstellungsverpflichtung zu bekräftigen.[164] Argumentativ führte Bürgermeister Lux an, dass Karl Meixner vom Volksgericht freigesprochen und über einen Verkauf der Liegenschaft schon 1936 von den Meixners mit dem Ehepaar Dub verhandelt worden war. Allein

159 ÖStA, AdR, Sammelstelle A und B, Liegenschaft 6027, Teilerkenntnis Rückstellungskommission beim Landesgericht für ZRS Wien v. 9. 4. 1962.

160 ÖStA, AdR, Sammelstelle A und B, Liegenschaft 6027, Vergleich Rückstellungskommission beim Landesgericht für ZRS Wien v. 11. 3. 1963.

161 ÖStA, AdR, Sammelstelle A und B, Liegenschaft 6210, Schreiben Rechtsanwalt Schuhmeister v. 17. 2. 1960.

162 ÖStA, AdR, Sammelstelle A und B, Liegenschaft 6210, Schreiben Rechtsanwalt Schuhmeister v. 4. 6. 1960.

163 ÖStA, AdR, Sammelstelle A und B, Liegenschaft 6210, Schätzgutachten über den Wert der Liegenschaften EZ 55 und EZ 100 KG Himberg v. September 1960.

164 ÖStA, AdR, Sammelstelle A und B, Liegenschaft 6210, Schreiben Rechtsanwalt Schuhmeister v. 28. 10. 1960.

aus diesen Gründen glaubte die Gemeinde den Kauf tätigen zu können. Die Schutzbehauptung des Bürgermeisters ist evident, da allseits bekannt war, dass der Langhof erst 1936 vom Ehepaar Dub erworben wurde. Trotzdem nahm Bürgermeister Lux die von der Sammelstelle mit 228.000,– Schilling bezifferte Vergleichssumme zur Kenntnis.[165] Dies hinderte ihn jedoch nicht daran, seine SPÖ-Parteikollegen, Landeshauptmannstellvertreter Otto Tschadek und Landtagsabgeordneten Franz Binder, bei der Sammelstelle für die Gemeinde Himberg intervenieren zu lassen.[166] Offensichtlich mit Erfolg, denn beide Seiten einigten sich in der Folge auf einen Vergleich, in dem sich die Gemeinde Himberg verpflichtete einen Betrag von 160.000,– Schilling an die Sammelstelle zu überweisen.[167] Die Zahlungsverpflichtung wurde bereits im Juli 1961 von der Gemeinde beglichen.

Nachhall

Karl Meixner und seine erste Frau Maria Meixner wurden für die „Arisierung“ der Apotheke sowie des Wohnhauses von Ludwig Dub und seiner Familie niemals zur Rechenschaft gezogen. Karl Meixner wurde vom Volksgericht freigesprochen und starb 1953, während seine Ex-Frau Maria Meixner den Langhof zu einem sehr guten Preis an die Gemeinde Himberg verkaufte, bevor die Sammelstelle die Rückforderung des unredlich Erworbenen an sie stellen konnte.

Im Laufe der 1960er Jahre verschwand schließlich die Baulücke zwischen Hauptplatz und Erberpromenade, die Gemeinde errichtete an dieser Stelle drei Wohnblöcke mit insgesamt 47 Wohnungen, die 1966 bezogen wurden.[168] Im Erdgeschoss des Straßentraktes wurden zwei Geschäftslokale geplant, in einem der beiden wurde die St. Georgs-Apotheke untergebracht, sie befindet sich heute noch dort und wird von der Familie Meixner betrieben. Über den durch das Grundstück fließenden Bach – den Kalten Gang – wurde eine Fußgängerbrücke errichtet und im anschließenden ehemaligen großen Garten wurde im November 1968 der Grundstein für die Errichtung des Volkshauses gelegt, das noch heute als zentraler Veranstaltungssaal der Gemeinde dient. Himberg war mit

165 ÖStA, AdR, Sammelstelle A und B, Liegenschaft 6210, Aktenvermerk v. 1. 12. 1960.
166 ÖStA, AdR, Sammelstelle A und B, Liegenschaft 6210, Schreiben von Bürgermeister Lux an die Sammelstelle v. 18. 1. 1961.
167 ÖStA, AdR, Sammelstelle A und B, Liegenschaft 6210, Vergleichsausfertigung der Rückstellungskommission beim LG für ZRS Wien v. 20. 6. 1961.
168 Past, Himberg, S. 214.

dem Wiederaufbau beschäftigt, Zeit für einen selbstkritischen Blick zurück gab es offensichtlich nicht.

Das anstelle des zerstörten Langhofes errichtete Wohn- und Geschäftshaus Hauptplatz 9, mit der im linken Gassenlokal untergebrachten Apotheke. Am Gebäude links daneben (Hauptplatz 8) können noch die Buchstabenumrisse der vormals dort untergebrachten Apotheke ausgemacht werden (am Bild nicht erkennbar). Himberg 1967

Gemeindearchiv Himberg

Mit der neuen Bebauung des Areals, die inzwischen vor mehr als 50 Jahren abgeschlossen wurde, schwand in der Bevölkerung auch die Erinnerung an den alten Langhof. Einige ältere BewohnerInnen der Gemeinde können sich noch dunkel an die Kriegsruine, die so genannte „Gstettn" im Ortszentrum erinnern. An das Schicksal ihres jüdischen Vorbesitzers, an Ludwig Dub, der 30 Jahre lang der weithin hoch geachtete Apotheker in Himberg gewesen war, erinnert sich niemand mehr, weil es auch nichts mehr gibt, das an ihn erinnert. Weder an einem der drei Gemeindebauten noch am Volkshaus oder am öffentlichen, über das Grundstück verlaufenden Durchgang, geschweige denn an der St. Georgs-Apotheke finden sich Hinweise auf Ludwig Dubs ehemalige Eigentümerschaft bzw. seine langjährige verdienstvolle Tätigkeit als Apotheker. Im

Sinne einer aufrichtigen Auseinandersetzung mit der Vergangenheit und eines respektvollen Umgangs mit den Opfern des nationalsozialistischen Terrorregimes wäre es ein wichtiges Zeichen, einen Ort der Erinnerung an Ludwig Dub und das Schicksal seiner Familie in Himberg zu schaffen.

Hans Schafranek

Österreicher und Österreicherinnen im französischen Widerstand gegen die deutsche Besatzung: Der „Travail Allemand“ (TA)

1. Zur Geschichte der MOI (Main-d'Oeuvre immigrée)

In dem 1989 erschienenen Sammelband „De l'exil à la résistance. Réfugiés et immigrés d'Europe centrale en France 1933–1945“[1] vertrat der französische Historiker Denis Peschanski eine bemerkenswerte These, die den national-französischen Heldenmythos um die Résistance gehörig ins Wanken brachte. Es habe den Anschein, als wäre der prozentuelle Anteil der an der Résistance Beteiligten unter den nach Frankreich Immigrierten weitaus größer als jener aus der genuin französischen Bevölkerung, konstatierte er. Seit den 1980er Jahren brachen eine neue Generation von französischen Historikern und Historikerinnen und überlebende Akteure[2] das tradierte Bild der Résistance auf und erforschten den maßgeblichen Anteil von Migranten, politisch verfolgten Exilanten (Spanier, Italiener) und – zumeist osteuropäischen – Juden an der Résistance, auch und besonders im Rahmen der überwiegend kommunistisch orientierten Stadtguerilla bzw. im Maquis. Hier sei etwa auf die wichtigen Studien von Philippe Robrieux, Claude Collin, Annette Wieviorka und anderen hingewiesen.[3] Seit Mitte der 1990er Jahre gerieten auch die bis dahin stark

1 De l'exil à la résistance. Réfugiés et immigrés d'Europe centrale en France 1933–1945. Sous la direction de Karel Bartosek, René Gallissot, Denis Peschanski. Colloque international Centre de recherche de l'Université de Paris VIII Institut d'histoire du temps présent (CNRS), Saint-Denis 1989, S. 153.

2 Louis Gronowski-Brunot, Le dernier grand soir. Un juif de Pologne, Paris 1980; Arsène Tchakarian, Les Francs-Tireurs de l'Affiche rouge, Paris 1986; Adam Rayski, Nos illusions perdues, Paris 1985; Boris Holban, Testament. Après quarante-cinque ans de silence, le chef militaire des FTP-MOI de Paris parle, Paris 1994.

3 Siehe beispielsweise Renée Poznanski, Les juifs en France pendant la Seconde Guerre Mondiale, Paris 2018, S. 422 ff. (Erstausgabe 1994); Annette Wieviorka, Ils étaient juifs, résistants, communistes, Paris 2018 (Erstausgabe 1986); Claude Collin, Jeune combat. Les

vernachlässigten Leistungen von Frauen im französischen Widerstand stärker ins Blickfeld der historischen Forschung.[4]

Einen wesentlichen Beitrag zur Neuausrichtung der Interpretation des Nationalmythos Résistance leistete auch die Studie „Le sang de l'étranger. Les immigrés de la M.O.I. dans la Résistance".[5] Im Fokus der Untersuchung stand als organisatorisches Zentrum des ausländischen, (vielfach jüdisch-)kommunistischen Widerstands die MOI (= Main-d'Oeuvre immigrée), „jene Organisation, die der Parti Communiste Français (PCF) geschaffen hatte, um die nach Frankreich in der Zwischenkriegszeit geflüchteten Exilanten für den Widerstand zu gewinnen und zu mobilisieren. Männer und Frauen mit ausländischem Akzent, die – ohne jeden Dank – gegen die Besatzungsarmee gekämpft haben"[6]. Die früheste Arbeit über die Bedeutung von Emigranten und Emigrantinnen im französischen Widerstand erschien 1965, [7] blieb aber ohne nachhaltige Wirkung.

1933, nach der Machtergreifung Hitlers, emigrierten ungefähr 35.000 Deutsche nach Frankreich, darunter befanden sich zahlreiche politische Flüchtlinge, viele von ihnen jüdischer Herkunft. Frankreich hatte für die kommunistische Emigration als Zielland traditionell große Bedeutung. 1933 wurde die Auslandsleitung der KPD teilweise in Paris installiert. 1934 errichtete die KPÖ

jeunes juifs de la MOI dans la Résistance, Presses Universitaires de Grenoble, 1998; Maurice Rajsfus, L'an prochain la révolution. Les communistes juifs immigrés dans la tourmente stalinienne 1930–1945, Paris 1985; Philippe Robrieux, L'affaire Manouchian. Vie et mort d'un héros communiste, Paris 1986.

4 Rita Thalmann, L'oubli des femmes dans l'historiographie de la Résistance, in: Clio, numéro 1-1995, Résistances et Libérations France 1940–1945; Margaret Collins Weitz, Les combattantes de l'ombre. Histoire des femmes dans la Résistance, Paris 1997; Ingrid Strobl, Die Angst kam erst danach. Jüdische Frauen im Widerstand, Frankfurt 1998, S. 43–136; Renée Poznanski, Women in the French Jewish Underground. Shield-Bearers of the Resistance?, in: Dalia Ofer / Lenore J. Weitzman (Hrsg.), Women in the Holocaust, Yale University Press 1998, S. 234–252; Évelyne Morin-Rotureau (Hrsg.), 1939–1945: combats de femmes. Françaises et Allemandes, les oubliées de l'histoire, Paris 2001; Mechtild Gilzmer / Christine Levisse-Touzé / Stefan Martens (Hrsg.), Les femmes dans la Résistance. Actes du colloque international de Berlin, 8–10 oct. 2001, organisé par Gedenkstätte Deutscher Widerstand, Berlin et par le Mémorial du Maréchal Leclerc de Hauteclocque / Musée Jean Moulin, Paris, Paris 2003; Corinna von List, Frauen in der Résistance, Paderborn 2010; Petra Monika Domesle, Österreicherinnen in Exil und Widerstand in Frankreich. Beitrag zum Widerstand und Problematik der Rückkehr. Status in Wissenschaft und Gesellschaft, Diplomarbeit, Universität Wien 2006.

5 Stéphane Courtois / Denis Peschanski / Adam Rayski, Le sang de l'étranger. Les immigrés de la M.O.I. dans la Résistance, Paris 1989.

6 Ebenda, S. 9.

7 Gaston Laroche. Colonel F.T.P.F. Boris Matline, On les nommait des étrangers. (Les immigrés dans la Résistance), Paris 1965.

einen „Brückenkopf“ in der französischen Hauptstadt. 1936 nach Paris kommandiert, arbeitete die spätere österreichische Widerstandskämpferin Antonie („Toni“) Lehr im westeuropäischen Sekretariat der MOPR (russische Abkürzung für „Internationale Rote Hilfe“).

1938 löste der „Anschluss“ Österreichs an das Deutsche Reich eine weitere Flüchtlingswelle aus: Ungefähr 20.000 Personen aus Österreich flüchteten nach dem März 1938 nach Frankreich. Dort wappnete sich die Regierung mit einer Reihe von legistischen Exklusionsmaßnahmen gegen die unerwünschten Ausländer, ungeachtet der Tatsache, dass sie in ihren Heimatländern politischer und/oder rassistischer Verfolgung ausgesetzt waren. Sobald Daladier im April 1938 an die Macht kam, erließ er eine Reihe von Maßnahmen gegen die Ausländer. Das Münchner Abkommen vom 30. September 1938, die Annexion des Sudetenlandes und die Besetzung der Tschechoslowakei (März 1939) verursachten eine weitere Flüchtlingswelle; rund 40.000 Flüchtlinge, darunter viele Slowaken, kamen dadurch nach Frankreich. Mit dem Dekret vom 12. November 1938 verschärfte die französische Regierung die Maßnahmen gegen die Ausländer abermals, und zwar mit einem Gesetz, das die Internierung von „unerwünschten“ Ausländern vorsah. Die betroffenen Personen konnten ohne weitere Begründung oder Gerichtsbeschluss in speziellen Zentren untergebracht und einer permanenten Bewachung unterzogen werden. Als erstes dieser Internierungslager entstand am 21. Jänner 1939 Rieucros[8] (nahe Mende, Département Lozère). In diesem speziell für Frauen bestimmten Lager waren auch einige österreichische Exilantinnen und nachmalige Widerstandskämpferinnen interniert (Steffi Spira, Mali Padwa, Gertrude Schindel).

Die MOI[9] unterstand unmittelbar dem Zentralkomitee (ZK) des PCF. [10] Der britische, an der Universität Oxford lehrende Historiker Robert Gildea schreibt dazu in seinem Buch „Comment sont-ils devenus Résistants? Une nouvelle histoire de la Résistance (1940–1945)“:

8 Mechtild Gilzmer, Fraueninternierungslager in Südfrankreich. Rieucros und Brens 1939–1944, Berlin 1994.

9 Bereits 1924 gegründet, war die MOI ursprünglich der gewerkschaftliche Dachverband aller nach Sprachsektionen gegliederten kommunistischen Immigranten in Frankreich. Ihr partieller Funktionswandel, vor allem seit Kriegsbeginn, kann hier nicht skizziert werden. Im Zweiten Weltkrieg stellte sie mit den FTP/MOI sehr aktive Widerstandsformationen im Partisanenkampf auf. FTP = Francs-tireurs et partisans.

10 Der Artikel (männlich oder weiblich) stimmt im Folgenden jeweils mit dem Artikel im französischen Originalbegriff bzw. dessen Abkürzung überein, also: le Parti Communiste Français = PCF (übersetzt: die Kommunistische Partei Frankreichs, aber der PCF). Ebenso im Folgenden bei Travail Allemand usw.

> „Das polnisch-jüdische Milieu von Belleville[11] war weniger religiös und dafür fortschrittlicher. Es war weitgehend dominiert von der MOI, einer Formation des PCF, die die Immigranten ihren Herkunftssprachen nach in unterschiedlichen Sektionen zusammenfasste, einschließlich von Gewerkschaften, Gemeinschaftsorganisationen und Zeitungen. Es gab in den Gewerkschaften auch jiddische Sektionen. [...] Die wichtigsten Protagonisten waren der Journalist Adam Rayski, aus Bialystok, der Friseur Jacques Kaminski und Lajb („Louis") Gronowski, ein jüdischer Kommunist, der nach zwei Jahren Gefängnis in Polen nach Paris geflüchtet war."[12]

Louis Gronowski[13] („Brunot"), bis dahin Chef der jüdischen Sektion der MOI, hatte ab 1938 die Gesamtleitung der Organisation inne. Gronowski war 1921 in Polen dem Kommunistischen Jugendverband beigetreten und wegen seiner politischen Haltung 1923–1924 und 1926 inhaftiert gewesen (in einer im September 1935 in Moskau verfassten Biographie bezeichnete er sich als „Bolschewik"). In Frankreich avancierte Gronowski zum Instrukteur der KP bei der jüdischen Immigration.[14]

Die Kommunistische Partei Frankreichs musste ab 26. September 1939 in der Illegalität operieren. Ihre Funktionäre verfügten über wenig Erfahrung in der illegalen Arbeit, und die Reorganisation der Partei bereitete große Schwierigkeiten. Gronowski („Genosse Louis") war gegenüber dem Zentralkomitee (ZK) persönlich für die Zusammenarbeit und die Kontakte mit der Parteiführung des jeweiligen Landes verantwortlich: Dies betraf unter anderem Teile des Politbüros der Kommunistischen Partei Italiens, der KP Spaniens, der österreichischen KP sowie der KPD.

Gronowski übermittelte den genannten Parteiführungen die Direktiven der Komintern. So entstand ein weit verzweigter, bürokratischer Apparat. Aufträge und Befehle musste „Louis" auf der Straße, in der Pariser Métro usw. erledigen. Eine Reorganisation des Apparats sollte Abhilfe schaffen: Ab Oktober 1940 führte ein „Triangel" die MOI. Es bestand aus Gronowski („Louis", „Brunot"), Jacques Kaminski („Hervé") und dem Tschechen Artur London („Gérard"), der nach 1945 zum stellvertretenden tschechischen Außenminister avancierte und

11 Stadtteil von Paris mit einem traditionell sehr hohen Anteil von Immigranten (sephardische Juden, Schwarzafrikaner, Chinesen).

12 Robert Gildea, Comment sont-ils devenus Résistants? Une nouvelle histoire de la Résistance (1940–1945), Paris 2017, S. 198.

13 In manchen Dokumenten ist die Schreibweise Grojnowski zu finden.

14 Franck Liaigre, Les FTP. Nouvelle histoire d'une Résistance, Paris 2015, S. 174 f.

vor allem durch seine Verurteilung in einem stalinistischen Schauprozess (1952) große Bekanntheit erlangte. Gronowski war für die Kontakte mit dem PCF zuständig, Kaminski für die Organisation und London für die Propaganda.[15] Artur London[16] (seit 1927 KP-Mitglied in der Tschechoslowakei; 1933 nach Moskau, dann im Spanischen Bürgerkrieg und von dort nach Frankreich emigriert) beschrieb die Linientreue der Kader: „Wir waren durch die politische Erziehung konditioniert, zum Beispiel durch die unerbittliche Konsequenz und Strenge der Bolschewiken“.[17]

Im Sommer und Herbst 1940 kehrte die Mehrzahl der geflüchteten Kader nach Paris zurück, so auch Gronowski[18]. Beim Wiederaufbau seiner Strukturen in der Illegalität bezog der PCF die Ausländer verstärkt mit ein. Gronowski erhielt den Parteiauftrag, Kontakt mit den einzelnen Sprachgruppen der Emigranten aufzunehmen.[19]

In der MOI gab es insgesamt 17 Sprachgruppen. Neben der polnischen existierten italienische, spanische, jiddische, portugiesische, tschechische, ungarische, rumänische, jugoslawische, bulgarische, deutsche, griechische, armenische, russische und einige weitere Gruppen. Etwa zur Jahreswende 1940/41 bildete die MOI einen Sonderapparat zur Herstellung von gefälschten Dokumenten. Die sich verschärfende Situation, die Razzien gegenüber Juden usw. zwangen Tausende zu einem Leben in der Illegalität; dafür benötigten sie falsche Identitäten und Ausweispapiere.

15 Courtois / Peschanski / Rayski, Le sang de l’étranger, S. 87.

16 Artur London, geb. 1. 2. 1915 in Ostrava/CSR, am 26. 3. 1944 in Mauthausen interniert. Vgl. International Tracing Service (ITS), Bad Arolsen, Karteikarten KZ Mauthausen betr. Artur London. London wurde bereits am 12. 8. 1942 von der französischen Polizei verhaftet und im Juli 1943 zu einer zehnjährigen Zwangsarbeit verurteilt, bevor man ihn nach Mauthausen deportierte. Trotz schwerer Misshandlungen gab er nichts über seine engen Verbindungen zur MOI und seine Funktion im TA preis. Diese blieben sowohl dem französischen Repressionsapparat als auch der deutschen Besatzungsmacht unbekannt.

17 Zitiert nach Liaigre, Les FTP, S. 175. Ein Beispiel solcher Konditionierung lässt sich etwa auch an dem selbstauferlegten Kontaktverbot gegenüber Nicht-Kommunisten ablesen. So etwa antwortete Artur London (Parteiname „Gerhard Elberfeld“) in einem „Fragebogen zur Überführung in die Kommunistische Partei Spaniens“ (24. 10. 1937) auf die Frage „Mit welchen Personen verkehrst Du“ in lakonischer Kürze: „Parteigenossen“. RGASPI (Moskau), 495/272/3.157, Kaderakt Artur London / Gerhard Elberfeld. Im selben Kaderakt auch ein ausführlicher Lebenslauf, Barcelona, 7. 6. 1938.

18 Für die folgenden Ausführungen vgl. Bundesarchiv Berlin (= BArch), Sg Y 30/1400/27 Biographische Darstellung Boris Grojnowski.

19 Ebenda.

2. Organisatorische Genese und Leitungsstruktur des Travail Allemand (TA)

Mit dem in der Widerstandsforschung und in persönlichen Lebenserinnerungen gängigen Begriff „Travail Allemand“ (TA)[20] war und ist ein Teil der organisierten Widerstandstätigkeit von deutschsprachigen KommunistInnen in der französischen und belgischen Résistance gemeint. Diese spezifische Variante des Widerstandes zielte in all ihren Ausprägungen darauf ab, durch Agitation, Propaganda und eine Infiltration deutscher Institutionen die deutsche Kriegsmaschinerie an neuralgischen Punkten empfindlich zu treffen und die „Moral“ deutscher Wehrmachtsangehöriger zu schwächen.

Der Begriff „Travail Allemand“ taucht in schriftlichen Nachkriegsquellen erstmals in einem Tätigkeitsbericht (10. Oktober 1945) Otto Niebergalls auf, eines prominenten KPD-Funktionärs, der als politischer Ziehvater Erich Honeckers galt. In diesem ausführlichen Bericht, der die wichtigsten organisatorischen und politischen Etappen der Emigrations-KPD in Frankreich und Belgien im Zeitraum von September 1939 bis August 1944 und auch seinen eigenen Anteil umriss, umschrieb Niebergall die inhaltlichen Grundlagen und den Aufgabenbereich des TA im Wesentlichen identisch mit den Fragestellungen, die in den folgenden Kapiteln durch die jeweiligen Überschriften ausgewiesen sind. Die „Inter“ (vgl. Kapitel 4) kamen allerdings bei ihm nicht vor, ebenso wenig irgendwelche Ersatzbegriffe, die den Tätigkeitsfeldern dieser Funktionsträger entsprochen hätten. Für den Begriff „Mädelarbeit“ (vgl. Kapitel 7) wurde aus nicht rekonstruierbaren Gründen der Terminus „Verbindungsdienst“ eingeführt,[21] und dieser Ausdruck fand auch in späteren DDR-Publikationen exklusiv Verwendung.

Bei einer ganzen Reihe von Themen wiesen die (Selbst)-Darstellungen der wichtigsten TA-Protagonisten (Artur London, Franz Marek, Otto Niebergall) ebenso wie jene von Historikern und Historikerinnen teilweise gravierende Un-

20 In älteren Darstellungen findet sich gelegentlich auch der Begriff „Travail Anti-Allemand“ für TA. Vgl. Tilly Spiegel, Österreicher in der französischen und belgischen Résistance, Wien 1969, S. 33. Mittlerweile hat sich jedoch die Bezeichnung „Travail Allemand“ durchgesetzt, wofür es laut Artur London auch eine plausible Erklärung gibt: „Unsere Arbeit hieß damals TA, ‚travail allemand‘, und da man nach dem Krieg nicht immer gleich verstand, was das bedeutete, sprachen dann viele Leute von ‚travail antiallemand‘.“ Artur London, Deckname Gérard, in: Franz Richard Reiter (Hrsg.), Unser Kampf in Frankreich für Österreich. Interviews mit Widerstandskämpfern, Wien–Köln–Graz 1984, S. 115.

21 BArch, Nachlass Franz Dahlem, NY 4072/147, Tätigkeitsbericht Otto Niebergall, 10. 10. 1945.

terschiede auf. Im Wesentlichen drehen sich diese teils expliziten, teils impliziten[22] Differenzen um folgende Fragen:

- Wann und unter wessen Ägide entstand der TA?
- Aus welchen Personen setzte sich das Leitungsgremium zusammen?
- Welchen Stellenwert nahm im Rahmen des TA der antifaschistische Widerstand von Österreichern und Österreicherinnen ein, welchen Anteil hatten die Deutschen?

Die Antwort auf die letzte Frage wird zu einem erheblichen Teil durch die folgenden Kapitel konkretisiert. Vielleicht mag aber hier schon der Hinweis genügen, dass von etwa 150 bis 170 österreichischen TA-Angehörigen im französischen Widerstand[23] laut Franz Marek zwischen 84 und 100 dem NS-Terror zum Opfer fielen,[24] während – Niebergall zufolge – 11 Deutsche verhaftet und vier davon ermordet wurden.[25] Zu Recht kritisierte Marek 1958 gegenüber dem Institut für Marxismus-Leninismus beim ZK der SED eine – sich später noch verfestigende – Attitüde, die Österreicher in der Résistance quasi als „Anhängsel“ der KPD darzustellen.[26] Tatsächlich war tendenziell eher das Gegenteil der Fall, wie wir noch sehen werden.

An der Spitze des TA stand ein Dreierkopf („Triangel“), dessen (anfängliche) personelle Zusammensetzung jedoch in bisherigen Darstellungen nicht vollständig geklärt werden konnte:

22 Implizit zumeist in Form von Auslassungen oder einer politisch-organisatorischen Gewichtsverlagerung „zugunsten“ der KPD, was für eine Reihe von DDR-Darstellungen gilt.

23 Schätzung des Verfassers. Um die Zahl der in Belgien eingesetzten TA-MitarbeiterInnen annäherungsweise zu bestimmen, bedarf es noch ausgedehnter Forschungen.

24 BArch, SgY 30/1082 (vormals: SgY 30/1400/ Mappe 34), Bericht Franz Marek, 22. 1. 1959; SgY 30/1070 (vormals: SgY 30/1400/22), Franz Marek an das Institut für Marxismus-Leninismus beim ZK der SED, 6. 10. 1958.

25 BArch, NY 4072/147, Bericht Niebergall. Der Korrektheit halber muss hinzugefügt werden, dass die Zahl der nach Frankreich exilierten KPD-Mitglieder, die nach 1940 Opfer der nationalsozialistischen Verfolgung wurden, sicher um ein Vielfaches höher lag. Der Vergleich bei den Verlusten bezieht sich „nur“ auf die jeweils im Rahmen des TA erfassten Personen. Die Partisanentätigkeit innerhalb kommunistischer Kampfverbände (FTP/MOI) etwa galt nicht als Teil des TA, deshalb ist sie auch nicht in Niebergalls Verlustbilanz inkludiert.

26 BArch, SgY 30/1070 (vormals: SgY 30/1400/22), Franz Marek an das Institut für Marxismus-Leninismus beim ZK der SED, 6. 10. 1958. Vgl. dazu auch Maximilian Graf et al., Franz Marek – ein europäischer Marxist. Die Biografie, Wien 2019, S. 77 f. – Zu einer noch drastischeren Vereinnahmung des TA, d. h. der Fiktion, jener sei durch die in Le Vernet internierten Kader der KPD-Westleitung gegründet worden, siehe die adäquate Kritik von Claude Collin, Le „travail allemand“: origines et filiations, in: Guerres mondiales et conflits contemporains, No. 230, 2008/2.

Niebergall „beförderte" sich 1945 zum politischen Leiter des gesamten TA, und diese Version ist in sämtliche DDR-Darstellungen eingeflossen. Marek avancierte nach eigener Darstellung im TA bald zum „Mädchen für alles"[27], was gleichfalls etwas übertrieben sein dürfte. Für die Organisation war laut Niebergall und späteren Historikern „Gérard" (= Artur London) verantwortlich, und der für „Agit-Prop" (also die illegale Literatur) zuständige Funktionär soll ein gewisser „Leo" gewesen sein. Dahinter verbarg sich aber nicht etwa Franz Marek, der nach seinem Parteiausschluss 1970 auch in der DDR zur „Unperson" gestempelt wurde. Und eine Person mit einem alternativ für „Leo" verwendeten anderen „Decknamen" („Langer"), der sich in Kombination schließlich zum vermeintlichen Klarnamen Leo Langer verdichtete,[28] hat niemals existiert. Des Rätsels Lösung: Mareks kurzfristiger (Sommer/Herbst 1941) Vorgänger im TA-Dreierkopf hieß Leopold Hagmüller und fungierte seit 1937 als Vertreter der illegalen KPÖ in Paris. Er wurde von seinen Genossen „Leo" genannt und war von sehr großer Statur, sodass man ihm den Beinamen „der Lange" gab.[29] So ist Leo Langer entstanden.

Ob die zuvor angesprochene funktionelle Arbeitsteilung (politische Leitung, Organisation, Propaganda) im TA-Dreierkopf jemals in dieser Form ad personam beschlossen wurde, darf bezweifelt werden. Weitaus wahrscheinlicher und – in der praktischen Umsetzung nach „unten" – auch teilweise verifizierbar ist an der Spitze eine Aufgabenteilung, die sich aus den Herkunftsländern der Exilierten und den jeweiligen Kommunistischen Parteien ergab: Franz Marek, Deckname „Claude" (KPÖ), Artur London (KSČ), Otto Niebergall, Deckname „Gaston" (KPD).[30]

Fast alle HistorikerInnen gehen davon aus, der TA sei im Sommer bzw. der zweiten Jahreshälfte 1941 entstanden, was sich jedenfalls mit den frühesten Zeugnissen in der Untergrundpresse deckt. Eine frühere Datierung ist nicht zur

27 Maximilian Graf / Sarah Knoll (Hrsg.), Franz Marek. Beruf und Berufung Kommunist. Lebenserinnerungen und Schlüsseltexte, Wien 2017, S. 157.

28 Zu all diesen Varianten vgl. Résistance. Erinnerungen deutscher Antifaschisten. Zusammengestellt und bearbeitet von Dora Schaul, Berlin (DDR) 1985, S. 31; Dieter Schiller et al., Exil in Frankreich, Leipzig 1981, S. 395; Louis Gronowski Brunot, Le dernier grand soir. Un juif de Pologne, Paris 1980, S. 156; Courtois / Peschanski / Rayski, Le sang de l'étranger, S. 128.

29 Ausführliche biographische Informationen zu Hagmüller im RGASPI (Moskau), 495/187/820, Kaderakt Leopold Hagmüller. Vgl. ferner DÖW, Interview des Verfassers mit Josef Meisel, Teil 12, 1. 6. 1985.

30 Graf et al., Marek, S. 76; ebenso früher: Spiegel, Österreicher, S. 34; Ernst Schwager, Die österreichische Emigration in Frankreich 1938–1945, Wien–Köln–Graz 1984, S. 98 (hier und bei Spiegel irrtümlicherweise Florian Niebergall).

Gänze ausgeschlossen, aber sehr unwahrscheinlich, denn eine systematische „Zersetzungstätigkeit“ innerhalb der Wehrmacht stand auf kommunistischer Seite im besetzten Frankreich erst nach dem Bruch des deutsch-sowjetischen Nichtangriffspaktes auf der politischen Tagesordnung.

Ungeklärt muss vorläufig die Frage bleiben, ob der TA aufgrund einer Initiative bzw. Weisung der MOI oder des ZK der französischen KP entstand, worauf gleichfalls einige Hinweise deuten. Der Verfasser tendiert jedoch eher zur ersten Annahme, u. a. aus folgenden Gründen: Zum einen existierte mit Artur London eine personelle Verzahnung, da er sowohl der TA-Spitze als auch der MOI-Führung angehörte. Zum anderen hielt Franz Marek in einer kurzen Notiz fest, er habe politische Weisungen von Louis Gronowski erhalten.[31] Josef Meisel betonte ergänzend dazu, Marek sei Vertreter der KPÖ bei der MOI gewesen.[32]

3. Die illegale Propaganda des TA: *Soldat im Westen* und andere Untergrund-Zeitungen

Der *Soldat im Westen* und sein Kopfblatt *Soldat am Atlantik* gehörten zu den vielen deutschen Frontzeitungen, die während des Zweiten Weltkrieges publiziert und unter Wehrmachtsangehörigen vertrieben wurden. Die erste Nummer erschien am 19. Dezember 1940, bis Anfang 1941 stieg die Auflage der in Paris und anfangs auch in Nancy gedruckten Zeitung auf 210.000 Exemplare. Nicht nur Wehrmachtssoldaten erhielten den *Soldat im Westen*, auch Pariser Hotels und andere Einrichtungen, die ein gewisses Multiplikatorpotenzial aufwiesen, wurden beliefert. Als Tageszeitung konzipiert, erschien der *Soldat im Westen* ab 31. März 1942 nur noch viermal wöchentlich. Bis zur alliierten Invasion im Juni 1944 wurde die Auflage sukzessiv stark reduziert, die letzten Ausgaben datieren vom Oktober 1944.[33]

Die Leitung des TA griff den Titel auf, um eine Untergrundzeitung zu schaffen, die an Wehrmachtsangehörige adressiert war und dem Zweck diente, diese im antifaschistischen Sinn zu beeinflussen. Im günstigsten Fall erhoffte

31 Marek ordnete dem MOI-Triangel neben „Brunot“ (Gronowski) und Artur London auch den KPÖ-Funktionär Hans Zipper zu, was allerdings ein Irrtum sein dürfte. BArch, SgY 30/1082 (vormals: SgY 30/1400/34), Bericht Franz Marek, 22. 1. 1959.

32 Josef Meisel, „Jetzt haben wir Ihnen, Meisel!“ Kampf, Widerstand und Verfolgung des österreichischen Antifaschisten Josef Meisel (1911–1945), Wien 1985, S. 94.

33 Vgl. Heinz-Werner Eckhardt, Die Frontzeitungen des deutschen Heeres 1939–1945, Wien–Stuttgart 1975.

man sich, oppositionell gestimmte Soldaten zur Bildung von Widerstandsgruppen in den Kasernen oder zur Desertion zu veranlassen.

Der DDR-Historiker Karlheinz Pech, Autor eines Buches über die Deutschen im französischen Widerstand, widmete auch dem „Sektor“ TA ein Kapitel und verwandelte die vermutliche Schockstarre aller Antifaschisten am 22. Juni 1941, d. h. dem Tag des deutschen Überfalls auf die UdSSR, in eine Reaktionsfähigkeit, die sich in geradezu dramatischer Geschwindigkeit manifestierte. Josef Stalin benötigte 11 Tage, bevor er sich am 3. Juli 1941 in einer Rede an die sowjetische Öffentlichkeit wandte. Pech aber ließ seine Leser und Leserinnen wissen: „Am 22. Juni 1941 erschien als Organ des Sektors Travail Allemand die erste Nummer der illegalen Zeitung *Soldat im Westen*.“[34] Das in diesem Beitrag abgedruckte Faksimile aus dem *Soldat im Westen*, ein Fund im Berliner Bundesarchiv, dementiert diese Darstellung.

Ce journal est [illegible] aux soldats et [illegible] allemands. Diffusez-le parmi eux par tous les moyens et avec la [illegible] nécessaire!

FOLGE 1. MITTE SEPT. 1941.

SOLDAT IM WESTEN

ZEITUNG DER ARMEE

AN ALLE!

Hitler versprach bei Beginn dieses Krieges im September 1939, den Krieg schnell zu beenden und dem deutschen Volke grosse Opfer zu ersparen. Und was ist heute? Das dritte Kriegsjahr hat begonnen, der uferlose Krieg geht in das dritte Jahr weiter, in den dritten Winter.

Hitler erklärte zu Anfang des Jahres 1941: Dieses Jahr wird die Entscheidung bringen! Statt dessen begann er den sinnlosen, [illegible] Krieg gegen die Sowjetunion, der zu einer Katastrophe fuer Deutschland wird.

[illegible] schen Junker, von Welteroberung, vom russischen Petroleum und Getreide traeumen. Ihnen genügt die Ausplünderung des deutschen Volkes und der Völker der besetzten Länder noch nicht, sie möchten auch die [illegible] Reichtümer besitzen.

Dieser Krieg ist aber fuer Hitler nicht zu gewinnen. Der Krieg ist bereits verloren. Daran ändert auch das verlogene Siegesgeschrei des Göbbelsschen Rundfunks und seiner Presse nichts. Was ist Tatsache?

Hitlerdeutschland hat in diesem Krieg gegen sich eine Armee, die im [illegible] [illegible]

Soldat im Westen. Folge 1, Mitte September 1941

BArch Berlin

34 Karlheinz Pech, An der Seite der Résistance. Die Bewegung „Freies Deutschland“ für den Westen in Frankreich (1943–1945), Berlin (DDR) 1987, S. 35. Auch Otto Niebergall ließ die erste Ausgabe des *Soldat im Westen* schon am 22. 6. 1941 erscheinen. Vgl. BArch, Nachlass Franz Dahlem, NY 4072/147, Tätigkeitsbericht Otto Niebergall, 10. 10. 1945.

ÖSTERREICHER! LANDSLEUTE!

Das vierte Jahr bereits schmachtet unsere Heimat unter dem fremden Joch. Landfremde preussische Nazi-Kommissare haben sich bei uns festgesetzt, sie behandeln unser schönes Land als Kolonie, uns Österreicher als Menschen zweiten Ranges, sie hassen unsere Sprache, unsere Art, unsere bodenständige Kultur, sie hassen sogar den Namen "Oesterreich".

Und nicht nur, dass sie unser unglückliches Land besetzt, ausgeplündert, in einen preussischen Kasernenhof verwandelt haben, nein sie zwangen uns auch noch, für den Machtwahn und die Raubgier der deutschen Imperialisten die grössten Blutopfer zu bringen. Überall wurden die österreichischen Truppen "ohne Rücksicht auf die Opfer" eingesetzt. In aller Herren Länder, von Norwegen bis Afrika liegen schon zehntausende Landsleute begraben. Was gilt den Preussen schon das Blut der "schlappen Oesterreicher"? Sie halten uns --und nicht mit Unrecht-- für "unverlässlich" und je mehr von uns draufgehen, umso lieber ist es ihnen.

Und nun hat Hitler allen seinen Verbrechen die Krone aufgesetzt und die Sowjetunion überfallen. In diesem verbrecherischen Krieg gegen das einzige Land, wo der wirkliche Sozialismus und die wirkliche Freiheit der Völker vorhanden sind, werden wieder die Österreicher als Kanonenfutter eingesetzt.

Österreicher! Wie lange soll das noch so weitergehen? Wie lange sollen wir uns für die Preussen noch abschlachten lassen? Ihr alle kennt das Sprichwort: "Nur die allerdümmsten Kälber wählen ihre Metzger selber."

Wir Kommunisten sagen euch:

Hitlerdeutschland geht unweigerlich einer fürchterlichen Katastrophe entgegen. Wenn das so weitergeht, wird es noch schlimmer kommen als 1918. Um die Leiden abzukürzen, um die Katastrophe zu vermeiden, um Österreich und die Österreicher zu retten, gibt es nur einen Weg:

SCHLUSS MIT DEM KRIEG! STURZ DES HITLERREGIMES! SPRENGUNG DES NAZI-VÖLKERKERKERS!!

Jeder Schuss gegen die Rote Armee ist ein Schuss gegen Österreich, denn nur der Sieg der Sowjetunion, des Landes, in dem die nationale Freiheit verwirklicht ist, kann auch Österreich die nationale Freiheit wiedergeben!

Alle Österreicher, ohne jeden Unterschied der Partei oder der Religion, müssen heute zusammenstehen. Alle früheren Meinungsverschiedenheiten müssen heute zurückgestellt werden, es darf nur ein Ziel geben:

DIE FREIHEIT ÖSTERREICHS.

In einem freien Österreich, wo wir uns wieder selber regieren können, wie wir es seit jeher gewohnt waren, wird das Volk selbst frei über die künftige staatliche Entwicklung entscheiden können.

Wir reichen allen Österreichern die Hand, auch jenen, die früher der betrügerischen Nazipropaganda aufgesessen sind und den "Anschluss" begrüsst haben. Die meisten haben heute schon erkannt, dass Hitler Österreich nur Not und Unglück gebracht hat. Auch diesen Landsleuten sagen wir: Alles soll vergessen sein, wenn ihr nur heute bereit seid, für die Beendigung des Krieges, für die Freiheit Österreichs einzutreten! Diejenigen aber, die auch heute noch nicht hören wollen, die heute noch Hitler helfen, Österreich in die Katastrophe zu treiben, sie sind Verräter an Volk und Heimat, sie stellen sich selbst ausserhalb der Gemeinschaft des österreichischen Volkes, sie machen sich mitverantwortlich für das Unglück Österreichs!

ÖSTERREICHER! Nach langer Knechtschaft zieht nun die Morgenröte der Freiheit herauf! Wir stehen in unserem schweren Kampfe nicht allein. Mit uns sind alle unterdrückten Völker Europas, mit uns ist auch das werktätige deutsche Volk, gegen das wir keinerlei Hass hegen, denn wir wissen, dass es nicht verantwortlich ist für die Wahnsinnstaten Hitlers und seiner Kumpane. Mit uns kämpfen die grössten und stärksten Mächte der Welt und vor allem --die unbesiegbare Rote Armee der Sowjetunion.

Wir haben immer für unsere Freiheit gekämpft -- wir werden auch die Preussen verjagen und Oesterreich wird wieder frei werden! Schluss mit dem Krieg! Nieder mit dem Hitlerregime! ES LEBE DAS FREIE ÖSTERREICH!!

Kommunistische Partei Österreichs

****

TROTZ HITLERS TERROR

In Bruck a.L. protestierten Angehörige einer österreichischen Formation gegen die Verschickung an die Ostfront. Daraufhin wurde diese Formation durch herbeigeholte SS dezimiert, d. h. jeder zehnte Mann erschossen.

Das ist nur ein kleiner Ausschnitt aus der brutalen Unterdrückung des Kampfes gegen den Krieg. Der Kampf für Frieden und Freiheit ist schwer, er wird unvermeidlich Opfer fordern. Aber ist es nicht besser, im Kampfe für die Freiheit des eigenen Volkes Opfer zu bringen, wo wir doch sonst von den Preussen ohnehin auf jeden Fall als Kanonenfutter auf die Schlachtbank geschickt werden?

Die Österreicher gegen die Naziprogramme [illegible]

Vor kurzem fielen vom Dach eines Hauses Ecke Mariahilferstrasse-[illegible]gasse in Wien plötzlich viele Flugblätter, in denen es hiess: "Hitler führt Krieg bis zum letzten Österreicher! Aber wir wollen in einem freien Österreich leben!"

Auf einem sehr belebten Platz in Wien stand vor kurzem mit grossen Buchstaben aufgemalt: "Hinaus mit den Piefkes!"

[illegible] Familien von [illegible] sind aus den bombardierten Gebieten ins Protektorat und nach Österreich übersiedelt, um den Luftangriffen zu entgehen. Die [illegible] [illegible] [illegible] [illegible]. Es kann daher nicht verwundern, dass auf einen Aufruf der Wiener [illegible], [illegible] [illegible] Wohnungen zu geben, sich niemand meldete.

***Soldat im Westen*. Folge 1, Mitte September 1941, Blatt 2**

BArch Berlin

Als Redakteur der ersten beiden Nummern fungierte der in Wien geborene Hans Zipper, ein Absolvent der Moskauer „Leninschule", Spanienkämpfer und enger Vertrauter Josef Meisels, dem wir in der Folge noch wiederholt begegnen werden. Ende 1941 wurde Zipper an der Demarkationslinie, welche die besetzte Zone Frankreichs von der (bis November 1942) unbesetzten trennte, verhaftet. Die früher kolportierte Darstellung, der zufolge er bei dieser Festnahme oder kurz danach ermordet worden sei, ist unrichtig. Sein weiterer Leidensweg führte über die Untersuchungshaftanstalt Wittlich nach Breslau, ins KZ Groß-Rosen und zuletzt in das Kommando Hersbruck des KZ Flossenbürg, wo er am 28. März 1945 starb.[35] Zippers Funktion als erster Redakteur wurde in der DDR nicht verschwiegen, aber fälschlicherweise figurierte der deutsche Kommunist Walter Hähnel als sein Nachfolger.[36] Nach Zippers Festnahme übernahm hingegen Franz Marek die Redaktion, und von Dezember 1941 bis Anfang 1944 schrieb er den größten Teil[37] der jeweils zumeist kurzen Artikel, unterstützt von seiner Sekretärin, der ehemaligen OMS[38]-Agentin Antonie Lehr:[39]

> „In Paris arbeitete ich vom 1. Mai 1942 bis August 1943 für die Führung der TA […]. Meine spezielle Aufgabe war es zunächst, Franz Marek zur Verfügung zu stehen, der einerseits einer der drei Leiter der TA war, andererseits auch die Arbeit der Agitation unter den deutschen Soldaten leitete. Franz Marek und ich schrieben im Untergrund die Zeitung *Soldat im Westen*. Dafür mußten wir uns ein Büro suchen, das möglichst sicher war. Es gelang mir durch Freunde, in einem deutschen Werbebüro unterzukommen, das vormittags leer stand. Das heißt, die Angestellten – unter ihnen war ein Franzose, den ich gut kannte – begannen ihre Arbeit erst um zwei Uhr nachmittags, vormittags schrieben Marek und ich in diesem Werbebüro am Boulevard des Italiens in Paris den *Soldat im Westen*."[40]

35 Zur Biographie Hans Zippers vgl. DÖW, Spanien-Sammlung, Dossier Hans Zipper; DÖW, Interview des Verfassers mit Josef Meisel, Teil 11, 1. 4. 1985; Julia Köstenberger, Kaderschmiede des Stalinismus. Die Internationale Leninschule in Moskau (1926–1938) und die österreichischen Leninschüler und Leninschülerinnen, Wien 2016, S. 341–343.

36 Pech, Seite, S. 35.

37 BArch, SgY 30/1082 (vormals: SgY 30/1400, Mappe 34), Bericht Franz Marek, 22. 1. 1959.

38 OMS: russische Abkürzung für: Abteilung für internationale Verbindungen = Nachrichtendienst der Komintern.

39 Zur Biographie von Antonie Lehr vgl. RGASPI (Moskau), 495/187/3.019; DÖW, Interviews des Verfassers mit Antonie Lehr, Teil 1, 21. 9. 1982; Teil 2, 16. 12. 1982.

40 Antonie Lehr, Soldat im Westen, in: Reiter (Hrsg.), Unser Kampf in Frankreich für Österreich, S. 123 f.

Ab der Nummer 8 (Juli 1942) erschien der *Soldat im Westen* teilweise in gedruckter Form. Dies konnte nur bedeuten, dass der PCF seinen technischen Apparat zur Verfügung stellte, denn zu einer „eigenen“ Druckerei des TA findet sich in den Quellen nicht die geringste Spur. Auch die besagte Ausgabe (vier Seiten) war in einem relativ starken Ausmaß von Bezügen zu Österreich geprägt. Neben dem Leitartikel („Die zweite Front kommt“) und kurzen Beispielen des tristen Alltags „einfacher“ Soldaten („Schluss mit dem Krieg – Wir wollen heim“) enthielt sie unter der Überschrift „Österreicher! Es ist Zeit“ kurze Meldungen über österreichische Deserteure, Verhaftungen in Wien und Niederösterreich sowie die Aufforderung „Hört den Sender Österreich täglich um 22 Uhr 35 auf 38m“.[41] Spätere Ausgaben waren stärker an allgemeinen militärischen Aspekten orientiert, enthielten aber gelegentlich eine Sonderseite zu Österreich. Zum Teil erfolgte der Druck auf dünnstem Seidenpapier im Miniformat. Dies ermöglichte es, einzelne Exemplare über weite und grenzüberschreitende Strecken (Fronturlauber!) zu befördern, eingewickelt in ein Präservativ und in einer Zahnpastatube versteckt. Das eine oder andere Exemplar war auch in Brotlaiben eingebacken.

Im Februar 1942 war es der Pariser Polizei gelungen, zahlreiche Spitzenfunktionäre des PCF festzunehmen, darunter Félix Cadras und den Philosophieprofessor Georges Politzer.[42] SS-Obersturmbannführer Knochen, der „Beauftragte des Chefs der Sicherheitspolizei und des SD für den Bereich des Militärbefehlshabers in Frankreich – Paris“ betonte, Cadras könne als der „Leiter des technischen Apparats der illegalen KPF angesehen werden“. In Verbindung damit ist auch folgender Hinweis auf Politzer von Interesse: „Bei ihm wurden Zersetzungsschriften in deutscher Sprache vorgefunden, die für die Verbreitung unter den Angehörigen der deutschen Wehrmacht in Frankreich bestimmt sind“.[43] Eine Verbindung zum TA-Apparat ist möglich, aber dieser geriet damals noch nicht in den Fokus der Ermittlungen. Überhaupt tappten die französischen und deutschen Behörden bei den Funden einzelner Exemplare zahlreicher, in deutscher Sprache verfasster Zeitungen und Flugblätter bezüglich der Hersteller lange Zeit im Dunklen. Um nur einige von vielen Beispielen herauszugreifen: Am 16. 10. 1942 berichtete der Befehlshaber der Sicherheitspolizei und des SD an das Reichssicherheitshauptamt (RSHA) über die Erfassung des *Soldat im Westen* (Nr. 10) und etlicher Flugblätter mit folgenden Titeln: „Die Heimat ruft“, „Wir danken unserem Führer“, „Für wen?“, „Du mußt handeln,

41 BArch, R 58/4.113, Soldat im Westen, Nr. 8, Juli 1942.

42 Courtois / Peschanski / Rayski, Le sang de l'étranger, S. 89, 144.

43 BArch, R58/4.113, SS-Obersturmbannführer Knochen an den Militärbefehlshaber in Frankreich, General von Stülpnagel, Paris, 20. 2. 1942.

Kamerad", „150 Jahre Valmy", „Die Moskauer Konferenz", „Die Wahrheit über den Kreuzzug Hitlers gegen das Land des Sozialismus". Als Fundorte meldete der BdS die Eingänge von Pariser Metrostationen, die Umgebung von Wehrmachtsunterkünften und den Personenzug von Paris nach St. Germain.[44] Anfang Dezember 1942 wurde bereits die Nr. 16 des *Soldat im Westen* sichergestellt, ferner eine Reihe von weiteren „kommunistischen Zersetzungsschriften", etwa die Flugschrift „Nie wieder 1918" oder ein Aufruf an die „Soldaten der Besatzungsmacht".[45] Am 14. 11. 1942 berichtete der BdS Paris nach Berlin über eine vom Militärbefehlshaber Frankreich erhaltene Mitteilung:

> „Die Verbreitung derartiger Flugschriften erfolgt in der letzten Zeit zum Teil in der Weise, dass die Flugschriften durch die Post mit Anschriften von häufig vorkommenden deutschen Vornamen (Paul, Otto, Franz usw.) und Angabe von Strassen und Hausnummern der Wehrmachtsunterkünfte verschickt werden [...]. Anhaltspunkte zur Ermittlung der Täter haben sich bisher nicht ergeben [...]. Da die Vornamen offensichtlich willkürlich gewählt seien, erübrigten sich Untersuchungen gegen bestimmte Angehörige der Truppenteile, die betr. Vornamen trugen."[46]

Welchen Sinn eine derart wahllose und zugleich auffällige Distribution erfüllen sollte, vermag sich dem Leser nicht zu erschließen. Perspektivisch erschien sie meines Erachtens eher kontraproduktiv, denn zum einen erreichte sie keine individuellen Adressaten, zum anderen lenkte sie die Aufmerksamkeit des Überwachungs- und Repressionsapparats auf bestimmte Wehrmachtseinrichtungen und erschwerte dadurch potenziellen Widerstandskämpfern die Möglichkeit, in solchen Einrichtungen Fuß zu fassen (vgl. Kapitel 5).

Die letzte im Berliner Bundesarchiv erhaltene Ausgabe des *Soldat im Westen* (Nr. 29) erschien im November 1943.[47] Zeitweilig erreichte die illegale Zeitung laut Franz Marek eine Auflage von 60.000 Exemplaren pro Nummer.[48] Die Verteilung erfolgte nicht nur durch die im Folgenden genauer definierten „Untergruppen" des TA, sondern auch durch eine quantitativ nicht genau be-

44 Ebenda, BdS Paris, IV A 5, an das RSHA, Amt IV (= Gestapo), Abt. IV A in Berlin, 16. 10. 1942. Dasselbe Schreiben erging, wie auch bei dem im Folgenden zitierten Dokument, jeweils auch an den Kommandostab des Militärbefehlshabers Frankreich und an den Kommandanten von Groß-Paris.

45 Ebenda, BdS Paris, IV A, an das RSHA, IV D 4, 11. 12. 1942.

46 Ebenda, BdS Paris, IV A, an das RSHA, Amt IV, Abteilung IV A, 14. 11. 1942.

47 BArch, SgY 9/48, Soldat im Westen, Nr. 29, November 1943.

48 BArch, SgY 30/1082, Bericht Franz Marek, 22. 1. 1959.

stimmbare, aber sicher sehr hoch zu veranschlagende Zahl von französischen Helfern und Helferinnen oder ausländischen MOI-Angehörigen, die kein Deutsch verstanden. Dutzenden erhalten gebliebenen Flugblättern und Zeitungen war nämlich in französischer Sprache eine ganz knappe Angabe des jeweiligen thematischen Schwerpunktes vorangestellt, stets verknüpft mit der Aufforderung, sie mit der gebotenen Vorsicht zu verteilen. Fast jede dieser Flugschriften enthielt zudem den Hinweis, sie sei für deutsche Soldaten bestimmt. Dem *Soldat im Westen*, Nr. 16, war z. B. folgender Passus vorangestellt:

> „‚Ne tirez pas sur les Français‘, tel est le titre de ce tract, destiné aux soldats allemands. Il leur décrit la lutte du peuple français pour sa libération et leur explique le sens des manifestations du 7 et du 11 novembre. Diffusez ce tract parmi les soldats allemands avec la prudence nécessaire.“[49]

Nach der Besetzung Südfrankreichs durch die Wehrmacht („Unternehmen Anton“, 11. November 1942)[50] etablierte sich auch in Lyon eine österreichische TA-Leitung, der u. a. Oskar Grossmann („Lucien“) und Paul Kessler angehörten, möglicherweise auch Jan Gredler, der später in eine Partisaneneinheit kam. Paul Kessler schrieb in einem ausführlichen Bericht auch über die illegale Presse:

> „Anfangs wurden in der Südzone nur Flugblätter abgezogen, später wurde in Paris die Zeitung *Soldat im Westen* abgezogen und Matrizen derselben nach Lyon geschickt. Dort wurden sie abgezogen und die Zeitungen dort selbst vertrieben und in die anderen Städte geschickt. Die deutschen Gruppen erhielten von uns Matrizen, und sie haben in ihrem Bereich die Zeitungen und Flugblätter vertrieben [...]. Nach der Besetzung Südfrankreichs wurde in Lyon der *Soldat am Mittelmeer* herausgebracht [...] in ca. 10.000 Exemplaren abgezogen und ca. 5.000 von uns verteilt und ca. 2–3.000 an andere Gruppen weitergegeben. Die Zeitung (wurde) von Grossmann allein geschrieben, erhielt von Deutschen nur Informationen und Materialien; erst nach seiner Verhaftung [27. Mai 1944] haben die Deutschen die Herstellung und den Vertrieb der Zeitung übernommen. Die Matrizen wurden von Dr. Selma Steinmetz [Lebensgefährtin von Grossmann] und Tony Lederer geschrieben.“[51]

49 BArch, R 58/ 4.113, Soldat im Westen, Nr. 16 (Sondernummer), 1. 11. 1942.

50 Die Besetzung des vom Kollaborationsregime in Vichy kontrollierten Südteils von Frankreich war bereits seit Mai 1942 geplant. Den aktuellen Anlass bildete die am 8. 11. 1942, also drei Tage zuvor erfolgte Landung alliierter Truppen in Algerien („Operation Torch“).

51 DÖW, Akt 19.478, Bericht Paul Kessler, o. D.

Zwischen März 1943 und April 1944 erschienen 30 Ausgaben des *Soldat am Mittelmeer*.[52]

4. Die „Inter"

Mit der Abkürzung „Inter" bezeichnete man im österreichischen Flügel des TA die so genannten „Interregionalen" oder „Interdepartementalen Instrukteure". In Erinnerungsberichten und Interviews wurden beide Termini mit demselben Bedeutungsinhalt verwendet, doch scheint mir die zweite begriffliche Variante plausibler, da die Inter jeweils mehrere Departements betreuten und eine mehr oder weniger kontinuierliche Verbindung mit den französischen Regionalleitern unterhielten. Sie stellten das wichtigste und zumeist einzige Verbindungsglied zwischen Franz Marek und den „Eingebauten" (vgl. Kapitel 5) dar, die sie mit Instruktionen und illegalen Untergrundzeitungen versorgten. Umgekehrt bildeten, neben den Rundfunksendungen von Radio Moskau oder der BBC, von den Inter nach Paris überbrachte Stimmungsberichte der in deutsche Dienststellen eingebauten Widerstandskämpfer mitunter eine Quelle für Artikel in Untergrundzeitungen, etwa im *Soldat im Westen*. Bei den deutschen Kadern im TA war der Begriff Inter nicht geläufig.

Als Inter in Bordeaux fungierte von Mai (?) 1942 bis etwa zur Jahreswende 1942/43 der KPÖ-Funktionär Josef Meisel („Raymond"), dessen lebensgeschichtlicher Bericht 537 maschinschriftliche Seiten umfasst.[53] Bei seinen monatlichen, jeweils kurzen Aufenthalten in Paris besprach er sich nicht nur mit Marek, sondern gelegentlich auch mit Artur London – bis zu dessen Verhaftung im August 1942. Meisel nahm Weisungen von Marek entgegen, erstattete Bericht über seinen Tätigkeitsbereich und fuhr mit den neuesten Ausgaben des *Soldat im Westen* oder anderen illegalen Materialien zurück nach Bordeaux. Sein Tätigkeitsbereich erstreckte sich bis La Rochelle, umfasste also einen großen Teil von Südwestfrankreich. Als sein Nachfolger fungierte der Kärntner Eduard Uitz, gleichfalls ein Absolvent der ILS (Internationale Lenin-

52 Diese Angabe von Pech, Seite, S. 84, dürfte zutreffen; jedenfalls wird die in seiner Aufstellung illegaler Zeitungen angeführte Auflagenzahl des *Soldat im Westen* (60.000) sowie die Zahl der erschienenen Nummern („etwa 30") durch andere Quellen bestätigt. Als Herausgeber wurden die österreichischen Kommunisten jedoch einmal mehr verdrängt. Pech zufolge fungierten als Herausgeber beider Zeitungen nämlich folgende Organisationen: KPD und Sektor Travail Allemand.

53 DÖW, Interview des Verfassers mit Josef Meisel, Teil 1–15, 14. 5. 1984 – 1. 12. 1985.

schule).[54] Aus einem von Marek nach 1945 verfassten, jedoch undatierten Bericht geht hervor, dass und wie er zusammen mit seiner Lebensgefährtin Tilly Spiegel im August 1944 von Uitz verraten wurde und dadurch der Gestapo ins Netz ging.[55] Albert Hirsch, der dritte Absolvent der ILS unter den Inter, betreute bis zu seiner Verhaftung (3. September 1942) österreichische Widerstandskämpfer in der Normandie.[56] Zalel Schwager, ein Spanienkämpfer wie Meisel, agierte als Inter in Lille und – vermutlich als Nachfolger von Hirsch – in der Normandie.[57] Tilly Spiegel fungierte bis Juli 1942 als Inter in Nancy (für die Départements Meurthe-et-Moselle und Nord), dann in Lille (für Nord und Pas-de-Calais),[58] wo sie von Josef Sieder („Spuli") abgelöst wurde, der diese Tätigkeit von Mai 1943 bis zu seiner Verhaftung (November 1943?) ausübte.[59] Dijon lag im Zuständigkeitsbereich eines bisher nicht identifizierten Österreichers („Philippe").[60] Arthur Schnierer wurde von Tilly Spiegel als Inter „eingeführt" und betreute u. a. den in Boulogne-sur-Mer eingebauten Österreicher Adolf Steindling.[61] Auch Schnierer galt unter seinen Genossen 1945 als „Verräter". Eine parteiinterne Untersuchung fand nicht statt, da er bereits im August 1945 an einer Lungenerkrankung starb.[62] Für die in Paris eingebauten Widerstandskämpfer war ein französischer Kommunist zuständig. Zwischen den einzelnen Inter gab es keine personellen Kontakte bzw. waren solche nicht vorgesehen, mit Ausnahme der zuvor erwähnten Verbindung Spiegel – Schnierer.

Dem Spanienkämpfer und Arzt Emanuel Edel oblag nach seiner Flucht aus dem Geheimgefängnis Castres als Inter die Kontrolle über das größte Territorium. Zwischen Ende 1943 und Mai 1944 versorgte er im Auftrag von Oskar Grossmann und Paul Kessler „eingebaute" Österreicher in ganz Südfrankreich mit dem *Soldat am Mittelmeer* und politischen Instruktionen aus Lyon: in Montpellier (Otto Kustka), Béziers (Hans Scheifele), Narbonne (Heinz Pollak),

54 Köstenberger, Kaderschmiede, S. 477 f. An der Leninschule führte Uitz den Decknamen „Fritz Vogeler".

55 BArch, RY 61/11, Undatierter Bericht „Marcel" (= Franz Marek) und „Simone" (= Tilly Spiegel).

56 Nähere biographische Daten zu Hirsch: RGASPI (Moskau), 495/187/249, Kaderakt Albert Hirsch; DÖW, Interview des Verfassers mit Albert Hirsch, 15. 12. 1983.

57 DÖW, Interview des Verfassers mit Josef Meisel, Teil 11, 1. 4. 1985; DÖW, Akt 2616.

58 Vgl. dazu die sehr interessanten und detaillierten Erinnerungen von Dolly Steindling, Eine Jugend, Wien 1990, S. 102 ff.

59 Spiegel, Österreicher, S. 46. Zu Josef Sieder siehe ferner DÖW, Akt 228, 2637, 11.127.

60 BArch, RY 61/11, Bericht Franz Marek und Tilly Spiegel.

61 Steindling, Jugend, S. 108, 111, 123, 129, 133.

62 DÖW, Akt 2.616, 20.557.

Marseille (Walter Stein, Harry Spiegel), Montauban (Renée Dürmayer), Arles (Peter Grün) und Nîmes (Kurt „Armand“ Frisch).[63]

Aufgrund der zahlreichen Reisen, welche die Inter regelmäßig unternehmen mussten, erhielten sie ein bescheidenes Gehalt.

5. Widerstandstätigkeit als „Eingebaute“

In der ersten Jahreshälfte 1942 ging man seitens der (österreichischen) TA-Leitung dazu über, kommunistische Aktivisten in zivilen Dienststellen der Besatzungsmacht (z. B. bei der Organisation Todt) oder in Wehrmachtseinrichtungen „einzubauen“. Ihre Arbeitsstätten waren etwa Militärübungsplätze, Kraftfahrparks, Flugplätze, Heeresbüros, Soldatenkinos oder Versorgungsstellen (z. B. Soldatenheime oder Kantinen). Als primäre Aufgabe stand dabei zunächst im Vordergrund, die eigene materielle Existenz zu sichern und gegebenenfalls auch andere Widerstandskämpfer zu unterstützen.[64]

Dieser Aspekt sollte keineswegs vernachlässigt werden: Das Gros der in Frage kommenden Kader lebte nach dem deutschen Angriff (10. Mai 1940) und der Massenflucht aus Paris in Internierungslagern der unbesetzten Zone. Nach oder teilweise auch schon vor dem Besuch der so genannten „Kundt-Kommission“[65] (August 1940) flüchteten viele jüdische Spanienkämpfer, höhere Parteifunktionäre und aufgrund ihrer politischen Vergangenheit besonders Gefährdete aus diesen Lagern (St. Cyprien, Le Vernet, Rieucros u. a.). Zu den prominentesten Parteikadern zählten etwa Julius Günser und Othmar Strobel (KPÖ), Otto Niebergall (KPD), Edgar Lallemand (Politbüro-Mitglied der belgischen KP) und ein für Belgien zuständiger Komintern-Emissär, der zumeist nur unter seinem Decknamen („Louis“[66]) in den Quellen auftaucht.[67] In der Folge fristete das Gros der geflüchteten Österreicher oder demobilisierte Ange-

63 BArch, SgY 30/1400/25, Bericht Dr. Emanuel Edel, 31. 7. 1960.

64 Laroche, On les nommait des étrangers, S. 354.

65 Die nach ihrem Leiter (Legationsrat Kundt) benannte „Kontrollkommission für Zivilgefangene“ inspizierte zwischen 27. 7. 1940 und 29. 8. 1940 im unbesetzten Teil Frankreichs 31 Internierungslager, 16 Gefängnisse und 10 Spitäler, um die „Repatriierung“ von rückkehrwilligen „Reichsdeutschen“ vorzubereiten. Von den 7.500 erfassten Deutschen waren 5.000 Juden. Die Tätigkeit der „Kundt-Kommission“ ist durch Dutzende Aktenbände im Politischen Archiv des Auswärtigen Amtes (Berlin) dokumentiert.

66 Nicht zu verwechseln mit „Louis“ Gronowski.

67 Die fünf genannten Personen flüchteten bereits am 12. Juli 1940 aus St. Cyprien. Durch Courtois / Peschanski / Rayski, Le sang de l'étranger, S. 103 f., wissen wir, dass es sich bei „Louis“ um den ungarischen KP-Funktionär Andor Berei handelte.

hörige der so genannten Prestataires-Kompanien[68] ein recht prekäres Dasein, etwa, um nur ein Beispiel herauszugreifen, eine – zu unterschiedlichen Zeiten – aus 10 bis 13 Personen bestehende Gruppe österreichischer Kommunisten, die sich, von den lokalen Behörden geduldet, für einen Hungerlohn als Holzfäller und Köhler in Cazaux-Debat, einem winzigen Dorf (31 Einwohner) in den Pyrenäen durchschlugen.[69] Andere Zirkel oder Einzelpersonen befanden sich in Lyon, Toulouse[70], Nîmes, Perpignan, Marseille, Montauban, Arles, Albi oder in entlegenen Dörfern bzw. deren Umgebung, z. B. in Langlade (Département Tarn), Durfort (Département Ariège)[71] und anderen Orten. Ob sie legal, halblegal oder illegal agierten, hing nicht nur von der Hierarchie im Parteiapparat oder dem individuellen Gefährdungsgrad ab, sondern auch von den lokalen Verhältnissen, da manche Gemeindeverwaltungen in Vichy-Frankreich teilweise schon 1941 mit den Gaullisten sympathisierten, auch wenn sie diese Haltung naturgemäß nicht offen zur Schau stellten. Zwar hielten diese Parteiaktivisten mehr oder minder lose Verbindungen mit der im Sommer 1940 in Toulouse installierten Parteileitung aufrecht, organisierten Schulungszirkel und engagierten sich bei Unterstützungsaktionen für internierte GenossInnen, von denen etliche dank ihrer Hilfe befreit wurden und nach der Flucht eigens dafür geschaffene „Anlaufstellen“ nutzen konnten.[72] Von einer Widerstandstätigkeit gegen die deutsche Besatzungsmacht konnte unter den skizzierten Bedingungen jedoch keine Rede sein. Das Überschreiten der Demarkationslinie, der Übertritt von der unbesetzten in die besetzte Zone markierte daher nicht nur den Beginn der „eigentlichen“ Widerstandstätigkeit, er bedeutete – um an den

68 Die Prestataires-Kompanien waren seit 1940 ein militärischer Arbeitsdienst, der aus Ausländern bestand und von französischen Offizieren befehligt wurde. Die Einziehung erfolgte teils aufgrund freiwilliger Meldungen, zum kleineren Teil auch zwangsweise. Vgl. dazu Hans Schafranek, Österreichische Spanienkämpfer in der Fremdenlegion und in den Prestataires-Kompanien, in: Lucile Dreidemy et al. (Hrsg.), Bananen, Cola, Zeitgeschichte. Oliver Rathkolb und das lange 20. Jahrhundert, Bd. 1, Wien–Köln–Weimar 2015, S. 372–382.

69 Eine ausführliche Schilderung dieser Holzfällergruppe in den für das DÖW durchgeführten Interviews des Verfassers mit Josef Meisel, Teil 10, 25. 3. 1985, sowie Teil 11, 1. 4. 1985; ferner: Interview des Verfassers mit Gerti Schindel, Teil 3, 21. 3. 1983; Interview des Verfassers mit Albert Hirsch, 15. 12. 1983; www.amisdecazaux.fr/ Les Autrichiens de Cazaux-Debat. Quatrième partie: les bucherons et charbonniers de Cazaux-Debat, 8. 5. 2012.

70 Zu österreichischen Gruppen in Toulouse und Lyon vgl. DÖW, Akt 384, Manuskript Selma Steinmetz, Meine Parteiarbeit in Frankreich.

71 Klaus Pumberger, Worüber wir nicht geredet haben. Arisierung, Verdrängung, Widerstand. Ein Haus und die Geschichte zweier Familien, Innsbruck–Wien–Bozen 2015, S. 218.

72 Eine solche „Anlaufstelle“ gab es z. B. in Marseille bei Marianne Acht, bevor sie selbst in Lyon untertauchen musste – von August 1942 bis zur Befreiung. Vgl. DÖW, 20.000/369; Interview des Verfassers mit Gerti Schindel, Teil 3, 21. 3. 1983, Teil 4, 28. 3. 1983.

Ausgangspunkt anzuknüpfen – zunächst auch den Wechsel prekärer materieller Verhältnisse zu Existenzbedingungen, die noch prekärer waren. Wie zuvor erwähnt, erhielten lediglich die „Inter“ eine kleine regelmäßige finanzielle Unterstützung durch den Parteiapparat.

Auch wenn die ÖsterreicherInnen beim Überschreiten der Demarkationslinie in der Regel über gut gefälschte Personalpapiere verfügten, die Kontrollen vor Ort vermutlich standgehalten hätten, erfolgte nach bisherigem Kenntnisstand in den allermeisten Fällen der Grenzübertritt „illegal“, d. h. mit Hilfe von Schleusern. Eine Ausnahme bildete der gescheiterte Grenzübertritt von Heinrich Fritz (in Spanien: „Julio Schacht“) und dessen Frau Mali (damals: Padwa), die an der Demarkationslinie von Josef Pazdernik („Pasternak“), einem ehemaligen Spanienkämpfer, dem in Murcia ein Bein amputiert worden war, erkannt wurden. Pazdernik, der bereits zuvor bei einem politischen Prozess in Montauban als Hauptbelastungszeuge gegen zahlreiche österreichische KommunistInnen aufgetreten war, betätigte sich in der Folge als Spitzel und denunzierte die beiden Grenzgänger.[73]

Der „Einbau“ in Wehrmachtsinstitutionen oder deutsche Firmen funktionierte meistens klaglos, denn die Deutschen freuten sich über jeden (vermeintlichen) Kollaborateur, der sowohl französisch als auch deutsch sprach. Eine plausible Erklärung – mitsamt der darauf abgestimmten biographischen Legende – fand sich, ähnlich wie bei den „Mädelgruppen“, im Vortäuschen einer Herkunft aus dem Elsaß. Einige der „Eingebauten“ traten auch als gebürtige Tschechen auf. Dieser lebensgeschichtliche Hintergrund wurde bei der Einstellung nicht überprüft, zumindest ist kein Fall bekannt, in dem durch eine etwaige Kontrolle bei lokalen Behörden (Standesämter, Melderegister) der angebliche Elsässer sich in unauflösbare Widersprüche verstrickt hätte und dadurch „aufgeflogen“ wäre. Aber die eigentlichen Probleme begannen erst nach dem geglückten Einbau, etwa, wenn ein deutscher Mitarbeiter oder Vorgesetzter eine topographische Station in der fiktiven Biographie des Betreffenden kannte und diesen daraufhin ansprach. Hier galt es blitzschnell zu improvisieren und glaubwürdig abzulenken. Weitaus gravierender noch war das Gefahrenpotenzial, das aus dem sprachlichen Lavieren erwuchs. Den zumeist aus proletarischen Milieus stammenden Aktivisten fiel es schwer, ihren Wiener Akzent, den

73 Zur Biographie der genannten Personen vgl. RGASPI (Moskau), 495/187/163, Kaderakt Heinrich Fritz; Heinrich Fritz, Stationen meines Lebens, Wien 1990; DÖW, Interview des Verfassers mit Heinrich Fritz, Teil 1–3, sowie mit Gerti Schindel, Teil 3; DÖW, Akt 2616; Mali Fritz, Essig gegen den Durst. 565 Tage in Auschwitz-Birkenau, Wien 1986. Zu Pazdernik („Pasternak“) vgl. ferner Max Stern, Geschichte wird gemacht. Vom Lehrlingsstreik 1919 zum Freiheitsbataillon, Wien 1988, S. 136; DÖW, Akt 19.659.

sie gewiss auch in den vorhergehenden Jahren des Exils beibehalten hatten, ständig zu unterdrücken und durch ein akzentfreies Hochdeutsch zu ersetzen. Aber selbst ein perfektes Hochdeutsch konnte unter Umständen Verdacht erregen, weil die „Eingebauten“ natürlich keine Ahnung von dem im Elsaß gesprochenen deutschen Dialekt hatten und diesen somit auch nicht imitieren konnten. In der anderen Richtung, bei der Beherrschung des Französischen, potenzierte sich das Risiko einer Enttarnung. Josef Meisel wunderte sich noch vierzig Jahre später, dass die Parteileitung nicht bloß Aktivisten zum „Einbau“ verpflichtete, die über sehr gute französische Sprachkenntnisse verfügten (z. B. Alfred Ochshorn, Elisabeth Eidinger), sondern beispielsweise auch Fritz Weiss, „der nur radebrechen konnte“.[74] Ein skurril anmutendes Beispiel für eine sprachliche Panne, über die man lachen kann, weil die Sache glimpflich ausging, präsentierte der Spanienkämpfer Paul Jellinek, der unter dem Namen „Vautrin“ bei der deutschen Feldpoststelle in Nîmes als Dolmetscher „eingebaut“ war und ein für den Alltag halbwegs taugliches Französisch sprach. Er war einem Major zugeteilt, der 30 Jahre zuvor ein paar Brocken Französisch gelernt hatte und seine sehr bescheidenen Kenntnisse mit Hilfe Jellineks praktisch anwenden wollte:

> „Eines Tages zeigte er mir seine Uhr und fragte, was in diesem Zusammenhang Krone, also das Ende der Achse, mit der man eine Uhr aufzieht, die ihm abgebrochen war, auf Französisch heißt. Ich, in meiner Not, sagte: ‚Chichibambula‘. Ich hatte natürlich nicht die blasseste Ahnung, wie der Spezialausdruck wirklich heißt. Zu allem Unglück befahl mir der Major, ihn in ein Uhrengeschäft zu begleiten, wo er sprach: ‚Voulez-vous me réparer chichibambula?‘ Der Uhrmacher schaute ihn natürlich völlig entgeistert an. Nun gibt es aber im Französischen eine Wendung, die man immer gebraucht, wenn einem ein Wort gerade nicht einfällt, nämlich, ce truc là, dieses Ding da. Ich griff ein und sagte: ‚Voulez-vous réparer ce truc là ?‘ und deutete auf die Stelle, wo die Krone sein sollte. Jetzt verstand der Uhrmacher sofort, und ich war gerettet.“[75]

Jellinek ließ sich jedoch durch solche anfänglichen Pannen nicht entmutigen. Er lernte einen österreichischen Unteroffizier kennen, der in einer Luftwaffeneinheit stationiert war und sich als Nazi-Gegner „outete“. Dieser Österreicher erklärte sich bereit, 100 Exemplare des *Soldat im Westen* heimlich zu verbrei-

74 DÖW, Interview des Verfassers mit Josef Meisel, Teil 11, 1. 4. 1985.

75 Paul Jellinek, Wo ist die Rue Pasteur?, in: Reiter (Hrsg.), Unser Kampf in Frankreich für Österreich, S. 177 f.

ten, was eine hektische Untersuchung durch die Gestapo[76] nach sich zog, die aber im Sande verlief. Der Kontakt mit zwei deutschen Soldaten wurde ihm zu Ostern 1943 jedoch zum Verhängnis. Jellinek lernte die beiden in einem Bistro kennen und übergab ihnen vierzig Zeitungen, nachdem er sich von ihrer (vermeintlichen) Vertrauenswürdigkeit überzeugt hatte. Unaufgefordert erzählten sie ihm, sie seien zur „Bewährung" aus dem KZ Dachau entlassen worden und zeigten ihm sogar Entlassungspapiere. Kurz darauf traf er sich mit Felix Kreissler, seinem Verbindungsmann zur französischen Widerstandsbewegung. Kreissler überbrachte einen Koffer mit Zeitungen sowie mehrere Identitätskarten, die Jellinek dringend für drei Spanienkämpfer benötigte. Ein mit Kreissler vereinbartes zweites Rendezvous kam nicht mehr zustande, denn Jellinek traf sich zuvor mit den beiden Soldaten. Kaum hatte das Trio Platz genommen, sprangen vier Angehörige der Feldgendarmerie aus einem Auto und stürzten sich mit gezückten Pistolen auf Jellinek. Die zwei Soldaten – offensichtlich Provokateure – durften gehen.[77]

Aus Paris erhielt Hans Bily über Paul Kessler (Lyon) neue Personalpapiere, die auf den Namen „Jean Ekner" lauteten. Im Juli 1942 überschritt er gemeinsam mit Adolf Steindling bei Chalons-sur-Saône die Demarkationslinie und fuhr nach Paris, wo eine Zusammenkunft mit den TA-Verantwortlichen Franz Marek und Antonie Lehr stattfand, wobei ihm die „Anlaufadresse" des damals in Bordeaux ansässigen Inter (Josef Meisel, Deckname „Raymond") mitgeteilt wurde, der die „Eingebauten" betreute bzw. mit illegalem Material versorgte, vor allem dem *Soldat im Westen*. Bily fand als Dolmetscher in La Rochelle eine Beschäftigung bei der Firma Porr (Trockendocks), konnte jedoch nur außerhalb dieses Betriebs agitatorisch wirken, da besagte Firma lediglich vier deutsche Mitarbeiter beschäftigte, von denen drei völlig unpolitisch waren und einer seit 1923 der NSDAP angehörte. Mehrmals geriet Bily in äußerst bedrohliche Situationen, einmal etwa, als er von Bordeaux nach La Rochelle zurückkehrte:

> „Da habe ich die Flugblätter unter dem Hemd gehabt, ich habe nichts anderes gehabt und keine Jacke drüber. Wie ich aussteige [...], Feldgendarmerie kam, ‚Ausweis', nur Deutsch gesprochen, hin und her, wo ich arbeite, wo ich war. ‚Ich war bei meiner Tante, die gestorben ist', ich weiß nicht mehr genau, was ich da gesagt habe. ‚Wohin ich gehe? In die Arbeit, bei der

76 Gemeint war wohl die Geheime Feldgendarmerie.

77 Jellinek, Rue Pasteur, S. 179. Zu seinem weiteren Lebensweg vgl. DÖW, Interview des Verfassers mit Paul Jellinek, 25. 7. 1982.

deutschen Firma Porr, als Dolmetsch. Was ich da habe?‘ Ich habe eine Zeitung in der Hand gehabt, eine Nackedei-Zeitung, die haben sie angeschaut, die Augen sind ihnen rausgefallen. ‚Verschwind!‘ Die Zeitungen unter dem Hemd waren nass!“[78]

Im März 1943 kehrte Josef Meisel, ebenfalls als elsässischer Fremdarbeiter getarnt, in die „Ostmark“ zurück, um am Aufbau einer neuen kommunistischen Leitung in Wien mitzuwirken. Die Kooperation mit Eduard Uitz, Meisels Nachfolger als Inter in Bordeaux, gestaltete sich sehr unbefriedigend, auch deshalb, weil der neue Inter Bily kaum mit Material versorgte, sodass dieser notgedrungen dazu überging, handgeschriebene Flugblätter zu verfassen. Sein Wunsch, gleichfalls als „Fremdarbeiter“ nach Wien zurückzukehren, wurde mehrfach abschlägig beschieden, bevor die Parteileitung, d. h. Othmar Strobl[79], im Sommer 1943 das Placet erteilte.[80]

Die französische Atlantikküste erwies sich als eine Region von enormer militärstrategischer Bedeutung, teils infolge des „Atlantikwalls“, zu dessen Errichtung auch Zehntausende Zwangsarbeiter eingesetzt wurden, teils aufgrund des gescheiterten alliierten Landeunternehmens („Operation Jubilee“) in Dieppe (Normandie), bei dem am 20. August 1942 über 900 kanadische Soldaten fielen, Tausende weitere in deutsche Kriegsgefangenschaft gerieten und 119 Flugzeuge verloren gingen.

Den Stellenwert der Atlantikküste bzw. küstennaher Stützpunkte dokumentierte auch der verstärkte Einsatz von Widerstandskämpfern in Südwestfrankreich, teilweise in Verbindung mit spanischen Arbeitern. Dies lässt sich etwa am Beispiel von Fritz Weiss ablesen, der sich für den Übertritt in die besetzte Zone in einen Elsässer („Jean Pierre Würthle“) verwandelte und, in Paris angekommen, zu einem Tschechen namens „Theodor Bobec“ mutierte. Einige Eckdaten seiner „Biographie“ hatte er sich selbst ausgedacht: Geboren in Brünn,

78 DÖW, Interview des Verfassers. mit Hans Bily, Teil 3, 22. 11. 1983. Alle Informationen über die Tätigkeit Bilys stammen aus diesem Interview.

79 Othmar Strobl war seit Oktober 1942 für die Organisierung des Transfers von etwa 40 österreichischen KP-Kadern (mit gefälschten Ausweispapieren) in die „Ostmark“ zuständig, ebenso – zentral – für alle Passangelegenheiten. Zu dem innerhalb der KPÖ-Leitung institutionell etwas schwer zu bestimmenden Verhältnis zwischen Strobl und Marek vgl. Graf et al., Marek, S. 75. Die zentrale Stellung Mareks wird betont bei Ruth Steindling / Claudia Erdheim, Vilma Steindling. Eine jüdische Kommunistin im Widerstand, Wien 2017, S. 44–45. Zur Biographie Strobls vgl. RGASPI (Moskau), 495/187/163, Kaderakt Othmar Strobl; BArch, SgY 30/1400, Mappe 33; Julia Köstenberger, Kaderschmiede des Stalinismus, Wien 2016.

80 DÖW, Interview des Verfassers mit Hans Bily, Teil 3, 22. 11. 1983.

auf die Wanderschaft gegangen, in Frankreich gelandet, vom Krieg überrascht, da und dort Gelegenheitsarbeiten verrichtet. In Paris traf er Gerti Schindel, Toni Lehr und den österreichischen TA-Leiter. Franz Marek unterzog ihn einem kleinen Test, als er ihn aufforderte, das Konzept eines Aufrufs oder Flugblatts zu schreiben. Marek missfiel der an revolutionäre Traditionen aus dem Ersten Weltkrieg erinnernde Begriff „Soldatenräte", den er durch „Soldatenkomitees" ersetzt wissen wollte. Im Juni 1942 traf „Bobec" zwecks Kontaktaufnahme mit Meisel in Bordeaux und kurz danach in dem östlich davon gelegenen Vorort Floirac ein, wo sich ein an eine Fabrikhalle angeschlossenes Magazin der Luftwaffe befand. Hier wurde er vom zuständigen Stabsfeldwebel Greb bereits erwartet. Dieses erstaunlich anmutende Aviso hatte folgenden Hintergrund: Ein spanischer Widerstandskämpfer namens Delgado Blas, der im selben Betrieb beschäftigt war, hatte in Erfahrung gebracht, dass ein Dolmetscher ausgefallen war und dringend ein Ersatz benötigt wurde.[81] Anscheinend bot er an, nach einem solchen Ausschau zu halten.[82] Delgado Blas kontaktierte einige französische Verbindungsleute der Résistance, die eine entsprechende Nachricht vermutlich an Meisel weiterleiteten.

Trotz des guten Entrées konnte Weiss keine erkennbaren Erfolge erzielen, jedenfalls nicht im direkten Kontakt mit den österreichischen Soldaten. Ein aus Graz stammender Arbeitskollege gab sich als ehemaliger Schutzbund-Angehöriger zu erkennen, und sie tauschten Erinnerungen an die Vorkriegszeit aus, d. h. „Bobec" konnte zwar riskieren, Teile seiner Fake-Biographie zu demontieren; als er aber den Grazer bat, den *Soldat im Westen* beim Heimaturlaub mitzunehmen, lehnte dieser entschieden ab. Nachdem sich die Wehrmachtsangehörigen als unzugänglich erwiesen, sah sich Weiss genötigt, die Untergrundzeitungen, unter denen er mehrmals auch den *Soldat am Atlantik*[83] erwähnte, heimlich zu verbreiten, vor allem auf Toiletten. Er hinterlegte hier die illegalen Materialien beispielsweise beim Verlassen einer Soldatenkantine, die er frequentieren konnte, oder am Flugplatz Mérignac (westlicher Vorort von Bordeaux), zu dem er einen legitimierten Zugang hatte, da sich hier die Auszahlungsstelle befand.[84]

Nach kurzer Zeit knüpfte Weiss einen engen Kontakt mit zwei weiteren ehemaligen österreichischen Spanienkämpfern. Alfred Ochshorn („Tomaschek")

81 DÖW, Interview des Verfassers mit Fritz Weiss, Teil 4, 19. 5. 1987.

82 Dies eine Vermutung des Verfassers, im Interview keine explizite Erwähnung.

83 Von der Untergrundzeitung *Soldat am Atlantik* konnte bisher kein Exemplar in Archiven ermittelt werden.

84 DÖW, Interview des Verfassers mit Fritz Weiss, Teil 4, 19. 5. 1987.

war in einer Artillerie-Einheit als Dolmetscher „eingebaut“, ebenso – bei einer anderen Wehrmachtseinheit – Alfred Loner und dessen Frau. Wie die meisten „Eingebauten“ konnten sie atmosphärische Stimmungsberichte sammeln und weiterleiten, vermutlich auch Informationen über (bevorstehende) Truppenverlegungen. Bei zwei weiteren Hauptaufgaben dürften sie jedoch weitgehend geringe Erfolge erzielt haben: Die antifaschistische Agitation fiel in dieser frühen Phase (1942), d. h. vor der militärischen Wende in Stalingrad, zumeist auf steinigen Boden, und erst recht war es illusorisch, eine Bildung von Soldatenkomitees in den Kasernen als kurz- oder mittelfristige Perspektive anzupeilen oder gar Wehrmachtssoldaten zur Desertion zu motivieren. Weiss zufolge nützte Ochshorn jedoch eine Gelegenheit, die deutsche Kriegsmaschinerie auf eine ganz andere Weise zu schädigen, und zwar durch Sabotageakte, indem er Salzsäure in die Rohre von zehn Kanonen schüttete und sie dadurch schwer beschädigte oder gänzlich unbrauchbar machte.

Auch das mutige und gefahrvolle Wirken dieser drei Widerstandskämpfer endete durch Verrat, wie dem Interview mit Fritz Weiss zu entnehmen ist:

> „Der Tomaschek hat einen österreichischen Studenten kennen gelernt, der eingezogen war. Der hat sofort gesagt: ‚Du, mach mich mit den anderen auch bekannt.‘ Und das war der Fehler. Wir sind alle mit dem zusammengekommen in einem Kaffeehaus, und der hat dann gewusst, wer wir sind. Dann hat sich herausgestellt, das war ein Polizeispitzel.“[85]

Am 29. Jänner 1943 wurde Alfred Loner verhaftet, tags darauf Alfred Ochshorn und Fritz Weiss, alle drei an ihrer Arbeitsstelle.[86] Das Trio kam zuerst für drei Monate ins Fort du Ha (Bordeaux), anschließend in die Festung Romainville (bei Paris), und im Sommer 1943 über das Durchzugslager Saarbrücken ins KZ Mauthausen. Hier ermordete der SS-Schütze Martin Bartesch bei der so genannten „Kiesgrube“ Ochshorn („auf der Flucht erschossen“), der als NN-Häftling unter dem Namen und Geburtsdatum seines Bruders Max eingeliefert worden war.[87] Alfred Loner überlebte die KZ-Haft, starb aber, völlig entkräftet, während der Heimreise.

85 Ebenda.

86 Ebenda.

87 DÖW, Spaniensammlung Alfred Ochshorn; Los Angeles Times, 14. 6. 1987; AZ, 3. 6. 1987. Aufgrund des sogenannten Nacht- und Nebel-Erlasses des Oberkommandos der Wehrmacht vom Dezember 1941 wurden in der Folge Tausende des Widerstandes Verdächtige vor allem aus westeuropäischen Ländern heimlich nach Deutschland verschleppt. Die NN-Häftlinge in deutschen Konzentrationslagern oder Gefängnissen durften grundsätzlich keinerlei

An dieser Stelle sei ein kurzer Exkurs gestattet:

Die mit Einverständnis des ZK der französischen KP geschaffene so genannte „Westleitung der KPD“ (Mai 1942) bzw. der deutsche TA-Leiter Otto Niebergall hielten, ebenso wie Franz Marek im Hinblick auf die Österreicher, Kurs darauf, die Hunderten mehr oder weniger untätig in Südfrankreich verharrenden deutschen Kommunisten aus dem unbesetzten Teil abzuziehen und in die besetzte Zone zu transferieren, eine Aufforderung, die teils in ultimativer Form erfolgte. Die in Toulouse bzw. Marseille etablierte KPD-Leitung, vor allem der mit Emigrationsfragen beauftragte Lex Ende (eigentlich: Adolf Ende) ignorierten jedoch diese Weisung, woraufhin das ZK des PCF im April 1942 ein generelles Emigrationsverbot für KP-Mitglieder verhängte, das jedoch ebenfalls missachtet wurde. Diese Weigerung und der das ganze Jahr 1942 hindurch fortgesetzte Widerstand, KPD-Mitglieder in die besetzte Zone zu entsenden („Kaderschutz“), schufen enorme Konflikte innerhalb der KPD-Leitungsgremien in Frankreich[88] und erklären zu einem erheblichen Teil die enorme, teils auch im Jahr 1943 vorhandene Schwäche der deutschen Kommunisten in der Résistance.[89] Nach der Besetzung Südfrankreichs durch die Wehrmacht war ein solcher Transfer hinfällig geworden, aber es fehlten viele jener organisatorischen Strukturen, die Österreicher in ihren Tätigkeitsfeldern bereits wesentlich früher geschaffen hatten.

Unter diesen Prämissen mutet die phantasievolle Darstellung Niebergalls – 40 Jahre später – geradezu bizarr an:

schriftlichen Kontakte mit ihren Angehörigen aufnehmen, sodass diese nichts über ihren Verbleib erfuhren. Darin erfüllte sich die zynische Dimension des für diese Häftlingskategorie verwendeten Begriffs: Diese Gefangenen waren gewissermaßen „bei Nacht und Nebel“ verschwunden, ohne Spuren zu hinterlassen.

88 Vgl. dazu ausführlich Klaus J. Becker (Mannheim) / Annette Roser (Karlsruhe), Das Parteiverfahren gegen Lex Ende im Sommer 1945 in Paris. Dokumente aus dem Nachlaß Herbert Müller. www-j-becker.de/docs/veroeffentlichungen/ENDE/pdf.

89 Erst bei der 1943 und vor allem seit der ersten Jahreshälfte 1944 verstärkt einsetzenden Partisanentätigkeit im Rahmen der kommunistischen FTP bzw. FTP/MOI traten Deutsche in größerer Zahl hervor, vor allem in der Umgebung von Lyon, im unwegsamen Gebiet der Cevennen und in anderen Regionen. Aber auch zu diesem Widerstandsbereich zirkulierten in der DDR maßlos übertriebene Zahlen. So behauptete etwa Max Brings, im „Maquis“ hätten 1.000 Deutsche, darunter 250 ehemalige „Interbrigadisten“ gekämpft. Vgl. BArch, DY 30/38.254, Ausarbeitung Material Brings, o. D. – Seriös hingegen die Arbeiten von: Claude Collin, Carmagnole et Liberté. Les étrangers dans la résistance en Rhone-Alpes, Grenoble 2000; Éveline Brès / Yvan Brès, Un maquis d’antifascistes allemands en France (1942–1944), Presses du Languedoc, 1987; Robert Gildea, Comment sont-ils devenus résistants? Une nouvelle histoire de la résistance (1940–1945), Paris 2017, S. 329 ff., 348.

„Dennoch entstanden bis Ende 1941 zahlreiche Soldatengruppen, und unser Material wurde in immer größerem Umfang verbreitet. Vor allem vervielfältigten wir die Reden führender Funktionäre der KPD, die wir über den ‚Deutschen Volkssender‘ und den Moskauer Rundfunk abhörten [...]. In einem Bericht vom April 1942 an die Parteiführung der KPD in Moskau über die Arbeit in Frankreich, Belgien und Luxemburg konnten wir von 27 Soldatenkomitees mit zwei bis drei Mann und von 51 Gruppen mit zwei bis fünf Mann berichten, ferner über 70 Einzelverbindungen und über 26 Antifaschisten, die in deutsche Dienststellen eingeschleust worden waren.“[90]

Zur Gänze ließ sich aber auch SED-intern der initiative Anteil österreichischer KommunistInnen in der Résistance nicht eskamotieren, was an zwei Beispielen aufgezeigt werden kann.

Die deutsche Kommunistin Else Fugger lotste im April 1941 Otto Niebergall über die Demarkationslinie und erfüllte, zwischen Toulouse und Paris pendelnd, eine Reihe anderer gefährlicher Aufträge. Sie gehörte auch zu den wenigen KPD-Mitgliedern, die sich nach dem 22. Juni 1941 in Paris aufhielten, und erklärte sich sofort zu einer aktiven Widerstandstätigkeit bereit. Dieses Engagement dankte man ihr schlecht. Im Dezember 1941 kam es zu einer heftigen Auseinandersetzung zwischen ihr und Niebergall sowie Wilhelm Knigge („Max“), weil sie einen Geldbetrag nach Toulouse überwiesen hatte. Sie wurde der „Sabotage“ bezichtigt, zur „Parteifeindin“ erklärt, mit einem Parteiausschluss bedroht und vollständig „abgehängt“. Sieben Monate („wohl die schwersten meines ganzen Lebens“) blieb Fugger notgedrungen untätig, bis sie im Juli 1942 Anschluss an eine österreichische Widerstandsgruppe fand und in den TA integriert wurde. Erst nach ihrer Verhaftung (November 1943) stieß sie erstmals wieder auf deutsche Kommunisten.[91]

90 Otto Niebergall, Der antifaschistische deutsche Widerstandskampf in Frankreich – seine Leitung und Entwicklung, in: Résistance. Erinnerungen, S. 36. Diese Zahlen übernahm Niebergall seinem bereits 1945 verfassten Tätigkeitsbericht. Vgl. BArch, Nachlass Franz Dahlem, NY 4072/147, Bericht Niebergall, 10. 10. 1945.
Ebenso phantasievoll die Darstellung des KPD-Funktionärs Walter Vesper: „Da wir unter den Bedingungen des Südens [= nach der deutschen Besetzung Südfrankreichs im November 1942] die in der Nordzone Frankreichs gemachten Erfahrungen anwandten, entwickelte sich die politische Arbeit schnell und gut.“ Walter Vesper, Mit Parteiauftrag nach dem Süden, in: Résistance. Erinnerungen, S. 232–250.

91 Else Fugger verfasste darüber im November 1957 einen 15-seitigen Bericht (im Auftrag einer Arbeitsgruppe am Institut für Marxismus-Leninismus beim ZK der SED), der wie zahlreiche andere Erinnerungsberichte von deutschen Antifaschisten in einem großen Sammel-

Die deutsche Kommunistin Dora Schaul, die sich während und nach der deutschen Besetzung Südfrankreichs in Lyon aufhielt, vermied es, in eigener Sache den österreichischen Anteil zu bagatellisieren, konnte oder durfte aber die Bedeutungslosigkeit des KPD-Widerstandes – selbst im Zentrum der ehedem unbesetzten Zone – nicht offen und direkt ansprechen. Die folgende, publizierte Passage deutet aber implizit auch die zuvor angedeuteten schwachen bzw. fehlenden organisatorischen Strukturen der KPD und das Naheverhältnis zu einer österreichischen Gruppe oder jedenfalls eine vorherige illegale Tätigkeit in einem Milieu an, das nicht von Deutschen dominiert war:

> „Zum vereinbarten Rendezvous kommt diesmal Gerty [= Gerti Schindel], eine österreichische Genossin, die ich noch aus dem Frauen-KZ Rieucros kenne. ‚Wir [!] haben eine neue Aufgabe [!] für Dich', sagt sie. ‚Du wirst jetzt bei deinen lieben Landsleuten [!] arbeiten. An der Deutschen Feldpost, am Soldatenheim und am Fliegerhorst hängen Schilder mit dem Hinweis, daß französische Arbeitskräfte eingestellt werden. Such Dir etwas aus und bewirb Dich. Da bieten sich sehr viel Möglichkeiten, mit den Fritzen zu sprechen. In Paris arbeiten unsere [!] Freunde schon lange in deutschen Dienststellen und haben die tollsten Dinge gemacht. Du darfst aber nur zu diesen drei Ämtern gehen, da wir zu den anderen schon eine Reihe Beziehungen [!] haben. Wenn Du auf jemanden stoßen solltest, bei dem du eine etwas fortschrittlichere Haltung vermutest, halte die Verbindung. Sei vorsichtig und rede anfangs nicht zuviel. In acht Tagen ist unser [!] nächster Treff.'"[92]

Gerti Schindel agierte hier also ganz ähnlich wie ein (eine) Inter, auch wenn der Terminus nicht gebraucht wurde.

Im unveröffentlicht gebliebenen Teil ihres mehrfach überarbeiteten Berichts äußerte sich Dora Schaul im Klartext: „Ein polnischer Genosse kam und teilte mir mit, daß beschlossen worden sei, mich – da es in Lyon keine deutsche Parteiorganisation gab – einer Gruppe österreichischer Genossen zuzuteilen. Es gab schon eine ganze Anzahl Österreicher zu dieser Zeit in Lyon. Sie hatten Sechser-Gruppen gebildet und trafen sich regelmäßig zu Gruppenabenden. Ich bekam jetzt laufend die illegale Ausgabe der Humanité zu lesen und Berichte von Radiosendungen des Moskauer Rundfunks."[93] Als sich die politische Re-

band erscheinen sollte, aber naturgemäß unveröffentlicht blieb. BArch, SgY 30/1400/Mappe 26, Bericht Else Fugger.

92 Résistance. Erinnerungen, S. 333.

93 BArch, SgY 30/1400, Mappe 37, Bericht Dora Schaul, S. 15.

pression in Lyon massiv verschärfte, wurden die Gruppenabende eingestellt und durch kurze wöchentliche Treffs ersetzt. Ein „österreichischer Genosse“ erläuterte ihr die elementaren Grundlagen der spezifischen Widerstandstätigkeit, und bei einer österreichischen Kommunistin lieferte sie die Berichte über die Erfahrungen im Kontakt mit Wehrmachtssoldaten ab.[94] Wie von Gerti Schindel instruiert, war Schaul („Renée Gilbert“) anschließend bei der Feldpoststelle Lyon (Avenue Berthelot Nr. 14) „eingebaut“, wo es ihr 1944, mit Erfindungsgeist und in mühseliger Kleinarbeit, schließlich gelang, eine „schwarze Liste“ mit den Namen von Dutzenden SD- und Gestapo-Angehörigen zu erstellen.[95]

Zu den „eingebauten“ Österreichern im Süden zählte etwa Harry Spiegel („Henri Verdier“) in der Marinebauleitung Marseille, der in enger Verbindung mit Walter Stein („Fargot“) stand. Spiegel half ihm beim „Einbau“ in die Heeresunterkunft-Verwaltung (Marseille).[96]

6. Die „Streugruppen“

Wie der Name schon andeutet, bestand diese gefährliche Tätigkeit der illegalen Propaganda (zunächst) darin, illegale Flugblätter des TA zu „streuen“, etwa aus fahrenden Straßenbahnen, von denen die Aktivisten nach vollbrachter Tat blitzschnell absprangen. Plätze, Parks, Lokale und Soldatenkinos eigneten sich gleichfalls für diesen Zweck. Tilly Spiegel registrierte weitere Methoden der Verteilung dieser illegalen Materialien: „Sie wurden als Programmzettel getarnt vor den von sehr vielen Wehrmachtsangehörigen besuchten Nachtlokalen rasch verteilt; sie wurden von Radfahrern über Kasernenmauern geworfen, in der überfüllten Metro den Soldaten in die Tornister gesteckt […], auf Kaimauern und Alleebäume geklebt.“[97]

Aus Sicherheitsgründen waren die „Streuer“ zumeist in kleinen Gruppen von drei bis vier Personen unterwegs. Ab Juli 1942 in Lyon lebend, beteiligte sich der österreichische Spanienkämpfer Josef Gradl an verschiedenen Aktionen des TA. Im Juli 1943 führte er, gemeinsam mit Emmi Heller und Wilhelm

94 Ebenda, S. 16–26.

95 Résistance. Erinnerungen, S. 336–340. Da Schaul im Kontext dieser Tätigkeit keine Verbindungspersonen oder einen etwaigen organisatorischen Wechsel bei ihren Auftraggebern anführt, ist davon auszugehen, dass diese gefährliche Mission bis zum Ende unter der Patronanz der österreichischen KP-Gruppe in Lyon stand.

96 DÖW, Akt 19.350, Manuskript Walter Stein, Die Arbeit innerhalb der deutschen Wehrmacht in Frankreich.

97 Spiegel, Österreicher, S. 42.

Kaufmann, zur Mittagszeit im Park vor dem Place Bellecour, eine groß angelegte Streuaktion (Flugblätter) durch, ohne zu wissen, dass sich auf der gegenüberliegenden Seite, kaum 100 Meter entfernt, die berüchtigte, vor allem durch den Prozess gegen Klaus Barbie („Schlächter von Lyon“) bekannt gewordene Lyoner Gestapo-Zentrale befand.[98]

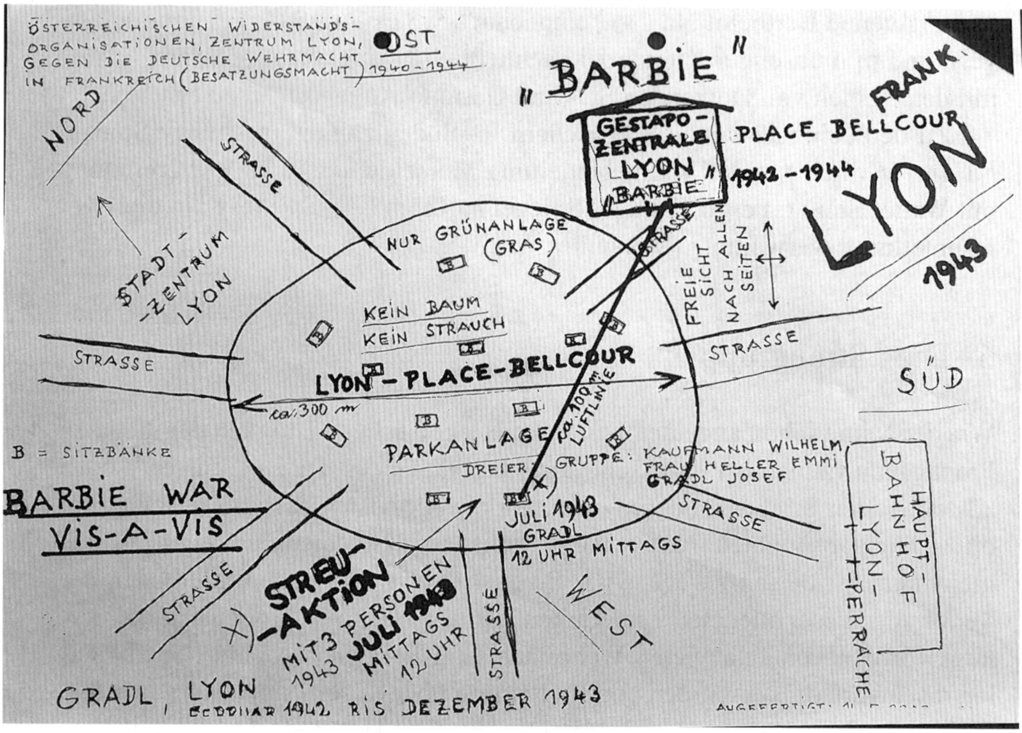

Schauplatz einer Streuaktion in Lyon (Skizze)

DÖW

Dora Schaul, ebenfalls für kurze Zeit einer „Streugruppe“ zugeteilt (gemeinsam mit Emil Miltenberger), ist ein geschickter Aktivist in Erinnerung verblieben: „Ein junger österreichischer Genosse hat eine Methode zur weiten Streuung von Flugblättern erfunden. Er wickelt die Blätter kunstgerecht mit einem

98 Gradl fertigte davon eine detaillierte topographische Skizze an. DÖW, Akt 18.998. Zu weiteren Stationen seiner überaus dramatischen Biographie vgl. RGASPI (Moskau), 495/187/984, Kaderakt Josef Gradl; Wiener Stadt- und Landesarchiv, Vg 4 Vr 2016/47, Volksgerichtsverfahren gegen Karl Wolf; DÖW, Akt 770, 19.998, 20.557.

langen Faden um einen Stein oder um einen anderen schweren Gegenstand. Diesen wirft er, das Ende des Fadens in der Hand haltend, in weitem Bogen, so daß sich die Blätter während des Fluges vom Faden abrollen. Auf diese Weise fällt nicht alles auf eine Stelle.“[99]

Diese und ähnliche Propagandaformen erinnerten an verwandte Techniken, die von den Revolutionären Sozialisten und Kommunisten während des „Austrofaschismus“ praktiziert worden waren.[100]

Verbreitet war auch die Methode, bei Neumond oder bewölktem Himmel Flugblätter oder Plakate an Alleebäume vor Kasernen anzuheften. An einer dieser Aktionen – außerhalb Lyons – waren auch Josef Winterstein, Leo Trinczer und eine Frau mit dem „Decknamen“ Maria beteiligt. Trinczer überhörte die Warnung, wurde gefasst und wahrscheinlich in der Haft erschlagen. Für seine Begleiter blieb die Aktion folgenlos, da Trinczer trotz schwerer Misshandlungen nichts gestand.[101]

Die Aktivitäten der „Streugruppen“ waren zumeist nicht auf eine längere Dauer angelegt, und diese Form der illegalen Propaganda überlappte sich individuell vielfach mit anderen Aktionsfeldern des Widerstandes. Als eigenständige „Organisation“ konnten sie kaum bezeichnet werden.[102]

7. Die „Soldatenarbeit“ der „Mädelgruppen“

Ein wichtiger Tätigkeitsbereich im Rahmen des TA erforderte nicht nur besonderen Wagemut, sondern auch Taktgefühl, feines psychologisches Gespür, schnelles Reaktionsvermögen und eine exzellente Menschenkenntnis, die bei den zumeist sehr jungen Aktivistinnen kaum als Selbstverständlichkeit voraus-

99 Résistance. Erinnerungen, S. 331.

100 Marie Tidl, Die Roten Studenten. Dokumente und Erinnerungen 1938–1945, S. 201 f.

101 DÖW, Akt 3.092, 2.616; biographische Eckdaten zu Leo Trinczer im fremdenpolizeilichen Dossier A.311.752, AGR (Archives générales du Royaume), Brüssel.

102 Die schematische Darstellung von Niebergall entsprach nicht der Realität: „Streugruppen-Organisation […]. Untergeteilt in Streugruppen von 3 bis 5 Freunden, war diese Organisation abgetrennt von den übrigen Mitarbeitern der T.A.; nur in der Spitze bestand eine Verbindung zwischen dem Dreierkopf und dem für die Arbeit der Streugruppen verantwortlichen Techniker.“ BArch, NY 4072/147, Nachlass Franz Dahlem, Otto Niebergall, Tätigkeitsbericht, 10. 10. 1945. – Als „Techniker“ bezeichnete man in der illegalen KPD nach 1933 einen wichtigen Funktionsträger, der für die Herstellung und den sicheren Transport bzw. die Lagerung von illegalen Druckschriften verantwortlich war. Auf zentraler Ebene war dies in Deutschland der „Reichstechniker“, auf regionaler Ebene z. B. der „Obertechniker West“.

gesetzt werden konnte: die „Soldatenarbeit“ oder „Mädelarbeit“.[103] Junge Mädchen und Frauen sprachen Wehrmachtssoldaten in Parks, Museen, Schwimmbädern, vor Kirchen, Denkmälern, auf Aussichtsterrassen, seltener in Cafés[104] an (oder ließen sich ansprechen[105]), halfen in Geschäften oder auf Märkten scheinbar „spontan“ mit Übersetzungen aus oder präsentierten sich sonst in freundlicher Weise, um Wehrmachtssoldaten in ein Gespräch zu verwickeln und sehr vorsichtig die politische Einstellung der Soldaten zu sondieren. Der vermutlich einfachste und unverfänglichste Einstieg in ein Gespräch bestand darin, nach der Uhrzeit zu fragen. Gleichzeitig galt es klarzustellen, dass die erstaunlich gut Deutsch sprechenden jungen Frauen,[106] die sich, ebenso wie die Eingebauten, zumeist als Elsässerinnen ausgaben, an einem erotischen Abenteuer desinteressiert waren. Gleichwohl bezeichnete man gruppenintern diese politische Tätigkeit sarkastisch mit einschlägigen Termini: „Auf den Strich gehen“[107] oder „auf Aufriss gehen“. Wie Brigitte Bailer zu Recht betonte, war diese Methode „eine der seltenen Fälle einer spezifisch weiblichen Form des Widerstandes“.[108] Männliche Angehörige des Widerstands konnten sich – per definitionem des Geschlechts – nicht in derartiger Weise an Wehrmachtssoldaten „heranpirschen“, weil sie in einem solchen Falle unweigerlich als Homosexuelle wahrgenommen und vermutlich auch denunziert worden wären.

103 Den Begriff „Mädelarbeit“ hat vermutlich Gisela („Gundl“) Steinmetz erfunden, die neben Herta Stuberg (geb. Löwy) und Mara Gincburg zu den ersten Aktivistinnen in Belgien gehörte. Später stießen u. a. Ester Tencer, Lotte Brainin (damals: Sontag), Cilli Spitz und zahlreiche andere Widerstandskämpferinnen dazu. Zu den Biographien von vier Aktivistinnen liegen ausführliche lebensgeschichtliche Zeugnisse vor, die in einem größeren Projektkontext näher thematisiert werden sollen. Vgl. DÖW, Interviews des Verfassers mit: Gisela Steinmetz, Teil 1–2 (14. 12. 1982, 14. 2. 1983), Lotte Brainin, Teil 1–5 (19. 3. 1985, 22. 4. 1985, 5. 6. 1985, 19. 6. 1985, 28. 6. 1985), Ester Tencer Teil 1–3 (8. 10. 1984, 11. 10. 1984, 18. 10. 1984); Cilli Spitz, Teil 1–2 (8. 11. 1984, 14. 11. 1984). Zu Ester Tencer siehe ferner: Winfried Garscha / Claudia Kuretsidis-Haider / Heinz Arnberger, Die jüdische Kommunistin Ester Tencer. Eine biographische Skizze, in: DÖW (Hrsg.), Jahrbuch 2012, Wien 2012, S.113–134.

104 Cafés galten zwecks Anbahnung von Kontakten eher als riskant, weil sie öfters vom Wehrmachtstreifendienst kontrolliert wurden. Dennoch fanden manche „Erstkontakte“ auch hier statt.

105 Etwa, wenn sie an einzelnen Soldaten vorbeigingen und demonstrativ laut Deutsch sprachen.

106 Vgl. Ingrid Strobl, „Fräulein, warum sprechen Sie so gut Deutsch?“ Österreichische jüdische Exilantinnen in der Résistance, in: Siglinde Bolbecher (Hrsg.), Frauen im Exil, Klagenfurt 2009 [= Zwischenwelt 9], S. 118–139.

107 Möglicherweise war dieser intern häufig verwendete Ausdruck auch doppelsinnig gemeint, nämlich nicht nur mit der Konnotation, sich scheinbar einem Mann anzubiedern, sondern auch: sich personell auf den Todfeind einzulassen.

108 Brigitte Bailer-Galanda, Zur Rolle der Frauen im Widerstand oder: die im Dunkeln sieht man doch, in: DÖW (Hrsg.), Jahrbuch 1990, Wien 1990, S. 13–22, hier 18.

Als erste in die „Mädelarbeit“ integrierte Österreicherin konnte die aus Wien gebürtige Schneiderin Rosel Jungmann eruiert werden, die seit 1937 in Paris lebte. Um ins Gespräch mit Soldaten zu kommen, erfand sie eine Geschichte, der zufolge ihr französischer Bräutigam in den Kriegswirren verschollen war. Ende 1941, als ihr möglicherweise Gefahr drohte, ging sie in die unbesetzte Zone nach Marseille, und von dort aus emigrierte sie über Casablanca nach Mexiko, wo sie 1942 der Kommunistischen Partei beitrat.[109]

1942 nahm, wie der Travail Allemand insgesamt, die „Mädelarbeit“ stärker strukturierte Formen an. Die jungen Frauen wurden anfänglich von Gerti Schindel betreut und instruiert. Nach deren Verlegung in die südliche, mittlerweile ebenfalls besetzte Zone Frankreichs trat Lisa Gavric (geb. 1907 in Wien) an ihre Stelle. Die jungen, fast ausnahmslos jüdischen Widerständlerinnen waren in den Pariser Straßen, Parks und Cafés immer zu zweit unterwegs, um Soldaten der Besatzungsmacht „aufzureißen“, Elisabeth Barta beispielsweise oft in Begleitung von Friederike Weizenbaum.[110] Schienen solcherart kontaktierte Soldaten aufgeschlossen und vertrauenswürdig, zweifelten sie am deutschen „Endsieg“ oder gaben sie sich – in unterschiedlichen Abstufungen – als Antinazis zu erkennen, so steckten ihnen die Aktivistinnen der „Mädelarbeit“ bei einem zweiten oder dritten Treffen Flugblätter zu. Aus Sicherheitsgründen sollten jeweils nicht mehr als vier Verbindungen unterhalten werden. Im günstigsten Fall hinterlegten antifaschistisch gesinnte Soldaten illegale Materialien dieser Art z. B. auf den Toiletten ihrer Kasernen oder nahmen sie sogar in den Heimaturlaub mit.[111]

Manche der jungen Frauen mussten beim „Anbandeln“ erst eine gewisse Schüchternheit überwinden oder genierten sich, wenn französische Passanten, die sie für „Soldatenliebchen“ hielten, ihnen gelegentlich verächtliche Blicke zuwarfen. Andere „Mädel“ ärgerten sich darüber, dass nonverbale Annäherungsversuche schlichtweg ignoriert wurden. Lisa Gavric hat in ihren formal romanhaft gestalteten, aber meines Erachtens historisch authentischen und zugleich literarisch anspruchsvollen Erinnerungen, in denen sie von sich in der dritten Person spricht und alle anderen Akteure und Akteurinnen nur mit Vornamen oder bestimmten Charakteristiken vorstellt, ein Gespräch zwischen zwei Frauen nach einem zunächst erfolglos scheinenden Tag auf eine ungemein plastische Weise wiedergegeben:

109 BArch, SgY 30/1400/29, Bericht Rosel Jungmann.

110 DÖW, Interview des Verfassers mit Elisabeth und Tibor Barta, Teil 3, 17. 11. 1983.

111 In ihren Erinnerungen führte Lisa Gavric fünf grob umrissene Kategorien von Kontakten mit Wehrmachtssoldaten an. Lisa Gavric, Die Straße der Wirklichkeit. Bericht eines Lebens, Berlin (DDR), S. 257 ff.

„Unter einem schattigen Kastanienbaum vor dem Teil des Zoologischen Gartens im Bois de Vincennes, in dem die Affen frei herumsprangen und einander die Läuse suchten, saßen zwei Frauen auf einer Bank: Die eine, fünfunddreißig Jahre alt [= Lisa Gavric], streckte ihre Beine müde von sich, hatte die Arme auf die Lehne gelegt und schien völlig erschöpft zu sein. Die viel jüngere, ein Mädchen Anfang Zwanzig [...] flüsterte aufgeregt: ‚Du siehst doch, was der Hitler aus den Männern gemacht hat.' Da haben wir uns vor ihrer Nase herumgedreht, mein schönstes Lächeln habe ich aufgesetzt, und was haben sie gemacht, diese gleichgeschalteten Soldaten? Den Affen haben sie beim Lausen zugeschaut, keiner hat einen Blick auf uns geworfen, denn jetzt war auf der Tagesordnung: Besichtigung des Zoologischen Gartens. Verflucht noch einmal! Nie mehr im Leben werde ich so eine Scheißarbeit machen."

Die ältere der beiden Frauen, also Lisa Gavric, ermunterte ihre Genossin:

„Heute war ein schlechter Tag, keinen einzigen Soldaten haben wir ‚aufgerissen' [...]. ‚Versuch es noch einmal! Dort der kleine Braune, der mit dem Blonden spricht, hat ein ganz intelligentes Gesicht. Ich bitte Dich, geh hin, einfach auf ihn zu, und bitte um eine Zigarette. Dann kann er nicht anders und muß etwas sagen'.
Das hübsche Mädchen mit dem langen, feinen Hals wie bei den Frauen von Botticelli, gab sich widerwillig einen Ruck, lachte ihr spöttisches Lächeln [... und dann] ging sie auf den braunhaarigen Soldaten zu, sagte etwas, wandte kokett den Kopf, ließ ein reizendes Lächeln sehen, nahm die Zigarette, blieb aber wie angewurzelt stehen und redete, redete. Es war gelungen. Der Braune und der Blonde kamen zur Bank. Das schon längst zur Routine gewordene, nur dem jeweiligen Fall besonders angepaßte Gespräch begann. Unter harmlosem Lachen und tausend Nebensächlichkeiten, die aber gerade wichtig waren, um das weiche Kissen abzugeben, in das dann rasch spitze Nadeln hineingesteckt wurden – Nadeln, die stechen und lange im Gedächtnis sitzen sollten –, warfen die beiden Frauen die Wortbälle hin und her, tasteten dabei unmerklich jede geringste Regung in den Augen der Soldaten ab, legten in Blitzesschnelle das kleinste Wort unter das Mikroskop ihrer schon meisterhaft geübten Gedanken und stellten die Diagnose: Kann von Wert sein. Nicht sehr begeistert vom Krieg. Möchte lieber jung sein, als sich erschießen zu lassen...".[112]

112 Gavric, Straße, S. 252 f.

„Lisel“, die Gesprächspartnerin von Gavric, deutet auf Elisabeth Barta hin.[113] Andere Personen im Widerstandskontext konnten zweifelsfrei identifiziert werden“: „Toni“[114] = Antonie Lehr, liiert mit „Franz“[115] = Franz Storkan; „Franz“[116] = Franz Marek. Unmittelbar in die „Mädelarbeit“ involviert oder „eingebaut“ ferner: „eine kleine, schwarzhaarige ungarische Ärztin“[117] = Dr. Martha Farkas[118]; „die Rumänin Ivonne“[119] = Irma Mico; „das dunkle Mädchen Judith“[120] = Judith Fels-Margulies[121]; „die fröhliche Trude, ein rundliches, dunkelhaariges Mädchen, gutmütig, nie aus der Ruhe zu bringen, immer lachend, eines Tages verschwunden“[122] = Gertrude Weisler[123]; ihr Freund und Genosse, gleichfalls von den Nazis ermordet[124] = Ernst Blaukopf[125]; „die Genossin Else, eine langjährige deutsche Kommunistin, von Beruf Sekretärin“[126] = Else Fugger[127]; „der deutsche Matrose Hans“[128] = Hans Heisel[129]; „die klei-

113 Dafür sprechen folgende Indizien: a) Lisa Gavric verwendete in ihren Erinnerungen, wie erwähnt, stets die Vornamen; b) Elisabeth Barta war wie „Lisel“ in der „Mädelarbeit“ aktiv; c) in ihren Erinnerungen schreibt Gavric, „Lisel“ sei bei der Firma Blaupunkt beschäftigt gewesen; d) dieselbe Beschäftigung führte Elisabeth Barta 1983 in einem Interview mit dem Verfasser an. Lediglich bei der Altersangabe unterlag Gavric anscheinend einem Irrtum, denn Elisabeth Barta war zum betreffenden Zeitpunkt 29 Jahre alt, „Lisel“ hingegen „Anfang Zwanzig“.

114 Gavric, Straße, S. 245–247.

115 Ebenda.

116 Ebenda, S. 261 f., 268.

117 Ebenda, S. 254.

118 Vgl. BArch, SgY 30/1400/Mappe 26.

119 Gavric, Straße, S. 254.

120 Ebenda, S. 255.

121 Judith Fels-Margulies war als „Algerierin“ in Paris beim Marineministerium, Abt. Oberfestungs-Pionierstab „eingebaut“. WStLA, LG Wien, 31 Vr 5.459/56, Volksgerichts-Verfahren gegen Eduard Tucek; DÖW, Akt 2616; Spiegel, Österreicher, S. 44.

122 Gavric, Straße, S. 268.

123 Archiv des International Tracing Service (ITS), Bad Arolsen, Karteikarten betr. Gertrude Weisler (2.2.2./76898081); Maitron-en-ligne.univ-paris1/fr, notice Weisler Gertrud (alias Grombert) par Daniel Grason.

124 Gavric, Straße, S. 269.

125 Ernst Blaukopf gehörte später zu der legendären Pariser Stadtguerilla-Gruppe (FTP/MOI) um den Armenier Missak Manouchian. Er wurde im September 1943 am Mont-Valérien hingerichtet. Vgl. Maitron-en-ligne. Univ-paris 1.fr. Notice Blaukopf Ernest, par Daniel Grason; Courtois / Peschanski / Rayski, Le sang de l'étranger, S. 267.

126 Gavric, Straße, S. 254.

127 Else Fugger: 1924 Beitritt zur KPD, seit 1925 hauptamtliche Mitarbeiterin. Bis 1927 Stenotypistin der KPD-Bezirksleitung Westsachsen, anschließend bis 1932 Redaktionssekretärin der KPD-Zeitung „Süddeutsche Arbeiterzeitung“. Seit 1934 in Paris.

128 Gavric, Straße, S. 266.

129 BArch, SgY 30/1082, Bericht Franz Marek, 22. 1. 1959.

ne, springlebendige Wilma, mit klugen, spöttischen Augen und ebensolcher Stimme"[130] = Vilma Steindling (damals Geyringer)[131]; „Emmi" und ihr „Sohn Georg, ein durch die Emigration allzu früh reif gewordenes Kind von außergewöhnlicher Intelligenz"[132] = Irma und Georg Hirsch, beide nach Auschwitz deportiert und ermordet[133]. Lediglich zu „Mädi", einer „kleine[n], blonde[n] Wienerin"[134], führte bisher keine Spur in den Archiven, bei Interviews oder in der Literatur.

Anders als bei den Eingebauten, deren Berichte stets über die Inter nach Paris bzw. ab 1943 auch an die Lyoner Leitung (Grossmann, Kessler) gelangten, berichteten zumindest einige der „Basisaktivistinnen", d. h. der mit deutschen Soldaten persönlich in Kontakt stehenden „Mädel" nicht nur an die Gruppenleiterin (Gavric), sondern – etwa Elisabeth Barta – auch direkt an Franz Marek. Diese organisatorische „Abkürzung" lag vermutlich darin begründet, dass die allermeisten „Mädel" in Paris oder Umgebung wohnten und politisch im Untergrund wirkten.

Nachdem Lisa Gavric im Herbst 1943, gleichfalls als französische Zivilarbeiterin getarnt („Marie Louise-Béranger", geboren im elsässischen Mulhouse), die Rückreise in die „Ostmark" antrat, um dort – eine gravierende Fehleinschätzung aller Beteiligten – unter vermeintlich günstigeren Rahmenbedingungen[135] die Widerstandstätigkeit fortzusetzen, avancierte die schon erwähnte Irma Mico im September 1943 zu ihrer Nachfolgerin.[136]

Über die „Mädelarbeit" in der ehedem unbesetzten Zone ist bisher recht wenig bekannt. Als deren Organisatorin und Leiterin wird mehrfach Anna Grün

130 Gavric, Straße, S. 269.

131 Steindling / Erdheim, Vilma Steindling.

132 Gavric, Straße, S. 269.

133 Zum tragischen Ende von Irma Hirsch und ihrem achtjährigen Sohn Georg siehe ausführlich www.amisdecazaux.fr/ Les Autrichiens de Cazaux-Debat, 2eme partie: Georg Hirsch, l'enfant de Barrancoueu, 2. 4. 2016.

134 Gavric, Straße, S. 255.

135 Mit Ausnahme von Egon Kodicek wurden alle auf diese Art nach Österreich transferierten Kader, etwa 40 an der Zahl, zwischen Mai 1943 und August 1944 von der Gestapo verhaftet.

136 Zu Irma Mico, die 1914 in Czernowitz geboren wurde (Mädchenname Rosenberg) und in zweiter Ehe mit Julien Mico (in Frankreich gemeinsame Tätigkeit in der MOI) verheiratet war, vgl. Courtois / Peschanski / Rayski, Le sang de l'étranger, S. 98, 100, 130; Wieviorka, Ils étaient juifs, résistants, communistes, S. 75 f., 80, 90; Robert Gildea, Resistance by the Pool: a transnational moment, in: transnational-resistance.history.ox.ac.uk/tag/lisa-gavric/ [8. 1. 2019].

genannt,[137] was aber mit an Sicherheit grenzender Wahrscheinlichkeit nicht zutrifft.[138]

Auch in Belgien hatten die Österreicherinnen im Rahmen der „Mädelarbeit“ eine nicht unwesentliche Bedeutung. In Brüssel und Antwerpen engagierten sich etwa 20 junge Österreicherinnen und Deutsche bei der „Mädelgruppe“, als Gruppenleiterin fungierte Gisela Herrnstadt. Die Historikerin Tanja von Fransecky publizierte jüngst eine quellengesättigte Biographie zu Nelly Klein (später Nelly Sturm), einer österreichischen Aktivistin aus diesem Widerstandskomplex.[139]

In Brüssel existierte jedoch keine eigene TA-Leitung, die Verbindung zwischen Paris (Marek) und den in Belgien tätigen Widerstandskämpferinnen hielt 1942/43 Gustav Teply, ein Absolvent der Moskauer Leninschule, aufrecht, ehe er gleichfalls auf dem schon mehrfach erwähnten Weg nach Österreich zurückkehrte.

Der vorliegende Aufsatz entstammt einem Forschungsprojekt („Österreicher in der französischen Résistance: Biographische Studien zu 100 Widerstandskämpfern“), das vom Zukunftsfonds der Republik Österreich, dem Nationalfonds der Republik Österreich und der Hochschuljubiläumsstiftung der Stadt Wien gefördert wird. Den genannten Institutionen sei an dieser Stelle für die finanzielle Unterstützung gedankt.

137 Spiegel, Österreicher, S. 39 f.; Schwager, Emigration, S. 100; Graf et al., Marek, S. 83.

138 In einem 14-seitigen Erinnerungsbericht geht Anna Grün sehr detailliert auf ihre Widerstandstätigkeit in und um Lyon ein: „Rettungswiderstand“ für bedrohte jüdische Kinder (vor allem unter der Ägide eines katholischen Geistlichen), Errichtung eines Erholungsheimes für diese Kinder, Quartierbeschaffung für gefährdete österreichische Kommunisten usw. Mit keinem Wort erwähnt sie jedoch den Komplex „Mädelarbeit“. DÖW, Akt 1031, Manuskript Anna Grün, Aus der Lyoner Résistance-Bewegung, o. D.

139 Tanja von Fransecky, Bis ans Maul der Bestie. Nelly Klein – eine österreichische Jüdin im belgischen Widerstand, Berlin 2019.

Maria Prieler-Woldan

„Der verbotene Umgang erfolgte bei Etzer nicht aus politischen Gründen …“[1]

Das Schicksal einer in der NS-Zeit verfolgten Bergbäuerin

Frauen, die sich mit Zwangsarbeitern oder Kriegsgefangenen „eingelassen“ hatten, sind heute noch eine marginalisierte Opfergruppe. Selbst einfache menschliche Hilfeleistungen konnten sie schon ins Zuchthaus oder KZ bringen. Oft ging die Diffamierung in der Zweiten Republik weiter. Im Zuge meiner Recherchen über die Salzburger Bergbäuerin Maria Etzer (1890–1960) und ihre Verfolgung im Nationalsozialismus[2] bin ich auf eine Forschungslücke gestoßen, denn ihr individuelles Schicksal ist nicht das einzige, das lange Zeit nicht adäquat gewürdigt wurde. Der „verbotene Umgang“ mit Zwangsarbeitern oder Kriegsgefangenen war im Dritten Reich keineswegs ein Randphänomen. Etwa 3.500 Frauen waren wegen „Verkehrs mit Fremdvölkischen“ allein im Frauen-KZ Ravensbrück inhaftiert. Insa Eschebach, die Leiterin der dortigen Gedenkstätte, stellte noch 2014 fest, dass deren Haftbedingungen „in der öffentlichen Erinnerung an die Konzentrationslager jahrzehntelang so gut wie keine Erwähnung gefunden haben“[3] und das Phänomen auch insgesamt noch erklärungsbedürftig wäre, „obwohl zu den Umgangsdelikten mittlerweile eine Reihe wissenschaftlicher Arbeiten und biografischer Berichte vorliegt“[4]. Die wegen „Geschlechtsverkehrsverbrechen“, eines letztlich politischen Delikts,

1 Salzburger Landesarchiv (SLA): Haftbestätigung Strafanstalt Aichach, 27. 3. 1953, in: Opferfürsorgeakt (OF-Akt) Maria Etzer, OF-Akten A–Z abgelehnt.

2 Maria Prieler-Woldan, Das Selbstverständliche tun. Die Salzburger Bäuerin Maria Etzer und ihr verbotener Einsatz für Fremde im Nationalsozialismus, Wien–Innsbruck–Bozen 2018.

3 Insa Eschebach, „Verkehr mit Fremdvölkischen“. Die Haftgruppe der wegen „verbotenen Umgangs“ im KZ Ravensbrück inhaftierten Frauen, in: Dies. (Hrsg.), Das Frauen-Konzentrationslager Ravensbrück. Neue Beiträge zur Geschichte und Nachgeschichte, Berlin 2014 [= Forschungsbeiträge und Materialien der Stiftung Brandenburgische Gedenkstätten, Bd. 12], S. 154–171, hier 154.

4 Ebenda.

verfolgten Frauen, häufig schon in ihrem Wohnort öffentlich angeprangert, geschoren und mit Schandtafeln vorgeführt, wurden in Ravensbrück in der ersten Zeit noch alle drei Monate wieder geschoren und hatten auch unter der Verachtung von Mithäftlingen zu leiden: „Unter dem Druck des Lagerlebens haben viele Frauen scharfe Trennungslinien gezogen zwischen der eigenen Gruppe und den verachtungswürdigen und deshalb auszuschließenden Anderen. Um die eigentlich ‚Politischen' auch sprachlich von den wegen Verkehrs inhaftierten Frauen abzusondern, wurden Letztere in Ravensbrück auch als ‚Bettpolitische' bezeichnet und diffamiert."[5]

Der Einsatz von Fremdarbeitern und die NS-Delikte „verbotener Umgang" bzw. „Verkehr mit Fremdvölkischen" / „Geschlechtsverkehrsverbrechen"

Fremdarbeiter und Fremdarbeiterinnen machten während des Zweiten Weltkriegs im Deutschen Reich bis zu einem Viertel aller Arbeitskräfte aus. Der Begriff spiegelt – abseits von rassistischen Klischees – die Erfahrung der Einheimischen wider: Die fremden Arbeitskräfte waren in Stadt und Land allgegenwärtig. „Fremdvölkisch" hingegen war ein Rassebegriff der Nazis; vor allem Menschen slawischer Herkunft wurden als minderwertig und als Gefahr für die „arische" Bevölkerung betrachtet. Sie mussten Abzeichen mit P (für Polen) bzw. OST (für Sowjetunion) auf ihrer Kleidung tragen.

Unter Zwangsarbeitern und Zwangsarbeiterinnen wird eine Vielzahl von Personengruppen verstanden, denen es verwehrt war, Arbeitsstelle und Arbeitgeber nach eigenem Willen auszusuchen oder zu verlassen und die in der Regel besonders schlechten sozialen Bedingungen ohne rechtliche Einspruchsmöglichkeiten unterworfen waren.[6] Dabei kann man für die Zeit des Nationalsozialismus grob verschiedene Gruppen unterscheiden:

- Ausländische ZivilarbeiterInnen und Kriegsgefangene, die zwischen 1939 und 1945 zum Arbeitseinsatz ins Deutsche Reich gebracht wurden, im Volksmund „Fremdarbeiter" genannt. Unter den zivilen auslän-

5 Ebenda, S. 169.

6 Vgl. Ulrich Herbert, Zwangsarbeiter im „Dritten Reich" – ein Überblick, in: Forum Politische Bildung (Hrsg), Wieder gut machen? Enteignung, Zwangsarbeit, Entschädigung, Restitution. Österreich 1938–45/1945–1999, Wien 1999, S. 34.

dischen Arbeitskräften wurden auch viele Frauen rekrutiert, so betrug deren Anteil 1944 30 %.[7]

- Häftlinge der Konzentrationslager vor allem im Reichsgebiet, aber auch in den besetzten Gebieten Osteuropas.
- Jüdinnen und Juden, die in ihren Heimatländern, vor allem aber nach ihrer Deportation, Zwangsarbeiten verrichten mussten, in Ghettos, Zwangsarbeitslagern oder KZs bzw. deren Außenlagern.[8] Auch Roma und Sinti wurden zur Zwangsarbeit herangezogen.

Die verschiedenen Kategorien überschnitten sich: Es wurden ausländische wie auch inländische Arbeitskräfte inhaftiert, manche Kriegsgefangene konnten zu Zivilarbeitern werden, freiwillige Anwerbung wurde im Verlauf des Krieges zu zwangsweiser Rekrutierung; die Lebens- und Arbeitsbedingungen waren entsprechend der nationalsozialistischen Rassenideologie sehr unterschiedlich.

In der Vorbereitung und im Verlauf des Krieges gab es drei große Engpässe: Devisen, Rohstoffe und Arbeitskräfte. „Für Devisen und Rohstoffe gab es eine Lösung: Nach dem Konzept der ‚Blitzkriege' sollten die Ressourcen des Reiches sukzessive durch die Vorräte der zu erobernden Länder erweitert werden. [...] Die Frage der Beschaffung von Arbeitskräften war schwieriger zu bewältigen, denn hier spielten außer wirtschaftlichen auch sicherheitspolizeiliche und vor allem weltanschauliche Faktoren eine Rolle."[9]

Millionen von ausländischen Arbeitskräften ins „Reich" zu bringen, kollidierte mit den völkischen Prinzipien der Nationalsozialisten: Eine massenhafte Beschäftigung von „Fremdvölkischen", vor allem aus dem Osten, gefährde über Kontakte zu einheimischen Frauen die „Blutreinheit" des deutschen Volkes. Diese Gefahr musste eingedämmt werden, da die Kriegswirtschaft die Arbeitskräfte dringend benötigte.

Die ersten zivilen Arbeitskräfte wurden mit massiver Propaganda und Versprechungen angelockt, aber auch – vor allem im besetzten Polen – bereits zwangsrekrutiert. Die Besatzungsmacht legte Betriebe still und erhöhte damit die Arbeitslosigkeit. Sie setzte aber auch die örtlichen Behörden unter Druck: „Die einzelnen Gemeinden und Kreise hatten Pflichtkontingente zu erfüllen, die – wenn sie nicht erreicht wurden – Terroraktionen der SS und der polni-

7 Österreichischer Versöhnungsfonds (Hrsg), Zwangsarbeit in Österreich. 1938–1945. Späte Anerkennung, Geschichte, Schicksale, Wien 2005, S. 62.

8 Herbert, Zwangsarbeiter im „Dritten Reich", S. 34.

9 Ebenda, S. 34 f.

schen Polizei zur Folge hatten, wobei ganze Dörfer umstellt und die Menschen bei brutalen Razzien gefangen genommen wurden.“[10]

Im Mai 1940 war der Arbeitskräftebedarf nach wie vor sehr hoch. „So wurden denn schon während und alsbald nach dem ‚Frankreichfeldzug‘ etwas mehr als eine Million französischer Kriegsgefangener als Arbeitskräfte ins Reich verbracht. Darüber hinaus begann in den verbündeten Ländern und besetzten Gebieten des Westens und Nordens eine verstärkte Arbeiter-Werbung. Auch für diese Gruppen wurden jeweils besondere, allerdings im Vergleich zu den Polen deutlich günstigere Vorschriften für Behandlung, Lohn, Unterkunft etc. erlassen, sodass ein vielfach gestaffeltes System der nationalen Hierarchisierung entstand, eine Stufenleiter, auf der die damals bereits so genannten ‚Gastarbeitnehmer‘ aus dem verbündeten Italien zusammen mit den Arbeitern aus Nord- und Westeuropa oben und die Polen unten platziert wurden.“[11] Noch unter den Polen rangierten in dieser Hierarchie die „Ostarbeiter“ und „Ostarbeiterinnen“ aus der Ukraine bzw. Sowjetunion.

In der Ostmark wurden neben den zivilen ZwangsarbeiterInnen zwischen 1940 und 1944 etwa 300.000 Kriegsgefangene eingesetzt, darunter 80.000 bis 100.000 Franzosen; schon Anfang September 1940 gab es in Lagern auf österreichischem Boden über 78.000 französische Kriegsgefangene.[12]

Nach der Einlieferung in Kriegsgefangenenlager (hauptsächlich sogenannte Stammlager – Stalags) konnten die Gefangenen zur Arbeit herangezogen werden, arbeitsunwillige Kriegsgefangene auch dazu gezwungen werden. Die Arbeitsämter hatten in den Stalags eine Vermittlungsstelle, die zusammen mit der Lagerkommandantur die Gefangenen zuteilte.[13]

Während diese in der Bauwirtschaft oder Industriebetrieben in größeren bewachten Gruppen zu arbeiten hatten, waren für den Einsatz in der Landwirtschaft andere Regelungen nötig. Auf den oft weit abgelegenen Bergbauernhöfen wurden trotz ideologischer Bedenken ausländische ZivilarbeiterInnen und Kriegsgefangene wegen langer Anmarschwege und schlechter Witterungsverhältnisse im Winter zumeist einzeln untergebracht. So waren die Arbeitskräfte ständig einsatzbereit. Am Wochenende mussten sie ins Lager zurück.

10 Alois Nußbaumer, „Fremdarbeiter“ im Pinzgau. Zwangsarbeit – Lebensgeschichten, Salzburg–Wien 2011, S. 16.

11 Herbert, Zwangsarbeiter im „Dritten Reich“, S. 35 f.

12 Vgl. Paul Schieder, Französische Zwangsarbeiter im „Reichseinsatz“ auf dem Gebiet der Republik Österreich. Hintergründe und Lebenswelten, Wien–Köln–Weimar 2012, S. 21.

13 Vgl. Hubert Speckner, In der Gewalt des Feindes. Kriegsgefangenenlager in der „Ostmark“ 1939–1945, Wien–München 2003, S. 179.

Weil einheimische Männer kaum verfügbar waren, dienten vielfach Kinder als „Wachpersonal" auf dem Weg dorthin.[14]

Die Unterbringung auf dem Hof und die gemeinsame meist schwere Arbeit mit den Bauersleuten und DienstbotInnen – vor allem Frauen, da die meisten Männer eingerückt waren – führten zwangsläufig zu engeren Kontakten zwischen AusländerInnen und Ortsansässigen und damit auch zu Konflikten. Manche Einheimische klagten über „unbotmäßige" und „faule" Zwangsarbeitskräfte, die die Kooperation verweigerten – und denen nach Anzeige Straflager oder KZ drohte. Die ZwangsarbeiterInnen hatten oft unter Hunger, Misshandlungen und Demütigungen zu leiden. Ein menschlich zumindest korrekter Umgang mit den völlig rechtlosen ausländischen Arbeitskräften war keineswegs selbstverständlich.

Das NS-Regime versuchte – wie sich bald zeigte, mit mangelndem Erfolg – unerlaubte Kontakte zwischen Einheimischen und Fremden zu unterbinden. Verbote, mündlich und schriftlich kommuniziert, und drastische Strafen sollten die rassistisch gesetzten Schranken aufrechterhalten. Im NS-Sprachgebrauch war bei deren Übertretung schnell von Geschlechtsverkehrsverbrechen die Rede, dies vor allem für den Kontakt zu Personen slawischer Herkunft. „Verbotener Umgang" war der Sammelbegriff für jegliche unerlaubten Kontakte mit Zwangsarbeitskräften, d. h. hauptsächlich Kriegsgefangenen westlicher Herkunft. Unter der Devise der Feindbegünstigung wurden solche Kontakte als politisches Delikt verstanden, nämlich als „Wehrkraftzersetzung" der Frauen an der „Heimatfront".

Laut einem der Merkblätter, die an allen öffentlichen Orten angeschlagen waren, waren aber nicht nur intime sexuelle Kontakte verboten, sondern bereits das Essen am gemeinsamen Tisch und andere harmlose gemeinsame Aktivitäten und menschliche Handlungen:

> „Es macht sich überdies strafbar:
> a) Wer mit Kriegsgefangenen in Verbindung tritt, gemeinsam mit ihnen Gaststätten, Tanzveranstaltungen, Lichtspielhäuser oder Kirchen besucht, mit ihnen Ausflüge und Spaziergänge unternimmt oder Unterhaltungen mit ihnen führt. *Besonders streng wird der Verkehr deutscher Frauen und Mädchen mit Gefangenen geahndet.*
> b) Wer den Gefangenen Waffen, Kleidungsstücke, Lebensmittel usw. verkauft, aushändigt oder bei deren Beschaffung behilflich ist. (Alle erlaubten

14 Vgl. Nußbaumer, „Fremdarbeiter" im Pinzgau, S. 41 f.

> Gebrauchsgegenstände kann sich der Kriegsgefangene beim Vertragskaufmann erwerben.)
> c) Wer Kriegsgefangenen deutsches Geld aushändigt.
> d) Wer den Kriegsgefangenen ermöglicht, unter Umgehung der vorgeschriebenen Briefzensur Post zu befördern oder zu empfangen.
> e) Wer sich an Gefangenentransporte herandrängt und sich durch Zurufen und Zuwinken bemerkbar macht.
> f) Wer absichtlich oder fahrlässig die Flucht von Kriegsgefangenen ermöglicht.
> g) Wer Gegenstände aus dem Besitz von Kriegsgefangenen ankauft oder als Geschenke annimmt (Auch sogenannte Erinnerungsstücke anzunehmen ist verboten.)
> h) Wer das Abhören des ausländischen Rundfunks durch Kriegsgefangene nicht verhindert.“[15]

Oft reichte schon „eine Hilfestellung oder ein kollegialer Umgang für eine Verurteilung, wie das Zustecken von Brot oder Zigaretten, das Versenden von Post für Kriegsgefangene, das offene Grüßen auf der Straße oder das Mitnehmen auf einem Pferdewagen“.[16]

Das NS-Delikt des „verbotenen Umgangs“ betraf – wenn auch nicht ausschließlich, jedoch im Kriegsverlauf zunehmend – vor allem Frauen. Eine von ihnen ist eine Salzburger Bergbäuerin aus dem Innergebirg (Pinzgau bzw. Pongau), deren Geschichte ich mit Hilfe von historischen Dokumenten und Gesprächen mit Nachkommen erforscht habe.

Maria Etzer, geboren 1890: biografische Notizen zu einer Pongauer Bergbäuerin

Maria Etzer, geborene Höller, kam 1890 in Taxenbach im Pinzgau als lediges Kind einer bäuerlichen Dienstmagd auf die Welt. Mit 21 Jahren heiratete sie 1911 den 33-jährigen Johann Etzer und erwarb mit ihm den Lehenhof in Gold-

15 OÖ. Landesarchiv: Ausschnitt aus: Merkblatt über das Verhalten deutscher Volksangehöriger gegenüber Kriegsgefangenen (1940). Politische Akten, Ordner OÖ 26-1, Mikrofilm 5080, Hervorhebung im Original.

16 Martina Gugglberger, Weibliche Namen des Widerstands im „Reichsgau Oberdonau“, in: Christine Kanzler / Ilse Korotin / Karin Nusko (Hrsg.), „... den Vormarsch dieses Regimes einen Millimeter aufgehalten zu haben ...“ Österreichische Frauen im Widerstand gegen den Nationalsozialismus, Wien 2015, S. 148–169, hier 153.

egg im Pongau. Ihr Mann hatte bereits vier voreheliche Kinder, eines brachte er in die Ehe mit. Von acht gemeinsamen Kindern starben drei im Kindesalter, 1925 starb Maria Etzers Ehemann infolge einer Verletzung aus dem Ersten Weltkrieg.

So war Maria Etzer mit 35 Jahren, fünf Kindern und einem Pflegekind Witwe und musste auch noch den kranken Vater versorgen, der durch die Inflation seine Ersparnisse verloren hatte und bis zu seinem Tod bei seiner Tochter auf dem Hof wohnte.

Fast zwanzig Jahre lang, von 1925 bis zu ihrer Verhaftung 1943, war Maria Etzer Betriebsführerin und zog nach ihren Kindern noch drei Enkelkinder auf. Mitbedingt durch die Weltwirtschaftskrise wurden viele Höfe versteigert, ihr Hof war jedoch 1938 schuldenfrei.

Dem Nationalsozialismus stand sie – im Gegensatz zu ihren mittlerweile erwachsenen Kindern – von Anfang an kritisch gegenüber. Für die aus konservativ-katholischem Milieu stammende Bergbäuerin dürfte es dazu ein Schlüsselerlebnis gegeben haben: „In Wean ham die Nazi beim Erzbischof ei'broch'n und den Herrgott obag'schoss'n."[17] Sie war überzeugt: Ein Regime, das keinen Respekt vor kirchlichen Würdenträgern, ja sogar vor dem „Herrgott" hat, kann nicht von Dauer sein. Maria Etzer blieb Mitglied der Katholischen Frauenorganisation[18] und ihrer religiösen Überzeugung weiterhin treu.

Verfolgung einer unbescholtenen Frau: Denunziation, Verurteilung, Zuchthaus

Als sich mit Beginn des Zweiten Weltkriegs der ohnehin vorhandene Arbeitskräftemangel in der Landwirtschaft weiter verschärfte und ihr einziger Sohn Johann freiwillig eingerückt war – er sollte 1941 an der russischen Front sterben –, beantragte Maria Etzer ausländische Arbeitskräfte für ihren Hof. Es wurden ihr die 17-jährige ukrainische Zwangsarbeiterin Maria Podusjeko und der 30-jährige französische Kriegsgefangene Georges Fontaine zugewiesen. Er war (als einer von 8.000 Franzosen) im August 1941 aus Ostösterreich ins neu errichtete „Stalag Markt Pongau" verlegt worden[19] und kam von dort zur Arbeit auf den Bergbauernhof nach Goldegg.

17 Erinnerung ihrer Enkelin Brigitte Menne.

18 Nach 1945 neu gegründet als Katholische Frauenbewegung (kfb).

19 Service historique de la défense, Caen, Frankreich: Gefangenenidentitätskarte Georges Fontaine.

Nach der Überlieferung lebten Podusjeko und Fontaine wie Einheimische auf dem Hof mit und entlasteten die Lehenbäuerin. 1941 waren Maria Etzers Töchter Katharina, Regina und Marianne erwachsen, großteils verheiratet und lebten auswärts. Nur Margarethe, mit 21 Jahren die Jüngste, war noch zeitweise zuhause, ebenso die drei Enkelkinder, welche die nun etwa 50-jährige Maria Etzer aufzog. Man erzählte später in der Familie, sie habe sich in Georges Fontaine verliebt. Im Opferfürsorgeverfahren nach dem Krieg führte sie selbst dazu lapidar aus: „Dieser Franzose war mir als Hilfskraft für meine Landwirtschaft zugeteilt; er war ein fleißiger und williger Arbeiter, und so habe ich ihn auch behandelt.“[20]

Maria Etzer wurde denunziert. Die Denunziationskette begann möglicherweise in der eigenen Familie. Die Enkel und Enkelinnen verdächtigten jedoch den Nachbarn, einen 60-jährigen Bauern mit großem Hof, verheiratet und NSDAP-Mitglied, der selbst ein Auge auf die Witwe geworfen haben soll und ebenfalls einen Kriegsgefangenen – namens Sousset / Sausset – beschäftigt. Auf jeden Fall wurde Georges Fontaine versetzt, Jean Gramont (auch Gramond) folgte ihm auf den Lehenhof.

Maria Etzer ließ sich nicht beirren und gab wie schon zuvor den ausländischen Arbeitskräften der Umgebung an Sonntagen Gelegenheit, sich auf ihrem Hof zu treffen.

Am 18. Februar 1943 wurde die Bergbäuerin angezeigt, von der Gestapo unverzüglich abgeholt und nach Salzburg in die Untersuchungshaft gebracht. Das Anzeigeprotokoll vom 19. Februar 1943[21] hält die Gerüchte fest, die das Sondergericht Salzburg nicht weiter überprüfte: Die Bergbäuerin sei „männersüchtig“ und schon seit 1940 – Fontaine und Gramond kamen allerdings erst 1941 auf ihren Hof – „im sehr intimen Verkehr“ mit mehreren Franzosen.[22]

Nach 1945 sagte Maria Etzer im OF-Verfahren dazu: „Bei Vernehmungen durch die Gestapo wurde ich derartig unmenschlich geschlagen, dass ich, nur um nicht mehr den Schlägen ausgesetzt zu sein, den Umgang mit Kriegsgefangenen zugab.“[23] Im Prozess vor dem Sondergericht Salzburg am 24. März 1943 wurde sie zu drei Jahren Zuchthaus verurteilt. In der Urteilsbegründung hieß es:

20 SLA: OF-Akt Maria Etzer, Berufung gegen ablehnenden Bescheid v. 22. 8. 1949.

21 SLA: Landrat Pongau 1943, Zl. 3411, Sch. 604. Vgl. Prieler-Woldan, Das Selbstverständliche tun, S. 94.

22 SLA: Bericht der Gendarmerie Goldegg im Pongau an den Landrat Pongau v. 19. 2. 1943, zit. nach Prieler-Woldan, Das Selbstverständliche tun, S. 94.

23 SLA: OF-Akt Maria Etzer, Ansuchen um Wiederaufnahme des Verfahrens v. 19. 12. 1952.

„Auf Grund des vollen Geständnisses der Angeklagten wurde als erwiesen angenommen, dass die Angeklagte, obwohl sie schon 52 Jahre und die Mutter zahlreicher Kinder ist, sich an junge französische Kriegsgefangene heranmachte und dieselben zum Geschlechtsverkehr bewog, obwohl sie wusste, dass dies strenge gestraft wird.
[...]
Sie hat somit in fortgesetzter Tat vorsätzlich mit Kriegsgefangenen in einer Weise Umgang gepflogen, die das gesunde Volksempfinden gröblich verletzt und hiedurch das Verbrechen nach § 4 der VO. zur Ergänzung der Strafvorschriften zum Schutze der Wehrkraft des Deutschen Volkes vom 25. 11. 1939 begangen. Mit Rücksicht auf den oftmaligen Geschlechtsverkehr mit den Kriegsgefangenen liegt ein schwerer Fall vor.“[24]

Wegen „fortgesetzten Ungehorsams“ – dem Äquivalent zum „verbotenen Umgang“ – wurden Georges Fontaine und Jean Gramond vom Lehenhof und Francis Sausset vom Hof des Nachbarbauern abgezogen, im Stalag Markt Pongau arretiert und am 29. April 1943 vor das Feldkriegsgericht der Division Nr. 188 in Salzburg gestellt. Fontaine und Sausset wurden in diesem Standgerichtsurteil zu drei Jahren, Gramond zu drei Jahren und sechs Monaten Gefängnis verurteilt.[25]

Fontaine und Gramond (von Sausset gibt es dazu keine Unterlagen) kamen im Anschluss daran vermutlich ins berüchtigte Wehrmachtsgefängnis Graudenz[26] (heute Grudzyądz, Polen), das zum Stalag Marienburg in Westpreußen (Stalag XX-B) gehörte, mit einem späteren Transfer in eines der vielen Außenlager von Graudenz (VIII-B Lambsdorf /Teschen) im oberschlesischen Industriegebiet. Die Bedingungen im Graudenz-Komplex waren sehr hart: „Informa-

24 SLA: Sondergerichtsurteil KLs 20/43 v. 24. 3. 1943.

25 Feldurteil gegen Jean Gramond, Georges Fontaine und Francis Sausset vom 19. 4. 1943. - F/9/2482, Dossier Nr. 7909, Archives Nationales de France, Pierfitte-sur-Seine. Das Archiv enthält mehr als 15000 Gerichtsakten französischer Kriegsgefangener. Diese Unterlagen sind erst seit kurzer Zeit öffentlich zugänglich, jedoch mit strengen Restriktionen aufgrund des schlechten Materialzustandes (vgl. Raffael Scheck, Collaboration of the Heart: The Forbidden Love Affairs of French Prisoners of War and German Women in Nazi-Germany, in: The Journal of Modern History 90 (June 2018), S. 351-382, hier 356). Für die Übermittlung des Dossiers als Pdf danke ich Gwendoline Cicottini.

26 So die Ansicht von Raffael Scheck im Mailverkehr mit der Autorin im Jänner 2020. Siehe auch Scheck, Collaboration of the Heart. Scheck forschte auf der Basis von mehr als 1500 Akten französischer Kriegsgefangener sowie 350 Urteilen gegen deutsche Frauen der Sondergerichte Kiel/Altona bzw. Nürnberg. Sein Buch zu dieser Thematik wird in Kürze erscheinen.

tion from returning prisoners suggested dismal conditions: hunger and disease, abusive guards and foremen, and extremely hard and dangerous work.“[27]

In der Urteilsbegründung gegen die drei Franzosen heißt es:

> „Sämtlichen Angeklagten wird Ungehorsam zur Last gelegt. Das Feldkriegsgericht hat aufgrund unbeeideter Zeugenaussage der 52-jährigen Bäuerin Maria Etzer, des Urteiles des Landgerichtes Salzburg als Sondergericht KLs 20/43 vom 24. 3. 1943 und des gemäß § 60 KStVO verwerteten Akteninhaltes im Zusammenhalte mit der Einlassung der Angeklagten folgenden Sachverhalt als erwiesen festgestellt:
> Den Angeklagten wurde mit Dienstbefehl des OKW vom 10. 1. 1940 eröffnet, wonach es Kriegsgefangenen strengstens verboten ist, sich unbefugt deutschen Frauen oder Mädchen zu nähern oder mit ihnen in Verkehr zu treten. [...]“

Im Urteil folgen dann die Angaben zur Häufigkeit des angeblichen Geschlechtsverkehrs der einzelnen Franzosen mit der Bäuerin. Man bezog sich dabei auf deren Gerichtsurteil bzw. auf das Geständnis, das sie unter Schlägen beim Gestapoverhör abgelegt hatte. Es mangelt hier mehrfach an Rechtsstaatlichkeit: ein Geständnis unter Folter, eine „unbeeidete Zeugenaussage“ von Maria Etzer vor dem Feldkriegsgericht, die fehlende Gegenüberstellung mit den Kriegsgefangenen, sodass Etzers Geständnis quasi automatisch die angeklagten und bislang unbescholtenen Männer überführte u. v. a. m.

> „Alle drei Angeklagten leugnen restlos. Sie werden aber im Grunde obigen Sachverhalts durch die Zeugin Maria Etzer überwiesen [sic!]. [...] Der Umstand, dass Etzer bereits 52 Jahre alt ist, vermag ihre Glaubwürdigkeit und den verbotenen Verkehr mit den Angeklagten nicht zu erschüttern. Maria Etzer machte auf das Gericht einen durchaus glaubwürdigen und auch persönlich guten Eindruck. Sie hat bereits vor der Gestapo ein in alle Details gehendes Geständnis abgelegt [...], das sich im wesentlichen mit ihrer Zeugenaussage vor diesem Feldkriegsgerichte deckt. Es besteht kein Grund zu der Annahme, dass sie sich selbst derartig schwerer Verbrechen bezichtigen sollte, wenn sie nicht wahr wären.“[28]

27 Scheck, Collaboration of the Heart, S. 374.
28 Feldurteil 1943, S. 2.

Die Bergbäuerin, die in ihrer Anklage als „männersüchtig“ diffamiert wurde und die sich dem Sondergerichtsurteil zufolge gleichsam als zügellose Alte („obwohl schon 52 Jahre und Mutter zahlreicher Kinder“) an „junge französische Kriegsgefangene heranmachte und diese zum Geschlechtsverkehr bewegte“, wird vom Feldkriegsgericht nun als ernstzunehmende Person und Zeugin gewertet.

So hat auch der zugeteilte Verteidiger der Kriegsgefangenen keine Chance, die drei jungen Franzosen als Verführungsopfer einer älteren, erfahrenen und sexuell aktiven – also gewissermaßen abnormen – Frau darzustellen und für die Männer damit eine Strafminderung zu erreichen:

> „Der Versuch der Verteidigung, die Zeugin als geisteskrank hinzustellen, ging ins Leere, zumal die vom Feldkriegsgericht angestellte Intelligenzprüfung der Etzer ein geradezu glänzendes Ergebnis zeitigte. Sie ist über den Begriff einer grundbücherlichen Einlagezahl, über Besitzbögen und sonstige Einrichtungen eines Grundbuchs informiert.“[29]

Während die verurteilten Franzosen ins Militärgefängnis nach Polen abtransportiert wurden, folgte für die Bergbäuerin nach ihrer Zeugenaussage Anfang Mai 1943 die Überstellung ins Zuchthaus Aichach (Bayern), an der Bahnlinie zwischen Augsburg und Ingolstadt gelegen. Dort blieb sie bis kurz vor Kriegsende inhaftiert. Nach späterer Aussage einer Mitgefangenen musste sie auch schwere Männerarbeiten verrichten und wurde mit Schlägen und Fußtritten traktiert, wenn sie nicht mehr mitkam.[30]

Über das weitere Schicksal der Franzosen ist der Autorin nichts bekannt.

Heimkehr und ein langjähriges erfolgloses Opferfürsorgeverfahren

Während ihrer Zeit im Zuchthaus setzten sich Maria Etzer selbst, aber auch ihre erwachsenen Töchter mehrfach für eine Haftunterbrechung ein und begründeten dies mit dem Bedarf an Arbeitskraft für die landwirtschaftliche „Erzeugungsschlacht“. Diese Versuche blieben alle erfolglos. Gleichzeitig äußerte ihre jüngste Tochter in einem Brief, keine „Zuchthäuslerin“ im Haus haben zu wollen. Maria Etzer schrieb darauf am 12. Dezember 1943 aus Aichach an

29 Ebenda.
30 SLA: OF-Akt Maria Etzer, vgl. eidesstattliche Aussage Katharina Mock.

ihre älteste Tochter, der Brief der Jüngsten habe „die gewünschte Wirkung getan: Irgendjemand wird mich doch noch aufnehmen, damit Ihr nicht die Zuchthäuslerin sehen müßt. Andere können sagen, ich geh heim, aber ich bin die Ärmste, ich hab' kein Heim mehr, das Schwerste kommt erst, wenn ich hinauskomme […]".[31]

Am 12. April 1945 wurde Maria Etzer im Alter von 55 Jahren halbverhungert aus Aichach entlassen. Der Zugverkehr war unterbrochen, sie musste lange Strecken zu Fuß gehen. Als sie auf ihrem Hof ankam, hatte sie außer ihrem Leben alles verloren: ihren guten Ruf, ihre soziale Zugehörigkeit, ihre wirtschaftliche Existenz. Obwohl sie noch Betriebsinhaberin ihrer Landwirtschaft war, arbeitete Etzer in den folgenden Jahren als Sennerin und Wirtschafterin auswärts auf abgelegenen Gehöften.

Parallel dazu bemühte sie sich, unterstützt vom Ehemann der jüngsten Tochter, um eine Opferfürsorgerente. Die Ansuchen (Opferfürsorgeakt im Salzburger Landesarchiv) wurden auf seiner Schreibmaschine getippt, eines liegt in seiner Handschrift vor. Der Schwiegersohn August M. begleitete über mehrere Instanzen den hindernisreichen Weg vom ersten Antrag am 7. Juni 1949 bis zum endgültig ablehnenden Bescheid vom Juli 1953.

Das Ansuchen war aufwändig, die Einbringung der nötigen Unterlagen benötigte fast ein Jahr. Neben dem ausgefüllten Antrag waren ein Passfoto, ein Auszug aus der Heimatrolle, eine Haftzeitbescheinigung und ein Auszug aus dem Strafregister vorzulegen, Angaben zum politischen Vorleben bestätigen zu lassen und eidesstattliche Erklärungen von Mithäftlingen einzuholen.[32]

Am 7. August 1948 bestätigte der Goldegger Bürgermeister, dass Maria Etzer „in der Zeit vom 18. 2. 1943 bis 12. 4. 1945 in Aichach und Ingolstadt Oberbayern in politischer Haft war".

Nach weiteren Rückfragen vonseiten der Bezirkshauptmannschaft nahm man es am Gemeindeamt Goldegg mit der Wahrheitsfindung nicht sehr genau. Man griff, vielleicht auch mangels schriftlicher Unterlagen, auf alte Gerüchte und deren Urheber zurück und behauptete, dass von Maria Etzers Tochter oder Schwester die Anzeige erstattet worden sei, was nicht belegt werden konnte.

Von der Opferfürsorgeabteilung des Landes Salzburg wurde der Lehenbäuerin, die inzwischen in St. Veit im Pongau als Wirtschafterin arbeitete, am 10. September 1949 ein erster ablehnender Bescheid zugestellt. Darin hieß es

31 Bayrisches Staatsarchiv München: Personalakt von Maria Etzer, Gefangenennummer 189/43 des Zuchthauses Aichach. Der Brief wurde zensuriert und ist deshalb im Akt enthalten.

32 Alle folgenden Zitate aus: OF-Akt Maria Etzer; vgl. Prieler-Woldan, Das Selbstverständliche tun, S. 157 ff.

wohlwollend formuliert, aber ablehnend in der Sache: „Dieses freundschaftliche Verhalten einem Kriegsgefangenen gegenüber kann keineswegs als ein Kampf für die Wiedererrichtung eines freien, demokratischen Österreichs bezeichnet werden. Die Inhaftierung stellt zweifellos ein hartes Schicksal dar, ist aber nicht nach dem OFG/47 als ‚politische' Maßregelung zu werten."[33]

In der Berufung erhob Etzer dagegen Einspruch, „weil während der Nazi-Herrschaft schon ein menschliches Verhalten gegenüber Kriegsgefangenen als verbotener Umgang bezeichnet und auch schwer bestraft wurde".[34] Sie gab an, dass sie keinen Unterschied zwischen In- und AusländerInnen gemacht hat: Sie habe den Franzosen, der ein fleißiger und williger Arbeiter gewesen sei, wie einen solchen heimischen behandelt. Bei der Verurteilung habe „entschieden auch mein offenes religiöses Bekenntnis eine Rolle gespielt und ist daher, glaube ich, als politische Maßregelung nach dem OFG/47 zu werten".[35] Beides zählte in ihrem OF-Verfahren nicht als Argument, was ich weiter unten noch näher ausführe.

Es folgte ein Hin und Her der Schreiben, Verzögerungen durch mangelhafte, angeblich vernichtete oder vielleicht doch nur verlegte, verspätet wieder aufgetauchte amtliche Unterlagen und ein langwieriger Weg durch mehrere Instanzen.[36]Am 15. Juli 1953 erhielt Maria Etzer einen letzten ablehnenden Bescheid.

Ohne jemals eine Entschädigung von Seiten der Zweiten Republik bekommen zu haben, verbrachte die Altbäuerin ihre letzten Lebensjahre auf ihrem Heimathof in Goldegg und starb dort 70-jährig im Jahr 1960.

Maria Etzers Schicksal – exemplarisch für eine ganze Opfergruppe: Widerstand und Lebenssorge

Das Schicksal von Maria Etzer ist exemplarisch für eine ganze Opfergruppe. Frauen, wegen „verbotenen Umgangs" denunziert und angeklagt, wurden zwar von der NS-Justiz als „Politische" verfolgt, verurteilt und eingesperrt, im Nachkriegsösterreich jedoch als NS-Opfer nicht anerkannt. Man betrachtete ihr Handeln als Privatsache, vielleicht unter vorgehaltener Hand auch als „Privat-

33 OF-Akt Maria Etzer (SLA): ablehnender Bescheid v. 30. 8. 1949, ihr zugestellt am 10. 9. 1949.
34 Ebenda, Berufung v. 26. 9. 1949.
35 Ebenda.
36 Siehe ausführlich: Etzer, Das Selbstverständliche tun.

vergnügen". Jahrzehntelang, auch viele Jahre nach Ende des nationalsozialistischen Schreckensregimes, waren zahlreiche solche Frauen in ihren Familien und Dorfgemeinschaften verachtet und sind bis heute selten im Blickpunkt: weder als Opfer der NS-Verfolgung noch als mutig Handelnde im Sinne „widerständiger Praxis".[37]

Das erste Opferfürsorgegesetz (OFG/45) inkludierte zunächst nur die „Opfer des aktiven Kampfes um ein freies, demokratisches Österreich", also die sogenannten „WiderstandskämpferInnen"; in der Novelle von 1947 (OFG/47) wurde zwischen Ersteren als „aktiven" Opfern und den „Opfern der politischen Verfolgung" (Juden und Jüdinnen) als „passiven Opfern" unterschieden.

Maria Etzer war weder eine Widerstandskämpferin noch ein „passives" Opfer. Verfolgt wurde sie jedenfalls nicht aufgrund ihres Seins, sondern ihres Tuns, ihrer widerständigen Praxis. Beim Buchtitel entschied ich mich daher für „Das Selbstverständliche tun". Das war im Lebenskontext der Bergbäuerin der im NS-Regime plötzlich verbotene Einsatz für Fremde, im Sinn von menschlichem Anstand, christlicher Nächstenliebe und Gastfreundschaft. Gleichzeitig konnten beim „verbotenen Umgang" auch Lust und Neugier, Scherz und Flirt die Grenzen zum Fremden und zu den Fremden aufweichen, noch dazu in einer Salzburger Gegend, in der lange schon „Fremdenzimmer" vermietet wurden und man auch vom Fremdenverkehr gelebt hatte – bevor der Nationalsozialismus alles Fremde ausgrenzte und dämonisierte.

Was „das Selbstverständliche tun" für Maria Etzer bedeutete, ist treffend auf einem Foto von etwa 1943 zu sehen.

Das Foto zeigt die Bergbäuerin im Kreise ihrer Ziehkinder und EnkelInnen, mit der Ukrainerin Maria Podusjeko und dem Franzosen Georges Fontaine. Gemeinsam auf einer Hausbank zu sitzen, ist in normalen Zeiten etwas Alltägliches, etwas Privates und nichts Politisches. Das totalitäre Regime des Nationalsozialismus definierte aber die Fremden als Feinde, und schon das Miteinander-Reden und Gemeinsam-Essen waren verboten. Der Einsatz für die Werte eines demokratischen und freien Staats, rückblickend als Widerstand definiert, wurde dort politisch, wo man und frau sich spontan oder gezielt über solche Verbote hinwegsetzten und die Fremden als Individuen, als Menschen betrachteten und behandelten. Diese widerständige Praxis nenne ich Cornelia Klingers[38] Begrifflichkeit folgend „Lebenssorge".

37 Vgl. Lucyna Darowska, Widerstand und Biografie. Die widerständige Praxis der Prager Journalistin Milena Jesenská gegen den Nationalsozialismus, Bielefeld 2012 [= Edition Politik, Bd. 4].

38 Vgl. Cornelia Klinger, Krise war immer ... Lebenssorge und geschlechtliche Arbeitsteilungen in sozialphilosophischer und kapitalismuskritischer Perspektive, in: Erna Appelt / Brigitte

Maria Etzer mit Enkeln und Enkelinnen auf der Hausbank, 4. v. r. Maria Podusjeko, 1. v. links Georges Fontaine

Lebenssorge als eine Form widerständiger Praxis im Nationalsozialismus betrachte ich „als weiblich konnotierte Fähigkeit und Bereitschaft, Leben zu ermöglichen, weiterzugeben und unter allen Umständen ein Überleben zu sichern, auch quer zu den ideologischen Konzepten von Religion und Politik, Freund und Feind, Rasse oder Klasse. Lebenssorge gerade auch für die ‚Fremden' unterscheidet sie von der traditionell ebenfalls weiblich konnotierten Sorge nur für die Eigenen, die eigene Familie".[39]

Lebenssorge, leibnah, konkret und oft als „weibliche Naturressource" verstanden, scheint ausschließlich in den Privatbereich zu gehören. Das stimmt nicht einmal für Friedenszeiten, ist die Sorgearbeit doch die Basis jeder Ökonomie. Lebenssorge ist also auch in Friedenszeiten nötig und allgegenwärtig; im Kontext eines totalitären Regimes wird sie im Anlassfall zu widerständiger Praxis – und ist damit qualitativ mehr und etwas Anderes als bloße Dissidenz oder nonkonformes Verhalten.

Aulenbacher / Angelika Wetterer (Hrsg.), Gesellschaft. Feministische Krisendiagnosen, Münster 2013, S. 82–104.

39 Prieler-Woldan, Das Selbstverständliche tun, S. 214.

Unabhängig davon, ob es beim „verbotenen Umgang“ um menschliche Hilfeleistungen ging oder auch um intime Beziehungen: Den Fremden nicht pauschal als Feind, sondern als einzelnen, vielleicht auch begehrenswerten Menschen zu betrachten und zu behandeln war zur NS-Zeit hochriskant, daher nicht nur „Privatsache“, als die es in der Ablehnung von Opferfürsorgeansuchen betrachtet wurde.

In unmenschlichen Regimen sich menschlich zu verhalten war und ist ein politischer Akt des Ungehorsams, ja des Gesetzesbruchs. Was z. B. in Goldegg im Pongau für diejenigen Frauen gilt, welche Deserteure unterstützt haben,[40] kann in gleicher Weise für Maria Etzer in Anspruch genommen werden: Sie „bewiesen den Mut, in schwierigen Situationen ihrem eigenen Gewissen zu folgen. Und sie haben bewiesen, dass es sogar in blutigen Diktaturen Möglichkeiten gibt, Entscheidungsspielräume zu nutzen, um menschlich zu handeln.“[41] Der moralisch begründete Widerstand als Sorge und Fürsorge, als Festhalten an der persönlichen Verantwortung trotz Repression, muss also mit dem politischen Widerstand im engeren Sinn verknüpft werden. Diese Verknüpfung stellte der Nationalsozialismus her: Lebenssorge für die „Fremden“ betrachtete er als widersetzliches Verhalten an der „Heimatfront“, als „Zersetzung der Wehrkraft“ und damit als politisches Delikt, die inhaftierten Frauen zählten zu den politischen Gefangenen.

Die Republik Österreich ignorierte allzu lange diese Verknüpfung, weil man(n) bislang diese spezifische Art von widerständiger Praxis, von mir Lebenssorge genannt, missverstand und geringschätzte.

Das hat sich erst in allerjüngster Zeit geändert, zumindest für Maria Etzer ad personam. Deren Sondergerichtsurteil wurde auf Antrag ihrer Enkelin Brigitte Menne mit 18. September 2019 aufgehoben, d. h. für nichtig erklärt. Damit ist die ehemalige Bergbäuerin vollständig rehabilitiert, 75 Jahre nach ihrer Verurteilung und 58 Jahre nach ihrem Tod.

In der Begründung dazu heißt es auszugsweise:

> „Letztlich lag der primäre Grund für Verfolgung und Verurteilung von Maria ETZER darin begründet, dass sie auch während der NS-Diktatur

40 Vgl. dazu www.goldeggerdeserteure.at bzw. auch Hanna Sukare, Schwedenreiter, Salzburg–Wien 2018.

41 Gerhard Baumgartner, Unbeugsame Hunderttausend. Österreicherinnen und Österreicher im Widerstand gegen den Nationalsozialismus, in: Heinz Fischer (Hrsg.) unter Mitarbeit v. Andreas Huber u. Stephan Neuhäuser, 100 Jahre Republik. Meilensteine und Wendepunkte in Österreich 1918–2018, Wien 2018, S. 102–118, hier 114 f.

> ihren christlichen Wertvorstellungen treu blieb und sich auch gegenüber den als Zwangsarbeitern eingesetzten Kriegsgefangenen menschlich verhielt. Ein solcher Dissens mit der NS-Ideologie war den Machthabern ein Dorn im Auge und wurde schon als Form des Widerstands angesehen. Gemäß §3 Abs 1 des Aufhebungs- und Rehabilitationsgesetzes 2009 war daher aufgrund des Antrags ihrer Enkelin die vollständige Rehabilitierung von Maria ETZER festzustellen.“[42]

Maria Etzers Rehabilitierung fand breites Interesse in der Öffentlichkeit: Die Presseaussendung der Kathpress vom 1. 10. 2018, deren Inhalt am gleichen Tag auch von der APA übernommen wurde, titelte: „Christlicher NS-Widerstand: Denunzierte Bäuerin rehabilitiert“. Darin wird auch Brigitte Menne zitiert – und ihrer Aussage schließe ich mich als Autorin dieses Beitrags an: Sie hoffe auf ähnliche Verfahren, um „endlich die kleinen ‚ganz selbstverständlich‘ Widerständigen aus dem Schatten zu holen“.[43]

42 Beschluss des Landesgerichts für Strafsachen Wien v. 18. 9. 2018, gerichtet an Mag.[a] Brigitte Menne als Enkelin. Quelle: Privatbesitz. Hervorhebung im Text durch die Autorin.

43 Kathpress 1. 10. 2018, 12.04 h – Österreich/Krieg/Diktatur/Justiz/Rehabilitierung/Etzer.

Klaus Kienesberger / Lukas Meissel

Widerstandsfragmente

Struktur und Überlieferungsgeschichte des Widerstands gegen den Nationalsozialismus im Ausseerland

Der vorliegende Artikel konzentriert sich auf jene Widerstandshandlungen, die im Ausseerland, heute im Nordwesten der Steiermark im Grenzgebiet zu Oberösterreich, stattfanden.[1] Das Ausseerland ist Teil des steirischen Salzkammergutes, wurde nach dem „Anschluss“ dem Gau Oberdonau zugeschlagen und 1948 wieder der Steiermark eingegliedert. Zwischen den Widerstandsaktivitäten im Ausseerland und dem übrigen Salzkammergut, das sich von der Steiermark über Oberösterreich bis nach Salzburg erstreckt, bestanden enge Verflechtungen. Ziel dieses Beitrages ist es, die Struktur des Widerstandes gegen den Nationalsozialismus in einem lokalen Kontext darzustellen und Probleme in der Überlieferungsgeschichte zu diskutieren, die für eine kritische Widerstandsforschung insgesamt von Relevanz sind. Wir begreifen den Widerstand im Salzkammergut als etwas Fragmentarisches: einerseits historisch als Zusammenschluss heterogener Gruppen und ideologisch unterschiedlich geprägter Individuen, andererseits historiographisch als Sammlung teils widersprüchlicher und lückenhafter Erzählungen, oftmals von den männlichen Protagonisten geschrieben, mit einer Tendenz, die zentrale Rolle von Frauen auszublenden.

1 Die Autoren haben sich geschichtsdidaktisch und historisch in weiteren Publikationen mit dem Widerstand im Salzkammergut beschäftigt, siehe etwa: Klaus Kienesberger / Lukas Meissel, Widerständiges Bilden. Überlegungen und Thesen zu Chancen und Herausforderungen der Vermittlungsarbeit zu antifaschistischem Widerstand, in: Linda Erker / Klaus Kienesberger / Erich Vogl / Fritz Hausjell (Hrsg.), Gedächtnis-Verlust? Geschichtsvermittlung und -didaktik in der Mediengesellschaft, Wien 2013 [= Öffentlichkeit und Geschichte, Bd. 6], S. 107–121; Klaus Kienesberger / Lukas Meissel, „Viele getrauen sich bis heute noch nicht heraus...“. Die Widerstandsgruppen des Salzkammerguts als Sammelbecken für Deserteure, in: Thomas Geldmacher / Magnus Koch / Hannes Metzler / Peter Pirker / Lisa Rettl (Hrsg.), „Da machen wir nicht mehr mit…“. Österreichische Soldaten und Zivilisten vor Gerichten der Wehrmacht, Wien 2010, S. 174–181.

Quellen zum Widerstand

Die Quellenlage zum Widerstand im Ausseerland ist zwar dünn, jedoch ist der Widerstand im Salzkammergut im Vergleich zu anderen Regionen verhältnismäßig ausführlich dokumentiert. Zentrale Basis der Forschungen zum Thema sind Oral-History-Dokumentationen.[2] Schriftliche Quellen wie Gerichtsakten der Nationalsozialisten oder Dokumente der Alliierten sind nur spärlich vorhanden. Das Problem der fehlenden oder einseitigen Quellen ist eine generelle Herausforderung geschichtswissenschaftlicher Forschungen zum Widerstand und resultiert daraus, dass die Widerstandsgruppen konspirativ agierten und zumeist nur aktenkundig wurden, wenn die Widerstandsaktionen fehlschlugen und die AkteurInnen aufflogen.

Im Fall des Widerstands im Ausseerland kommt erschwerend hinzu, dass die meisten erhalten gebliebenen Akten von den wesentlichen ProponentInnen des Widerstands selbst produziert worden waren. Nur wenige Dokumente betrachten den Widerstand im Ausseerland aus einer Außenperspektive.[3] Diese spezifische Überlieferungsgeschichte muss in eine Analyse einfließen. Eine umfassende kritische Zusammenfassung des Widerstands im Ausseerland gibt es bislang nicht. Die wissenschaftliche Betrachtung widmete sich vor allem der Widerstandsgruppe Willy-Fred um Sepp Plieseis, die im Salzkammergut, insbesondere in Bad Ischl und Bad Goisern aktiv gewesen war und auch den Widerstand im Ausseerland massiv geprägt hatte.

Das Bild der Widerstandsgruppen im Salzkammergut wurde in erster Linie von deren Akteuren selbst gezeichnet, insbesondere durch veröffentlichte literarische Erinnerungsberichte.[4] Hier gilt es aus Sicht von HistorikerInnen, große Vorsicht walten zu lassen und diese Publikationen als das zu betrachten, was sie sind: Erlebnisliteratur, die teilweise Fiktionalisierungen vornimmt, die übertreibt, ausschmückt und vor allem von professionellen Autoren geschrieben wurde, für die eine zugkräftige „Story" mehr zählte als historische Faktentreue. So wurde die Publikation von Sepp Plieseis eigentlich von Rudolf

2 Zu erwähnen ist hier vor allem die Dokumentation des Widerstands im Salzkammergut durch Peter Kammerstätter: Materialsammlung über die Widerstands- und Partisanenbewegung Willy-Fred. Freiheitsbewegung im Oberen Salzkammergut – Ausseerland 1943–1945. Ein Beitrag zur Erforschung dieser Bewegung von Peter Kammerstätter, Linz 1978.

3 In erster Linie handelt es sich dabei um die Akten des Special Operations Executive (SOE) des britischen Geheimdienstes, die in den National Archives in London einsehbar sind.

4 Sepp Plieseis, Vom Ebro zum Dachstein. Lebenskampf eines österreichischen Arbeiters, Linz 1946; Albrecht Gaiswinkler, Sprung in die Freiheit, Wien–Salzburg 1947.

Daumann, einem deutschen Science-Fiction-Autor verfasst. Daumann hat nach Angaben von Hedwig Willfort, Witwe des ehemaligen Salinendirektors, auch das Buch von Albrecht Gaiswinkler geschrieben.[5] Erst die wissenschaftliche Auseinandersetzung mit dem Einsatz österreichischer Deserteure für den britischen Kriegsgeheimdienst SOE brachte vor ein paar Jahren neue Erkenntnisse über die – geheimdienstliche – Tätigkeit der Gruppe rund um Albrecht Gaiswinkler.[6]

Struktur des Widerstands

Die verfügbaren Dokumente, die zumeist auf mündlichen Erzählungen basieren, lassen nur Thesen über die Struktur des Ausseer Widerstands zu. Widerstand im Ausseerland lässt sich am besten als ein über Personen verflochtenes Netzwerk an unterschiedlichen Gruppen und Freundeskreisen charakterisieren. Die Mitglieder dieser Gruppen kannten sich zumeist über ihre gemeinsame politische Vergangenheit, vielfach waren es KommunistInnen oder ehemalige SozialdemokratInnen, die nach dem „Anschluss" zur illegalen KPÖ wechselten, da die SPÖ ihre Widerstandsaktivitäten einstellte. Nichtsdestotrotz gab es Unterstützung bis in christlichsoziale und kirchliche Kreise hinein.[7] Die lokalen Widerstandsbewegungen waren also relativ offen und in ihrer Aufnahmepraxis wenig dogmatisch. Die wichtigste Gemeinsamkeit war die Gegnerschaft zum NS-Regime. Maßgeblich für ein Engagement waren also weniger eine bestimmte Ideologie oder formale politische Zugehörigkeit, sondern eine antifaschistische und pro-österreichische Grundhaltung sowie eine persönliche Vertrauenswürdigkeit. So erzählte der Christlichsoziale Karl Feldhammer, Namensvetter eines wichtigen ermordeten Ausseer Widerstandskämpfers. „Es war damals so wunderbar gewesen, die Zusammenhaltigkeit, ob Rot oder Schwarz

5 Schreiben von Hedwig Willfort an Julius Mader vom 20. 7. 1989, Zeitgeschichte Museum Ebensee, ohne Katalogisierung; vgl. dazu Klaus Kienesberger, Der Österreich-Diskurs in der DDR von 1970 bis 1980. Eine kommunikationshistorische Annäherung anhand des Diskursbeitrags Sepp Plieseis, unveröffentlichte Diplomarbeit, Universität Wien 2007, bzw. ders., Sepp Plieseis – ein Held aus Österreich, in: Raimund Bahr (Hrsg.), Für Führer und Vaterland. Das Salzkammergut 1938–1945, Wien–St. Wolfgang 2008, S. 39–65.

6 Vgl. Peter Pirker, Subversion deutscher Herrschaft: der britische Kriegsgeheimdienst SOE und Österreich, Göttingen 2012.

7 Explizit als UnterstützerInnen wurden von VertreterInnen des Widerstands im Ausseerland der Aussseer Dechant Adolf Hütter sowie der Grundlseer Pfarrer Univ.-Prof. DDDr. Ude genannt. Kammerstätter, Materialsammlung, S. 155.

oder Kommunist. Es hat alles zusammen gehalten in der Meinung, dass man dieses Regime wegbringen müsse.“[8]

Der Widerstand gegen den Nationalsozialismus konnte im gesamten Salzkammergut auf starken Traditionslinien der ArbeiterInnenbewegung aufbauen.[9] Als Basis dienten konspirative sozialdemokratische und kommunistische Strukturen der Jahre 1934 bis 1938, die im Widerstand gegen den Austrofaschismus entstanden waren. Die meisten ProtagonistInnen des Widerstandes nach dem „Anschluss“ 1938 waren bereits davor in der illegalen Opposition gegen das austrofaschistische Regime tätig gewesen. Beispiele dafür waren z. B. Sepp Plieseis, der die wohl bekannteste Widerstandsbewegung des Salzkammerguts, Willy-Fred, ins Leben rief, bzw. Resi Pesendorfer, die für den Widerstand im Salzkammergut die zentrale Organisations- und Kommunikationsdrehscheibe bildete. Auch Johann Moser, einer der wichtigsten Köpfe des Widerstands im Ausseerland, hatte sich bereits gegen den Austrofaschismus eingesetzt.

Nur in wenigen Fällen waren diese Gruppen klar strukturiert und angeleitet wie z. B. die Gruppe Willy-Fred von Plieseis. Der ehemalige Widerständler und Dokumentarist des Widerstandes in Oberösterreich Peter Kammerstätter spricht davon, dass sich bereits von 1934 bis 1938 auf dem Gebiet des Ausseerlandes 20 verschiedene und voneinander unabhängige Widerstandsgruppen befunden hätten, die politisch unterschiedlich ausgerichtet waren.[10] Diese Behauptung basiert wahrscheinlich auf einer Aussage von Valentin Tarra, der in der Gruppe um Albrecht Gaiswinkler tätig gewesen war.[11]

Die Angaben zur Größe der Widerstandsgruppen schwanken teilweise beträchtlich – abhängig von der persönlichen Involvierung, der zeitlichen Entwicklung sowie der Kriegssituation zum Zeitpunkt der jeweiligen Aktivität.[12] Die Mitglieder der Gruppen wussten teilweise nichts von der Existenz anderer Widerstandsbewegungen und waren andererseits nicht klar als geschlossene Gruppe zusammengefasst.[13] Dies resultierte auch aus einer der zentralen Auf-

8 Kammerstätter, Materialsammlung, S. 255.

9 Vgl. z. B. Axel Schacht, Wer war Willy-Fred? Die Geschichte einer regional-spezifischen Widerstandsbewegung gegen den Nationalsozialismus im Salzkammergut, Dipl., Linz 2007; Wolfgang Quatember / Ulrike Felber / Susanne Rolinek, Das Salzkammergut. Seine politische Kultur in der Ersten und Zweiten Republik, Grünbach 1999.

10 Kammerstätter, Materialsammlung, S. 151.

11 Aus: Bericht über die Tätigkeit der österreichischen Freiheitsbewegung im Bezirke Bad Aussee, verfasst von Bürgermeister Gaiswinkler und Sicherheitskommissär Tarra, o. D. [vermutlich 1945], DÖW 13168.

12 Josef Neumann spricht von 28 Ausseern in vier Gruppen unter der Leitung von Hans Moser. Kammerstätter, Materialsammlung, S. 131.

13 So Johann Linortner aus Altaussee in ebenda, S. 142 f.

gaben des Widerstands: dem Verstecken von Personen und ihrer Versorgung mit Lebensmitteln, Medikamenten und Kleidung – und zwar gruppen- und ortsübergreifend.[14] Hier greifen individueller und organisierter Widerstand ineinander und sind nicht voneinander zu trennen. Peter Kammerstätter betonte diese fließenden Übergänge als Mittel zur Unterstützung von Untergetauchten: „Sie [die Widerstandsleistenden] sahen ihre Tätigkeit im Abhören von verbotenen Auslandssendungen und der Verbreitung des Gehörten, in der Geld-, Lebensmittel- und Lebensmittelmarkensammlung, in der Beschaffung von Quartieren. All das, um die im Untergrund Lebenden damit unterstützen zu können."[15]

Deshalb war der Widerstand im Salzkammergut nicht eine homogene Gruppe, sondern vielmehr die Summe von Widerstandsaktivitäten, die über ein politisch heterogenes Netzwerk miteinander in Beziehung standen. Dieses Widerstandsnetzwerk trat nicht als Organisation mit klarer politischer Agenda auf, primäres Ziel war schlicht das rasche Ende des Krieges und der nationalsozialistischen Herrschaft. Andere politisch-ideologische Anliegen rückten in den Hintergrund. Die Widerstandsleistende Marianne Feldhammer brachte die Zielsetzung folgendermaßen auf den Punkt: „Hauptziel war, Krieg und Nazi weg."[16] Das bestätigte auch der SOE-Agent und Widerständler Albrecht Gaiswinkler: „In erster Linie ist es gegangen um die Niederschlagung der Nazis. Um alles zu tun, um ihr Leben unmöglich zu machen. Der absolute Tenor war Österreich, das Wiedererstehen Österreichs."[17]

Die Widerstandsgruppen, obwohl in ihrer Basis auf Strukturen der illegalen ArbeiterInnenbewegung fußend, waren während der NS-Herrschaft also vielmehr Zweckbündnisse als klar definierte ideologische Bewegungen. Die Widersprüche in ihrer Zusammensetzung auf persönlicher und politischer Ebene traten nach der Befreiung von der NS-Herrschaft und dem Ende des Krieges zu Tage.

Konjunkturen des Widerstands

Im Salzkammergut kann man eine erste Phase des Widerstands vom „Anschluss" 1938 bis ins Jahr 1942 umreißen. In der Zeit ging der organisierte

14 So Johann König in ebenda, S. 151, er hat auch Sepp Plieseis versorgt, d. h., es bestanden enge Kooperationen mit der Gruppe Willy-Fred.

15 Kammerstätter, Materialsammlung, S. 142.

16 Ebenda, S. 270.

17 Ebenda, S. 273.

Widerstand vor allem vom Kommunistischen Jugendverband (KJV) aus, primäres Ziel war die Herstellung von Flugblättern und Schriften, also sogenannte Literaturarbeit. 1942 wurden im Rahmen einer großangelegten Verhaftungswelle mehrere Gruppen ausgehoben.[18] In dieser Phase des lokalen Widerstandes waren die widerständigen Aktivitäten in erster Linie eine Fortsetzung der Tätigkeiten des KJV, sie basierten also auf bereits existierenden Organisationsformen, die schon im Austrofaschismus im Untergrund gewirkt hatten. Von der Verhaftung der zentralen AkteurInnen konnte sich der KJV nicht wieder erholen.

Ein entscheidendes Datum für die zweite Phase des Widerstands im Ausseerland ist der 23. Februar 1940. An diesem Tag sollen Albrecht Gaiswinkler[19], Valentin Tarra und Hans Moser im Zuge einer konspirativen Besprechung die erste unter der NS-Herrschaft gegründete Widerstandsgruppe im Ausseerland ins Leben gerufen haben.[20] Die Koordination dürfte zum wesentlichen Teil über Moser erfolgt sein, da Gaiswinkler zuerst als Krankenkassenangestellter in Graz tätig gewesen war und später bei der Wehrmacht diente und Valentin Tarra in Hörsching dienstverpflichtet war.[21]

1943/1944 dürften Kontakte zu Sepp Plieseis geknüpft worden sein, der sich darum bemühte, Widerstandsgruppierungen im gesamten Salzkammergut zusammenzufassen und zu vernetzen. Es ist gesichert, dass die Bad Ausseer Gruppen Verbindungen zu Plieseis unterhielten und teilweise gemeinsam operierten. Zusammenarbeit gab es auf jeden Fall in der Kerngruppe Willy-Fred, auf die zumeist Bezug genommen wird, wenn von der Widerstandsbewegung im Salzkammergut gesprochen wird.[22] (Bei dieser Bezeichnung handelt es sich

18 So z. B. auch eine Gruppe, in der der spätere Schriftsteller Franz Kain tätig war. Anklageschrift der Generalstaatsanwaltschaft Wien gegen Josef Huber u. a., 13. 12. 1941, OJs 218/41, Archiv Zeitgeschichte Museum Ebensee.

19 Albrecht Gaiswinkler war von Kindesbeinen an sozialdemokratisch geprägt und arbeitete als Krankenkassenangestellter in Graz. In einem internen Schreiben der NSDAP wurde er als „zuverlässig" und „berechenbar" eingestuft (Schreiben der Gauleitung der NSDAP, Gau Steiermark, Amt für Beamte, Schreiben vom 2. 1. 1941 an die Kreisleitung der NSDAP, Amt für Beamte, Liezen: Politisches Gutachten zu Albrecht Gaiswinkler auf Anfrage vom 10. 12. 1940, Abt. 2211; MAT NS III-29, Zeitgeschichte Museum Ebensee).

20 DÖW 609; erste Zusammenkunft am 23. 2. 1940 bei Hans Moser: Gaiswinkler, Moser, Feldhammer, Weber, Schlömer, Valentin Tarra, Anna Tarra und Elsa Moser.

21 Die Führungsrolle bestätigen z. B. die Aussagen von Josef Neumann (Kammerstätter, Materialsammlung, S. 131) bzw. Johann Linortner (ebenda, S. 148); zu Gaiswinkler bzw. Tarra: Hubert Hummer, Region und Widerstand. Am Beispiel des Salzkammergutes, in: Hubert Hummer / Reinhard Kannonier / Brigitte Kepplinger (Hrsg.), Peter Kammerstätter – Die Pflicht zum Widerstand: Festschrift Peter Kammerstätter zum 75. Geburtstag, Wien–München–Zürich 1986, S. 111–180, hier 142.

22 Kammerstätter, Materialsammlung, S. 334.

um die beiden Tarnnamen der Organisation: Zuerst wurde die Widerstandsbewegung mit dem Decknamen „Willy“ versehen, aufgrund steigender Bekanntheit wurde der Name auf „Fred“ geändert.[23]) So waren z. B. der Kommunist Karl Feldhammer und sein christlich-sozialer Namensvetter zumindest phasenweise im Versteck der Gruppe im Toten Gebirge anwesend.[24] Die Schnittmengen mit der Gruppe um Sepp Plieseis waren beträchtlich, aber eine direkte Anleitung der Widerstandsgruppierungen im Ausseerland durch Plieseis erscheint unwahrscheinlich.[25] Sepp Plieseis hatte trotzdem durch seine ortsübergreifende Koordinationsfunktion wesentlichen Einfluss[26] und wurde ab 1943 die zentrale Figur des Widerstandes im gesamten Salzkammergut.[27] Erst mit seiner durch die kommunistischen Widerstandskämpferinnen Agnes Primocic und Resi Pesendorfer organisierten Flucht aus einem Außenlager des Konzentrationslagers Dachau in Hallein bei Salzburg und seiner Rückkehr in die Region im Herbst 1943 begann eine Bündelung und Vernetzung der Widerstandskräfte – auch im Ausseerland. Die größte Sichtbarkeit erlangte der Widerstand in der Schlussphase des Krieges, im Frühjahr 1945.

Knapp vor Kriegsende begannen die Widerstandsbewegungen immer stärker auszufransen. Die Gruppen wuchsen, weil immer mehr Personen aus unterschiedlichen Gründen den Kontakt zu den Widerständigen suchten. So lässt sich heute nicht mehr seriös feststellen, wie viele Personen tatsächlich in den verschiedenen Gruppen aktiv waren.

Albrecht Gaiswinklers Sonderrolle

Wenige Wochen vor der Befreiung durch die Alliierten spielte Albrecht Gaiswinkler wieder eine wichtige Rolle in den Widerstandsaktivitäten im Salzkammergut. Gaiswinkler war 1944 in Frankreich stationiert und desertierte am 1. Mai 1944 zum Maquis. In weiterer Folge wurde er dem Special Ope-

23 Vgl. Schacht, Willy-Fred. Mehr dazu auch in Kammerstätter, Materialsammlung.

24 Karl Feldhammer (vulgo Reschen Karl, Kommunist) war wesentlich am Zusammenschluss der Widerstandsorganisationen des Ausseergebiets beteiligt. Er hatte auch Kontakte zu Hans Rettenbacher bzw. Resi Pesendorfer in Bad Ischl. Über diese kam der Kontakt mit Sepp Plieseis zustande. Kammerstätter, Materialsammlung, S. 261.

25 Ebenda, S. 554.

26 So Josef Grafl in ebenda, S. 564.

27 Aufgrund der regionalen Eingrenzung und ausführlichen Behandlung in anderen Bänden soll jedoch die Widerstandsgruppe rund um Sepp Plieseis in weiterer Folge nicht weiter behandelt werden. Für weitere Literatur siehe vor allem Schacht, Willy-Fred; Hummer, Region.

rations Executive (SOE) zugeteilt, einer britischen Spezialeinheit, die lokale Widerstandsgruppen gegen die deutsche Besatzung unterstützte. Er wurde zum Agenten ausgebildet und zusammen mit Josef Grafl, Karl Lzical und Karl Standhartinger für eine Operation im Salzkammergut vorbereitet. Die Akten des SOE lassen darauf schließen, dass seine Vorgesetzten mit den Ergebnissen dieser Ausbildung zufrieden waren.[28]

Am 8. April 1945 sprangen Gaiswinkler, Grafl, Lzical und Standhartinger im Rahmen des Einsatzes „Ebensburg" über dem Höllengebirge mit dem Fallschirm ab (ihre eigentliche Destination wäre das Dachsteinplateau gewesen). Ihre Hauptaufgabe war, an Gaiswinklers Widerstandserfahrungen anzuknüpfen und den Widerstand im Salzkammergut zu sammeln und zu organisieren.[29] Nach ihrer Landung machten sich die vier Männer sogleich daran, ihnen bekannte Oppositionelle zu kontaktieren, zu koordinieren und zusammenzuführen sowie zur Bekämpfung der ansässigen NS-Organisationen vorzubereiten.[30] Dabei konnten sich Gaiswinkler und seine Kameraden auf die bereits bestehenden Strukturen und Organisationen des Widerstands stützen. In dieser Phase änderte sich die Strategie der Widerständigen: Waren sie bis dahin bemüht gewesen, unentdeckt zu bleiben, versuchten sie nun aktiv in Erscheinung zu treten. Insbesondere Gaiswinkler sah es als seine zentrale Aufgabe an, die bis dahin nur lose in Verbindung stehenden Gruppen im Ausseerland zu bündeln. Dass dies gelang, bestätigten auch Beteiligte des Widerstands, die Gaiswinkler nach 1945 sehr kritisch gegenüberstanden.[31] Das zweite Ziel war die friedliche Übergabe der Region an die US-amerikanische Armee. Tatsächlich gelang dies durch effiziente Vernetzungstätigkeiten, das Ausseerland wurde schließlich ohne Kampfhandlungen von US-Truppen übernommen. Gaiswinklers alliierte Kontaktpersonen waren mit seinen Leistungen zufrieden.[32] Darüber hinaus

28 The National Archives, SOE-Personal File von Albrecht Gaiswinkler, HS 9/553/3.

29 Pirker, Subversion, S. 451.

30 SOE-Personal File von Albrecht Gaiswinkler.

31 So berichtet Edith Hauer-Frischmuth: „Eigentlich getroffen, richtig getroffen, haben wir erst die Leute von Bad Aussee, den Tarra und die alle, haben wir erst richtig getroffen, wie der Gaiswinkler abgesprungen ist. Bis dahin, haben wir in Aussee allein gearbeitet." DÖW 16653.

32 Die Vermerke im Personal File von Gaiswinkler lassen darauf schließen, dass die Operation Ebensburg den Erwartungen entsprochen hatte, Gaiswinkler erscheint in einem positiven Licht: „This man played an important part in immediately serving the corporation of civilians with occupying troops. He recovered large sums of German gold and currency for the Allies which had been concreted by the Germans in the area. He was appointed Bezirks Hauptmann [sic!] by the MG authorities and has held this post with distinction." SOE-Personal File Gaiswinkler. Allerdings war die Biografie Albrecht Gaiswinklers stets auch von Ungereimtheiten geprägt. Verbunden mit persönlichen Differenzen zwischen den

halfen Gaiswinkler und seine MitstreiterInnen nach Kriegsende tatkräftig mit, die öffentliche Ordnung aufrechtzuerhalten und demokratische Strukturen aufzubauen.[33]

Tätigkeiten des Widerstandes im Ausseerland

Die konkreten Widerstandshandlungen abseits der koordinierten Übergabe der Region an die Alliierten sind bis heute umstritten. Als grundsätzlich glaubwürdig können folgende Aktionen erachtet werden:[34]

- Erbeutung von Panzerfahrzeugen der 6. Armee unter General Fabiunkes; teilweise Entwaffnung deutscher Einheiten
- Besetzung des im Teichschloss Bad Aussee befindlichen Radiosenders Wien II
- Kontaktaufnahme mit den US-amerikanischen Truppen in Vöcklabruck[35]
- Übernahme der wesentlichen Institutionen wie Gendarmerie, Post und Bürgermeisteramt in Bad Aussee vor dem Eintreffen der US-amerikanischen Truppen am 8. Mai 1945

Zu diesen Aktivitäten bzw. zu den Details und Umständen gibt es wenige Quellen abseits von Berichten von AkteurInnen, um die unterschiedlichen überlieferten Geschichten und Erzählungen überprüfen zu können. In den SOE-Akten Gaiswinklers findet sich jedoch ein Verweis, der grundsätzlich die Berichte der Widerstandsbewegung rund um Gaiswinkler stützt: „He recovered large sums of German gold and currency for the Allies which had been concreted by the

WiderstandskämpferInnen entstanden nach dem Krieg höchst widersprüchliche Berichte über die Rolle Gaiswinklers und seiner Gruppe im Widerstand. Die letzten Forschungsergebnisse deuten jedoch darauf hin, dass Gaiswinklers Rolle in den letzten Kriegstagen durchaus wichtig war, vgl. Pirker, Subversion, S. 452 f. Der Erfolg der Mission wird auch in den SOE-Personal Files von Hans Grafl bestätigt, insbesondere die Tätigkeit der Gruppe während der Monate der Militärregierung wird speziell hervorgehoben. The National Archives London, HS9/606/4.

33 SOE-Personal File Gaiswinkler.

34 Einen guten Überblick bietet Hummer, Region, S. 154.

35 Wesentlich dafür war das Engagement von Edith Hauer-Frischmuth: „Die Arztensgattin Edith Frischmut [sic!] hatte sämtliche Gestapostempel samt Rundstampiglie der Gestapo Linz bezw. Aussenstelle Bad Aussee durch List in die Hand bekommen und sie der Widerstandsbewegung zur Verfügung gestellt." DÖW 609.

Germans in the area."[36] Hubert Hummer, der sich eingehend mit dem lokalen Widerstand auseinandergesetzt hat, qualifiziert die Oral-History-Berichte im Kern als glaubwürdig, wenngleich er auf den spezifischen Kontext der Handlungen verweist: „Ohne die Leistungen relativieren zu wollen, können sie natürlich nur im Zusammenhang mit der Situation des Zusammenbruchs und der allgemeinen Auflösungserscheinungen begriffen werden."[37]

Einige wichtige Aktivitäten des Widerstands im Ausseerland seien an dieser Stelle exemplarisch hervorgehoben:

Aufbau eines sozialen Netzes für politisch Verfolgte durch Frauen im Widerstand

Die beiden wesentlichen Widerstandsgruppen, also Willy-Fred und die Gaiswinkler-Gruppe, boten Personen, die verfolgt wurden, ein soziales Netz und Absicherung. Deserteure und Wehrdienstverweigerer bildeten das Rückgrat des Widerstands im Ausseerland.[38] Im Vordergrund stand, Kräfte von der nationalsozialistischen Kriegsmaschinerie abzuziehen und so einen Beitrag zur Verkürzung des Kriegs zu leisten. Um dieses Netz aufrechtzuerhalten, arbeitete ein Kreis von UnterstützerInnen daran, dieses Abtauchen zu ermöglichen. Meist handelte es sich um die Ehefrauen, Angehörigen, FreundInnen der Versteckten, die die Männer mit Nahrung, Medikamenten und Kleidung versorgten. Diese gefährlichen Arbeiten wurden zumeist von Frauen erledigt.[39] Dieses bedeutende Charakteristikum des Widerstandes – die Frauen als eigentlich zentrale Akteurinnen, auf deren Unterstützung die untergetauchten Männer angewiesen waren – wurde durch die Heldenerzählungen der männlichen Protagonisten nach Kriegsende oftmals überschrieben. Lange wurde die wesentliche Rolle von Frauen zu wenig beachtet und gewürdigt, Tätigkeiten wie die beschriebenen als passiv eingestuft, während die Rolle der Männer stets aktiv beschrieben wurde. Genau betrachtet war es aber in diesem Fall genau umgekehrt: Die Männer mussten sich verstecken, wohingegen Frauen aktiv am

36 SOE-Personal File Gaiswinkler.

37 Hummer, Region, S. 154.

38 Silvia Panzl, Quartiere im Verborgenen, in: Klaus Kienesberger / Michael Kienesberger / Wendelin Pressl / Franz Riedl (Hrsg.), unSICHTBAR. widerständiges im salzkammergut, Wien 2008, S. 94. Laut Angaben von Sepp Plieseis rekrutierte sich die Gruppe Willy-Fred zu einem großen Teil aus Deserteuren: Kammerstätter, Materialsammlung, S. 140.

39 Kammerstätter, Materialsammlung, S. 462.

Aufbau der für das Überlebenden der Deserteure notwendigen Netzwerke und Strukturen arbeiteten.

Friedliche Übergabe

Am wirksamsten war die Gruppe rund um Albrecht Gaiswinkler in den letzten Tagen des NS-Regimes.[40] Sie konnte die Alliierten über die Existenz des Widerstandes in Kenntnis setzen und somit größere Schäden in der Zivilbevölkerung und der Infrastruktur verhindern.[41] Darüber hinaus gelang es der Gruppe laut SOE-Dokumenten offenbar, SS-Einheiten zu entwaffnen.[42] Der Erfolg dieser Tätigkeiten wurde von den Alliierten hervorgehoben: „So considerable were the services rendered by Gaiswinkler and his group [...] that it was no question that the local government must come under his leadership."[43] Gaiswinkler wurde konsequenterweise von den US-amerikanischen Besatzungsbehörden zum Bezirkshauptmann ernannt, in dieser Funktion überführte er 480 Personen aus dem Widerstand in die Hilfspolizei.[44]

Zur friedlichen Übergabe gehörte auch die Einnahme des Radiosenders Teichschloss: Dessen Besetzung und die darauffolgende Ausrufung des Freiheitssenders Ausseerland ist durch mehrere Dokumente belegt. Der Radiosender wurde demnach acht Tage vor Eintreffen der US-Armee durch VertreterInnen des Widerstandes übernommen.[45]

Verhaftung von Ernst Kaltenbrunner

Auch wenn die Verhaftung Ernst Kaltenbrunners, des Leiters des Reichssicherheitshauptamtes (RSHA), vom CIC-Team der 80. Division der Dritten US-Armee durchgeführt wurde, waren die Widerstandsgruppen des Salzkammerguts

40 Paul R. Sweet / Edgar N. Johnson (OSS), Subject: The Political Situation in Upper Austria. Secret/Control (For U. S. Citizens Only), in: Oliver Rathkolb (Hrsg.), Gesellschaft und Politik am Beginn der Zweiten Republik. Vertrauliche Berichte der US-Militäradministration aus Österreich 1945 in englischer Originalfassung, Wien–Köln–Graz 1985, S. 228–240, hier 230. Die entsprechende Stelle hebt Gaiswinkler und Plieseis hervor.

41 Vgl. auch die Schilderungen Hans Grafls, Kammerstätter, Materialsammlung, S. 565.

42 SOE-Personal File Grafl.

43 Sweet, Subject, S. 236.

44 Ebenda, S. 237.

45 Am besten wiedergegeben in: DÖW 2130, siehe auch: Kammerstätter, Materialsammlung, S. 557 f.

durch wertvolle Informationen daran beteiligt, die Verhaftung vorzubereiten. In einem detaillierten Bericht der CIA 1993 wird Gaiswinklers „Basisarbeit" gelobt, die einen wichtigen Beitrag zur Verhaftung der engsten Mitarbeiter von Kaltenbrunner und schließlich zur Verhaftung Kaltenbrunners selbst geleistet habe.[46] Die ebenfalls in Erzählungen erwähnte Rolle von Mitgliedern des Widerstands bei der Verhaftung von Generalmajor Karl Fabiunke und SS-Obersturmbannführer Otto Skorzeny ist hingegen kaum durch als verlässlich einzustufende Quellen belegt.

Rettung von NS-Raubkunst

Dieses Kapitel des Widerstandes soll hier etwas ausführlicher beschrieben werden, da an diesem Beispiel allgemeine Probleme von Widerstandsgeschichtsschreibung thematisiert und konkret der Aufbau, die Struktur und die Tätigkeiten des Widerstands im Ausseerland veranschaulicht werden können. Die bisher publizierten Interpretationen dieser Episode des Widerstandes klaffen in ihren Schwerpunktsetzungen weit auseinander, sie vernachlässigen entweder die Leistungen der Beteiligten der Kunstgüterbergung oder das Engagement der WiderstandskämpferInnen.[47] Zur Vorgeschichte: Ab dem 13. Oktober 1943 wurden von den Nationalsozialisten geraubte Kunstgegenstände aus ganz Europa in einem Ausseer Salzbergwerk untergebracht. Das Bergwerk galt als bombensicher und Temperatur und Luftfeuchtigkeit wurden für die Kunstwerke als geeignet betrachtet.[48] Wenige Wochen vor dem Zusammenbruch des Dritten Reiches wurde am 13. April 1945 im Auftrag des Gauleiters von Oberdonau August Eigruber in antisemitischer Diktion veranlasst, die Kunstschätze „nicht in die Hände des kapitalistischen Weltjudentums" fallen zu lassen und sie mitsamt dem Bergwerk zu sprengen; zu diesem Zeitpunkt waren bereits Kisten mit Sprengstoff in den Berg gebracht worden.[49] Ein großer Teil der Salinenarbeiter aber beschloss die Sprengung zu vereiteln. Am 3. Mai wurde die Vernichtung

46 Central Intelligence Agency: The Last Days of Ernst Kaltenbrunner, https://www.cia.gov/library/center-for-the-study-of-intelligence/kent-csi/vol4no2/html/v04i2a07p_0001.htm [18. 10. 2010]. Der Text erschien außerdem im Zuge des CIA Historical Review Program am 22. 9. 1993.

47 Christian Reder, Im Salzbergwerk, in: Hans Michael Roither (Hrsg.), Ausseer Beiträge zur Zeit- und Kulturgeschichte, Bad Aussee 1985; Hummer, Region.

48 Katharina Hammer, Glanz im Dunkeln. Die Bergung von Kunstschätzen im Salzkammergut am Ende des 2. Weltkrieges, Altaussee 1996, S. 47–49.

49 Ebenda, S. 129–130.

der Kunstschätze schließlich durch eine Intervention von Ernst Kaltenbrunner verhindert, die über Kontakte zu seinem Adjutanten erreicht wurde.[50]
An der Rettung der Kunstschätze waren verschiedene Akteure in unterschiedlichem Ausmaß beteiligt. Dazu gehörten z. B. Emmerich Pöchmüller, Generaldirektor der Alpenländischen Salinen, Hermann Michel vom Naturhistorischen Museum Wien, Herbert Seiberl, Leiter des Instituts für Denkmalpflege in Wien, Salinenbedienstete wie Bergmeister Matthias Krenn, Oberbergmeister Danner oder Salinenarbeiter wie Wasserer Hermann König oder Alois Raudaschl. Die Beteiligten waren unabhängig von ihrer politischen Einstellung in die Rettung der Kunstgüter involviert. „Der Bogen spannte sich also vom exponierten [NSDAP-]Parteigenossen über den Sympathisanten und den Mitläufer hin zum aktiven Widerstandskämpfer. Und dass nachher, als wirklich das Schlimmste verhindert war, jeder von ihnen den entscheidenden Schritt getan, die beste Idee gehabt haben wollte, ist selbstverständlich. In Wirklichkeit ist vor allem großartig, wie einmütig und rasch die grundsätzliche Entscheidung getroffen wurde.“[51]

Den Quellen nach ist es glaubwürdig, dass sowohl die Kunstexperten als auch die Vertreter der Salinenverwaltung wesentlichen Anteil an der Rettungsaktion hatten.[52] In der Historiografie unterrepräsentiert sind jedoch die Bergarbeiter, die Rettung der Kunstgüter war zu einem Gutteil ihr Verdienst, z. B. durch die Intervention Alois Raudaschls bei Ernst Kaltenbrunner, der sich bei Gauleiter Eigruber gegen die Sprengung der Kunstgüter einsetzte.[53] Dies dürfte durch Kontakte über Widerständige zustande gekommen sein: Die Wienerin Edith Hauer-Frischmuth, die später von Yad Vashem als „Gerechte unter den Völkern“ u. a. für ihre Hilfe einer als Jüdin verfolgten Freundin geehrt wurde und gegen Kriegsende im Salzkammergut wohnte, dürfte diesen Kontakt hergestellt haben.[54] Generell dürfte es enge Kontakte der Bergarbeiter zur Gruppe Willy-Fred gegeben haben, Sepp Plieseis selbst hingegen in die Rettungsaktion nicht unmittelbar involviert gewesen sein, sondern als Organisator von Informationsaustausch fungiert haben. Auch ist anzunehmen, dass er über die wichtigsten Schritte zur Rettung der Kunstschätze informiert war.[55]

50 Ebenda, S. 154–155.
51 Ebenda, S. 132.
52 Ebenda, S. 132.
53 Ebenda, S. 271.
54 Ein Interview mit Edith Hauer-Frischmuth, geführt von Helmut Kalss, wurde abgedruckt in: Bahr, Für Führer und Vaterland.
55 Hermann Michel bestätigte die Mitwirkung der Gruppe Fred, wobei diese eher als Netzwerkpartnerin in Erscheinung trat. DÖW 8378; Oberbergmeister Danner soll ein von Sepp

Die Bemühungen der einzelnen Gruppen haben während der Rettungsaktionen wohl ineinandergegriffen, was auch Albrecht Gaiswinkler später bestätigte. Demnach habe es nicht „den“ Retter, sondern eine Vielzahl von RetterInnen gegeben.[56] Gaiswinkler selbst, dem oft vorgeworfen wurde, sich die Rettung selbst zugeschrieben zu haben, war hingegen nur am Rande an der Aktion beteiligt gewesen, vermutlich als Mitwisser. Er betonte in seiner Autobiografie, dass er sich nur zum „Mundwalt dieser Kämpfer“ aufgeworfen habe, denen, so war er überzeugt, „einst […] der Dank der ganzen Menschheit sicher sein [wird]“.[57] Wie widersprüchlich die Erzählungen sind und wie entscheidend sie bereits innerhalb von wenigen Jahren voneinander abwichen, unterstreicht die Aussage von Albrecht Gaiswinkler, die Peter Kammerstätter im Zuge seiner Recherchen festgehalten hatte. Gaiswinkler betonte darin, im Widerspruch zu seinen eigenen früheren Angaben, seine eigene Rolle zusammen mit Sepp Plieseis bei der Rettung der Kunstschätze: „Da war ich auch tätig bei der Rettung der Kunstschätze dadurch, dass wir verhinderten mit meinen Leuten, mit den Salzbergarbeitern und den Leuten vom Plieseis Sepp, dass die Sprengung erfolgte.“[58]

An den Rettungsaktionen waren einzelne Gruppen und Personen beteiligt, die „manchmal unabhängig voneinander agieren, manchmal gemeinsam, in der es aber vor allem darauf ankommt, dass alle das gleiche Ziel haben. Denn weder Kunstgüterbergung noch Salinendirektion können etwas unternehmen, ohne dass die Bergleute es erfahren, es können aber auch umgekehrt die Bergleute keine Aktion beginnen, ohne dass ihre Vorgesetzten es merken und – zumindest schweigend – gutheißen. Völlig undenkbar scheint es, dass Widerstandskämpfer von außerhalb zur Kunstgüterbergung vordringen und dort eingreifen konnten, ohne dabei entdeckt zu werden.“[59] Diese Aktion unterstreicht also exemplarisch den oftmals dezentralen Charakter des Widerstandes im Ausseerland, die ineinanderfließenden Strukturen und Gruppierungen, die über traditionelle politische Grenzen hinaus zusammen an der (lokalen) Überwindung des NS-Regimes arbeiteten.

Plieseis organisiertes Infogespräch mit Rudolf Pressl zur Rettung der Kunstschätze geführt haben, Kammerstätter, Materialsammlung, S. 142. Plieseis soll auch über die Einlagerung der Kunstschätze durch Hermann König und Markus Pressl informiert worden sein – der Infotransfer erfolgte durch Königs Schwiegersohn Sepp Neumann. Kammerstätter, Materialsammlung, S. 336.

56 Gaiswinkler, Sprung, S. 274.

57 Ebenda, S. 276.

58 Kammerstätter, Materialsammlung, S. 274.

59 Hammer, Glanz, S. 132.

Nach der Befreiung und dem Ende der NS-Herrschaft zerbrach auch schrittweise der Zusammenhalt der ehemaligen KampfgefährtInnen. Die Auseinandersetzungen gipfelten in einem skurrilen Rechtsstreit zur Deutungshoheit der Kunstrettungsaktionen, den die Witwe von Emmerich Pöchmüller gegen Sepp Plieseis' Witwe Maria und Herausgeber Julius Mader (Militärverlag der DDR) in den 1980er-Jahren führte: Sie verklagte Plieseis und Mader wegen übler Nachrede aufgrund der Darstellung ihres verstorbenen Mannes in Plieseis' Autobiografie „Partisan der Berge".[60] Die Klage wurde 1989 abgewiesen.[61]

Fazit

Diese Fallstudie zum Widerstand im Ausseerland verdeutlicht grundsätzliche Herausforderungen einer kritischen Geschichtsschreibung des österreichischen Widerstandes: Das Ziel von Widerstand, im Verborgenen und unerkannt zu agieren, ohne Spuren zu hinterlassen, führt zwangsläufig zu einer dünnen Quellenbasis, insbesondere bei Gruppen, die von den Nationalsozialisten unentdeckt blieben. Die heterogene Zusammensetzung und die unterschiedlichen politischen Hintergründe der AkteurInnen waren einerseits eine Stärke im Untergrund, da sie neue Netzwerke zwischen bestehenden Strukturen ermöglichten. Andererseits brachen Konfliktlinien nach der Befreiung Österreichs erneut auf und führten zu teils widersprüchlichen Charakterisierungen von Aktionen und Personen des Widerstandes. Die Nachkriegsquellen, welche die Mehrzahl der Dokumente darstellen, müssen also in diesem spezifischen Überlieferungskontext interpretiert werden – und sind mitunter auch ergiebige Quellen für die Nachgeschichte des Widerstandes und seiner ProponentInnen in der Zweiten Republik.

60 Sepp Plieseis, Partisan der Berge. Lebenskampf eines österreichischen Arbeiters, hrsg. v. Julius Mader, Berlin 1971. Neuauflage im Globus-Verlag, Wien 1987.

61 Manuskript für einen Beitrag für Betrifft Widerstand vom 2. 8. 1989, verfasst von Julius Mader, Zeitgeschichte Museum Ebensee, ohne Katalogisierung.

Peter Steinbach

Entgrenzung des Rechts durch Polizei und Justiz in der NS-Zeit

Die letzte Sitzung des Deutschen Reichstags fand am 26. April 1942 in der Berliner Kroll-Oper, dem Ersatz des ausgebrannten Reichstagsgebäudes, statt. Hitler hielt seine letzte große Reichstagsrede in dem Ausweichquartier des in seiner Gesetzgebungskompetenz durch das Ermächtigungsgesetz vollständig entmachteten Reichstags. Das Leipziger Reichsgericht hatte 1933 den mutmaßlichen Brandstifter Marinus van der Lubbe auf der Grundlage eines rückwirkend geltenden Gesetzes zum Tode verurteilt und auf diese Weise zugleich deutlich gemacht, dass Gesetzgebung, Justiz und Polizei durch die nationalsozialistische Regierung auf eine neue, gemeinsame Grundlage gestellt wurden. Die Legislative hatte sich der Regierung in den zurückliegenden Jahren unterworfen, getreu der Maxime: Ein Volk, ein Reich, ein Führer. Seit 1933 konnte der Führer das Recht setzen. Nach seiner Selbstentmachtung symbolisierte der Reichstag nur noch eine Bühne für propagandistische Auftritte, die jeweils mit dem „Deutschlandlied“ und dem „Horst-Wessel-Lied“ endeten.

Hitler nutzte seine Reichstagsrede zur grundsätzlichen Abrechnung mit der deutschen Rechtsprechung. Wie in manchen seiner Tischgespräche machte er deutlich, wie wenig er von Richtern und Rechtsprechung hielt. Den Rechtsstaat hatte er bereits in seiner Kampfschrift verachtlich gemacht. Mit seiner Rede drang er zum Kern seines Verständnisses von richterlicher Unabhängigkeit und damit des Rechts vor, das sich grundlegend von der Überzeugung etwa eines Gustav Radbruch unterschied. Dieser bedeutende Rechtsgelehrte hatte gerade in der Verpflichtung zum „Schutz der Schwachen“ eine wesentliche Funktion des Rechtes überhaupt gesehen. Gesetze und eine unabhängige Rechtsprechung sollten nicht nur dazu dienen, Interessenkonflikte zwischen Bürgern und Bürgerinnen zu lösen, sondern nicht zuletzt den Einzelnen vor staatlicher Willkür schützen, die von Verwaltungen, Polizei und Regierungen ausgehen konnte.

Mit der Gleichschaltung war auch die Gewaltenteilung beseitigt und die Einheit von Partei und Staat besiegelt worden. Dadurch war die Macht der Polizei, die sich in Schutzpolizei, Kriminalpolizei und Geheime Staatspolizei gliederte, so gewachsen, dass der Eindruck entstand, der NS-Staat hätte sich vor allem durch die Terrorisierung der Öffentlichkeit seine Macht sichern können. Heute wissen wir, dass nicht nur die Disziplinierung durch den nicht selten öffentlich demonstrierten Terror, sondern auch die Ideologie der Volksgemeinschaft und die ständige Mobilisierung der Öffentlichkeit gegen angebliche Gegner im Innern und von außen die Unterwerfung unter die totalitäre Herrschaft erklären. An die Seite der Unterdrückung traten die Bereitschaft zur Denunziation und die ideologische Übereinstimmung mit vielen Zielen, die die Nationalsozialisten proklamiert hatten.

Polizei und Rechtsprechung – ein kommunizierendes System

Verständnis für den liberalen Verfassungsstaat hatte Hitler niemals gehabt: Gewaltenteilung, Rechtsstaatlichkeit, die Trennung der staatlichen Institutionen lehnte er ebenso ab wie Parteienvielfalt, Meinungs- und Glaubensfreiheit, Gleichheit vor Recht und Gesetz sowie den Parlamentarismus. So rechtfertigte er in seiner letzten Reichstagsrede nicht nur die Beseitigung der Gewaltenteilung; er machte Versuche, die Unabhängigkeit der Justiz zu betonen, geradezu lächerlich und skizzierte so die totalitäre, sich auf Gestapo, Konzentrationslager und Rechtsprechung stützende Herrschaft als Grundlage seines Führerstaates: Er erwarte, dass die deutsche Justiz endlich verstehe, „daß nicht die Nation ihretwegen, sondern sie der Nation wegen da ist". Hitler verspottete die Rechtsprechung und die Juristen. Ihr Bekenntnis zum Eigenwert der Rechtsprechung spiegele nur eine Illusion mancher Rechtsvertreter wider, die sich weigerten, die Konsequenzen der Beseitigung von Gewaltenteilung und Rechtsstaatlichkeit anzuerkennen. Hitler unterstellte ihnen, davon überzeugt zu sein, dass weiterhin der Satz gelte, die Welt dürfe nicht zugrunde gehen, „damit ein formales Recht lebt". Jeder Jurist hatte sich im Rahmen seines Studiums mit dieser Vorstellung – „Fiat justitia et pereat mundi" – auseinandergesetzt.

Hitler betonte hingegen, „daß auch Deutschland leben muß, ganz gleich wie immer auch formale Auffassungen der Justiz dem widersprechen mögen". Dies schloss seinem Verständnis nach nicht nur das Recht, sondern geradezu die Verpflichtung ein, Todesurteile auszusprechen, die schließlich alles bisherige Ausmaß übertreffen sollte. Wurden 1940 knapp 1.000 Todesurteile gefällt, so stieg diese Zahl 1942 auf 3.660, ein Jahr später auf fast 5.400 Todesurteile an. Diese Expansion war ganz offensichtlich Folge einer Drohung, der Rechtslenkung und der daraus resultierenden Botmäßigkeit. In Urteile, so Hitler, die seinem Rechtsverständnis widersprächen, würde er „eingreifen und

Richter, die ersichtlich das Gebot der Stunde nicht erkennen, ihres Amtes entheben“[1].

Erstaunlich an dieser Erklärung war, dass Hitler etwas forderte und betonte, was sich längst durchgesetzt hatte: Die Justiz war seit 1933 zielstrebig auf die Ziele der Nationalsozialisten ausgerichtet worden und hatte sich gerade wegen der zunehmend effektiven Zusammenarbeit von Polizei[2] und Rechtsprechung zu einem Instrument der offensiven und prophylaktischen Bekämpfung aller oppositionellen Aktivitäten entwickelt. In der Geheimen Staatspolizei hatten sich ebenso wie im Sicherheitsdienst der Partei spezielle Abteilungen für Gegnerbeobachtung und -verfolgung gebildet. Nicht zuletzt wurden die zahlreichen Gerichtsverfahren gegen politische und weltanschauliche Gegner und Gegnerinnen genutzt, um die öffentliche Wahrnehmung von Terror und Unterdrückung zu steigern.

Hitlers Ankündigung beendete also im April 1942 keineswegs die Divergenz zwischen Rechtsprechung und nationalsozialistischer Ideologie. Schon längst hatte die Rechtsprechung die Forderung akzeptiert, „kompromisslos“ ihr Urteil zu fällen: „Das Verlangen des Führers der härtesten Bestrafung ist für den Richter ein Befehl.“ Der Richter müsse, so betonte der damalige Staatssekretär im Reichsjustizministerium und spätere Reichsjustizminister Franz Schlegelberger zwei Monate nach Hitlers Reichstagsrede, „seine Tätigkeit [...] als politische Tätigkeit“ begreifen. Wenn er nicht aus dem Geiste des nationalsozialistischen Staates zum Urteil gelange, sei er für die „tiefste Ursache“ der Justizkrise verantwortlich, die sich in den ersten Kriegsjahren zugespitzt hatte.[3]

Bereits mit der Umwandlung des Weimarer Rechts- und Verfassungsstaates in den nationalsozialistischen Führerstaat waren seit 1933 zugleich Richter und Gerichte im Zuge der Gleichschaltung dem totalen Machtanspruch der nationalsozialistischen Führung unterworfen worden. Diese bedeutete, dass der „schützende Zaun des Rechts“ zu Lasten derjenigen eingerissen wurde, die als Angeklagte vor den Schranken des Gerichts standen.

1 Vgl. Lothar Gruchmann, „Generalangriff gegen die Justiz“? Der Reichstagsbeschluß vom 26. April 1942 und seine Bedeutung für die Maßregelung der deutschen Richter durch Hitler, in: VjHZ 51, 2003, S. 509 ff.

2 Michael Stolle, Die geheime Staatspolizei in Baden. Personal, Organisation, Wirkung und Nachwirken einer regionalen Verfolgungsbehörde im Dritten Reich, Konstanz 2001; Carsten Dams / Michael Stolle, Herrschaft und Terror im Dritten Reich, München [4]2017.

3 Heinz Boberach (Hrsg.), Richterbriefe: Dokumente zur Beeinflussung der deutschen Rechtsprechung 1942–1944, Boppard 1975.

Nur wenige Richter widersetzten sich den Zumutungen des Systems,[4] viele hingegen identifizierten sich, zumindest partiell, mit der von den Nationalsozialisten propagierten Rechts- und Weltanschauung. Die Nationalsozialisten hatten lange vor 1933 den Rechtsstaat verhöhnt, indem sie Sonderrechte für diejenigen forderten, die sie nicht als Teil der „Volksgemeinschaft" anerkannten. Das galt für Juden, denen schon 1930 ein konkretes Sonderrecht angekündigt wurde, das galt für Marxisten, wie nach der Verurteilung nationalsozialistischer Schläger im Potempa-Mordprozess[5] deutlich wurde, das galt für Intellektuelle, die sich dem weltanschaulichen Führungsanspruch der neuen Machthaber nicht beugten. Mensch sei nicht gleich Mensch und Recht sei nicht gleich Recht – dies hatten nationalsozialistische Zeitungen nach dem Potempa-Urteil propagiert.

Justizkritik mündete in die Umwandlung des Rechtssystems. Dessen Umformung erfolgte zielstrebig und erstaunlich widerspruchslos. Die Regierungsübernahme der NSDAP bedeutete deshalb von Anbeginn die faktische Zerstörung des Rechtsstaates durch die Abschaffung einer unabhängigen Justiz. Bereits am 21. März 1933, dem „Tag von Potsdam", wurden auf dem Verordnungswege Sondergerichte geschaffen. Sie hatten nicht zuletzt die Aufgabe, neue Rechtsnormen durchzusetzen, die nur machtpolitisch und ideologisch zu rechtfertigen waren und der Unterdrückung potenzieller Gegner und Gegnerinnen dienten. Neue Normen und der totalitäre Maßnahmenstaat entwickelten sich zunächst parallel. Dadurch konnte sogar der Eindruck einer partiell fortbestehenden Rechtsstaatlichkeit vor allem im „bürgerlichen Recht" hervorgerufen werden.

Zur Waffe im politischen Kampf wurde vor allem das Strafrecht.[6] Die Kriminalisierung der politischen Gegner und Gegnerinnen der NS-Herrschaft ging mit der Durchsetzung eines Maßnahmenstaates einher, der sich von Recht und Gesetz löste und im Zuge von polizeilichen Ermittlungen immer offensichtlicher der Verfolgungswillkür Raum gab. Nicht jede Verfolgungsmaßnahme war das Ergebnis von Repression und Terror oder der Allgegenwärtigkeit der

4 Heiko Maas (Hrsg.), Furchtlose Juristen: Richter und Staatsanwälte gegen das NS-Unrecht, München 2017.

5 Im Sommer 1932 ermordete eine Gruppe von SA-Leuten einen Kommunisten in dessen Wohnhaus im oberschlesischen Potempa. Der brutale Mord fand in der Zeit bürgerkriegsähnlicher Auseinandersetzungen um die Reichstagswahl im Juli 1932 statt. Nach mehreren ähnlichen Vorfällen hatte die Regierung kurz zuvor die Todesstrafe für politisch motivierte Morde eingeführt. Die NSDAP solidarisierte sich in der Folge öffentlich mit den Mördern. Die Todesurteile wurden in Gefängnisstrafen umgewandelt, die Täter nach der Machtübernahme freigelassen.

6 Vgl. Gesetz zur Änderung von Vorschriften des Strafrechts und des Strafverfahrens v. 24. 4. 1934.

Gestapo, wie später oftmals als Entschuldigung der Mitläufer und Angepassten behauptet wurde. Denunziationen waren für die Selbstgleichschaltung der deutschen „Volksgemeinschaft" entscheidend und erhöhten nicht nur den Verfolgungsdruck, sondern verdeutlichten die Durchpolitisierung und Durchherrschung des Alltags. Widerspruch, Kritik, abweichendes Verhalten wurden kriminalisiert. Im Laufe der folgenden Jahre verschoben sich so schrittweise die Gewichte innerhalb des gleichgeschalteten „Doppelstaates".

Politisiert war die Rechtsprechung auch während der Weimarer Republik immer gewesen.[7] Dies war allerdings vor allem eine Folge der politisch-kulturellen und sozialen Prägung der Richterschaft[8] durch den deutschen Obrigkeitsstaat und der auf die Justiz einwirkenden untertänig-bürgerlichen Öffentlichkeit. In der Tat lag in der Formel, Recht im „Namen des Volkes" zu sprechen, stets eine Gefahr, denn das angeblich „gesunde Volksempfinden" war auch den Richtern nicht fremd, vor allem, wenn es um politische Bewertungen ging. Früh hatte Ernst Fraenkel die staatstragende Einstellung der Richter weitblickend als Ergebnis einer Soziologie der Klassenjustiz[9] bezeichnet. Otto Kirchheimer konnte sie Jahrzehnte später als Ausdruck der „Politischen Justiz"[10] analysieren und deuten. „Klassen-" und „Politische Justiz" präparierten in der Weimarer Republik das Fundament späterer Politisierung, Radikalisierung und Instrumentalisierung der Rechtsprechung, damit auch der Kooperation zwischen Polizei, Staatsanwaltschaften und Gerichten und so, wie Hannah Arendt[11] schrieb, der schleichenden, aber hingenommenen Zerstörung der schützenden Räume des Rechts, vor allem durch die Änderungen im Straf- und Verfahrensrecht.

Die Nationalsozialisten befürchteten Widerstand und zielten deshalb auf die Ausschaltung oppositioneller Bestrebungen. Sie ahndeten Widerspruch und diffamierten Nonkonformität als undeutsch, als staatsfeindlich und verräterisch. Sie erklärten sich in diesem Zusammenhang zu den Vertretern eines gesunden „Volksempfindens", um mögliche Kritik im Keim zu ersticken. Dieses von der NS-Ideologie beschworene Verständnis der Volksgemeinschaft mutier-

7 Kurt Tucholsky, Politische Justiz, Reinbek 1970.

8 Heinrich Hannover / Elisabeth Hannover-Drück, Politische Justiz 1918–1933, Frankfurt/M. 1966.

9 Ernst Fraenkel, Zur Soziologie der Klassenjustiz (1927), in: Ernst Fraenkel, Gesammelte Schriften, Bd. 1: Recht und Politik in der Weimarer Republik, hrsg. v. Hubertus Buchstein, Baden-Baden 1999, S. 177–211.

10 Otto Kirchheimer, Politische Justiz: Verwendung juristischer Verfahrensmöglichkeiten zu politischen Zwecken, Neuwied–Berlin 1965.

11 Hannah Arendt, Elemente und Ursprünge totaler Herrschaft, Bd. 3: Totale Herrschaft, Berlin 1975, S. 153.

te geradezu zu einer Rechtsquelle. Dieses „Volksempfinden“ wurde mit dem Führerwillen verbunden und festigte sich durch die ständige Beschwörung der „Volksgemeinschaft“, die durch das Recht vor angeblichen Feinden geschützt werden sollte. So beeinflussten seit 1933 justizfremde Erwägungen unübersehbar die Rechtsprechung und mündeten relativ zügig in eine Umformung des Rechtssystems aus Polizei und Justiz.

Die Beseitigung der Gewaltenteilung ermöglichte eine Überlagerung von Ermittlungsarbeit, Rechtsprechung und Ahndung bzw. Bestrafung. Sichtbarer Ausdruck dieser Tendenz war die Errichtung des Volksgerichtshofes (VGH), denn schlagartig wurde auf diese Weise die Rechtsprechung vereinfacht, effektiver und endgültiger. Mit der Bildung des VGH wurden Revisionsmöglichkeiten verstellt. Diese Tendenz war nicht das Ergebnis einer Überwältigung, sondern wurde von führenden Juristen akzeptiert und gerechtfertigt.

Ernst Rudolf Huber, später bekannt geworden als Verfasser einer siebenbändigen deutschen Verfassungsgeschichte seit 1789, war 1933 als junger Hochschullehrer an die Universität Kiel berufen worden, die sich schnell zu einem Zentrum nationalsozialistischer Rechtsideologie entwickeln sollte. Huber hatte diese Gleichschaltung der Justiz nicht nur wie andere nationalsozialistisch orientierte Juristen gerechtfertigt, sondern seine Überzeugung mit einer fundamentalen Kritik am liberalen Verfassungsstaat verbunden, indem er, Hitlers Polemik aus dem Jahre 1942 vorwegnehmend, beklagte, die „Gerichtsgewalt“ hätte ein „unabhängiges Eigendasein“ entwickelt. Die „Rechtsprechung“ sei so „gegenüber der staatlichen Gesamtgewalt“ zu einer unabhängigen und selbständigen Gewalt geworden und hätte „gegenüber dem völkischen Gesamtgeschehen“ eine „neutrale Funktion“ ausgeübt. In der „Unabhängigkeit des Richters“ erblickte er lediglich einen „ursprünglich“ wohl „gesunden Sinn“, der im NS-Staat keine Bedeutung mehr hätte, ginge es doch in der NS-Justiz um die Aufhebung einer „Trennung des Richters von Volk und Staat“.[12]

Abwehr angeblich „heimtückischer Angriffe auf Partei und Staat“

Der Volksgerichtshof wurde von Anbeginn zu einem scharfen Instrument bei der Abwehr „heimtückischer Angriffe auf Staat und Partei“. Seine Spruchpraxis richtete sich immer gegen oppositionelle Bestrebungen, welcher Art auch im-

12 Ernst Rudolf Huber, Verfassungsrecht des Großdeutschen Reiches, Hamburg 1939, S. 276.

mer. Partei und Staat definierten, was Widerstand sei und mit polizeilichen Mitteln erfasst, aufgeklärt und verfolgt werden sollte. Von Anfang an arbeiteten Kriminalpolizei, Geheime Staatspolizei und Sicherheitsdienst der Partei eng zusammen. Der Volksgerichtshof fungierte dabei keineswegs als letztes Glied einer Kette, die auch durch die Staatsanwaltschaft verstärkt wurde, sondern erlangte im System der Repression und des Terrors eine herausragende Bedeutung, weil seine Urteile ebenso wie Todesurteile der Sondergerichte öffentlich bekannt gemacht wurden und so die öffentliche Wahrnehmung des Terrors sicherten. Sie waren überdies nicht revidierbar.

In der Wahrnehmung der Zeitgenossen und Zeitgenossinnen und auch der Nachlebenden wurde der staatliche Terrorismus aber nicht nur mit dem VGH und den Sondergerichten in Verbindung gebracht, sondern mit der fast unbegrenzten Gewalt der Polizei verbunden, die über die Macht verfügte, Verurteilte selbst nach Verbüßung ihrer Strafe in Konzentrationslager einzuweisen. Selbst über eigene Gefängnisse verfügte die Gestapo und entzog sich so dem Einfluss der Justiz.

Die Ausweitung der Kompetenzen des VGH und der Strafkammern der Landes- und Oberlandesgerichte erfolgte mit der Kriegssonderstrafrechtsverordnung vom 17. August 1938, die sich im Rückblick als eine Maßnahme entpuppte, die den seit Jahren geplanten Kriegsbeginn antizipierte. Mit Kriegsbeginn wurden neue Straftatbestände definiert und dem VGH zugeordnet, der die einzelnen Oberlandesgerichte auch organisatorisch wie nachgeordnete Einheiten bestimmte und so seine Kompetenz erheblich expandieren konnte. Mit der Zuständigkeitsverordnung vom 29. Januar 1943 weitete sich dieser Bereich noch einmal aus. Dies erklärt die Bedeutung, die auch symbolisch dem VGH und den „Richtern in der roten Robe“ zugeschrieben wurde. Dabei wird allerdings übersehen, wie eng sich die Zusammenarbeit zwischen Polizei und Justiz entwickelt hatte.

Denunziationen, Politisierung des Alltags, polizeiliche Ermittlungsarbeit und die herrschaftskonforme Spruchpraxis ergaben ein Amalgam der Unterdrückung, die ihren sichtbaren Ausdruck in der Verhandlungsführung durch Roland Freisler fand. Bis heute steht der VGH als Symbol eines alle Maße überschreitenden staatlichen Verfolgungsanspruchs, einer anscheinend gesetzlich entregelten politischen Selbstermächtigung der Staatsgewalt und damit des nationalsozialistischen „Unrechtsstaates“.

Die Konzentration der juristischen Zeitgeschichte auf die Strafverfahren des VGH erklärt, dass die zeitgeschichtliche Forschung lange Zeit nicht nur die Dynamik willkürlicher Rechtsprechung, sondern auch die Beteiligung vieler Oberlandesgerichte, die, wie Freisler bereits 1935 betont hatte, geradezu als

Außenstellen des Volksgerichtshofes betrachtet wurden,[13] vernachlässigt hatte. Hauptaufgabe der Rechtsprechung blieb die Einschüchterung und Lähmung des Widerstandswillens und damit die Absicherung der nationalsozialistischen Herrschaft. Mit Kriegsbeginn zielten die Urteile immer weniger auf die Bestrafung von Handlungen, sondern zunehmend auf die Verurteilung von Haltungen und Gesinnungen.

Vor dem Hintergrund der „verschärften" Rechtsprechung durch den VGH wird verständlich, weshalb sich eine Hauptforderung der Regimegegner im Umkreis des Kreisauer Kreises und der Regimegegner im Umkreis von Beck, Goerdeler und Stauffenberg auf die Wiederbegründung richterlicher Unabhängigkeit und Rechtsstaatlichkeit richtete. Die Begründung einer neuen Rechtlichkeit und Rechtmäßigkeit zielte auf die Durchsetzung unabhängiger Rechtsprechung und damit des Rechtsstaates. „Erste Aufgabe ist die Wiederherstellung der vollkommenen Majestät des Rechts. [...] Wir waren einst stolz auf die Rechtlichkeit und die Redlichkeit unseres Volkes, auf die Sicherheit und Güte der deutschen Rechtspflege. Umso größer muss unser aller Schmerz sein, sie fast vernichtet zu sehen."[14]

Mit diesen Worten steigerte sich die Regierungserklärung, die Ludwig Beck und Carl Friedrich Goerdeler für den 20. Juli 1944 vorbereitet hatten, zur Abrechnung mit dem nationalsozialistischen Unrechtsstaat, der seine Verkörperung im Volksgerichtshof und seinen „Richtern in der roten Robe" fand. Weil der Umsturzversuch vom 20. Juli 1944 scheiterte, musste bis zur so vehement deklarierten „Wiederherstellung der vollkommenen Majestät des Rechts" noch ein knappes Jahr vergehen. Ebenso wenig wie die Befreiung Deutschlands von der nationalsozialistischen Herrschaft akzeptierten die überlebenden Zeitgenossen des NS-Staates die mit der Errichtung eines Rechtsstaates einhergehende Bestrafung der „Rechtsschänder", die ebenfalls ein zentrales Ziel des deutschen Widerstands war.

Vor allem die Verfolgung des Widerstands der Weißen Rose und des 20. Juli 1944 prägte das Bild des Volksgerichtshofes. Diese Verengung ist inzwischen korrigiert worden; allerdings haben die beiden Verfolgungskomplexe bis heute ihre nachhaltige Wirkung auf die Vorstellungen der Nachlebenden behauptet. Damit geriet der Blick auf die Bedeutung der Gestapo, die schließlich sogar über eigene Haftanstalten verfügte, in den Hintergrund. Deshalb ist es

13 Roland Freisler, Der Volksgerichtshof – das Reichsstrafgericht, in: Zeitschrift der Akademie für Deutsches Recht 1935, S. 90 ff.

14 Erklärung der Regierung Beck/Goerdeler, Entwurf Sommer 1944, Faksimile auf: https://www.gdw-berlin.de/fileadmin/themen/b13/pdf/13_3_Faksimile_d.pdf [8. 1. 2020].

gerechtfertigt, mit einer Betrachtung der Reaktionen auf den Umsturzversuch vom 20. Juli gerade das Zusammenspiel zwischen Verfolgungsbehörden und Rechtsprechung zu beleuchten.

Verfahren nach dem Attentat auf Hitler 1944

Vor dem 20. Juli 1944 sind vom Volksgerichtshof und von den von ihm bestimmten Sondergerichten an den Oberlandesgerichten tausendfach Verfahren durchgeführt worden, die zunächst vor allem auf die Ausschaltung der politischen Oppositionsbestrebungen zielten. In der Wahrnehmung der Nachlebenden scheinen die sich mit Kriegsbeginn häufenden Todesurteile ebenso wie die langen Haftstrafen, die sich in der Regel nach der Abbüßung der Strafen in der Konzentrationslagerhaft fortsetzten, eine willkürliche Rechtsprechung zu belegen, die auch unter den Begriff des justiziellen Massenmordes subsumiert wird. Dass es Phasen der Rechtsprechung und eine Dynamik des Unrechtsstaates gab, muss bedacht werden, wenn vor allem die Verfahren gegen die Attentäter des 20. Juli 1944 und gegen den bürgerlich-militärischen Widerstand genannt werden, um die willkürliche und das Recht verletzende Praxis des VGH zu verdeutlichen.

Bilder der ihrer Würde beraubten Angeklagten vor einem mit überschlagender Stimme geifernden und im wahrsten Sinne des Wortes über Leichen gehenden Präsidenten Freisler formten die Wahrnehmung der Nachkriegszeit und leisteten zugleich einer Verengung des Blicks Vorschub. Die Verfahren gegen die Geschwister Scholl, die in München mit den Mitgliedern ihres Widerstandskreises vom VGH zum Tode verurteilt worden waren, konnten diese prägende Kraft 1943 nicht entfalten, weil erst nach dem 20. Juli die Öffentlichkeit durch Ton- und Filmaufnahmen über Gerichtsverhandlungen informiert wurde. Auch der Massenprozess 1942 gegen Mitglieder der Widerstandsgruppe um Arvid Harnack und Harro Schulze-Boysen prägte nicht die Wahrnehmung eines justiziellen Unrechts, und dies nicht nur, weil das Verfahren vor dem Reichskriegsgericht durchgeführt worden war. Die Massenhinrichtungen von Mitgliedern der „Roten Kapelle" in den Blutnächten 1942/43 in der Haftanstalt Berlin-Plötzensee, wie sie der Gefängnisseelsorger Harald Poelchau überlieferte, hinterließen wiederum einen stärkeren Eindruck als die Gerichtsverfahren.[15]

15 Harald Poelchau, Die letzten Stunden. Erinnerungen eines Gefängnispfarrers, aufgezeichnet von Graf Alexander Stenbock-Fermor, Berlin 1949; ders., Die Ordnung der Bedrängten: Erinnerungen des Gefängnisseelsorgers und Sozialpfarrers (1903–1972), Teetz 2004.

Der gescheiterte Umsturzversuch vom 20. Juli 1944 war die letzte große innenpolitische Zäsur des NS-Regimes. Hitler und Himmler wollten nicht nur die direkt an Attentat und Umsturzversuch Beteiligten verfolgen, sondern auch jeden Versuch ihrer Gegner zu einer politischen Neuordnung unmöglich machen. Zuerst nahm die „Sonderkommission 20. Juli" die Verfolgung der Verschwörer auf. Zum anderen löste das Reichssicherheitshauptamt (RSHA) im August 1944 die „Aktion Gewitter" aus, die eine umfassende Verhaftungswelle gegen frühere sozialdemokratische, kommunistische und Zentrums-Mandatsträger aus der Weimarer Zeit nach sich zog. Ab August 1944 nutzte der NS-Staat mit der „Sippenhaft" ein neues Repressionsinstrument, das sich gegen Familienangehörige politischer Gegner richtete.

Im Zentrum der polizeilichen Verfolgung stand die am 21. Juli 1944 gegründete „Sonderkommission 20. Juli". Sie besaß insgesamt elf nach Sachgebieten gegliederte Gruppen mit vermutlich bis zu 400 Mitarbeitern. Die verhafteten, am Umsturzversuch beteiligten Offiziere und Zivilisten wurden zumeist nach Berlin überführt und dort im Hausgefängnis der Gestapo in der Prinz-Albrecht-Straße 8, in einem besonderen Flügel des Gefängnisses in der Lehrter Straße 3, aber auch im Zellenbau des Konzentrationslagers Ravensbrück und in der Schule der Sicherheitspolizei in Drögen bei Fürstenberg inhaftiert. Die Verhöre fanden meist in der Prinz-Albrecht-Straße 8 statt. Viele der am Umsturzversuch Beteiligten wurden in den Verhören gefoltert und geprügelt.[16]

Die Prozesse vor dem Volksgerichtshof wurden systematisch und schnell vorbereitet. Propagandaminister Joseph Goebbels notierte am 23. Juli 1944 in seinem Tagebuch: „Das Strafgericht, das jetzt vollzogen werden muß, muß geschichtliche Ausmaße haben. Auch, die eine unklare Stellung bezogen haben, haben die Todesstrafe verdient [...]. Überhaupt sollen alle Generäle, die in das zivile Leben hineingegriffen haben oder sich außerhalb der Verfassung stehende Gewalt anmaßten, vor den Volksgerichtshof gebracht und zum Tode verurteilt werden. Militärgerichte kommen nicht mehr in Frage. Sie werden zuerst ihres Ranges verlustig erklärt, aus der Wehrmacht ausgestoßen und dann

16 In den Jahren nach 1945 wurden oftmals Zahlen von über 7.000 Inhaftierten und mehr als 700 Toten in der unmittelbaren Folge des 20. Juli 1944 genannt. Erst Peter Hoffmann wies in seinem Standardwerk „Widerstand – Staatsstreich – Attentat" darauf hin, dass diese Zahl weit übertrieben war und tatsächlich weit weniger als 1.000 Menschen festgenommen wurden (Peter Hoffmann, Widerstand – Staatsstreich – Attentat. Der Kampf der Opposition gegen Hitler, München 1969). Neuere Schätzungen lassen uns von 600 bis 700 Verhaftungen nach dem 20. Juli 1944 ausgehen. Dabei sind in dieser Zahl die sogenannten „Sippenhäftlinge" eingeschlossen.

Freisler übergeben. Er wird schon die richtige Tonart finden, mit ihnen fertig zu werden."[17]

Zehn Tage nach dem Attentat, am 30. Juli 1944, erschienen Reichsführer-SS Heinrich Himmler und der Chef des Oberkommandos der Wehrmacht, Generalfeldmarschall Wilhelm Keitel, zum Vortrag bei Hitler im „Führerhauptquartier Wolfsschanze" bei Rastenburg in Ostpreußen. Sie koordinierten das weitere Vorgehen gegen die am Umsturzversuch Beteiligten.

Himmlers Vortragszettel zu diesem Termin erweist sich als ein zentrales Dokument der Rachegelüste der NS-Führung. Er notierte: „1. Gerichtsverfahren, 2. Familie Stauffenberg, 3. Angehörige Seydlitzfamilie."[18] Erstes Ergebnis der Besprechung war die Errichtung eines sogenannten „Ehrenhofes" von Generalen und Feldmarschällen des Heeres, dem neben Keitel auch Generaloberst Guderian und zwei weitere Generale angehören sollten. Zwischen dem 4. August und dem 14. September 1944 wurden insgesamt 55 Offiziere des Heeres aus der Wehrmacht ausgestoßen und weitere 29 auf Vorschlag des „Ehrenhofes" entlassen.

Die Ausstoßung aus der Wehrmacht war die Voraussetzung dafür, sie dem zivilen Volksgerichtshof und nicht dem eigentlich für Soldaten und Offiziere zuständigen Reichskriegsgericht zur Aburteilung zu überstellen. Das Reichskriegsgericht erschien Hitler nicht als das geeignete Sanktionsinstrument, obwohl es objektiv zu den schärfsten Organen der politischen Verfolgung im Nationalsozialismus gehörte. Er wählte deshalb den Volksgerichtshof als zuständiges Gericht.

Das zweite Ergebnis der Besprechung vom 30. Juli war der Befehl zur „Sippenhaft" gegen die gesamte Familie Stauffenberg; zuletzt wurde auch über die „Sippenhaft" des seit 1943 in sowjetischer Gefangenschaft lebenden Generals Walther von Seydlitz-Kurzbach entschieden. Seydlitz war bereits im Fruhjahr 1944 vom Reichskriegsgericht in Abwesenheit zum Tode verurteilt worden. Die Besprechung vom 30. Juli 1944 war somit der Beginn der Massenverhaftungen von Angehörigen der Widerstandskämpfer, die am 20. Juli 1944 beteiligt gewesen waren oder zu den Unterzeichnern des Manifestes des Nationalkomitees „Freies Deutschland" in der sowjetischen Kriegsgefangenschaft gehört hatten. Diesen beiden Gruppen galt der besondere Hass der Nationalsozialisten.

17 Goebbels, Tagebucheintrag vom 23. 7. 1944, online verfügbar: https://archive.org/details/JosephGoebbelsTagebucher [13. 9. 2019].

18 Faksimile dieser Eintragung im Ausstellungskatalog 10/11 der Gedenkstätte Deutscher Widerstand Berlin, Berlin 2015, S. 75.

Zwei Tage später, am 1. August 1944, teilten Reichsjustizminister Otto Thierack und Volksgerichtshofspräsident Roland Freisler Hitlers Entscheidung dem Oberreichsanwalt beim Volksgerichtshof, Ernst Lautz, mit. Sie legten dabei den ersten Verhandlungstermin auf den 7. August 1944 fest. Lautz reagierte prompt. Um jedes bürokratische Hindernis von vornherein auszuschließen und ein schnelles Verfahren zu sichern, richtete die Registratur des Volksgerichtshofs eine neue Aktenzeichenserie für die Verfahren im Zusammenhang mit dem 20. Juli 1944 ein. Insgesamt wurden unter dem neuen Aktenzeichen „OJ" im Jahr 1944 mindestens 63, 1945 noch 19 weitere Verfahren eingeleitet. Mehr als 200 Menschen wurden in mehr als 50 Prozessen angeklagt, mehr als 100 von ihnen zum Tode verurteilt. Die genaue Zahl ist wegen der Unvollständigkeit der Quellen immer noch nicht bekannt.

Im Rahmen eines Auswertungsprojektes, das in den frühen 1990er Jahren von Ulrike Hett und Johannes Tuchel für die Gedenkstätte Deutscher Widerstand in Archiven des In- und Auslandes durchgeführt wurde, konnten inzwischen aus den mindestens 82 eingeleiteten Verfahren in mühevoller Kleinarbeit 11 Anklageschriften und 27 Urteile ermittelt werden. Komplette Verfahrensakten des Oberreichsanwalts liegen nur in ganz wenigen Fällen vor. Zufälle haben hier die Überlieferung oft geprägt. So stammen die meisten der überlieferten Anklagen und Urteile aus dem Hauptarchiv der NSDAP, das 1945 nach Tirol ausgelagert worden war; die komplette Verfahrensakte des Reichsjustizministeriums gegen Johannes Popitz und Carl Langbehn wurde 1945 sogar neben einer Bahnstrecke gefunden. Ansonsten ist davon auszugehen, dass die Unterlagen des Volksgerichtshofs gegen die Beteiligten am 20. Juli 1944, soweit sie nicht dem Luftangriff des 2. Februar 1945 zum Opfer gefallen sind, ebenso gezielt vernichtet wurden wie die Parallelakten im Reichsjustizministerium und die Verhörprotokolle der Geheimen Staatspolizei. Lange wurde vermutet, dass in den russischen Beutearchiven weitere Unterlagen des Volksgerichtshofs zu finden wären. Eine systematische Durchsicht der Bestände erbrachte jedoch im Moskauer Sonderarchiv zu diesem Bereich nur zwei Seiten über Adam von Trott zu Solz und drei Seiten über Eugen Gerstenmaier.

Die zusammenfassenden Gestapo-Berichte, die nach 1945 als „Kaltenbrunner-Berichte" mehrfach ediert wurden,[19] sind dagegen historisch

19 Siehe dazu z. B. Walter Laqueur, Spiegelbild einer Verschwörung: Die Kaltenbrunner-Berichte an Bormann und Hitler über das Attentat vom 20. Juli 1944. Geheime Dokumente aus dem ehemaligen Reichssicherheitshauptamt, hrsg. v. Archiv Peter für historische und zeitgeschichtliche Dokumentation, Stuttgart 1961; Hans A. Jacobsen, „Spiegelbild einer Verschwörung": die Opposition gegen Hitler und der Staatsstreich vom 20. Juli 1944 in der

von höchst zweifelhaftem Wert. In ihnen spiegelt sich die Sicht der Gestapo auf die Verschwörer wider; sie enthalten eine willkürliche Zitatencollage, mit der die Gestapo auch im NS-internen Machtkampf bewusst Politik gegen den Einfluss der Wehrmacht machen wollte.

Tatsächlich nahm Anfang August 1944 die Oberreichsanwaltschaft beim Volksgerichtshof nach Hitlers Vorgaben schnell die Arbeit auf. Wenige Tage später, am 7. und 8. August, fand der erste Prozess gegen Feldmarschall Erwin von Witzleben, Oberleutnant Peter Graf Yorck von Wartenburg, Generaloberst Erich Hoepner, Generalleutnant Paul von Hase, Generalmajor Hellmuth Stieff, Hauptmann Karl Friedrich Klausing, Oberstleutnant Robert Bernardis und Oberleutnant Albrecht von Hagen statt, der mit Todesurteilen für alle Angeklagten endete. Dieses Verfahren war als reiner Schauprozess angelegt und prägte nachhaltig – heute können wir sagen: fast zu stark – das Bild der Unrechtsjustiz des Volksgerichtshofes. Nicht nur Pressefotografen hielten das Geschehen fest, sondern durch NS-Fahnen verdeckte Kameras sorgten dafür, jedes Detail der Freislerschen Prozessführung zu überliefern. Dieser Saal im Kammergericht war gewählt worden, weil der Sitz des Volksgerichtshofs in der Bellevuestraße 15 bereits bei einem Luftangriff im November 1943 schwer beschädigt worden war. Die Angeklagten wurden in entwürdigendem Zustand, in schlechter, vielfach geflickter Kleidung, ohne Hosenträger oder Schnürsenkel, vor das Tribunal geführt. Sie erhielten keine Wahlverteidiger; erst kurz vor der Verhandlung bekamen ihre Pflichtverteidiger überhaupt Einsicht in die Anklageschriften. Schauprozess bedeutet aber auch, dass die Todesurteile von vorneherein feststanden.

Die Verhandlungsführung war eine Farce. Freisler agierte am 7. August 1944 für die Kameras; Adressat seiner Vorstellung war Hitler, nicht das anwesende Publikum. Das Urteil stand schon vorher fest. Die Angeklagten wurden zunächst fast ausnahmslos nach der Verkündung der Todesurteile am zweiten Verhandlungstag, dem 8. August 1944, in der Berliner Hinrichtungsstätte Plötzensee ermordet. Hitler selbst hatte angeordnet, dass die Hinrichtungen nicht durch das Fallbeil erfolgen sollten, sondern durch Erhängen an jenen Haken, die Ende 1942 in Plötzensee für die Vollstreckung der Todesurteile an den Männern und Frauen der sogenannten „Roten Kapelle“ installiert worden waren.

SD-Berichterstattung: geheime Dokumente aus dem ehemaligen Reichssicherheitshauptamt, Stuttgart 1984; Arnim Ramm, Kritische Analyse der Kaltenbrunner-Berichte über die Attentäter vom 20. Juli 1944: ein Beitrag zur Geschichte des militärischen Widerstandes, Marburg 2003.

Fast alle Hinrichtungen fanden auch bei den folgenden Prozessen in unmittelbarem Anschluss an die Todesurteile statt. Manche der Verurteilten konnten geistlichen Zuspruch durch die Gefängnispfarrer Harald Poelchau und Peter Buchholz erhalten. Angehörige der Hingerichteten wurden oft erst Wochen später durch kurze Zeilen des Oberreichsanwalts über die Vollstreckung des Todesurteils informiert. Eine Todesanzeige durfte nicht veröffentlicht werden. Da das Vermögen der Hingerichteten durch das Urteil des Volksgerichtshofs meist für das Deutsche Reich eingezogen wurde, blieben die Familienangehörigen, soweit sie nicht selbst in der sogenannten „Sippenhaft" inhaftiert waren, in bitterer Armut zurück.

Über den ersten Prozess informierte die gelenkte NS-Presse noch ausführlich und druckte Passagen der Verhandlungen wörtlich ab: Justizterror konnte nur in der Öffentlichkeit wirken. Bald aber wurde klar, dass sich Stimmungen der Rache und der Genugtuung durch die Prozessführung nicht anfachen ließen. Die Berichterstattung wurde im Laufe der Zeit allerdings auffallend spärlich und endete schließlich in kurzen Meldungen der Verurteilung und Hinrichtung. Im Gegensatz zu den ersten Prozessen wurde über die späteren Verhandlungen nicht mehr berichtet; dies hätte der offiziellen NS-These von der „kleinen Clique gewissenloser Verräter" widersprochen und die Breite der Widerstandsbewegung offenkundig werden lassen.

Die Reichsanwaltschaft beim Volksgerichtshof bereitete die weiteren Verhandlungen allerdings weiterhin zügig vor. Der zweite Prozess fand bereits am 10. August 1944 statt und endete mit Todesurteilen gegen die Offiziere Erich Fellgiebel, Fritz-Dietlof Graf von der Schulenburg, Berthold Schenk Graf von Stauffenberg, Alfred Kranzfelder und Georg Hansen, die am selben Tag in Plötzensee vollstreckt wurden. Dieses und die beiden folgenden Verfahren wurden ebenfalls vor einer breiteren Öffentlichkeit durchgeführt. Am 15. August 1944 verurteilte der Volksgerichtshof Bernhard und Hans-Georg Klamroth, Egbert Hayessen, Wolf Heinrich Graf von Helldorf, Adam von Trott zu Solz und Hans-Bernd von Haeften zum Tode. Zwischen dem 21. August und dem 29. September 1944 wurden in weiteren sieben Prozessen 30 Menschen ausschließlich zum Tode verurteilt.

Roland Freisler, Präsident des Volksgerichtshofes, führte die meisten Prozesse selbst. Die überlieferten Film-, Foto- und Tondokumente geben einen Eindruck seiner hasserfüllten Verhandlungsführung. Am 7. und 8. September 1944 wurde mit Carl Friedrich Goerdeler, Wilhelm Leuschner, Josef Wirmer, Ulrich von Hassell und Paul Lejeune-Jung auch gegen die zivilen Köpfe des Umsturzversuches verhandelt. Ihre Hinrichtung wurde hinausgeschoben, um die Ermittlungen weiter voranzutreiben. Die Sozialdemokraten Julius Leber,

Hermann Maass und Adolf Reichwein wurden am 20. Oktober 1944 zum Tode verurteilt; der Mitangeklagte Gustav Dahrendorf erhielt eine Strafe von 7 Jahren Zuchthaus.

In die Prozessserie wurden ab Oktober 1944 auch Fluchthelfer und Unterstützer der Verschworenen, darunter viele Frauen, einbezogen. Ende November 1944 wurden allein von den Fluchthelfern des Generals der Artillerie Fritz Lindemann, der kurz nach seiner Festnahme an den Folgen einer Schussverletzung gestorben war, fünf zum Tode verurteilt (Erich und Elisabeth Gloeden, Elisabeth Kuznitzky, Hans Sierks und Carl Marks).

Erst zwischen dem 9. und 11. Januar 1945 fand schließlich der große Prozess gegen die Angehörigen des Kreisauer Kreises statt. Dabei schienen sich die Voraussetzungen des Agierens von Freisler zu ändern. Immer deutlicher wurde, dass er sich zu der Funktion des politischen Strafrechts bekannte, nicht nur politische, sondern auch weltanschauliche Gegner und Gegnerinnen des Nationalsozialismus zu beseitigen. Dies zeigen viele Berichte der Angeklagten, die sie in ihren letzten Briefen an die Angehörigen übermittelten. Diese Zeugnisse wurden nach dem Ende des NS-Regimes in vielen Sammlungen zur Geschichte des Widerstands verbreitet und boten eine neue Sicht auf Ermittlungen, Anklage und Gerichtsverfahren, die in diametralem Gegensatz zur propagandistischen Rechtfertigung der Justizmorde stand.

Helmuth James Graf von Moltke, der Anführer des Kreisauer Kreises, der bereits im Januar 1944 verhaftet worden war, weil er eine Warnung an Angehörige des Solf-Kreises weitergegeben hatte, schrieb an seine Frau: „Wir werden gehenkt, weil wir zusammen gedacht haben.“[20] Zusammen mit Franz Sperr und Alfred Delp wurde er zum Tode verurteilt; wenige Tage später verurteilte Freisler Theodor Haubach, Theodor Steltzer und Nikolaus Groß zum Tode.

Am 2. Februar 1945 wurde der Kreis um Klaus Bonhoeffer angeklagt. Gegen ihn, seinen Schwager Rüdiger Schleicher, Hans John und Friedrich Justus Perels wurden Todesurteile verhängt. Dies war der letzte Prozess, den Roland Freisler führte. Am 3. Februar 1945 wurde er bei einem Luftangriff im Gebäude des Volksgerichtshofes in der Bellevuestraße von einem Balken erschlagen.

Fast einen Monat lang kam es zu keinen weiteren Verhandlungen. Erst am 26. Februar fielen die Todesurteile gegen Franz Leuninger und Oswald

20 Helmuth James von Moltke, Briefe an Freya 1939–1945, hrsg. v. Beate Ruhm von Oppen, München 1988, S. 597 ff.

Wiersich. Im März 1945 wurden noch der Chef des Reichskriminalpolizeiamtes Arthur Nebe und Generaloberst Friedrich Fromm zum Tode verurteilt. Diese Urteile machen noch einmal die ganze Spannbreite und die Gesamtproblematik des 20. Juli 1944 deutlich: Der Einsatzgruppenführer Arthur Nebe, mindestens für den Massenmord an 45.000 sowjetischen Juden und Jüdinnen verantwortlich, wäre nach dem Ende des Krieges mit Sicherheit vor ein alliiertes Gericht gestellt und wegen seiner Verbrechen zum Tode verurteilt worden. In Generaloberst Fromm, der von vielen Vorbereitungen zum 20. Juli wusste, sich aber letztlich nicht für ein Vorgehen gegen Hitler entscheiden konnte, wird das Versagen der soldatischen Verantwortung in der NS-Gesellschaft noch einmal wie in einem Fokus erkennbar. Fromm hatte noch in der Nacht zum 21. Juli die greifbaren Hauptattentäter – Claus Schenk Graf von Stauffenberg, General Olbricht, Oberst Mertz von Quirnheim, Oberleutnant von Haeften und Generaloberst a. D. Ludwig Beck – erschießen lassen und sie somit dem Zugriff der Gestapo entzogen. Dies wurde ihm zum Verhängnis. Er wurde am 12. März 1945 erschossen.

Spätere Todesurteile lassen sich dokumentarisch nicht mehr belegen. Die letzte Verhandlung fand offenbar am 19. April 1945 statt; der spätere Bundesverfassungsrichter Paulus van Husen erhielt drei Jahre Zuchthaus; der spätere Bundesvertriebenenminister Hans Lukaschek wurde freigesprochen.

So lassen sich wie vor 1939 unterschiedliche Phasen der Verhandlungen vor dem Volksgerichtshof feststellen: Neben Ausschaltung und Lähmung zielten die Strafverfahren in den ersten Kriegsjahren auf die Mobilisierung der Bevölkerung und die Schwächung jeder Widersetzlichkeit im besetzten Österreich und im Protektorat Böhmen und Mähren. Nach dem 20. Juli 1944 dienten die ersten Schauprozesse der Propaganda und der hasserfüllten Abrechnung mit den Verschwörern, die sich aus dem Zentrum der Macht gegen Hitler gestellt hatten. In der zweiten Welle der Verfahren wurden vor allem die zivilen Beteiligten am Umsturzversuch verurteilt, die an den Konzepten für ein nachnationalsozialistisches Deutschland mitgedacht hatten. In der letzten Phase wurden viele derjenigen angeklagt, die die Verschwörer unterstützt oder ihnen auf der Flucht geholfen hatten. Ihre Strafen waren ebenso hart wie die gegen die eigentlichen Verschwörer. Erst nach Roland Freislers Tod war die Spruchpraxis des Volksgerichtshofes wieder etwas milder, dies wohl auch im Angesicht des nahenden Kriegsendes.

Die Vorstellungen der Nachlebenden von den Verhandlungen des Volksgerichtshofes bleiben von den Film- und Tonaufnahmen geprägt, die die NS-Führung selbst herstellen ließ. Diese Aufnahmen sollten der nationalsozialistischen Propaganda und damit der Diffamierung der Widerstandskämpfer dienen. Gegen den Strich gesehen und interpretiert, sind es Zeugnisse des Widerstandswillens der Verschworenen und letzte Dokumente ihrer Motivation, gegen das NS-Regime aufzustehen. Eindrucksvoll zeigt dies die Filmsequenz über Ulrich-Wilhelm Graf Schwerin von Schwanenfeld, der die nationalsozialistischen Verbrechen klar als „Morde" bezeichnete und damit den Zorn Freislers heraufbeschwor.

Ausblick

Die Verhandlungen vor dem Volksgerichtshof nach dem 20. Juli 1944 waren ein Teil des nationalsozialistischen Versuches, sich brutal an politischen Gegnern zu rächen und die Neubildung jeder Opposition zu verhindern, die dann die weitere Entwicklung der „deutschen Dinge" hätte beeinflussen können. Parallel zu den Prozessen wurden im August 1944 die Verhaftungen der sogenannten „Aktion Gewitter" ausgelöst. Am 14. August 1944 trafen sich Hitler und Himmler in der „Wolfsschanze" zu einer weiteren Besprechung. Sie beschlossen an diesem Tag nicht nur die Ermordung Ernst Thälmanns, sondern auch die Massenverhaftungen ehemaliger KPD- und SPD-Funktionäre. Hitler hatte ein derartiges Vorgehen gegen die mögliche Neubildung jeder politischen Opposition im Kreis seiner Mitarbeiter bereits vor dem 20. Juli mehrfach angekündigt.

Wenige Stunden nach Hitlers Entscheidung setzten umfangreiche Verhaftungen von Kommunisten und Sozialdemokraten, am 17. August 1944 auch von ehemaligen Funktionären des Zentrums und der Bayerischen Volkspartei ein. Allein etwa im Zuständigkeitsbereich der Gestapo Bremen wurden, wie aus einer Vollzugsmeldung an das Reichssicherheitshauptamt vom 25. August 1944 hervorging, 206 Personen verhaftet, darunter viele ehemalige Stadtverordnete und Kreistagsabgeordnete. Da die Verhafteten bereits vor 1933 politisch aktiv gewesen waren, handelte es sich bei ihnen nun vorwiegend um ältere und zum Teil kranke Menschen. Verhaftungen im Zuge des 20. Juli fanden im ganzen Deutschen Reich statt, so beispielsweise auch in Wien.

In der Bevölkerung stieß diese Verhaftungswelle auf Unverständnis und löste an einigen Orten Unruhe aus. Die meisten der Verhafteten wurden daher nach zwei bis vier Wochen wieder aus der Haft entlassen. Viele der insgesamt über 5.000 Menschen, die verhaftet worden waren, blieben allerdings bis zur Befreiung im Frühjahr 1945 in Haft oder starben an den unmenschlichen Haftbedingungen. Die Aktion Gewitter, mit der die Neubildung jeder Opposition aus den alten Weimarer Parteien hätte verhindert werden sollen, erwies sich als Fehlschlag und löste unter der Bevölkerung mehr Beunruhigung als Zustimmung aus.

Manche der Verfahren entfalteten bemerkenswerte Langzeitfolgen. Vielen Witwen und Kindern der Opfer wurde nach 1945 lange Jahre eine Entschädigung oder eine Rentenzahlung verweigert, so dass die von den Angehörigen gegründete „Stiftung Hilfswerk 20. Juli 1944" einspringen musste. Zu einer gesetzlichen Regelung für die Opfer des 20. Juli kam es in den fünfziger Jahren nicht. Im Gegenteil mussten die Angehörigen lange für ihr Recht kämpfen. So lehnten es etwa das Bayerische Landesversorgungsamt und das Bayerische Oberversicherungsamt ab, der Witwe des am 8. August 1944 zum Tode verurteilten und hingerichteten Generals Helmuth Stieff eine Witwen-Grundrente nach dem Bundesversorgungsgesetz zu geben, weil er damals als Landesverräter galt.[21] Erst am 23. Mai 1958 – also vierzehn Jahre nach dem Urteil – gab das Bayerische Landessozialgericht einer Klage der Witwe von Helmuth Stieff statt. Doch das Oberversicherungsamt München ging in Revision, so dass die endgültig positive Entscheidung durch den elften Senat des Bundessozialgerichts erst im Juli 1960 erfolgte – sechzehn Jahre nach dem Umsturzversuch gegen Hitler.

Es ließen sich beliebig weitere Beispiele anfügen. In der Rückschau auf die fünfziger Jahre lässt sich nur eine deutliche Diskrepanz zwischen den Reden zum 20. Juli und den tatsächlichen Hilfen für die Angehörigen der Ermordeten feststellen. In der deutschen Öffentlichkeit galt weiterhin der den Widerstand diskreditierende Satz: „Einmal Verräter – immer Verräter". Hier muss auch daran erinnert werden, dass kein einziger Richter des Volksgerichtshofes nach 1945 von einem deutschen Gericht zur Verantwortung gezogen wurde. Vielmehr brachten es einige zu erstaunlichen Nachkriegskarrieren und konnten sogar als Richter oder Staatsanwälte in herausgehobener Stelle wirken.[22] Die „ungesühnte Nazi-Justiz"[23] nicht nur publizistisch zu beklagen, sondern zu dokumentieren und so zu beweisen, konnte hingegen Karrieren angehender Juristen beenden. Erst Jahrzehnte später – um ein Beispiel zu nennen – wurde Reinhard Strecker mit dem Bundesverdienstkreuz ausgezeichnet, weil er Anfang der 1960er Jahre als damaliger Student der Freien Universität Berlin

21 „Feiglinge und Verräter", in: Die Zeit v. 8. 2. 2009, S. 2 (https://www.zeit.de/2009/03/A-Zwanzigster-Juli/seite-2 [13. 9. 2019]).

22 Vgl. Ernst Klee, Das Personenlexikon zum Dritten Reich: wer war was vor und nach 1945, aktualisierte Ausgabe, Frankfurt/M. 2005.

23 Stephan Alexander Glienke, Die Ausstellung ‚Ungesühnte Nazijustiz' (1959–1962): Zur Geschichte der Aufarbeitung nationalsozialistischer Justizverbrechen, Baden-Baden 2008.

die Ausstellung zur „Ungesühnten Nazijustiz“ organisiert hatte (weswegen er viele berufliche Nachteile zu verkraften hatte).[24]

Viele der Unrechtsurteile, die der Volksgerichtshof vor und nach dem 20. Juli 1944 fällte, blieben lange in Kraft. Dies dient nicht dazu, die Legitimität der Nachkriegsordnung zu bezweifeln, sondern kann immer wieder nachdenklich machen, indem Selbstzweifel derjenigen geweckt werden, die sich in ihrem guten Gewissen zwischen Befehl, Anordnung und Gehorsam eingerichtet haben. Die generelle Aufhebung aller Urteile des Volksgerichtshofs, der Sondergerichte und der Wehrmachtsjustiz hat schließlich nach langwierigen Debatten im Bundestag, die noch einmal Entgleisungen in den Beiträgen mancher Redner evozierten, aber die Entschlossenheit der Mehrheit stärkten, das NS-Unrecht deutlich als Unrecht gebrandmarkt.

Dies war das Ergebnis einzelner Historiker, die Forschung mit moralischem Wiedergutmachungswillen verbanden. Ihnen ist es in Jahrzehnten gelungen, denen, die am 20. Juli 1944 die „Majestät des Rechts“ wiederherstellen wollten, eine späte Genugtuung zu zollen. Diese hätten sich nicht einmal vorstellen können, dass mehr als 60 Jahre nach dem Ende des NS-Staates Urteile des Volksgerichthofs noch Geltung besitzen konnten.

Daran hat 2018 eine sehr erfolgreiche Ausstellung der Topographie des Terrors Berlin erinnert: „Der Volksgerichtshof 1934–1945. Terror durch ‚Recht‘“. Die Schau ist als Wanderausstellung konzipiert und wurde bereits in mehreren deutschen Städten gezeigt. Sie erzählt nicht nur ein unmenschliches Kapitel aus der Rechts- und Zeitgeschichte, sondern behandelt ein Prinzip, das gerade durch seine Verletzung bestätigt wird: Recht habe ein Schutz der Schwachen zu sein, wie Justizminister Gustav Radbruch schon in der Weimarer Republik betont hatte.

24 Michael Kohlstruck, Reinhard Strecker – „Darf man seinen Kindern wieder ein Leben in Deutschland zumuten?“, in: Claudia Fröhlich / Michael Kohlstruck (Hrsg.), Engagierte Demokraten: Vergangenheitspolitik in kritischer Absicht, Münster 1999, S. 185–212.

Christine Schindler

Erinnern – Erforschen – Erkennen

Das Dokumentationsarchiv des österreichischen Widerstandes 2019

Am 1. April 1938 ging der erste Transport mit 150 Verhafteten vom Wiener Westbahnhof in das KZ Dachau ab. Darunter befanden sich Angehörige der Vaterländischen Front, Sozialdemokraten und Kommunisten, jüdische Künstler und Wirtschaftstreibende. Aufbauend auf der Online-Veröffentlichung biografischer Angaben zu den Häftlingen auf der Website des DÖW haben Claudia

1285

Herr (~~Frau~~) Kremar Hans
ist Mitglied des KZ-Verbandes (Verband der antifaschistischen österreichischen Konzentrationslager-Schutzhäftlinge).

Mr (Mrs) ……
is a member of the union of the concentration camp prisoners. (Union of the antifascist Austrian concentration camp prisoners.)

Monsieur (Madame) ……
est un membre de l'union des prisoniers des camps de concentration. (Union des prisoniers des camps des concentration Autrichiens antifascists.)

Господин (госпожа) ……
состоит членом союза заключенных в концентрационных лагерах (союз антифашистских австрийских заключенных в концентрационных лагерах).

Hans Kremar war als Funktionär der Vaterländischen Front am 1. April 1938 mit dem ersten Transport aus Wien nach Dachau gebracht worden. Robert Ofner übergab 2019 Unterlagen aus Kremars Nachlass dem DÖW, darunter der Mitgliedsausweis der KZ-Gemeinschaft Dachau aus dem Jahr 1948. Das Foto konnte noch kurz vor Drucklegung in das Buch zum ersten Transport von Wien nach Dachau eingearbeitet werden.

DÖW

Kuretsidis-Haider und Rudolf Leo Biografien aller Häftlinge des „Prominententransports“ erstellt und Fotos in öffentlichen Archiven sowie Privatsammlungen recherchiert. Die Ergebnisse dieser Arbeiten mündeten in die Publikation *„dachaureif“. Der Österreichertransport aus Wien in das KZ Dachau am 1. April 1938* sowie in die gleichnamige Ausstellung, die zur Langen Nacht der Museen Anfang Oktober eröffnet wurde.

Das Jahr 2019 stand vielfach im Zeichen der Mordstätte Maly Trostinec bei Minsk. Seit den neunziger Jahren beschäftigt sich das DÖW im Zuge der Namentlichen Erfassung der österreichischen Holocaustopfer, der Dauerausstellung und vieler Forschungs- und Gedenkprojekte mit Maly Trostinec und veröffentlichte die Grundinformationen zu den Deportationen an diese Vernichtungsstätte Ende der 1990er Jahre auf www.doew.at. Seit vier Jahren ist der Themenschwerpunkt *Vernichtung – Deportationen nach Maly Trostinec 1942* online auf www.doew.at verfügbar. Mehr als 9.700 österreichische Juden und Jüdinnen wurden an dieser Mordstätte im besetzten Weißrussland umgebracht bzw. gingen im nahegelegenen Ghetto Minsk zugrunde, sie wurden erschossen oder in Gaswagen mit Auspuffgasen erstickt. Österreicher waren an der Ermordung der Juden und Jüdinnen, sowjetischen Kriegsgefangenen, PartisanInnen, ZivilistInnen in Weißrussland beteiligt.

Im Vorjahr war das Thema Schwerpunkt des Jahrbuches. Dieses fiel mit einer korrespondierenden Ausstellung im Haus der Geschichte in Wien und mit einer Broschüre zusammen, die das Bundeskanzleramt anlässlich der Denkmalsetzung vor Ort im Frühjahr herausgab. Zu beiden durfte das DÖW mit seiner Expertise beitragen. Weitere Veranstaltungen im Herbst widmeten sich dem Thema ebenso. Insbesondere Winfried Garscha, der jahrzehntelange Archivar des DÖW, hat ausführliche Arbeiten dazu vorgelegt, er brachte Licht in die Problematik um die kursierenden Zahlenangaben und bot erstmals eine detaillierte und doch übersichtliche Aufstellung der Transporte und Zahlen.

Erinnern – Erforschen – Erkennen sind die Leitworte auf der Website des DÖW www.doew.at. Erinnern und Gedenken an die Verfolgten und Widerständigen waren Grundprinzipien schon der GründerInnen des DÖW, aber auch die TäterInnen werden namhaft gemacht. Akten, Fotos, Museumsgegenstände, Interviews, die im DÖW aufbewahrt werden, dienen dieser Aufgabe ebenso wie der Forschung. Das DÖW betreibt selbst grundlegende Forschungen zur Geschichte des Nationalsozialismus, seiner Vorgeschichte und seinen Nachwirkungen und ist gleichzeitig mit Archiv, Bibliothek und Expertise hoch frequentierte Beratungsstätte für Forschende und zeitgeschichtlich Interessierte. All diese

Arbeiten wären ohne Gegenwartsbezug von weniger aktueller Relevanz. Jeglichen antidemokratischen Anfängen zu wehren ist in den Statuten des DÖW, das von der Republik Österreich und der Stadt Wien getragen wird, festgeschrieben. Totalitäre, rassistische, antisemitische, rechtsextreme, neonazistische und islamistische Ideologien und Bewegungen jeglicher Provenienz zu erkennen und konkret zu benennen, ist daher ein wesentlicher Aufgabenbereich des DÖW.

Das DÖW ist Bibliothek und Archiv, Museum, Forschungsstätte und Beratungsstelle, Erinnerungs- und Begegnungsort. Vielen jungen Menschen wird jährlich die Möglichkeit geboten, Praktika im Rahmen ihrer Ausbildung zu absolvieren: 2019 waren 40 Junior Fellows – 20 Frauen und 20 Männer aus Österreich, Deutschland, Italien, Kroatien und Syrien – im DÖW eingesetzt. 33 davon brauchten es für ihre Ausbildung, 3 kamen im Rahmen einer AMS-Maßnahme, 4 Personen absolvierten das Praktikum aus rein persönlichem Engagement. Sie wurden in Archiv, Bibliothek, bei Projekten oder im EDV-Bereich eingesetzt. Im Herbst 2019 wurde ein neuer Lehrling aufgenommen, die die Ausbildung zur Archiv-, Bibliotheks- und Informationsassistentin machen wird. 6 junge Männer leisten jährlich ihren Zivildienst im DÖW ab, 15 ältere Menschen, großteils Angehörige von Verfolgten, sind hier ehrenamtlich tätig. Derzeit 20 Angestellte – WissenschafterInnen, administratives Personal, ProjektmitarbeiterInnen – arbeiten in unterschiedlichem Beschäftigungsausmaß und -verhältnis. 8 AusstellungsbegleiterInnen betreuen Gruppen in den Ausstellungen des DÖW. Temporärer Arbeitsplatz war das DÖW 2019 auch für die mehr als 530 Personen, die persönlich im Archiv nach Angehörigen forschten oder für schulische, wissenschaftliche, journalistische Arbeiten recherchierten. 2019 frequentierten knapp 1.500 Personen das Archiv und die Bibliothek des DÖW im Rahmen individueller Beratung, Projektbesprechungen, Führungen, Workshops u. Ä. Hinzu kamen über 4.500 telefonische und schriftliche Anfragen. Weit über 18.000 Menschen besuchten 2019 die Ausstellungen und Räume des DÖW, ein großer Teil davon SchülerInnen.

Die nachfolgend vorgestellten – ausgewählten – Tätigkeiten aus 2019 sollen einen Einblick in die Vielfalt und Dynamik der institutionellen Arbeiten und Aufgaben geben. Mehr Informationen zu den Themen des DÖW und zum Institut selbst finden sich auf www.doew.at.

Forschungsschwerpunkte und -projekte

- Österreich 1933–1938: Februarkämpfe 1934, Widerstand und Verfolgung, Opfer von terroristischen Anschlägen der NSDAP
- Widerstand und politische Repression (aller politischen Lager und jeder Motivation)
- Namentliche Erfassung der österreichischen Opfer politischer Verfolgung 1938–1945
- NS-Justiz
- Verfolgungs- und Vernichtungspolitik
- Juden und Jüdinnen, Roma und Sinti, als „asozial" Stigmatisierte, Homosexuelle, Kärntner SlowenInnen u. a.
- Namentliche Erfassung der österreichischen Holocaustopfer
- Flucht, Vertreibung und Exil 1933–1938, 1938–1945 und Auswirkungen nach 1945
- Medizin, Biopolitik, Euthanasieverbrechen sowie Medizin und Holocaust
- Restitution und Entschädigung der NS-Opfer
- Erinnerungskultur und Vergangenheitspolitik
- Entnazifizierung und Nachkriegsjustiz in Österreich und im internationalen Kontext (Transitional Justice)
- Rechtsextremismus, Neonazismus, Antisemitismus, Rassismus nach 1945

Wesentlich in der **Holocaustforschung** wie in der **Widerstandsforschung** des DÖW ist die laufende Aktualisierung der Datenbanken, die auch auf www.doew.at die Opfer des NS-Regimes auflisten, ihnen einen Namen geben und Grundlage aller Gedenkinitiativen und Projekte zu den österreichischen Opfern sind. Forschenden bieten sie eine einfache Recherche- und Überprüfungsmöglichkeit. Gerhard Ungar betreute diese Datenbanken viele Jahre und bereitete auch 2019 Opferdaten für wissenschaftliche Arbeiten, Ausstellungen und Gedenkprojekte auf: So übermittelte das DÖW der Kulturkommission des 15. Wiener Gemeindebezirks und deren Leiter Alfred Mansfeld die Namen und Geburtsdaten von 1.131 Juden und Jüdinnen des 15. Bezirks, die im Holocaust ermordet worden waren. Im Haus der Geschichte Österreich, das am 10. November 2018 eröffnet wurde, sind die Opferdatenbanken des DÖW auf Monitoren in die Ausstellung integriert. 2020 stellt das DÖW Daten für die Neugestaltung der Österreich-Ausstellung in Auschwitz bei. Wolfgang Schellenbacher wird in Nachfolge von Gerhard Ungar diesen Arbeitsbereich in die aktuellen Entwicklungen überführen. 2019 erstellte Schellenbacher im *EHRI Document Blog* den Eintrag ***Files of Austrian Concentration Camp Association***: https://blog.ehri-project.eu/2019/05/15/concentration-camp-association/. Die Zusammenstellung enthält eine Beschreibung des DÖW-Bestandes und verschiedene Materialien – Fotos, Dokumente – zu Einzelpersonen aus diesem mit rund 15.000 Akten großen und bedeutenden Konvolut. Wolfgang Schellenbacher und Christa Mehany-Mitterrutzner erstellten zusammen den Blog-Post ***Messages from the Ghetto – Viennese transports to the General Government in early 1941*** über die frühen Transporte nach Opole, Kielce, Modliborzyce, Opatów und Lagów (siehe https://blog.ehri-project.eu).

Die European Holocaust Research Infrastructure (EHRI) der Europäischen Kommission hat es ermöglicht, verstreute Quellen zum Holocaust zusammenzuführen, die Forschenden besser zu vernetzen und Material leichter zugänglich zu machen. Das Bundesministerium für Bildung, Wissenschaft und Forschung führte im Wiener Wiesenthal-Institut am 9. Dezember 2019 einen *Workshop zur Vorbereitung eines österreichischen Konsortiums für die Teilnahme an EHRI* durch, an dem Wolfgang Schellenbacher für das DÖW teilnahm. EHRI soll zu einem sogenannten ERIC (European Research Infrastructure Consortium) umgewandelt werden.

2018–20 werden die Daten für das Shoah-Denkmal in Wien vom DÖW bearbeitet und bereitgestellt. Das DÖW erreichen verstärkt Anfragen von Angehörigen und Nachkommen, die sich der Daten der Umgekommenen versichern möchten. Das DÖW überprüft alle Hinweise und arbeitet Ergänzungen und Korrekturen laufend in die Online-Datenbank ein. Die Gedenkmauer soll die Namen aller in der NS-Zeit ermordeten österreichischen Juden und Jüdinnen auflisten. Der 1930 in Wien geborene und nach Kanada geflüchtete Holocaust-Überlebende Kurt Tutter setzt sich seit vielen Jahren für dieses Denkmal ein, das die österreichische Regierung 2018 samt Finanzierung beschlossen hat. In Zusammenarbeit mit der Stadt Wien wird das Denkmal voraussichtlich im Ostarrichipark im 9. Wiener Gemeindebezirk realisiert. Das DÖW unterstützt diese Denkmalerrichtung mit seiner Expertise ebenso wie das bereits realisierte Mahnmal Aspangbahnhof für die Opfer der Deportation im 3. Wiener Gemeindebezirk, von wo mehr als 47.000 Juden und Jüdinnen in die Konzentrations- und Vernichtungslager im Osten deportiert worden waren.

Seit Ende 2016 ist die Website ***www.memento.wien*** online. Gemeinsam mit der Firma Braintrust (Thomas Stern und Daniel Kececi) erarbeitete DÖW-Mitarbeiter Wolfgang Schellenbacher ein für mobile Endgeräte (Tablets und Smartphones) optimiertes Online-Tool, das Informationen zu den Opfern der NS-Diktatur im Zentrum von Wien bietet: Über den Stadtplan macht diese mobile Website die letzten Wohnadressen von Opfern sowie eine Reihe von Archivdokumenten und Fotos zu Personen und Gebäuden in der Stadt sichtbar. 2017 begann die Ausweitung des Projektes auf ganz Wien, die – wie schon beim Pilotprojekt in der Wiener Innenstadt – Wolfgang Schellenbacher mit technischer Unterstützung der Firma Braintrust durchführte. Viele Wiener Bezirke haben bislang das Projekt unterstützt, die Verhandlungen mit den restlichen Bezirken werden 2020 fortgeführt. Memento Wien verweist aktuell auf mehr als 54.000 Ermordete in und aus Wien, verortet sind auch 140 Einrichtungen des NS-Terrors und andere thematisch wesentliche Institutionen.

Porträtfoto von Herta Maringer aus der Einwanderungskartei der belgischen Ausländerbehörde, das durch die Kooperation mit der Kazerne Dossin in Mechelen in Memento Wien aufgenommen werden konnte. 1921 in Wien geboren, wurde Maringer 1943 nach Auschwitz deportiert und ermordet.

Screenshot www.memento.wien, Foto: Kazerne Dossin, Mechelen

Als Projektleiter von Memento Wien referierte Wolfgang Schellenbacher auch 2019 in mehreren Bezirken – insbesondere vor den Kulturkommissionen – zum Projekt: Am 11. Februar stellte er das Tool in der Bezirksvorstehung Margareten vor, am 23. Oktober bei den Sozialdemokratischen FreiheitskämpferInnen in Rudolfsheim-Fünfhaus. Am 25. Februar 2019 führte er einen Workshop im DÖW durch, nachdem Memento Wien in einem Projekt von Thomas Jekel (Universität Salzburg) mit SchülerInnen und Studierenden getestet worden war und die jungen NutzerInnen Inhalte anhand des Online-Tools erarbeitet hatten. Nachdem die belgische Gedenkstätte in Mechelen, Kazerne Dossin, Hunderte Fotos für Memento zur Verfügung gestellt hat, präsentierte Wolfgang Schellenbacher das Projekt von 3. bis 5. Februar 2019 vor Ort. Auch der ORF berichtete mehrfach über Memento Wien.

2018 startete die Kooperation mit der Gedenkstätte Deutscher Widerstand zu den österreichischen JudenretterInnen: Die Gedenkstätte gibt – in Zusammenhang mit ihrer Dauerausstellung zu diesem Thema – die Buch-Reihe ***Stille Helden. Hilfe für verfolgte Juden*** heraus, im Zuge derer die Situation in den besetzten Ländern Europas dargestellt werden soll. Erschienen sind bereits die Arbeiten zu den besetzten Niederlanden, Norwegen, Weißrussland, Lettland und Bulgarien. Das DÖW hat den Band für Österreich übernommen, Manfred Mugrauer leitet das Redaktionsteam. Die langjährige ehrenamtliche Mitarbeiterin Brigitte Ungar-Klein ist eine der AutorInnen des Buchprojektes *Stille Helden*. Sie reichte 2017 ihre Dissertation über jüdische U-Boote in Wien, die von der ehemaligen DÖW-Leiterin Brigitte Bailer betreut wurde, an der Universität Wien ein. 2019 erschien die überarbeitete Fassung im Picus-Verlag: *Schattenexistenz. Jüdische U-Boote in Wien 1938–1945*. Das Buch ist unter den Nominierungen des besten Wissenschaftsbuches 2020 des Bundesministeriums für Bildung, Wissenschaft und Forschung (Kategorie Geistes-, Kultur- und Sozialwissenschaft).

Anfang 2017 wurde das auf drei Jahre anberaumte Projekt ***Massendeportationen und Bestimmungsorte – die Lebensbedingungen der aus Wien deportierten Jüdinnen und Juden*** begonnen. Gegenstand des Projekts war die Erforschung der Lebensbedingungen der aus Wien deportierten Jüdinnen und Juden während der Durchführung der Massentransporte sowie in den Ghettos und Durchgangslagern bis zum Abtransport an die Orte ihrer Ermordung (Auschwitz-Birkenau, Kulmhof, die Vernichtungslager der „Aktion Reinhardt“ sowie die Mordstätten im Baltikum und in Maly Trostinec). Das betraf die Jüdinnen und Juden aus ganz Österreich, die nach dem Anschluss Österreichs an NS-Deutschland 1938 in Wien konzentriert wurden. Das Projekt umfasste die Zeiträume Oktober 1939 bis Frühjahr 1940 (der gescheiterte Versuch, bei

Nisko am San ein Judenlager zu errichten), Februar 1941 bis Oktober 1942 (Deportationen in Ghettos und Vernichtungsstätten im polnischen „Generalgouvernement“ und im „Reichskommissariat Ostland“ [Baltikum, Weißrussland]) sowie Juni 1942 bis März 1945 (über Ghetto Theresienstadt sowie KZ Auschwitz). Das Jahrbuch 2018 *Forschungen zu Vertreibung und Holocaust* beinhaltete den Artikel von Winfried Garscha *Deportation als Vertreibung. Eichmanns Nisko-Experiment 1939 im Kontext der nationalsozialistischen „völkischen Flurbereinigung“*, in dem er die Nisko-Transporte im Rahmen vergleichbarer zeitnaher Deportationen und späterer Verschickungen als die größte der frühen nationalsozialistischen Aktionen zur ethnischen „Flurbereinigung“ verortete. Die Konzeption des Forschungsvorhabens zu **Nisko** zur Klärung des Schicksals der insgesamt rund 4.800 aus Wien, Mährisch-Ostrau, Prag und Kattowitz nach Nisko am San deportierten Männer wurde 2018 begonnen, das Projekt startete Anfang 2020 unter der Projektleitung von Claudia Kuretsidis-Haider. Im Herbst 2019 wurde hiezu eine Auftaktkonferenz in Wien mit Beteiligung ukrainischer und deutscher Forscherinnen – Andrea Löw (Zentrum für Holocaust-Studien am IfZ München), Olga Radchenko (Bohdan Khmelnytsky National University, Cherkasy, Ukraine) – durchgeführt, dessen Ergebnisse im Jahrbuch des DÖW 2020 veröffentlicht sind: ***Nisko 1939: Erste Massendeportation aus Wien***.

Schwerpunkt des Jahrbuches 2019 war die ***Deportation und Vernichtung – Maly Trostinec*** und beinhaltete die Beiträge von Christa Mehany-Mitterrutzner *Vernichtung – Deportationen nach Maly Trostinec 1942*, Winfried R. Garscha *„Ein unermüdliches Beharren auf Empirie und Nüchternheit“. Die Erforschung der Vernichtungsstätte Maly Trostinec* und Claudia Kuretsidis-Haider *„Einsatz in Maly Trostinec“: Der Gaswagenfahrer Josef Wendl vor Gericht*, aber auch Opferbiografien von Sabine Schweitzer *„Seitdem du weg bist, hat sich alles zum Schlechten geändert.“ Das Schicksal der Familien Fettner und Katz* und Gerald Netzl (Vorsitzender des Bundes Sozialdemokratischer FreiheitskämpferInnen, Opfer des Faschismus und aktiver AntifaschistInnen) *Gedenken an Hedy Blum (Wien 1931 – Maly Trostinec 1942)*. Am 28. März 2019 weihte Bundeskanzler Sebastian Kurz gemeinsam mit IKG-Präsident Oskar Deutsch im Beisein des Präsidenten von Belarus Alexander Lukaschenko das Mahnmal für die dort ermordeten österreichischen Juden und Jüdinnen ein. Waltraud Barton und der Verein *IM-MER Initiative Malvine – Maly Trostinec erinnern* hatten sich seit vielen Jahren um diese Erinnerungsstätte bemüht. In der Begleitbroschüre, die im Sommer 2019 erschien, steuerte Winfried R. Garscha für das DÖW den historischen Abriss zu den Deportationen aus Wien bei: ***„In***

dieser Nacht hatten viele den Verstand verloren“. Deportationen nach Minsk und Maly Trostinec 1941/1942.

Im Auftrag der Winzergenossenschaft Krems rekonstruierten Robert Streibel und Bernhard Herrman unter Projektleitung des DÖW (Brigitte Bailer und Gerhard Baumgartner) seit Oktober 2018 den ***Arisierungsvorgang und das Rückstellungsverfahren unter Berücksichtigung der relevanten Rechtsgeschäfte betreffend den Arisierungskomplex „Paul Josef und Johanna Robitschek“ / Sandgrube 13, Krems***. Das Projekt wurde im Frühjahr 2020 abgeschlossen. Auf www.doew.at befindet sich ein Überblickstext von Brigitte Bailer zum Thema: *Die Sandgrube 13 und die Gründung der Winzergenossenschaft Krems 1938*. Anfang Juli 2019 wurde auf dem Gelände der Sandgrube 13 eine Gedenktafel enthüllt, die an Paul und Johanna Robitschek erinnert.

Manfred Mugrauer hat, basierend vor allem auf den Vorarbeiten von Wolfgang Neugebauer, gemeinsam mit Elisabeth Holzinger die Arbeiten zur NS-Zeit in der Steiermark betreut und – unter Mitarbeit von Christa Mehany-Mitterrutzner – den Band ***Widerstand und Verfolgung in der Steiermark. ArbeiterInnenbewegung und PartisanInnen 1938–1945*** erstellt, der Anfang 2019 mit einer Einleitung von Heimo Halbrainer im Clio Verlag Graz erschien. Die Publikation umfasst zwei große Teilbereiche des antifaschistischen Widerstands in der Steiermark: zum einen den Widerstand der organisierten ArbeiterInnenbewegung, also jenen von sozialistischen und kommunistischen Widerstandsgruppen, zum anderen den bewaffneten Widerstand von PartisanInnengruppen sowie die Kampfeinsätze im Rahmen der alliierten Armeen. Thematisiert werden auch die Steirer und Steirerinnen im Spanischen Bürgerkrieg sowie überparteiliche Widerstandsgruppen, die sich unter Einbeziehung von VertreterInnen der ArbeiterInnenbewegung formierten und im lokalen Rahmen agierten. „Widerstand und Verfolgung in der Steiermark“ ist der insgesamt 14. Band der vom DÖW seit den 1970er-Jahren herausgegebenen Bundesländer-Edition.

Im Sammelband von Marcel Bois und Bernadette Reinhold über *Margarete Schütte-Lihotzky. Architektur. Politik. Geschlecht. Neue Perspektiven auf Leben und Werk* (Basel 2019) publizierte Mugrauer den Beitrag ***Über die Ordnung der Kochlöffel. Margarete Schütte-Lihotzky im Kontext frauenpolitischer Anordnungen der KPÖ zu Beginn der Zweiten Republik – eine Probebohrung***, Elisabeth Boeckl-Klamper thematisierte ***Schütte-Lihotzkys Kampf gegen das NS-Regime***. Die Publikation ist das Ergebnis einer Tagung an der Universität für angewandte Kunst Wien. Für das Österreichische biographische Lexikon steuerte Mugrauer eine Kurzbiografie über den im September 1942 in Auschwitz ermordeten Verleger und Schriftsteller ***Johannes Wertheim*** bei. Im von Ilse Korotin und Edith Stumpf-Fischer herausgegebenen Band *Bibliothekarinnen in und aus Österreich* schrieb Mugrauer Biografien über ***Doris Brehm***, ***Erna Ketzlik***, ***Therese Mahrer*** und ***Hedwig Sandmann***. In der Loseblattreihe *Österreich 1938–1945* des Archiv-Verlags Braunschweig zeichnet Mugrauer für die Mappen über die ***Mischlingsliga Wien***, ***die österreichischen Freiwilligen im Spanischen Bürgerkrieg*** und ***Hella Postranecky*** als Autor.

Gemeinsam mit dem Historiker Christoph Benedikter (Ludwig Boltzmann-Institut für Kriegsfolgenforschung), Günther Holler-Schuster (Neue Galerie Graz) und Kulturredakteur Wolfgang Schlag arbeitet das DÖW (insbesondere Archivarin Ursula Schwarz) 2020 seine **Kunstsammlung** auf. Es beherbergt rund 230 Gemälde und Grafiken von etwas mehr als 100 Künstlern, darunter auch wenige Künstlerinnen. Die Arbeiten sind vielfach direkte Zeugnisse aus KZ-Haft, Kriegsgeschehen, Flucht und Exil. Die Werke bildeten ursprünglich keine konzipierte und mit System angelegte Kunstsammlung, vielmehr handelt es sich dabei im Wesentlichen um eine Ansammlung von im Laufe der Zeit gemachten Geschenken von Künstlern und Künstlerinnen, die damit dem DÖW ihre Wertschätzung zum Ausdruck bringen wollten. Ein Teil der Werke ist in mehr oder weniger umfangreichem Maß zu restaurieren, wie dies bei der 2015 und 2016 gezeigten kleinen Auswahl durchgeführt wurde. 2015 bildeten die Wiener Festwochen den organisatorischen Rahmen der Präsentation, wobei erstmals und mit großem Erfolg seit Bestehen des DÖW ein – wenn auch kleiner – Teil seiner Sammlung gezeigt wurde. 2016 präsentierte das GrazMuseum die Bilder und Grafiken. Das Land Niederösterreich fördert die Aufarbeitung dieses Bestandes.

Den Themen **Flucht, Vertreibung und Exil 1933–1938, 1938–1945 und Auswirkungen nach 1945** waren 2019 zahlreiche Vorhaben, Veranstaltungen und Projekte gewidmet. Neben den an anderer Stelle dargestellten Ausstellungen, Diskussionen und Buchpräsentationen publizierte Wolfgang Schellenbacher im Jahrbuch für Landeskunde von Niederösterreich (Neue Folge 85) den Beitrag ***Unerwünscht. Geflüchtete und vertriebene österreichische Jüdinnen und Juden im tschechoslowakischen Grenzgebiet 1938–1939***; im Forum Historiae (2019, Jg. 13, Nr. 1) ***Sealed Borders, Trafficking and Deportation – Austrian Refugees in the Czechoslovak Border Region after the „Anschluss“***. Im DÖW-Jahrbuch 2019 beschrieben Wolfgang Schellenbacher und Michal Frankl (Department of Jewish Studies and of the History of Antisemitism in the Jewish Museum in Prague) ***BeGrenzte Flucht: die österreichischen Flüchtlinge an der Grenze zur Tschechoslowakei im Krisenjahr 1938 – ein Einblick in eine transnationale Online-Edition***.

2019 publizierte das DÖW die Autobiografie von Josef Eisinger ***Flucht und Zuflucht. Erinnerungen an eine bewegte Jugend***. Christine Schindler und Claudia Kuretsidis-Haider haben gemeinsam mit Kitty Weinberger die Bearbeitung der Übersetzung besorgt. Eisinger entkam mit einem Kindertransport nach England, wurde später nach Kanada verbracht und machte dort bzw. in den USA eine steile wissenschaftliche Karriere. Das Buch bietet vielerlei Einblicke in das Leben und die Gefühlswelt eines unbegleiteten minderjährigen Flüchtlings – ähnlich den Tagebüchern der nach Norwegen geflüchteten Ruth Maier, die schließlich in Auschwitz ermordet wurde. Das DÖW widmete ihr eine viel beachtete Ausstellung, die in Österreich, Norwegen und den USA zu sehen war.

Josef Vogl, der 2018 in Pension ging, beendete das Projekt zur österreichischen Emigration in Kasachstan, das die Zeit von der Oktoberrevolution 1917 bis zum Ende der Stalin-Ära umfasste, 2019 mit einer Buchpublikation: ***Aufbruch in den Osten. Österreichische Migranten in Sowjetisch-Kasachstan***, herausgegeben vom DÖW im Mandelbaum-Verlag. Armut und Arbeitslosigkeit waren nach dem Ersten Weltkrieg Gründe, Österreich auch Richtung Sowjetunion zu verlassen. Andere waren als Kriegsgefangene nach Kasachstan gelangt und nach dem Krieg geblieben. Etliche wurden zur Parteischulung entsandt. Als die Nationalsozialisten Österreich besetzten, kamen die jüdischen Flüchtlinge hinzu. Alle konnten in den Fokus der stalinistischen Verfolgungen geraten, viele wurden in die berüchtigten Lager verbracht.

In einem Projekt, das 2019 abgewickelt wurde, wurden die von DÖW-MitarbeiterInnen, insbesondere aber von Barry McLoughlin im Zuge verschiedener Projekte ins DÖW gebrachten ***Aktenbestände zur stalinistischen Verfolgung österreichischer Flüchtlinge und ArbeitsmigrantInnen*** von Peter Angerer digital erschlossen. Die Sammlung, darunter viele Akten aus dem Staatlichen Archiv der Russischen Föderation, aus Kasachstan, von Gestapo und NKVD, wurde in die Archivdatenbank des DÖW eingebaut und steht nun den ArchivbesucherInnen – unter Beachtung aller datenschutz- und archivrechtlichen Vorgaben – zur Verfügung. Diese Integration in die Datenverarbeitung des DÖW hatte auch eine tiefere Erschließung des Bestandes zum Ziel.

In der Edition Josefstadt *Auf der Flucht* – 2 DVDs und Booklet – steuerte Gerhard Baumgartner den Beitrag ***Verschwiegene Integration*** bei. Weitere AutorInnen waren u. a. Direktor Herbert Föttinger, Bundespräsident Alexander Van der Bellen, die Schriftsteller Doron Rabinovici, Michael Köhlmeier und Peter Turrini, Kardinal Christoph Schönborn sowie der Raiffeisen-Manager Christian Konrad und der Theatermacher und Kabarettist Michael Niavarani. Baumgartners Beitrag befasste sich mit der erfolgreichen Integration der zwischen 1945 und 1960 ins Land gekommenen rund 500.000 Flüchtlinge in allen Bundesländern, insbesondere Salzburg, Steiermark und Oberösterreich – ein Plädoyer für einen gelasseneren Umgang mit Zuwanderern und Flüchtlingen.

Zum Themenbereich **Aufarbeitung, Restitution und Entschädigung nach 1945** arbeitet vor allem die ehemalige wissenschaftliche Leiterin Brigitte Bailer seit vielen Jahren, sie hält zahlreiche Vorträge und veröffentlicht Artikel, die im vorliegenden Bericht angeführt werden. Sie hielt 2019 wieder ein Master-/DiplomandInnen-/DissertantInnenseminar an der Universität Wien ab, das sich vor allem an Studierende mit Abschlussarbeiten im Bereich der Zeitgeschichte und Österreichischen Geschichte richtete.

Der Forschungsschwerpunkt des wissenschaftlichen Leiters des DÖW, Gerhard Baumgartner, ist die **Geschichte der österreichischen Roma und Sinti**. Als Experte zu dieser Thematik ist er ein viel gefragter Referent im In- und Ausland, von Medien, Bildungseinrichtungen, Fachtagungen.

Kuratiert von Karola Fings (Stellvertretende Direktorin des NS-Dokumentationszentrums der Stadt Köln) entstand ***Voices of the Victims*** auf https://www.romarchive.eu: Dort sind Stimmen derjenigen zu hören, die unter dem Nationalsozialismus als Roma, Sinti, Kalderasch, Lalleri, Lowara, Manusch oder als Angehörige einer anderen Romanes sprechenden Gruppe verfolgt wurden: „Hunderttausende waren von 1933 bis 1945 im Deutschen Reich und in den von ihm besetzten oder mit ihm kollaborierenden Ländern einer rassistischen Stigmatisierung, Gewalt und Tötungsverbrechen ausgesetzt. Dazu zählen Sondergesetze, Kennzeichnungsvorschriften, Berufs- und Schulverbote, rassistische Erfassung, Eheverbote und Zwangsscheidungen, Zwangssterilisationen und Zwangsarbeit, Ghettoisierung, Konzentrationslagerhaft, medizinische Experimente, Deportationen, Massaker, Erschießungen und der Mord in mobilen Gaswagen oder in Gaskammern." (https://www.romarchive.eu/de/voices-of-the-victims/) Das DÖW steuerte Bilder und Dokumente bei, DÖW-Leiter Gerhard Baumgartner war im Team und gestaltete den Beitrag über Österreich. Verantwortlich für das *RomArchive – Digitales Archiv der Sinti und Roma* zeichnet das Dokumentations- und Kulturzentrum Deutscher Sinti und Roma e. V., maßgeblich gefördert wird es u. a. von der deutschen Kulturstiftung des Bundes und der deutschen Bundeszentrale für politische Bildung.

Im Sammelband von Holger Knothe und Robert Sigel *„... weil ich selber so überrascht war, dass ich so wenig wusste." Eine Studie über den Unterricht zum Schicksal der europäischen Roma und Sinti während des Holocaust* innerhalb der Reihe *Dachauer Diskurse* veröffentlichte Baumgartner den Beitrag

Antiziganismus – Janusgesicht des europäischen Kulturerbes. Er ist auch Mitautor des Heftes ***Roma in Österreich. Emanzipation einer Volksgrupppe*** des *Zentrum polis. Politik Lernen in der Schule* (Nr. 8, 2019) des Bundesministeriums für Bildung, Wissenschaft und Forschung. Siehe auch: www.politik-lernen.at.

Baumgartner nahm am *OSCE/ODIHR Study Visit* im Bundesministerium für Bildung, Wissenschaft und Forschung teil, das am 17. Dezember 2019 stattfand: ***The Roma Genocide and inclusion measures for Roma in the Austrian Education System***. Die Zusammenkunft befasste sich mit Maßnahmen zur Integration von Roma in das österreichische Schulsystem. Gerhard Baumgartner nahm am Roundtable zu den Unterrichtsmaterialien teil und sprach zu ***Lacunae of Roma Research***. Am 3. Dezember war Baumgartner Teilnehmer des *IHRA Plenary Meetings* des *Committee on the Genocide of the Roma* in Luxemburg und sprach in mehreren Panels (Country Reporting, Safeguarding the Record and Endangered Sites: ***Roma Genocide Research. Where Do We Stand?***).

Gerhard Baumgartner ist Mitglied des Kuratoriums der Bundesanstalt Mauthausen Memorial. Weiterhin fungiert er u. a. als Vorstandsmitglied im Wiener Wiesenthal-Institut. Er ist Mitglied der Südostdeutschen Historischen Kommission für die Geschichte der Deutschen in Südost- und Mitteleuropa sowie ständiges Mitglied des Committee on the Genocide of the Roma der IHRA – International Holocaust Remembrance Alliance und Mitglied im Wissenschaftlichen Beirat des internationalen Projektes *Digital Archive of the Roma*. Baumgartner wurde in das Kuratorium des Nationalfonds der Republik Österreich kooptiert und durch Landeshauptfrau Johanna Mikl-Leitner für die Dauer von drei Jahren als Fachbeiratsmitglied für die Erarbeitung von Vorschlägen für die Verleihung der Wissenschaftspreise des Landes Niederösterreich bestellt. Gerhard Baumgartner ist Jurymitglied des neu geschaffenen Irene Harand-Preises der Marktgemeinde Wiener Neudorf und des NÖ P.E.N.-Clubs, der 2019 Gedichte zum Thema „Zivilcourage" auszeichnete. Die Preisverleihung erfolgte am 26. Oktober im Beisein der Landeshauptfrau Mikl-Leitner, die Schauspielerin Julia Stemberger führte durch den Festakt. Stephan Roth erzählte dem Publikum der Preisverleihung über die Aufgaben und Arbeiten des DÖW. Der Literaturwettbewerb wird unter der Ägide von Bürgermeister Herbert Janschka und Präsidentin des niederösterreichischen P.E.N.-Clubs Susanne Dobesch-Giese auch in den kommenden Jahren ausgeschrieben. Irene Harand hatte sich ab den 1930er Jahren aktiv gegen den Antisemitismus und Nationalsozialismus gestellt.

Gerhard Baumgartner wurde 2019 in eine Kommission des Heeresgeschichtlichen Museums eingeladen, den Zeitabschnitt der Dauerausstellung von 1918–1945 *Republik und Diktatur* zu begutachten. Leiter der Kommission ist der Präsident des Österreichischen Museumsbundes und Direktor des Universalmuseums Joanneum Graz Wolfgang Muchitsch.

Auf der Grundlage der Ergebnisse des Projektes *Dezentrale nationalsozialistische „Zigeunerlager" auf dem Gebiet des ehemaligen Österreich 1938–1945* beschrieb die Historikerin und Projektmitarbeiterin des DÖW Sabine Schweitzer ***Orte der Deportation von Roma und Sinti 1938–1943 auf österreichischem Boden*** im Jahrbuch 2019 des DÖW. Sie skizzierte bekannte und unbekannte kleine Lager, ihre Rolle im Gesamtprozess der sukzessiven Ausgrenzung, Entrechtung, Verschleppung und Ermordung der österreichischen Roma und Sinti.

2019 wurde auch das einjährige Projekt von Sabine Schweitzer unter Leitung von Gerhard Baumgartner zum Thema ***Internierung und Zwangsarbeit von Roma und Sinti auf dem Gebiet des heutigen Österreich*** planmäßg beendet. Dass Roma und Sinti bei nationalsozialistischen Prestigeprojekten wie dem Bau der Reichsautobahn zur Zwangsarbeit herangezogen wurden, ist in der wissenschaftlichen Erforschung bisher nur marginal thematisiert. Dabei war die Zahl der beim Bau der Autobahn eingesetzten „Zigeuner" nicht unbeträchtlich. Wie verschiedenen Einträgen ins Lackenbach-Tagebuch 1941 zu entnehmen ist, kamen die angeforderten Männer und Frauen in die beiden RAB-Lager Alland und Klausen-Leopoldsdorf. Das Projekt beschäftigte sich mit den Arbeits- und Lebensbedingungen in den Lagern, mit der spezifischen Situation von Frauen und Männern und mit der konkreten Rolle der jeweiligen Arbeitgeber (Baufirmen).

Zum Themenbereich **Medizin und Biopolitik im Nationalsozialismus** ressortiert die Gedenkstätte Steinhof, die das DÖW seit Jahren betreut. 2018 wurde der *Katalog zur Gedenkstätte Steinhof* erstellt, der die Texte von Herwig Czech, Wolfgang Neugebauer, Peter Schwarz, Brigitte Rigele und Michael Hubenstorf umfasst und einen informativen Überblick zur Geschichte der NS-Medizin in Wien bietet. Christa Mehany-Mitterrutzner und dem Grafiker Markus Mickl (maupi.com) ist die übersichtliche und ästhetische Ausarbeitung und Gestaltung zuzurechnen. Mickl unterstützte das DÖW auch bei Sanierungsarbeiten in der Gedenkstätte Steinhof, die von Christine Schindler und Ursula Schwarz geleitet wurden. Ein technischer Relaunch der Website www.gedenkstaettesteinhof.at wurde von Martin Engelmeier besorgt. Das Ergebnis all dieser Arbeiten wurde am 7. März 2019 in der Gedenkstätte Steinhof präsentiert; Stadtrat Peter Hacker und Verwaltungsdirektor Rainer Miedler gestalteten mit den AutorInnen und Gerhard Baumgartner das Programm: Die Leiterin des Wiener Stadt-

und Landesarchivs Brigitte Rigele sprach über *Krankengeschichten als Zeugen. Archivierung zur Sicherung der Geschichte*, DÖW-Stiftungsratsmitglied Wolfgang Neugebauer zum *Beitrag des DÖW zur Aufarbeitung der NS-Medizinverbrechen*; Peter Schwarz sprach zur *Gedenkstätte Steinhof – Ausstellung, Website, Katalog*. Die Agenden um die Gedenkstätte liegen derzeit in den Händen von Christine Schindler, Peter Schwarz unterstützt das DÖW in inhaltlichen Fragen zum Thema. Die ehemalige wissenschaftliche Leiterin und DÖW-Stiftungsratsmitglied Brigitte Bailer veröffentlichte zusammen mit Juliane Wetzel vom Zentrum für Antisemitismusforschung Berlin den Sammelband in der Edition der International Holocaust Remembrance Alliance ***Mass Murder of People with Disabilities and the Holocaust***. Das Buch fasste die Vorträge und Diskussionen einer Konferenz in Bern 2017 zusammen und wurde in Zusammenarbeit mit dem DÖW am 24. Oktober 2019 im Wiener Wiesenthal-Institut der Öffentlichkeit vorgestellt.

Im Bereich des Forschungsschwerpunkts der **NS-Justiz** ist 2019 das Projekt ***Nazifizierung der österreichischen Justiz 1938–1945: Biographien von Richtern und Staatsanwälten*** von Ursula Schwarz fortgeführt worden. Es wurde aufgrund der problematischen Quellenlage bis 2021 verlängert. Das Projekt hat die sukzessive Nazifizierung der österreichischen Justiz sowohl im legistischen als auch im organisatorischen Bereich zum Inhalt, insbesondere die personelle Seite dieses Vorgangs: Außerdienststellungen von für das NS-Regime „untragbaren" Angehörigen der Justiz 1938, die Tätigkeit von Richtern und Staatsanwälten 1938–1945 sowie ihre Karriereverläufe in der Zweiten Republik. Das Vorhaben basiert auf den Ergebnissen des Projekts *Zur Nazifizierung der Strafjustiz in Österreich 1938–1945*, das in Kooperation des DÖW mit Wolfgang Form von der Universität Marburg durchgeführt worden war.

Die seit ihrer Gründung 1998 am DÖW angesiedelte Zentrale österreichische Forschungsstelle **Nachkriegsjustiz** wird von Winfried R. Garscha und Claudia Kuretsidis-Haider geleitet, Siegfried Sanwald ist Projektmitarbeiter und betreut die im DÖW verwahrten Sammlungen. Rudolf Leo ist für die Öffentlichkeitsarbeit zuständig. Die Forschungsstelle bildet den organisatorischen Rahmen für den Arbeitsschwerpunkt Nachkriegsjustiz des DÖW. Dieser umfasst neben der Akquisition von Aktenkopien österreichischer Gerichte und Strafverfolgungsbehörden, deren Auswertung und archivalischen Aufbereitung auch die Betreuung von BesucherInnen des DÖW, die sich über den Standort von Gerichtsakten informieren wollen und über die besonderen Bedingungen bei der Verwendung von Justizakten als Geschichtsquelle beraten werden.

Seit 2011 führt die Zentrale österreichische Forschungsstelle Nachkriegsjustiz in Kooperation mit Yad Vashem und dem USHMM das ***Digitalisierungsprojekt Ermittlungen wegen NS-Verbrechen durch die österreichische Justiz 1956–2008*** durch. Ziel ist eine Kompletterfassung aller nach 1956 in Österreich geführten Verfahren wegen nationalsozialistischer Verbrechen, und, soweit rechtlich möglich, deren Digitalisierung. Siehe dazu und zu vielen anderen Themenfeldern: http://www.nachkriegsjustiz.at/.

Durch das Programm ***Curriculum Justiz- und Zeitgeschichte*** ist die Forschungsstelle Nachkriegsjustiz seit 2009 in die Ausbildung österreichischer RichterInnen und StaatsanwältInnen (RichtsamtsanwärterInnen) eingebunden. Das von Winfried Garscha und Claudia Kuretsidis-Haider gemeinsam mit dem Vorsteher des Bezirksgerichts Wien-Meidling, Oliver Scheiber, konzipierte Programm mit den Schwerpunkten Strafjustiz, Straf- und Maßnahmenvollzug sowie Richterkarrieren vor und nach 1945, Justizreformen der 1970er Jahre und „Transitional Justice" (Entschädigung von NS-Opfern, Umgang mit Menschheitsverbrechen in der Gegenwart) wird in jeweils zwei Modulen durchgeführt, bei denen auch die Gedenkstätten Steinhof und Mauthausen besucht werden. Unter dem Titel *Curriculum Justiz- und Zeitgeschichte* wurde das Programm 2017 von Justizminister Wolfgang Brandstetter als verpflichtender Bestandteil der Ausbildung in die Kompetenz der Oberlandesgerichte übertragen. Das Curriculum fand 2019 von 6. bis 8. November im Bundesministerium für Justiz statt. Am 25. und 26. November wurde ebendort das justizgeschichtliche Seminar *Lehren aus der Geschichte* für RichterInnen und StaatsanwältInnen durchgeführt. Der damalige Justizminister und DÖW-Vorstandsmitglied Clemens Jabloner und Richter Oliver Scheiber diskutierten mit VertreterInnen der Forschungsstelle Nachkriegsjustiz und des DÖW (Winfried Garscha, Claudia Kuretsidis-Haider und Bernhard Weidinger) sowie JuristInnen aus dem Bayrischen Staatsministerium des Innern, von Eurojust, der Oberstaatsanwaltschaft Linz und der Staatsanwaltschaft Salzburg. Themen waren u. a. die Kompetenzverteilung zwischen Exekutive und Gerichtsbarkeit sowie Rechtsextremismus im strafrechtlichen Alltag.

Ein besonders sensibler wie öffentlichkeitswirksamer Arbeitsbereich des DÖW ist die Forschung zu **Rechtsextremismus, Neonazismus, Antisemitismus, Rassismus nach 1945**.

Die beiden Rechtsextremismusexperten des DÖW Andreas Peham und Bernhard Weidinger betreuen die Rubrik „Neues von ganz rechts" auf der DÖW-Website, die 2019 u. a. die Informationen zu *Christchurch: das Weltbild des mutmaßlichen Attentäters* anboten, die von den Medien vielfach aufgegriffen wurden. Peham und Weidinger sind viel gefragte Referenten und Interviewpartner für einheimische und internationale Medien, Print, Fernsehen und Neue Medien, Parteiakademien, Gewerkschaften, Jugendorganisationen, wissenschaftliche Einrichtungen, in katholischen Bildungshäusern und weiteren Einrichtungen der Erwachsenenbildung. Im Juli beispielsweise wurde die Dokumentation „Männer. Macht. Mensuren" im ORF erstausgestrahlt, in der Bernhard Weidinger als Experte zu Wort kommt und die vom DÖW während ihrer Entstehung begleitet worden war.

Im Rahmen der fortgesetzten Kooperation des DÖW mit dem Bundesamt für Verfassungsschutz und Terrorismusbekämpfung wurden dem Amt von der Rechtsextremismusabteilung vier Quartalsberichte vorgelegt. Darüber hinaus wurden einzelne Anfragen mehrerer Landesämter für Verfassungsschutz beantwortet. Das DÖW brachte eine Reihe von Sachverhaltsdarstellungen zu mutmaßlichen Verstößen gegen das Verbotsgesetz (VG), das Abzeichengesetz (AbzG) und den Verhetzungsparagraphen (§ 283 StGB) bei der jeweils zuständigen Staatsanwaltschaft ein.

Wie schon in den vorangegangenen Jahren suchten auch 2019 diplomatische Vertretungen den Austausch mit dem DÖW. Die Expertise der Rechtsextremismusabteilung wurde u. a. von den Botschaften Großbritanniens, Polens, Dänemarks und Deutschlands nachgefragt.

Die Rechtsextremismusabteilung des DÖW verzeichnete 2019 rund 200 Medienkontakte (Interviews, Hintergrundgespräche, Auskünfte im Rahmen von Recherchen). Neben sämtlichen österreichischen Qualitätsmedien fanden sich darunter auch zahlreiche internationale Medien, beispielsweise die BBC, Financial Times, The Jewish Chronicle (alle Großbritannien), TAZ, Jungle World, Jüdische Allgemeine (alle Deutschland), France24, Radio France International, Le Point (alle Frankreich), OZY und NPR (beide USA), stol.it (Italien), HlídacíPes.org (Tschechien) und die Times of Israel.

Das Know-how des DÖW auf diesem Gebiet ist mehrfach gefragt. Schulen, auch Elternverbände fragen ReferentInnen im DÖW zu diesen brisanten Themen an und werden dabei gerne unterstützt. Diesbezügliche Anfragen langen auch aus der außerschulischen Jugendarbeit ein, von SozialarbeiterInnen, Jugendtreffs und FlüchtlingsbetreuerInnen. Ziel der Aktivitäten in diesem Bereich ist stets auch ein Beitrag zu Deradikalisierung und Extremismusprävention. Bernhard Weidinger betreute am 12. März Zivildiener, die in der Gedenkstätte Mauthausen eingesetzt sind, am 20. September Studierende der Syracuse University (New York), am 11. Oktober die Guides des DÖW, am 15. Oktober den Deutschen Gewerkschaftsbund und am 12. Dezember das Bundesamt für Verfassungsschutz und Terrorismusbekämpfung (BVT).

Andreas Peham ist im *Bundesweiten Netzwerk Extremismusprävention und Deradikalisierung* (BNED) im Bundesministerium für Inneres Gründungsmitglied; an diesem Netzwerk sind neben dem Bundeskanzleramt, verschiedenen Ministerien, allen Bundesländern u. a. die Bundesstelle für Sektenfragen, die Kinder- und Jugendanwaltschaften Österreichs und das DÖW beteiligt. Peham ist im *Monitoring-Komitee gegen Antisemitismus* der Stadt Wien, das sich im April 2017 konstituierte; in der *Beratungsstelle Extremismus* ist Peham im Aus- und Fortbildungsteam. Weitere Zusammenarbeit pflegte Andreas Peham 2019 u. a. mit dem Forum gegen Antisemitismus, der Muslimischen Jugend Österreich, WUK m.power (Pflichtschulabschlusskurs für Jugendliche und junge Erwachsene – Beratung und Workshops), dem Österreichischen Gewerkschaftsbund, der Kammer für ArbeiterInnen und Angestellte, Institut für Freizeitpädagogik/wienXtra, der Kinder- und Jugendanwaltschaft Wien, der Österreichischen HochschülerInnenschaft, den Pädagogischen Hochschulen Wien, Steiermark und Tirol, dem Österreichischen Fußballbund, Land der Menschen OÖ, der IG Alpbach, dem Institut für Gewaltprävention und Konfliktmanagement, der Sigmund Freud-Privatuniversität Wien und der Friedensburg Schlaining. Seit Juni 2018 führt das DÖW gemeinsam mit dem AMS Wien und anderen Kursanbietern (auch aus Niederösterreich) Workshops zur Prävention von gruppenbezogener Menschenfeindlichkeit im Rahmen der überbetrieblichen Lehrlingsausbildung durch.

Die Fachstelle für Gewaltprävention im NÖ Jugendreferat publizierte die Neuauflage *Angebote zur Gewaltprävention in der NÖ Jugendarbeit* (St. Pölten 2019), die auch das DÖW als Anbieter auflistet.

Im Auftrag des Präsidenten des Nationalrates Wolfgang Sobotka wurden 2018/19 in einer Umfrage in der österreichischen Bevölkerung antisemitische Einstellungen abgefragt. Die Umfrage wurde von Ifes und Demox Research, koordiniert von Thomas Stern (Braintrust), durchgeführt und die Ergebnisse Mitte März veröffentlicht: *Antisemitismus-Studie 2018: Ergebnisanalyse im Überblick* von Eva Zeglovits, Paul Unterhuber und Franz Sommer. Das DÖW begleitete das Projekt in beratender Funktion, Andreas Peham bot den Verantwortlichen eine Einführung in die Geschichte des Antisemitismus. Befragt wurden 2.700 Personen telefonisch, online und im direkten Gespräch. Eine Auswertung der türkisch und arabisch sprechenden Befragten erregte besonderes öffentliches Interesse. Andreas Peham steuerte den Artikel ***Antisemitismus in Österreich: Ein (unvollständiger) Überblick*** bei, der auch auf der Website https://www.antisemitismus2018.at veröffentlicht ist. Dort finden sich alle Ergebnisse im Detail.

Das Bundesweite Netzwerk Extremismusprävention und Deradikalisierung veranstaltete am 22. Mai 2019 die Tagung ***Rechtsextremismus*** im Bundesministerium für Inneres. Andreas Peham war einer der vier Keynote-Speaker, weitere RednerInnen waren Matthias Quent vom Institut für Demokratie und Zivilgesellschaft / Thüringer Dokumentations- und Forschungsstelle gegen Menschenfeindlichkeit, Daniela Pisoiu vom Österreichischen Institut für Internationale Politik. Eingeladen war auch der Verein Derad, der sich insbesondere um (ehemals) Inhaftierte bemüht.

Aus der Fülle der Vorträge, Seminare und Workshops für wissenschaftliche Einrichtungen, Opferverbände, Gewerkschaften, Parteien bzw. Parteiakademien, Behörden, Jugend- und Studierendenorganisationen und Institutionen der Erwachsenenbildung von Bernhard Weidinger kann nur auszugsweise berichtet werden: 27. 2., Rechtsextremismus in Österreich (Wien, Kulturverein österreichischer Roma) – 21. 3., Demokratie unter Druck: Strategien gegen den Rechtsruck in Europa (München, Friedrich-Ebert-Stiftung, evangelische Stadtakademie München, Münchner VHS, Fachstelle für Demokratie der Stadt München) – 28. 3., Die extreme Rechte und ihre Feindbilder (Tamsweg, Lungauer Kulturvereinigung) – 12. 4., Die Situation in Österreich (Hamburg, AStA – Allgemeiner Studierendenausschuss – der Universität Hamburg) – 15. 5., Umgang mit fanatisierten Jugendlichen: Dos & Don'ts Wien (Dabei Austria / Fachtagung Berufliche Integration) – 21. 5., Extremistische Fanatisierung bei Jugendlichen (Wien, BRG 16 Schuhmeierplatz) – 4. 6., Burschenschaften und Nationalsozialismus (Graz, Ringvorlesung von Heimo Halbrainer) – 5. 6., Rechtspopulismus – eine Gefahr für die Demokratie? (Wien, Zentralverband der Pensionisten Österreichs) – 21. 6., „Cultural Christianity": The Austrian Freedom Party and the Politicization of Religion (Université Paris-Est Créteil Val de Marne) – 26. 6., Die FPÖ – parlamentarischer Arm der extremen Rechten? (Wien, Alfred-Klahr-Gesellschaft) – 18. 9., Experteninput zur Identitären Bewegung (Salzburg, Landtag, auf Einladung der NEOS-Fraktion) – 26. 9., Aktuelle Situation des Rechtsextremismus in Österreich (Graz, Tagung „No to Extremism" / NEXT) – 2. 10., Burschenschaften und Politik in Österreich (Zeitgeschichte Museum Ebensee) – 10. 10., Rechtsextremismus in Österreich (Wien, Liberaler Dialog) – 17. 10., Rechtsextremismus in Österreich (Wien, Same same but different) – 24. 10., Akademisches Rückgrat und Liberalisierungshemmer: Zum Verhältnis von FPÖ und völkischen Verbindungen (Universität Innsbruck, Institut für Zeitgeschichte, Tagung „Rolle rückwärts") – 29. 10., Screening „Männer. Macht. Mensuren" (Wien, Studienvertretung Geschichte) – 7. 11., Extremismen und Nationalismen (Wien, auf Vermittlung der MA17 / Integration und Diversität, im International Business College Hetzendorf) – 14. 11.,

Wie rechtsextrem ist Österreich? (Wien, Junge Linke) – 26. 11., Studentenverbindungen: Ausgewählte rechtliche Aspekte (Wien, Bundesministerium für Justiz, Curriculum Justiz- und Zeitgeschichte) – 28. 11., Online-Aktivitäten der österreichischen extremen Rechten (Wien, Tagung „Nationalsozialismus digital" der Österreichischen Nationalbibliothek und des Instituts für Zeitgeschichte) – 4. 12., Völkische Verbindungen – Burschenschaften und Politik in Österreich (Wien, Sozialdemokratische FreiheitskämpferInnen).

Unter anderem publizierte Weidinger *Schonungsvolle Aufarbeitung* (Kommentar der Anderen zur FPÖ-Historikerkommission, https://www.derstandard.at, 6. 8.); *So eng sind FPÖ und Burschenschaften miteinander verknüpft* (Infografik, https://www.derstandard.at, 21. 2.); *Hier regiert die Burschenschaft: Burschenschaften und Politik in Österreich* (Lotta – Antifaschistische Zeitung aus NRW, Rheinland-Pfalz und Hessen, Dezember 2019); *FPÖ und Burschenschaften – eine Symbiose* (Europäische Rundschau 4/2019 [erscheint voraussichtlich 2020]). Er war Mitarbeiter des von der Wiener Forschungsgruppe Ideologien und Politiken der Ungleichheit (FIPU) herausgegebenen Rechtsextremismus-Reihe (Band 3): *Geschlechterreflektierte Perspektiven* (Wien: Mandelbaum) und verfasste folgende Buchbeiträge: ***„…daß deutscher Boden deutsch bleibt": Österreichische Burschenschaften und der Südtirol-Konflikt nach 1945***, in: Günther Pallaver / Giorgio Mezzalira (Hrsg.), Der identitäre Rausch. Rechtsextremismus in Südtirol / Ubriacatura identitaria. L'estrema destra in Alto Adige, Bozen / Bolzano: Raetia, S. 57–70; ***Jenseits des Huf eisens – Plädoyer für einen anderen Rechtsextremismusbegriff***, in: Philip Baron / Ansgar Drücker / Sebastian Seng (Hrsg.), Das Extremismusmodell. Über seine Wirkungen und Alternativen in der politischen (Jugend-)Bildung und der Jugendarbeit, Düsseldorf: Informations- und Dokumentationszentrum für Antirassismusarbeit e. V., S. 9–13; ***Extreme Rechte in Österreich***, in: Klaus Ahlheim / Christoph Kopke (Hrsg.), Handlexikon rechter Radikalismus, Ulm: Klemm+Oelschläger, 2., überarbeitete Auflage [erscheint 2020]. Weidinger veröffentlichte am 13. 8. den Blogbeitrag *Adorno für Eilige* (https://forschungsgruppefipu.wordpress.de).

Das DÖW konnte 2019 die Zahl seiner **Twitter**-Follower von einem bereits hohen Ausgangsniveau erneut deutlich steigern – um rund ein Drittel gegenüber dem Vorjahresniveau. Zum Jahreswechsel 2019 hielt der DÖW-Account, der von Bernhard Weidinger verwaltet wird, bei rund 8.900 Followern. In der APA Twitterlist behauptete das DÖW sich unter den Top-20 „Organisationen und Initiativen" Österreichs. Unter den wissenschaftlichen Einrichtungen liegt das DÖW in dieser Liste auf Platz 2 landesweit.

Der DÖW-Account generierte 2019 rund 1.750.000 Impressions, was rund 4.800 pro Tag entspricht. Ein einzelner Tweet – der Hinweis auf die DÖW-Expertise zum Manifest des Attentäters von Christchurch, abgesetzt am 15. März 2019 – verzeichnete allein über 100.000 Impressions (Abrufe), über 5.000 Engagements (Interaktionen), über 500 Likes und knapp 350 Retweets.

Hauptinhalte des Twitter-Auftritts waren im abgelaufenen Jahr unverändert die Bewerbung von hauseigenen und externen Veranstaltungen, die Bekanntmachung neuer Inhalte auf der DÖW-Website sowie der Hinweis auf Medienauftritte von DÖW-MitarbeiterInnen und auf Neuzugänge zur DÖW-Bibliothek.

Archiv und Bibliothek

Die **Präsenzbibliothek** des DÖW umfasst über 50.000 Titel und 350 Zeitschriften. Die Bibliothek wird von Stephan Roth, Wilhelm Skalda und Nedim Mujanovic geführt. Die Bestände werden um die aktuellen Titel zu den Schwerpunkten des DÖW ergänzt, Schenkungen verhandelt und Wertvolles der Rarissima-Sammlung eingeordnet. Alle neu aufgenommenen Titel stehen umgehend den BenützerInnen zur Verfügung. Die Bibliothek online auf www.doew.at bietet mit variablen Suchmöglichkeiten die blitzschnelle Recherche in den Beständen auch außerhalb des Instituts.

Die ***Digitalisierung*** der DÖW-Bestände wird seit vielen Jahren laufend durchgeführt, oft auch in Kooperationen mit anderen Institutionen – so wurden 2019 Kooperationen mit den Arolsen Archives – International Center on Nazi Persecution und mit der Österreichischen Exilbibliothek vereinbart. Die Bibliothek beherbergt einen eigenen Bestand zum Thema Exil, der unter vielen anderen Büchern und Zeitschriften den ***Zeitspiegel*** beinhaltet. Das DÖW besitzt sehr frühe Ausgaben, die noch in einer einfachen hektografierten Technik produziert wurden und nicht wie die späteren in einem professionellen Zeitungslayout. 2019 wurde von Stephan Roth und Ursula Schwarz mit der Österreichischen Exilbibliothek im Literaturhaus Wien (Leiterin Veronika Zwerger, Mitarbeiterin Jana Waldhör) vereinbart, dass die Exilbibliothek den Gesamtbestand des *Zeitspiegel*s inklusive des ***Young Austria***, das ab 1941 als Beilage Teil der Zeitschrift war, digitalisiert (gescannt) und in eine eigene Datenbank integriert. Die Bestände der Alfred-Klahr-Gesellschaft (wissenschaftlicher Sekretär Manfred Mugrauer) wurden ebenso einbezogen, sodass nun allen drei Institutionen der wechselweise ergänzte Bestand und die Datenbank zur Verfügung stehen. Die Texte werden mittels OCR (Optical Character Recognition) erkannt, wodurch alle Ausgaben auch durchsucht werden können.

An der Tagung *Nationalsozialismus digital. Die Verantwortung von Bibliotheken, Archiven und Museen sowie Forschungseinrichtungen und Medien im Umgang mit der NS-Zeit im Netz* nahmen für das DÖW Claudia Kuretsidis-Haider und Bernhard Weidinger teil. Kuretsidis-Haider berichtete über ***Die elektronischen Findhilfsmittel, Mikrofilme und Digitalisate der Zentralen österreichischen Forschungsstelle Nachkriegsjustiz am DÖW – Nutzungsmöglichkeit und Anwendung***, Bernhard Weidinger zu ***Online-Aktivitäten der österreichischen extremen Rechten***. Die internationale Enquete der Österreichischen Nationalbibliothek und des Instituts für Zeitgeschichte der Universität Wien (Konzeption: Markus Stumpf, Hans Petschar und Oliver Rathkolb) fand von 27. bis 29. November statt.

Spezialsammlungen umfassen über 10.000 Flugblätter, Broschüren, Zeitungen 1934–1945, 5.000 Publikationen österreichischer und deutscher Exilorganisationen, die Bibliothek der Internationalen Föderation der WiderstandskämpferInnen, das einzige Archiv in Österreich zum Spanischen Bürgerkrieg, das wichtigste **Archiv zum KZ Ravensbrück** und ein umfassendes, viel gefragtes (elektronisches) **Zeitungsausschnittearchiv**.

Die Materialien, darunter viele Fotos, des so genannten **Spanienarchivs** ist einer der gefragtesten Bestände im DÖW. Irene Filip und Manfred Mugrauer, die diesen Bestand betreuen, entfalteten auch 2019 – teils in Kooperation mit der Vereinigung österreichischer Freiwilliger in der Spanischen Republik 1936–1939 und der Freunde des demokratischen Spanien – eine rege Tätigkeit.

Das – viel gefragte – **Fotoarchiv**, für das Elisabeth Klamper zuständig ist, umfasst über 42.000 Bilder, die laufend digitalisiert werden. Unter den zahlreichen Nutzungswünschen aus aller Welt – insbesondere für historische Bücher, Schulbücher und Zeitungsartikel – fanden sich 2019 auch wieder zahlreiche Internetpublikationen und Websites, Filme und Theaterproduktionen, so z. B. unterstützte das DÖW die Lesung im Theater in der Josefstadt zum Novemberpogrom mit Fotos und Dokumenten. Zahlreiche Materialien des DÖW finden Eingang in die Loseblattsammelreihe „Österreich 1938–1945 – Dokumente" des Archiv-Verlags Braunschweig.

Die Sammlung zum **Rechtsextremismus** nach 1945 bietet Material zu mehr als 150 österreichischen sowie rund 100 deutschen Organisationen.

Die **Filmsammlung** des DÖW wurde 2018 dem Österreichischen Filmmuseum übergeben. So ist die professionelle Lagerung im klimatisierten Sicherheitsfilmlager langfristig gewährleistet, die Filme selbst bleiben im Eigentum des DÖW. Eine Depot-Vereinbarung regelt die Rechte und Pflichten beider Institute.

2019 übergab Helmut Povse dem DÖW vier Privatfilme aus der NS-Zeit. Sie werden in Kooperation mit dem Österreichischen Filmmuseum digitalisiert: Reichsparteitag in Nürnberg (1937, ca. 20 Minuten), März 1938 in Graz (ca. 20 Minuten), Reichsarbeitsdienst und Fasching auf der Hirschegger Alm (1938, insgesamt ca. 9 Minuten), Urlaub am Bodensee und in Tirol (1939, ca. 35 Minuten).

Ein besonderer Schatz sind die Interviews der **Erzählten Geschichte**. Seit 1982 werden Personen befragt, die in der Zeit von 1934 bis 1938 und 1938 bis 1945 am Widerstand teilnahmen und/oder Verfolgungen ausgesetzt waren. Sie berichten aus ihrer Perspektive über die Geschichte des 20. Jahrhunderts. In mittlerweile tausend Tondokumenten kommen die Überlebenden selbst zu Wort, ihre Erlebnisse sind auf www.doew.at auch in Textauszügen mit Abbildungen veröffentlicht. Videointerviews mit Überlebenden der nationalsozialistischen „Jugendfürsorge" sind auf www.gedenkstaettesteinhof.at veröffentlicht. Ergänzt wurde die Sammlung durch die Interviews von Sabine Schweitzer mit dem Holocaustüberlebenden Ernst Fettner, dessen Schicksal sie im Jahrbuch 2019 darstellte.

Im Juni 2019 wurde vereinbart, erinnern.at die Nutzungsrechte von einem Dutzend Interviews für die Website ***www.weitererzaehlen.at*** befristet einzuräumen. Die Interviews werden frei zugänglich sein und dienen als Lernangebote für die Bildung als auch für Forschungsarbeiten. Erinnern.at fördert im Auftrag des Unterrichtsministeriums den Transfer von historischen und methodisch-didaktischem Wissen, es bietet seit vielen Jahren LehrerInnenfortbildungen zu den Themen Nationalsozialismus, Holocaust, Antisemitismus, Rassismus an und entwickelt Unterrichtsmaterialien.

Das **Archiv** des DÖW, dem auch vorgenannte Bestände zugeordnet sind, beinhaltet viele Tausende Akten zu Widerstand und Verfolgung 1933–1938 und 1938–1945, Polizei- und Justizakten, Strafverfahren gegen NS-Täter 1945–1955, Nachlässe und andere persönliche Dokumente. Sie sind elektronisch aufgearbeitet und werden laufend digitalisiert.

Ursula Schwarz und Claudia Kuretsidis-Haider sind – seit Anfang 2020 gemeinsam mit Manfred Mugrauer – für die Archivbestände des DÖW zuständig. Die Arbeit umfasst die Erweiterung der Sammlung der Dokumente sowie eine tiefere Erschließung der Bestände, um den Zugang für BesucherInnen, aber auch für DÖW-interne Zwecke (z. B. Anfragebeantwortung) zu vereinfachen. Die DÖW-interne Datenbank („Archidoc") steht allen BenützerInnen des Archivs zur Verfügung. Sie enthielt Ende 2019 Informationen über 69.223 Akteneinheiten und 209.173 Personen.

Die Vereinheitlichung der Einträge sowie ergänzende Erschließungsarbeiten erfolgen in einem beträchtlichen Ausmaß durch ehrenamtliche MitarbeiterInnen. Zwar konnte dank ihres Einsatzes der Altbestand fast zur Gänze elektronisch abfragbar gemacht werden, bei der Namenssuche ist es aber nach wie vor notwendig, neben der Datenbank „Archidoc“ auch den Zettelkatalog im Benützerraum zu konsultieren, der rund 100.000 Karteikarten umfasst.

Die sich im Besitz des DÖW befindlichen Dokumente zur österreichischen Emigration in die Sowjetunion und zu den österreichischen Opfern der stalinistischen Repressionen wurden 2019 von Peter Angerer digital erschlossen und stehen nun den ArchivbesucherInnen zur Verfügung: Diese zum überwiegenden Teil aus russischen Archiven stammende Materialsammlung ist das Ergebnis der langjährigen Studien von Finbarr McLoughlin auf dem Gebiet des stalinistischen Terrors, der sie dem DÖW übergeben hat. Bei den nun bearbeiteten Dokumenten handelt es sich zum einen um zahlreiche, seit den neunziger Jahren gesammelte Unterlagen aus dem „Russischen Staatsarchiv für sozio-politische Geschichte (RGASPI)“. Sie beinhalten u. a. Unterlagen aus dem Generalsekretariat der Kommunistischen Internationale, Informationen zu KPÖ-Parteimitgliedern und Kaderakten zu österreichischen Politemigranten in der UdSSR. Ein zweiter wichtiger und umfangreicher Bestand betrifft die Strafakten österreichischer Stalin-Opfer aus dem „Staatlichen Archiv der Russischen Föderation (GARF)“. In der Regel enthalten diese Strafakten Protokolle der Verhaftung, Auskünfte über die Verhafteten, Verhörprotokolle und die Unterlagen für die seit den fünfziger Jahren stattfindenden Rehabilitierungen. Diese Akten liegen in russischer Sprache vor, für einen Teil der Dokumente besteht eine Übersetzung ins Deutsche. Von den aus österreichischen Archiven übernommenen Beständen sind vor allem die diplomatische Korrespondenz zwischen den Stellen in Wien und der Österreichischen Gesandtschaft in Moskau sowie die Bestände des Innenministeriums und des Wanderungsamtes zu nennen.

Zum Austausch und zur Weiterbildung absolvierte Claudia Kuretsidis-Haider im September 2019 im Österreichischen Staatsarchiv den Grundkurs für Archivarinnen und Archivare des Verbandes österreichischer Archivarinnen und Archivare. Das Angebot dieser regelmäßigen Kurse unter Leitung von Elisabeth Loinig (Niederösterreichisches Landesarchiv) richtet sich an Personen, die in Österreich ein Archiv betreuen oder darin regelmäßig mitarbeiten.

2019 konnten wieder interessante Akten dem Bestand eingeordnet werden, die dem DÖW von den BesitzerInnen, oft auch Nachkommen von Verfolgten und Widerständigen, aber auch Tätern zur dauernden Aufbewahrung übergeben werden. Nachlässe und Schenkungen werden laufend in den Bestand eingearbeitet:

Das DÖW erhielt 2019 einen Teilnachlass der Baroness Elisabeth Kemény (geb. Elisabeth von Fuchs, 1916–1999), die gemeinsam mit dem schwedischen Diplomaten Raoul Wallenberg 1944/45 in Ungarn versuchte, mit Schutzpässen der schwedischen Botschaft, aber auch der Konsulate El Salvadors, der Schweiz und des Vatikans ungarische Juden und Jüdinnen zu retten. Ihr Ehemann Baron Gábor Kemény (1910–1946) war 1944/45 Außenminister der ungarischen Pfeilkreuzlerregierung. Nach der Befreiung Ungarns floh Kemény nach Österreich und gelangte schließlich am 3. Mai 1945 nach Meran, wo er seine Frau wiedertraf. Dort wurde er von den Amerikanern festgenommen und an Ungarn ausgeliefert. Kemény wurde wegen Verbrechen gegen die Menschlichkeit vor dem ungarischen Volkstribunal angeklagt und zusammen mit Ferenc Szálasi und anderen Politikern zum Tode verurteilt und am 19. März 1946 in Budapest gehenkt.

Vom Sohn Peter Kemény erhielt das DÖW 2019 Teile von Gabor Keménys Pfeilkreuzler-Uniform. Der ungarische Außenminister 1944/45 wurde 1946 in Budapest gehenkt.

DÖW

Die Unterlagen wurden vom Sohn Peter Kemény übergeben. Eleonore Neubacher von Vienna Tours hatte dankenswerterweise den Kontakt hergestellt, Stephan Roth und Ursula Schwarz holten den Teilnachlass aus München.

Das DÖW erhielt die Abschiedsbriefe von Gabor Kemény, einen Brief an seinen Sohn, sein Testament und andere Archivalien in ungarischer Sprache. Diese Dokumente wurden im DÖW von Christoph Orban übersetzt und sind somit einer breiteren Öffentlichkeit zugänglich. Mittlerweile hat sich das Ehepaar Kemény bei einem Besuch in Wien von der bereits erfolgten Auf- und Einarbeitung sowie fachkundigen Übersetzung der Schenkung überzeugt.

Als Museumsgegenstände wurden Teile von Gabor Keménys Uniform dem Archiv geschenkt: eine Uniformkappe der Pfeilkreuzler (schwarz mit Lederschirm, Kokarde auf der Stirn, ein rechteckiges rot-weiß-schwarzes Abzeichen über der linken Schläfe), einen Gurt mit Pfeilkreuzlerschnalle („Mit Gott für die Heimat"), eine Brosche (grünes Pfeilkreuz auf Lorbeerkranz und der Aufschrift „Treue"), einen Anstecker (rotes Schild auf Lorbeerkranz, darin grünes Pfeilkreuz in weißem Kreis).

Ein Konvolut mit Unterlagen von Hans Kremar wurde von Robert Ofner dem DÖW übergeben. Kremar war am 1. April 1938 mit dem ersten Transport aus Wien nach Dachau gebracht worden. Bei den Unterlagen befanden sich auch ein Passfoto Kremars sowie ein Foto im Mitgliedsausweis der KZ-Gemeinschaft Dachau aus dem Jahr 1948. Das DÖW hatte bis zu diesem Zeitpunkt kein Foto von Kremar, das überbrachte Bild konnte noch kurz vor Drucklegung in das Buch zum ersten Transport von Wien nach Dachau eingearbeitet werden.

Ein Fotoalbum und Ahnenpass von Dr. Erwin Jekelius, der führend in die NS-Euthanasiemorde u. a. am Wiener Spiegelgrund involviert gewesen war, wurden von Beatrix Konrad überbracht. Von der Ravensbrück-Überlebenden und langjährigen Funktionärin der Lagergemeinschaft Ravensbrück Irma Trksak erhielt das DÖW Unterlagen aus ihrem Nachlass. Diverse Materialien von Franz Frisch (1912–1943), u. a. Briefe vom Wehrdienst und aus dem KZ Dachau, wurden dem DÖW von Heinz Fraunhofer übergeben. Ein Konvolut mit Unterlagen aus Ebensee, darunter NSDAP-Mitgliederlisten und Lebensläufe, wurden von Bernhard Nebauer dem DÖW übergeben. Peter Hopfinger schickte dem DÖW Scans des Aktes der Fremdenbehörde, der heute in der Kazerne Dossin liegt, betreffend Hans Stössel. Stössel, 1890 in Wien geboren, konnte nach Belgien fliehen, wurde aber im September 1942 von Malines nach Auschwitz deportiert, wo er umkam. Ein Teilnachlass (Bücher, Zeitschriften) von Elizabeth T. Spira wurde im Dezember übernommen, ebenso zahlreiche Bücher aus der umfangreichen Bibliothek von Elisabeth Morawek.

Den ÜberbringerInnen dieser wichtigen und besonderen Materialien kann nicht genug gedankt werden, ihre Dokumente und Erinnerungsstücke sind wesentliche Bestandteile der kollektiven Erinnerung an das dunkelste Kapitel der österreichischen Geschichte.

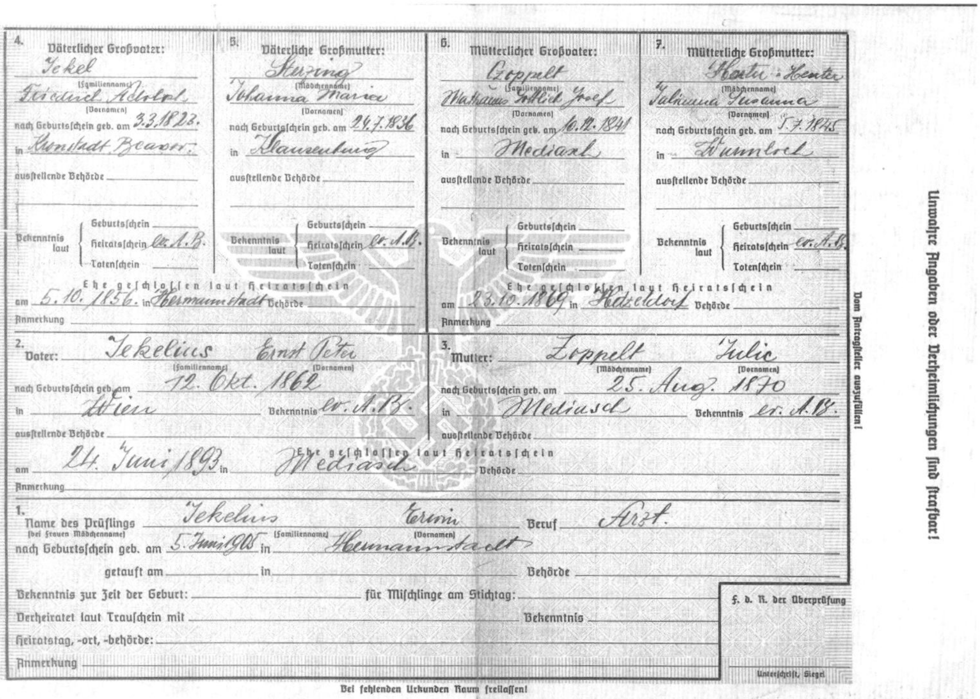
4. Väterlicher Großvater: Jekel
(Familienname) Friedrich Adolph
(Vornamen)
nach Geburtsschein geb. am 3.3.1823.
in Kronstadt Brasov.
ausstellende Behörde
Bekenntnis laut Geburtsschein / Heiratsschein ev. A.B. / Totenschein

5. Väterliche Großmutter: Stenzing
(Mädchenname) Johanna Maria
(Vornamen)
nach Geburtsschein geb. am 24.7.1836
in Klausenburg
ausstellende Behörde
Bekenntnis laut Geburtsschein / Heiratsschein ev. A.B. / Totenschein

Ehe geschlossen laut Heiratsschein
am 5.10.1856. in Hermannstadt Behörde
Anmerkung

6. Mütterlicher Großvater: Zoppelt
(Familienname) Mathaeus Gottlieb Josef
(Vornamen)
nach Geburtsschein geb. am 10.12.1841
in Mediasch
ausstellende Behörde
Bekenntnis laut Geburtsschein / Heiratsschein / Totenschein

7. Mütterliche Großmutter: Hentir · Henter
(Mädchenname) Juliana Susanna
(Vornamen)
nach Geburtsschein geb. am 5.7.1845
in Wurmloch
ausstellende Behörde
Bekenntnis laut Geburtsschein / Heiratsschein ev. A.B. / Totenschein

Ehe geschlossen laut Heiratsschein
am 23.10.1869 in Hetzeldorf Behörde
Anmerkung

2. Vater: Jekelius Ernst Peter
(Familienname) (Vornamen)
nach Geburtsschein geb. am 12. Okt. 1862
in Wien Bekenntnis ev. A.B.
ausstellende Behörde

3. Mutter: Zoppelt Julie
(Mädchenname) (Vornamen)
nach Geburtsschein geb. am 25. Aug. 1870
in Mediasch Bekenntnis ev. A.B.
ausstellende Behörde

Ehe geschlossen laut Heiratsschein
am 24. Juni 1893 in Mediasch Behörde
Anmerkung

1. Name des Prüflings (bei Frauen Mädchenname) Jekelius Erwin Beruf Arzt
(Familienname) (Vornamen)
nach Geburtsschein geb. am 5. Juni 1905 in Hermannstadt
getauft am in Behörde
Bekenntnis zur Zeit der Geburt: für Mischlinge am Stichtag:
Verheiratet laut Trauschein mit Bekenntnis
Heiratstag, -ort, -behörde:
Anmerkung
F. d. R. der Überprüfung
Unterschrift, Siegel
Bei fehlenden Urkunden Raum freilassen!
Vom Antragsteller auszufüllen!
Unwahre Angaben oder Verheimlichungen sind strafbar!

Auszug aus dem Formular für den „Kleinen Abstammungsnachweis" des Gauamtes für Sippenforschung Wien. Erwin Jekelius war führend in die Euthanasiemassenmorde involviert und starb 1952 in einem sowjetischen Lager.

DÖW

Zum Arbeitsbereich Archiv zählt auch die reichhaltige **Plakatsammlung** des DÖW. Im Jahr 2016 wurde mit der EDV-Erfassung der Plakate begonnen, eine bildzentrierte Datenbank ist im Entstehen. Die Sammlung birgt mehrere Schätze, darunter einen Teilbestand der *Sammlung Rehse* mit eindrucksvollen Plakaten aus der Zeit des Ersten Weltkriegs und insbesondere aus der Frühzeit der NSDAP. Mit Hilfe der Klasse 4Bl der HTL Rennweg wurde im März 2017 ein Crowdfunding-Projekt gestartet, um diese wertvolle Sammlung des DÖW zu restaurieren und sicher für die kommenden Generationen aufzubewahren. Das Crowdfunding-Video (http://www.crowdfunding-doew.at/) und die Crowdfunding-Page waren erfolgreich: Am 27. Dezember 2017 wurde das Projekt erfolgreich abgeschlossen. 2018 erfolgte die Anfertigung der Aufbewahrungsmappen und -schränke, worin die Plakate 2019 überführt wurden.

Archiv und Bibliothek sind immer wieder auch Bestandteile von Führungen, Weiterbildungsmaßnahmen, Workshops und Besprechungen. Archivarin Ursula

Schwarz führte am 25. Februar das Institut für Fränkische Landesgeschichte durch das DÖW-Archiv und erläuterte insbesondere die Bestände zum KZ Flossenbürg und Außenlager und die konkreten Recherchebedingungen und -möglichkeiten.

Auf Vermittlung durch die österreichische Botschaftin in Minsk Aloisia Wörgetter wurde am 14. Oktober 2019 eine Delegation aus Belarus von Direktor Baumgartner, Projektkoordinatorin Christine Schindler, Archivarin Claudia Kuretsidis-Haider und Historiker Wolfgang Schellenbacher im DÖW empfangen. Die Beteiligten – auf belarussischer Seite VertreterInnen des Ministeriums für Information der Republik Belarus / Verlagshaus Belarusian Encyclopedia Petrus Brovska (Uladizmir Andryievich und Viktor Marakhin), der Staatlichen Kunstakademie der Republik Belarus / Abteilung für Internationale Beziehungen (Ekaterina Kenigsberg), der Geschichtswerkstatt Leonid Lewin (Aliksandr Dalhouski) – vereinbarten eine verstärkte Zusammenarbeit zur Erforschung der Schicksale österreichischer Deportierter auf dem Gebiet der heutigen Republik Belarus sowie von ZwangsarbeiterInnen und Kriegsgefangenen aus Belarus auf dem Gebiet des heutigen Österreich.

Am 28. November empfing das DÖW eine Delegation des Bundesministeriums für Bildung, Wissenschaft und Forschung aus der seit vielen Jahren für das DÖW zuständigen Abteilung, darunter DÖW-Stiftungsratsmitglied Ursula Brustmann und MR Gottfried Prinz, um sich über die Arbeit des Hauses zu informieren. Christine Schindler referierte über aktuelle Projekte und Publikationen des DÖW, Ursula Schwarz zeigte ausgewählte Museumsgegenstände und Hinterlassenschaften ehemaliger Gefangener und Stephan Roth führte die Gäste durch Archiv und Ausstellung.

Die Betreuung der ArchivbesucherInnen nimmt einen wesentlichen Platz in der Arbeit des DÖW ein. 2019 kamen knapp 1.500 Personen aus dem In- und Ausland persönlich, um im Archiv und in der Bibliothek zu recherchieren. Mehr als 4.500 telefonische und schriftliche Anfragen erreichen das DÖW jährlich und werden den einzelnen ExpertInnen zugeordnet. Die Recherchierenden und Anfragenden sind WissenschafterInnen, JournalistInnen, SchriftstellerInnen, bildende KünstlerInnen, AusstellungsmacherInnen, Studierende, Lehrende und SchülerInnen, AutodidaktInnen, Angehörige und NachfahrInnen von Verfolgten und Widerständigen, aber auch von TäterInnen.

Auch 2019 hat das DÖW mit seiner Expertise und Materialien – Texten, Fotos und Dokumenten – verschiedene Publikationen für SchülerInnen unterstützt, darunter die Website von erinnern.at www.weitererzaehlen.at, für die das DÖW ein Dutzend ZeitzeugInneninterviews zur Verfügung gestellt hat. Für die Festschrift *100 Jahre HTL Mödling* steuerte das DÖW Fotos bei.

Seit Anfang der Neunziger Jahre begannen sich zuerst die deutschen Gedenkstätten im Hinblick auf den Austausch und die gemeinsame Verarbeitung von Personendaten ehemaliger Deportierter zu vernetzen. Aus dieser ursprünglich informellen ExpertInnenrunde wurde im Laufe der Jahre eine jährlich stattfindende internationale Zusammenkunft mit teilnehmenden ExpertInnen aus zahlreichen europäischen Ländern, den USA und Israel. Das DÖW nimmt seit den 90er Jahren an diesem **Internationalen EDV-Workshop der NS-Gedenkstätten** teil, der sich jeweils einem Schwerpunktthema widmet. Viele Jahre hat der DÖW-Datenbankexperte und Holocaustforscher Gerhard Ungar das DÖW vertreten, in den letzten Jahren nimmt vermehrt Archivarin Ursula Schwarz diese Aufgabe wahr. 2019 fand der Internationale Workshop unter dem Generalthema ***Digitization of Nazi Era Victims' Data*** von 4. bis 6. November in Yad Vashem, Jerusalem, statt, an dem Gerhard Ungar und Ursula Schwarz für das DÖW teilnahmen. Die Anwesenden nahmen die Gelegenheit zum Anlass, um sich von ihrem langjährigen Kollegen Gerhard Ungar zu verabschieden. Der Historiker kam 1988 ans DÖW. Er hatte in den vergangenen über 30 Jahren die zentrale Position bei den großen Projekten des DÖW zur namentlichen Erfassung der Opfer rassistischer und politischer Verfolgung inne, im Zuge derer bis heute 76.700 Todesopfer erfasst wurden. So konnte das Schicksal von rund drei Vierteln der Todesopfer geklärt werden. Ungar ist sowohl Experte der historischen Fragen als auch datenbanktechnischer Art. Im Rahmen der zahlreichen ans DÖW herangetragenen Gedenk- und Forschungsprojekte zu den Todesopfern der NS-Verfolgung wird Gerhard Ungar dem DÖW auch weiterhin beratend zur Verfügung stehen.

Veranstaltungen

Das DÖW führt regelmäßig Veranstaltungen, Buchpräsentationen, Diskussionen, Vorträge in seinen Räumlichkeiten im Alten Rathaus in der Wiener Innenstadt und in der Gedenkstätte Steinhof im Otto-Wagner-Spital durch. Das DÖW ist ein Ort für Diskurs und Debatten und bietet nicht zuletzt jungen oder nicht institutionell verankerten WissenschaftlerInnen, AutorInnen und KünstlerInnen ein Forum für ihre Projekt- und Publikationspräsentationen:

- Am 22. Januar 2019 präsentierte Luis Stabauer seinen Roman ***Die Weißen*** (Verlag Hollitzer, Wien) im DÖW. Stabauer verarbeitete in seinem historischen Roman die Geschichte des Widerstandskämpfers Franz Plotnarek, der in Ottakring die Widerstandsgruppe „Die Weißen“ leitete und 1943 hingerichtet wurde, und seiner Tochter Grete sowie das Schicksal von Friedrich Zawrel, der die Internierung am Spiegelgrund überlebte. Die Veranstaltung wurde von Claudia Kuretsidis-Haider moderiert, der Liedermacher Reinhart Sellner begleitete die Lesung musikalisch.

- Regelmäßig führt die Künstlerin Bernadette Zeilinger Veranstaltungen in der Gedenkstätte Steinhof durch. Am 24. Januar performte sie – gemeinsam mit Silvia Mayer, Walter Kortanek und Diego Muné – Teil 3 von ***Halt' die schwarzen Vögel fern***. Teil 4 fand am 13. Juni, Teil 5 am 26. September 2019 statt.
- Am 29. Januar wurden die ***Herbert Steiner-Preise*** 2018 im DÖW verliehen. Ausgezeichnet wurden Friedrich Cain (Universität Konstanz) für „Wissen im Untergrund. Polnische Universitäten im Zweiten Weltkrieg", Linda Erker (Universität Wien) für „Die Universität Wien im Austrofaschismus. Zur politischen Vereinnahmung einer Hochschule – im Vergleich mit der Universität Madrid im Franco-Faschismus", Alexander Prenninger (Universität Wien) für „Das letzte Lager. Evakuierungstransporte in der Endphase des KZ-Komplexes Mauthausen". Die Laudationes hielten Ingrid Bauer, Peter Huemer und Brigitte Bailer. Gerhard Baumgartner moderierte die Veranstaltung, die von Christine Schindler organisiert wurde.
- Der Journalist und Autor Wolfgang Freitag thematisierte ein Kapitel aus der Geschichte der österreichischen Roma: ***Der Fall Horvath. Ein Loipersdorfer „Zigeuner" vor dem Linzer Volksgericht*** (Verlag Mandelbaum, Wien). Horvath war 1939 bis zur Befreiung in den KZ Dachau, Mauthausen und Gusen inhaftiert und wurde nach dem Krieg als Kriegsverbrecher angeklagt. Die tragische und wechselvolle Geschichte präsentierte der Autor am 4. März 2019 im DÖW, Gerhard Baumgartner begrüßte die Anwesenden, Claudia Kuretsidis-Haider führte durch die Veranstaltung.
- Am 7. März präsentierten Gesundheitsstadtrat Peter Hacker, Verwaltungsdirektor des Otto Wagner-Spitals Rainer Miedler, die MitautorInnen Wolfgang Neugebauer, Peter Schwarz und Brigitte Rigele sowie DÖW-Leiter Gerhard Baumgartner den Katalog zur Ausstellung in der Gedenkstätte Steinhof ***Der Krieg gegen die „Minderwertigen". Zur Geschichte der NS-Medizin in Wien***.
- Am 14. Mai fand die jährliche ***Generalversammlung des Vereins DÖW*** statt. Bezirksvorsteher Markus Figl begrüßte als Hausherr die TeilnehmerInnen im Alten Rathaus, Präsident Rudolf Edlinger führte gemeinsam mit Vizepräsident Claus Raidl durch die Versammlung. Vorstandsmitglied Figl betonte die hervorragende Zusammenarbeit der Institutionen im Alten Rathaus in der Wiener Innenstadt ebenso wie Vorstandsmitglied Willi

Mernyi (Mauthausen Komitee Österreich) das funktionierende Zusammenspiel von MKÖ, DÖW, Gedenkdienst, IKG in der Causa Bleiburg hervorhob, wo jährlich zehntausende europäische Faschisten und Sympathisanten zusammenkommen, um des faschistischen kroatischen Ustascha-Staates zu gedenken. Im März 2019 trat das Verbot der österreichischen Bundesregierung von ausgewählten Ustascha-Symbolen in Kraft, sodass auch deren Verwendung geahndet werden kann.

- In der Wienbibliothek im Wiener Rathaus präsentierte das DÖW am 27. Mai die deutsche Übersetzung der Autobiografie von Josef Eisinger unter dem Titel ***Vom Flüchtlingskind zum renommierten Wissenschafter. Zeitzeugengespräch und Buchpräsentation***. Im Gespräch mit Claudia Kuretsidis-Haider spannte Josef Eisinger den Bogen von den Anschlusstagen 1938 bis zu seinen ersten Schritten in der neuen Heimat. Suzie Wong begrüßte die Anwesenden, die Lektorin und Mitübersetzerin des Buches Christine Schindler las ausgewählte Passagen.

Josef Eisinger, der 1939 mit einem Kindertransport nach Großbritannien entkam, bei der Präsentation seiner Autobiografie „Flucht und Zuflucht“ in der Wienbibliothek. Links Ehefrau Styra Avins

Georg Lembergh, Wien

- Das Buch der ehrenamtlichen DÖW-Mitarbeiterin Brigitte Ungar-Klein ***Schattenexistenz. Jüdische U-Boote in Wien 1938–1945*** (Picus-Verlag) wurde am 27. Juni im DÖW präsentiert. An der Veranstaltung wirkten die Autorin, DÖW-Stiftungsratsmitglied Brigitte Bailer sowie der Schriftsteller Robert Schindel und Heinrich Ehlers mit. Isaak Loberan besorgte die musikalische Umrahmung.
- Am 17. September fand im Renner-Institut Wien das Symposium des DÖW ***Nisko 1939: Erste Massendeportation aus Wien*** statt, dessen Ergebnisse im Jahrbuch 2020 veröffentlicht sind. Es begrüßten Gerhard Baumgartner (DÖW) und Maria Maltschnig (Direktorin des RI). Winfried R. Garscha, Claudia Kuretsidis-Haider, Andrea Löw, Olga Radchenko und Wolfgang Schellenbacher referierten über verschiedene Aspekte zum Thema. Claudia Kraft vom Institut für Zeitgeschichte der Universität Wien moderierte die Veranstaltung. Christine Schindler präsentierte anschließend das Jahrbuch 2019 zum Themenschwerpunkt *Deportation und Vernichtung – Maly Trostinec*.
- Am 4. November präsentierten Dieter J. Hecht, Michaela Raggam-Blesch und Heidemarie Uhl ***Letzte Orte. Die Wiener Sammellager und die Deportationen 1941/42*** (Mandelbaum-Verlag) im DÖW. Claudia Kuretsidis-Haider (DÖW), Monika Sommer (Haus der Geschichte Österreich), Ursula Lichtenegger (Bezirksvorsteherin Leopoldstadt) und Martin Krist (erinnern.at) wirkten an der Kooperationsveranstaltung des DÖW mit dem Haus der Geschichte Österreich, der Österreichischen Akademie der Wissenschaften / Institut für Kulturwissenschaften und Theatergeschichte, dem Institut für Zeitgeschichte Wien und erinnern.at mit. Helga Feldner Busztin erinnerte sich an ihre Internierung im Sammellager Malzgasse 7; sie wurde im März 1943 zusammen mit ihrer Mutter und Schwester nach Theresienstadt deportiert.
- ***Julius Madritsch – ein Gerechter unter den Völkern*** hieß die Filmproduktion der Wiener-Krakauer Kultur-Gesellschaft, die am 19. November im DÖW vorgeführt wurde. Der Wiener Textilkaufmann Madritsch wurde nach seiner Einberufung zur Wehrmacht ins Generalgouvernement für die besetzten polnischen Gebiete versetzt. Dort verwaltete bzw. führte er Betriebe, in denen er auch viele jüdische ZwangsarbeiterInnen beschäftigte. Er sorgte für humanitäre Arbeitsbedingungen und erhöhte Nahrungsmittelrationen, beschäftigte auch für die Arbeit ungeeignete ArbeiterInnen, verhalf einigen zur Flucht. Gemeinsam mit seinem Kollegen Raimund Titsch und dem von den Nazis noch 1944 hingerichteten SS-Mann Oswald Bouska wurde er 1964 von der israelischen Gedenkstätte Yad Vashem als

Gerechter unter den Völkern ausgezeichnet. Piotr Szalsza hat Madritsch ein filmisches Denkmal gesetzt, eine Schulklasse aus Tarnów hat sich dabei auf die Spur in ihrer Stadt gemacht. Claudia Kuretsidis-Haider moderierte den Abend mit dem Regisseur und Stefan Landau, dessen Mutter von Madritsch gerettet worden war und der Madritsch – er starb 1984 – noch persönlich kannte. Das DÖW hat Bundespräsident Alexander Van der Bellen das Ersuchen übermittelt, Julius Madritsch, Raimund Titsch und Oswald Bouska posthum das Goldene Ehrenzeichen für Verdienste um die Republik Österreich zu verleihen.

- Am 3. Dezember referierte Peter Gstettner (Mauthausen Komitee Kärnten/Koroška) im DÖW über ***Das Außenlager von Mauthausen Loibl-KZ-Nord***. Andreas Peham moderierte den Abend, der vom DÖW gemeinsam mit dem Institut für Österreichkunde und dem Slowenischen Institut in Wien veranstaltet wurde.

Ausstellungen

Die Ausstellung zum Nationalsozialismus im Alten Rathaus, zu den NS-Medizinverbrechen in der Gedenkstätte Steinhof und zur Gestapo Wien in der Salztorgasse wurden 2019 von 16.700 Menschen besucht, wobei 9.000 Besuche auf die Ausstellungen in der Wiener Innenstadt, knapp 7.700 auf die Gedenkstätte Steinhof entfielen. 8 junge Guides begleiteten in 447 Führungen die meist jugendlichen BesucherInnen. Eintritt und Führungen (ab etwa 5 Personen) sind gegen (Vor-)Anmeldung gratis. Sie werden von seit vielen Jahren von Eva Kriss organisiert, die auch die erste Anlaufstelle für BenützerInnen und BesucherInnen des DÖW ist.

Seit 2016 vermehrt nachgefragt werden Führungen mit Flüchtlingen und AsylwerberInnen, um ihnen die Geschichte Österreichs näherzubringen, oft mit dem gewünschten Schwerpunkt des Antisemitismus. Im September 2019 kam eine Gruppe junger MigrantInnen auf Initiative des *Projekt- und Casemanagements Pflichtschulabschluss / UKI Unterstützungskomitee zur Integration von MigrantInnen* ins DÖW. Der Alumniverband der Universität Wien bucht regelmäßig Führungen in der Gedenkstätte Steinhof, so 2019 im September und Oktober. Der Alumniverband ist das Netzwerk der AbsolventInnen, FreundInnen und Angehörigen der Universität.

Dauerausstellung des DÖW zur Geschichte des Nationalsozialismus in Österreich, seiner Vorgeschichte und den Nachwirkungen in der Zweiten Republik

Altes Rathaus, Wipplingerstraße 8 (im Hof), 1010 Wien
Öffnungszeiten: Montag bis Mittwoch und Freitag 9.00 bis 17.00, Donnerstag 9.00 bis 19.00 Uhr
Online-Ausstellung (deutsch / englisch): https://ausstellung.de.doew.at/

Die permanente Ausstellung des DÖW dokumentiert die Vorgeschichte des Nationalsozialismus ebenso wie Widerstand und Verfolgung in der NS-Zeit und die Aufarbeitung der NS-Vergangenheit nach 1945. Sie ist die einzige Ausstellung in Österreich, die sich in dieser Breite mit der Thematik befasst. Texte, Bilder und Originalobjekte dokumentieren im Einzelnen die Bereiche: Der Aufstieg der NSDAP und ihr Weg zur Macht 1919–1933, Der Weg zum „Anschluss“: Österreich 1918–1938, Der „Anschluss“, NS-Terror, Judenverfolgung, Die Deportation der österreichischen Jüdinnen und Juden, Widerstand (von politischem, organisiertem Widerstand über Widerstand in der Wehrmacht bis zum Resistenzverhalten Einzelner), Die Kärntner SlowenInnen, Roma und Sinti – „ZigeunerInnen“ im Nationalsozialismus, Die Verfolgung von homosexuellen Männern und Frauen, Zwangsarbeit ziviler AusländerInnen, KZ Mauthausen, NS-Medizinverbrechen, Exil, Erinnerungskultur, Entnazifizierung und Ahndung von NS-Verbrechen in Österreich, Österreich und die Opfer des Nationalsozialismus, Rechtsextremismus.

Die Ausstellung wurde 2019 von knapp 9.000 Personen besucht; 256 kostenlose Führungen wurden in Anspruch genommen. Die Ausstellungsinhalte sind zur Vor- und Nachbereitung des Ausstellungsbesuches, aber auch anstelle eines solchen im Internet in deutscher und englischer Sprache zugänglich: www.doew.at/ausstellung.

Gedenkstätte für die Opfer der Gestapo Wien

Salztorgasse 6, 1010 Wien, Öffnungszeiten: auf Anfrage (Tel.: 22 89 469/319, office@doew.at)
Online-Ausstellung (deutsch / englisch):
https://www.doew.at/erkennen/ausstellung/gedenkstaette-salztorgasse

Am Ort der Gedenkstätte befand sich von 1873 bis 1938 das Hotel „Metropole“, nach dem „Anschluss“ Österreichs an NS-Deutschland wurde das Haus Sitz der Gestapo-Leitstelle Wien. Durch den hier befindlichen ehemaligen Lieferanteneingang des Hotels wurden die von der Gestapo Verhafteten zu den Verhören geführt, die oftmals mit grausamen Folterungen sowie Einweisungen in Konzentrationslager verbunden waren.

Knapp vor Kriegsende wurde das Gebäude durch Bomben fast völlig zerstört. Nach dem Krieg wurden die Ruinen abgerissen und durch einen modernen Zweckbau ersetzt. In diesem nach dem Gestapohäftling und nachmaligen Bundeskanzler Ing. Leopold Figl benannten Gebäude errichteten 1968 die Opferverbände einen „Gedenkraum für die Opfer des österreichischen Freiheitskampfes". Obwohl sämtliche materiellen Spuren der Gestapo-Leitstelle Wien ausgelöscht waren, ist dieser Ort dennoch ein authentischer historischer Ort.

Nach einer umfassenden Renovierung wurde der in seiner ursprünglichen Form erhaltene Gedenkraum 2011 mit einer Ausstellung über Opfer und Täter der Gestapo ergänzt. In dieser wird an die hier inhaftiert gewesenen WiderstandskämpferInnen und an die anderen von der Gestapo verfolgten Menschen erinnert und es werden historische Informationen über die Gestapo, deren Organisation, Mitarbeiter, Arbeitsweise etc., vermittelt.

Blick in die Dauerausstellung des DÖW, Altes Rathaus, Wien

Pez Hejduk, Wien

Gedenkstätte Steinhof: „Der Krieg gegen die ‚Minderwertigen‘: Zur Geschichte der NS-Medizin in Wien“

Otto Wagner Spital, V-Gebäude, Baumgartner Höhe 1, 1140 Wien
Öffnungszeiten: Mittwoch bis Freitag (werktags) 10 – 17 Uhr, Samstag, auch an Feiertagen, 14 – 18 Uhr, geschlossen: 24. 12. und 31. 12.
Online-Ausstellung (deutsch / englisch): www.gedenkstaettesteinhof.at

Die Ausstellung *Der Krieg gegen die ‚Minderwertigen‘: Zur Geschichte der NS-Medizin in Wien* im Pavillon V des Otto-Wagner-Spitals bietet einen Überblick über die NS-Medizin in Wien zwischen 1938 und 1945. Anhand einzelner Kapitel wie Kindereuthanasie, medizinische Versuche durch NS-Mediziner und vieles andere mehr lassen sich komplizierte Sachverhalte leicht vermitteln. Die Rolle der Gesundheitsverwaltung und Jugendfürsorge in Wien werden im Überblick dargestellt.

Mit freundlicher Erlaubnis von Brigitte Rigele sind auch Teile der Ausstellung des Wiener Stadt- und Landesarchivs aus dem Jahr 2005 *Kindereuthanasie in Wien 1940–1945. Krankengeschichten als Zeugen* (Bilder, Briefe und Zeichnungen der ermordeten Kinder) in die Gedenkstätte Steinhof dauerhaft integriert.

Die Website www.gedenkstaettesteinhof.at enthält neben allen Texten und Bildern der Ausstellung auch Videointerviews mit 12 Überlebenden des „Spiegelgrunds“ und anderer Fürsorgeeinrichtungen: Von 1940 bis 1945 existierte auf dem Anstaltsgelände unter der Bezeichnung „Am Spiegelgrund“ eine sogenannte „Kinderfachabteilung“, in der rund 800 kranke oder behinderte Kinder und Jugendliche umkamen. Ebenso bietet die Seite die Daten und ausgewählte Fotos der ermordeten Kinder vom Spiegelgrund mit der Möglichkeit der Namensuche, eine chronologische Darstellung der NS-Medizin, eine Linksammlung, ein umfassendes Literaturverzeichnis sowie einen Apparat wichtiger wissenschaftlicher Aufsätze zum Thema im Volltext zum Herunterladen.

2019 erschien der Katalog zur Gedenkstätte Steinhof, der die Texte von Herwig Czech, Wolfgang Neugebauer, Peter Schwarz, Brigitte Rigele und Michael Hubenstorf umfasst und einen informativen Überblick zur Geschichte der NS-Medizin in Wien präsentiert. Christa Mehany-Mitterrutzner und dem Grafiker Markus Mickl (maupi.com) ist die übersichtliche und ästhetische Ausarbeitung und Gestaltung zuzurechnen. Mickl unterstützte das DÖW auch bei Sanierungsarbeiten in der Gedenkstätte Steinhof 2018/2019, die von Christine Schindler und Ursula Schwarz geleitet wurden. Ein technischer Relaunch der Website www.gedenkstaettesteinhof.at wurde von Martin Engelmeier besorgt. Das Ergebnis all dieser Arbeiten wurde am 7. März 2019 in der Gedenkstätte

Steinhof präsentiert; Stadtrat Peter Hacker und OWS-Verwaltungsdirektor Rainer Miedler gestalteten mit den AutorInnen und Gerhard Baumgartner das Programm. Die Agenden um die Gedenkstätte liegen derzeit in den Händen von Christine Schindler, Peter Schwarz unterstützt das DÖW in inhaltlichen Fragen zum Thema.

2019 wurden knapp 7.700 BesucherInnen in der Gedenkstätte gezählt und 191 Führungen durchgeführt. Die Seite www.gedenkstaettesteinhof.at bilanziert mit über 11.400 BesucherInnen 2019.

Die Biologisierung menschlicher Eigenschaften war ein Grundelement der Eugenik/Rassenhygiene. Darstellungen wie diese sollten die Eheschließungen im Sinne rassenhygienischer Forderungen beeinflussen. Die Ausstellung in der Gedenkstätte Steinhof befasst sich auch mit den pseudowissenschaftlichen Grundlagen der NS-Ideologie.

Schaubild des Reichsausschusses für Volksgesundheit, Berlin, 1940

Zum vierten Mal in Folge nahm das DÖW 2019 an der **Langen Nacht der Museen** teil – gemeinsam mit dem gesamten „Alten Rathaus“ (Bezirksvorstehung, Bezirksmuseum und DÖW). An der Veranstaltung, die von Christine Schindler konzipiert und organisiert wurde, wurden alleine im DÖW an diesem Abend des 5. Oktober 2019, zwischen 18 und 1 Uhr, trotz widrigster Wetterbedingungen knapp 1.100 BesucherInnen gezählt. Bei der Langen Nacht wurde die Ausstellung ***„dachaureif“*** eröffnet, die bis Mitte Januar 2020 gezeigt wurde. Die KuratorInnen der Ausstellung Claudia Kuretsidis-Haider und Rudolf Leo führten Interessierte die ganze Nacht durch die Schau über die 150 Männer, die Anfang April 1938 vom Wiener Westbahnhof ins KZ Dachau deportiert und schon während des Transports schwer misshandelt worden waren.

Gendarmeriemajor Dr. Paul Schmittner war von April 1938 bis April 1940 in den KZ Dachau und Flossenbürg; gegen Kriegsende organisierte er eine Widerstandsgruppe im Zillertal.

DÖW

Temporäre Ausstellungen werden von DÖW-MitarbeiterInnen im Auftrag des DÖW und auch in Kooperation mit anderen Institutionen erarbeitet. Das Dokumentationsarchiv ist zudem Leihgeber für Ausstellungen: Fotos aus den Beständen des Fotoarchivs sind stark nachgefragt, wobei Elisabeth Boeckl-Klamper die KuratorInnen berät; für die begehrten Museumsgegenstände und Kunstwerke ist Ursula Schwarz die Ansprechpartnerin. So wurden Fotos, Museumsgegenstände oder Scans von Plakaten und Dokumenten – unter vielen anderen – für folgende Ausstellungen und Installationen zur Verfügung gestellt: Ausstellung zu Maly Trostinec im Haus der Geschichte Wien; Ausstellung zu Leben und Werk des oberösterreichischen Schriftstellers Karl Wiesinger im Adalbert-Stifter-Institut Linz. Zahlreiche Gegenstände und Ausstellungsstücke des DÖW sind seit 2018 in der Ausstellung „Österreich 1918–2018" im neu eröffneten Haus der Geschichte Österreich zu sehen, in dem DÖW-Mitarbeiterin Claudia Kuretsidis-Haider Mitglied im Publikumsbeirat ist. Weitere Leihgaben wurden für die neue Österreich-Ausstellung in der Gedenkstätte Auschwitz-Birkenau „Entfernung. Österreich und Auschwitz" vorbereitet. Verlängert wurden auch die Leihgaben einer KZ-Uniform und der Liste des ersten Dachautransports an das Haus der Geschichte Niederösterreich. Die Dauerausstellung im Haus der Geschichte Niederösterreich ist bis April 2022 angesetzt. Ergänzt wurden die Leihgaben durch Abbildungen aus dem Fotoarchiv zur Zwischenkriegszeit sowie zur Sonderausstellung *Spionage*. Dem Tiroler Landesmuseum Ferdinandeum verlieh das DÖW das wertvolle Gemälde „Wir klagen an!" des Tiroler Künstlers Alfons Walde für die Ausstellung „Kunst 1938–1945 – zwischen Anpassung und Ideologie" von Dezember 2018 bis April 2019.

Das DÖW bietet gebührenfrei (abgesehen von Transport- und Versicherungskosten) kleine Wanderausstellungen an:

Die Ausstellung ***Lob des Ungehorsams***, die von Winfried R. Garscha unter Mitarbeit von Christine Schindler gestaltet wurde, thematisiert Impulse und Überzeugungen, die Menschen den Mut gaben, das Erkennen von Unrecht in widerständiges Handeln gegen das NS-Regime zu übersetzen: Empörung, Mitleid, Liebe, politische Überzeugung, religiöser Glaube. Ein katholischer Bauer, ein Zeuge Jehovas, eine mutige Krankenschwester, idealistische Jugendliche, ein kommunistisches Liebespaar, Offiziere und Deserteure zeigen Varianten des Widerstandes und die unerbittliche Realität der Verfolgung. Die Ausstellung des DÖW und der Kategorialen Seelsorge der Erzdiözese Wien umfasst 7 Bahnen mit Ösen zum Aufhängen, je rund 1 m breit, 2,50 m hoch.

Auch eine mobile Version der Ausstellung ***Der Krieg gegen die ‚Minderwertigen'. Zur Geschichte der NS-Medizin in Wien***, die die Inhalte der Gedenkstätte Steinhof umfasst, ist gratis (zuzüglich Abholungs- und [geringer] Versicherungskosten) zu entlehnen (19 Tafeln, je rund 1 m breit, 2 m hoch, selbststehend).

Ein Teil dieser Wanderausstellung wird seit Oktober 2019 im Pflegemuseum des Wiener Wilhelminenspitals gezeigt. Seit 1987 besteht an der Schule für Gesundheits- und Krankenpflege ein Schauraum mit diversen historischen Pflegeutensilien, es wurde in den letzten Jahren durch Schenkungen und auch räumlich erweitert.

In der Dauerausstellung des DÖW wurden auch 2019 wieder temporäre Sonderausstellungen gezeigt:

2017 konzipierte Winfried R. Garscha für das DÖW (gemeinsam mit dem norwegischen Zentrum für Holocaust- und Minderheitenstudien und unter Mitarbeit von Christine Schindler) die Wanderausstellung ***Das kurze Leben der Ruth Maier (1920–1942): Wien – Oslo – Auschwitz***. Ruth Maier wurde 1920 in Wien geboren und floh im Januar 1939 nach Norwegen. 1942 wurde sie als Jüdin verhaftet und in Auschwitz ermordet. Ihre erhalten gebliebenen Tagebücher und Briefe sind seit 2014 Teil des UNESCO-Weltdokumentenerbes (Memory of the World). In Norwegen wurde das Schicksal des Mädchens zum Symbol der Kollaboration von Teilen der norwegischen Bevölkerung mit den deutschen Besatzern. Die Ausstellung wurde 2017 und 2018 in Wien und Oslo gezeigt. In New York – in der United Nations Visitors Lobby – war von 29. Januar bis 26. Februar 2019 eine leicht erweiterte Fassung unter dem Titel ***Lives Cut Short – Seeking Refuge During the Holocaust: The Short Life of Ruth Maier*** zu sehen. Zur Eröffnung bei den Vereinten Nationen waren auch Holocaust-Überlebende gekommen, die aus den USA, aber auch aus Europa angereist waren: Der Ehrengast Vilem Reinöhl kam aus Brünn, sein Großvater war ein Cousin Ruth Maiers gewesen. Der ehemalige New Yorker Senator Franz S. Leichter, der Sohn der von den Nazis ermordeten Soziologin und sozialdemokratischen Gewerkschafterin Käthe Leichter, nahm ebenfalls an der Eröffnung teil. Die Ausstellung im UNO-Hauptquartier war prominent neben der Galerie der UNO-Generalsekretäre platziert. Von 4. April bis 5. Juli 2019 wurde die Ausstellung in der österreichischen Botschaft in Washington, DC, gezeigt. Organisiert wurde die Schau vom Austrian Press & Information Service und Austrian Cultural Forum Washington. An der Eröffnung nahmen u. a. der norwegische Botschafter in den USA Kåre Aas, der österreichische Botschafter Wolfgang Waldner und Ann Altmann, deren Vater ein Cousin von Ruth Maier war, teil. Die Ausstellung war auch dort frei und kostenlos zugänglich. Eine tschechische Adaption ist für Brünn/Brno geplant – die Familie von Ruth Maiers Vater Ludwig Maier (1882–1933) stammte aus Žarošice/Scharoschitz bei Brünn.

Von 1. Oktober 2018 bis 31. Januar 2019 wurde die Sonderausstellung ***Der Staat, das sind wir. Die Geschichte der österreichischen Demokratie*** gezeigt, die von Brigitte Pellar nach einer Idee von Ernst Jaritz erarbeitet wurde. Die Ausstellung zeigte schon die Vorgeschichte des Kampfes um Demokratie von der Tiroler Landordnung des Michael Gaismair im 16. Jahrhundert und dem Demokratieprojekt der „Wiener Jakobiner“ zur Zeit der Französischen Revolution über die kurzen Errungenschaften der Revolution von 1848 bis zur Halbdemokratie im Habsburgerstaat ab 1867 mit der Formulierung des Staatsgrundgesetzes, zur Durchsetzung des (fast) demokratischen Wahlrechts für Männer in das parlamentarische Abgeordnetenhaus 1907 und zur revolutionären rätedemokratischen Bewegung 1918. Damit sollte dokumentiert werden: Es gibt in der Geschichte keine „Stunde Null“, die Demokratie ist immer so stabil wie das Bewusstsein, wodurch sie gefährdet ist. Im Fokus der Ausstellung standen die bewegten Jahre von der Republikgründung, die ersten schwierigen Jahre der jungen Republik, die Zerstörung der Demokratie, die nationalsozialistische Herrschaft bis hin zur Befreiung und der Entwicklung des Landes bis heute. Die Ausstellung bot Diskussionsanstöße zur Auseinandersetzung mit Wert und Bedeutung der Demokratie und machte deutlich, dass ihr Besitz nie selbstverständlich ist.

Die Ausstellungen und Räumlichkeiten des DÖW sind auch gefragte Drehorte für Medien aus aller Welt. Unter vielen anderen filmte der ORF (Volksgruppenredaktion) am 15. März ein Interview mit dem tschechischen Historiker Jiří Plachý, das im tschechisch-slowakischen Magazin *Česke Ozvěny, Slovenské Ozveny* (14. April, ORF 2) erstmals ausgestrahlt wurde. Das DÖW stellt für solche Filmaufnahmen die Kulisse als auch entsprechende Archivmaterialien zur Verfügung. Im Frühjahr drehten die Filmemacher des Dokumentarfilms „unbrauchbar“ von Uli Jürgens in der Gedenkstätte Steinhof, verwendeten verschiedene thematisch passende Fotos und interviewten den Experten Peter Schwarz vor Ort. Für eine TV-Dokumentation in ORF III über die Zeit des Austrofaschismus stellte das DÖW ebenso Fotos zur Verfügung.

ZeitzeugInnen und Gedenkveranstaltungen

Ehemalige WiderstandskämpferInnen, Überlebende der NS-Verfolgung, ZeitzeugInnen haben 1963 das DÖW begründet und über Jahrzehnte begleitet. Unermesslich ist der Wert ihres Beitrages für das freie Österreich und für die Geschichte des Instituts. 2019 mussten wir uns wieder von langjährigen WeggefährtInnen, ZeitzeugInnen und WissenschafterInnen verabschieden:

Am 2. August starb in Tel Aviv Suzanne-Lucienne (Schoschana) Rabinovici. Rabinovici, 1932 in Paris geboren, übersiedelte 1937 mit ihren Eltern nach Wilna. In ihren beeindruckenden Memoiren *Dank meiner Mutter. Ein Bericht vom*

Überleben der Wenigen in Ghetto, Konzentrationslagern und auf dem Todesmarsch (deutsch 1994) schilderte Rabinovici die Massaker an den Juden und Jüdinnen von Wilna, die Zeit im Ghetto, Selektionen und die Deportation in verschiedene Konzentrationslager sowie den Todesmarsch zu Kriegsende, auf dem sie von der Roten Armee befreit wurde. Nur Mutter und Tochter sowie ein Onkel hatten von der Großfamilie überlebt. Rabinovici wirkte 2013–2015 in der Produktion *Die letzten Zeugen* des Wiener Burgtheaters – konzipiert von Doron Rabinovici und Matthias Hartmann – mit.

Rudolf Hundstorfer starb am 20. August völlig überraschend im 68. Lebensjahr. Der Gewerkschafter und ehemalige Sozialminister (2008–2016) hatte Projekte und Zielsetzungen des DÖW stets unterstützt.

Am 19. September starb Marko Feingold, ein unermüdlicher Zeitzeuge, im Alter von 106 Jahren. Feingold wurde vor dem Ersten Weltkrieg 1913 im damaligen Königreich Ungarn geboren. 1938 floh er in die Tschechoslowakei, wo er 1939 von der Gestapo verhaftet wurde. Er überlebte Auschwitz, Neuengamme, Dachau und Buchenwald, wo er von der US-Armee befreit wurde. Seit 1945 lebte er in Salzburg und war drei Jahrzehnte Präsident der Israelitischen Kultusgemeinde Salzburg, auch war er Vorstandsmitglied im Bund Sozialdemokratischer FreiheitskämpferInnen in Salzburg.

Mit 95 Jahren starb am 24. Oktober Walter Fantl-Brumlik. Fantl wurde 1924 in Loosdorf geboren, 1938 wurde er mit seinen Eltern von Bischofstetten nach Wien vertrieben, 1942 nach Theresienstadt, zwei Jahre später nach Auschwitz deportiert. Er überlebte Lager und Todesmarsch, seine Eltern und Schwester wurden ermordet. Bis ins hohe Alter war Fantl ein viel gefragter Zeitzeuge in Schulen, in der Volksbildung und bei Gedenkveranstaltungen und ein geschätzter Freund des DÖW. Erst 2018 war die Lebensgeschichte des niederösterreichischen Schlossers erschienen (Gerhard Zeillinger, Überleben. Der Gürtel des Walter Fantl).

Am 5. November ist Elisabeth Morawek im 81. Lebensjahr verstorben. Sie hatte viele Jahre in den DÖW-Gremien und in der Politischen Bildung des Unterrichtsministeriums gewirkt.

Gustav Spann starb am 14. November im 77. Lebensjahr. Er war viele Jahre am Institut für Zeitgeschichte der Universität Wien tätig und hat auch immer wieder mit dem DÖW zusammengearbeitet, insbesondere in den 1990er Jahren beim Handbuch des österreichischen Rechtsextremismus und beim Senatsprojekt der Universität Wien zur anatomischen Wissenschaft in Wien 1938–1945.

Bundespräsident Alexander Van der Bellen verlieh Wissenschaftlichem Leiter Gerhard Baumgartner 2019 das Österreichische Ehrenkreuz für Wissenschaft und Kunst. Die Verleihung fand auf Einladung des Bundesministers für Bildung, Wissenschaft und Forschung am 27. Juni im Wissenschaftsministerium statt. Gemeinsam mit Herbert Brettl erhielt Gerhard Baumgartner den Theodor-Kery-Preis 2019 im Bereich Geisteswissenschaften für die Publikation *Die verschwundenen Romasiedlungen*. Die Preisverleihung nahm Landeshauptmann Hans-Peter Doskozil am 23. Mai auf der Burg Lockenhaus vor. Das ausgezeichnete Projekt ging den Spuren der großteils durch die Nationalsozialisten zerstörten und verschwundenen 140 Romasiedlungen des Burgenlandes nach.

Für seine vielfältigen Leistungen auf dem Gebiet der Erinnerungsarbeit erhielt der Präsident des Landesgerichts für Strafsachen Wien Friedrich Forsthuber die Ludwig-Steiner-Medaille der ÖVP-Kameradschaft der politisch Verfolgten und Bekenner für Österreich sowie die Rosa-Jochmann-Plakette des Bundes Sozialdemokratischer FreiheitskämpferInnen, Opfer des Faschismus und aktiver AntifaschistInnen. Die Verleihung fand am 23. Mai 2019 im Wiener Justizpalast statt.

DÖW-Vorstandsmitglied Helmut Wohnout wurde in Nachfolge von Wolfgang Maderthaner 2019 neuer Generaldirektor des Österreichischen Staatsarchivs. Mit dem von ihm geleiteten Karl von Vogelsang-Institut führte das DÖW immer wieder gemeinsame Projekte durch.

Im Oktober 2019 beschloss der Gemeinderatsausschuss für Wohnen, die städtische Wohnhausanlage in der Schüttelstraße 71 im 2. Wiener Gemeindebezirk nach Hans Landauer (1921–2014) in Hans-Landauer-Hof umzubenennen. Hans Landauer kämpfte 1937–39 auf Seiten der Spanischen Republik, wurde anschließend in Frankreich interniert und ins KZ Dachau deportiert, wo er von 1941 bis zur Befreiung inhaftiert war. Zurück in Österreich war Landauer im Polizeidienst, u. a. im Innenministerium mit der Aufklärung von NS-Verbrechen befasst. Ab 1983 baute er als ehrenamtlicher Mitarbeiter des DÖW das Spanienarchiv auf, eine einzigartige Spezialsammlung zu den 1.400 ÖsterreicherInnen im Spanischen Bürgerkrieg.

Von großer Bedeutung auch für Überlebende und Angehörige von NS-Opfern sind Gedenkveranstaltungen. Sie erreichen aber auch gerade junge engagierte Menschen. Die Arbeitsgemeinschaft der NS-Opfer-Verbände, erinnern.at und das DÖW laden jährlich zum traditionellen ***Gedenken anlässlich der Annexion Österreichs durch Hitlerdeutschland im März 1938*** ein. An den Veranstaltungen wirken SchülerInnen aus Wien mit. 2019 fanden die Gedenkstunden am 13. März statt:

Im und beim Amtshaus Floridsdorf (Gedenktafel Biedermann–Huth–Raschke) sprachen Gemeinderätin Marina Hanke von den Sozialdemokratischen

FreiheitskämpferInnen und DÖW-Bibliothekar Stephan Roth. Franz Ruttner und SchülerInnen des GRG 21, Bertha von Suttner-Schulschiff, berichteten über ihre Erfahrungen vom Besuch der Gedenkstätte Auschwitz. In der Weihestätte (ehemaliger Hinrichtungsraum) im Landesgericht Wien sprachen DÖW-Vorstandsmitglied Gerhard Kastelic für die ÖVP-Kameradschaft und DÖW-Archivarin Ursula Schwarz. Elisabeth Trummer und SchülerInnen des GRG 3, Radetzkystraße, berichteten vom Projekt „An Widerstand erinnern!". Die Gedenkveranstaltung in der Gedenkstätte für die Opfer der Gestapo Wien gestalteten Winfried Garscha (DÖW und Wiener KZ-Verband), DÖW-Leiter Gerhard Baumgartner sowie Martin Krist und SchülerInnen des G 19, Gymnasiumstraße, die SchülerInnen lasen aus Reinhold Eckfelds „Letzte Monate in Wien".

Auch bei den Gedenkkundgebungen am 25. Oktober 2019 durfte das DÖW Kooperationspartner sein. Das *Gedenken an die Opfer der NS-Herrschaft* am Floridsdorfer Spitz, in der Weihestätte (ehemaliger Hinrichtungsraum) im Landesgericht für Strafsachen Wien, in der Gedenkstätte für die Opfer der Gestapo Wien und beim Mahnmal am Morzinplatz wurde von der Arbeitsgemeinschaft der NS-Opfer-Verbände, dem Bund Sozialdemokratischer FreiheitskämpferInnen, der ÖVP-Kameradschaft der politisch Verfolgten und Bekenner für Österreich, dem KZ-Verband gemeinsam mit dem DÖW durchgeführt.

An zahlreichen weiteren Gedenkveranstaltungen haben MitarbeiterInnen des DÖW im In- und Ausland teilgenommen – als Vortragende, Diskutierende und Organisierende:

- Seit dem Jahr 2000 führt die DÖW-Mitarbeiterin und Ko-Leiterin der Zentralen österreichischen Forschungsstelle Nachkriegsjustiz Claudia Kuretsidis-Haider jährliche Gedenkfahrten nach Petržalka/Engerau durch. Im heute 5. Bezirk der slowakischen Hauptstadt Bratislava hatten die Nationalsozialisten von Dezember 1944 bis März 1945 ein Lager für ungarisch-jüdische Zwangsarbeiter eingerichtet. Viele der 2.000 Gefangenen wurden erschossen oder erschlagen, verhungerten oder erfroren entweder im Lager oder auf dem Todesmarsch nach Mauthausen. Die 19. ***Gedenkfahrt nach Engerau*** fand am 31. März 2019 statt und führte von Bratislava-Petržalka über Wolfsthal und Bad Deutsch-Altenburg nach Hainburg. Es wirkten u. a. die jeweiligen (Vize-)BürgermeisterInnen ebenso mit wie die österreichische Botschafterin, der israelische und der ungarische Botschafter in der Slowakei.
- Auf Einladung von Michael Rosecker vom Mauthausen Komitee Wiener Neustadt hielt Wissenschaftlicher Leiter Gerhard Baumgartner am 7. Mai

2019 die Festrede bei der Gedenkveranstaltung im Rathaus Wiener Neustadt. Durch einen neu errichteten Zaun ist eine Feier beim ehemaligen ***KZ in der Serbenhalle*** nicht mehr möglich.

- Wie jedes Jahr durfte das DÖW als Mitveranstalter beim ***Fest der Freude*** am 8. Mai zum Tag der Befreiung fungieren, das maßgeblich vom Mauthausen Komitee mit Unterstützung durch die Stadt Wien auf dem Wiener Heldenplatz organisiert wird. ORF III übertrug die Veranstaltung live. 2019 lag der Schwerpunkt auf Europa und Menschenrechten. Es sprachen u. a. Bundespräsident Alexander Van der Bellen, MKÖ-Vorsitzender Willi Mernyi und Shaul Spielmann, der 1942 in Wien verhaftet worden war und sechs Konzentrationslager überlebte. Wie jedes Jahr begleiteten die Wiener Symphoniker die Veranstaltung.
- Die Arbeitsgemeinschaft der NS-Opferverbände und Widerstandskämpfer/innen Österreichs erinnerte im Justizpalast am 23. Mai unter dem Titel *Mordjustiz 1944* an die im Jahr 1944 im Wiener Straflandesgericht hingerichteten WiderstandskämpferInnen. DÖW-Vizepräsident Gerhard Kastelic wirkte an der Veranstaltung ebenso mit wie Wolfgang Sobotka, Präsident des Nationalrates. Friedrich Forsthuber erhielt im Rahmen der Veranstaltung die Rosa-Jochmann-Plakette sowie die Ludwig-Steiner-Medaille, die Laudatio hielt der Bundesvorsitzende des Bundes Sozialdemokratischer FreiheitskämpferInnen Gerald Netzl. Winfried Garscha sprach zu ***Volksgerichtshof, Sondergerichte, Reichskriegsgericht, Oberlandesgericht***, die DÖW-Archivarin Ursula Schwarz zu ***Die Hingerichteten im Landesgericht Wien im Jahr 1944 – biografische Schlaglichter***.
- Die ehrenamtliche Mitarbeiterin des DÖW Mara Kraus nahm an der Veranstaltung ***Zeitzeugenschaft und Gedenkkultur – wie Erinnerungen überleben*** der Kulturbrücke Fratres am 25. Mai im Gutshof Fratres in Waldkirchen/Thaya teil. Kraus ist die ehemalige Lebensgefährtin von Joe J. Heydecker, der Menschen im Warschauer Ghetto fotografierte und sie damit dem Vergessen entriss. Mara Kraus, geb. Goldstein, überlebte den Holocaust und die Wirren des Krieges in Kroatien und Italien und konnte sich schließlich mit ihrem Vater in die Schweiz retten.
- In einer Kooperation von DÖW, UNIQA und Raiffeisen-Holding leuchteten im November 2019 erneut die Namen von Holocaustopfern in den Abendstunden auf der LED-Fassade des ***UNIQA-Towers*** am Wiener Donaukanal auf. Die Namen waren bis weit in die Innere Stadt sichtbar und umfassten Frauen, Kinder und Männer, die auf dem Gelände der heutigen Uniqa gewohnt hatten und in Theresienstadt, Maly Trostinec und Auschwitz ermordet worden waren. Diese Installation über mehrere Stockwerke

soll auch in den folgenden Jahren der Umgekommenen gedenken und die Nachgeborenen an ihre Verantwortung erinnern. Sie wurde 2018 erstmals gezeigt.

Mindestens 110.000 ÖsterreicherInnen kamen durch die Nationalsozialisten ums Leben. Die öffentlich zugänglichen Datenbanken des DÖW listen mittlerweile knapp 76.700 dieser Opfer namentlich auf. Sie werden laufend ergänzt und überprüft und bieten die wissenschaftlich fundierte, seriöse Grundlage für alle Gedenkprojekte, die Opfer aus Österreich betreffen: Opfer rassistischer und politischer Verfolgung, der NS-Medizinverbrechen, WiderstandskämpferInnen aller politischen Lager, Frauen, Männer und Kinder, Alte und Junge, Hingerichtete, in den Lagern Umgekommene, durch Giftgas Ermordete, Verschollene, Geflohene – sie alle finden ihren Platz in der Erinnerung des DÖW.

Aufgrund dieser jahrzehntelangen Erfahrungen wird das DÖW auch bei der Errichtung von Gedenktafeln oder Straßenbenennungen für Opfer der NS-Verfolgung und WiderstandskämpferInnen gerne zugezogen. Gemeinden erfragen auch eine etwaige Belastetheit von möglichen Namensgebern. Anfragen kamen 2019 beispielsweise von Robert Streibel von der VHS Hietzing, für eine Gedenktafel für die ermordeten Juden und Jüdinnen des 15. Wiener Gemeindebezirks recherchierte und übermittelte das DÖW die Namenliste der 1.131 Deportierten.

Gerhard Baumgartner ist Mitglied des Advisory Board des Projektes *Lock(er) of Memory: Memorial of the victims of the Jungfernhof concentration camp* der Gedenkkünstlerin Karen Frostig. Es hat ein multimediales Denkmal im ehemaligen KZ in Riga zum Ziel. Mehrere Kooperationstreffen beschäftigten sich 2019 mit diesem Themenkomplex. Die Österreichische Botschaft in Riga ist in dieses Vorhaben involviert. Zur Vernetzung vor Ort war der wissenschaftliche Leiter des DÖW Baumgartner im Mai 2019 Gast der Internationalen Tagung *Museums of Holocaust in the XXI Century: Challenges and Opportunities*. Eine Exkursion lettischer KollegInnen führte im September ins DÖW. Eine Delegation des *Museum of Martyrology in Żabikowo* kam im August 2019 ins DÖW, um Material für die Neugestaltung der permanenten Ausstellung über die Zwangsarbeit von Juden und Jüdinnen zu recherchieren, insbesondere zu WienerInnen, die ins Ghetto Litzmannstadt und in Lager im Warthegau deportiert worden waren.

Förderpreise

Eine besondere Freude sind uns die regelmäßigen Preisverleihungen. Die ***Helga und Willy Verkauf-Verlon-Preise*** ehren Verdienste um die antifaschistische Publizistik und sind mit rund 2.000 Euro dotiert, sie werden mittlerweile unregelmäßig verliehen. Bei genügend preiswürdigen Einreichungen erfolgt die Verleihung der ***Herbert Steiner-Preise*** jährlich. Der Preis – benannt nach dem Mitbegründer und langjährigen Leiter des Dokumentationsarchivs des österreichischen Widerstandes (DÖW) und der International Conference of Labour and Social History (ITH), dem 2001 verstorbenen Herbert Steiner – wird vergeben für wissenschaftliche Arbeiten in deutscher oder englischer Sprache, die noch nicht veröffentlicht (gedruckt) sind, zu den Themen Widerstand/Verfolgung/Exil in der Zeit des Faschismus und Nationalsozialismus sowie der Umgang mit dieser Vergangenheit nach 1945 und Geschichte der Arbeiterbewegung.

Einreichungen für den Herbert Steiner-Preis sind jedes Jahr bis 31. Mai möglich. 2 Ausdrucke der eingereichten Arbeit müssen postalisch, die Arbeit selbst, ein Abstract und der Lebenslauf zeitgerecht elektronisch im DÖW einlangen. Der Jury gehören derzeit Brigitte Bailer (DÖW), die Historikerin Ingrid Bauer, die bis 2016 an der Universität Salzburg lehrte, der Journalist Peter Huemer, Helmut Konrad, langjähriger Rektor und Dekan an der Universität Graz, und Peter Steinbach von der Gedenkstätte Deutscher Widerstand an. Die Geschicke des Vereins, der für die Abwicklung des Preises verantwortlich ist, leiten Winfried Garscha als Präsident und Christine Schindler als Schriftführerin.

Radomír Luža-Preis der American Friends of the Documentation Center of Austrian Resistance

Der von der Vereinigung der „American Friends of the Documentation Center of Austrian Resistance“ gemeinsam mit der University of New Orleans ausgelobte Radomír Luža-Preis wird für herausragende amerikanische Dissertationen zur österreichischen und tschechischen Geschichte, insbesondere in der NS-Zeit, verliehen. Eine Anschubfinanzierung wurde der Vereinigung der *American Friends* 2016 vom Zukunftsfonds der Republik Österreich gewährt. Der Preis wird wieder 2020 verliehen. Präsidentin der Vereinigung ist derzeit Ilana Offenberger, Associate Professor, History Department, University of Massachusetts – Dartmouth, MA; Winfried R. Garscha fungiert als Verbindungsglied zum DÖW. Am 5. Oktober 2019 fand die Jahresversammlung der *American Friends* im Hilton in Portland, Oregon, traditionsgemäß im Rahmen der Jahreskonferenz der German Studies Association statt. Über die Vereinigung informiert die Website www.austrianresistance.org.

Ferdinand Berger-Preis
DÖW-Vorstandsmitglied Ernst Berger und sein Sohn René Berger stifteten aus Anlass des 100. Geburtstages des Vaters und Großvaters 2017 den Ferdinand Berger-Preis. Ferdinand Berger, Februarkämpfer in Gösting bei Graz, Interbrigadist auf Seiten der Republik im Spanischen Bürgerkrieg, überlebte die KZ Dachau und Flossenbürg. Nach der Befreiung trat er in Wien in den Polizeidienst ein, um sich am Aufbau einer demokratischen Polizei zu beteiligen. Nach seiner Pensionierung engagierte er sich als ehrenamtlicher Mitarbeiter des DÖW und als Zeitzeuge in Schulen und fungierte als Obmann der Lagergemeinschaft Dachau. Der Ferdinand Berger-Preis ist mit jährlich Euro 3.000,– dotiert und wird für wissenschaftliches, publizistisches, öffentliches Wirken gegen Neofaschismus, Rechtsextremismus, Rassismus und demokratiegefährdendes Verhalten vergeben. Der Preis ist beim DÖW angesiedelt und wurde von einer unabhängigen Jury, in der die Stifter Ernst Berger und René Berger sowie Corinna Milborn, Paulus Hochgatterer, Alexander Mitteräcker, Ruth Wodak sowie für das DÖW Gerhard Baumgartner und Christine Schindler Mitglieder sind, 2019 an den Schriftsteller Michael Köhlmeier verliehen. Die Preisverleihung fand am 10. April 2019 unter Mitwirkung von Stadträtin Veronica Kaup-Hasler, Kinderpsychiater und Schriftsteller Paulus Hochgatterer, der die Laudatio hielt, und DÖW-Leiter Gerhard Baumgartner im Wiener Rathaus statt.

Kooperationen

Viele Veranstaltungen unterstützt das DÖW mit Materialien oder ReferentInnen, es hilft bei der Bewerbung und zeichnet als Kooperationspartner. Mitveranstalter ist das DÖW bei den *Simon Wiesenthal Lectures* des Wiener Wiesenthal-Institutes, in deren Vorstand der wissenschaftliche Leiter des DÖW, Gerhard Baumgartner, vertreten ist.

- Entsprechend einem 2017 zwischen dem DÖW und der Gedenkstätte Auschwitz-Birkenau verabredeten Plan für die Verbesserung der wechselseitigen Kontakte veranstaltete die Gedenkstätte in der zweiten Januarwoche 2019 ein vierteiliges Seminar in Oświęcim: ***Vermittlungsprogramm für Guides des Museums Auschwitz-Birkenau***. Die Schulung fand von 8. bis 11. Januar 2019 in Auschwitz statt. Winfried Garscha vom DÖW

bestritt den inhaltlichen Teil der Schulung: ***Austria under Nazi Rule 1938–1945*** und ***Austrians in Auschwitz – Perpetrators, Victims, Resistance (Grupa Bojowa Oświęcim)***, (mit Unterstützung von Brigitte Bailer) ***Exclusion, Expropriation, Expulsion and Extermination of Austrian Jews*** und ***Austria's Dealing with National Socialism after 1945. Restitution and Compensation***. Tomasz Michaldo moderierte und übersetzte simultan. Das vom Direktor des *International Centre for Education about Auschwitz and the Holocaust*, Andrzej Kacorzyk, geleitete Seminar wurde – immer im Anschluss an die täglichen Führungen – in zwei Durchgängen durchgeführt, an denen sich jeweils zwischen 70 und 120 Guides beteiligten.
In der ersten April-Woche 2019 betreute das Dokumentationsarchiv des österreichischen Widerstandes gemeinsam mit der Arbeitsgemeinschaft der NS-Opfer-Verbände und WiderstandskämpferInnen, dem Nationalfonds der Republik Österreich sowie weiteren Institutionen Gäste aus Oświęcim: 14 polnische Guides für deutschsprachige BesucherInnen der Gedenkstätte Auschwitz-Birkenau absolvierten ein einwöchiges ***Österreich-Programm***. Am 1. April nahm die Gruppe, nach einem Besuch im DÖW, an der jährlichen Gedenkkundgebung der Arbeitsgemeinschaft zur Erinnerung an den ersten Dachau-Transport auf dem Wiener Westbahnhof teil. DÖW-Guide Merle Bieber erläuterte den polnischen Guides anschließend das vom DÖW entwickelte Programm „Memento Wien". Ein weiterer Programmpunkt war ein Besuch im Jüdischen Museum Wien. Dienstag und Mittwoch verbrachte die Gruppe in den KZ-Gedenkstätten Mauthausen, Gusen und Ebensee. Der Oberösterreich-Besuch wurde am Donnerstagvormittag in Linz im Zeitgeschichtemuseum der VOEST abgeschlossen. Am Nachmittag des 4. April erläuterte Barbara Staudinger vom Ausstellungsteam für die österreichische Länderausstellung in der Gedenkstätte Auschwitz-Birkenau, die Ende 2020/Anfang 2021 eröffnet werden soll, Konzeption und Umsetzung der geplanten neuen österreichischen Dauerausstellung im Block 17 des Stammlagers. Die Diskussion fand in den Räumlichkeiten des DÖW statt. Ein Filmteam (Backyard), das seit Jahren die Erstellung der neuen Österreich-Ausstellung in der Gedenkstätte Auschwitz begleitet, filmte die Präsentation im DÖW. Anschließend lud Nationalratspräsident Wolfgang Sobotka zu einem kleinen Empfang ins Palais Epstein. Die Betreuung in Wien erfolgte durch Thea Schwantner (Arbeitsgemeinschaft der NS-Opfer-Verbände und WiderstandskämpferInnen) und Winfried Garscha (DÖW).

- Die Fotoarchivarin des DÖW Elisabeth Boeckl-Klamper, der ehemalige wissenschaftliche Leiter Wolfgang Neugebauer und der Historiker Thomas

Mang präsentierten am 21. Januar 2019 nach mehrjähriger Forschungsarbeit die Monografie ***Gestapo-Leitstelle Wien 1938–1945***. Sie beschreiben in diesem Band die Geschichte der mit 900 Mitarbeitern größten Gestapo-Leitstelle im Deutschen Reich, die organisatorische und personelle Struktur und Arbeitsweise sowie die Opfer und Opfergruppen dieses wichtigsten Instruments des NS-Terrors, das für mehr als 50.000 Verhaftungen verantwortlich zeichnete. Die Veranstaltung fand in der Wienbibliothek statt. Suzie Wong (Öffentlichkeitsarbeit Wienbibliothek) begrüßte die BesucherInnen, der Publizist Peter Huemer führte durch die Veranstaltung.

- Auf Einladung des Service Pédagogie des Mémorial de la Shoah Paris nahm Gerhard Baumgartner am 12. Februar an einer Diskussion mit SchülerInnen und LehrerInnen zum Film ***Liberté*** von Tony Gatlif teil.
- Die Fakultät für Geschichte und Philologie der Universität Tirana widmete die Winterschule vom 18. bis 22. Februar dem Thema *Die österreichisch-albanische Erfahrung zur Gedächtniskultur und Zeitgeschichte im 20. Jahrhundert*. Im Rahmen dieser Winterschule wurden Lehrveranstaltungen über folgende Themen angeboten: Aufarbeitung der Vergangenheit, Holocaust, Gewalt und Autoritarismus in Österreich und Albanien im 20. Jahrhundert. Winfried R. Garscha hielt eine Vorlesung zum Thema ***From harsh punishment of perpetrators to denial of justice to the victims: Nazi crimes before Austrian courts***.
- 2018 hatte das DÖW das Gedenkprojekt ***Schreiben gegen das Vergessen*** von Margarete Rabow unterstützt. Die Künstlerin gedachte mit diesem Projekt der 66.000 ermordeten österreichischen Juden und Jüdinnen. Von 21. bis 28. Juni 2018 wurden von Freiwilligen die Namen der Opfer mit Kreide auf die Prater Hauptallee geschrieben. Die Daten wurden vom DÖW, das auch als Kooperationspartner fungierte, zur Verfügung gestellt. Ein zehnminütiger Dokumentarfilm über die Aktion und ein 50-minütiges filmisches Dokument mit dem Titel „66.000", in dem alle Namen der Opfer zu sehen sind, wurden im November 2018 in verschiedenen Wiener Kinos und Institutionen gezeigt. Im März 2019 war in Frankfurt am Main die Deutschlandpremiere des Films, der ab 19. März im Rahmen der Diagonale in Graz als Außeninstallation 24 Stunden täglich auf dem Jakominiplatz zu sehen war.
- In Kooperation mit dem DÖW fand im Volx/Margareten am 17. März die Theaterpremiere ***Opernball*** nach dem gleichnamigen Roman von Josef Haslinger in der Bühnenfassung von Alexander Charim und Heike Müller-Merten statt. Ein rechtsextremer Giftgasanschlag wird auf die Gäste des Wiener Opernballs verübt, die Recherchen eines Journalisten bis in

höchste Regierungskreise sind Thema des Stückes. Publikumsgespräche nach weiteren Vorstellungen thematisierten den rechten Terror und die Geheimdienste (mit dem Historiker Thomas Riegler) und Männerbünde im Rechtsextremismus (mit der Rechtsextremismusexpertin Judith Goetz).

- Am 25. März fand im Wiener Hotel Hilton die ***Fachtagung Politischer Islam – Versuch einer Definition. Theorien, Konzepte und Debatten*** statt. Vortragende aus Österreich, Deutschland und den USA diskutierten auf Einladung der Islamischen Glaubensgemeinschaft in Österreich. Andreas Peham referierte für das DÖW bei dieser wissenschaftlichen Tagung, die sich mit der historischen, theologischen, politischen und rechtlichen Seite zum Thema befasste.
- Das Russische Kulturinstitut Wien organisierte am 28. März einen Runden Tisch zu ***Erforschung und Unterricht des Themas Holocaust in Österreich und Russland: Perspektiven der Zusammenarbeit***. Die Sitzung war eine Kooperation des Russischen Kulturinstituts mit dem Wissenschafts- und Bildungszentrum „Holocaust", dem Internationalen Zentrum für Geschichte des Holocausts und der Genozide der Russischen Staatlichen Universität. Die TeilnehmerInnen kamen vor allem vom österreichischen Außenministerium, Ludwig Boltzmann-Institut für Kriegsfolgenforschung, von der Universität Wien und dem Wiener Wiesenthal-Institut. Gerhard Baumgartner referierte als Vertreter des DÖW.
- Das Oberlandesgericht Linz und die Johannes Kepler-Universität Linz luden für 1. April 2019 zum Symposium *Oberlandesgericht Linz: 1849 – 1939 – 2019* ein, an dem neben den ExpertInnen zum Thema die Präsidentin des Oberlandesgerichts Linz Katharina Lehmayer, Justizminister Josef Moser, Landeshauptmann Thomas Stelzer und die Präsidentin des Salzburger Landtags Brigitta Pallauf teilnahmen. Es referierten Marcus Gräser (Universität Linz), Ellinor Forster (Universität Innsbruck) und Ursula Schwarz (DÖW). Schwarz sprach zu ihrem Forschungsthema ***Richter und Staatsanwälte in der NS-Zeit***.
- Das Wiener Wiesenthal-Institut für Holocaust-Studien veranstaltete am 1. und 2. April die Konferenz *„It happened here!" Digital and Share: Holocaust History in Public Space*. DÖW-Mitarbeiter Wolfgang Schellenbacher führte die TeilnehmerInnen an beiden Tagen mit dem Tool ***Memento Wien*** durch die Stadt und zeigte den Gästen auf diese Weise die letzten Orte und Spuren der Ermordeten.
- Das Buch von Claudia Kuretsidis-Haider und Rudolf Leo ***„dachaureif". Der Österreicher-Transport aus Wien in das Konzentrationslager Dachau am 1. April 1938. Biografische Skizzen der Opfer*** wurde mehrfach prä-

sentiert, so auf Einladung des Zukunftsfonds der Republik Österreich am 2. April 2019 in der Diplomatischen Akademie Wien. Neben den AutorInnen wirkten Botschafter Emil Brix, Kuratoriumsvorsitzender des Zukunftsfonds Kurt Scholz, Generalsekretär des Zukunftsfonds Herwig Hösele und DÖW-Stiftungsratsmitglied Wolfgang Neugebauer mit. Maren Rahmann sorgte für die musikalische Umrahmung, die Schauspielerin Gabriele Schmoll las aus Erinnerungstexten. Am 23. April präsentierten die AutorInnen das Buch auf Einladung des KZ-Verbandes Salzburg in der Academy–Die Werbeagentur mit Bar, am 10. Oktober im Meixnerhaus in Kaprun.

- Die Präsidentin des Landtages Steiermark Bettina Vollath und das Dokumentationsarchiv des österreichischen Widerstandes luden für den 3. April 2019 zur Präsentation des Buches des DÖW ***Widerstand und Verfolgung in der Steiermark. ArbeiterInnenbewegung und PartisanInnen 1938–1945*** in das Landhaus Graz ein. Gerhard Baumgartner (DÖW) und Heimo Halbrainer (CLIO) stellten das Buch vor. Das Johann-Fux-Konservatorium Graz umrahmte die Veranstaltung musikalisch.
- Valentin Sima referierte am 8. April zum ***Peršman-Museum – ein Erinnerungsort. Verfolgung und Widerstand der slowenischen Minderheit in Kärnten während der NS-Herrschaft*** im Slowenischen Institut Wien. Die Veranstaltung war eine Kooperation des Slowenischen Instituts / Slovenski inštitut na Dunaju und des Instituts für Österreichkunde mit dem DÖW. Das Museum im Peršmanhof in Bad Eisenkappel, 2012 neu gestaltet, erinnert an das Massaker der Nationalsozialisten an den Familien Sadovnik und Kogoj zu Kriegsende.
- Die Verleihung des ***Ferdinand Berger-Preises*** an Michael Köhlmeier fand am 10. April 2019 unter Mitwirkung von Stadträtin Veronica Kaup-Hasler, Kinderpsychiater und Schriftsteller Paulus Hochgatterer, der die Laudatio hielt, und DÖW-Leiter Gerhard Baumgartner im Wiener Rathaus statt.
- Am 8. bis 12. April fand das jährliche Hermann-Langbein-Symposium der PH Wien in der Arbeiterkammer Oberösterreich statt. Am 11. April referierte für das DÖW Winfried R. Garscha zu ***Österreich unter NS-Herrschaft 1938–1945***, am 12. April Andreas Peham über ***„Unheimliche Verbindungen". Über die Gemeinsamkeiten von Jihadismus und Neofaschismus***.
- Das 27. ***Jüdische Filmfestival Wien*** fand von 30. April bis 15. Mai 2019 statt, das DÖW durfte als Kooperationspartner zeichnen.
- Die Muslimische Jugend Österreich lud am 6. Mai zur Abschlussveranstaltung des Jahresschwerpunktes ***MuslimInnen gegen Antisemitismus*** ein. Nach Grußworten zahlreicher WürdenträgerInnen aus Österreich und der Europäischen Union präsentierte Bundesvorsitzende der MJÖ Canan Yasar

den Jahresschwerpunkt. Der Antisemitismusforscher des DÖW Andreas Peham hielt die Rede der Veranstaltung im Haus der Europäischen Union. Anschließend wurde die Publikation *MuslimInnen gegen Antisemitismus – Gedenken. Begegnen. Bewegen* vorgestellt. Peham war der MJÖ bei ihrem Schwerpunkt beratend zur Seite gestanden und führte Workshops dazu durch. Die MJÖ erhielt für ihr Projektjahr gegen Antisemitismus in Aachen den 3. Platz des Jugendkarlspreises.

- Am 9. und 10. Mai fand die Konferenz *Die Tragödie von Rechnitz 1945* in Szombathely statt, veranstaltet wurde die ungarisch-österreichische Konferenz von der Jüdischen Gemeinde Szombathely in Kooperation mit dem Verein R.E.F.U.G.I.U.S. DÖW-Leiter Gerhard Baumgartner referierte über ***„Sehen, Wissen, Sprechen." Zum Diskurs der burgenländischen Bevölkerung über die Todesmärsche 1945***.
- Anlässlich des 75. Jahrestages der Hinrichtung von Roman Karl Scholz diskutierten DÖW-Mitarbeiter Stephan Roth, Herausgeber der Tageszeitung Kurier Helmut Brandstätter, emeritierter Vorstand des Instituts für Rechtsphilosophie Gerhard Luf und Vorstand des Instituts für Christliche Philosophie Johann Schelkshorn im Gymnasium Klosterneuburg am 16. Mai: ***Wo Recht zu Unrecht wird, wird Widerstand zur Pflicht***. Eingeladen hatte die Klosterneuburger Akademie / Plattform der katholischen Studentenverbindungen.
- SOS-Mitmensch Burgenland erinnerte am 17. Mai an die Wende 1989: ***Von der Euphorie zur Ernüchterung. 30 Jahre Fall des „Eisernen Vorhangs"***. An der Podiumsdiskussion im Haus der Volkskultur in Oberschützen nahm Gerhard Baumgartner für das DÖW teil und diskutierte mit Jozsef Schmidt, Arbeitsmarktexperte in Ungarn, dem Friedensaktivisten Elias Bierdel und Rainer Klien von SOS-Mitmensch Burgenland.
- Stephan Roth sprach am 17. Mai in Hollenstein über ***Militärischer Widerstand und Kriegsende im Bezirk Amstetten 1945 am Beispiel der Artillerie-Ersatz- und Ausbildungsabteilung 109***. Eingeladen hatte der Verein zur Erforschung der Mostviertler Geschichte.
- Von 21. bis 22. Mai fand die Internationale Konferenz *Holocaust Museums and Memorials in the 21st Century: Challenges and Opportunities* in Riga statt. Gerhard Baumgartner referierte zu ***The Fate of Roma and Sinti during the Holocaust – 35 years of documentation of unmarked and unknown sites of remembrance 1984–2019***. Die weiteren zahlreichen ReferentInnen kamen aus Israel, Russland, Belarus, Australien, Polen, Großbritannien, Tschechien, Italien, Deutschland, Litauen, Lettland, Norwegen, Griechenland, der Ukraine und den USA.

- Von 1. bis 4. Juni hielt die Association of Holocaust Organizations seine 34. jährliche Konferenz im Illinois Holocaust Museum ab: *Perspectives and Pluralities: Consideration of the Holocaust in the Early 21st Century*. Gemeinsam mit Martina Maschke (Leiterin der Abteilung „Protokoll, Internationale bilaterale Angelegenheiten und Holocaust Education – international" im Unterrichtsministerium) präsentierte Gerhard Baumgartner am 3. Juni den Themenschwerpunkt ***The Nazi Persecution of the European Roma and Sinti and Contemporary Antiziganism***.
- In der Veranstaltungsreihe des Vereins Gedenkdienst *Geh Denken!* referierte Claudia Kuretsidis-Haider am 12. Juni zu ***Transitional Justice in Österreich*** – über die Methoden des Demokratisierungsprozesses nach der Befreiung 1945. Die Veranstaltung fand im Depot – Raum für Kunst und Diskussion in Wien statt.
- Von 12. bis 19. Juni 2019 wurde das Stück von Daniel Langbein ***Lebenslang*** im Bar&Co aufgeführt, in dem sich Großvater Hermann Langbein, Widerstandskämpfer, Auschwitz-Überlebender und Autor, mit seinem Enkel auseinandersetzt. Im Nachgespräch diskutierten Helga Amesberger und Brigitte Halbmayr (Institut für Konfliktforschung) und Andreas Peham (DÖW) mit dem Publikum.
- Am 13. Juni wurde im Haus der Geschichte Österreich die Ausstellung ***Vernichtungsort Malyj Trostenez – Geschichte und Erinnern*** von Direktorin Monika Sommer und Bundespräsident Alexander Van der Bellen eröffnet. Die Wanderausstellung des Internationalen Bildungs- und Begegnungswerkes Dortmund wurde durch einen Österreich-Teil ergänzt, zu dem auch das DÖW beitragen durfte.
- Am 18. Juni fand im United States Holocaust Memorial Museum das Symposium *Fleeing the Nazis: Austrian Jewish Refugees to the United States* – eine Kooperation des DÖW mit dem USHMM und der Österreichischen Botschaft in Washington – statt. Es referierten KollegInnen des USHMM, der International Holocaust Remembrance Alliance (IHRA) und des DÖW. Gerhard Baumgartner sprach zu ***The First Documented Expulsion of Jewish Citizens from the Territory of the Third Reich in March and April 1938***, Winfried R. Garscha über ***Deportation and Extermination of Austrian Jews – The State of Research***, Brigitte Bailer zu ***Austria's Approach to Restitution and Indemnification Claims of Former Jewish Citizens after 1945***.
- Das Admiralkino zeigte in Kooperation mit dem DÖW und dem Haus der Geschichte Österreich den österreichischen Film ***In der Kurve*** der Filmemacherin Gabriele Hochleitner, der die Ermordung von Alois und Simon

Hochleitner durch die Gestapo am 2. Juli 1944 in Unterdorf-Gut bei Goldegg im Pongau thematisiert. Die Erstaufführung am 2. Juli wurde von der Filmemacherin, der Direktorin des Hauses der Geschichte Monika Sommer und DÖW-Leiter Gerhard Baumgartner eingeführt.

- Am 4. Juli referierte Winfried Garscha im Rahmen der Internationalen Sommerakademie des Instituts für jüdische Geschichte Österreichs (*Die Utopie des gesunden „Volkskörpers". Von der „Erb- und Rassenhygiene" zur NS-Euthanasie*, 3. bis 5. Juli 2019, Volkskundemuseum Wien) über ***Gescheiterte Gerechtigkeit? Die strafrechtliche Ahndung der NS-Medizinverbrechen***.
- Brigitte Ungar-Klein nahm für das DÖW am *Research Workshop: Religious Institutions and Jews in Hiding During the Holocaust* in Yad Vashem, Jerusalem, von 21. bis 25. Juli teil. Sie referierte zu ***Aid for „Non-Aryan" Protestants and Catholics in Vienna***. Die TeilnehmerInnen kamen aus Israel, Großbritannien, Belgien, Italien, Irland, Rumänien, Ungarn, Spanien, Österreich, den Niederlanden und den USA.
- Von 31. Juli bis 2. August ehrte die Internationale Konferenz *Is „Auschwitz only Sleeping"? Sinti and Roma Narratives after the Holocaust* den European Roma Holocaust Memorial Day. Die Konferenz wurde vom Central Council of German Sinti and Roma, dem Dokumentations- und Kulturzentrum Deutscher Sinti und Roma, dem European Roma Institute for Arts and Culture und dem International Roma Youth Network an der Universität Krakau veranstaltet und erinnerte an die Ermordung von 500.000 europäischen Roma und Sinti durch die Nationalsozialisten. Gerhard Baumgartner sprach zu den ***Voices of victims***. Die Gedenkveranstaltung fand am 2. August in Auschwitz-Birkenau statt.
- DÖW-Archivarin Ursula Schwarz nahm an der Europäischen Sommer-Universität Ravensbrück (1. bis 6. September) teil: *Dinge sammeln. Materielle Kulturen in KZ-Gedenkstätten*. Sie referierte am 3. September über ***Sammlungen der 1940er bis 1970er Jahre***. Neben dem DÖW waren u. a. die Gedenkstätten Dachau, Buchenwald, Sachsenhausen, Mauthausen, Theresienstadt, Bergen-Belsen, Auschwitz-Birkenau, das Haus der Ghettokämpfer, das USHMM, Haus der Wannseekonferenz und der Internationale Suchdienst Arolsen vertreten.
- Am 10. September feierte theaterfink, 1030 Wien, sein 10-jähriges Bestandsjubiläum mit Vortrag und Diskussion über die ***Auflösung des Rechtsstaates 1933/34 – gibt es Parallelen zu den 1930er Jahren bzw. wie gesichert ist der demokratische Rechtsstaat heute?*** Es sprachen Friedrich Forsthuber (Obmann des Vereins Justizgeschichte und Rechtsstaat), Ilse

Reiter-Zatloukal (Institut für Rechts- und Verfassungsgeschichte), Ursula Schwarz (DÖW) und Gerhard Baumgartner (DÖW).

- Von 3. bis 6. Oktober fand in Portland, Oregon, die Jahrestagung der *German Studies Association* statt. Winfried Garscha nahm wie jedes Jahr daran teil und referierte im Seminar ***Tourism and the Future of Holocaust Memory in Germany and Austria*** sowie im Panel ***Austrian Studies at the GSA***. Er organisierte wieder den Büchertisch des DÖW, der zum Treffpunkt der ÖsterreicherInnen in den USA wurde, wie die Österreichische Botschaft in Washington berichtete: https://www.austria.org/the-latest/2019/10/9/austria-at-the-annual-meeting-of-the-german-studies-association.
- Am 11. 10. wohnte DÖW-Leiter Gerhard Baumgartner der Ausstellungseröffnung *NS-Widerstand an der Schule* im GRG 3 Kundmanngasse bei, die ihr 150-jähriges Bestehen feierte, und sprach zu den Anwesenden über den ***österreichischen Widerstand gegen das NS-Regime***.
- Margit Reiter präsentierte am 14. Oktober ihr aktuelles Buch ***Die Ehemaligen. Der Nationalsozialismus und die Anfänge der FPÖ*** im Republikanischen Club. Anschließend diskutierte die Autorin mit Andreas Peham (DÖW) und dem Journalisten Peter Huemer über das Nachwirken von Geschichte und ideologische Kontinuitäten.
- *Grenzüberschreitend gedenken – Erinnerungskulturen in und über Maly Trostinec* hieß das wissenschaftliche Symposium im Haus der Geschichte Österreich am 16. Oktober, das vom Bundesministerium für europäische und internationale Angelegenheiten veranstaltet wurde. Claudia Kuretsidis-Haider präsentierte dabei das Jahrbuch des DÖW 2019 mit dem Schwerpunkt Maly Trostinec. Weiters wurde das neue Denkmal vor Ort thematisiert, die zugehörige Broschüre des BKA, die von Pia Schölnberger besorgt wurde, vorgestellt: *Das Massiv der Namen. Ein Denkmal für die österreichischen Opfer der Shoa in Maly Trostinec* (mit einem Beitrag von Winfried Garscha, DÖW). Die ReferentInnen der Konferenz kamen aus Österreich und Belarus.
- Am 22. Oktober fand unter Mitwirkung von Winfried R. Garscha das Podiumsgespräch ***Neueste Forschungsergebnisse zur Vernichtungsstätte Malyj Trostenez*** im Jüdischen Museum statt. Weitere DiskutantInnen waren Anne-Lise Bobeldijk (NIOD, Amsterdam), Adam Kerpel-Fronius (Stiftung Denkmal für die ermordeten Juden Europas, Berlin) und Andrej Kotljarchuk (Södertörn University, Stockholm).
- Die Veranstaltung ***Die Holocaust-Opfer der Roma. Eine Spurensuche im Bezirk Oberpullendorf*** war von DÖW-Leiter Gerhard Baumgartner getragen. Der Vortragsabend fand am 25. September in Oberpullendorf statt. ***Die***

Spurensuche im Bezirk Jennersdorf mit Gerhard Baumgartner war am 18. Oktober, die ***Spurensuche in der Gemeinde Kemeten*** am 15. November.

- Im Rahmen der Reihe des Wiener Wiesenthal-Instituts *VWI goes to Romano Centro* kommentierte Gerhard Baumgartner am 23. Oktober den Beitrag von György Majtényi ***Transnational Memory of the Roma Holocaust/Porajmos***.
- Am 24. Oktober wurde im Wiener Wiesenthal-Institut der Sammelband ***Mass Murder of People with Disabilities and the Holocaust*** präsentiert. Im Auftrag der IHRA veröffentlichte Brigitte Bailer (DÖW) zusammen mit Juliane Wetzel vom Zentrum für Antisemitismusforschung Berlin den Band, der die Vorträge und Diskussionen einer Konferenz in Bern 2017 zusammenfasste. Philipp Rohrbach (VWI) moderierte die Veranstaltung.
- Das Dachauer Symposium zur Zeitgeschichte widmete sich im Oktober dem Thema *Sinti und Roma: Der nationalsozialistische Völkermord in historischer und gesellschaftspolitischer Perspektive*. Gerhard Baumgartner referierte am 25. Oktober über ***Zeugnisse und Zeugenschaft***. Die Tagung fand im Max-Mannheimer-Haus / Studienzentrum und Internationales Jugendgästehaus Dachau statt.
- Das DÖW war einer der Kooperationspartner der Fotoausstellung ***„Spanien war unsere Hoffnung" – Österreichische Freiwillige im Spanischen Bürgerkrieg, 1936–1939***. Am 28. Oktober wurde die Ausstellung mit einer Lesung des Schriftstellers Erich Hackl und unter Mitwirkung von Azucena Guggenberger und Georg Pichler von der Universität Alcalá eröffnet. Die Ausstellung war bis 8. November in Graz zu sehen.
- Gemeinsam mit Veerle Vanden Daelen (Kazerne Dossin) führte Wolfgang Schellenbacher am 6. November einen Workshop im Rahmen der Lessons & Legacies Conference Munich *The Holocaust in Europe. Research Trends, Pedagogical Approaches, and Political Challenges* durch, die von der Holocaust Educational Foundation of Northwestern University, dem Center for Holocaust Studies at the Institute for Contemporary History in Munich, der Federal Agency for Civic Education und der Ludwig Maximilians-Universität München veranstaltet wurde: ***In Dialogue with the Researcher: Exploring the Offerings of the European Holocaust Research Infrastructure and its Interactions with the Research Community***. Am 7. November hielt Schellenbacher den Vortrag ***European Holocaust Research Infrastructure: Online Edition on Diplomatic Sources on the Holocaust***.
- ***Hiraeth – I carry someone else's memory***, eine Performance von Nadja Puttner und Mara Kluhs im Odeon-Theater (Regie: Fritz von Friedl) wurde

vom DÖW unterstützt. Gerhard Baumgartner hielt am 7. November den Einführungsvortrag zur Aufführung. Das Stück beschäftigte sich mit der Weitergabe von Erlebnissen und Erinnerungen über Generationen.

- Im Rahmen der Ringvorlesung von Ilse Reiter-Zatloukal *Juden und Judenheit(en) in Österreich. Eine Rechtsgeschichte* referierten Claudia Kuretsidis-Haider zu ***Verbrechen gegen Juden vor den österreichischen Volksgerichten*** (10. November) und Brigitte Bailer über *Antisemitismus, Politik und Recht in der Zweiten Republik* (8. Januar 2020).
- Am 21. November stellte das DÖW Räumlichkeiten wienXtra-cinemagic / Kinder- und Jugendkino für die Nachbesprechung im Rahmen des *Kinderfilmfestivals* zur Verfügung. Zuvor sahen die Kinder im Cine Center den Film Abe über einen israelisch-palästinensischen Jungen.
- Eine mittlerweile schon traditionelle Veranstaltungsreihe führt das DÖW jedes Jahr gemeinsam mit dem Jüdischen Institut für Erwachsenenbildung in den Räumen des DÖW durch. Von 27. November bis 11. Dezember 2019 beschäftigte sich die Vortragsreihe mit dem Thema ***Antisemitismus***. Im Zuge der Vortragsreihe referierten und diskutierten Andreas Peham zu den Themen ***Zum islamisierten Antisemitismus und seiner Prävention*** (27. November) und ***Antisemitismus, Israel und die FPÖ*** (12. 12.), Florian Zeller zu ***Antisemitische Verschwörungstheorien*** (4. 12.).
- Am 6. 12. fungierte das DÖW auf Vermittlung der US-amerikanischen Botschaft als Gastgeber für einen Round Table mit Christian Picciolini (Chicago), Gründer des ***Free Radicals Project***. Der ehemalige Neonazi, der seit über 20 Jahren Personen bei ihrem Ausstieg aus extremistischen Szenen begleitet, teilte seine Erfahrungen mit VertreterInnen verschiedener Stakeholder aus dem Bereich der Anti-Extremismus-Arbeit (DÖW, Beratungsstelle Extremismus, Mauthausen Komitee Österreich, ZARA, Muslimische Jugend Österreich).
- „... was noch zu sagen wäre ...“ war der Titel des Symposiums anlässlich des 100. Geburtstages von Fritz Muliar im Theatermuseum am 12. und 13. Dezember. Winfried Garscha sprach über ***Fritz Muliar in den Fängen der NS-Justiz***. Andere Beiträge befassten sich mit dem künstlerischen Werdegang Muliars.

Am DÖW ist die **Aktion gegen den Antisemitismus in Österreich** angesiedelt. Die Generalversammlung 2019 wählte in Nachfolge von Kammerschauspielerin Elisabeth Orth, die altersbedingt ausschied, Cornelius Obonya zum neuen Präsidenten. Die Geschäfte führen weiterhin die GeneralsekretärInnen Christine Schindler und Andreas Peham. Die Aktion wurde 1955 als unabhängige, überparteiliche Vereinigung gegründet. Sie hat es sich zur Aufgabe gemacht, durch Veranstaltungen, Presseaussendungen und Publikationen auf antisemitische Äußerungen und Ereignisse zu reagieren. Mittels breiter Aufklärungsarbeit soll das kritische Bewusstsein gegenüber allen Formen des Judenhasses – von rechts, von links und von islamischer Seite – geschärft werden.

Publikationen 2019

Neben den Mitteilungen des DÖW – Chefredaktion: Christa Mehany – die viermal im Jahr erscheinen und kostenlos elektronisch oder postalisch aktuelle Informationen zum DÖW bieten, wurden 2019 mehrere DÖW-Bände veröffentlicht. Die im Eigenverlag erscheinenden Bücher werden seit vielen Jahren in der Druckerei Plöchl im oberösterreichischen Freistadt hergestellt. Die verlässliche und kompetente Partnerin des DÖW beging 2019 ihr 130-jähriges Firmenjubiläum.

Deportation und Vernichtung – Maly Trostinec. Jahrbuch des DÖW 2019. Redaktion: Christine Schindler, Wien 2019

Zwischen 1942 und 1944 ermordeten die Nationalsozialisten in Maly Trostinec bis zu 60.000 Menschen. Mehr als 9.700 österreichische Juden und Jüdinnen wurden an dieser Mordstätte im besetzten Weißrussland umgebracht bzw. gingen im nahe gelegenen Ghetto Minsk zugrunde, sie wurden erschossen oder in Gaswagen mit Auspuffgasen erstickt. Österreicher waren an der Ermordung der Juden und Jüdinnen, sowjetischen Kriegsgefangenen, PartisanInnen, ZivilistInnen in Weißrussland beteiligt. Keiner von ihnen wurde nach dem Krieg in Österreich für seine Verbrechen verurteilt. Das Jahrbuch 2019 des DÖW widmete sich dem Schwerpunkt *Deportation und Vernichtung – Maly Trostinec* und publizierte neue Forschungsergebnisse zu diesem Ort der Massenvernichtung, aber auch zur Verfolgung der österreichischen Roma und Sinti, zum belgischen SS-Auffanglager Breendonk und zu einer tschechisch-österreichischen Forschungskooperation, die verstreute Dokumente zu Flucht und Vertreibung online zusammenführte.

Josef Eisinger, Flucht und Zuflucht. Erinnerungen an eine bewegte Jugend. Übersetzung und Lektorat: Kitty Weinberger, Christine Schindler und Claudia Kuretsidis-Haider, hrsg. v. Dokumentationsarchiv des österreichischen Widerstandes, Wien 2019

In die behütete Jugend in einer assimilierten jüdischen Kaufmannsfamilie im Wien der Zwischenkriegszeit bricht jäh die nationalsozialistische Herrschaft ein. Mit 15 Jahren entkommt Josef Eisinger 1939 nach England, wo er sich als Farmarbeiter und Tellerwäscher durchschlägt. Im Laufe des Krieges wird er in verschiedenen englischen und später kanadischen Lagern interniert, in denen Eisinger seine Schulausbildung mit Hilfe erwachsener Kameraden fortführt. Bald wird er in die kanadische Gesellschaft integriert, tritt in die Armee ein und studiert nach Kriegsende Mathematik und Physik. Die Jahre seiner Vertreibung und des Exils in Großbritannien und Kanada, das ihm bald zur Heimat wurde, beschreibt Eisinger in seiner Autobiographie ebenso wie die dramatische Flucht seiner Eltern nach Palästina und seinen wissenschaftlichen Werdegang in den USA. Es sind Erinnerungen voller Kraft und Abenteuer, ein Plädoyer für Menschlichkeit und Vernunft in Zeiten der Barbarei, aber auch heute. Christine Schindler, Claudia Kuretsidis-Haider besorgten mit Kitty Weinberger die Übersetzung der 2016 erschienenen englischen Ausgabe und ergänzten sie mit einer ausführlichen Einführung.

Claudia Kuretsidis-Haider / Rudolf Leo, „dachaureif. Der Österreichertransport aus Wien in das KZ Dachau am 1. April 1938. Biografische Skizzen der Opfer, hrsg. v. Dokumentationsarchiv des österreichischen Widerstandes u. Zentrale österreichische Forschungsstelle Nachkriegsjustiz, Wien 2019

Am Morgen des 12. März 1938 überschritten die Truppen der Deutschen Wehrmacht Österreichs Grenzen und bereits am 1. April 1938 ging der erste Transport mit 150 Verhafteten in das KZ Dachau. Darunter befanden sich unter anderem Angehörige der Vaterländischen Front, aber auch deren politische Gegner, Sozialdemokraten und Kommunisten, sowie bekannte jüdische Künstler, Journalisten und Wirtschaftstreibende. Aufbauend auf der von Wolfgang Neugebauer und Peter Schwarz im Jahr 2008 verfassten Broschüre „Stacheldraht mit Tod geladen ...“ über den ersten Österreichertransport in das KZ Dachau und der Online-Veröffentlichung biografischer Angaben zu den Häftlingen auf der Website des DÖW erstellten Claudia Kuretsidis-Haider und Rudolf Leo Biografien aller Häftlinge des „Prominententransports“ und recherchierten Fotos dieser Personen in öffentlichen Archiven sowie Privatsammlungen.

Herwig Czech / Wolfgang Neugebauer / Peter Schwarz, Der Krieg gegen die „Minderwertigen“ / The War against the „Inferior“. Zur Geschichte der NS-Medizin in Wien / On the History of Nazi Medicine in Vienna. Katalog zur Ausstellung in der Gedenkstätte Steinhof im Otto-Wagner-Spital der Stadt Wien / Catalogue to the Exhibition of the Steinhof Memorial at the Otto Wagner Hospital of the City of Vienna. Mit Beiträgen von Michael Hubenstorf und Brigitte Rigele, hrsg. v. Dokumentationsarchiv des österreichischen Widerstandes, Lektorat: Christa Mehany-Mitterrutzner, Wien 2018

Die Medizin übernahm im Nationalsozialismus eine neue Aufgabe: die „Ausmerzung" von als „minderwertig" qualifizierten Menschen. Personen mit Behinderungen oder psychischen Krankheiten, Angehörige sozialer Randgruppen und Unangepasste wurden verfolgt, eingesperrt und der Vernichtung preisgegeben. Die Heil- und Pflegeanstalt Am Steinhof wurde in den Jahren nach dem „Anschluss" 1938 zum Wiener Zentrum der NS-Tötungsmedizin, die mindestens 7.500 PatientInnen das Leben kosten sollte. Ausgehend von den Geschehnissen auf dem Gelände der Heil- und Pflegeanstalt Am Steinhof dokumentieren die Ausstellung in der Gedenkstätte im Otto-Wagner-Spital und der jetzt fertiggestellte Katalog die Hintergründe der Verbrechen und den Umgang damit bis in die jüngste Vergangenheit. Der Katalog in deutscher und englischer Sprache umfasst Texte von Herwig Czech, Wolfgang Neugebauer, Peter Schwarz, Brigitte Rigele und Michael Hubenstorf.

Der Journalist Dr. Mark Siegelberg mit seiner Frau. Siegelberg war 1938/39 in den KZ Dachau und Buchenwald inhaftiert. Kurz nach seiner Flucht nach Shanghai veröffentlichte er einen der ersten Erlebnisberichte über das KZ: „Schutzhaftjude Nr. 13877".

DÖW

Dokumentationsarchiv des österreichischen Widerstandes (Hrsg.), Widerstand und Verfolgung in der Steiermark. ArbeiterInnenbewegung und PartisanInnen 1938–1945. Mit einer Einleitung von Heimo Halbrainer, bearb. v. Elisabeth Holzinger, Manfred Mugrauer u. Wolfgang Neugebauer, Lektorat: Christa Mehany-Mitterrutzner, Wien–Graz: Clio 2019

Die vom DÖW herausgegebene Edition von Elisabeth Holzinger, Manfred Mugrauer und Wolfgang Neugebauer umfasst zwei große Teilbereiche des antifaschistischen Widerstands in der Steiermark: zum einen den Widerstand der organisierten ArbeiterInnenbewegung, also jenen von sozialistischen und kommunistischen Widerstandsgruppen, zum anderen den bewaffneten Widerstand, also jenen von PartisanInnengruppen. Im Mittelpunkt stehen hier die bewaffneten Gruppen der „Österreichischen Freiheitsfront", die österreichischen Freiheitsbataillone, die 1944/45 im Rahmen der Jugoslawischen Volksbefreiungsarmee im Einsatz waren, sowie die Kampfeinsätze im Rahmen der alliierten Armeen. Ein Sonderfall des antifaschistischen Widerstands und Exils ist die Rolle von Steirerinnen und Steirern im Spanischen Bürgerkrieg. Ein dritter, kleinerer Teilbereich hat überparteiliche Widerstandsgruppen zum Gegenstand.

„Widerstand und Verfolgung in der Steiermark" ist der insgesamt 14. Band der vom DÖW seit den 1970er-Jahren herausgegebenen Bundesländer-Edition. Zu diesem Zweck wurde in Archiven im In- und Ausland umfangreiches Quellenmaterial erschlossen. Heimo Halbrainer, wissenschaftlicher Leiter von CLIO, ist der Autor einer historischen Einführung über den Widerstand der organisierten ArbeiterInnenbewegung sowie den PartisanInnenwiderstand in der Steiermark.

Josef Vogl, Aufbruch in den Osten. Österreichische Migranten in Sowjetisch-Kasachstan, hrsg. v. Dokumentationsarchiv des österreichischen Widerstandes, Lektorat: Christa Mehany-Mitterrutzner, Wien–Berlin: Mandelbaum 2019

Anhand von Archivmaterialien aus Wien, Berlin, Moskau und Kasachstan zeichnete Josef Vogl die Schicksale der aus Österreich nach Kasachstan migrierten und geflüchteten Menschen nach, die aus verschiedensten Motiven – darunter Armut und Arbeitslosigkeit – seit dem Ersten Weltkrieg in die Sowjetrepublik kamen und vielfach in die Mühlen der stalinistischen Repressionen gerieten. Auch ehemalige Kriegsgefangene aus dem Ersten Weltkrieg, die im Lande geblieben waren, landeten oft ebenso in einem Lager wie jüdische Flüchtlinge nach dem Anschluss 1938. Der Band von Josef Vogl enthält zahlreiche Kurzbiografien.

www.doew.at

Zu all diesen hier berichteten und vielen weiteren Aktivitäten und Vorhaben finden sich Informationen auf der Website des DÖW. Sie wird seit vielen Jahren von Christa Mehany-Mitterrutzner betreut und präsentiert die Sammlungen, Forschungsergebnisse, Publikationen und Ausstellungen, aber auch Neuigkeiten zu Veranstaltungen, Pressemeldungen u. v. a. niederschwellig und kostenfrei. Zentral platziert ist der Zugang zu den Personendatenbanken des DÖW mit aktuell knapp 76.700 Einträgen. In vernetzter Form bietet diese Opfersuche Informationen zu den österreichischen Shoah-Opfern und Todesopfern politischer Verfolgung 1938–1945, zu den von der Gestapo Wien erkennungsdienstlich erfassten Männern und Frauen (in dieser Datenbank sind auch Überlebende erfasst) sowie zu den Opfern der Wiener Euthanasie-Klinik Am Spiegelgrund. In vielen Fällen sind die Personeneinträge mit weiteren Beiträgen, Bildern und Dokumenten verknüpft, die Datenbanken entwickeln sich damit immer mehr zu einem virtuellen Gedenkort für die Opfer des NS-Regimes.

Eine virtuelle Presseschau – *Media-Watchlist* – verweist auf Hintergrundberichte zu den thematischen Schwerpunkten des DÖW, Links führen zum gewünschten Medium bzw. Zeitungsartikel.

Auszüge aus Interviews mit ZeitzeugInnen (*Erzählte Geschichte*), das *Spanienarchiv online*, Kurzbiografien von Opfern der stalinistischen Verfolgung (bis 1945) und biografische Skizzen rücken das Schicksal von WiderstandskämpferInnen und Verfolgten in den Mittelpunkt. Zusätzliche Informationen bieten thematische Schwerpunkte mit Materialien aus Archiv und Fotoarchiv.

Die Website www.doew.at, auf der auch eine Infoseite der Lagergemeinschaft Dachau eingerichtet wurde, ist ein wesentliches Vermittlungsinstrument des Instituts seit vielen Jahren. 2019 verzeichnete sie knapp 210.000 EinzelbesucherInnen.

Der Themenschwerpunkt ***Vernichtung – Deportationen nach Maly Trostinec, 1942*** ist seit Ende 2017 online: Rund 8.700 Juden und Jüdinnen wurden 1942 von Wien nach Maly Trostinec in Weißrussland deportiert und nach der Ankunft bis auf wenige Ausnahmen im Waldgebiet von Blagowschtschina ermordet. Der Themenschwerpunkt auf www.doew.at umfasst eine Auswahl an Dokumenten und Bildern. Eine Auswahl dieses Themenschwerpunktes, den Christa Mehany-Mitterrutzner recherchierte und verfasste, ist im DÖW-Jahrbuch 2019 veröffentlicht.

Auch aktuelle Informationen werden auf der Seite veröffentlicht, so z. B. die Stellungnahme des DÖW und Peter Schwarz ***Zur Diskussion über eine Abschlussarbeit an der FH Johanneum (Graz)*** über eine angenommene

Bachelorarbeit am Studienlehrgang Logopädie, die laut Peter Schwarz zusammenfassend als „modern verbrämte Wiederbelebung alter rassistischer Kriterien“ angesehen werden kann. Der Fall hatte medial hohe Wellen geschlagen.

Viele Publikationen des DÖW sind als Gratis-Download auf www.doew.at verfügbar. Seit 2019 ist u. a. die Festschrift für Winfried R. Garscha *Zeithistoriker – Archivar – Aufklärer* (2017) online. Die Texte der Festschrift spannen einen Bogen von der Geschichte der ArbeiterInnenbewegung über den Ersten Weltkrieg und die Erste Republik hin zu Widerstand, Verfolgung, Holocaust und NS-Herrschaft sowie zur justiziellen Ahndung von NS-Verbrechen und die Aufarbeitung in der Zweiten Republik. Aufgrund der anhaltenden Nachfrage wurden die älteren Jahrbücher des DÖW (1986–2004), die nicht digital verfügbar waren, 2019 eingescannt und stehen nun der Öffentlichkeit auf der DÖW-Website zur Verfügung. Die Jahrbücher ab 2005 werden jeweils etwa ein Jahr nach Publikation online gestellt.

2. Panzerwagenbataillon: Fahrer Anton Singer aus Wien, im Turm MG-Schütze Max Stiplosek aus Graz. 1.400 österreichische Freiwillige kämpften auf Seiten der spanischen Republik gegen Diktator Franco. Der ehemalige Spanienkämpfer Hans Landauer baute im DÖW die einzigartige Sammlung auf, die auch online mit vielen Materialien verfügbar ist.

DÖW / Spanienarchiv

Ausblick und Dank

Anfang 2020 startete das von der Europäischen Union im Rahmen von Interreg Austria–Hungary bewilligte Projekt *border(hi)stories*, das vom IZ Wien in Zusammenarbeit mit dem Land Burgenland, dem DÖW und ungarischen Partnern durchgeführt wird. Es wird sich in den kommenden zweieinhalb Jahren mit der 100-jährigen Geschichte der Grenzregion zwischen Ungarn und Österreich befassen. Ebenso begann Anfang des Jahres das zweijährige Vorhaben *KIRAS. Strategien der Einflussnahme extremistischer Organisationen im Bildungsbereich* (Österreichische Forschungsförderungsgesellschaft, Verein für Rechts- und Kriminalsoziologie, Österreichisches Institut für Internationale Politik, Österreichische Forschungsgesellschaft, DÖW). Das Land Niederösterreich wiederum fördert 2020 die Aufarbeitung der *Kunstwerke* im DÖW, die sowohl zeithistorisch als auch kunsthistorisch verortet und katalogisiert werden.

Im Fokus von 2020 und der Folgejahre stehen die weitere Digitalisierung der DÖW-Bestände, aber auch die grundsätzliche Verbesserung der Infrastruktur und Situation des Instituts. Das Übereinkommen der österreichischen Bundesregierung *Aus Verantwortung für Österreich. Regierungsprogramm 2020-2024* beinhaltet eine Stärkung des DÖW. Das DÖW benötigt materielle Unterstützung vor allem bei Infrastruktur und Räumlichkeiten und personell insbesondere bei Ausweitung der Aufgaben. Die Anforderungen der Öffentlichkeit vermehren, vergrößern und vertiefen sich laufend, adäquate Rahmenbedingungen werden die Expertise des Instituts in all seinen Aufgabenbereichen unterstreichen. Die Regierungserklärung ist so wie das Übereinkommen für Wien 2015 eine unschätzbare ideelle Unterstützung der Mitarbeiterinnen und Mitarbeiter des DÖW.

Das DÖW ist mitbetroffen von der künftigen Forschungspolitik der Österreichischen Nationalbank, die im Oktober 2019 verlautbart hat, u. a. Forschungsprojekte der Sozial- und Geisteswissenschaften nicht mehr zu fördern. Damit ginge in Österreich einer der wenigen Fördertöpfe für diesen Bereich verloren, andere sind massiv unterdotiert.

Auch der Resolution des Europäischen Parlaments vom September 2019 zur Bedeutung des europäischen Geschichtsbewusstseins für die Zukunft Europas stehen MitarbeiterInnen des DÖW wie viele andere Institutionen des Gedenkens und der Aufarbeitung sehr kritisch gegenüber. Von Abgeordneten aus Polen und Litauen eingebracht und von den Abgeordneten in überwältigender Mehrheit beschlossen, wird der Sowjetunion – in gleichem Maße wie dem nationalsozialistischen Deutschland – Mitschuld am Ausbruch des 2. Weltkrieges und den Eroberungsfeldzügen der Deutschen Wehrmacht gegeben. Der

Text der Resolution erscheint im Ganzen und in den Details nicht als Resultat einer eingehenden Diskussion und ignoriert grundlegende Erkenntnisse der historischen Wissenschaften.

Die Arbeiten der DÖW-MitarbeiterInnen werden von Vorstand und Stiftungsrat begleitet. Dem Stiftungsrat gehören die VertreterInnen der Stifter – Republik Österreich und Stadt Wien – an, RepräsentantInnen des Wissenschafts- und Bildungsministeriums, des Wiener Kulturressorts, des Finanzministeriums und der Opferverbände. Dem Stiftungsrat stehen Präsident Rudolf Edlinger und die VizepräsidentInnen Claus J. Raidl und Barbara Weitgruber vor. Im Vorstand sind zudem zahlreiche ExpertInnen und LeiterInnen ähnlicher Institutionen, der Israelitischen Kultusgemeinde, der Katholischen Kirche u. v. a. m. versammelt. Beide Gremien evaluieren laufend die Arbeiten des Hauses und seiner MitarbeiterInnen und sind eine große Stütze des Instituts.

Für die Grundfinanzierung sowie die einzelnen Projektunterstützungen 2019 danken wir den Financiers – Judith Prem ist seit vielen Jahren eine zentrale Stelle für die ordnungsgemäße Finanzgebarung im DÖW: Bundesministerium für Wissenschaft, Forschung und Wirtschaft – Stadt Wien – Bundesministerium für Arbeit, Soziales und Konsumentenschutz – Bundesministerium für Bildung – Bundesministerium für Finanzen – Bundesministerium für Inneres – Bundesministerium für Justiz – Bundeskanzleramt – Kulturabteilung der Stadt Wien (MA 7) – Gesundheits- und Sozialplanung (MA 24) – Hochschuljubiläumsstiftung der Stadt Wien – Kunst im öffentlichen Raum Wien – Land Niederösterreich – Nationalfonds der Republik Österreich für Opfer des Nationalsozialismus – Zukunftsfonds der Republik Österreich – Jubiläumsfonds der Österreichischen Nationalbank – Kammer für Arbeiter und Angestellte Wien – Wiener Krankenanstaltenverbund – International Holocaust Remembrance Alliance – Kulturverein österreichischer Roma – die Wiener Bezirke Innere Stadt, Leopoldstadt, Landstraße, Wieden, Margareten, Mariahilf, Neubau, Josefstadt, Alsergrund, Meidling, Penzing, Rudolfsheim-Fünfhaus, Ottakring, Floridsdorf – Land Burgenland, Oberösterreich und Tirol, Land Steiermark und Stadt Graz und den vielen privaten Spenderinnen und Spendern.

Wir danken allen Institutionen, Partnern, Vorstands-, Stiftungsrats- und Kuratoriumsmitgliedern, Freunden und Kolleginnen für ihre ideelle Unterstützung, für Kooperationen, Diskussionen und Anregungen.

AutorInnen

Winfried Garscha, Dr., ehrenamtlicher Mitarbeiter des DÖW, Ko-Leiter der Zentralen österreichischen Forschungsstelle Nachkriegsjustiz

Klaus Kienesberger, Mag., Kommunikationshistoriker, Herbert-Steiner-Anerkennungspreis 2007, diverse Projekte im Verein Gedenkdienst, ist in der Arbeitsmarktpolitik tätig

Claudia Kuretsidis-Haider, Dr.in, wissenschaftliche Mitarbeiterin und Archivarin des DÖW, Ko-Leiterin der Zentralen österreichischen Forschungsstelle Nachkriegsjustiz

Andrea Löw, Dr.in, Stellvertretende Leiterin des Zentrums für Holocaust-Studien am Institut für Zeitgeschichte, München

Lukas Meissel studierte Geschichte (BA) und Zeitgeschichte (MA) an der Universität Wien, seit 2016 Doktorand an der Universität Haifa

Maria Prieler-Woldan, Dr.in, Soziologin und historische Sozialforscherin, Linz

Olga Radchenko, Assoc.-Prof.in Dr.in, Professorin für Tourismus und Hotelwesen an der Universität Cherkassy (Ukraine)

Stephan Roth, Mag., Bibliothekar und wissenschaftlicher Mitarbeiter des DÖW

Hans Schafranek, Dr., freiberuflich tätiger Historiker in Wien, Berlin und Brüssel

Christine Schindler, BA, Projektmanagerin, Redakteurin und Lektorin am DÖW

Peter Steinbach, Univ.-Prof. em. Dr., Wissenschaftlicher Ko-Leiter der Gedenkstätte Deutscher Widerstand, Berlin

Wir halten
Österreich
am Laufen.
So viel Einsatz von Österreichs Arbeitnehmerinnen
und Arbeitnehmern verdient gerechte Bedingungen
und volle Anerkennung. Gerechtigkeit muss sein.
AK
ARBEIT
VERDIENT
MEHR
RESPEKT.